NOVO CURSO DE DIREITO CIVIL

Responsabilidade Civil 3

CB131074

NOVO CURSO DE DIREITO CIVIL — V. 3

Pablo Stolze Gagliano
Rodolfo Pamplona Filho

1.ª edição — maio 2003
2.ª edição — jan. 2004
2.ª edição, 2.ª tiragem — mar. 2005
3.ª edição — set. 2005
3.ª edição, 2.ª tiragem — fev. 2006
4.ª edição — jul. 2006
5.ª edição — jul. 2007
6.ª edição — dez. 2007
7.ª edição — dez. 2008
7.ª edição, 2.ª tiragem — jul. 2009
8.ª edição — jan. 2010
9.ª edição — 2011
9.ª edição, 2.ª tiragem — 2011
10.ª edição — 2012
10.ª edição, 2.ª tiragem — ago. 2012
11.ª edição — 2013
12.ª edição — 2014
13.ª edição — jan. 2015
14.ª edição — fev. 2016
15.ª edição — jan. 2017
16.ª edição — jan. 2018

Pablo Stolze Gagliano

Juiz de Direito na Bahia. Professor de Direito Civil da UFBA – Universidade Federal da Bahia, da Escola da Magistratura do Estado da Bahia e do Curso LFG. Mestre em Direito Civil pela PUC-SP – Pontifícia Universidade Católica de São Paulo. Especialista em Direito Civil pela Fundação Faculdade de Direito da Bahia. Membro da Academia Brasileira de Direito Civil – ABDC e da Academia de Letras Jurídicas da Bahia.

Rodolfo Pamplona Filho

Juiz Titular da 32ª Vara do Trabalho de Salvador/BA. Professor Titular de Direito Civil e Direito Processual do Trabalho da UNIFACS – Universidade Salvador. Coordenador dos Cursos de Especialização em Direito e Processo do Trabalho da Faculdade Baiana de Direito e dos Cursos de Especialização *on-line* em Direito Contratual e em Direito e Processo do Trabalho da Estácio (em parceria tecnológica com o CERS Cursos *on-line*). Professor Associado II da graduação e da pós-graduação (Mestrado e Doutorado) em Direito da UFBA – Universidade Federal da Bahia. Mestre e Doutor em Direito das Relações Sociais pela Pontifícia Universidade Católica de São Paulo – PUC-SP. Máster em Estudios en Derechos Sociales para Magistrados de Trabajo de Brasil pela UCLM – Universidad de Castilla-La Mancha/Espanha. Especialista em Direito Civil pela Fundação Faculdade de Direito da Bahia. Membro e Presidente Honorário da Academia Brasileira de Direito do Trabalho. Membro e Presidente da Academia de Letras Jurídicas da Bahia e do Instituto Baiano de Direito do Trabalho. Membro da Academia Brasileira de Direito Civil – ABDC, do Instituto Brasileiro de Direito Civil – IBDCivil e do Instituto Brasileiro de Direito de Família – IBDFAM.

NOVO CURSO DE DIREITO CIVIL

Responsabilidade Civil 3

16ª edição
revista, ampliada e atualizada

2018

saraiva jur

ISBN 978-85-472-2816-3 volume 3

DADOS INTERNACIONAIS DE CATALOGAÇÃO NA PUBLICAÇÃO (CIP)
ANGÉLICA ILACQUA CRB-8/7057

Gagliano, Pablo Stolze
Novo curso de direito civil, v. 3 : responsabilidade civil / Pablo Stolze Gagliano, Rodolfo Pamplona Filho. – 16. ed. – São Paulo : Saraiva Educação, 2018.

1. Direito civil – Brasil. 2. Responsabilidade Civil. I. Pamplona Filho, Rodolfo. II. Título.

17-1619 CDU 347.5(81)

Índice para catálogo sistemático:

1. Direito civil : responsabilidade civil 347.5(81)

SOMOS EDUCAÇÃO | saraiva jur

Av. das Nações Unidas, 7.221, 1º andar, Setor B
Pinheiros – São Paulo – SP – CEP 05425-902

SAC | 0800-0117875
De 2ª a 6ª, das 8h às 18h
www.editorasaraiva.com.br/contato

Data de fechamento da edição: 8-1-2018

Dúvidas? Acesse www.editorasaraiva.com.br/direito

CL 604675 CAE 624041

Dedicamos esta obra

A nosso **Senhor Jesus Cristo**, pelo amor incondicional do Pai Eterno, que concede bênçãos a quem não se julga merecedor, colocando anjos em nossas vidas a quem chamamos de AMIGOS;

à Dra. **Nilza Maria Costa dos Reis**, digna Juíza Federal e brilhante professora universitária, síntese perfeita de seriedade e doçura, "cadeira cativa" de nossos corações;

ao Dr. **Geraldo Vilaça,** colaborador de jurisprudência, por todo o esforço em tornar esta obra uma referência doutrinária nacional;

ao Dr. **Antonio Luiz de Toledo Pinto,** por toda a amizade e o apoio a nossa obra;

aos **formandos em Direito da Universidade Federal da Bahia — UFBA** (turma 2002.1) e **Universidade Salvador — UNIFACS** (2002), que nos elegeram, respectivamente, paraninfo e patrono de suas turmas;

aos alunos da **primeira turma do Curso de Pós-Graduação em Direito Civil da Universidade Salvador — UNIFACS,** pelas provocações à reflexão e ao debate do novo Direito Civil brasileiro.

Agradecimentos

Não há sensação mais agradável do que compartilhar a alegria de uma vitória.

Registrar a gratidão pelo auxílio na bênção alcançada é, assim, também um ato de manifestação de felicidade, pelo que, com o coração em júbilo, agradecemos o apoio de todos aqueles que contribuíram direta ou indiretamente para o desenvolvimento deste volume, para a revisão dos anteriores ou simplesmente pela agradável presença nesse período, como, por exemplo, nossos pais (Pinho, Virgínia e Lourdes), irmãos (Fred, Camila, Cubinho, Luiz Augusto e Ricardo), esposas e filhos (Emilia e Kalline, Marina e Rodolfinho Pamplona e Gabriella e Giovanna Stolze Gagliano), Carol, Oliveiros Guanais Filho, Kalline, Marcos Bomfim (Páprica), Eduardo Lyra Júnior (pela paciência e determinação), Thereza Nahas (pelo "Juízo Auxiliar Itinerante" de Abrolhos), Sílvio de Salvo Venosa (nosso grande padrinho), a querida Dra. Giselda Hironaka (pela confiança incondicional na baianidade elétrica), Paulo Augusto Meyer Nascimento, Gilberto Oliveira, Marcelo Britto, Joselito Miranda, Mauricio Brasil, Francisco Fontenele e a equipe JusPodivm, os colegas do Tribunal de Justiça do Estado da Bahia e do Tribunal Regional do Trabalho, os servidores das comarcas de Amélia Rodrigues, Teixeira de Freitas, Eunápolis, Ilhéus e Salvador, o amigo Luiz Flavio Gomes, Orlando Ribeiro, José Augusto Rodrigues Pinto, Tiago Alves Pacheco, Helena Coelho (Campo Grande/MS), Camilinha Benjamim, Fabrício "Matsusalém", Leonardo Vieira Santos, Taty "Blza" Granja, Lena Argolo, Ricardo Didier, o atencioso amigo Rodrigo Leite, Marina Ximenes, Lueli Santos, Leonardo Grizagoridis da Silva (RJ), Glauber Duarte, Lucas Mazza, Luiz Carlos de Assis Jr. (maior colaborador da 11.ª edição), Sérgio Matos, Rajy, Gabriel de Fassio Paulo, José Cairo Júnior, Úrsula e Aline (FTC/Itabuna), Lilian Castro, Daniel Wembley Moura dos Santos, os amados amigos do IEJ (notadamente Eduardo, Flávia, Joseph e Mila), pela mais bonita solenidade de que participamos em nossas vidas, Gustavo Pereira da Silva Couto, Marcos Avallone (MT), Leandro Fernandez, Thais Michelli, "Salominho" Resedá, Lislaine Irineu (Uberaba/MG), Henrique Cavalcante (AL), Bruno César Maciel Braga, Gilmar França Santos, Victor Ribeiro, Antônio Marinho da Rocha Neto, Edilberto Silva Ramos, Ney Maranhão, Fernanda Barretto, Gabriel Henrique de Moraes Pinho (UFMT), Ricardo Fernandes, Carla Reny, Laossy Marquezini, Anderson Schreiber, Mateus "Tevez" Conceição, Leiliane Ribeiro Aguiar ("Leila"), Paula Cabral Freitas, Edson Saldanha, Júlia Pringsheim Garcia, Teresa Rodrigues, Carolina Carvalho, Natália Cavalcante, Gilberto Rodrigues Martins, Geórgia Fernandes Lima, Rosângela Lacerda, Silvia Isabelle Teixeira, Murilo Sampaio, Guilherme Ludwig, Andrea Mariani Ludwig, Renato Dantas, Fábio Periandro Hirsch, Marcela Freitas e os queridos alunos das cidades conveniadas ao IELF, os gerentes regionais da Saraiva e livreiros, por todo o apoio na divulgação do nosso trabalho, e todos os amigos que, posto não mencionados, torceram por nosso sucesso.

Índice

Capítulo III
ELEMENTOS DA RESPONSABILIDADE CIVIL

Capítulo IV
A CONDUTA HUMANA

Capítulo V
O DANO

Capítulo VI
O DANO MORAL

Capítulo VII
NEXO DE CAUSALIDADE

Capítulo VIII
CAUSAS EXCLUDENTES DE RESPONSABILIDADE CIVIL E CLÁUSULA DE NÃO INDENIZAR

Capítulo IX
A RESPONSABILIDADE CIVIL SUBJETIVA E A NOÇÃO DE CULPA

Capítulo X
RESPONSABILIDADE CIVIL OBJETIVA E A ATIVIDADE DE RISCO

Capítulo XI
RESPONSABILIDADE CIVIL POR ATO DE TERCEIRO

Capítulo XII
RESPONSABILIDADE CIVIL PELO FATO DA COISA E DO ANIMAL

Capítulo XIII
RESPONSABILIDADE CIVIL CONTRATUAL

Capítulo XIV
RESPONSABILIDADE CIVIL DO ESTADO

Capítulo XV
RESPONSABILIDADE CIVIL PROFISSIONAL

Capítulo XVI
RESPONSABILIDADE CIVIL NAS RELAÇÕES DE TRABALHO

Capítulo XVII
RESPONSABILIDADE CIVIL NAS RELAÇÕES DE CONSUMO

Capítulo XVIII
RESPONSABILIDADE CIVIL DO TRANSPORTADOR

Capítulo XIX
RESPONSABILIDADE CIVIL DO EMPREITEIRO, CONSTRUTOR E INCORPORADOR

Capítulo XX
RESPONSABILIDADE CIVIL DAS INSTITUIÇÕES FINANCEIRAS

Capítulo XXI
RESPONSABILIDADE CIVIL DECORRENTE DE CRIME

Capítulo XXII
A AÇÃO DE INDENIZAÇÃO (ASPECTOS PROCESSUAIS DA RESPONSABILIDADE CIVIL)

Sobre a Importância do Estudo do Direito Civil

Há ramos do Direito que regulam apenas as relações de certas categorias de pessoas, comerciantes, empregados e empregadores ou agricultores, como fazem o Direito Comercial, o Direito do Trabalho ou o Direito Agrário.

Diferentemente deles, o Direito Civil se aplica a todas as pessoas físicas (seres humanos) ou jurídicas. As normas desse último direito — o Direito Civil — são reunidas em um Código: o Código Civil. Como o Direito e o Código Civil produzem efeitos sobre toda a população do país, pode-se logo perceber a importância que tem o seu conhecimento para os milhões de brasileiros.

E mais do que isso, avaliar as perplexidades que traz a edição de um novo Código Civil, causando dúvidas e incertezas (não só para os leigos mas também para os versados em Direito), sobre se determinadas situações perduram ou se foram modificadas pelas regras do novo Código, é fundamental para toda a sociedade.

Daí a enorme utilidade de uma interpretação das normas da nova compilação por autoridades na matéria, como os jovens e já respeitados civilistas professores Pablo Stolze Gagliano e Rodolfo Pamplona Filho. Impuseram-se eles à árdua tarefa de publicar *Novo Curso de Direito Civil*, em que expõem segundo um método moderno a disciplina jurídica de que são mestres universitários. Não se limitam a isto, mas realizam ainda a tarefa benemérita de acompanhar a exposição de uma análise comparativa entre os Códigos Civis de 1916 e 2002, de que tanto se necessita nos dias atuais.

Os autores, depois de enriquecerem a bibliografia brasileira de direito com os dois primeiros volumes da obra, sobre a Parte Geral e Obrigações, presenteiam-nos agora com o vasto e complexo tema da responsabilidade civil.

Dignos de elogios são os mestres que estão empreendendo, com dedicação digna de aplauso, tão nobre tarefa, mas também o é a Saraiva, por editar a obra e fazê-lo com tão bela apresentação gráfica.

Luiz de Pinho Pedreira da Silva

Livre-docente da Faculdade de Direito da Universidade Federal da Bahia.

Juiz aposentado do TRT da 5.ª Região. Membro da Academia Brasileira de Letras Jurídicas, da Academia Nacional de Direito do Trabalho e da Academia de Letras Jurídicas da Bahia.

Prefácio à Primeira Edição
Responsabilidade a quatro mãos

Os traçados e balizas que acolchetam arcos históricos e travessias revelam percursos do conhecimento, multiplicação e viagens. Conhecer é uma *turnê* na própria cognição a fim de descobrir. Descoberta é o que se dá na travessia do indivíduo ao cidadão, do sujeito insular à pessoa concreta, real, demandante de direitos e de necessidades fundamentais. Largo por isso mesmo é o horizonte da passagem que a peregrinação pela responsabilidade civil traduz.

Sabe-se que há caminhos que praticamente foram feitos para não terem fim, são as vias que os navegadores viajam e *fazem até mesmo a viagem viajar*, como escreveu o Professor Gerd Bornheim[1]. A perspectiva aberta, crítica e construtiva do saber jurídico que se espanta com os dogmas e retira desse assombro interrogações interdisciplinares que se edificam distantes das verdades únicas, das fórmulas acabadas, do engessamento das ideias, é uma dessas passagens, mais alameda, menos viela.

É por isso que a doutrina fundante do Direito Civil brasileiro contemporâneo deve hospedar com instigação uma obra que, ao lado da intenção de informação, quer também assumir como uma de suas tarefas não se resumir à mera reprodução (mesmo sagaz) de conhecimentos.

Pablo Stolze Gagliano e Rodolfo Pamplona Filho se dirigem para esse itinerário quando proclamam que "outro mito que se deve destruir é a ideia de que o dano, para o Direito Civil, toca, apenas, interesses individuais. O Direito Civil não deve ser produto do cego individualismo humano".

Sem soçobrar o olhar nas premissas que elegeram, conjugam nesse percurso tirocínio e iluminação, acumulados no magistério, na magistratura, na pós-graduação e na pesquisa, lançando suas reflexões em volume que compreende a responsabilidade civil no curso de Direito Civil, cotejando-a entre o Código que a passo se despede e a nova codificação que aos poucos se instala entre nós.

Dessa elipse do sujeito insular deu, *hors-ligne*, apontamento a tese do Professor Joaquim de Souza Ribeiro ao bem estear a tese da coexistência da racionalidade do ordenamento com a "simultânea garantia de realização, no plano individual e colectivo, de interesses essenciais"[2], normalmente desprotegidos.

---

1 Gerd Alberto Bornheim, *O conceito de descobrimento*, Rio de Janeiro: EdUERJ, 1998, p. 40.

2 Joaquim de Souza Ribeiro, *O problema do contrato; as cláusulas contratuais gerais e o princípio da liberdade contratual*, Coimbra: Almedina, 1999, p. 645.

Para realizar essa travessia, como a que se opera da codificação à constituição, da patrimonialização à repersonalização, do *ter* ao *ser*, não é possível seguir hoje a observação (no contexto de então) de Portalis, principal redator do Código Civil francês, segundo a qual "en nuestros tiempos hemos amado con demasía los cambios y las reformas"[3]. Na estação de agora impende dar valor às transformações e reformas, não obstante não se possa (nem se deva) enodoar o que do pretérito se presentifica na complexidade do contemporâneo que faz, paradoxal e interessantemente, conviver o clássico, o moderno e o legado do porvir ainda por fazer-se.

Em boa hora se apresenta a obra de Pablo Stolze Gagliano e Rodolfo Pamplona Filho, especialmente porque tomou como diretrizes afastar a responsabilidade civil dos anexos do Direito das Obrigações, e apresentam, didaticamente, à luz de suas concepções e pressupostos, os elementos gerais e estruturantes da responsabilidade, da culpa e do nexo de causalidade. É sempre oportuno que se reflita sobre esses elementos, inclusive para problematizar as *debilidades* (como assim as designou o Professor Michel Villey[4]) dos conceitos tradicionais de contrato, propriedade e obrigação.

O exame esmiuçado do tema em leitura límpida e franca não descura da fundamentação teórica imprescindível e do rol das informações que não se pode empanar. Assim se dá, por exemplo, ao asseverarem os autores que "acabou-se o tempo da hipócrita adoração do princípio da igualdade formal das partes contratantes".

Demais disso, em diversos momentos, sustenta-se o viés da prioridade ao comando constitucional (quando o texto cuida, *verbi gratia*, da defesa do consumidor nesse âmbito da responsabilidade civil), o que é coerente com a principiologia axiológica de índole constitucional, a evidenciar que um Código não nasce código, mas sim se faz, *en marchant*. Mesmo para os defensores[5] da codificação no tempo contemporâneo critica-se a ausência de visão prospectiva.

A clareza das assertivas não deve buscar consenso, inclusive porque a dialética da argumentação jurídica supõe, necessariamente, a dissonância cons-

---

[3] Jean-Etienne Portalis, *Discurso preliminar sobre el proyecto de Código Civil presentado el primero de pluvioso del año IX por la Comisión designada por el Gobierno Consular*, Buenos Aires: Abeledo-Perrot, 1959, p. 60.

[4] Michel Villey, *En torno al contrato, la propiedad y la obligación*, Buenos Aires: Ediciones Ghersi, 1980, p. 30.

[5] Escreveu Oppetit: "La codification, sans se confondre avec la législation, lui emprunte certains de ses traits lorsqu'elle poursuit des finalités réformatrices; en revanche, elle semblerait s'inscrire beaucoup moin dans l'avenir lorsqu'elle ne tend qu'à la consolidation des textes en vigueur" (Bruno Oppetit, L'avenir de la codification, *Droits, Revue Française de Théorie, de Philosophie et de Culture Juridiques*, n. 24, La codification, Paris: PUF, 1997, p. 73.

trutiva, a alteridade, o outro olhar, diverso da mirada com que se está a ver o objeto de análise. É que se depreende, nessa angulação, quando se conecta, na obra, o vigente Código às "mudanças sofridas pela sociedade humana", não sendo, por certo, em nosso ver, a codificação de 2002 o repositório privilegiado das conquistas jurídicas da condição humana.

Nada obstante, é conhecida a judiciosa afirmação de que, "enquanto existirem códigos civis, eles são peças fundamentais para a definição dos direitos da cidadania"[6]. E, ainda que assim não o seja, sustenta-se que, "se a sociedade sempre muda, todo Código Civil, ainda que tenha todo seu conteúdo em uma semana, nascerá, necessariamente, desatualizado"[7].

Melhor dizer, consoante Tepedino, que "o próprio direito civil, através da legislação extracodificada, desloca sua preocupação central, que já não se volta tanto para o indivíduo, senão para as atividades por ele desenvolvidas e os riscos delas decorrentes"[8]. É para essa mudança paradigmática que a responsabilidade civil foi chamada à colação.

Daí o desafio de acolher, na dialeticidade do saber, a descoberta dos itinerários que alcançam a alteridade e também o mundo exterior. Por isso, a superação dos conceitos, a quebra de paradigmas e a invenção como regra. São dois níveis de descobrimento[9] que abrem horizontes para novos campos da responsabilidade. Para ingressar nessa excursão o acesso principia pela noção da nau e do plano, uma busca que na crítica e na construção reconhece limite e possibilidade.

Aos autores que intentam singrar essas águas desse inquietante mar nossos cumprimentos pela contribuição que começam, com responsabilidade, a verter para a doutrina brasileira.

Luiz Edson Fachin
Professor Titular de Direito Civil da UFPR

---

6 Keila Grinberg, *Código Civil e cidadania*, Rio de Janeiro: Zahar, 2001, p. 73.

7 Keila Grinberg, *Código Civil e cidadania*, cit., p. 72.

8 Gustavo Tepedino, Premissas metodológicas para a constitucionalização do Direito Civil, in *Temas de Direito Civil*, Rio de Janeiro: Renovar, 1999, p. 7.

9 Bornheim, *O conceito de descobrimento*, cit., p. 84.

Apresentação da Primeira Edição

Apresentar uma obra, um trabalho intelectual, é revelar a dimensão do homem.

Não é tarefa fácil, pois tudo o que se disser do trabalho de criação irá projetar-se no seu criador.

Criador e criação estabelecem uma simbiose indissolúvel.

De certa feita, o grande penalista Alberto Silva Franco, convidado a apresentar um trabalho jurídico, deixou evidenciado quão difícil é prefaciar uma criação do homem.

Para tanto devemos conhecer a obra, seu autor e o ser humano que se revela em seu interior.

Confesso que me surpreendi quando fui convidado para apresentar este trabalho.

A surpresa liga-se ao fato de ter conhecido pessoalmente um dos autores, o ilustre e jovem talento **Pablo Stolze**, há pouco tempo, embora dele tivesse notícia pelo seu destaque como professor universitário no Estado da Bahia e atuação e participação, em São Paulo, como coordenador, juntamente com o especial amigo Luiz Flávio Gomes, no "Curso Prima-Ielf" e na Faculdade Autônoma de Direito de São Paulo.

Em nosso primeiro encontro pude entender melhor a euforia de Luiz Flávio com o novo parceiro.

Pablo Stolze Gagliano transmite um carisma e demonstra energia positiva que nos faz — de pronto — nutrir-lhe admiração pela sua enorme capacidade de comunicação e especial formação jurídica, demonstrando segurança e conhecimento em tudo o que diz.

É um comunicador nato e um operador do Direito de escol.

É Juiz de Direito no Estado da Bahia e professor universitário, dividindo essas tarefas com a mesma eficiência e talento.

Rodolfo Pamplona Filho é Juiz do Trabalho e professor universitário no Estado da Bahia, também se destacando em todas as áreas em que atua.

Também jovem, vem se revelando ao mundo jurídico como destaque da nova geração de juristas.

Mas impõe-se falar da criação.

Os estudiosos e operadores do Direito aqui apresentados uniram seus especiais predicados e talento para enfrentar um desafio: comentar o novo Código Civil posto a lume e em vigor a partir de janeiro de 2002.

A iniciativa vem demonstrar a coragem dos personagens apresentados, pois desde há muito tempo o Direito Civil tornou-se uma reserva para poucos. Os comentários mais alentados, com rigor sistemático e plena abrangência surgiram na primeira metade do século passado, nada surgindo no horizonte do Direito Privado que inovasse nessa área após esse período.

Como lembrou Sílvio de Salvo Venosa, na apresentação do volume I, "durante muitas décadas nada de novo foi criado em matéria de obra sistemática no campo do Direito Civil em nosso país".

A observação de que se trata de um desafio e ato de coragem liga-se ao fato de que há um novo estatuto com nada menos do que 2.046 artigos para serem dissecados e interpretados. Mais do que isso, sem qualquer ponto de partida ou comentário anterior que possa servir de base, ainda que para discordar.

Foram postos à disposição dos leitores os volumes I (Parte Geral) e II (Direito das Obrigações).

Foi-nos confiada a apresentação do volume III, dedicado exclusivamente ao estudo da Responsabilidade Civil, com o esclarecimento de que tal temática é ampla demais para ser estudada como mero anexo da análise do Direito das Obrigações.

Este volume III, na esteira dos demais já publicados, comprova a qualificação dos seus inspiradores e sua sólida formação jurídica.

O tema "responsabilidade civil" é tratado com rigor científico, apresentando um índice sistemático que revela um conteúdo rico, atual e constituindo o que de melhor poderia ser produzido.

O compromisso com a verdade nos leva a confessar que obras antes editadas, tratando do Direito Civil como um todo, nas quais os autores se propuseram analisar todo o Código Civil, registravam comentários superficiais ou incipientes acerca da responsabilidade civil e da obrigação de indenizar.

Contudo, surge agora o vislumbre de um novo porvir, mas que já se torna realidade: a preocupação dos novos juristas com um instituto fundamental para a solução de conflitos e a pacificação social.

Trata-se de trabalho de mão e sobremão, levando a crer que os autores têm a virtude de multiplicar o tempo.

Os comentários não ficam na superfície e comprovam que a lei não é o texto, mas o contexto.

Mais do que isso, atende à advertência de PONTES DE MIRANDA quando obtemperou que "toda obra de ciência — e de direção dos povos — exige dedicação e amor. Sem isso não se constrói" (Posfácio de seus *Comentários ao Código de Processo Civil*, 1978).

Se possível for aconselhar, obtempero que não basta saber; é preciso divulgar o saber. Não basta capacitar-se; é necessário contribuir para a capacitação dos outros.

Não basta ter direitos; é preciso poder exercê-los. E para alcançar essa meta é que se esforçam tantos quantos nos presenteiam com trabalhos como este que ora apresento, com essa envergadura e qualidade.

Novos juristas, sejam bem-vindos.

Que DEUS lhes permita continuar distraindo o tempo para nos brindar com uma obra completa e reveladora de um novo porvir.

Rui Stoco
Desembargador do Tribunal de Justiça de São Paulo

Nota dos Autores à Décima Sexta Edição

O ano de 2017 foi, efetivamente, um marco em nossas vidas!

De fato, completamos, naquele ano, 15 (quinze) anos da estreia do presente volume, o primogênito de uma profícua parceria.

Até o momento, lançamos, juntos, 9 (nove) obras, a saber, 7 volumes/tomos do nosso *Novo Curso de Direito Civil* (Parte Geral, Obrigações, Responsabilidade Civil, Teoria Geral dos Contratos, Contratos em Espécie, Direito de Família e Sucessões); uma obra apartada, *O Novo Divórcio*, publicada quando da promulgação da Emenda Constitucional n. 66; e o nosso robusto *Manual de Direito Civil*, com o curso completo da disciplina, que alcançou grande sucesso.

Para o ano de 2018, além da habitual e cuidadosa revisão do texto para as novas edições de cada um dos livros, temos a imensa honra de anunciar que estamos ultimando, finalmente, o volume 5 da coleção, inteiramente dedicado ao estudo dos "Direitos Reais", com breve previsão de lançamento.

Além disso, procedemos com a reunião dos dois tomos de *Contratos* (*Teoria Geral dos Contratos* e *Contratos em Espécie*), proporcionando ao nosso leitor um volume unificado, com ampla abordagem do assunto.

Reiteramos nossa disposição para continuar ensinando o novo Direito Civil brasileiro com profundidade, objetividade e leveza. Por isso, agradecemos, mais uma vez, todas as sugestões de aperfeiçoamento que recebemos pelos nossos *e-mail's* pessoais, aqui novamente divulgados.

Precisamos muito dessa maravilhosa interação virtual que renova nosso gosto de viver e produzir!

Muito obrigado por tudo!

Com Deus, sempre!

Salvador, dezembro de 2017.

Pablo Stolze Gagliano <pablostolze@gmail.com.>

Rodolfo Pamplona Filho <rpf@rodolfopamplonafilho.com.br>

Visite os *sites*: www.pablostolze.com.br
e www.rodolfopamplonafilho.com.br

Nota dos Autores à Décima Quinta Edição

O ano de 2017 promete ser um marco em nossas vidas!

Nessa data, completamos 15 (quinze) anos da estreia do volume I ("Parte Geral") do nosso *Novo Curso de Direito Civil*, o primogênito de uma profícua parceria, que logo foi sucedido por vários volumes, inclusive o presente livro, totalmente focado na compreensão das intrincadas questões relacionadas ao interdisciplinar campo da "Responsabilidade Civil".

Com efeito, mais do que colegas, tornamo-nos parceiros.

Mais do que parceiros, tornamo-nos amigos.

Mais do que amigos, tornamo-nos irmãos.

E, nessa fraternidade, vários frutos foram gerados.

Até o momento, lançamos, juntos, 8 (oito) obras em coautoria, a saber, sete volumes/tomos do nosso *Novo Curso de Direito Civil* (parte geral, obrigações, responsabilidade civil, teoria geral dos contratos, contratos em espécie, direito de família e sucessões), e uma obra apartada, *O Novo Divórcio*, publicada quando da promulgação da Emenda Constitucional n. 66.

Mas essa fraternidade continua a produzir novos resultados!

Justamente neste ano em que "debutamos", ao completar três lustros de publicações, você, amigo leitor, é que ganhará o presente.

Além da habitual e dedicada revisão e atualização do texto desta nova edição que chega às suas mãos, temos a imensa honra de anunciar que, neste ano, temos também a previsão de lançar dois novos "filhos".

O primeiro é o volume V da coleção, inteiramente dedicado ao estudo dos "Direitos Reais", que já está sendo ultimado no momento em que se redigem estas linhas.

O segundo é a pérola da nossa produção: um *Manual de Direito Civil*, com o curso completo da disciplina, que facilitará a consulta rápida de nossos amigos leitores em um único volume, abrangendo todos os ramos do Direito Civil, com precisão técnica.

E um filho não concorrerá com o outro.

O *Manual* terá a característica da consulta rápida, condensada, enquanto os tomos do *Novo Curso de Direito Civil* terão cortes epistemológicos bem direcionados às disciplinas específicas, com o aprofundamento de questões que não são possíveis em uma obra da envergadura do "volume único".

Um complementando o outro, sem tomar o seu espaço, como devem se comportar membros de uma mesma família.

Nessa nova fase de nossas vidas, rendemos homenagens a você, querido leitor, por todo o apoio e carinho demonstrados.

Reiteramos nosso pedido para que nos ajude a cumprir o permanente compromisso de honrar a missão de ensinar o novo Direito Civil brasileiro com profundidade, objetividade e leveza. Por isso, continuamos sempre abertos a toda e qualquer sugestão de aperfeiçoamento, que pode nos ser enviada pelos nossos *e-mails* pessoais, aqui divulgados.

Essa saudável interação virtual tem nos feito muito bem (e aumentado, a cada edição, a lista de agradecimentos...).

Muito obrigado por tudo!

Com Deus, sempre!

Salvador, novembro de 2016.

Pablo Stolze Gagliano <pablostolze@gmail.com.>

Rodolfo Pamplona Filho <rpf@rodolfopamplonafilho.com.br>

Visite os *sites*: www.pablostolze.com.br
e www.rodolfopamplonafilho.com.br

Nota dos Autores à Décima Quarta Edição

Anualmente, a cada nova edição da obra, temos feito cuidadosa revisão e atualização do texto.

Muitas vezes, procedemos também com ampliações, incorporando novas reflexões e dissecando institutos antes não abordados.

Todavia, o que fizemos, desta vez, com toda a coleção, que agora entregamos ao nosso querido público leitor, foi muito mais do que isso...

De fato, o ano de 2015 se mostrou profícuo em matéria de produção legislativa.

O advento de um novo Código de Processo Civil, na perspectiva do diálogo das fontes, afetou profundamente aspectos do direito material.

Ademais, outros diplomas modificaram preceitos legislativos que eram objeto de referência em edições anteriores de vários volumes desta obra, merecendo destaque, a título exemplificativo, o Estatuto da Pessoa com Deficiência, o que exigiu novo esforço intelectual para (res)sistematizar a compreensão e o ensino de tradicionais institutos civis.

Neste volume, especificamente, além da atualização da base legislativa, mantivemos a referência aos julgados até então citados, eis que uma nova jurisprudência deverá ser construída somente a partir de 2016.

Nesse contexto, renovamos também o nosso compromisso de manter a missão de ensinar o novo Direito Civil brasileiro com profundidade, objetividade e leveza, sempre abertos a toda e qualquer sugestão de aperfeiçoamento, pelo que informamos nossos atuais *e-mails* e *sites* para a saudável interação, pessoal e/ou virtual.

Muito obrigado por todo o apoio que você, querido leitor, nos proporciona!

Com Deus, sempre!

Salvador, novembro de 2015.

Pablo Stolze Gagliano <pablo.stolze@terra.com.br>
Rodolfo Pamplona Filho <rpf@rodolfopamplonafilho.com.br>

Visite os *sites*: www.pablostolze.com.br
e www.rodolfopamplonafilho.com.br

Nota dos Autores à Décima Edição

A primeira edição do primeiro volume desta coleção foi publicada em março de 2002.

Parece que foi ontem...

Fizemos o lançamento oficial em um grande congresso realizado em Salvador (BA), no dia 3 de abril de 2002 e, naquele momento, percebemos que estávamos diante de algo maravilhoso, que uniria indelevelmente as nossas vidas, como um símbolo de uma fraternidade inabalável.

"O livro saiu do controle...", era uma frase que repetíamos um para o outro, de forma reiterada, ao constatar o êxito da nossa modesta empreitada.

E novos livros se seguiram, inclusive este volume dedicado ao estudo da Responsabilidade Civil.

Em agosto de 2011, menos de 10 anos da estreia daquele que costumamos chamar de nosso "primogênito", estamos redigindo estas linhas com uma emoção renovada.

Vemos que esta profícua parceria gerou sete livros e vários artigos de grande repercussão.

Alcançamos mentes e almas em todo o país, seja pessoalmente, seja por *e-mails* ou no contato por meio de nossos *site* e *blog*.

Crescemos como seres humanos, experimentando novas sensações em nosso convívio familiar, acadêmico e profissional.

Mantivemos o nosso "coração de estudante" aberto para tudo que nos foi ofertado, nunca fechando nossos horizontes para a pesquisa e o renovar do debate e do aprendizado, em cursos no Brasil e no exterior.

Nesta nova edição, revista, ampliada e atualizada, revisamos os tópicos, esclarecendo e sanando as inevitáveis imperfeições decorrentes da falibilidade humana ou da modificação normativa.

Registramos, mais uma vez, o nosso agradecimento sincero pela interação com os leitores, das mais diversas formas possíveis (salas de aula, congressos, *e-mails*, redes sociais etc.). Tal contato permite a atualização e aperfeiçoamento constante da obra, motivo pelo qual sempre inserimos novos nomes nos agradecimentos do livro.

Desta forma, renovamos e buscamos cumprir o nosso compromisso público de respeito aos estudiosos do Direito Civil brasileiro.

Muito obrigado por tudo a Deus e a você, amigo(a) leitor(a)!

Salvador, agosto de 2011.

Pablo Stolze Gagliano <pablostolze@terra.com.br>
Rodolfo Pamplona Filho <rpamplonafilho@uol.com.br>

Visite os *sites*: www.pablostolze.com.br e www.rodolfopamplonafilho.blogspot.com

Nota dos Autores à Oitava Edição

O último ano que vivemos foi repleto de grandes emoções.

Com efeito, se iniciamos a redação do volume VII ("Direito de Família"), desta coleção, com o ânimo de completar, o mais rápido possível, a nossa obra, também tivemos imensos outros desafios que nos tomaram, sobremaneira, todo o tempo livre.

Do ponto de vista profissional, reorganizamos nossas agendas, permitindo estabelecer novos contatos com queridos novos amigos em todos os rincões deste Brasil continental.

Realizamos cursos fora do Estado e do País, buscando abrir, ainda mais, os horizontes, o que tem sido uma experiência enriquecedora, inclusive para este livro.

Se problemas pessoais, notadamente de saúde na família, também nos atacaram, sentimos, por outro lado, um forte intercâmbio de energias, com as maravilhosas correntes de oração, pensamentos positivos e solidariedade, que nos fizeram, quase literalmente, "renascer das cinzas".

E é com este espírito renovado que temos a honra e o prazer de apresentar ao nosso fiel público leitor as novas edições do nosso *Novo Curso de Direito Civil*, a saber: 12.ª edição do volume I ("Parte Geral"), 11.ª edição do volume II ("Obrigações"), 8.ª edição do volume III ("Responsabilidade Civil"), 6.ª edição do volume IV, tomo I ("Teoria Geral dos Contratos") e 3.ª edição do volume IV, tomo 2 ("Contratos em Espécie").

Esperamos, em Cristo, terminar o novo rebento desta profícua parceria ainda no ano em curso.

E, mais uma vez, aproveitamos a oportunidade para agradecer.

Agradecer o carinho com que somos recebidos em todos os lugares em que palestramos ou ministramos aulas.

Agradecer o apoio em todos os momentos, alegres ou difíceis, por que passamos recentemente.

Agradecer, sempre, a interação mantida com os leitores, seja no contato pessoal nas salas de aula, corredores ou congressos; seja pela imensa quantidade de mensagens eletrônicas recebidas diariamente.

Como afirmamos anteriormente, de forma pública, este compartilhar de ideias acaba transformando nossos leitores em "coautores virtuais" da obra, motivo pelo qual sempre temos ampliado o rol de agradecimentos de cada edição de todos os volumes, inserindo os nomes daqueles que trouxeram contribuições para o lapidar da obra.

Receba, você, amigo leitor, o nosso sincero e carinhoso abraço!

Salvador, julho de 2009.

Pablo Stolze Gagliano <contato@pablostolze.com.br>

Rodolfo Pamplona Filho <rpamplonafilho@uol.com.br>

Visite os *sites*: www.pablostolze.com.br e www.unifacs.br/revistajuridica

Nota dos Autores à Sétima Edição

É com grande satisfação que apresentamos a mais nova edição do volume III ("Responsabilidade Civil") do nosso *Novo Curso de Direito Civil*.

Trata-se da sétima consecutiva, o que, aliado a algumas reimpressões, muito nos alegra.

Consideramos essa circunstância uma benção maravilhosa, que gostaríamos de compartilhar com todos aqueles que nos incentivam.

E, por isso, mantendo o nosso habitual compromisso, fizemos questão de revisar vários tópicos, tanto para esclarecer, quanto para atualizar e aperfeiçoar.

O agradecimento sincero pela interação com os leitores (seja em salas de aula, congressos ou *e-mails*), não pode deixar de ser mencionado, pois, cada vez mais, vislumbramos tal contato como um verdadeiro compartilhar de co-autoria, o que é registrado, sempre, nos agradecimentos da obra!

Nesta edição, por exemplo, feita em paralelo à redação do volume VII, dedicado ao "Direito de Família", além dos inevitáveis aperfeiçoamentos redacionais ou terminológicos, fizemos questão de inserir a ementa do julgamento da Ação Direta de Inconstitucionalidade n. 2.591, que declarou expressamente a aplicabilidade do Código de Defesa do Consumidor às instituições financeiras, o que propugnávamos publicamente, inclusive desde a primeira edição deste volume.

E é nessa grata sensação de alegria pela resposta do nosso público leitor que redigimos esta nota, na esperança, quase certeza, de que o inesgotável tema da responsabilidade civil ainda ensejará várias outras reflexões nossas e dos nossos amigos de todo o Brasil.

Um afetuoso abraço!

Salvador, agosto de 2008.

Pablo Stolze Gagliano <pablostolze@terra.com.br>

Rodolfo Pamplona Filho <rpamplonafilho@uol.com.br>

Visite os *sites*: www.pablostolze.com.br e www.unifacs.br/revistajuridica

Nota dos Autores à Quinta Edição

É com grande satisfação que trazemos a lume uma nova edição do volume III ("Responsabilidade Civil") do nosso *Novo Curso de Direito Civil*.

Mantendo o compromisso com o público leitor, revisamos tópicos, tanto do ponto de vista de esclarecimento de posicionamentos quanto de aperfeiçoamento redacional.

Agradecemos, mais uma vez, de coração, a constante interação que estamos mantendo com os leitores, seja no contato pessoal nas salas de aula, corredores ou congressos, seja pela imensa quantidade de mensagens eletrônicas recebidas diariamente, com sugestões construtivas e elogios.

Sentimos o nosso estimado leitor como um verdadeiro coautor da obra!

A este sentimento de construção coletiva de um texto, dedicamos esta nova edição, com a sincera promessa de continuar lutando pelo texto perfeito, objetivo que sabemos que nunca será alcançado, mas sempre será perseguido...

Salvador, fevereiro de 2007.

Pablo Stolze Gagliano <pablostolze@terra.com.br>
Rodolfo Pamplona Filho <rpamplonafilho@uol.com.br>

Visite os *sites*: www.pablostolze.com.br e www.unifacs.br/revistajuridica

Nota dos Autores à Quarta Edição

Estimados amigos leitores,

Nesta nova publicação, aperfeiçoamos alguns capítulos, inserindo novos precedentes atualizados, segundo a meta que traçamos no sentido de deixar esta obra sempre moderna.

Já tivemos oportunidade de anotar, segundo ditado corrente, que *livro a gente não acaba de escrever nunca*, e, para tanto, contamos sempre com a valiosa colaboração de vocês.

Estamos à disposição de todos!

Um fraternal abraço!

Salvador, Bahia, em 19 de março de 2006.

Pablo Stolze Gagliano <pablostolze@terra.com.br>

Rodolfo Pamplona Filho <rpamplonafilho@uol.com.br>

Nota dos Autores à Terceira Edição

O tema "responsabilidade civil" é, definitivamente, inesgotável.

Por isso, fazer uma nova edição deste volume, inteiramente dedicado a esta especialização do Direito Civil, é sempre um prazer renovado, haja vista haver uma quantidade enorme de temas que podem ser aprofundados.

Conceber, porém, esta terceira edição foi um pouco mais complicado do que de costume, pois, em verdade, estamos passando por um período bastante atribulado de nossas vidas, seja em função do término do curso de Mestrado de Pablo na PUCSP, seja em função da mudança de comarca (de Eunápolis para Ilhéus) de Rodolfo, bem como a sua eleição para a Academia de Letras Jurídicas da Bahia e, principalmente, o nascimento de Rodolfinho, em 3 de junho de 2005.

Assim, essa é uma revisão feita "entre fraldas e mamadeiras", em um momento muito especial de nossas vidas!

Mesmo tão atarefados, isso não prejudicou o trabalho, pois não poderíamos deixar de trazer novas reflexões sobre os temas aqui defendidos, bem como propugnar por um aperfeiçoamento redacional do texto (mesmo cientes de que ele nunca alcançará a perfeição, uma vez que esta somente é reservada para o Senhor Jesus...).

O que aqui conseguimos é fruto, porém, de uma constante dialética com nosso fiel público leitor, que nos proporciona sempre um amadurecimento das teses, tanto em sala de aula quanto nos *e-mails* recebidos diariamente.

Por isso, não cansamos de registrar nossos agradecimentos, como um preito de sincero reconhecimento a eles, dedicando-lhes todo o sucesso desta nova empreitada!

Salvador, julho de 2005.

Pablo Stolze Gagliano <pablostolze@terra.com.br>

Rodolfo Pamplona Filho <rpamplonafilho@uol.com.br>

Visite os *sites*: www.pablostolze.com.br e www.unifacs.br/revistajuridica

Nota dos Autores à Segunda Edição

Foi com grande prazer que recebemos a comunicação da Editora Saraiva encomendando a preparação dos originais da segunda edição deste terceiro volume do nosso *Novo Curso de Direito Civil*, ao mesmo tempo em que eram solicitadas a quinta edição do volume I e a quarta edição do volume II.

O custo desse prazer, porém, foi um esforço hercúleo para conseguir superar as dificuldades pessoais do dia a dia, aliadas à peculiaridade da redação do volume IV, ainda em andamento.

Virando noites (literalmente), conseguimos dar cabo à proposta de manter sempre atualizada a legislação e jurisprudência da obra, aproveitando a oportunidade, no caso concreto, para sanar as imperfeições naturais de uma primeira edição.

Para essa parte final, tivemos, porém, o apoio de diversos novos e velhos amigos que, lendo a obra, não hesitaram em entrar em contato para sugerir modificações, aperfeiçoamentos ou simplesmente manifestar o seu agrado, em um diálogo franco, respeitoso e aberto, que nos agrada sobremaneira.

Esperamos, sinceramente, que este novo volume siga realmente a trilha aberta pelos seus antecessores, uma vez que simboliza, como dito na primeira edição, a consolidação de novas relações de fraternidade com juristas sagrados do Direito Civil nacional, como *Luiz Edson Fachin* e *Rui Stoco*, que nos presentearam com a redação, respectivamente, do prefácio e apresentação, verdadeiras peças literárias em uma obra modestamente técnica.

Da mesma forma, na nota de abertura, na esteira dos insuperáveis *Josaphat Marinho* (v. I) e *José Joaquim Calmon de Passos* (v. II), outro representante da geração desbravadora da cientificidade do Direito brasileiro, o grande *Luiz de Pinho Pedreira da Silva*, um dos maiores pensadores vivos do Direito do Trabalho nacional e mundial.

At last, but not at least, na orelha do livro (que — convenhamos — é o "cartão de visita" de qualquer obra, pois é a parte que primeiro se lê) contamos com a arguta palavra do colega Prof. *Paulo Roberto Nalin*, em texto memorável, cujo elogio (e exagero) somente é justificável pela amizade que nos une e pelo seu imenso coração.

E que Jesus continue abençoando todos aqueles que acreditam que é possível construir amizades verdadeiras em um mundo tão cheio de máscaras, aprendendo a se desnudar intelectualmente para, da forma mais íntegra possível, sonhar com um novo perfil do profissional do Direito, mais próximo do cidadão e da realização de um mundo melhor para ser vivido.

Salvador, novembro de 2003.

Pablo Stolze Gagliano <pablostolze@terra.com.br>
Rodolfo Pamplona Filho <rpamplonafilho@uol.com.br>

Visite o *site*: www.pablostolze.com.br

Nota dos Autores à Primeira Edição

Mais uma etapa vencida: terminamos a redação do volume III do nosso *Novo Curso de Direito Civil*.

Cada fase de redação deste livro tem nos reservado agradáveis surpresas.

As vantagens de comunicação da modernidade permitiram que mantivéssemos um contato direto com nossos leitores e alunos, nos diversos cursos de pós-graduação ou preparatórios para concursos de que participamos em todo o país, possibilitando o aperfeiçoamento (processo contínuo e ilimitado) de nossas ideias e o conhecimento de realidades regionais diferenciadas, com diversos exemplos de aplicação da mesma norma legal.

A ideia deste volume, inteiramente dedicado ao tema da "Responsabilidade Civil", é fruto da nossa convicção de que tal temática é ampla demais para ser estudada como mero anexo do Direito das Obrigações.

De fato, a responsabilidade civil é questão que merece destaque da própria disciplina do Direito Civil, sendo matéria afeta à Teoria Geral do Direito, uma vez que se relaciona com absolutamente todos os ramos da árvore jurídica.

Por isso, a proposta desta parte do curso é apresentar todos os elementos gerais e estruturantes da responsabilidade civil, realizando uma análise percuciente de cada um dos seus elementos essenciais (conduta humana, dano e nexo de causalidade), bem como da relevância ou não da culpa para a sua configuração.

Conhecidas as premissas do raciocínio, passamos a tecer considerações sobre a casuística da responsabilidade civil, enfocando algumas questões específicas de grande importância doutrinária e utilidade prática, buscando trazer arestos jurisprudenciais atualizados para a comprovação das teses defendidas.

E a jurisprudência colacionada, os nossos leitores perceberão, *é extremamente atual e cuidadosamente escolhida*, já que esta obra também é pensada para os profissionais do direito.

É lógico que, dada a amplitude do tema aqui abordado, tais especificações jamais poderão ser exaustivas, mas apenas exemplificativas da importância da matéria, pelo que nossa expectativa é que, se este volume alcançar o mesmo sucesso dos anteriores, estaremos continuamente renovando e ampliando esta parte.

Por opção metodológica, inclusive, algumas formas de responsabilização civil serão enfocadas em outros volumes de nossa obra, como, por exemplo, *na atividade de seguro, destinada ao volume IV ("Contratos"), e nas relações familiares, reservadas para o volume VII ("Direito de Família").*

Esperamos, sinceramente, que este novo volume possa seguir a mesma trilha dos anteriores, pois também simboliza a consolidação de novas amizades com ilustres e conceituados juristas, a saber, os doutos *Luiz Edson Fachin, Rui Stoco, Luiz de Pinho Pedreira da Silva* e *Paulo Roberto Nalin*, que nos presentearam com a redação dos textos de abertura e de orelha da obra.

Como sempre dito, a divulgação de nossos endereços eletrônicos ao final desta nota tem por finalidade manter um diálogo franco e aberto com todos aqueles que compartilharem conosco a paixão pelo estudo do Direito Civil.

E que o fogo dessa paixão seja a bússola que nos conduza para o norte de um amor maduro e perene.

Salvador, abril de 2003.

Pablo Stolze Gagliano <pablostolze@terra.com.br>
Rodolfo Pamplona Filho <rpamplonafilho@uol.com.br>

Visite o *site*: www.pablostolze.com.br

Capítulo I
Introdução à Responsabilidade Jurídica

Sumário: 1. Introdução. 2. Conceito jurídico de responsabilidade. 3. Responsabilidade jurídica x Responsabilidade moral. 4. Responsabilidade civil x Responsabilidade criminal.

1. INTRODUÇÃO

"De quem é a responsabilidade?"

Esta frase, tão proferida no nosso cotidiano, demonstra a importância do tema do presente livro, dedicado ao estudo da "Responsabilidade Civil" no nosso ordenamento jurídico.

Compreendê-la e tentar respondê-la é um desafio ao jurista, dentro da imensa gama de relações abrangidas pelo tema.

Todavia, antes de adentrarmos à temática propriamente dita, ou seja, especificamente no campo da reparação civil *lato sensu* de danos, é preciso, por rigor metodológico, tentar compreender o conceito jurídico de responsabilidade.

Afinal de contas, antes de saber de quem é a responsabilidade, é preciso entender o que é a responsabilidade.

É o que pretendemos neste capítulo inicial.

2. CONCEITO JURÍDICO DE RESPONSABILIDADE

O magistral JOSÉ DE AGUIAR DIAS abre o seu *Tratado de Responsabilidade Civil*, obra clássica do Direito brasileiro, observando que: "Toda manifestação da atividade humana traz em si o problema da responsabilidade"[1].

De fato, toda a atuação do homem invade ou, ao menos, tangencia, o campo da responsabilidade.

Mas o que é essa responsabilidade?

A palavra "responsabilidade" tem sua origem no verbo latino *respondere*, significando a obrigação que alguém tem de assumir com as consequências

---

[1] José de Aguiar Dias, *Da Responsabilidade Civil*, 9. ed., Rio de Janeiro: Forense, 1994, v. I, p. 1.

jurídicas de sua atividade, contendo, ainda, a raiz latina de *spondeo*, fórmula através da qual se vinculava, no Direito Romano, o devedor nos contratos verbais[2].

A acepção que se faz de responsabilidade, portanto, está ligada ao surgimento de uma obrigação derivada, ou seja, um dever jurídico sucessivo[3], em função da ocorrência de um fato jurídico *lato sensu*[4].

O respaldo de tal obrigação, no campo jurídico, está no princípio fundamental da "proibição de ofender", ou seja, a ideia de que a ninguém se deve lesar — a máxima *neminem laedere*, de Ulpiano[5] —, limite objetivo da liberdade individual em uma sociedade civilizada.

Como sabemos, o Direito Positivo congrega as regras necessárias para a convivência social, punindo todo aquele que, infringindo-as, cause lesão aos interesses jurídicos por si tutelados.

Tomemos, por exemplo, o art. 186 do Código Civil[6].

Se uma pessoa, dolosa ou culposamente, causar prejuízo a outrem, fica obrigada a reparar o dano. Ou seja, se TICIO, dirigindo imprudentemente, atinge o veículo de CAIO, o interesse jurídico patrimonial deste último restou violado, por força do ato ilícito cometido pelo primeiro, que deverá indenizá-lo espontânea ou coercitivamente (pela via judicial).

---

[2] No Direito Romano, para se fixar a *stipulatio*, fazia-se mister o pronunciamento dos termos *dare mihi spondes? Spondeo*, era o que devia responder aquele que se responsabilizava pela obrigação (*vide* Maria Helena Diniz, ob. cit., p. 29). Sobre a matéria, vale a pena conferir o excelente *Direito Romano*, de José Carlos Moreira Alves (6. ed., Rio de Janeiro: Forense, 1998, v. II, p. 139-140).

[3] "Embora não seja comum nos autores, é importante distinguir a obrigação da responsabilidade. *Obrigação* é sempre um dever jurídico originário; *responsabilidade* é um dever jurídico sucessivo, consequente à violação do primeiro. Se alguém se compromete a prestar serviços profissionais a outrem, assume uma obrigação, um dever jurídico originário. Se não cumprir a obrigação (deixar de prestar os serviços), violará o dever jurídico originário, surgindo daí a responsabilidade, o dever de compor o prejuízo causado pelo não cumprimento da obrigação. Em síntese, em toda obrigação há um dever jurídico originário, enquanto na responsabilidade há um dever jurídico sucessivo. E, sendo a responsabilidade uma espécie de sombra da obrigação (a imagem é de Larenz), sempre que quisermos saber quem é o responsável teremos de observar a quem a lei imputou a obrigação ou dever originário" (Sérgio Cavalieri Filho, *Programa de Responsabilidade Civil*, 2. ed., 3.ª tir., São Paulo: Malheiros, 2000, p. 20).

[4] Sobre o conceito e a classificação dos fatos jurídicos, confira-se o volume 1 ("Parte Geral"), Capítulo IX ("Fato Jurídico em Sentido Amplo"), da presente obra.

[5] O jurisconsulto romano *Ulpiano* proclamou três preceitos como princípios fundamentais do direito: *honeste vivere* (viver honestamente), *neminem laedere* (não lesar outrem) e *suum cuique tribuere* (dar a cada um o que é seu).

[6] No CC/1916, art. 159.

O mesmo ocorre, aliás, quando uma das partes descumpre obrigação imposta por norma contratual. A parte credora, nesse caso, poderá exigir a indenização devida, por meio de uma ação de resolução cumulada com perdas e danos.

Da mesma forma, mas em outro campo de tutela jurídica, a ordem jurídica não se satisfaz com a circunstância de determinado indivíduo poder causar mal a outro (matar alguém, por exemplo). Neste ponto, haverá também uma responsabilidade jurídica, porém diferenciada da mencionada nos exemplos anteriores.

É nesse contexto que surge a ideia de responsabilidade.

Responsabilidade, para o Direito, nada mais é, portanto, que uma obrigação derivada — um dever jurídico sucessivo — de assumir as consequências jurídicas de um fato, consequências essas que podem variar (reparação dos danos e/ou punição pessoal do agente lesionante) de acordo com os interesses lesados.

Sobre o tema, inclusive, o *Dicionário Jurídico da Academia Brasileira de Letras Jurídicas* apresenta o seguinte verbete, perfeitamente compatível com a tese aqui defendida:

> "RESPONSABILIDADE. S. f. (Lat., de *respondere*, na acep. de assegurar, afiançar.) Dir. Obr. Obrigação, por parte de alguém, de responder por alguma coisa resultante de negócio jurídico ou de ato ilícito. OBS. A diferença entre responsabilidade civil e criminal está em que essa impõe o cumprimento da pena estabelecida em lei, enquanto aquela acarreta a indenização do dano causado"[7].

Antes de aprofundarmos a diferença entre esses dois campos de responsabilização jurídica, faz-se mister tecer algumas considerações sobre a questão da responsabilidade moral.

3. RESPONSABILIDADE JURÍDICA X RESPONSABILIDADE MORAL

Mutatis mutandis, até mesmo no âmbito da moral, a noção de responsabilidade desponta, embora sem a coercitividade característica da responsabilidade decorrente da violação de uma norma jurídica. De fato, por isso, se o católico fervoroso comete um pecado, descumprindo um mandamento religioso (norma moral), será punido apenas no campo psicológico, arcando com as consequências do seu ato (terá de rezar dez pais-nossos, por exemplo).

---

[7] Academia Brasileira de Letras Jurídicas, *Dicionário Jurídico*, 3. ed., Rio de Janeiro: Forense, 1995, p. 679.

A respeito desse tema, AGUIAR DIAS, citando doutrina francesa, adverte que:

"Ocorre, aqui, a primeira distinção entre responsabilidade jurídica e responsabilidade moral. Esta se confina — explicam Henri et Leon Mazeaud — no problema do pecado. O homem se sente moralmente responsável perante Deus ou perante a sua consciência, conforme seja, ou não, um crente". E arremata: "Não se cogita, pois, de saber se houve, ou não, prejuízo, porque um simples pensamento induz essa espécie de responsabilidade, terreno que escapa ao campo do Direito, destinado a assegurar a harmonia das relações entre os indivíduos, objetivo que, logicamente, não parece atingido por esse lado"[8].

A diferença mais relevante, todavia, reside realmente na ausência de coercitividade institucionalizada da norma moral, não havendo a utilização da força organizada para exigir o cumprimento, uma vez que esta é monopólio do Estado.

4. RESPONSABILIDADE CIVIL X RESPONSABILIDADE CRIMINAL

O raciocínio desenvolvido para a formulação de um conceito de responsabilidade, no campo jurídico, justamente pela sua generalidade, não se restringe ao Direito Civil (e, portanto, à Responsabilidade Civil), aplicando-se, respeitadas as devidas peculiaridades, a todos os outros campos do Direito, como nas esferas penal, administrativa e tributária.

Aliás, como já tivemos oportunidade de anotar.

"na responsabilidade civil, o agente que cometeu o ilícito tem a obrigação de reparar o dano patrimonial ou moral causado, buscando restaurar o *status quo ante*, obrigação esta que, se não for mais possível, é convertida no pagamento de uma indenização (na possibilidade de avaliação pecuniária do dano) ou de uma compensação (na hipótese de não se poder estimar patrimonialmente este dano), enquanto, pela responsabilidade penal ou criminal, deve o agente sofrer a aplicação de uma cominação legal, que pode ser privativa de liberdade (ex.: prisão), restritiva de direitos (ex.: perda da carta de habilitação de motorista) ou mesmo pecuniária (ex.: multa)"[9].

Tal diferença básica quanto às consequências é decorrente, em verdade, dos sentimentos sociais e humanos que respaldam e fundamentam a responsabilidade jurídica.

---

[8] Aguiar Dias, ob. cit., p. 4.

[9] Pablo Stolze Gagliano; Rodolfo Pamplona Filho, *Novo Curso de Direito Civil — Parte Geral*, 2. ed., São Paulo: Saraiva, 2002, v. 1, p. 462.

Nas palavras de CAIO MÁRIO DA SILVA PEREIRA:

"Como sentimento social, a ordem jurídica não se compadece com o fato de que uma pessoa possa causar mal a outra pessoa. Vendo no agente um fator de desequilíbrio, estende uma rede de punições com que procura atender às exigências do ordenamento jurídico. Esta satisfação social gera a responsabilidade criminal.

Como sentimento humano, além de social, à mesma ordem jurídica repugna que o agente reste incólume em face do prejuízo individual. O lesado não se contenta com a punição social do ofensor. Nasce daí a ideia de reparação, como estrutura de princípios de favorecimento à vítima e de instrumentos montados para ressarcir o mal sofrido. Na responsabilidade civil estará presente uma finalidade punitiva ao infrator aliada a uma necessidade que eu designo como pedagógica, a que não é estranha à ideia de garantia para a vítima, e de solidariedade que a sociedade humana lhe deve prestar"[10].

Ressalte-se, porém, que um mesmo fato pode ensejar as duas responsabilizações, não havendo *bis in idem* em tal circunstância, justamente pelo sentido de cada uma delas e das repercussões da violação do bem jurídico tutelado[11].

Como observa CARLOS ALBERTO BITTAR, "a reparação representa meio indireto de devolver-se o equilíbrio às relações privadas, obrigando-se o responsável a agir, ou a dispor de seu patrimônio para a satisfação dos direitos do prejudicado. Já a pena corresponde à submissão pessoal e física do agente, para restauração da normalidade social violada com o delito", pois o "princípio que governa toda essa matéria é o do *neminem laedere* — um dos princípios gerais do direito — consoante o qual a ninguém se deve lesar, cujos efeitos em concreto se espraiam pelos dois citados planos, em função do interesse maior violado (de pessoa, ou de pessoas, de um lado; da sociedade ou da coletividade, de outro) e conforme a técnica própria dos ramos do Direito que a regem, a saber: a) Direito Civil (para as violações privadas) e b) o Direito Penal (para a repressão pública)"[12].

É preciso, contudo, que fique claro que ambos os casos (responsabilidade civil e responsabilidade criminal) decorrem, *a priori*, de um fato juridicamente

---

[10] Caio Mário da Silva Pereira, *Responsabilidade Civil*, 9. ed., 6.ª tir., 2001, p. 11.

[11] Por exemplo, o homicídio, além de demandar a persecução criminal, pode fazer surgir a pretensão reparatória dos herdeiros do falecido — que perderam a pessoa responsável pela sua subsistência. Sobre o tema, confira-se o Capítulo XX ("A Responsabilidade Civil Decorrente de Crime").

[12] Carlos Alberto Bittar, *Responsabilidade Civil — Teoria & Prática*, 2. ed., Rio de Janeiro: Forense, 1990, p. 3.

qualificado como ilícito ou, em outras palavras, como não desejado pelo Direito, pois praticado em ofensa à ordem jurídica[13].

Dessa forma, conforme aponta WLADIMIR VALLER, baseado em NÉLSON HUNGRIA, a "ilicitude jurídica é uma só, do mesmo modo que um só, na sua essência, é o dever jurídico. Em seus aspectos fundamentais há uma perfeita coincidência entre o ilícito civil e o ilícito penal, pois ambos constituem uma violação da ordem jurídica, acarretando, em consequência, um estado de desequilíbrio social. Mas, enquanto o ilícito penal acarreta uma violação da ordem jurídica, quer por sua gravidade ou intensidade, a única sanção adequada é a imposição da pena, no ilícito civil, por ser menor a extensão da perturbação social, são suficientes as sanções civis (indenização, restituição *in specie*, anulação do ato, execução forçada etc.). A diferença entre o ilícito civil e o ilícito penal é, assim, tão somente, de grau ou de quantidade"[14].

A bem da verdade, porém, há de se lembrar que esse entendimento da responsabilidade gerada pela prática de um ato ilícito deve ser complementado pela noção de responsabilidade decorrente de imposição legal e/ou em função do risco da atividade, o que aprofundaremos em capítulo próprio[15].

Como se não bastasse tal circunstância legal, num caso típico de exceção que só faz confirmar a regra, temos o disposto nos arts. 188, 929 e 930 do Código Civil de 2002, cuja análise sistemática nos faz vislumbrar hipóteses de indenização por ato lícito[16].

---

[13] No mesmo diapasão, encontra-se Caio Mário da Silva Pereira (*Instituições de Direito Civil*, 3. ed. universitária, Rio de Janeiro: Forense, 1992, v. I, p. 452-453): "Nesta análise cabe toda espécie de ilícito, seja civil, seja criminal. Não se aponta, em verdade, uma diferença ontológica entre um e outro. Há em ambos o mesmo fundamento ético: a infração de um dever preexistente e a imputação do resultado à consciência do agente. Assinala-se, porém, uma diversificação que se reflete no tratamento deste, quer em função da natureza do bem jurídico ofendido, quer em razão dos efeitos do ato. Para o direito penal, o delito é um fator de desequilíbrio social, que justifica a repressão como meio de restabelecimento; para o direito civil o ilícito é um atentado contra o interesse privado de outrem, e a reparação do dano sofrido é a forma indireta de restauração do equilíbrio rompido". Em sentido contrário, a título de curiosidade, confira-se André Luiz Batista Neves, Da Independência Ontológica entre a Ilicitude Penal e a Civil, in *O Trabalho — Doutrina*, fascículo 21, Curitiba: Ed. Decisório Trabalhista, nov. 1998, p. 503-504.

[14] Wladimir Valler, *A Reparação do Dano Moral no Direito Brasileiro*, 3. ed., Campinas-SP: E. V. Editora, 1995, p. 17.

[15] Confira-se, a propósito, o Capítulo X ("Responsabilidade Civil Objetiva e a Atividade de Risco").

[16] Dispõem os artigos mencionados:

"Art. 188. Não constituem atos ilícitos: I — os praticados em legítima defesa ou no exercício regular de um direito reconhecido; II — a deterioração ou destruição da coisa alheia, ou a lesão a pessoa, a fim de remover perigo iminente. Parágrafo único. No caso

Estabelecidas essas premissas comparativas, conheçamos, agora, as noções gerais sobre Responsabilidade Civil, que é, enfim, a finalidade deste livro.

do inciso II, o ato será legítimo somente quando as circunstâncias o tornarem absolutamente necessário, não excedendo os limites do indispensável para a remoção do perigo" (...) "Art. 929. Se a pessoa lesada, ou o dono da coisa, no caso do inciso II do art. 188, não forem culpados do perigo, assistir-lhes-á direito à indenização do prejuízo que sofreram. Art. 930. No caso do inciso II do art. 188, se o perigo ocorrer por culpa de terceiro, contra este terá o autor do dano ação regressiva para haver a importância que tiver ressarcido ao lesado. Parágrafo único. A mesma ação competirá contra aquele em defesa de quem se causou o dano (art. 188, inciso I)" (CC/2002).

Aprofundando a questão, confira-se o tópico 3 ("A Conduta Humana e a Ilicitude") do Capítulo IV ("A Conduta Humana").

Capítulo II
Noções Gerais de Responsabilidade Civil

Sumário: 1. Conceito de responsabilidade civil. 2. Breve notícia histórica da responsabilidade civil. 3. Considerações iniciais sobre as espécies de responsabilidade civil. 3.1. Responsabilidade civil subjetiva x Responsabilidade civil objetiva. 3.2. Responsabilidade civil contratual x Responsabilidade civil extracontratual ou aquiliana. 4. Natureza jurídica da responsabilidade civil. 5. Função da reparação civil. 6. Importância do estudo da responsabilidade civil.

1. CONCEITO DE RESPONSABILIDADE CIVIL

De tudo o que se disse até aqui, conclui-se que a *noção jurídica de responsabilidade* pressupõe a atividade danosa de alguém que, atuando *a priori* ilicitamente, viola uma norma jurídica preexistente (legal ou contratual), subordinando-se, dessa forma, às consequências do seu ato (obrigação de reparar).

Trazendo esse conceito para o âmbito do Direito Privado, e seguindo essa mesma linha de raciocínio, diríamos que a *responsabilidade civil* deriva da agressão a um interesse eminentemente particular, sujeitando, assim, o infrator, ao pagamento de uma compensação pecuniária à vítima, caso não possa repor *in natura* o estado anterior de coisas.

Decompõe-se, pois, nos seguintes elementos, que serão estudados no decorrer desta obra:

a) conduta (positiva ou negativa);

b) dano;

c) nexo de causalidade.

Antes de dissecar cada um desses elementos, parece-nos necessário, porém, trazer à baila algumas considerações gerais sobre o instituto da responsabilidade civil, decorrentes do aprofundamento das premissas adrede fixadas.

Se no capítulo anterior buscamos traçar, de forma clara, as linhas diferenciais entre a responsabilidade civil e a responsabilidade criminal, tal distinção nem sempre se mostrou tão precisa.

Da mesma forma, a discussão sobre o elemento culpa passou por profundo desenvolvimento, que se confunde com a própria evolução das teorias da responsabilidade civil.

Entender a evolução de tal pensamento é o objeto do próximo tópico.

2. BREVE NOTÍCIA HISTÓRICA DA RESPONSABILIDADE CIVIL

Para a nossa cultura ocidental, toda reflexão, por mais breve que seja, sobre raízes históricas de um instituto, acaba encontrando seu ponto de partida no Direito Romano.

Com a responsabilidade civil, essa verdade não é diferente.

De fato, nas primeiras formas organizadas de sociedade, bem como nas civilizações pré-romanas, a origem do instituto está calcada na concepção de vingança privada, forma por certo rudimentar, mas compreensível do ponto de vista humano como lídima reação pessoal contra o mal sofrido.

É dessa visão do delito que parte o próprio Direito Romano, que toma tal manifestação natural e espontânea como premissa para, regulando-a, intervir na sociedade para permiti-la ou excluí-la quando sem justificativa. Trata-se da Pena de Talião, da qual se encontram traços na Lei das XII Tábuas[1].

Ressalte-se, contudo, como se sabe, que o Direito Romano não manifestava uma preocupação teórica de sistematização de institutos, pois sua elaboração se deu muito mais pelo louvável trabalho dos romanistas, numa construção dogmática baseada no desenvolvimento das decisões dos juízes e dos pretores, pronunciamentos dos jurisconsultos e constituições imperiais.

Há, porém, ainda na própria lei mencionada, perspectivas da evolução do instituto, ao conceber a possibilidade de composição entre a vítima e o ofensor, evitando-se a aplicação da pena de Talião. Assim, em vez de impor que o autor de um dano a um membro do corpo sofra a mesma quebra, por força de uma solução transacional, a vítima receberia, a seu critério e a título de *poena*, uma importância em dinheiro ou outros bens.

Ainda com o mesmo fundamento normativo, como observa ALVINO LIMA, a

> "este período sucede o da composição tarifada, imposto pela Lei das XII Tábuas, que fixava, em casos concretos, o valor da pena a ser paga pelo ofensor. É a reação contra a vingança privada, que é assim abolida e substituída pela composição obrigatória. Embora subsista o sistema do delito privado, nota-se,

[1] "Remontando à *Lex XII Tabularum*, lá se encontram vestígios da vingança privada, marcada todavia pela intervenção do poder público, no propósito de discipliná-la de uma certa forma: Tabula VIII, lei 2.ª, onde se lê: *si membrum rupsit, ni cum eo pacit, talio est* (Girard, *Textes de Droit Romain*, p. 17). Nesta fase de *vindicta* não se podia cogitar da ideia de culpa, dada a relevância do fato mesmo de vingar (Alvino Lima, *Culpa e Risco*, 2. ed., São Paulo: Revista dos Tribunais, 1999, p. 21). Nesta fase, nenhuma diferença existe entre responsabilidade civil e responsabilidade penal (Malaurie e Aynès, loc. cit.)" (Caio Mário da Silva Pereira, *Responsabilidade Civil*, 9. ed., Rio de Janeiro: Forense, 2001, p. 2).

entretanto, a influência da inteligência social, compreendendo-se que a regulamentação dos conflitos não é somente uma questão entre particulares.

A Lei das XII Tábuas, que determinou o *quantum* para a composição obrigatória, regulava casos concretos, sem um princípio geral fixador da responsabilidade civil. A *actio de reputis sarciendi*, que alguns afirmam que consagrava um princípio de generalização da responsabilidade civil, é considerada, hoje, como não contendo tal preceito (Lei das XII Tábuas — Tábua VIII, Lei 5.ª)"[2].

Um marco na evolução histórica da responsabilidade civil se dá, porém, com a edição da *Lex Aquilia*, cuja importância foi tão grande que deu nome à nova designação da responsabilidade civil delitual ou extracontratual.

Constituída de três partes, sem haver revogado totalmente a legislação anterior, sua grande virtude é propugnar pela substituição das multas fixas por uma pena proporcional ao dano causado[3]. Se seu primeiro capítulo regulava o caso da morte dos escravos ou dos quadrúpedes que pastam em rebanho; e o segundo, o dano causado por um credor acessório ao principal, que abate a dívida com prejuízo do primeiro; sua terceira parte se tornou a mais importante para a compreensão da evolução da responsabilidade civil.

Com efeito, regulava ela o *damnum injuria datum*, consistente na destruição ou deterioração da coisa alheia por fato ativo que tivesse atingido coisa corpórea ou incorpórea, sem justificativa legal. Embora sua finalidade original fosse limitada ao proprietário de coisa lesada, a influência da jurisprudência e as extensões concedidas pelo pretor fizeram com que se construísse uma efetiva doutrina romana da responsabilidade extracontratual.

Sintetizando essa visão da Responsabilidade Civil no Direito da Antiguidade, ensina o genial ALVINO LIMA:

> "Partimos, como diz Ihering, do período em que o sentimento de paixão predomina no direito; a reação violenta perde de vista a culpabilidade, para alcançar tão somente a satisfação do dano e infligir um castigo ao autor do ato lesivo. Pena e reparação se confundem; responsabilidade penal e civil não se distinguem. A evolução operou-se, consequentemente, no sentido de se introduzir o elemento subjetivo da culpa e diferençar a responsabilidade civil da penal. E muito embora não tivesse conseguido o direito romano libertar-

---

[2] Alvino Lima, ob. cit., p. 21

[3] "A lei Aquília não se limitou a especificar melhor os atos ilícitos, mas substituiu as penas fixas, editadas por certas leis anteriores, pela reparação pecuniária do dano causado, tendo em vista o valor da coisa durante os 30 dias anteriores ao delito e atendendo, a princípio, ao valor venal; mais tarde, estendeu-se o dano ao valor relativo, por influência da jurisprudência, de sorte que a reparação podia ser superior ao dano realmente sofrido, se a coisa diminuísse de valor, no caso prefixado" (Alvino Lima, ob. cit., p. 22-23).

-se inteiramente da ideia da pena, no fixar a responsabilidade aquiliana, a verdade é que a ideia de delito privado, engendrando uma ação penal, viu o domínio da sua aplicação diminuir, à vista da admissão, cada vez mais crescente, de obrigações delituais, criando uma ação mista ou simplesmente reipersecutória. A função da pena transformou-se, tendo por fim indenizar, como nas ações reipersecutórias, embora o modo de calcular a pena ainda fosse inspirado na função primitiva da vingança; o caráter penal da ação da lei Aquília, no direito clássico, não passa de uma sobrevivência"[4].

Permitindo-se um salto histórico, observe-se que a inserção da culpa como elemento básico da responsabilidade civil aquiliana — contra o objetivismo excessivo do direito primitivo, abstraindo a concepção de pena para substituí-la, paulatinamente, pela ideia de reparação do dano sofrido — foi incorporada no grande monumento legislativo da idade moderna, a saber, o Código Civil de Napoleão, que influenciou diversas legislações do mundo, inclusive o Código Civil brasileiro de 1916.

Todavia, tal teoria clássica da culpa não conseguia satisfazer todas as necessidades da vida em comum, na imensa gama de casos concretos em que os danos se perpetuavam sem reparação pela impossibilidade de comprovação do elemento anímico.

Assim, num fenômeno dialético, praticamente autopoiético, dentro do próprio sistema se começou a vislumbrar na jurisprudência novas soluções, com a ampliação do conceito de culpa e mesmo o acolhimento excepcional de novas teorias dogmáticas, que propugnavam pela reparação do dano decorrente, exclusivamente, pelo fato ou em virtude do risco criado.

Tais teorias, inclusive, passaram a ser amparadas nas legislações mais modernas, sem desprezo total à teoria tradicional da culpa, o que foi adotado, mais recentemente, até mesmo pelo novo Código Civil brasileiro, como veremos em tópicos posteriores.

Encerramos essas considerações históricas, porém lembrando, mais uma vez, o multicitado ALVINO LIMA:

> "O movimento inovador se levanta contra a obra secular; a luta se desencadeia tenazmente e sem tréguas; Ripert proclama Saleilles e Josserand os 'síndicos da massa falida da culpa', e, a despeito das afirmações de que a teoria do risco desfaleceu no ardor de seu ataque, seus defensores persistem na tarefa, e as necessidades econômicas e sociais da vida moderna intensa obrigam o legislador a abrir brechas na concepção da teoria clássica da responsabilidade.
>
> Ambas, porém, continuarão a subsistir, como forças paralelas, convergindo para um mesmo fim, sem que jamais, talvez, se possam exterminar ou se

[4] Ob. cit., p. 26-27.

confundir, fundamentando, neste ou naquele caso, a imperiosa necessidade de ressarcir o dano, na proteção dos direitos lesados"[5].

3. CONSIDERAÇÕES INICIAIS SOBRE AS ESPÉCIES DE RESPONSABILIDADE CIVIL

A responsabilidade civil, enquanto fenômeno jurídico decorrente da convivência conflituosa do homem em sociedade, é, na sua essência, um conceito uno, incindível.

Entretanto, em função de algumas peculiaridades dogmáticas, faz-se mister estabelecer uma classificação sistemática, tomando por base justamente a questão da culpa e, depois disso, a natureza da norma jurídica violada.

Vejamos tais classificações.

3.1. Responsabilidade civil subjetiva x Responsabilidade civil objetiva

A responsabilidade civil subjetiva é a decorrente de dano causado em função de ato doloso ou culposo.

Esta culpa, por ter natureza civil, se caracterizará quando o agente causador do dano atuar com negligência ou imprudência, conforme cediço doutrinariamente, através da interpretação da primeira parte do art. 159 do Código Civil de 1916 ("*Art. 159. Aquele que, por ação ou omissão voluntária, negligência, ou imprudência, violar direito, ou causar prejuízo a outrem, fica obrigado a reparar o dano*"), regra geral mantida, com aperfeiçoamentos, pelo art. 186 do Código Civil de 2002 ("Art. 186. Aquele que, por ação ou omissão voluntária, negligência ou imprudência, violar direito e causar dano a outrem, ainda que exclusivamente moral, comete ato ilícito").

Do referido dispositivo normativo supratranscrito, verificamos que a obrigação de indenizar (reparar o dano) é a consequência juridicamente lógica do ato ilícito, conforme se infere também dos arts. 1.518 a 1.532 do Código Civil de 1916, constantes de seu Título VII ("Das obrigações por atos ilícitos")[6].

---

[5] Ob. cit., p. 41.

[6] O Código Civil de 2002, de forma mais técnica, não abre um título para as "obrigações por ato ilícito", mas sim, de maneira genérica, estabelece um título próprio para a "responsabilidade civil", dividindo-o em dois capítulos, o primeiro sobre a obrigação de indenizar (arts. 927/943) e o segundo sobre parâmetros da própria indenização (arts. 944/954).

A noção básica da responsabilidade civil, dentro da doutrina subjetiva, é o princípio segundo o qual cada um responde pela própria culpa — *unuscuique sua culpa nocet.* Por se caracterizar em fato constitutivo do direito à pretensão reparatória, caberá ao autor, sempre, o ônus da prova de tal culpa do réu.

Todavia, há situações em que o ordenamento jurídico atribui a responsabilidade civil a alguém por dano que não foi causado diretamente por ele, mas sim por um terceiro com quem mantém algum tipo de relação jurídica.

Nesses casos, trata-se, *a priori,* de uma responsabilidade civil indireta, em que o elemento culpa não é desprezado, mas sim presumido, em função do dever geral de vigilância a que está obrigado o réu[7].

Como observa CAIO MÁRIO DA SILVA PEREIRA,

> "na tese da presunção de culpa subsiste o conceito genérico de culpa como fundamento da responsabilidade civil. Onde se distancia da concepção subjetiva tradicional é no que concerne ao ônus da prova. Dentro da teoria clássica da culpa, a vítima tem de demonstrar a existência dos elementos fundamentais de sua pretensão, sobressaindo o comportamento culposo do demandado. Ao se encaminhar para a especialização da culpa presumida, ocorre uma inversão do *onus probandi.* Em certas circunstâncias, presume-se o comportamento culposo do causador do dano, cabendo-lhe demonstrar a ausência de culpa, para se eximir do dever de indenizar. Foi um modo de afirmar a responsabilidade civil, sem a necessidade de provar o lesado a conduta culposa do agente, mas sem repelir o pressuposto subjetivo da doutrina tradicional.
>
> Em determinadas circunstâncias é a lei que enuncia a presunção. Em outras, é a elaboração jurisprudencial que, partindo de uma ideia tipicamente assentada na culpa, inverte a situação impondo o dever ressarcitório, a não ser que o acusado demonstre que o dano foi causado pelo comportamento da própria vítima"[8].

Entretanto, hipóteses há em que não é necessário sequer ser caracterizada a culpa. Nesses casos, estaremos diante do que se convencionou chamar de "responsabilidade civil objetiva". Segundo tal espécie de responsabilidade, o dolo ou culpa na conduta do agente causador do dano é irrelevante juridicamente, haja vista que somente será necessária a existência do elo de causalidade entre o dano e a conduta do agente responsável para que surja o dever de indenizar.

---

[7] Este raciocínio continua válido, do ponto de vista da teoria geral da responsabilidade civil, embora, como veremos em capítulo próprio (Capítulo XI — "Responsabilidade Civil por Ato de Terceiro"), a responsabilidade civil por ato de terceiros, por força do art. 933, CC/2002, migrou de uma hipótese de responsabilidade civil subjetiva para um exemplo de responsabilidade civil objetiva.

[8] Caio Mário da Silva Pereira, *Responsabilidade Civil,* 9. ed., Rio de Janeiro: Forense, 2001, p. 265-266.

Isso não quer dizer que a culpa não possa ser discutida em uma demanda de responsabilidade objetiva.

Expliquemos.

Para a configuração da responsabilidade objetiva[9], desconsidera-se o elemento culpa.

Mas, nada impede, por exemplo, que o réu, em sua defesa, alegue "culpa exclusiva da vítima" para se eximir da obrigação de indenizar. Na mesma linha, a culpa concorrente (art. 945, CC/2002) poderá ser invocada para se reduzir o *quantum* indenizatório a ser eventualmente fixado.

As teorias objetivistas da responsabilidade civil procuram encará-la como mera questão de reparação de danos, fundada diretamente no risco da atividade exercida pelo agente. É de ressaltar que o movimento objetivista surgiu no final do século XIX, quando o Direito Civil passou a receber a influência da Escola Positiva Penal[10].

Como já deve ter sido percebido, o sistema material civil brasileiro abraçou originalmente a teoria subjetivista, conforme se infere de uma simples leitura do art. 186 do Código Civil de 2002, que fixa a regra geral da responsabilidade civil.

As teorias objetivas, por sua vez, não foram de todo abandonadas, havendo diversas disposições esparsas que as contemplam.

Lembrando WLADIMIR VALLER, apesar de o Código Civil de 1916

> "ter adotado a teoria clássica da culpa, a teoria objetiva se estabeleceu em vários setores da atividade, através de leis especiais. Assim é, por exemplo, que o Decreto n.º 2.681, de 1912, disciplina a responsabilidade civil das estradas de ferro, tendo em vista o risco da atividade exercida. Em matéria de acidente do trabalho, a Lei 6.367, de 19 de outubro de 1976, se fundou no risco profissional e a reparação dos danos causados aos trabalhadores passou a se fazer independentemente da verificação da culpa, e em valores prefixados. Também o Código Brasileiro do Ar (Decreto-Lei 32, de 18 de novembro de 1966), tendo em conta o risco da atividade explorada, estabelece em bases objetivas a responsabilidade civil das empresas aéreas. A Lei 6.453, de 17 de

[9] Não se confunda "responsabilidade civil objetiva" com "responsabilidade civil com culpa presumida". Na primeira, despreza-se a culpa para a responsabilização; na segunda, inverte-se o ônus da prova do elemento "culpa".

[10] Sobre a responsabilidade penal objetiva, confiram-se as lições de Damásio E. de Jesus (*Direito Penal*, 12. ed., São Paulo: Saraiva, 1988, v. 1, p. 397): "Dá-se o nome de responsabilidade penal objetiva à sujeição de alguém à imposição de pena sem que tenha agido com dolo ou culpa ou sem que tenha ficado demonstrada sua culpabilidade, com fundamento no simples nexo de causalidade material".

outubro de 1977, em termos objetivos, dispôs sobre a responsabilidade civil por danos nucleares"[11].

Sem abandonar tais regras, inova o Código Civil de 2002, no parágrafo único do seu art. 927, ao estabelecer que "Haverá obrigação de reparar o dano, independentemente de culpa, nos casos especificados em lei, ou quando a atividade normalmente desenvolvida pelo autor do dano implicar, por sua natureza, risco para os direitos de outrem".

Assim, a nova concepção que deve reger a matéria no Brasil é de que vige uma regra geral dual de responsabilidade civil, em que temos a responsabilidade subjetiva, regra geral inquestionável do sistema anterior, coexistindo com a responsabilidade objetiva, especialmente em função da atividade de risco desenvolvida pelo autor do dano (conceito jurídico indeterminado a ser verificado no caso concreto, pela atuação judicial), *ex vi* do disposto no art. 927, parágrafo único.

Todas essas considerações iniciais[12] vêm à baila em decorrência de violação ao preceito fundamental do *neminem laedere*, ou seja, de que ninguém deve ser lesado pela conduta alheia.

Todavia, a situação se torna ainda mais grave quando a lesão decorre do descumprimento de uma obrigação espontaneamente assumida pelo infrator, em função da celebração de um negócio jurídico.

Trata-se da diferença entre a responsabilidade civil contratual e a aquiliana (extracontratual), que veremos no próximo tópico.

3.2. Responsabilidade civil contratual x Responsabilidade civil extracontratual ou aquiliana

Fincados os pressupostos genéricos da responsabilidade civil, não há a menor dúvida de que, abstraídas as hipóteses de responsabilidade subjetiva com presunção de culpa, ou de responsabilidade objetiva, existe uma grande dificuldade na demonstração da culpa do agente ou da antijuridicidade de sua conduta para ensejar a sua responsabilização civil.

Tal dificuldade é minorada quando a conduta ensejadora do dano é resultante do descumprimento de um dever contratual, pois, nessa hipótese, presumir-se-ia a culpa, uma vez que a própria parte se obrigou, diretamente, à obrigação, ora descumprida.

A depender, portanto, da *natureza da norma jurídica* violada pelo agente causador do dano, uma subdivisão — muito mais didática e legislativa do que

[11] Wladimir Valler, ob. cit., p. 24.

[12] Enfrentaremos, com minúcias, nos Capítulos IX ("A Responsabilidade Civil Subjetiva e a Noção de Culpa") e X ("Responsabilidade Civil Objetiva e a Atividade de Risco").

propriamente científica — pode ser feita, subtipificando-se a responsabilidade civil em: contratual e extracontratual ou aquiliana[13].

Assim, se o prejuízo decorre diretamente da violação de um mandamento legal, por força da atuação ilícita do agente infrator (caso do sujeito que bate em um carro), estamos diante da responsabilidade extracontratual, a seguir analisada. Por outro lado, se, entre as partes envolvidas, já existia norma jurídica contratual que as vinculava, e o dano decorre justamente do descumprimento de obrigação fixada neste contrato, estaremos diante de uma situação de responsabilidade contratual.

Assim, teríamos o seguinte quadro esquemático:

Responsabilidade Civil:

1. Contratual → inadimplemento da obrigação prevista no contrato (violação de norma contratual anteriormente fixada pelas partes);

2. Extracontratual
ou
Aquiliana → violação direta de uma norma legal.

Note-se, ainda, que o elemento subjetivo representado pelo conceito amplo de culpa nem sempre será indispensável, uma vez que, conforme teremos a oportunidade de ver, poderá haver responsabilidade civil *independentemente da sua aferição, em hipóteses especiais previstas de forma expressa em lei, ou quando a sua atividade normalmente desenvolvida pelo causador do dano importar em risco para os direitos de outrem*[14].

Tradicionalmente, o nosso Direito Positivo adotou essa classificação bipartida, consagrando regras específicas para as duas espécies de responsabilidade, com características próprias:

---

[13] Discorrendo sobre o tema, pondera Carlos Roberto Gonçalves: "Há quem critique essa dualidade de tratamento. São os adeptos da tese unitária ou monista, que entendem pouco importar os aspectos sob os quais se apresente a responsabilidade civil no cenário jurídico, pois uniformes são os seus efeitos. De fato, basicamente as soluções são idênticas para os dois aspectos. Tanto em um como em outro caso, o que, em essência, se requer para a configuração da responsabilidade são estas três condições: o dano, o ato ilícito e a causalidade, isto é, o nexo de causalidade" (*Responsabilidade Civil,* 7. ed., São Paulo: Saraiva, 2002, p. 26-27).

[14] A propósito, confira-se o Capítulo X ("Responsabilidade Civil Objetiva e a Atividade de Risco").

Responsabilidade contratual ⮕ **Arts. 389 e s. e 395 e s. (CC/2002); arts. 1.056 e s. e 956 e s. (CC/1916).**

Responsabilidade extracontratual ⮕ **Arts. 186 a 188 e 927 e s. (CC/2002); arts. 159 e 1.518 e s. (CC/1916).**

Como já visto, quem infringe dever jurídico *lato sensu* fica obrigado a reparar o dano causado. Esse dever passível de violação, porém, pode ter como fonte tanto uma obrigação imposta por um dever geral do Direito ou pela própria lei quanto uma relação negocial preexistente, isto é, um dever oriundo de um contrato. O primeiro caso é conhecido como responsabilidade civil aquiliana[15], enquanto o segundo é a epigrafada responsabilidade civil contratual[16].

E quais as diferenças básicas entre essas duas formas de responsabilização?

Três elementos diferenciadores podem ser destacados, a saber, *a necessária preexistência de uma relação jurídica* entre lesionado e lesionante; *o ônus da prova quanto à culpa*; e *a diferença quanto à capacidade.*

Com efeito, para caracterizar a responsabilidade civil contratual, faz-se mister que a vítima e o autor do dano já tenham se aproximado anteriormente e se vinculado para o cumprimento de uma ou mais prestações, sendo a *culpa contratual* a violação de um dever de adimplir, que constitui justamente o objeto do negócio jurídico, ao passo que, na *culpa aquiliana*, viola-se um dever necessariamente negativo, ou seja, a obrigação de não causar dano a ninguém.

Justamente por essa circunstância é que, na responsabilidade civil aquiliana, a culpa deve ser sempre provada pela vítima, enquanto na responsabilidade contratual, ela é, de regra, presumida, invertendo-se o ônus da prova, cabendo à vítima comprovar, apenas, que a obrigação não foi cumprida, restando ao devedor o *onus probandi*, por exemplo, de que não agiu com culpa ou que ocorreu alguma causa excludente do elo de causalidade. Como observa o ilustrado SÉRGIO CAVALIERI FILHO,

---

15 "Onde se realiza a maior revolução nos conceitos jus-romanísticos em termos de responsabilidade civil é com a *Lex Aquilia*, de data incerta, mas que se prende aos tempos da República (Leonardo Colombo, *Culpa Aquiliana*, p. 107). Tão grande revolução que a ela se prende a denominação de *aquiliana* para designar-se a responsabilidade extracontratual em oposição à contratual. Foi um marco tão acentuado, que a ela se atribui a origem do elemento 'culpa', como fundamental na reparação do dano" (Caio Mário da Silva Pereira, *Responsabilidade Civil*, 9. ed., Rio de Janeiro: Forense, 2001, p. 3).

16 Sobre a perspectiva constitucional do contrato, seu conceito contemporâneo e efeitos jurídicos, cf. a excelente obra *Do Contrato: Conceito Pós-Moderno*, do Professor Doutor Paulo Roberto Nalin, da PUC-PR (2002, Curitiba: Juruá).

"essa presunção de culpa não resulta do simples fato de estarmos em sede de responsabilidade contratual. O que é decisivo é o tipo de obrigação assumida no contrato. Se o contratante assumiu a obrigação de alcançar um determinado resultado e não conseguiu, haverá culpa presumida, ou, em alguns casos, até responsabilidade objetiva; se a obrigação assumida no contrato foi de meio, a responsabilidade, embora contratual, será fundada na culpa provada"[17].

Por fim, vale destacar que, em termos de capacidade, o menor púbere só se vincula contratualmente quando assistido por seu representante legal — e, excepcionalmente, se com malícia declarou-se maior (art. 180 do Código Civil de 2002).

4. NATUREZA JURÍDICA DA RESPONSABILIDADE CIVIL

Já expusemos que tanto a responsabilidade civil quanto a responsabilidade penal decorrem *a priori* da prática de um ato ilícito, ou seja, de uma violação da ordem jurídica, gerando desequilíbrio social, ressalvando-se como exceção, por rigor técnico, a possibilidade de a responsabilidade civil decorrer, também, de uma imposição legal, seja em atividades lícitas, seja em função do risco da atividade exercida.

Ora, a consequência lógico-normativa de qualquer ato ilícito é uma sanção, podendo esta ser definida, portanto, como "a consequência jurídica que o não cumprimento de um dever produz em relação ao obrigado", nas palavras de EDUARDO GARCIA MAYNEZ[18].

Entretanto, conforme lembra ANTÔNIO LUÍS MACHADO NETO, "talvez não haja elemento da relação jurídica mais sujeito a descaminhos teoréticos e despropositados deslocamentos conceituais do que esse da sanção"[19].

Isso acontece porque há uma grande confusão na utilização dos termos "sanção" e "pena", que constantemente são tratados como sinônimos, quando, em verdade, trata-se de dois institutos que estão em uma relação de "gênero" e "espécie".

A sanção é a consequência lógico-jurídica da prática de um ato ilícito, pelo que, em função de tudo quanto foi exposto, a natureza jurídica da responsabilidade, seja civil, seja criminal, somente pode ser sancionadora.

No caso da responsabilidade civil originada de imposição legal, as indenizações devidas não deixam de ser sanções, que decorrem não por força de

---

17 Sérgio Cavalieri Filho, *Programa de Responsabilidade Civil*, 2. ed., 3.ª tir., São Paulo: Malheiros, 2000, p. 198.

18 Eduardo Garcia Maynez, *Introducción al Estudio del Derecho*, 4. ed., México: Porrúa, 1951, p. 284.

19 A. L. Machado Neto, *Compêndio de Introdução à Ciência do Direito*, 3. ed., São Paulo: Saraiva, 1975, p. 190.

algum ato ilícito praticado pelo responsabilizado civilmente, mas sim por um reconhecimento do direito positivo (previsão legal expressa) de que os danos causados já eram potencialmente previsíveis, em função dos riscos profissionais da atividade exercida, por envolverem interesse de terceiros.

Para encerrar, lembramos, novamente, as sempre precisas colocações de CARLOS ALBERTO BITTAR:

> "Havendo dano, produzido injustamente na esfera alheia, surge a necessidade de reparação, como imposição natural da vida em sociedade e, exatamente, para a sua própria existência e o desenvolvimento normal das potencialidades de cada ente personalizado. É que investidas ilícitas ou antijurídicas no circuito de bens ou de valores alheios perturbam o fluxo tranquilo das relações sociais, exigindo, em contraponto, as reações que o Direito engendra e formula para a restauração do equilíbrio rompido.
>
> Nesse sentido, a teoria da responsabilidade civil encontra suas raízes no princípio fundamental do *neminem laedere*, justificando-se diante da liberdade e da racionalidade humanas, como imposição, portanto, da própria natureza das coisas. Ao escolher as vias pelas quais atua na sociedade, o homem assume os ônus correspondentes, apresentando-se a noção de responsabilidade como corolário de sua condição de ser inteligente e livre.
>
> Realmente, a construção de uma ordem jurídica justa — ideal perseguido, eternamente, pelos grupos sociais — repousa em certas pilastras básicas, em que avulta a máxima de que a ninguém se deve lesar. Mas, uma vez assumida determinada atitude pelo agente, que vem a causar dano, injustamente, a outrem, cabe-lhe sofrer os ônus relativos, a fim de que se possa recompor a posição do lesado, ou mitigar-lhe os efeitos do dano, ao mesmo tempo em que se faça sentir ao lesante o peso da resposta compatível prevista na ordem jurídica.
>
> Na satisfação dos interesses lesados é que, em última análise, reside a linha diretiva da teoria em questão, impulsionada, *ab origine*, por forte colaboração humanista, tendente a propiciar ao lesado a restauração do patrimônio ou a compensação pelos sofrimentos experimentados, ou ambos, conforme a hipótese, cumprindo-se assim os objetivos próprios"[20].

Por tais fundamentos, concluímos que a natureza jurídica da responsabilidade será sempre *sancionadora*, independentemente de se materializar como pena, indenização ou compensação pecuniária[21].

---

[20] Carlos Alberto Bittar, *Reparação Civil por Danos Morais*, São Paulo: Revista dos Tribunais, 1993, p. 16.

[21] Elucidativa é a seguinte explanação de Maria Helena Diniz (ob. cit., p. 7): "A sanção é, nas palavras de Goffredo Telles Jr., uma medida legal que poderá vir a ser imposta por quem foi lesado pela violação da norma jurídica, a fim de fazer cumprir a norma violada, de fazer reparar o dano causado ou de infundir respeito à ordem jurídica. A sanção é a consequência jurídica que o não cumprimento de um dever produz em re-

Mas, no final das contas, qual é a função da reparação civil?

É o que se pretende explicar em seguida.

5. FUNÇÃO DA REPARAÇÃO CIVIL

Já vimos que a ofensa aos bens jurídicos pode gerar responsabilização em dois graus, quando o ordenamento visa à prevenção/repreensão pelo Direito Público (Direito Penal) ou quando busca uma reparação dos danos causados pelo autor (responsabilidade civil)[22].

Em relação a este último campo de atuação jurídica, observa CLAYTON REIS, com a habitual precisão, que, ao gerar dano,

> "o ofensor receberá a sanção correspondente consistente na repreensão social, tantas vezes quantas forem suas ações ilícitas, até conscientizar-se da obrigação em respeitar os direitos das pessoas. Os espíritos responsáveis possuem uma absoluta consciência do dever social, posto que, somente fazem aos outros o que querem que seja feito a eles próprios. Estas pessoas possuem exata noção de dever social, consistente em uma conduta emoldurada na ética e no respeito aos direitos alheios. Por seu turno, a repreensão contida na norma legal tem como pressuposto conduzir as pessoas a uma compreensão dos fundamentos que regem o equilíbrio social. Por isso, a lei possui um sentido tríplice: reparar, punir e educar"[23].

Assim, na vereda de tais ideias, três funções podem ser facilmente visualizadas no instituto da reparação civil: *compensatória do dano à vítima*; *punitiva do ofensor*; e *desmotivação social da conduta lesiva*.

---

lação ao obrigado. A responsabilidade civil constitui uma sanção civil, por decorrer de infração de norma de direito privado, cujo objetivo é o interesse particular, e, em sua natureza, é compensatória, por abranger indenização ou reparação de dano causado por ato ilícito, contratual ou extracontratual e por ato lícito".

22 Não que o sistema civil também não tenha, ainda que por via oblíqua, um escopo preventivo. Aliás, na ousada tese *Responsabilidade pressuposta*, de autoria de Giselda Hironaka (Belo Horizonte: Del Rey, 2005), a autora salienta este viés, afirmando, inclusive, que as bases da responsabilidade civil atualmente vigentes deveriam ser repensadas, para se reconhecer a reparação do dano como premissa básica e inafastável do próprio ordenamento, independentemente de eventuais causas que excluam a própria responsabilidade. Vale dizer, nesta inovadora obra, a professora titular da USP sustenta que, para além da culpa ou da própria noção de risco, todo aquele que cause à vítima um dano injusto, deverá sempre indenizar. Com isso, reforçar-se-ia uma prevenção de danos, em respeito ao próprio princípio da dignidade da pessoa humana. Posto não seja uma tese ainda amplamente aplicada, mormente porque as causas excludentes de responsabilidade são aceitas e reconhecidas pela doutrina tradicional e pela jurisprudência, ela nos convida a uma reflexão interessante e profunda, sob a inspiração do gênio da autora.

23 Clayton Reis, *Avaliação do Dano Moral*, 3. ed., Rio de Janeiro: Forense, 2000, p. 78-79.

Na primeira função, encontra-se o objetivo básico e finalidade da reparação civil: retornar as coisas ao *status quo ante*. Repõe-se o bem perdido diretamente ou, quando não é mais possível tal circunstância, impõe-se o pagamento de um *quantum* indenizatório, em importância equivalente ao valor do bem material ou compensatório do direito não redutível pecuniariamente.

Como uma função secundária em relação à reposição das coisas ao estado em que se encontravam, mas igualmente relevante, está a ideia de punição do ofensor. Embora esta não seja a finalidade básica (admitindo-se, inclusive, a sua não incidência quando possível a restituição integral à situação jurídica anterior), a prestação imposta ao ofensor também gera um efeito punitivo pela ausência de cautela na prática de seus atos, persuadindo-o a não mais lesionar.

E essa persuasão não se limita à figura do ofensor, acabando por incidir numa terceira função, de cunho socioeducativo, que é a de tornar público que condutas semelhantes não serão toleradas. Assim, alcança-se, por via indireta, a própria sociedade, restabelecendo-se o equilíbrio e a segurança desejados pelo Direito[24].

6. IMPORTÂNCIA DO ESTUDO DA RESPONSABILIDADE CIVIL

Fixadas todas essas noções gerais sobre a responsabilidade civil, parece despiciendo ressaltar a sua importância.

Todavia, "para não dizer que não falamos de flores", um ponto básico deve ser salientado para a devida compreensão dessa relevância: a interdisciplinariedade do instituto.

Com efeito, como já dissemos em outra oportunidade,

> "discorrer sobre o tema 'responsabilidade' não é, definitivamente, atribuição das mais fáceis, tendo em vista que se trata de uma matéria de natureza interdisciplinar, pois não se refere somente ao Direito Civil, mas sim a praticamente todos os outros ramos do Direito"[25].

Neste sentido, é o posicionamento de MARIA HELENA DINIZ:

> "Toda manifestação da atividade que provoca prejuízo traz em seu bojo o problema da responsabilidade, que não é fenômeno exclusivo da vida jurídica, mas de todos os domínios da vida social. Realmente, embora alguns autores, como Josserand, considerem a responsabilidade civil como 'a grande vedete do direito civil', na verdade, absorve não só todos os ramos do direito

---

[24] Para um aprofundamento sobre o tema, confira-se as lições do "Prof. Salominho" em: Salomão Resedá, *A Função Social do Dano Moral*, Florianópolis: Conceito Editorial, 2009.

[25] Rodolfo Pamplona Filho, *O Dano Moral na Relação de Emprego*, 3. ed., São Paulo: LTr, p. 25.

— pertencendo à seara da Teoria Geral do Direito, sofrendo as naturais adaptações conforme aplicável ao direito público ou privado, mas os princípios estruturais, o fundamento e o regime jurídico são os mesmos, comprovando a tese da unidade jurídica quanto aos institutos basilares, uma vez que a diferenciação só se opera no que concerne às matérias, objeto de regulamentação legal — como também a realidade social, o que demonstra o campo ilimitado da responsabilidade civil"[26].

Por isso, a intenção desta obra é fixar toda uma teoria geral da responsabilidade civil e, aí sim, assentadas as bases para a edificação de um raciocínio jurídico, enfrentar parte da casuística do instituto que, como se percebe, é infindável.

Observe-se, porém, que, levada a questão em sentido extremo, é possível dizer que a esmagadora maioria das questões levadas ao Judiciário tocam, direta ou indiretamente, nos temas aqui abordados, seja pela violação a deveres contratuais, seja por descumprimento a regras gerais de conduta.

Compreendidas essas noções básicas sobre a responsabilidade civil, passaremos a dissecar cada um dos elementos necessários para a sua caracterização.

[26] Maria Helena Diniz, *Curso de Direito Civil*, 10. ed., São Paulo: Saraiva, 1996, v. 7, p. 3-4.

Capítulo III
Elementos da Responsabilidade Civil

Sumário: 1. Uma visão geral dos elementos da responsabilidade civil. 2. Algumas palavras sobre o elemento (acidental) culpa. 3. Considerações sobre a responsabilidade civil e imputabilidade.

1. UMA VISÃO GERAL DOS ELEMENTOS DA RESPONSABILIDADE CIVIL

Feita a introdução ao apaixonante tema "*Responsabilidade Civil*", cabe-nos agora apresentar, em linhas gerais, os seus elementos básicos.

Desde já advertimos que o propósito do presente capítulo é proporcionar um panorama geral desses elementos, que serão cuidadosamente desenvolvidos em momento oportuno.

Conforme veremos, o esquema teórico a ser apresentado aplica-se tanto à responsabilidade contratual quanto à aquiliana, embora haja interesse maior em desenvolver a matéria considerando a natureza desta última espécie de responsabilidade.

Isso porque a responsabilidade contratual distingue-se por características muito peculiares, mais afeta à disciplina geral das obrigações e dos contratos.

Pois bem.

Ao consultarmos o conceito de ato ilícito, previsto no art. 186 do Código Civil, base fundamental da responsabilidade civil, consagradora do princípio de que *a ninguém é dado causar prejuízo a outrem* (neminem laedere), temos que:

> "Art. 186. Aquele que, por ação ou omissão voluntária, negligência ou imprudência, violar direito e causar dano a outrem, ainda que exclusivamente moral, comete ato ilícito".

Analisando este dispositivo — mais preciso do que o correspondente da lei anterior, que não fazia expressa menção ao dano moral — podemos extrair os seguintes *elementos* ou *pressupostos gerais* da responsabilidade civil:

a) conduta humana (positiva ou negativa);
b) dano ou prejuízo;
c) o nexo de causalidade.

2. ALGUMAS PALAVRAS SOBRE O ELEMENTO (ACIDENTAL) CULPA

Embora mencionada no referido dispositivo de lei por meio das expressões "ação ou omissão *voluntária, negligência ou imprudência*", a culpa (em sentido lato, abrangente do dolo) não é, em nosso entendimento, pressuposto geral da responsabilidade civil, sobretudo no novo Código, considerando a existência de outra espécie de responsabilidade, que prescinde desse elemento subjetivo para a sua configuração (a responsabilidade objetiva).

Ora, se nós pretendemos estabelecer os elementos básicos componentes da responsabilidade, não poderíamos inserir um pressuposto a que falte a nota de generalidade.

Essa preocupação, aliás, de buscar um critério preciso que cunhe *generalidade* aos pressupostos da responsabilidade civil também é esboçada por CARLOS ALBERTO GHERSI, em clássica obra:

> *"Esta primera fase comprende los elementos comunes a toda situación fáctica, que pretenda convertirse en una situación jurídica de reparabilidad. Entendemos, entonces, que es como un filtro o tamiz de análisis científico (sociológico-axiológico-económico-jurídico), que se debe recorrer para poder acceder a la segunda fase. Estos elementos básicos o comunes son: el hecho humano, el daño y la relación de causalidad"*[1].

Ressaltamos apenas que o Código de 1916, por haver sido redigido em uma época de pouco desenvolvimento tecnológico, desconheceu os efeitos das atividades de risco, o que culminou com o menosprezo da ideia da responsabilidade sem culpa[2].

Ora, pelo simples fato de a responsabilidade subjetiva ser a tônica do Código Beviláqua — especialmente influenciado pelo Código francês — não poderíamos chegar ao ponto de estabelecer a noção de culpa como pressuposto geral da responsabilidade civil.

Aliás, no curso de nossa obra, veremos que o vigente Código, refletindo as mudanças sofridas pela sociedade humana, especialmente após as duas grandes guerras, priorizou muito mais a ideia da responsabilidade calcada na atividade de risco (objetiva), consoante se pode notar da leitura dos seus arts. 927 e s.

---

[1] Carlos Alberto Ghersi, *Teoría General de la Reparación de Daños,* 2. ed., Buenos Aires: Astrea, 1999, p. 55.

[2] Apenas em pouquíssimos dispositivos isolados a doutrina reconhece a responsabilidade sem culpa, a exemplo das regras referentes à responsabilidade pelo fato da coisa, estudadas posteriormente.

Mais atuais do que nunca, portanto, as palavras proféticas do grande ALVINO LIMA[3]:

"Estava, todavia, reservado à teoria clássica da culpa o mais intenso dos ataques doutrinários que talvez se tenha registrado na evolução de um instituto jurídico. As necessidades prementes da vida, o surgir dos casos concretos, cuja solução não era prevista na lei, ou não era satisfatoriamente amparada, levaram a jurisprudência a ampliar o conceito de culpa e acolher, embora excepcionalmente, as conclusões de novas tendências doutrinárias"[4].

A culpa, portanto, não é um elemento essencial, mas sim acidental, pelo que reiteramos nosso entendimento de que os *elementos básicos ou pressupostos gerais da responsabilidade civil* são apenas três: *a conduta humana* (*positiva ou negativa*), *o dano ou prejuízo*, e *o nexo de causalidade*, todos eles desenvolvidos cuidadosamente nos próximos capítulos.

Antes, porém, de passar a eles, é importante tecer algumas rápidas observações sobre a questão da imputabilidade.

3. CONSIDERAÇÕES SOBRE A RESPONSABILIDADE CIVIL E IMPUTABILIDADE

A título de informação doutrinária, vale expor que há quem considere a imputabilidade um elemento autônomo para a caracterização da responsabilidade civil[5].

Contudo, entendemos que esta noção se encontra englobada na caracterização dos pressupostos já citados, além do fato de residir sua importância, em verdade, na verificação de quem é o sujeito responsável, e não se há efetivamente responsabilidade.

Explicitando esta afirmação com um exemplo clássico, temos a hipótese de um dano decorrente de ato praticado por menor absolutamente incapaz (e, por isso, inimputável), em que a responsabilidade, mesmo assim, existirá, não logicamente do menor, mas sim de seu *responsável* legal[6].

---

[3] Alvino Lima, sergipano nascido em Rosário do Catete, em 1888, é considerado por muitos o pioneiro no estudo da responsabilidade objetiva no Direito Brasileiro. A sua tese de cátedra, aprovada gloriosamente em concurso prestado na Faculdade de Direito de São Paulo, no qual obteve o primeiro lugar, é uma referência na bibliografia nacional especializada no estudo da Responsabilidade Civil.

[4] Alvino Lima, *Culpa e Risco*, 2. ed., São Paulo: Revista dos Tribunais, 1999, p. 39-40.

[5] René Savatier, *Traité de la Responsabilité Civile em Droit Français*, 2. ed., LGDJ, 1951, v. 1, p. 5, 205 e s., 285 e 291 e s.

[6] Ressalte-se, porém, mais uma vez, que o Novo Código Civil brasileiro, em seu art. 928, estabelece nova disciplina para a matéria, admitindo a responsabilidade patri-

Em verdade, todas as discussões sobre o tema da imputabilidade podem ser resolvidas com a delimitação da necessidade de culpa ou não para a caracterização da responsabilidade civil.

Nesse sentido, lembrando SAVATIER, observa CARLOS ROBERTO GONÇALVES que

> "quem diz culpa diz imputabilidade. E que um dano previsível e evitável para uma pessoa pode não ser para outra, sendo iníquo considerar de maneira idêntica a culpabilidade do menino e a do adulto, do ignorante e do homem instruído, do leigo e do especialista, do homem são e do enfermo, da pessoa normal e da privada de razão"[7].

---

monial do incapaz, nos seguintes termos: "Art. 928. O incapaz responde pelos prejuízos que causar, se as pessoas por ele responsáveis não tiverem obrigação de fazê-lo ou não dispuserem de meios suficientes. Parágrafo único. A indenização prevista neste artigo, que deverá ser equitativa, não terá lugar se privar do necessário o incapaz ou as pessoas que dele dependem".

[7] Carlos Roberto Gonçalves, *Responsabilidade Civil*, 8. ed., São Paulo: Saraiva, 2003, p. 11-12.

Capítulo IV
A Conduta Humana

Sumário: 1. A conduta humana: primeiro elemento da responsabilidade civil. 2. Classificação da conduta humana. 3. A conduta humana e a ilicitude.

1. A CONDUTA HUMANA: PRIMEIRO ELEMENTO DA RESPONSABILIDADE CIVIL

Como já tivemos oportunidade de ressaltar, a responsabilidade civil é a expressão obrigacional mais visível da atividade humana.

Um fato da natureza, diferentemente, subsumível em uma categoria maior e mais abrangente — de fato jurídico em sentido lato —, a despeito de poder causar dano, não geraria responsabilidade civil, por não poder ser atribuído ao homem.

Apenas o homem, portanto, por si ou por meio das pessoas jurídicas que forma, poderá ser civilmente responsabilizado.

Nesse contexto, fica fácil entender que a açao (ou omissão) humana voluntária é pressuposto necessário para a configuração da responsabilidade civil. Trata-se, em outras palavras, *da conduta humana, positiva ou negativa (omissão), guiada pela vontade do agente, que desemboca no dano ou prejuízo.* Assim, em nosso entendimento, até por um imperativo de precedência lógica, cuida-se do *primeiro elemento* da responsabilidade civil a ser estudado, seguido do dano e do nexo de causalidade.

O núcleo fundamental, portanto, da noção de conduta humana é a *voluntariedade*, que resulta exatamente da liberdade de escolha do agente imputável, com discernimento necessário para ter consciência daquilo que faz.

Por isso, não se pode reconhecer o elemento "*conduta humana*", pela ausência do elemento volitivo, na situação do sujeito que, apreciando um raríssimo pergaminho do século III, sofre uma micro-hemorragia nasal e, *involuntariamente*, espirra, danificando seriamente o manuscrito. Seria inadmissível, no caso, imputar ao agente a prática de um ato voluntário. Restará, apenas, verificarmos se houve negligência da diretoria do museu por não colocar o objeto em um mostruário fechado, com a devida segurança, ou, ainda, se o indivíduo violou normas internas, caso em que poderá ser responsabilizado pela quebra desse dever, e não pelo espirro em si.

Na mesma linha de raciocínio, LUIZ ROLDÃO DE FREITAS GOMES, citando o mestre português ANTUNES VARELA, lembra que ação voluntária não há, por faltar domínio da vontade humana, quando o indivíduo age

> "impelido por forças naturais invencíveis (pessoa ou veículo irresistivelmente projetados por força do vento, da vaga marítima, de uma explosão ou descarga elétrica, do deslocamento do ar que o arranque do avião provoca, na exemplificação do mestre luso)"[1].

Vê-se, portanto, que sem o condão da *voluntariedade* não há que se falar em ação humana, e, muito menos, em responsabilidade civil.

Uma observação final, entretanto, feita por RUI STOCO, com fulcro na doutrina de CAIO MÁRIO, deve ser lembrada:

> "cumpre, todavia, assinalar que se não insere, no contexto de 'voluntariedade' o *propósito ou a consciência do resultado danoso*, ou seja, *a deliberação ou a consciência de causar o prejuízo*. Este é um elemento definidor do dolo. A voluntariedade pressuposta na culpa é a da ação em si mesma"[2].

Em outras palavras, a *voluntariedade*, que é pedra de toque da noção de conduta humana ou ação voluntária, primeiro elemento da responsabilidade civil, não traduz necessariamente a intenção de causar o dano, mas sim, e tão somente, *a consciência daquilo que se está fazendo*. E tal ocorre não apenas quando estamos diante de uma situação de responsabilidade subjetiva (calcada na noção de culpa), mas também de responsabilidade objetiva (calcada na ideia de risco), porque em ambas as hipóteses o agente causador do dano deve agir voluntariamente, ou seja, de acordo com a sua livre capacidade de autodeterminação. Nessa consciência, entenda-se o conhecimento dos atos materiais que se está praticando, não se exigindo, necessariamente, a consciência subjetiva da ilicitude do ato.

Assim, em outro exemplo, sendo os pais responsáveis pelos danos causados pelo seu filho menor de 16 anos, que tenha quebrado uma vidraça ao chutar uma bola, a incapacidade absoluta da criança, bem como a sua eventual falta de consciência da ilicitude do ato, não excluem a responsabilidade civil, o que poderia ocorrer, todavia, se fosse provado que, embora estivessem na área, a bola teria se deslocado por uma repentina rajada de vento.

2. CLASSIFICAÇÃO DA CONDUTA HUMANA

A depender da forma pela qual a ação humana voluntária se manifesta, poderemos classificá-la em:

---

1 Luiz Roldão de Freitas Gomes, *Elementos de Responsabilidade Civil*, Rio de Janeiro: Renovar, 2000, p. 50-51.

2 Rui Stoco, *Tratado de Responsabilidade Civil*, 5. ed., São Paulo: Revista dos Tribunais, 2001, p. 95.

a) positiva;

b) negativa.

A primeira delas traduz-se pela prática de um comportamento ativo, positivo, a exemplo do dano causado pelo sujeito que, embriagado, arremessa o seu veículo contra o muro do vizinho.

A segunda forma de conduta, por sua vez, é de intelecção mais sutil. Trata-se da atuação omissiva ou negativa, geradora de dano. Se, no plano físico, a omissão pode ser interpretada como um "nada", um "não fazer", uma "simples abstenção", no plano jurídico, este tipo de comportamento pode gerar dano atribuível ao omitente, que será responsabilizado pelo mesmo. Observe, aliás, que o art. 186 impõe a obrigação de indenizar a todo aquele que "por ação ou *omissão voluntária*" causar prejuízo a outrem. É o caso da enfermeira que, violando as suas regras de profissão e o próprio contrato de prestação de serviços que celebrou, deixa de ministrar os medicamentos ao seu patrão, por dolo ou desídia.

Entretanto, devemos destacar que também na ação omissiva a voluntariedade da conduta se faz presente, consoante se lê no mesmo artigo de lei ("omissão *voluntária*"...). Isso porque, se faltar este requisito, haverá ausência de conduta na omissão, inviabilizando, por conseguinte, o reconhecimento da responsabilidade civil.

Nesse sentido, o pensamento de EUGÉNIO RAÚL ZAFFARONI e JOSÉ HENRIQUE PIERANGELI, perfeitamente aplicável ao tema sob análise:

> "Nas omissões, por vezes, a pessoa não pratica a ação devida por causa de uma incapacidade de conduta: é o caso de quem se acha em meio a uma crise de histeria e não pode gritar para uma pessoa cega que está caminhando para um precipício; daquele que fica paralisado em razão de um choque emocional num acidente e não pode prestar socorro às pessoas etc."[3].

Observe-se, por fim, que o Código Civil brasileiro, além de disciplinar a *responsabilidade civil por ato próprio*, reconhece também espécies de *responsabilidade civil indireta*, por *ato de terceiro* ou por *fato do animal e da coisa*, estudadas em momento oportuno:

Responsabilidade civil por ato de terceiro:

Art. 932. São também responsáveis pela reparação civil:

I — os pais, pelos filhos menores que estiverem sob sua autoridade e em sua companhia;

[3] Eugénio Raúl Zaffaroni; José Henrique Pierangeli, *Manual de Direito Penal Brasileiro — Parte Geral*, São Paulo: Revista dos Tribunais, 1997, p. 441.

II — o tutor e o curador, pelos pupilos e curatelados, que se acharem nas mesmas condições;

III — o empregador ou comitente, por seus empregados, serviçais e prepostos, no exercício do trabalho que lhes competir, ou em razão dele;

IV — os donos de hotéis, hospedarias, casas ou estabelecimentos onde se albergue por dinheiro, mesmo para fins de educação, pelos seus hóspedes, moradores e educandos;

V — os que gratuitamente houverem participado nos produtos do crime, até a concorrente quantia.

Responsabilidade civil por fato do animal:

Art. 936. O dono, ou detentor, do animal ressarcirá o dano por este causado, se não provar culpa da vítima ou força maior.

Responsabilidade civil por fato da coisa:

Art. 937. O dono de edifício ou construção responde pelos danos que resultarem de sua ruína, se esta provier de falta de reparos, cuja necessidade fosse manifesta.

Art. 938. Aquele que habitar prédio, ou parte dele, responde pelo dano proveniente das coisas que dele caírem ou forem lançadas em lugar indevido.

Nestes casos, poder-se-ia argumentar que inexistiria a conduta voluntária do pretenso responsabilizado. Ledo engano, diremos nós, nos capítulos próprios[4], uma vez que, em tais situações, ocorreriam omissões ligadas a deveres jurídicos de custódia, vigilância ou má eleição de representantes, cuja responsabilização é imposta por norma legal.

Por fim, mesmo quando se trata de responsabilidade civil de uma pessoa jurídica, sempre haverá, na atividade que gerou uma responsabilização, uma conduta humana ensejadora do dano.

3. A CONDUTA HUMANA E A ILICITUDE

Frequentemente, a doutrina aponta a ilicitude como aspecto necessário da ação humana voluntária, primeiro elemento da responsabilidade civil.

---

[4] Cf. Capítulos XI ("Responsabilidade Civil por Ato de Terceiro") e XII ("Responsabilidade Civil pelo Fato da Coisa e do Animal").

Nesse sentido, SÍLVIO DE SALVO VENOSA, grande cultor moderno do Direito Civil, em festejada obra, preleciona: "O ato de vontade, contudo, no campo da responsabilidade deve revestir-se de ilicitude. Melhor diremos que na ilicitude há, geralmente, uma cadeia de atos ilícitos, uma conduta culposa. Raramente, a ilicitude ocorrerá com um único ato. O ato ilícito traduz-se em um comportamento voluntário que transgride um dever"[5].

Na mesma linha, CAIO MÁRIO preleciona: "Do conceito de ato ilícito, fundamento da reparação do dano, tal como enunciado no art. 159 do Código Civil, e como vem reproduzido no art. 186 do Projeto n.º 634 B de 1975[6], pode-se enunciar a noção fundamental da responsabilidade civil, em termos consagrados, *mutatis mutandis*, na generalidade dos civilistas: obrigação de reparar o dano, imposta a todo aquele que, por ação ou omissão voluntária, negligência ou imprudência, violar direito ou causar dano a outrem"[7].

De fato, uma vez que a responsabilidade civil nos remete à ideia de atribuição das consequências danosas da conduta ao agente infrator, é lógico que, para a sua configuração, ou seja, para que haja a imposição do dever de indenizar, a referida atuação lesiva deva ser *contrária ao direito, ilícita ou antijurídica.*

Não é por outro motivo que a sede legal da responsabilidade civil — art. 186 — é, precisamente, o *ato ilícito*, consoante se lê no Título III, Livro III, da Parte Geral do Código Civil.

Por que, então, ao mencionarmos o primeiro elemento da responsabilidade civil, não qualificamos a conduta humana, com a palavra "ilícita"?

Como já foi dito, em atenção ao estrito critério metodológico desta obra, preocupamo-nos em elencar os elementos realmente *genéricos ou fundamentais* da responsabilidade civil, características essas não existentes na característica da ilicitude.

Sem ignorarmos que a antijuridicidade, como regra geral, acompanha a ação humana desencadeadora da responsabilidade, entendemos que a imposição do dever de indenizar poderá existir *mesmo quando o sujeito atua licitamente.* Em outras palavras: poderá *haver responsabilidade civil sem necessariamente haver antijuridicidade, ainda que excepcionalmente, por força de norma legal.*

Por isso não se pode dizer que a ilicitude acompanha necessariamente a ação humana danosa ensejadora da responsabilização.

Para ilustrar o que dizemos, tomemos o exemplo que apresentamos no volume I de nossa obra:

---

[5] Sílvio de Salvo Venosa, *Responsabilidade Civil*, 3. ed., São Paulo: Atlas, 2003, p. 22.

[6] Trata-se do Projeto que se converteu no Código Civil de 2002.

[7] Caio Mário da Silva Pereira, *Responsabilidade Civil*, 9. ed., Rio de Janeiro: Forense, 2000, p. 35.

"Ainda no campo dos Direitos Reais, também ocorre a obrigação de indenizar em decorrência de um ***ato lícito*** na hipótese prevista no art. 1.313 do CC/2002 (similar, posto não idêntica, à prevista no art. 587 do CC/1916): Art. 1.313. O proprietário ou ocupante do imóvel é obrigado a tolerar que o vizinho entre no prédio, mediante prévio aviso, para: I — dele temporariamente usar, quando indispensável à reparação, construção, reconstrução ou limpeza de sua casa ou do muro divisório; II — apoderar-se de coisas suas, inclusive animais que aí se encontrem casualmente. § 1.º O disposto neste artigo aplica-se aos casos de limpeza ou reparação de esgotos, goteiras, aparelhos higiênicos, poços e nascentes e ao aparo de cerca viva. § 2.º Na hipótese do inciso II, uma vez entregues as coisas buscadas pelo vizinho, poderá ser impedida a sua entrada no imóvel. *§ 3.º Se do exercício do direito assegurado neste artigo provier dano, terá o prejudicado direito a ressarcimento. Excepcionalmente, portanto, a responsabilidade civil poderá decorrer de um comportamento humano admitido pelo direito*"[8] (grifamos).

Da mesma forma, no caso da passagem forçada, o dono do prédio encravado sem acesso à via pública, nascente ou porto, tem o direito de constranger o vizinho a lhe dar passagem, *mediante o pagamento de indenização cabal* (art. 1.285, CC/2002).

Nesse caso, verifica-se que o vizinho constrangido poderá responsabilizar civilmente o beneficiário do caminho, exigindo a indenização cabível, mediante o ajuizamento de ação ordinária, se não houver solução amigável.

Ao encontro dessas ideias, MARTINHO GARCEZ NETO assevera poder haver "dano reparável sem ilicitude (von THUR, WINDSCHEID, DEMOGUE, CHIRONI, ROSSEL e MENTHA). Exemplos de *responsabilidade pelos danos resultantes de ato lícito são*: por motivo de interesse público — a indenização devida por expropriação; por motivo de interesse privado — o ato praticado em estado de necessidade"[9] (grifamos).

Note-se, pois, à vista de tais exemplos, que o dever de reparar o dano causado, nesses casos, decorre de uma *atuação lícita do infrator*, que age amparado pelo direito.

Com isso, chega-se à óbvia conclusão de que a ilicitude não acompanha sempre a ação humana danosa, razão por que não acrescentamos esse qualificativo no elemento sob análise.

Por outro lado, não desconhecemos, saliente-se mais uma vez, que, como *regra geral*, posto não absoluta, a antijuridicidade acompanha a ação humana

---

[8] Pablo Stolze Gagliano; Rodolfo Pamplona Filho, *Novo Curso de Direito Civil*, 2. ed., São Paulo: Saraiva, 2002, v. I, p. 471.

[9] Martinho Garcez Neto, *Responsabilidade Civil no Direito Comparado*, Rio de Janeiro: Renovar, 2000, p. 142.

causadora do dano reparável. Por isso, ressalte-se, como imperativo de rigor metodológico, que, por se tratar de uma situação excepcional (embora com hipóteses facilmente encontráveis no ordenamento jurídico), a responsabilização civil por ato lícito depende sempre de norma legal que a preveja.

Finalmente, cumpre-nos registrar que alguns autores diferenciam ainda o *ato ilícito* do *ato ilegal*. Neste último, que não repercutiria na responsabilidade civil, não haveria propriamente uma violação a um interesse jurídico tutelado, mas sim a ausência da "*realização de condições indispensáveis para a tutela jurídica de um interesse próprio*"[10]. Seria o caso do ato nulo ou anulável, carecedores dos requisitos necessários para a sua validade.

A despeito do interesse teórico do tema, tal distinção não é tão significativa, havendo, inclusive, diplomas que a ignoram, considerando os atos nulos e anuláveis — exemplos clássicos de "atos ilegais" — simplesmente atos ilícitos.

Nesse sentido, o art. 1.056 do Código Civil Argentino: "*1.056. Los actos anulados, aunque no produzcan los efectos de actos jurídicos, producen sin embargo, los efectos de los 'actos ilícitos', o de los hechos en general, cuyas consecuencias deben ser reparadas*" (grifos nossos).

[10] Martinho Garcez Neto, ob. cit., p. 141.

causadora do dano material. Por isto, ressalta-se, como imperativo de rigor [illegible] que, em que pese tratar-se de uma situação excepcional, comporta con[illegible] facilmente encontráveis no ordenamento jurídico, a exemplo [illegible] civil por ato lícito deverá sempre de [illegible] a previsão.

Finalmente, [illegible] que [illegible] do [illegible]. Nesta última [illegible] não [illegible] na [illegible] da [illegible] que houvesse previamente [illegible] a um interesse [illegible] totalidade, [illegible] ausência de [illegible] de conduta indispensável para [illegible] dano de um interesse próprio [illegible] o caso do [illegible] ou [illegible] dos [illegible] necessários para a sua validade.

[illegible] aspecto de interesse teórico do tema, a distinção [illegible] [illegible], havendo, inclusive, [illegible] que [illegible] considerando os [illegible] e [illegible] exemplo clássico e [illegible] [illegible].

Nesse sentido [illegible] [illegible] [illegible]

Arnaldo Carrez Neto observa para [illegible]

Capítulo V
O Dano

Sumário: 1. Conceito de dano. 2. Requisitos do dano indenizável. 3. Espécies de dano: patrimonial, moral e estético. 4. Dano reflexo ou em ricochete. 5. Danos coletivos, difusos e a interesses individuais homogêneos. 6. Formas de reparação do danos.

1. CONCEITO DE DANO

Indispensável a existência de *dano* ou *prejuízo* para a configuração da responsabilidade civil.

Mesmo em se tratando de responsabilidade contratual, o comportamento da parte inadimplente que deixa de cumprir a obrigação convencionada carrega em si a presunção de dano[1].

Sem a ocorrência deste elemento não haveria o que indenizar, e, consequentemente, responsabilidade.

Observando a importância deste conceito, CIFUENTES observa que:

> *"Para el derecho privado, además de antijurídico por haber-se contrariado una ley tomada en sentido material (cualquier norma emanada de autoridad competente), es necesario que haya un daño causado. Sin daño, en derecho privado, no hay stricto sensu acto ilícito, pues este derecho tiene por finalidad resarcir, no reprimir o punir"*[2].

Poderíamos então afirmar que, seja qual for a espécie de responsabilidade sob exame (contratual ou extracontratual, objetiva ou subjetiva), o dano é requisito indispensável para a sua configuração, qual seja, sua pedra de toque.

Com absoluta propriedade, SÉRGIO CAVALIERI FILHO, em sua excelente obra *Programa de Responsabilidade Civil*, salienta a inafastabilidade do dano nos seguintes termos:

---

[1] A estipulação de uma cláusula penal para o caso de inadimplemento é, inclusive, uma forma de pré-tarifar as perdas e danos. Sobre o tema, confira-se o Capítulo XXV ("Cláusula Penal") do volume 2 ("Obrigações") da presente obra.

[2] Santos Cifuentes, *Elementos de Derecho Civil — Parte General*, 4. ed., Buenos Aires: Astrea, 1999, p. 261.

"O dano é, sem dúvida, o grande vilão da responsabilidade civil. Não haveria que se falar em indenização, nem em ressarcimento, se não houvesse o dano. Pode haver responsabilidade sem culpa, mas não pode haver responsabilidade sem dano. Na responsabilidade objetiva, qualquer que seja a modalidade do risco que lhe sirva de fundamento — risco profissional, risco proveito, risco criado etc. —, o dano constitui o seu elemento preponderante. Tanto é assim que, sem dano, não haverá o que reparar, ainda que a conduta tenha sido culposa ou até dolosa"[3].

Nesses termos, poderíamos conceituar o dano ou prejuízo como sendo a *lesão a um interesse jurídico tutelado — patrimonial ou não —, causado por ação ou omissão do sujeito infrator.*

Note-se, neste conceito, que a configuração do prejuízo poderá decorrer da agressão a direitos ou interesses personalíssimos (extrapatrimoniais), a exemplo daqueles representados pelos direitos da personalidade, especialmente o dano moral[4].

Aliás, como acentua CLAYTON REIS, "a concepção normalmente aceita a respeito do dano envolve uma diminuição do patrimônio de alguém, em decorrência da ação lesiva de terceiros. A conceituação, nesse particular, é genérica. Não se refere, como é notório, a qual o patrimônio é suscetível de redução"[5].

Sobre a tutela geral dos direitos da personalidade — cuja violação, como visto, também poderá gerar responsabilidade civil —, consignamos que a sua proteção poderá ser: a) preventiva — por meio de tutela inibitória ou mesmo de tutela específica com multa cominatória[6], objetivando evitar a concretização

---

[3] Sérgio Cavalieri Filho, *Programa de Responsabilidade Civil*, 2. ed., São Paulo: Malheiros, 2000, p. 70.

[4] Gramaticalmente, o termo "*dano*", segundo Aurélio Buarque de Holanda, tem as seguintes acepções: "*DANO.* [Do lat., *damnu.*] *S. m.* 1. Mal ou ofensa pessoal; prejuízo moral: *Grande dano lhe fizeram as calúnias.* 2. Prejuízo material causado a alguém pela deterioração ou inutilização de bens seus. 3. Estrago, deterioração, danificação: *Com o fogo, o prédio sofreu enormes danos. Dano emergente. Jur.* Prejuízo efetivo, concreto, provado. [Cf. *lucro cessante.*] *Dano infecto. Jur.* Prejuízo possível, eventual, iminente" (Aurélio Buarque de Holanda Ferreira, *Novo Dicionário Aurélio da Língua Portuguesa*, 2. ed., Rio de Janeiro: Nova Fronteira, 1986, p. 519).

[5] Clayton Reis, *Dano Moral*, 4. ed., Rio de Janeiro: Forense, 1995, p. 1.

[6] No Código de Processo Civil brasileiro de 1973:

"Art. 461. Na ação que tenha por objeto o cumprimento de obrigação de fazer ou não fazer, o juiz concederá a tutela específica da obrigação ou, se procedente o pedido, determinará providências que assegurem o resultado prático equivalente ao do adimplemento.

§ 1.º A obrigação somente se converterá em perdas e danos se o autor o requerer ou se impossível a tutela específica ou a obtenção do resultado prático correspondente.

da ameaça de lesão ao direito da personalidade; b) repressiva — por meio da imposição de sanção civil (pagamento de indenização) ou penal (persecução criminal) em caso de a lesão já haver se efetivado"[7].

É muito importante, pois, que nós tenhamos o cuidado de nos despir de determinados conceitos egoisticamente ensinados pela teoria clássica do Direito Civil, e fixemos a premissa de que o prejuízo indenizável poderá decorrer — não somente da violação do patrimônio economicamente aferível — mas também da vulneração de direitos inatos à condição de homem, sem expressão pecuniária essencial.

---

§ 2.º A indenização por perdas e danos dar-se-á sem prejuízo da multa (art. 287).

§ 3.º Sendo relevante o fundamento da demanda e havendo justificado receio de ineficácia do provimento final, é lícito ao juiz conceder a tutela liminarmente ou mediante justificação prévia, citado o réu. A medida liminar poderá ser revogada ou modificada, a qualquer tempo, em decisão fundamentada.

§ 4.º O juiz poderá, na hipótese do parágrafo anterior ou na sentença, impor multa diária ao réu, independentemente de pedido do autor, se for suficiente ou compatível com a obrigação, fixando-lhe prazo razoável para o cumprimento do preceito.

§ 5.º Para a efetivação da tutela específica ou a obtenção do resultado prático equivalente, poderá o juiz, de ofício ou a requerimento, determinar as medidas necessárias, tais como a imposição de multa por tempo de atraso, busca e apreensão, remoção de pessoas e coisas, desfazimento de obras e impedimento de atividade nociva, se necessário com requisição de força policial.

§ 6.º O juiz poderá, de ofício, modificar o valor ou a periodicidade da multa, caso verifique que se tornou insuficiente ou excessiva".

No Código de Processo Civil brasileiro de 2015:

"Art. 497. Na ação que tenha por objeto a prestação de fazer ou de não fazer, o juiz, se procedente o pedido, concederá a tutela específica ou determinará providências que assegurem a obtenção de tutela pelo resultado prático equivalente.

Parágrafo único. Para a concessão da tutela específica destinada a inibir a prática, a reiteração ou a continuação de um ilícito, ou a sua remoção, é irrelevante a demonstração da ocorrência de dano ou da existência de culpa ou dolo.

Art. 498. Na ação que tenha por objeto a entrega de coisa, o juiz, ao conceder a tutela específica, fixará o prazo para o cumprimento da obrigação.

Parágrafo único. Tratando-se de entrega de coisa determinada pelo gênero e pela quantidade, o autor individualizá-la-á na petição inicial, se lhe couber a escolha, ou, se a escolha couber ao réu, este a entregará individualizada, no prazo fixado pelo juiz.

Art. 499. A obrigação somente será convertida em perdas e danos se o autor o requerer ou se impossível a tutela específica ou a obtenção de tutela pelo resultado prático equivalente.

Art. 500. A indenização por perdas e danos dar-se-á sem prejuízo da multa fixada periodicamente para compelir o réu ao cumprimento específico da obrigação".

[7] Sobre o tema, confira-se o capítulo V ("Direitos da Personalidade") do volume 1 ("Parte Geral") desta coleção.

Precisa e contundente, a esse respeito, é a preleção do ilustrado LUIZ EDSON FACHIN:

> "A pessoa, e não o patrimônio, é o centro do sistema jurídico, de modo que se possibilite a mais ampla tutela da pessoa, em uma perspectiva solidarista que se afasta do individualismo que condena o homem à abstração. Nessa esteira, não há, pois, direito subjetivo arbitrário, mas sempre limitado pela dimensão coexistencial do ser humano. O patrimônio, conforme se apreende do exposto por Sessarego, não só deixa de ser o centro do Direito, mas também a propriedade sobre os bens é funcionalizada ao homem, em sua dimensão coexistencial"[8].

Aliás, outro mito que se deve destruir é a ideia de que o dano, para o Direito Civil, toca, apenas, a interesses individuais. O Direito Civil não deve ser produto do cego individualismo humano. Diz-se, ademais, nessa linha equivocada de raciocínio, que somente o dano decorrente de um ilícito penal teria repercussões sociais.

Nada mais falso.

Toda forma de dano, mesmo derivado de um ilícito civil e dirigido a um só homem, interessa à coletividade. Até porque vivemos em sociedade, e a violação do patrimônio — moral ou material — do meu semelhante repercute, também, na minha esfera pessoal.

Nesse sentido, sábias e atuais são as palavras do magistral AGUIAR DIAS:

> "do ponto de vista da ordem social, consideramos infundada qualquer distinção a propósito da repercussão social ou individual do dano. O prejuízo imposto ao particular afeta o equilíbrio social. É, a nosso ver, precisamente nesta preocupação, neste imperativo, que se deve situar o fundamento da responsabilidade civil. Não encontramos razão suficiente para concordar em que à sociedade o ato só atinge em seu aspecto de violação da norma penal, enquanto que a repercussão no patrimônio do indivíduo só a este diz respeito. Não pode ser exata a distinção, se atentarmos em que o indivíduo é parte da sociedade; que ele é cada vez mais considerado em função da coletividade; que todas as leis estabelecem a igualdade perante a lei, fórmula de mostrar que o equilíbrio é interesse capital da sociedade"[9].

Nos próximos tópicos aprofundaremos ainda mais o estudo desse tema, analisando os requisitos necessários para a configuração do dano indenizável.

---

[8] Luiz Edson Fachin, *Estatuto Jurídico do Patrimônio Mínimo*, Rio de Janeiro: Renovar, 2001, p. 51.

[9] José de Aguiar Dias, *Da Responsabilidade Civil*, 9. ed., Rio de Janeiro: Forense, 1994, v. I, p. 7-8.

2. REQUISITOS DO DANO INDENIZÁVEL

Sendo a reparação do dano, como produto da teoria da responsabilidade civil, uma sanção imposta ao responsável pelo prejuízo em favor do lesado, temos que, em regra, todos os danos devem ser ressarcíveis, eis que, mesmo impossibilitada a determinação judicial de retorno ao *status quo ante*, sempre se poderá fixar uma importância em pecúnia, a título de compensação.

Todavia, para que o dano seja efetivamente reparável (indenizável — hipótese mais frequente e, por isso, usada normalmente como gênero — ou compensável), é necessária a conjugação dos seguintes requisitos mínimos:

a) **a violação de um interesse jurídico patrimonial ou extrapatrimonial de uma pessoa física ou jurídica** — obviamente, todo dano pressupõe a agressão a um bem tutelado, de natureza material ou não, pertencente a um sujeito de direito. Lembre-se de que a Magna Carta de 1988, neste ponto acompanhada expressamente pelo art. 186 do novo Código Civil, reconhece a plena reparabilidade do dano moral, independentemente do dano patrimonial[10];

b) **certeza do dano** — somente o dano certo, efetivo, é indenizável. Ninguém poderá ser obrigado a compensar a vítima por um dano abstrato ou hipotético. Mesmo em se tratando de bens ou direitos personalíssimos, o fato de não se poder apresentar um critério preciso para a sua mensuração econômica não significa que o dano não seja certo. Tal ocorre, por exemplo, quando caluniamos alguém, maculando a sua honra. A imputação falsa do fato criminoso (calúnia) gera um *dano certo* à honra da vítima, ainda que não se possa definir, em termos precisos, quanto vale este sentimento de dignidade. MARIA HELENA DINIZ, com propriedade, citando doutrina estrangeira, lembra que "a certeza do dano refere-se à sua existência, e não à sua atualidade ou ao seu

[10] Sobre o dano moral, tema que será cuidadosamente abordado no próximo capítulo, já tivemos oportunidade de lembrar que: "a Constituição Federal de 1988 consagrou a teoria mais adequada, admitindo expressamente a reparabilidade do dano moral, sem que o houvesse atrelado inseparavelmente ao dano patrimonial. Conferiu-lhe, pois, juridicidade em nível supralegal, e, além disso, autonomia, consoante se depreende dos termos do seu art. 5.º, V ('é assegurado o direito de resposta, proporcional ao agravo, além da indenização por dano material, moral, ou à imagem') e X ('são invioláveis a intimidade, a vida privada, a honra e a imagem das pessoas, assegurado o direito a indenização pelo dano material ou moral decorrente de sua violação'). O Superior Tribunal de Justiça, por seu turno, seguindo a vereda aberta pelo constituinte, foi mais além, firmando entendimento no sentido de que, a despeito de serem juridicamente autônomas, as indenizações por danos materiais e morais, oriundas do mesmo fato, poderiam ser cumuladas, *ex vi* do disposto em sua Súmula 37" (Pablo Stolze Gagliano; Rodolfo Pamplona Filho, *Novo Curso de Direito Civil — Obrigações*, São Paulo: Saraiva, 2002, v. II, p. 317).

montante"[11]. Assim, um crime de lesões corporais que culmine com a mutilação da perna de um jogador de futebol é dano certo, proveniente de um fato atual, que gerará inevitáveis repercussões futuras.

A certeza do dano implica, em regra, a sua demonstração em juízo.

Isso, porém, deve ser compreendido como uma premissa teórica que permite flexibilização.

No caso do dano patrimonial, na modalidade do lucro cessante, como não se prova fato futuro, a demonstração é a da cessação da atividade, com a não auferição de ganhos, devendo o magistrado arbitrar o valor que considera razoável para o prejuízo sofrido pela vítima (Ex.: taxista vítima de colisão, que deixa de trabalhar por um mês).

Já na seara dos danos morais, é preciso observar que não é a dor que deve ser provada, mas, sim, a violação a um direito da personalidade. Em determinadas situações, vale acrescentar, configura-se o que se convencionou chamar de dano *in re ipsa* (demonstrado pela força dos próprios fatos), ou seja, pela própria natureza da conduta perpetrada, a exemplo do que se dá quando se perde um ente próximo da família (genitor, cônjuge ou descendente) ou se tem o nome negativado[12].

---

[11] Maria Helena Diniz, *Curso de Direito Civil Brasileiro — Responsabilidade Civil*, 16. ed., São Paulo: Saraiva, p. 60.

[12] A jurisprudência tem sido pródiga em reconhecer situações em que o dano se comprova *in re ipsa*. A título meramente exemplificativo, vale lembrar hipóteses como a inscrição indevida em cadastro de inadimplentes, atraso de voo, equívocos administrativos e emissão de diplomas sem reconhecimento. Sobre o tema, confira-se a seguinte notícia do Superior Tribunal de Justiça:

'STJ define em quais situações o dano moral pode ser presumido

Diz a doutrina – e confirma a jurisprudência do Superior Tribunal de Justiça (STJ) – que a responsabilização civil exige a existência do dano. O dever de indenizar existe na medida da extensão do dano, que deve ser certo (possível, real, aferível). Mas até que ponto a jurisprudência afasta esse requisito de certeza e admite a possibilidade de reparação do dano meramente presumido?

O dano moral é aquele que afeta a personalidade e, de alguma forma, ofende a moral e a dignidade da pessoa. Doutrinadores têm defendido que o prejuízo moral que alguém diz ter sofrido é provado *in re ipsa* (pela força dos próprios fatos). Pela dimensão do fato, é impossível deixar de imaginar em determinados casos que o prejuízo aconteceu – por exemplo, quando se perde um filho.

No entanto, a jurisprudência não tem mais considerado este um caráter absoluto. Em 2008, ao decidir sobre a responsabilidade do estado por suposto dano moral a uma pessoa denunciada por um crime e posteriormente inocentada, a Primeira Turma entendeu que, para que 'se viabilize pedido de reparação, é necessário que o dano moral seja comprovado mediante demonstração cabal de que a instauração do procedimento se deu de forma injusta, despropositada, e de má-fé' (REsp 969.097).

Em outro caso, julgado em 2003, a Terceira Turma entendeu que, para que se viabilize pedido de reparação fundado na abertura de inquérito policial, é necessário que o dano moral seja comprovado.

A prova, de acordo com o relator, ministro Castro Filho, surgiria da 'demonstração cabal de que a instauração do procedimento, posteriormente arquivado, se deu de forma injusta e despropositada, refletindo na vida pessoal do autor, acarretando-lhe, além dos aborrecimentos naturais, dano concreto, seja em face de suas relações profissionais e sociais, seja em face de suas relações familiares' (REsp 494.867).

Cadastro de inadimplentes

No caso do dano *in re ipsa*, não é necessária a apresentação de provas que demonstrem a ofensa moral da pessoa. O próprio fato já configura o dano. Uma das hipóteses é o dano provocado pela inserção de nome de forma indevida em cadastro de inadimplentes.

Serviço de Proteção ao Crédito (SPC), Cadastro de Inadimplência (Cadin) e Serasa, por exemplo, são bancos de dados que armazenam informações sobre dívidas vencidas e não pagas, além de registros como protesto de título, ações judiciais e cheques sem fundos. Os cadastros dificultam a concessão do crédito, já que, por não terem realizado o pagamento de dívidas, as pessoas recebem tratamento mais cuidadoso das instituições financeiras.

Uma pessoa que tem seu nome sujo, ou seja, inserido nesses cadastros, terá restrições financeiras. Os nomes podem ficar inscritos nos cadastros por um período máximo de cinco anos, desde que a pessoa não deixe de pagar outras dívidas no período.

No STJ, é consolidado o entendimento de que 'a própria inclusão ou manutenção equivocada configura o dano moral *in re ipsa*, ou seja, dano vinculado à própria existência do fato ilícito, cujos resultados são presumidos' (Ag 1.379.761).

Esse foi também o entendimento da Terceira Turma, em 2008, ao julgar um recurso especial envolvendo a Companhia Ultragaz S/A e uma microempresa (REsp 1.059.663). No julgamento, ficou decidido que a inscrição indevida em cadastros de inadimplentes caracteriza o dano moral como presumido e, dessa forma, dispensa a comprovação mesmo que a prejudicada seja pessoa jurídica.

Responsabilidade bancária

Quando a inclusão indevida é feita em consequência de serviço deficiente prestado por uma instituição bancária, a responsabilidade pelos danos morais é do próprio banco, que causa desconforto e abalo psíquico ao cliente.

O entendimento foi da Terceira Turma, ao julgar recurso especial envolvendo um correntista do Unibanco. Ele quitou todos os débitos pendentes antes de encerrar sua conta e, mesmo assim, teve seu nome incluído nos cadastros de proteção ao crédito, causando uma série de constrangimentos (REsp 786.239).

A responsabilidade também é atribuída ao banco quando talões de cheques são extraviados e, posteriormente, utilizados por terceiros e devolvidos, culminando na inclusão do nome do correntista em cadastro de inadimplentes (Ag 1.295.732 e REsp 1.087.487). O fato também caracteriza defeito na prestação do serviço, conforme o artigo 14 do Código de Defesa do Consumidor (CDC).

O dano, no entanto, não gera dever de indenizar quando a vítima do erro já possuir registros anteriores, e legítimos, em cadastro de inadimplentes. Neste caso, diz a Súmula 385 do STJ que a pessoa não pode se sentir ofendida pela nova inscrição, ainda que equivocada.

Atraso de voo

Outro tipo de dano moral presumido é aquele que decorre de atrasos de voos, inclusive nos casos em que o passageiro não pode viajar no horário programado por causa de *overbooking*. A responsabilidade é do causador, pelo desconforto, aflição e transtornos causados ao passageiro que arcou com o pagamentos daquele serviço, prestado de forma defeituosa.

Em 2009, ao analisar um caso de atraso de voo internacional, a Quarta Turma reafirmou o entendimento de que 'o dano moral decorrente de atraso de voo prescinde de prova, sendo que a responsabilidade de seu causador opera-se *in re ipsa*' (REsp 299.532).

O transportador responde pelo atraso de voo internacional, tanto pelo Código de Defesa do Consumidor como pela Convenção de Varsóvia, que unifica as regras sobre o transporte aéreo internacional e enuncia: 'Responde o transportador pelo dano proveniente do atraso, no transporte aéreo de viajantes, bagagens ou mercadoria'.

Dessa forma, 'o dano existe e deve ser reparado. O descumprimento dos horários, por horas a fio, significa serviço prestado de modo imperfeito que enseja reparação, finalizou o relator, o então desembargador convocado Honildo Amaral.

A tese de que a responsabilidade pelo dano presumido é da empresa de aviação foi utilizada, em 2011, pela Terceira Turma, no julgamento de um agravo de instrumento que envolvia a empresa TAM. Nesse caso, houve *overbooking* e atraso no embarque do passageiro em voo internacional.

O ministro relator, Paulo de Tarso Sanseverino, enfatizou que 'o dano moral decorre da demora ou dos transtornos suportados pelo passageiro e da negligência da empresa, pelo que não viola a lei o julgado que defere a indenização para a cobertura de tais danos' (Ag 1.410.645).

Diploma sem reconhecimento

Alunos que concluíram o curso de Arquitetura e Urbanismo da Universidade Católica de Pelotas, e não puderam exercer a profissão por falta de diploma reconhecido pelo Ministério da Educação, tiveram o dano moral presumido reconhecido pelo STJ (REsp 631.204).

Na ocasião, a relatora, ministra Nancy Andrighi, entendeu que, por não ter a instituição de ensino alertado os alunos sobre o risco de não receberem o registro de diploma na conclusão do curso, justificava-se a presunção do dano, levando em conta os danos psicológicos causados. Para a Terceira Turma, a demora na concessão do diploma expõe ao ridículo o 'pseudoprofissional', que conclui o curso mas se vê impedido de exercer qualquer atividade a ele correlata.

O STJ negou, entretanto, a concessão do pedido de indenização por danos materiais. O fato de não estarem todos os autores empregados não poderia ser tido como consequência da demora na entrega do diploma. A relatora, ministra Nancy Andrighi, explicou, em seu voto, que, ao contrário do dano moral, o dano material não pode ser presumido. Como não havia relatos de que eles teriam sofrido perdas reais com o atraso do diploma, a comprovação dos prejuízos materiais não foi feita.

Equívoco administrativo

Em 2003, a Primeira Turma julgou um recurso especial envolvendo o Departamento Autônomo de Estradas de Rodagem do Rio Grande do Sul (DAER/RS) e entendeu que danos morais provocados por equívocos em atos administrativos podem ser presumidos.

Ainda analisando o requisito da certeza, devemos lembrar que a doutrina controverte-se a respeito da reparabilidade do dano decorrente da *'perda da chance'* (*perte d'une chance*). Nessa hipótese, temos que analisar se há ou não a *certeza do dano*. Sobre o tema, exemplifica SÍLVIO VENOSA: "Alguém deixa de prestar exame vestibular, porque o sistema de transportes não funcionou a contento e o sujeito chegou atrasado, não podendo submeter-se à prova: pode ser responsabilizado o transportador pela impossibilidade de o agente cursar a universidade? O advogado deixa de recorrer ou de ingressar com determinada medida judicial: pode ser responsabilizado pela perda de um direito eventual

---

Na ocasião, por erro de registro do órgão, um homem teve de pagar uma multa indevida. A multa de trânsito indevidamente cobrada foi considerada pela Terceira Turma, no caso, como indenizável por danos morais e o órgão foi condenado ao pagamento de dez vezes esse valor. A decisão significava um precedente para 'que os atos administrativos sejam realizados com perfeição, compreendendo a efetiva execução do que é almejado' (REsp 608.918).

Para o relator, ministro José Delgado, 'o cidadão não pode ser compelido a suportar as consequências da má organização, abuso e falta de eficiência daqueles que devem, com toda boa vontade, solicitude e cortesia, atender ao público'.

De acordo com a decisão, o dano moral presumido foi comprovado pela cobrança de algo que já havia sido superado, colocando o licenciamento do automóvel sob condição do novo pagamento da multa. 'É dever da administração pública primar pelo atendimento ágil e eficiente de modo a não deixar prejudicados os interesses da sociedade', concluiu.

Credibilidade desviada

A inclusão indevida e equivocada de nomes de médicos em guia orientador de plano de saúde gerou, no STJ, o dever de indenizar por ser dano presumido. Foi esse o posicionamento da Quarta Turma ao negar recurso especial interposto pela Assistência Médica Internacional (Amil) e Gestão em Saúde, em 2011.

O livro serve de guia para os usuários do plano de saúde e trouxe o nome dos médicos sem que eles fossem ao menos procurados pelo representante das seguradoras para negociações a respeito de credenciamento junto àquelas empresas. Os profissionais só ficaram sabendo que os nomes estavam no documento quando passaram a receber ligações de pacientes interessados no serviço pelo convênio.

Segundo o ministro Luis Felipe Salomão, relator do recurso especial, 'a própria utilização indevida da imagem com fins lucrativos caracteriza o dano, sendo dispensável a demonstração do prejuízo material ou moral' (REsp 1.020.936).

No julgamento, o ministro Salomão advertiu que a seguradora não deve desviar credibilidade dos profissionais para o plano de saúde, incluindo indevidamente seus nomes no guia destinado aos pacientes. Esse ato 'constitui dano presumido à imagem, gerador de direito à indenização, salientando-se, aliás, inexistir necessidade de comprovação de qualquer prejuízo', acrescentou (<http://www.stj.jus.br/portal_stj/publicacao/engine.wsp?tmp.area=398&tmp.texto=106255&utm_source=agencia&utm_medium=email&utm_campaign=pushsco>, acesso em 1.º nov. 2012).

de seu cliente?"[13]. Em todos esses casos, não poderíamos excluir a reparabilidade do dano, desde que a investigação do nexo de causalidade aliada à comprovação da efetividade do prejuízo conduzissem à necessidade de restituição do *status quo ante* por meio da obrigação de indenizar. Em verdade, como se trata da frustração de uma probabilidade concreta de ganho — mas sem que haja a certeza no acerto — o valor indenizatório deve ser mitigado, ou seja, fixado por proporcionalidade[14];

c) **subsistência do dano** — quer dizer, se o dano já foi reparado, perde-se o interesse da responsabilidade civil. O dano deve subsistir no momento de sua exigibilidade em juízo, o que significa dizer que não há como se falar em indenização se o dano já foi reparado espontaneamente pelo lesante. Obviamente, se a reparação tiver sido feita às expensas do lesionado, a exigibilidade continua.

Esses três são os requisitos básicos para que se possa atribuir o qualificativo "reparável" ao dano.

---

[13] Sílvio de Salvo Venosa, *Direito Civil — Responsabilidade Civil*, 3. ed., São Paulo: Atlas, 2003, p. 28. Ainda sobre este interessante tema, Sérgio Novais Dias, em excelente obra, pondera que: "Nas ações de responsabilidade civil do advogado pela perda de uma chance, inúmeras questões podem ser suscitadas, como a não contratação do advogado, o não cabimento da providência, a inexistência do nexo de causalidade, a extensão do dano, a concordância do cliente, as quais terão de ser examinadas de acordo com as peculiaridades das diversas situações que as pendências judiciais apresentam" (*Responsabilidade Civil do Advogado — Perda de uma Chance*, São Paulo: LTr, 1999, p. 91). Ainda sobre o tema, há interessante julgado do Superior Tribunal de Justiça sobre a perda de uma chance em programa televisivo: "RECURSO ESPECIAL. INDENIZAÇÃO. IMPROPRIEDADE DE PERGUNTA FORMULADA EM PROGRAMA DE TELEVISÃO. PERDA DA OPORTUNIDADE. 1. O questionamento, em programa de perguntas e respostas, pela televisão, sem viabilidade lógica, uma vez que a Constituição Federal não indica percentual relativo às terras reservadas aos índios, acarreta, como decidido pelas instâncias ordinárias, a impossibilidade da prestação por culpa do devedor, impondo o dever de ressarcir o participante pelo que razoavelmente haja deixado de lucrar, pela perda da oportunidade. 2. Recurso conhecido e, em parte, provido" (STJ, REsp 788459/BA, Rel. Min. Fernando Gonçalves, 4.ª T., julgado em 8-11-2005, *DJ*, 13-3-2006, p. 334).

[14] RECURSO ESPECIAL. INDENIZAÇÃO. IMPROPRIEDADE DE PERGUNTA FORMULADA EM PROGRAMA DE TELEVISÃO. PERDA DA OPORTUNIDADE.

1. O questionamento, em programa de perguntas e respostas, pela televisão, sem viabilidade lógica, uma vez que a Constituição Federal não indica percentual relativo às terras reservadas aos índios, acarreta, como decidido pelas instâncias ordinárias, a impossibilidade da prestação por culpa do devedor, impondo o dever de ressarcir o participante pelo que razoavelmente haja deixado de lucrar, pela perda da oportunidade. 2. Recurso conhecido e, em parte, provido (REsp 788.459/BA, Rel. Ministro Fernando Gonçalves, 4.ª T., julgado em 8-11-2005, *DJ*, 13-3-2006, p. 334).

Todos os outros aventados por respeitável doutrina[15], como a legitimidade do postulante, o nexo de causalidade e a ausência de causas excludentes de responsabilidade, posto necessários, tocam, em nosso entendimento, mais de perto a aspectos extrínsecos ou secundários à consideração do dano em si.

Por isso, seguindo um critério científico mais rígido, preferimos elencar apenas esses três atributos, inerentes ao dano reparável, que consideramos fundamentais para a sua caracterização: *a) a violação de um interesse jurídico — patrimonial ou moral; b) a efetividade ou certeza; c) subsistência.*

3. ESPÉCIES DE DANO: PATRIMONIAL, MORAL E ESTÉTICO

Tradicionalmente, a doutrina costuma classificar o dano em patrimonial e moral.

O dano patrimonial traduz lesão aos bens e direitos economicamente apreciáveis do seu titular. Assim ocorre quando sofremos um dano em nossa casa ou em nosso veículo.

Já advertimos, outrossim, seguindo a moderna tendência de despatrimonialização do direito civil, que outros bens, personalíssimos, também podem ser atingidos, gerando, assim, a responsabilidade civil do infrator.

Ainda, porém, no que tange especificamente ao dano patrimonial ou material, convém o analisarmos sob dois aspectos[16]:

a) **o dano emergente** — correspondente ao efetivo prejuízo experimentado pela vítima, ou seja, "o que ela perdeu";

b) **os lucros cessantes** — correspondente àquilo que a vítima deixou razoavelmente de lucrar por força do dano, ou seja, "o que ela não ganhou"[17].

---

[15] Cf. a respeitável obra da Profa. Maria Helena Diniz, citada, e importante fonte de pesquisa, p. 60-61.

[16] No Código Civil de 2002, cf. o art. 402: "Salvo as exceções expressamente previstas em lei, as perdas e danos devidos ao credor abrangem, além do que ele efetivamente perdeu, o que razoavelmente deixou de lucrar".

[17] "Danos materiais. Dona de casa. Trata-se de ação de indenização, tendo em vista o falecimento da esposa e mãe dos autores, vítima de atropelamento por composição férrea de propriedade da empresa ré. Quanto ao pedido de indenização por danos materiais, a ré impugna a conclusão do acórdão sob o argumento de que estes deveriam ser indeferidos, na medida que a vítima era dona de casa e não recebia remuneração. O fato de a vítima não exercer atividade remunerada não autoriza a concluir que, por isso, ela não contribuía com a manutenção do lar. Os trabalhos domésticos prestados no dia a dia podem ser mensurados economicamente, gerando reflexos patrimoniais imediatos. Na hipótese, releva ainda considerar que os recorrentes litigam sob o benefício da assistência judiciária, indício de que a vítima pertencia à família de poucas posses, fato que só vem a reforçar a ideia do prejuízo causado com sua ausência para

Com referência ao dano emergente, sempre presentes são as palavras de AGOSTINHO ALVIM, que pondera ser "possível estabelecer, com precisão, o desfalque do nosso patrimônio, sem que as indagações se perturbem por penetrar no terreno hipotético. Mas, com relação ao lucro cessante, o mesmo já não se dá". E a respeito do lucro cessante, assevera, com maestria:

> "Finalmente, e com o intuito de assinalar, com a possível precisão, o significado do termo razoavelmente, empregado no art. 1.059 do Código, diremos que ele não significa que se pagará aquilo que for razoável (ideia quantitativa) e sim que se pagará se se puder, razoavelmente, admitir que houve lucro cessante (ideia que se prende à existência mesma de prejuízo). Ele contém uma restrição, que serve para nortear o juiz acerca da prova do prejuízo em sua existência, e não em sua quantidade. Mesmo porque, admitida a existência do prejuízo (lucro cessante), a indenização não se pautará pelo razoável, e sim pelo provado"[18].

A título de ilustração, leiam-se os exemplos que apresentamos em nosso volume II — Obrigações, quanto ao dano emergente e aos lucros cessantes:

> "Imagine que uma indústria de veículos haja celebrado um contrato de compra e venda com um fornecedor de pastilhas de freios, que se comprometera a entregar-lhe um lote de dez mil peças até o dia 10. O pagamento efetivou-se no ato da celebração do contrato. No dia fixado, o fornecedor, sem justificativa razoável, comunicou ao adquirente que não mais produziria as referidas peças. Dessa forma, abriu-se ao credor a possibilidade de resolver o negócio, podendo exigir as *perdas e danos*, que compreenderiam *o dano efetivo causado pelo descumprimento obrigacional* (as suas máquinas ficaram paradas, tendo a receita mensal diminuído consideravelmente), e, bem assim, *o que razoavelmente deixou de lucrar* (se as pastilhas de freio houvessem chegado a tempo, os carros teriam sido concluídos, e as vendas aos consumidores efetivadas, como era de se esperar). Outro exemplo, agora extraído do

---

a economia do lar. Isso porque, em se tratando de família de baixa renda, a mantença do grupo é fruto da colaboração de todos, de modo que o direito ao pensionamento não pode ficar restrito à prova objetiva da percepção de renda, na acepção formal do termo. No caso vertente, a morte da vítima causada pelo trágico acidente, a par de causar inestimável perda de ordem emocional aos recorridos, pelo que representa a figura de esposa e mãe na estrutura de um lar, acarretou-lhes, também, prejuízo passível de valoração econômica, razão pela qual deve ser prestigiada a conclusão assentada no aresto hostilizado, reconhecendo devida aos ora recorridos a pensão por danos materiais. A Turma, prosseguindo o julgamento, conheceu do recurso e lhe deu parcial provimento, apenas para limitar o pensionamento em favor do filho menor até aos 25 anos de idade" (STJ, REsp 402.443-MG, rel. originário Min. Carlos Alberto Menezes Direito, Rel. para acórdão Min. Castro Filho, j. 2-10-2003).

[18] Agostinho Alvim, *Da Inexecução das Obrigações e suas Consequências*, 2. ed., São Paulo: Saraiva, 1955, p. 206.

campo de estudo da responsabilidade extracontratual, também nos servirá. Um indivíduo, guiando imprudentemente o seu veículo, abalroa um táxi que estava corretamente estacionado. Em tal hipótese, o causador do dano, por sua atuação ilícita, será obrigado ao indenizar a vítima, pagando-lhe as *perdas e danos*, que compreenderão, conforme já vimos, o *dano emergente* (correspondente ao efetivo prejuízo material do veículo — carroceria danificada, espelhos laterais quebrados, danos à pintura etc.), e, bem assim, os *lucros cessantes* (referentes aos valores a que faria jus o taxista durante todo o tempo em que o seu veículo ficou parado, em conserto na oficina)"[19].

Claro está que o dano emergente e os lucros cessantes devem ser devidamente comprovados na ação indenizatória ajuizada contra o agente causador do dano, sendo de bom alvitre exortar os magistrados a impedirem que vítimas menos escrupulosas, incentivadoras da famigerada "indústria da indenização", tenham êxito em pleitos absurdos, sem base real, formulados com o nítido propósito, não de buscar ressarcimento, mas de obter lucro abusivo e escorchante.

Nesse sentido, firmou entendimento a 1.ª Turma do Superior Tribunal de Justiça, em sede de Recurso Especial, julgado em 23-5-1994, *RSTJ*, 63/251, em acórdão da lavra do ilustre Min. Demócrito Reinaldo:

> "Para viabilizar a procedência da ação de ressarcimento de prejuízos, a prova da existência do dano efetivamente configurado é pressuposto essencial e indispensável. Ainda mesmo que se comprove a violação de um dever jurídico, e que tenha existido culpa ou dolo por parte do infrator, nenhuma indenização será devida, desde que, dela, não tenha decorrido prejuízo. A satisfação pela via judicial, de prejuízo inexistente, implicaria, em relação à parte adversa, em enriquecimento sem causa. O pressuposto da reparação civil está, não só na configuração da conduta 'contra jus', mas, também, na prova efetiva do ônus, já que se não repõe dano hipotético".

Ainda sobre os lucros cessantes, a recente jurisprudência do STJ continua sendo rígida quanto à necessidade de o julgador utilizar o bom senso para aferir a sua configuração, consoante se pode perceber da leitura deste trecho de acórdão da lavra do culto Min. Sálvio de Figueiredo Teixeira, no REsp 320417/RJ, *DJ* de 20-5-2002:

> "A expressão 'o que razoavelmente deixou de lucrar', constante do art. 1.059 do Código Civil, deve ser interpretada no sentido de que, até prova em contrário, se admite que o credor haveria de lucrar aquilo que o bom senso diz que obteria, existindo a presunção de que os fatos se desenrolariam dentro do seu curso normal, tendo em vista os antecedentes".

Posto isso, seguindo essa linha de raciocínio, cumpre-nos lembrar que a compensação devida à vítima só deverá incluir os danos emergentes e os lucros

[19] Pablo Stolze Gagliano; Rodolfo Pamplona Filho, ob. cit., p. 311-312.

cessantes *diretos e imediatos*, ou seja, só se deverá indenizar o prejuízo que decorra diretamente da conduta ilícita (infracional) do devedor (art. 403, CC/2002[20]), excluídos os danos remotos.

"Trata-se", segundo preleção do Desembargador CARLOS ROBERTO GONÇALVES, "de aplicação da teoria dos danos diretos e imediatos, formulada a propósito da relação de causalidade, que deve existir, para que se caracterize a responsabilidade do devedor. Assim, o devedor responde tão só pelos danos que se prendem a seu ato por um vínculo de necessidade, não pelos resultantes de causas estranhas ou remotas"[21].

Até aqui, tratamos do dano patrimonial.

Entretanto, conforme dissemos, o dano poderá atingir outros bens da vítima, de cunho personalíssimo, deslocando o seu estudo para a seara do denominado dano moral.

Trata-se, em outras palavras, do prejuízo ou lesão de direitos, cujo conteúdo não é pecuniário, nem comercialmente redutível a dinheiro, como é o caso dos direitos da personalidade, a saber, o direito à vida, à integridade física (direito ao corpo, vivo ou morto, e à voz), à integridade psíquica (liberdade, pensamento, criações intelectuais, privacidade e segredo) e à integridade moral (honra, imagem e identidade)[22], havendo quem entenda, como o culto PAULO LUIZ NETTO LÔBO, que "não há outras hipóteses de danos morais além das violações aos direitos da personalidade"[23].

---

[20] Este artigo tem a seguinte redação: "Art. 403. Ainda que a inexecução resulte de dolo do devedor, as perdas e danos só incluem os prejuízos efetivos e os lucros cessantes por efeito dela direto e imediato, sem prejuízo do disposto na lei processual". A referência à lei processual significa que a condenação no ônus da sucumbência (custas processuais, honorários de advogado) tem tratamento autônomo na legislação adjetiva.

[21] Carlos Roberto Gonçalves, *Sinopses Jurídicas — Direito das Obrigações — Parte Geral*, São Paulo: Saraiva, 1998, v. 5, p. 140.

[22] Rodolfo Pamplona Filho, *O Dano Moral na Relação de Emprego*, 3. ed., São Paulo: LTr, 2002, p. 40. Para uma visão genérica sobre os direitos da personalidade, confira-se o capítulo próprio de Pablo Stolze Gagliano; Rodolfo Pamplona Filho, *Novo Curso de Direito Civil*, São Paulo: Saraiva, 2002, v. I.

[23] "A rica casuística que tem desembocado nos tribunais permite o reenvio de todos os casos de danos morais aos tipos de direitos da personalidade. (...) A referência frequente à 'dor' moral ou psicológica não é adequada e deixa o julgador sem parâmetros seguros de verificação da ocorrência de dano moral. A dor é uma consequência, não é o direito violado. O que concerne à esfera psíquica ou íntima da pessoa, seus sentimentos, sua consciência, suas afeições, sua dor, correspondem aos aspectos essenciais da honra, da reputação, da integridade psíquica ou de outros direitos da personalidade.

O dano moral remete à violação do dever de abstenção a direito absoluto de natureza não patrimonial. Direito absoluto significa aquele que é oponível a todos, gerando pre-

Segundo CARLOS ALBERTO BITTAR, qualificam-se "como morais os danos em razão da esfera da subjetividade, ou do plano valorativo da pessoa na sociedade, em que repercute o fato violador, havendo-se, portanto, como tais aqueles que atingem os aspectos mais íntimos da personalidade humana (o da intimidade e da consideração pessoal), ou o da própria valoração da pessoa no meio em que vive e atua (o da reputação ou da consideração social)"[24].

Conforme dissemos, o novo Código Civil, expressamente, em seu art. 186, dispôs que a indenização por ato ilícito é devida, ainda que o dano seja exclusivamente moral. Nada mais fez, nesse particular, do que explicitar determinações constitucionais que já respaldavam a autonomia jurídica do dano moral[25].

O grande mestre ARRUDA ALVIM, por sua vez, em excelente conferência proferida por ocasião do II Congresso de Responsabilidade Civil nos Transportes Terrestres de Passageiros, já anotava que, mesmo na sistemática do Código anterior, a tese da reparabilidade do dano moral era defensável:

> "Recordo aqui o artigo 159 do Código Civil, onde está dito: 'Aquele que, por ação ou omissão voluntária, negligência, ou imprudência, violar direito ou causar prejuízo a outrem, fica obrigado a indenizar'. Nessa frase, por causa das expressões 'violar direito' ou 'causar prejuízo', muitos enxergam essa autonomia que poderia ter dado base a uma mais expressiva jurisprudência com vistas a indenizar autonomamente o dano moral. Isto porque quando prescreveu o legislador que aquele que causou prejuízo deve indenizar, tais expressões seriam referentes aos danos materiais, mas quando disse 'violar direito', estas poderiam significar a ressarcibilidade do dano moral e respeito ao direito à intimidade, à liberdade, à honra, isto é, tudo isto já estaria previsto no Código Civil"[26].

---

tensão à obrigação passiva universal. E direitos absolutos de natureza não patrimonial, no âmbito civil, para fins dos danos morais, são exclusivamente os direitos da personalidade. Fora dos direitos da personalidade são apenas cogitáveis os danos materiais" (Paulo Luiz Netto Lôbo, Danos Morais e Direitos da Personalidade, in Eduardo de Oliveira Leite (coordenador), *Grandes Temas da Atualidade — Dano Moral — Aspectos Constitucionais, Civis, Penais e Trabalhistas*, Rio de Janeiro: Forense, 2002, p. 364-365).

[24] Carlos Alberto Bittar, *Reparação Civil por Danos Morais*, São Paulo: Revista dos Tribunais, 1993, p. 41.

[25] Nesse sentido o art. 5.º, V, da Constituição — "é assegurado o direito de resposta, proporcional ao agravo, além da indenização por dano material, moral ou à imagem" e o art. X — "são invioláveis a intimidade, a vida privada, a honra e a imagem das pessoas, assegurado o direito a indenização pelo dano material ou moral decorrente de sua violação".

[26] Arruda Alvim, Dano Moral e a sua Cobertura Securitária, proferida no II Congresso de Responsabilidade Civil nos Transportes Terrestres de Passageiros, 1997.

Dada a profundidade do tema, e, principalmente, as infindáveis controvérsias que sempre gravitam em torno do dano moral, dedicamos todo o próximo capítulo ao seu estudo.

Vale registrar, porém, que, quebrando a linha classificatória tradicional que dividia as espécies de dano em patrimonial e moral (ou extrapatrimonial), considerou o Superior Tribunal de Justiça que o denominado "dano estético" comportaria uma modalidade autônoma de dano.

Nesta seara, editou, inclusive, a Súmula 387, prevendo:

> "É lícita a cumulação das indenizações de dano estético e dano moral".

Em que pese a inexistência de menção, no texto constitucional, no campo dos direitos fundamentais, a tal espécie de dano, é possível identificá-la como uma lesão ao direito constitucional de imagem, na forma mencionada no inciso V do art. 5.º da Constituição Federal de 1988 ("V — é assegurado o direito de resposta, proporcional ao agravo, além da indenização por dano material, moral ou à imagem").

A pergunta que não quer calar, porém, é saber se há um limite para as adjetivações de danos ou se ainda teremos que conhecer e construir doutrina sobre uma potencial "torre de babel" de novas modalidades de lesões a direitos no ordenamento jurídico brasileiro[27].

4. DANO REFLEXO OU EM RICOCHETE

Uma outra espécie de dano, por suas características peculiares, merece a nossa especial atenção.

Trata-se do dano *reflexo ou em ricochete*, cujo estudo desenvolveu-se largamente no Direito Francês.

Conceitualmente, consiste no prejuízo que atinge reflexamente pessoa próxima, ligada à vítima direta da atuação ilícita.

É o caso, por exemplo, do pai de família que vem a perecer por descuido de um segurança de banco inábil, em uma troca de tiros. Note-se que, a despeito de o dano haver sido sofrido diretamente pelo sujeito que pereceu, os seus filhos, alimentandos, sofreram os seus reflexos, por conta da ausência do sustento paterno.

Desde que este dano reflexo seja certo, de existência comprovada, nada impede a sua reparação civil.

---

[27] Sobre o tema, confira-se PAMPLONA FILHO, Rodolfo; ANDRADE JÚNIOR, Luiz Carlos Vilas Boas, A Torre de Babel das Novas Adjetivações do Dano, *Revista do Curso de Direito da UNIFACS*, v. 14, p. 49-68, 2014.

Sintetizando bem o problema, CAIO MÁRIO, com habitual inteligência, observa que:

"Se o problema é complexo na sua apresentação, mais ainda o será na sua solução. Na falta de um princípio que o defina francamente, o que se deve adotar como solução é a certeza do dano. Se pela morte ou incapacidade da vítima, as pessoas, que dela se beneficiavam, ficaram privadas de socorro, o dano é certo, e cabe ação contra o causador. Vitimando a pessoa que prestava alimentos a outras pessoas, privou-as do socorro e causou-lhes prejuízo certo. É o caso, por exemplo, da ex-esposa da vítima que, juridicamente, recebia dela uma pensão. Embora não seja diretamente atingida, tem ação de reparação por dano reflexo ou em ricochete, porque existe a certeza do prejuízo, e, portanto, está positivado o requisito do dano como elementar da responsabilidade civil"[28].

Portanto, a despeito de não ser de fácil caracterização, o dano em ricochete enseja a responsabilidade civil do infrator, *desde que seja demonstrado o prejuízo à vítima reflexa,* consoante se pode verificar da análise de interessantes julgados do Superior Tribunal de Justiça (REsp 254418/RJ, rel. Min. Aldir Passarinho Jr., *DJ* de 11-6-2001) e do Tribunal de Justiça do Rio Grande do Sul (Ap. Cível 598060713, rel. Des. Antônio Janyr Dall'Agnol Júnior, julgado em 23-9-1998):

"I — Justifica-se a indenização por dano moral quando há a presunção, em face da estreita vinculação existente entre a postulante e a vítima, de que o desaparecimento do ente querido tenha causado reflexos na assistência doméstica e significativos efeitos psicológicos e emocionais em detrimento da autora, ao ser privada para sempre da companhia do *de cujus.* II — Tal suposição não acontece em relação ao cônjuge que era separado de fato do *de cujus,* habitava em endereço distinto, levando a acreditar que tanto um como outro buscavam a reconstituição de suas vidas individualmente, desfeitos os laços afetivos que antes os uniram, aliás, por breve espaço de tempo.

Apelação Cível. Dano Moral. Protesto lavrado contra pessoa jurídica. Alegação de reflexo na pessoa do sócio. Prova. Em que pese inafastável, em tese, dano reflexo, à semelhança do dano em ricochete, quando lavrado protesto contra sociedade comercial, insta cabal demonstração da ilicitude do próprio ato notarial, pena de insucesso. Apelação desprovida".

Não se deve confundir o dano reflexo ou por ricochete com o chamado "dano indireto".

A classificação do dano em direto ou em indireto se refere ao interesse juridicamente tutelado que tenha sido violado. Assim, uma difamação gera,

---

[28] Caio Mário da Silva Pereira, *Responsabilidade Civil,* 9. ed., Rio de Janeiro: Forense, 2000, p. 44.

teoricamente, um dano moral, mas pode gerar, indiretamente, danos patrimoniais pelo abalo de crédito[29].

Já o dano reflexo ou por ricochete, como visto, se refere aos sujeitos vitimados, seja por ser o titular do interesse violado (a vítima propriamente dita), seja por terem uma relação de dependência com a primeira (os lesionados por ricochete)[30].

Por fim, vale registrar que tais classificações não se confundem — ao contrário, podem coexistir — com o instituto da responsabilidade civil pela perda de uma chance, na qual se tutela a possibilidade que foi perdida, não um dano concretamente aferível. A perda de um prazo pelo advogado ou a criação de algum óbice na participação em um concurso público ou atividade desportiva são exemplos didáticos sempre invocados[31].

---

[29] Confira-se o tópico 5 ("*Dano Moral Direto e Indireto*") do Capítulo VI ("*O Dano Moral*") deste volume.

[30] Em nosso sentir, é possível reconhecer dano reflexo, inclusive, em face do nascituro: "RESPONSABILIDADE CIVIL. ACIDENTE DO TRABALHO. MORTE. INDENIZAÇÃO POR DANO MORAL. FILHO NASCITURO. FIXAÇÃO DO *QUANTUM* INDENIZATÓRIO. *DIES A QUO*. CORREÇÃO MONETÁRIA. DATA DA FIXAÇÃO PELO JUIZ. JUROS DE MORA. DATA DO EVENTO DANOSO. PROCESSO CIVIL. JUNTADA DE DOCUMENTO NA FASE RECURSAL. POSSIBILIDADE, DESDE QUE NÃO CONFIGURADA A MÁ-FÉ DA PARTE E OPORTUNIZADO O CONTRADITÓRIO. ANULAÇÃO DO PROCESSO. INEXISTÊNCIA DE DANO. DESNECESSIDADE.

— Impossível admitir-se a redução do valor fixado a título de compensação por danos morais em relação ao nascituro, em comparação com outros filhos do *de cujus*, já nascidos na ocasião do evento morte, porquanto o fundamento da compensação é a existência de um sofrimento impossível de ser quantificado com precisão.

— Embora sejam muitos os fatores a considerar para a fixação da satisfação compensatória por danos morais, é principalmente com base na gravidade da lesão que o juiz fixa o valor da reparação.

— É devida correção monetária sobre o valor da indenização por dano moral fixado a partir da data do arbitramento. Precedentes.

— Os juros moratórios, em se tratando de acidente de trabalho, estão sujeitos ao regime da responsabilidade extracontratual, aplicando-se, portanto, a Súmula n. 54 da Corte, contabilizando-os a partir da data do evento danoso. Precedentes - É possível a apresentação de provas documentais na apelação, desde que não fique configurada a má-fé da parte e seja observado o contraditório. Precedentes.

— A sistemática do processo civil é regida pelo princípio da instrumentalidade das formas, devendo ser reputados válidos os atos que cumpram a sua finalidade essencial, sem que acarretem prejuízos aos litigantes.

Recurso especial dos autores parcialmente conhecido e, nesta parte, provido. Recurso especial da ré não conhecido" (REsp 931556/RS, Rel. Min. NANCY ANDRIGHI, 3.ª Turma, julgado em 17-6-2008, *DJe*, 5-8-2008).

[31] Confira-se o subtópico 5.2.2 ("*Responsabilidade civil pela perda de uma chance*") do Capítulo XIV ("*Responsabilidade Civil Profissional*") deste volume.

O dano reflexo pode ser reconhecido até mesmo ao nascituro pela morte do pai, sendo que o fato de o nascituro não tê-lo conhecido em vida não é razão para se negar indenização[32]. Imagine-se, por exemplo, um filho que não teve a oportunidade de conhecer o seu pai, assassinado ao tempo em que esse filho era um nascituro. O ato ilícito causador desse imenso dano moral (a perda de um pai) consumou-se enquanto o sujeito estava sendo "gestado" (nascituro). Nada impede que, posteriormente, possa vir a pleitear a respectiva indenização.

5. DANOS COLETIVOS, DIFUSOS E A INTERESSES INDIVIDUAIS HOMOGÊNEOS

A evolução da sociedade, com a formação de uma consciência de cidadania, leva ao reconhecimento de que a tutela meramente individual não é suficiente para combater as macrolesões passíveis de ocorrência.

Há, por isso, toda uma gama de danos coletivos *lato sensu* que precisa ser tutelada através de um procedimento especial — a ação coletiva — mais adequado à sua natureza.

Sobre tais ações, RODOLFO DE CAMARGO MANCUSO considera-as cabíveis "quando algum nível do universo coletivo será atingido no momento em que transitar em julgado a decisão que a acolhe, espraiando assim seus efeitos"[33].

A reparação dos danos morais transindividuais está positivada no ordenamento jurídico brasileiro, especificamente, no art. 6.º, VI, do Código de Defesa do Consumidor, que prescreve serem direitos básicos do consumidor "a efetiva prevenção e reparação de danos patrimoniais e morais, individuais, coletivos e difusos".

Apesar de a previsão estar no diploma consumerista, o dano coletivo não se resume à seara do direito do consumidor. Qualquer interesse coletivo violado pode gerar reparação por danos coletivos, bastando que os requisitos genéricos desta reparação sejam reunidos.

Segundo o Superior Tribunal de Justiça, para que o dano moral coletivo se configure "é preciso que o fato transgressor seja de razoável significância e

---

[32] STJ, 4.ª Turma, REsp 399028/SP, Rel. Min. Sálvio de Figueiredo Teixeira, *DJ* 15-4-2002, p. 232.

[33] Rodolfo de Camargo Mancuso, *Ação Popular*, São Paulo: Revista dos Tribunais, 1992, p. 25. Kazuo Watanabe chega a afirmar que "a natureza verdadeiramente coletiva da demanda depende não somente da legitimação ativa para a ação e da natureza dos interesses ou direitos nela vinculados, como também da causa de pedir invocada e do tipo e abrangência do provimento jurisdicional postulado, e ainda da relação de adequação entre esses elementos objetivos da ação e a legitimação *ad causam* passiva" (Demandas coletivas e os problemas emergentes da práxis forense, in *As Garantias do Cidadão na Justiça*, São Paulo: Saraiva, 1993, p. 195).

desborde os limites da tolerabilidade; ele deve ser grave o suficiente para produzir verdadeiros sofrimentos, intranquilidade social e alterações relevantes na ordem extrapatrimonial coletiva"[34].

De acordo com a natureza dos interesses ou direitos violados, três espécies de danos coletivos *lato sensu* podem ser suscitadas, a saber, difusos, coletivos (*stricto sensu*) e individuais homogêneos[35].

A definição legal de tais interesses, como dito, se encontra no Código de Defesa do Consumidor brasileiro, que traz norma, nesse sentido, de natureza geral, não se limitando às relações de consumo.

Assim preceitua o art. 81 da Lei n. 8.078, de 11 de setembro de 1990:

> "Art. 81. A defesa dos interesses e direitos dos consumidores e das vítimas poderá ser exercida em juízo individualmente, ou a título coletivo.
>
> Parágrafo único. A defesa coletiva será exercida quando se tratar de:
>
> I — interesses ou direitos difusos, assim entendidos, para efeitos deste Código, os transindividuais, de natureza indivisível, de que sejam titulares pessoas indeterminadas e ligadas por circunstâncias de fato;
>
> II — interesses ou direitos coletivos, assim entendidos, para efeitos deste Código, os transindividuais de natureza indivisível de que seja titular grupo, categoria ou classe de pessoas ligadas entre si ou com a parte contrária por uma relação jurídica base;
>
> III — interesses ou direitos individuais homogêneos, assim entendidos os decorrentes de origem comum".

Embora a linguagem utilizada pelo Código seja extremamente técnica, parece-nos relevante explicar cada um desses interesses.

Como observa ANTONIO GIDI, "o critério científico para identificar se determinado direito é difuso, coletivo, individual homogêneo ou individual puro não é a matéria, o tema, o assunto abstratamente considerados, mas o direito subjetivo específico que foi violado"[36].

Isso porque não é possível setorializar direitos em função de matérias envolvidas, como, lamentavelmente, é muito comum se verificar. Assim, um

---

[34] STJ, REsp 1221756/RJ, Rel. Min. Massami Uyeda, 3.ª Turma, *DJe*, 10-2-2012.

[35] Fala-se, nos dias de hoje, inclusive, em *dano social*, o qual, a despeito da similitude com o dano moral coletivo, tem características próprias. Isso porque o *dano social* não atinge apenas um círculo, um grupo ou uma coletividade, mas sim, em espectro mais amplo, a própria sociedade. É o que se dá, por exemplo, nos casos de lesão proveniente de *balas perdidas* (TARTUCE, Flávio. *Reflexões sobre o Dano Social*, disponível em: http://www.ambito-juridico.com.br/site/index.php?n_link=revista_artigos_leitura&artigo_id=3537. Acesso em 11 nov. 2014).

[36] Antonio Gidi, *Coisa Julgada e Litispendência em Ações Coletivas*, São Paulo: Saraiva, 1995, p. 21.

dano ao meio ambiente não será necessária e exclusivamente um dano difuso, pois pode também ensejar pretensões com outros tipos de tutela jurisdicional.

Os direitos difusos e coletivos, designados por JOSÉ CARLOS BARBOSA MOREIRA como direitos "essencialmente coletivos"[37] — ao revés dos individuais homogêneos, que seriam apenas "acidentalmente coletivos" — , tem como nota comum o caráter *transindividual, de natureza indivisível*, ou seja, que transcendem a esfera de um único sujeito individualizado.

A diferença, porém, estará na titularidade, em que, nos primeiros, se confunde com "pessoas indeterminadas e ligadas por circunstâncias de fato", enquanto, nos segundos, se refere a "grupo, categoria ou classe de pessoas ligadas entre si ou com a parte contrária por uma relação jurídica base".

A exemplificação pode facilitar a compreensão.

Imagine-se um vazamento em uma fábrica, que tenha poluído um lago na sua proximidade. Essa conduta gera danos difusos — a toda a sociedade, que tem um direito constitucional à defesa de um meio ambiente ecologicamente equilibrado[38] — e também coletivos — por exemplo, dos empregados da empresa, para exigir o cumprimento das normas de segurança e medicina do trabalho, ou mesmo da comunidade ribeirinha, que mantém relação jurídica de vizinhança com a indústria, para exigir a observância das regras legais pertinentes.

Os direitos individuais homogêneos, por sua vez, inovação da Lei n. 8.078/90, são aqueles ligados por uma origem comum. Embora determinados e divisíveis, uma situação de fato uniforme em relação a todos os lesados autoriza a utilização dos meios processuais correspondentes para sua defesa. Ainda nos valendo do exemplo da poluição do lago, há um interesse individual homogêneo dos pescadores da região, em função das perdas e danos gerados pela conduta poluidora.

No campo contratual, também é possível verificar a ocorrência de danos individuais homogêneos, como, por exemplo, quando uma empresa vende determinado produto adulterado a várias pessoas espalhadas pelo país, pois, embora diversos os negócios jurídicos de compra e venda, caracterizada estará a igualdade jurídica entre os contratos[39].

---

[37] José Carlos Barbosa Moreira, Tutela Jurisdicional dos Interesses Coletivos ou Difusos, in *Temas de Direito Processual*, terceira série, São Paulo: Saraiva, 1984, p. 195-196.

[38] CF/88: "Art. 225. Todos têm direito ao meio ambiente ecologicamente equilibrado, bem de uso comum do povo e essencial à sadia qualidade de vida, impondo-se ao Poder Público e à coletividade o dever de defendê-lo e preservá-lo para as presentes e futuras gerações".

[39] Como observa Antônio Gidi, em exemplo idêntico, como "a homogeneidade decorre tão só e exclusivamente da origem comum dos direitos, estes não precisam ser iguais quantitativa ou qualitativamente. Assim, da mesma forma que o *quantum* de cada prejuízo individual é algo peculiar e irrelevante para a caracterização da homogeneidade de tais direitos, esses prejuízos individualmente sofridos podem ser das mais variadas

Para encerrar este tópico, achamos conveniente transcrever quadro comparativo com os critérios distintivos mais marcantes entre tais esferas de direitos, trazida por MANOEL JORGE E SILVA NETO, em sua tese de doutorado[40]:

INTERESSES	Difusos	Coletivos	Individuais homogêneos
BASE LEGAL	Art. 81, parágrafo único, I	Art. 81, parágrafo único, II	Art. 81, parágrafo único, III
DESTINATÁRIOS	Indeterminados	Determináveis	Determinados
NATUREZA	Indivisível	Indivisível	Divisível
ELEMENTO DE LIGAÇÃO	Situação de Fato	Relação Jurídica Base	Situação de Fato
INSTRUMENTO DE DEFESA	Ação Civil e Ação Popular	Ação Civil Pública e Mandado de Segurança Coletivo	Ação Civil Coletiva

6. FORMAS DE REPARAÇÃO DE DANOS

Sobre as formas de reparação de danos, ensina ORLANDO GOMES que há

> "reposição natural quando o bem é restituído ao estado em que se encontrava antes do fato danoso. Constitui a mais adequada forma de reparação, mas nem sempre é possível, e muito pelo contrário. Substitui-se por uma prestação pecuniária, de caráter compensatório. Se o autor do dano não pode restabelecer o estado efetivo da coisa que danificou, paga a quantia correspondente a seu valor. É rara a possibilidade da reposição natural. Ordinariamente, pois, a prestação de indenização se apresenta sob a forma de prestação pecuniária, e, às vezes, como objeto de uma dívida de valor.
>
> Se bem que a reposição natural seja o modo próprio de reparação do dano, não pode ser imposta ao titular do direito à indenização. Admite-se que

espécies (patrimoniais, morais, lucros cessantes, danos emergentes etc.), sem comprometimento à referida homogeneidade. Afinal, o 'homogêneo' aqui não se refere a identidade ou igualdade matemática entre os direitos, mas a um núcleo comum que permita um tratamento universal e globalizante para todos os casos" (ob. cit., p. 32).

[40] Manoel Jorge e Silva Neto, *Proteção Constitucional dos Interesses Trabalhistas — Difusos, Coletivos e Individuais Homogêneos*, São Paulo: LTr, 2001, p. 42.

prefira receber dinheiro. Compreende-se. Uma coisa danificada, por mais perfeito que seja o conserto, dificilmente voltará ao estado primitivo. A indenização pecuniária poderá ser exigida, concomitantemente com a reposição natural, se esta não satisfizer suficientemente o interesse do credor.

Se o devedor quer cumprir a obrigação de indenizar mediante reposição, o credor não pode exigir a substituição de coisa velha, por nova, a menos que o reparo não restabeleça efetivamente o estado anterior. Por outro lado, o devedor não pode ser compelido à restituição *in natura*, se só for possível mediante gasto desproporcional"[41].

Em função de tais ilações, podemos concluir que um critério prático de diferenciação entre o dano patrimonial e o dano moral, além daquele referente à esfera jurídica atingida e às consequências geradas de forma direta pelo evento danoso, reside, certamente, na forma de reparação.

Tal conclusão se dá pelo fato de que, no dano patrimonial (onde restou atingido um bem físico, de valor comensurável monetariamente), a reparação pode ser feita através da reposição natural. Essa possibilidade já não ocorre no dano moral, eis que a honra violada jamais pode ser restituída à sua situação anterior, porquanto, como já disse certo sábio, as palavras proferidas são como as flechas lançadas, que não voltam atrás...

A reparação, em tais casos, reside no pagamento de uma soma pecuniária, arbitrada judicialmente, com o objetivo de possibilitar ao lesado uma satisfação compensatória pelo dano sofrido, atenuando, em parte, as consequências da lesão.

O que ora se expõe já era lecionado há muito tempo por ORLANDO GOMES, ao afirmar que

> "esse dano não é propriamente indenizável, visto como indenização significa eliminação do prejuízo e das consequências, o que não é possível quando se trata de dano extrapatrimonial. Prefere-se dizer que é compensável. Trata-se de compensação, e não de ressarcimento. Entendida nesses termos a obrigação de quem o produziu, afasta-se a objeção de que o dinheiro não pode ser o equivalente da dor, porque se reconhece que, no caso, exerce outra função dupla, a de expiação, em relação ao culpado, e a de satisfação, em relação à vítima. Contesta-se, porém, que tenha caráter de pena, impugnando-se, pois, sua função expiatória. Diz-se que sua finalidade não é acarretar perda ao patrimônio do culpado, mas, sim, proporcionar vantagem ao ofendido. Admite-se, porém, sem oposição, que o pagamento da soma de dinheiro é um modo de dar satisfação à vítima, que, recebendo-a, pode destiná-la, como diz

[41] Orlando Gomes, *Obrigações*, 9. ed., Rio de Janeiro: Forense, 1994, p. 51.

Von Tuhr, a procurar as satisfações ideais ou materiais que estime convenientes, acalmando o sentimento de vingança inato no homem"[42].

A evolução do nosso Direito descortina uma mudança de perspectiva: a função social da responsabilidade civil.

Com efeito, além do escopo compensatório, a indenização deve ter também uma finalidade punitiva ou pedagógica, aspecto especialmente desenvolvido pelos tribunais norte-americanos ("teoria dos *punitive damages*" ou "teoria do desestímulo").

Vale dizer, não apenas para a tutela coletiva, mas também, no âmbito da tutela individual, o princípio constitucional da função social aponta para a necessidade de, *em casos graves ou de reincidência*, o juiz fixar o valor indenizatório também com o objetivo de desestimular o ofensor.

Afinal, o "meio social necessita de uma resposta condizente que busque coibir as sequências de condutas semelhantes àquela que se está a censurar", conforme adverte SALOMÃO RESEDÁ[43].

Esta verba punitiva deveria, em nosso sentir, ser destinada a um fundo ou entidade beneficente, como se dá, de forma semelhante, no âmbito das ações civis públicas.

E, posto não haja, infelizmente, norma legal aplicando esta teoria pedagógica no âmbito da tutela individual, sufragamos a tese de que o princípio da função social, acima referido e por nós reverenciado, serviria de amparo a esta linha de intelecção.

---

[42] Orlando Gomes, ob. cit., p. 272.

[43] Salomão Resedá, *A Função Social do Dano Moral*, Florianópolis: Conceito Editorial, 2009, p. 186.

Capítulo VI
O Dano Moral

Sumário: 1. Introdução. 2. A preocupação do atual Código Civil brasileiro com a questão da moralidade. 3. Conceito e denominação. 4. Breve notícia de precedentes históricos sobre o dano moral. 4.1. Código de Hamurabi. 4.2. As Leis de Manu. 4.3. O Alcorão. 4.4. A Bíblia Sagrada. 4.5. Grécia antiga. 4.6. Direito Romano. 4.7. Direito Canônico. 4.8. Evolução histórico-legislativa no Brasil. 5. Dano moral direto e indireto. 6. Reparabilidade do dano moral. 6.1. Argumentos contra a reparabilidade do dano moral. 6.1.1. Falta de um efeito penoso durável. 6.1.2. Incerteza de um verdadeiro direito violado. 6.1.3. Dificuldade de descobrir a existência do dano. 6.1.4. Indeterminação do número de pessoas lesadas. 6.1.5. Impossibilidade de uma rigorosa avaliação em dinheiro. 6.1.6. Imoralidade de compensar uma dor com dinheiro. 6.1.7. Amplo poder conferido ao Juiz. 6.1.8. Impossibilidade jurídica da reparação. 6.2. Natureza jurídica da reparação do dano moral. 6.3. Cumulatividade de reparações (danos morais, materiais e estéticos). 7. Dano moral e pessoa jurídica. 8. Dano moral e direitos difusos e coletivos. 9. O dano moral e o meio ambiente de trabalho.

1. INTRODUÇÃO

Um dos aspectos positivos da nova Codificação Civil brasileira é justamente o reconhecimento formal e expresso da reparabilidade dos danos morais.

Com efeito, dispõe o multicitado art. 186 do CC/2002:

> "Art. 186. Aquele que, por ação ou omissão voluntária, negligência ou imprudência, violar direito e causar dano a outrem, *ainda que exclusivamente moral*, comete ato ilícito" (grifos nossos).

Embora a questão já estivesse pacificada pelo próprio texto constitucional[1],

---

[1] Constituição Federal de 1988:

"Art. 5.º Todos são iguais perante a lei, sem distinção de qualquer natureza, garantindo-se aos brasileiros e aos estrangeiros residentes no País a inviolabilidade do direito à vida, à liberdade, à igualdade, à segurança e à propriedade, nos termos seguintes:

(...)

V — é assegurado o direito de resposta, proporcional ao agravo, além da indenização por dano material, moral ou à imagem;

(...)

a atualização legislativa se fazia obrigatória, até mesmo por uma questão cultural, dada a grande resistência histórica, como veremos no decorrer deste capítulo, para sua consagração formal.

Conheçamos melhor a problemática.

2. A PREOCUPAÇÃO DO ATUAL CÓDIGO CIVIL BRASILEIRO COM A QUESTÃO DA MORALIDADE

Antes de dissecarmos dogmaticamente toda a enorme batalha doutrinária e jurisprudencial para reconhecimento da reparabilidade do dano moral, parece-nos relevante tecer algumas rápidas considerações sobre a questão da moralidade.

Sim, embora direito e moral não se confundam[2], há em todo o novo Código Civil brasileiro uma evidente preocupação com a eticidade nas relações jurídicas.

Isso se verifica não somente no acolhimento formal de previsão legal de reparações por danos morais, mas também em outros dispositivos legais.

Senão, vejamos.

No que diz respeito à repetição de indébito, estabelece o art. 883:

> "Art. 883. Não terá direito à repetição aquele que deu alguma coisa para obter fim ilícito, imoral, ou proibido por lei.
>
> Parágrafo único. No caso deste artigo, o que se deu reverterá em favor de estabelecimento local de beneficência, a critério do juiz".

Da mesma forma, na disciplina do poder familiar, preceitua o art. 1.638:

> "Art. 1.638. Perderá por ato judicial o poder familiar o pai ou a mãe que:
>
> I — castigar imoderadamente o filho;
>
> II — deixar o filho em abandono;
>
> III — praticar atos contrários à moral e aos bons costumes;
>
> IV — incidir, reiteradamente, nas faltas previstas no artigo antecedente".

Isso sem contar o fato de que consideramos que a enumeração expressa dos elementos de validade do negócio jurídico pelo Código Civil é imprecisa, justamente porque, dentro do sentido da sua disciplina, a questão da moralidade é, sim, um relevante aspecto para o reconhecimento da validade[3].

X — são invioláveis a intimidade, a vida privada, a honra e a imagem das pessoas, assegurado o direito a indenização pelo dano material ou moral decorrente de sua violação."

[2] Sobre o tema, confira-se o Capítulo I ("Noções Gerais de Direito") do volume 1 ("Parte Geral") desta obra.

[3] Nessa esteira é a crítica também de Marcos Bernardes de Mello: "Essa enumeração

Como já afirmamos, "também não se admitiria a celebração de um contrato de prestações de serviços sexuais — e, consequentemente, uma eventual cobrança judicial pelo inadimplemento da contraprestação pecuniária — pelo fundamento da imoralidade da avença"[4].

Feitas tais considerações prévias, enfrentemos o instituto do dano moral, a partir de seu conceito e denominação.

3. CONCEITO E DENOMINAÇÃO

O dano moral consiste na lesão de direitos cujo conteúdo não é pecuniário, nem comercialmente redutível a dinheiro. Em outras palavras, podemos afirmar que o dano moral é aquele que lesiona a esfera personalíssima da pessoa (seus direitos da personalidade), violando, por exemplo, sua intimidade, vida privada, honra e imagem, bens jurídicos tutelados constitucionalmente[5].

A apreensão deste conceito é fundamental para o prosseguimento do nosso estudo, notadamente no que diz respeito ao fato de a lesão se dar em direitos — repita-se! — "cujo conteúdo não é pecuniário, nem comercialmente redutível a dinheiro".

Repisamos esse aspecto de forma a afastar de nossa análise, de uma vez por todas, qualquer relação ao efeito patrimonial do dano moral ocorrido, pois muitos dos debates sobre a matéria (neste caso, bastante infrutíferos) residem na busca de uma quantificação do dano moral com base nos seus reflexos materiais.

Ora, se há reflexos materiais, o que se está indenizando é justamente o dano patrimonial decorrente da lesão à esfera moral do indivíduo, e não o dano moral propriamente dito.

---

legal, como se vê, é insuficiente, incompleta, porque não menciona todas as causas de invalidade, deixando-se de referir-se, explicitamente, à possibilidade do objeto e sua compatibilidade com a moral (cuja falta implica nulidade — Código Civil, art. 145, II), como também à inexistência de deficiência de negócios jurídicos, dentre os quais se incluem os vícios que afetam a manifestação da vontade e outros que comprometem a perfeição e causam a invalidade, por anulabilidade, do ato jurídico (Código Civil, art. 147), além da anuência de outras pessoas, que, em certas situações, é exigida" (Marcos Bernardes de Mello, *Teoria do Fato Jurídico — Plano da Validade*, 2. ed., São Paulo: Saraiva, 1997, p. 17).

[4] Pablo Stolze Gagliano; Rodolfo Pamplona Filho, *Novo Curso de Direito Civil — Parte Geral*, 2. ed., São Paulo: Saraiva, 2002, v. 1, p. 350-351.

[5] "Art. 5.º Todos são iguais perante a lei, sem distinção de qualquer natureza, garantindo-se aos brasileiros e aos estrangeiros residentes no País a inviolabilidade do direito à vida, à liberdade, à igualdade, à segurança e à propriedade, nos termos seguintes:" (...) "X — são invioláveis a intimidade, a vida privada, a honra e a imagem das pessoas, assegurado o direito a indenização pela dano material ou moral decorrente de sua violação".

Não é esta, definitivamente, a nossa proposta, pois pretendemos demonstrar a tutela dos direitos da personalidade pelo vigente ordenamento jurídico, com a possibilidade de compensações pecuniárias em caso de violações.

Apesar de já termos proposto um conceito de dano moral, faz-se mister tecer alguns comentários sobre a denominação utilizada.

Isso porque adotamos a expressão "dano moral" somente por esta estar amplamente consagrada na doutrina e jurisprudência pátria. Todavia, reconhecemos que ela não é tecnicamente adequada para qualificar todas as formas de prejuízo não fixável pecuniariamente.

Mesmo a expressão "danos extrapatrimoniais", também de uso comum na linguagem jurídica, pode se tornar equívoca, principalmente se for comparada com a concepção de "patrimônio moral", cada vez mais utilizada na doutrina e jurisprudência, que supostamente abrangeria, entre outros direitos tutelados pelo ordenamento jurídico, a intimidade, a vida privada, a honra e a imagem da pessoa.

Melhor seria utilizar-se o termo "dano não material" para se referir a lesões do patrimônio imaterial, justamente em contraponto ao termo "dano material", como duas faces da mesma moeda, que seria o "patrimônio jurídico" da pessoa, física ou jurídica.

Entretanto, como as expressões "dano moral" e "dano extrapatrimonial" encontram ampla receptividade, na doutrina brasileira, como antônimos de "dano material", estando, portanto, consagradas em diversas obras relevantes sobre o tema[6], utilizaremos indistintamente as três expressões (dano moral, dano extrapatrimonial e dano não material), sempre no sentido de contraposição ao dano material.

4. BREVE NOTÍCIA DE PRECEDENTES HISTÓRICOS SOBRE O DANO MORAL

Embora a aceitação da ampla reparabilidade dos danos morais seja tese que só há pouco tempo se tornou razoavelmente pacífica na maioria das le-

---

[6] A título meramente exemplificativo, confira-se Carlos Alberto Bittar (*Reparação Civil por Danos Morais*, São Paulo: Revista dos Tribunais, 1993), Wilson Melo da Silva (*O Dano Moral e sua Reparação*, 3. ed., Rio de Janeiro: Forense, 1983), Maria Helena Diniz (*Curso de Direito Civil*, 3. ed., São Paulo: Saraiva, 1996, v. 7), Sérgio Severo (*Os Danos Extrapatrimoniais*, São Paulo: Saraiva, 1996), Augusto Zenun (*Dano Moral e sua Reparação*, 4. ed., Rio de Janeiro: Forense, 1996), Clayton Reis (*Dano Moral*, 4. ed., Rio de Janeiro: Forense, 1995), Fabrício Zamprogna Matielo (*Dano Moral, Dano Material e Reparação*, 2. ed. Porto Alegre: Sagra-Luzzatto, 1995), Christino Almeida do Valle (*Dano Moral*, 1. ed., 2.ª tir., Rio de Janeiro: Aide, 1994), Rodolfo Pamplona Filho (*O Dano Moral na Relação de Emprego*, 3. ed., São Paulo: LTr, 2002), entre outros.

gislações contemporâneas, a história das nações nos demonstra, de forma clara, que sempre houve preceitos normativos que amparavam algumas dessas pretensões.

Vejamos, portanto, alguns precedentes históricos de reparabilidade do dano moral.

4.1. Código de Hamurabi

Para VEIT VALENTIM, o "Código de Hamurabi foi o primeiro na histó ria em que predominam ideias claras sobre direito e economia"[7].

Trata-se de um sistema codificado de leis, surgido na Mesopotâmia, através do rei da Babilônia, Hamurabi (1792-1750 a.C.), também conhecido por Kamo-Rábi, que reviu, adaptou e ampliou diversas leis sumérias e acadianas.

Tal código contém 282 dispositivos legais e foi descoberto graças a uma expedição francesa, chefiada pelo arqueólogo Jacques Morgan, sendo tais dispositivos conhecidos por intermédio de uma versão gravada em uma estrela de basalto negro, encontrada originalmente em Susa-Irã, mas que hoje é conservada no Museu do Louvre.

Seu princípio geral era a ideia de que "o forte não prejudicará o fraco", pelo que sua interpretação nos demonstra que havia uma preocupação constante de conferir ao lesado uma reparação equivalente, o que ficou mais conhecido através do seu célebre axioma primitivo "olho por olho, dente por dente" (a lei de Talião), constante dos parágrafos 196, 197 e 200 do código:

> "§ 196. Se um *awilum* destruir um olho de um *awilum*: destruirão seu olho"[8].
>
> "§ 197. Se quebrou o osso de um *awilum*: quebrarão o seu osso".
>
> "§ 200. Se um *awilum* arrancou um dente de um *awilum* igual a ele: arrancarão o seu dente".

Como observa CLAYTON REIS, a "noção de reparação de dano encontra-se claramente definida no Código de Hamurabi. As ofensas pessoais eram reparadas na mesma classe social, à custa de ofensas idênticas. Todavia o Código incluía ainda a reparação do dano à custa de pagamento de um valor pecuniário".

Confira-se, por exemplo, o que dispõem os seus parágrafos 209, 211 e 212, que ordenavam o pagamento de uma indenização a favor da vítima, em valor pecuniário vigente:

---

[7] Veit Valentim, *História Universal*, 6. ed., São Paulo: Martins Ed., 1964, t. I, p. 81.

[8] *Awilum* significa homem livre.

"§ 209. Se um *awilum* ferir o filho de um outro *awilum* e, em consequência disso, lhe sobrevier um aborto, pagar-lhe-á dez ciclos de prata pelo aborto"[9].

Note-se que este primeiro trecho se refere a hipótese de pessoas de mesma classe (*awilum* = homem livre). Contudo, também havia previsão para indivíduos de classes distintas:

"§ 211. Se pela agressão fez a filha de um Muskenun expelir o (fruto) de seu seio: pesará cinco ciclos de prata".

"§ 212. Se essa mulher morrer, ele pesará meia mina de prata"[10].

Embora a noção inicial desta cominação legal fosse a de aplicação de penalidade, o ilustre professor mineiro WILSON MELO DA SILVA já destacava que se trata de "certos preceitos que, estabelecendo uma exceção ao direito de vindita, ordenava, em favor da vítima, o pagamento de uma indenização, o que denuncia um começo da ideia de que resultou modernamente a chamada teoria da compensação econômica, satisfatória dos danos extrapatrimoniais"[11].

Outra hipótese de lesão extrapatrimonial pode ser encontrada no § 127, que tratava da "injúria e difamação da família" (Capítulos IX e X), nos seguintes termos:

"§ 127. Se um homem livre estendeu o dedo contra uma sacerdotisa, ou contra a esposa de um outro e não comprovou, arrastarão ele diante do juiz e raspar-lhe-ão a metade do seu cabelo".

Sobre este dispositivo, comenta AUGUSTO ZENUN que se trata de "uma pena de reparação do dano moral, que se não refere a dinheiro ou a qualquer outra coisa econômica, donde se conclui, de maneira clara e insofismável, que àquela época já se reconhecia o dano moral, cuja reparação nada tinha de pecúnia"[12].

Sendo assim, verificamos que o Código de Hamurabi buscava, indubitavelmente, a reparação das lesões ocorridas, materiais ou morais, condenando o agente lesante a sofrer ofensas idênticas (aplicação da "Lei de Talião") ou pagar importâncias em prata (moeda vigente à época).

---

[9] Dez ciclos de prata correspondiam a aproximadamente 80 gramas.

[10] Meia mina de prata equivale a 250 gramas.

[11] Wilson Melo da Silva, *O Dano Moral e sua Reparação*, 3. ed., Rio de Janeiro: Forense, 1983, p. 15.

[12] Augusto Zenun, *Dano Moral e sua Reparação*, 4. ed., Rio de Janeiro: Forense, 1996, p. 6.

4.2. As Leis de Manu

Manu Vaivasvata, na mitologia hindu, foi um homem que, extremamente respeitado pelos brâmanes (membros da mais alta casta daquela sociedade), sistematizou as leis sociais e religiosas do Hinduísmo.

Embora a existência histórica de Manu seja discutível, a verdade é que o conjunto normativo conhecido por "Código de Manu" até hoje interfere na vida social e religiosa da Índia, onde o Hinduísmo ainda é a principal religião.

Confrontando-o com o Código de Hamurabi, não há como negar que, do ponto de vista da civilização moderna, o Código de Manu significou um avanço, eis que, enquanto no primeiro, a prioridade era o ressarcimento da vítima através de uma outra lesão ao lesionador original (dano que deveria ser da mesma natureza), o segundo determinava a sanção através do pagamento de um certo valor pecuniário.

Assim, como aponta CLAYTON REIS, "suprimiu-se a violência física, que estimulava nova reprimenda igualmente física, gerando daí um ciclo vicioso, por um valor pecuniário. Ora, a alusão jocosa, mas que retrata uma realidade na história do homem, onde o bolso é a parte mais sensível do corpo humano, produz o efeito de obstar eficazmente o *animus* do delinquente"[13].

4.3. O Alcorão

O Alcorão também nos traz exemplos de repressão histórica às lesões na esfera extrapatrimonial, conforme se verifica de seu item V, nos seguintes termos:

> "V. O adúltero não poderá casar-se senão com uma adúltera ou uma idólatra. Tais uniões estão vedadas aos crentes".

Tal proibição demonstra que o adultério se caracteriza, para os muçulmanos, como uma autêntica lesão ao patrimônio moral dos indivíduos, correspondendo a restrição *supra* indiscutivelmente a uma forma de condenação.

Vê-se, também, que há preceitos, no Alcorão, explicitamente inspirados no Código de Hamurabi, como, por exemplo, o versículo 127 do capítulo XVI, que reza: "Se vos vingardes, que a vossa vingança não ultrapasse a afronta recebida. Porém, aqueles que sofrerem com paciência farão uma ação mais meritória".

4.4. A Bíblia Sagrada

No livro sagrado dos cristãos, mais precisamente em seu Antigo Testamento, encontramos algumas passagens que tratam, sem sombra de dúvida, da reparação de danos morais.

---

[13] Clayton Reis, *Dano Moral*, 4. ed., Rio de Janeiro: Forense, 1995, p. 12.

"Se um homem tomar uma mulher por esposa e, tendo coabitado com ela, vier a desprezá-la, e lhe imputar falsamente coisas escandalosas e contra ela divulgar má fama, dizendo: 'Tomei esta mulher e, quando me cheguei a ela, não achei nela os sinais da virgindade', então o pai e a mãe da jovem tomarão os sinais da virgindade da moça, e os levarão aos anciãos da cidade, à porta; e o pai da jovem dirá aos anciãos: 'Eu dei minha filha para esposa a este homem, e agora ele a despreza, e eis que lhe atribui coisas escandalosas, dizendo: — Não achei na tua filha os sinais da virgindade; porém eis aqui os sinais da virgindade de minha filha'. E eles estenderão a roupa diante dos anciãos da cidade. Então os anciãos daquela cidade, tomando o homem, o castigarão, e, multando-o em cem ciclos de prata, os darão ao pai da moça, porquanto divulgou má fama sobre uma virgem de Israel. Ela ficará sendo sua mulher, e ele por todos os seus dias não poderá repudiá-la" (*Deuteronômio*, 22:13-19).

Como se vê, a honra era amplamente tutelada no Velho Testamento, pois o motivo para a aplicação do castigo corporal, indenização pecuniária e proibição de jamais se divorciar era a divulgação de "má fama sobre uma virgem de Israel".

O alto valor da castidade, que o Israel primitivo adotou como seu padrão e seu orgulho, é refletido na afirmação de Tamar em *II Samuel*, 13:11-13 ("E chegando-lhos, para que comesse, pegou dela, e disse-lhe: Vem, deita-te comigo, irmã minha. Porém ela lhe disse: Não, irmão meu, não me forces, porque não se faz assim em Israel; não faças tal loucura. Porque aonde iria eu com a minha vergonha? E tu serias como um dos loucos de Israel. Agora, pois, peço-te que fales ao rei, porque não me negará a ti").

Podemos, ainda, lembrar de um outro trecho específico de reparação pecuniária de dano moral sofrido em *Deuteronômio*, 22:28-29:

"Se um homem encontrar uma moça virgem não desposada e, pegando nela, deitar-se com ela, e forem apanhados, o homem que dela abusou dará ao pai da jovem cinquenta ciclos de prata, e, porquanto a humilhou, ela ficará sendo sua mulher; não a poderá repudiar por todos os seus dias".

Também nesse trecho verificamos a indenização (note-se que não se trata tecnicamente de multa, pois reverte ao pai da moça) como forma de reparação do dano moral, aliada à condenação na proibição de divórcio.

4.5. Grécia antiga

A civilização grega assumiu um papel importantíssimo na história do homem e, graças aos seus pensadores, seu sistema jurídico atingiu pontos bastante elevados, com reflexos, inclusive, na vigente Teoria Geral do Estado.

As leis gregas outorgavam ao cidadão e aos seus respectivos bens a necessária proteção jurídica, além de fixarem que a reparação dos danos a eles causados assumiria sempre um caráter pecuniário, afastando a vingança física e pessoal como forma de satisfação ao lesado.

Sobre a matéria, JÚLIO BERNARDO DO CARMO nos informa que "Demóstenes recebera de Mídias uma porção de dinheiro, no que fora reprovado por Eschine, porque referia a uma bofetada com que aquele tinha sido atingido"[14].

Já o próprio Homero, na Odisseia (rapsódia oitava, versos de 266 a 367), refere-se a uma assembleia de deuses pagãos, pela qual se decidia sobre reparação de dano moral, decorrente de adultério. Hefesto, o marido traído, surpreendeu, em flagrante, no seu próprio leito, a infiel Afrodite, com o formoso Ares. Tendo o ferreiro Hefesto reclamado aos deuses uma providência, estes condenaram Ares a pagar pesada multa, informação esta que, mesmo mitológica, já demonstra o hábito da compensação econômica pelos danos extrapatrimoniais.

Sem qualquer dúvida, "a influência cultural dessa civilização foi marcante, na medida em que propiciaram o surgimento de legislações de grande conteúdo político-filosófico, como aconteceu na antiga Roma"[15].

4.6. Direito Romano

Superada a época da vingança privada, a noção de reparação pecuniária de danos era algo extremamente presente entre os romanos, pelo que todo ato considerado lesivo ao patrimônio ou à honra de alguém deveria implicar uma consequente reparação[16].

Vale lembrar que Ulpiano foi o protagonista dos preceitos do *Jus Naturale*: "*Suum cuique tribuere*", "*Honeste Vivere*" e "*Alterum non laedere*" (este último também conhecido como "*Neminem laedere*"), significando, respectivamente, os conceitos de justiça baseados no "dar a cada um o que é seu", "viver honestamente" e "não lesar outrem".

A preocupação com a honra, inclusive, era profunda, traduzindo-se no brocardo *honesta fama est alterium patrimonium* (a fama honesta é outro patrimônio), o que demonstra a possibilidade de reparação, ainda que pecuniária, da lesão à boa conduta, há mais de 2000 anos.

---

[14] Júlio Bernardo do Carmo, O Dano Moral e sua Reparação no Âmbito do Direito Civil e do Trabalho, *Revista LTr*, São Paulo: LTr, mar. 1996, v. 60, p. 297.

[15] Clayton Reis, ob. cit., p. 16.

[16] Saliente-se que a responsabilidade civil no Direito Romano pode ser visualizada em 3 (três) etapas: em primeiro lugar, cronologicamente, a *Lei das XII Tábuas* (no ano 452 a.C.); depois, a *Lex Aquilia* (a partir de 286 a.C.); e, finalmente, a *Legislação Justiniana* (528/534 a.C.), que, por seu modo, subdividia-se nas *Institutas*, o *Codex Justinianus* e o *Digesto* ou *Pandectas*.

Na Lei das XII Tábuas (surgida sob a égide de Terentilo Arsa, o Tribuno do Povo), encontramos, inclusive, várias disposições concernentes à reparação de danos, onde obviamente se insere o ressarcimento dos danos de caráter moral, amplamente tutelados.

Os cidadãos romanos, que eventualmente fossem vítimas de injúria, poderiam valer-se da ação pretoriana a que se denominava *injuriarum aestimatoria*. Nesta, reclamavam uma reparação do dano através de uma soma em dinheiro, prudentemente arbitrada pelo Juiz, que analisaria, cautelosamente, todas as circunstâncias do caso.

O objetivo desta ação era reparar e proteger os interesses do vitimado, o que pode ser verificado da leitura dos seguintes trechos da Tábua VII (*De delictis*) da Lei das XII Tábuas:

> "§ 1.º Se um quadrúpede causa dano, que o seu proprietário indenize o valor desses danos ou abandone o animal ao prejudicado".
>
> "§ 2.º Se alguém causa um dano premeditadamente que o repare".
>
> "§ 5.º Se o autor do dano é impúbere, que seja fustigado a critério do pretor e indenize o prejuízo em dobro".
>
> "§ 8.º Mas, se assim agiu por imprudência, que repare o dano; se não tem recursos para isso, que seja punido menos severamente do que se tivesse intencionalmente".
>
> "§ 9.º Aquele que causar dano leve indenizará 25 asses"[17].
>
> "§ 12. Aquele que arrancar ou quebrar um osso a outrem deve ser condenado a uma multa de 300 asses, se o ofendido é homem livre; e de 150 asses, se o ofendido é um escravo".
>
> "§ 13. Se o tutor administra com dolo, que seja destituído como suspeito e com infâmia; se causou algum prejuízo ao tutelado, que seja condenado a pagar o dobro ao fim da gestão".

A melhor interpretação dos §§ 2.º e 9.º supratranscritos é a que reconhece a possibilidade, ainda primária, de reparação dos danos morais pelos romanos, eis que estes nao questionavam a que título o dano era intentado, mas somente se este efetivamente ocorreu, o que geraria automaticamente a obrigatoriedade de reparar.

---

[17] "Conta-se que um certo Lucius Veratius se deliciava verberando (esbofeteando) com a sua mão o rosto dos cidadãos livres que encontrava na rua. Atrás de si vinha um seu escravo entregando 25 asses a todos em que o *dominus* batia" (traduzido do original alemão: *Romisches Privatrecht* (Direito Privado Romano), 9. ed., de Max Kaser, Munique, Editora C. H. Beck, 1976, §§ 50, p. 199-202, IV, 2 (p. 49), v. 1 (p. 49-50), pelo Professor Doutor Wanderlei de Paula Barreto, apud Clayton Reis, ob. cit., p. 18.

4.7. Direito Canônico

Podemos encontrar, no antigo Direito Canônico, diversas passagens em que se constatam regras típicas de tutela da honra.

Nota-se, inclusive, que havia preocupação específica de se determinar reparação pelos danos morais e materiais, consignando dispositivos que as legislações seculares, sob a influência constante da Igreja Católica, acabaram adotando.

A ruptura da promessa de casamento tinha, por exemplo, uma condenação especial ("arras esponsalícias", que se configuram como cláusula penal), rezando o § 3.º do cânone 1.017:

> "*At ex matrimonii promissione, licet valida sit nec ulla iusta causa ab eadem implenda excuset, non datur actio ad petendam matrimonii celebrationem; datur tamen ad reparationem damnorum, si qua debeatur*"[18].

Previa-se também a possibilidade de lesões decorrentes da calúnia e da injúria, em que se determinava a reparação de forma dúplice, com sanções de ordem material e moral, conforme texto do cânone 2.355:

> "*Si quis non re, sed verbis vel scriptis vel alia quavis ratione injuriarum cuiquam irrogaverit vel eius bonam famam laesserit, non solum potest aa normam can. 1618, 1938, cogi ad debitam satisfactionem praestandam damnaque reparanda, sed praesterea congruis poenis ac poenitentiis puniri, non exclusa, si de clercis agatur et casus ferat, suspensione aut remotione ab officio et beneficio*"[19].

O Código da Igreja determinava, inclusive, a aplicação de sanções, tanto para religiosos quanto para leigos, podendo ser destacada, como exemplo de pena canônica, a "infâmia" (perda ou diminuição da boa reputação, por causa do mau comportamento ou prática de um delito)

Contudo, segundo nos informa APARECIDA I. AMARANTE, o

> "direito canônico atual (Código de 27/novembro/1983) segue pensamento da doutrina jurídica moderna. Não deixa de enunciar penalidades para clero e

---

[18] "Não se origina, contudo, da promessa de casamento, embora válida e sem nenhuma justa causa escusadora de seu não cumprimento, uma ação com força bastante para levar à celebração do matrimônio. *Tal ação existe, no entanto, para o direito de pedir-se a reparação dos danos*" (grifos nossos).

[19] "Se alguém, não com atos, mas por meio de palavras ou escritos, ou de qualquer outra forma, injuria um terceiro, ou o prejudica em sua boa fama ou reputação, não só se obriga, nos teores dos cânones 1.618 e 1.938, a dar a devida satisfação e a reparar os danos, como, também, se torna passível de penas e penitências proporcionadas, inclusive se se trata de clérigo a quem, se for o caso, se deve impor a suspensão ou a privação de ofício e benefício."

leigos, uma vez que ambos formam o conjunto 'povo de Deus'. Entretanto, utiliza expressões e figuras mais amenas como 'advertir', 'repreender', evitando os nomes utilizados no Código anterior 'infâmia', 'degradação', os quais causariam espanto aos leitores contemporâneos. O cânone 220, inserido no Título I (Obrigações e Deveres dos Fiéis) do Livro II (Do Povo de Deus), na mais acurada doutrina determina: 'A ninguém é lícito lesar ilegitimamente a boa fama de que alguém goza, nem violar o direito de cada pessoa de defender a própria intimidade'. A reparação do dano causado por qualquer delito está prevista no cânone 1.729, que adota a 'constituição de parte civil' no processo penal"[20].

4.8. Evolução histórico-legislativa no Brasil

No Brasil Colonial, durante a vigência das Ordenações do Reino de Portugal, não existia qualquer regra expressa sobre o ressarcimento do dano moral, sendo bastante questionável qualquer afirmação de sua possibilidade naquele momento histórico.

Com o advento do primeiro Código Civil brasileiro (Lei n. 3.071, de 1.º de janeiro de 1916, com vigor a partir de 1.º de janeiro de 1917), a redação dos arts. 76 (e parágrafo único)[21], 79[22] e 159[23] levou às primeiras defesas da tese da reparabilidade do dano moral.

Neste sentido, CLÓVIS BEVILÁQUA, autor do projeto de Código Civil de 1916, prelecionava:

> "Em meu sentir, o sistema do Código Civil, nas suas linhas gerais, relativamente ao ponto questionado, é o seguinte: a) Todo dano seja patrimonial ou não, deve ser ressarcido, por quem o causou, salvante a excusa de força maior que, aliás, algumas vezes não aproveita, por vir precedida de culpa. É regra geral sujeita a excepção; b) Com razão mais forte, deve ser reparado o damno proveniente de ato ilícito (artigos 159 e 1.518); c) Para a reparação do damno moral, aquelle que se sente lesado dispõe de acção adequada (artigo 76, parágrafo único); d) Mas o damno moral, nem sempre, é ressarcível,

---

20 Aparecida Amarante, *Responsabilidade Civil por Dano à Honra*, 1. ed., Belo Horizonte: Del Rey, 1991, p. 30.

21 "Art. 76. Para propor, ou contestar uma ação, é necessário ter legítimo interesse econômico, ou moral.

Parágrafo único. O interesse moral só autoriza a ação quando toque diretamente ao autor, ou à sua família."

22 "Art. 79. Se a coisa perecer por fato alheio à vontade do dono, terá este ação, pelos prejuízos contra o culpado."

23 "Art. 159. Aquele que, por ação ou omissão voluntária, negligência, ou imprudência, violar direito, ou causar prejuízo a outrem, fica obrigado a reparar o dano".

não somente por não se poder dar-lhe valor econômico, por não se poder apreçá-lo em dinheiro, como ainda, porque essa insufficiência dos nossos recursos abre a porta a especulações deshonestas, acobertadas pelo manto (...) de sentimentos affectivos. Por isso o Código Civil afastou as considerações de ordem exclusivamente moral, nos casos de morte e de lesões corpóreas não deformantes (artigos 1.537 e 1.538); e) Attendeu, porém, a essas considerações, no caso de ferimentos, que produzem aleijões ou deformidades (artigo 1.538, parágrafos 1.º e 2.º); tomou em consideração o valor da affeição, providenciando, entretanto, para impedir o arbítrio, o desvirtuamento (artigo 1.543); as offensas à honra, à dignidade e à liberdade são outras tantas formas de damno moral, cuja indemnização o Código disciplina; f) Além dos casos especialmente capitulados no Código Civil, como de damno moral resarcível outros existem que elle remette para o arbitramento, no artigo 1.553, que se refere, irrecusavelmente, a qualquer modalidade de damno, seja patrimonial ou meramente pessoal. (...). Ao contrário, a irreparabilidade do damno moral apparece no Código como excepção, imposta por considerações de ordem ethica e mental. A reparação é a regra para o Damno, seja moral, seja material. A irreparabilidade é excepção"[24].

Contudo, em função de o art. 159 não se referir expressamente às lesões de natureza extrapatrimonial, bem como a argumentação de que a regra contida no art. 76 se referia a dispositivo de ordem processual, condicionando, simplesmente, o exercício do direito de ação à existência de um interesse, a doutrina e jurisprudência nacional[25] passaram a negar, peremptoriamente, a tese da reparabilidade dos danos morais.

Não se pode negar, porém, que sobrevieram leis especiais regulando especificamente o assunto, de maneira setorial, dentre as quais podemos citar o Código Brasileiro de Telecomunicações, de 27 de agosto de 1962 (Lei n. 4.117); o Código Eleitoral, de 15 de julho de 1965 (Lei n. 4.737); a Lei de Imprensa, de 9 de fevereiro de 1967 (Lei n. 5.250 — ora revogada); a Lei dos Direitos Autorais, de 14 de dezembro de 1973 (Lei n. 5.988); e, depois da promulgação da Constituição Federal de 1988, o Estatuto da Criança e do Adolescente (Lei n. 8.069, de 13 de julho de 1990); o Código de Defesa do Consumidor, de 11 de setembro de 1990 (Lei n. 8.078), todas elas contendo dispositivos específicos sobre a reparação dos danos extrapatrimoniais[26].

---

[24] Clóvis Beviláqua, *Código Civil dos Estados Unidos do Brasil*, 5. ed., São Paulo: Francisco Alves, 1943, t. 2, v. V, p. 319.

[25] Nesse sentido, confira-se a seguinte decisão: "Dano moral. Não é indenizável, de acordo com a orientação do Supremo Tribunal" (STF, 2.ª T., RE 91.502, rel. Min. Leitão de Abreu, *DJ*, 17-10-1980).

[26] Mesmo antes do Código Civil, o Decreto n. 2.681, de 7-12-1912, que regula a responsabilidade civil nas estradas de ferro, estabeleceu que a lesão corpórea ou deformidade enseja uma *indenização conveniente* arbitrada pelo juiz (art. 21). Também a repa-

Lembre-se, ainda, a Lei da Ação Civil Pública (Lei n. 7.347/85), com as modificações impostas pela Lei n. 8.884/94, fazendo com que também os danos morais possam ser objeto de ação de responsabilidade civil em matéria de tutela dos interesses difusos e coletivos[27].

Apesar das ilustres vozes discordantes, prevaleceu, portanto, no direito brasileiro, num primeiro momento, a tese proibitiva da ressarcibilidade do dano moral, admitindo-a somente em hipóteses especiais expressamente previstas no Código Civil ou em leis extravagantes.

Somente, de fato, com a promulgação da vigente Constituição Federal, em 5 de outubro de 1988, é que se pode falar, indubitavelmente, da ampla reparabilidade do dano moral no direito pátrio, pois a matéria foi elevada ao *status* dos "Direitos e Garantias Fundamentais" (Título II da CF/88).

Sobre a questão, ensina CAIO MÁRIO DA SILVA PEREIRA que a

> "Constituição Federal de 1988 veio pôr uma pá de cal na resistência à reparação do dano moral. (...) Destarte, o argumento baseado na ausência de um princípio geral desaparece. E assim, a reparação do dano moral integra-se definitivamente em nosso direito positivo. (...) É de se acrescer que a enumeração é meramente exemplificativa, sendo lícito à jurisprudência e à lei ordinária aditar outros casos. (...) Com as duas disposições contidas na Constituição de 1988 o princípio da reparação do dano moral encontrou o batismo que a inseriu em a canonicidade de nosso direito positivo. Agora, pela palavra mais firme e mais alta da norma constitucional, tornou-se princípio de natureza cogente o que estabelece a reparação por dano moral em nosso direito. Obrigatório para o legislador e para o juiz"[28].

O atual Código Civil brasileiro (Lei n. 10.406, de 10-1-2002), adequando, de forma expressa, a legislação civil ao novo perfil constitucional, reconhece expressamente, em seu art. 186, o instituto do dano moral[29] e, consequentemente, por força do art. 927, a sua reparabilidade[30].

---

ração em caso de morte foi ampliada, comportando alimentos, auxílio ou educação a que uma pessoa se veja privada em função do evento, ao arbítrio do juiz (art. 22).

27 Confira-se, a propósito, o tópico 8 (do presente capítulo "Dano Moral e Direitos Difusos e Coletivos").

28 Caio Mário da Silva Pereira, *Responsabilidade Civil*, 9. ed., Rio de Janeiro: Forense, 2001, p. 58.

29 "Art. 186. Aquele que, por ação ou omissão voluntária, negligência ou imprudência, violar direito e causar dano a outrem, ainda que exclusivamente moral, comete ato ilícito".

30 "Art. 927. Aquele que, por ato ilícito (arts. 186 e 187), causar dano a outrem, fica obrigado a repará-lo.

5. DANO MORAL DIRETO E INDIRETO

Apenas por uma questão de rigor acadêmico, consideramos salutar distinguir o dano moral direto e o dano moral indireto, eis que se constituem em classificações oriundas do requisito "causalidade entre o dano e o fato", imprescindível para a configuração do dano indenizável.

O primeiro se refere a uma lesão específica de um direito extrapatrimonial, como os direitos da personalidade.

Já o dano moral indireto ocorre quando há uma lesão específica a um bem ou interesse de natureza patrimonial, mas que, de modo reflexo, produz um prejuízo na esfera extrapatrimonial, como é o caso, por exemplo, do furto de um bem com valor afetivo ou, no âmbito do direito do trabalho, o rebaixamento funcional ilícito do empregado, que, além do prejuízo financeiro, traz efeitos morais lesivos ao trabalhador.

É interessante diferenciar o dano moral indireto do dano moral em ricochete (ou dano reflexo). No primeiro, tem-se uma violação a um direito da personalidade de um sujeito, em função de um dano material por ele mesmo sofrido; no segundo, tem-se um dano moral sofrido por um sujeito, em função de um dano (material ou moral, pouco importa) de que foi vítima um *outro* indivíduo, ligado a ele.

6. REPARABILIDADE DO DANO MORAL

A reparabilidade do dano moral, conforme vimos, é tema que vem suscitando diversas controvérsias na doutrina nacional e estrangeira, somente tendo se pacificado, na ordem constitucional brasileira, com o advento da Constituição Federal de 1988, que prevê expressamente indenizações por dano moral em seu art. 5.º, V e X, trilha seguida, inclusive, como não poderia deixar de ser, pelo atual Código Civil brasileiro.

Vejamos, contudo, os argumentos dos que propugnavam pela irreparabilidade do dano moral.

6.1. Argumentos contra a reparabilidade do dano moral

ZULMIRA PIRES DE LIMA, em brilhante e pioneiro estudo publicado no Boletim da Faculdade de Direito de Coimbra (citado por todos os autores que enfrentaram seriamente a questão da reparabilidade do dano moral), sin-

Parágrafo único. Haverá obrigação de reparar o dano, independentemente de culpa, nos casos especificados em lei, ou quando a atividade normalmente desenvolvida pelo autor do dano implicar, por sua natureza, risco para os direitos de outrem".

tetiza as objeções à reparabilidade do dano extrapatrimonial em 8 (oito) sintéticos e precisos tópicos, a seguir transcritos:

"1.º Falta de um efeito penoso durável;

2.º A incerteza nesta espécie de danos, de um verdadeiro direito violado;

3.º A dificuldade de descobrir a existência do dano;

4.º A indeterminação do número de pessoas lesadas;

5.º A impossibilidade de uma rigorosa avaliação em dinheiro;

6.º A imoralidade de compensar uma dor com dinheiro;

7.º O ilimitado poder que tem de conferir-se ao juiz;

8.º A impossibilidade jurídica de admitir-se tal reparação"[31].

Analisemos, separadamente, cada uma dessas objeções:

6.1.1. Falta de um efeito penoso durável

Este argumento tinha como pressuposto básico a ideia de dano intimamente relacionada com a diminuição do prazer, não importando que o direito ofendido seja moral ou material. A ofensa ao chamado "*patrimônio moral*", segundo GABBA, seria um fenômeno com efeito moral temporário, não merecendo o nome de "*dano*", mas de simples "*ofensa*".

ZULMIRA PIRES DE LIMA, criticando veementemente este argumento, observa que se a ideia de dano "dependesse da duração da sensação penosa, para sabermos se uma ofensa à honra, à liberdade etc. eram ou não juridicamente um dano moral, precisávamos de indagar o tempo que dura essa sensação"[32], o que é impraticável do ponto de vista médico e psicológico.

A questão da maior ou menor duração dos efeitos da lesão somente pode influir na forma e intensidade de sua reparação, que variará quantitativamente de acordo com as circunstâncias, e não, obviamente, na discussão da reparabilidade do dano, que se constitui sempre em uma ofensa, devendo ser reparado na medida de seus efeitos.

Além disso, não se pode descartar o fato de que podem ocorrer "*dores morais*" que durem a vida inteira, gerando perversos efeitos psicológicos e sociais, levando, não raramente, a uma decadência física ou mesmo ao suicídio. E, *a contrario sensu*, se no campo dos danos materiais a permanência da lesão ou a sua durabilidade é a regra comum, não se pode negar que existem

---

[31] Zulmira Pires de Lima, "Algumas considerações sobre a responsabilidade civil por danos morais", in *Boletim da Faculdade de Direito*, Universidade de Coimbra, 2.º suplemento, Coimbra, 1940, v. XV, p. 240.

[32] Zulmira Pires de Lima, ob. cit., p. 240.

danos materiais passageiros, como é o exemplo de uma agressão física, que gera uma ferida curável em poucos dias[33].

6.1.2. *Incerteza de um verdadeiro direito violado*

Esta objeção da incerteza, nos danos morais, de um verdadeiro direito realmente violado foi sustentado pelo jurista italiano CHIRONI, como se verifica do seguinte trecho:

> "*La dottrina or descritta nelle sue linee generali, rivela in molte parti esagerazioni e incertezze. Esagera, quando non osservando i termini e la ragion dell'ingiuria, senza la quale non vi ha fatto illecito, e perciò responsabilità, insegna che il solo affetto se offeso, sia cagion valida di danno risarcibile: dovrebbe infatti preoccuparsi, de ricercare prima del danno, se esiste, ed in che consista, il diritto violato*"[34].

MINOZZI, no entanto, lhe refuta a objeção à altura, ao declarar que é sempre uma só a causa do dano (a ação ou omissão do lesante), pouco importando que o bem ou o direito lesados sejam materiais ou morais. O dano é que se biparte em material ou moral, segundo a natureza da perda que determine.

Dessa forma, confunde-se causa com efeito, pois, segundo ainda MINOZZI, o dano não patrimonial não é a abstrata lesão do direito, mas o efeito não patrimonial de uma lesão de direito[35].

A falha na argumentação de CHIRONI, portanto, reside no fato de não ter percebido que o dano moral é o efeito não patrimonial da lesão de um direito e não a lesão de um direito especial e abstrato a que não se reconhece valor jurídico.

A não materialização imediata do dano em valores econômicos não quer dizer que ele seja etéreo. Em verdade, a certeza do dano decorre da efetiva violação do direito na esfera extrapatrimonial. O fato de os efeitos do direito violado serem imateriais não implica em inocorrência de violação, tampouco na inexistência de direito lesado.

6.1.3. *Dificuldade de descobrir a existência do dano*

O terceiro argumento, nas palavras de ZULMIRA PIRES DE LIMA, reside no entendimento de alguns autores "que é impossível na maioria dos casos,

---

[33] Wilson Melo da Silva, *O Dano Moral e sua Reparação*, 3. ed., Rio de Janeiro: Forense, 1983, p. 342.

[34] Chironi, *La Colpa nel Diritto Civile Odierno — Colpa Extra-Contrattuale*, 2. ed., Turim, 1903, v. II, n. 412.

[35] Minozzi, *Studio sul danno non patrimoniale*, 3. ed., Milão, 1917, p. 59 apud Wilson Melo da Silva, *O Dano Moral e sua Reparação*, 3. ed., Rio de Janeiro: Forense, 1983, p. 343.

se não em todos, descobrir se o ofendido sofreu realmente uma dor, com a prática do facto ilícito e o juiz pode a cada passo ver um verdadeiro sofrimento onde não há mais do que uma hipocrisia dissimulada que ele não consegue desmascarar"[36].

No nosso entendimento, acreditamos que o argumento tem sua lógica, enquanto elemento de retórica, mas cai por terra quando confrontado com a moralidade média do cidadão comum.

Há situações em que não há como não se reconhecer a existência do dano moral, como é o caso, por exemplo, da dor que os pais fatalmente sofrem com a morte de um filho.

Nesses casos, se o fato for imputável a outrem, não deve existir qualquer hesitação, por parte do Estado, no reconhecimento judicial de uma compensação pelo dano causado, dano este que — sabemos — jamais poderá ser reparado na sua integralidade.

Contudo, podem ocorrer, de fato, algumas circunstâncias em que fique difícil para o magistrado descobrir a verdadeira existência do "*dano moral*", mas isso se configura mais como uma simples dificuldade de ordem probatória do que um impedimento à ressarcibilidade do dano.

Nestes casos, é plenamente razoável que se exija do magistrado um pronunciamento expresso se o fato alegado, do ponto de vista da razoabilidade humana, pode ser considerado ensejador de uma lesão efetiva ao patrimônio moral, negando terminantemente a pretendida "reparação" quando o considerar o alegado dano mero fruto de uma sensibilidade exacerbada, não compatível com os sentimentos do homem mediano.

Em verdade, como afirma SÉRGIO SEVERO,

> "a dor não é elemento essencial do dano extrapatrimonial, mas, nas situações em que ela deve estar presente, o mecanismo de aferição não pode correr o risco do subjetivismo. Desse modo, o critério objetivo do homem-médio (*reasonable man, bonus pater familiae*) é bastante razoável, *i. e.*, nas situações em que uma pessoa normal padeceria de um sofrimento considerável, forma-se uma presunção *juris tantum* de que sofreu um dano extrapatrimonial. Tal presunção pode ser afastada pela prova em contrário"[37].

Na opinião de MARIA HELENA DINIZ, a prova da existência do dano moral "não é impossível ou difícil, visto que, se se tratar de pessoas ligadas à vítima por vínculo de parentesco ou de amizade, haveria presunção *juris tantum* da existência de dano moral"[38].

---

[36] Zulmira Pires de Lima, ob. cit., p. 242.

[37] Sérgio Severo, *Os Danos Extrapatrimoniais*, São Paulo: Saraiva, 1996, p. 63-64.

[38] Maria Helena Diniz, ob. cit., p. 71.

6.1.4. *Indeterminação do número de pessoas lesadas*

Este argumento tem por base a tormentosa questão da legitimidade para pleitear a reparação do dano moral, intimamente relacionada com o tópico anterior.

Em sua monumental obra *A Regra Moral nas Obrigações Civis*, GEORGES RIPERT escreveu sobre a matéria, nos seguintes termos:

> "A mais grave dificuldade que se apresenta aqui consiste em determinar as vítimas que têm direito à reparação. Quando se trata de um prejuízo pecuniário, sabe-se que o patrimônio foi atingido e geralmente a falta não visa senão a uma pessoa ou um só patrimônio; quando, pelo contrário, se trata de sentimentos atingidos, surge o problema.
>
> Se se quiser aplicar aqui as regras da responsabilidade civil, o problema então torna-se insolúvel. Cada pessoa lesada nos seus sentimentos é vítima da culpa; mas a existência do prejuízo e o nexo de causalidade existente entre culpa e prejuízo são incontroláveis. O prejuízo resulta, na realidade, da receptividade da vítima. É a sua sensibilidade que está em causa. 'Um estoico de coração seco' não sofre com a morte dum parente; um amigo de coração sensível sofre uma grande dor com a morte do seu amigo. É, de resto, por isso que o número de vítimas é ilimitado; todos se julgam vítimas"[39].

Ora, tanto para esta objeção quanto para a anterior ("dificuldade de descobrir a existência do dano"), parece-nos definitivamente que o que faltou aos opositores da reparabilidade do dano moral foi a coragem para declarar que todo aquele que efetivamente sofrer uma lesão, mesmo de natureza extrapatrimonial, deve ter direito à indenização.

Cria-se a presunção *hominis* de legitimidade para os parentes próximos (pais e filhos) somente pelo fato de que a ligação sanguínea gera, em regra, um vínculo afetivo para o "*homem médio*". Essa presunção, entretanto, é *juris tantum*, admitindo-se prova em contrário da inexistência de afetividade com a vítima direta do dano.

Lembrando, novamente, WILSON MELO DA SILVA:

> "Assim, pois, em tese, haverá sempre direito à indenização, por danos morais, para todos aqueles que forem lesados.
>
> Esta é a norma, a regra geral. E, desta forma, o amigo, o parente próximo ou afastado, a própria concubina, se lesados em seu patrimônio moral pelo evento causador do dano, todos eles poderão pleitear a reparação.
>
> Não vemos, sinceramente, motivo algum racional para se estabelecer uma limitação à regra, determinando-se que tal direito só assista aos parentes da vítima ou a essa ou àquela pessoa exclusivamente.

---

[39] Georges Ripert, *A Regra Moral nas Obrigações Civis* (tradução portuguesa de O. de Oliveira), São Paulo: Saraiva, s/d, n. 182, p. 352.

A realidade de cada dia nos está a mostrar que as hipóteses dos 'estoicos de coração seco', de que nos fala Ripert, são encontradiças"[40].

Sendo assim, bastante razoável nos parece o posicionamento de ZULMIRA PIRES DE LIMA, para quem

"para a resolução desta dificuldade não se deve exigir um critério rígido, consagrado numa lei, mas se deve deixar ao juiz a faculdade de, em cada caso concreto, e segundo as circunstâncias, verificar quem são as pessoas cuja dor merece ser reparada.

Assim, por exemplo, a dor sentida por um tio (ou até um parente mais afastado) com a morte dum sobrinho que com ele vivesse desde criança, deve ser equiparada à dor dum pai em tais circunstâncias.

Neste caso e em outros idênticos, não repugna exigir do ofensor uma reparação, pois, embora êle não tenha querido causar a dor aos parentes da vítima, a verdade é que devia prever a dor dessas pessoas como consequência do facto ilícito que praticou"[41].

6.1.5. *Impossibilidade de uma rigorosa avaliação em dinheiro*

A impossibilidade de uma rigorosa avaliação em dinheiro é um dos pontos centrais da discussão entre os que aceitam e os que rejeitam a reparação dos danos morais, pois os primeiros consideram satisfatório um processo de compensação, ao passo que seus opositores exigem um dano matematicamente redutível em pecúnia, sob pena de ser indevida qualquer prestação monetária.

Tal argumento toma por base uma equivocada visão da teoria da responsabilidade civil, considerando que todos os danos devem ser fixados pecuniariamente, pelo que nunca se poderia indenizar o dano extrapatrimonial.

Ora, se tal critério tivesse de ser rigidamente observado, haveria até hipóteses de danos materiais que não poderiam ser ressarcidos.

Como valorar objetivamente, por exemplo, uma obra de arte? Entenda-se "valorar objetivamente" como um critério matemático rígido, e não por parâmetros abstratos como cotação em mercados, que podem variar de um dia para outro.

O dinheiro, na reparação do dano extrapatrimonial, não aparece como a real correspondência monetária, qualitativa ou quantitativa, dos bens atingidos pela lesão, porquanto

---

40 Wilson Melo da Silva, ob. cit., p. 349.

41 Zulmira Pires de Lima, ob. cit., p. 244-245.

"não repara a dor, a mágoa, o sofrimento ou a angústia, mas apenas aqueles danos que resultarem da privação de um bem sobre o qual o lesado teria interesse reconhecido juridicamente. O lesado pode pleitear uma indenização pecuniária em razão de dano moral, sem pedir um preço para sua dor, mas um lenitivo que atenue, em parte, as consequências do prejuízo sofrido, melhorando seu futuro, superando o déficit acarretado pelo dano. Não se pergunta: Quanto vale a dor dos pais que perdem o filho? Quanto valem os desgostos sofridos pela pessoa injustamente caluniada?, porque não se pode avaliar economicamente valores dessa natureza. Todavia, nada obsta a que se dê reparação pecuniária a quem foi lesado nessa zona de valores, a fim de que ele possa atenuar alguns prejuízos irreparáveis que sofreu"[42].

Aliás, para encontrarmos uma espécie de "equivalência" entre a dor sofrida e a indenização respectiva, deveríamos substituir, como faz ZULMIRA PIRES DE LIMA, a expressão "dor" por "conjunto de sensações dolorosas" e a palavra "dinheiro" por "conjunto de sensações agradáveis que ele pode proporcionar", de tal modo que nos lembrássemos que o valor monetário somente tem interesse para o homem na medida em que lhe serve para a aquisição de coisas que de algum modo geram prazer. Sendo assim, "quando avaliamos um dano moral em dinheiro, fazemo-lo porque é o dinheiro o intermediário de todas as trocas; mas, no fundo, não há senão uma equivalência entre a dor que se recebeu com o dano e o prazer que o dinheiro pode nos proporcionar"[43].

Sobre a quantificação dos danos morais, o que o julgador deve ter em mente é que o valor da condenação deve ser, no vigente ordenamento jurídico brasileiro, decorrente de um arbitramento judicial[44], ainda que a jurisprudência busque parâmetros para se fixar tal *quantum debeatur*[45].

---

[42] Maria Helena Diniz, ob. cit., p. 71.

[43] Zulmira Pires de Lima, ob. cit., p. 250.

[44] Sobre o tema do arbitramento como forma de quantificação de obrigações ilíquidas, confira-se o subtópico 4.5.2 ("Modalidades de liquidação") do Capítulo VI ("Classificação Especial das Obrigações") do v. II ("Obrigações") desta coleção.

[45] O STJ tem adotado o "sistema bifásico" de reparação de danos morais, conforme se verifica no seguinte julgado:

"RECURSO ESPECIAL. RESPONSABILIDADE CIVIL. ACIDENTE DE TRÂNSITO. MORTE. DANO MORAL. *QUANTUM* INDENIZATÓRIO. DISSÍDIO JURISPRUDENCIAL. CRITÉRIOS DE ARBITRAMENTO EQUITATIVO PELO JUIZ. MÉTODO BIFÁSICO. VALORIZAÇÃO DO INTERESSE JURÍDICO LESADO E DAS CIRCUNSTÂNCIAS DO CASO.

1. Discussão restrita à quantificação da indenização por dano moral sofrido pelo esposo da vítima falecida em acidente de trânsito, que foi arbitrado pelo tribunal de origem em dez mil reais.

6.1.6. *Imoralidade de compensar uma dor com dinheiro*

Na nossa opinião, soa verdadeiramente hipócrita a sexta objeção levantada contra a reparabilidade do dano moral, pois mais imoral do que compensar uma lesão com dinheiro, é, sem sombra de dúvida, deixar o lesionado sem qualquer tutela jurídica e o lesionador "livre, leve e solto" para causar outros danos no futuro.

Nas palavras de AUGUSTO ZENUN, a discussão parece envolvida em "convocações sentimentais, morais, quais sejam 'a dor não tem preço', 'a dor não pode ser avaliada em dinheiro, no equivalente'... Não é assim, pois, para tudo, há solução, vez que não se trata de equivalência em dinheiro, mas de se exigir algo, ainda que pecuniário, para se dar satisfação ao ofendido moralmente"[46].

Conforme lembra WILSON MELO DA SILVA, na

> "falta de reparação mais adequada, do dano moral, de uma reparação ideal quase impossível na espécie, que não se deixe a vítima sem reparação qualquer. O contrário seria a negação dos próprios postulados, superiores, da Justiça. Dificuldade não é impossibilidade. E se não se pode banir por completo, da alma do lesado, a grande dor sentida, que se procure, por todos os meios, uma atenuação, ao menos, para seu sofrimento. Que algo se faça em seu proveito, ainda que com a ajuda mesma, subsidiária, do dinheiro, com o qual se propicie a ele algum lenitivo, algum prazer, alguma distração, alguma sensação outra, neutralizadora, de euforia ou bem-estar"[47].

---

2. Dissídio jurisprudencial caracterizado com os precedentes das duas turmas integrantes da Segunda Secção do STJ.

3. Elevação do valor da indenização por dano moral na linha dos precedentes desta Corte, considerando as duas etapas que devem ser percorridas para esse arbitramento.

4. Na primeira etapa, deve-se estabelecer um valor básico para a indenização, considerando o interesse jurídico lesado, com base em grupo de precedentes jurisprudenciais que apreciaram casos semelhantes.

5. Na segunda etapa, devem ser consideradas as circunstâncias do caso, para fixação definitiva do valor da indenização, atendendo a determinação legal de arbitramento equitativo pelo juiz.

6. Aplicação analógica do enunciado normativo do parágrafo único do art. 953 do CC/2002.

7. Doutrina e jurisprudência acerca do tema.

8. RECURSO ESPECIAL PROVIDO" (STJ, 3.ª Turma, Recurso Especial n. 959.780/ES (2007/0055491-9), Rel. Min. Paulo de Tarso Sanseverino).

[46] Augusto Zenun, *Dano Moral e sua Reparação*, 4. ed., Rio de Janeiro: Forense, 1996, p. 46-47.

[47] Wilson Melo da Silva, ob. cit., p. 374.

É preciso esclarecer sempre que não há qualquer imoralidade na compensação da dor moral com dinheiro, tendo em vista que não se está "vendendo" um bem moral, mas sim buscando a atenuação do sofrimento, não se podendo descartar, por certo, o efeito psicológico dessa reparação, que visa a prestigiar genericamente o respeito ao bem violado.

6.1.7. Amplo poder conferido ao Juiz

O receio da "ditadura do Judiciário" é que impulsiona a sétima objeção suscitada contra a reparabilidade dos danos morais.

Trata-se de um temor bastante marcado pelo positivismo jurídico, completando-se pela aceitação das premissas anteriores de que é muito difícil determinar a existência dos danos extrapatrimoniais e da impossibilidade da sua quantificação. Como as premissas foram negadas, tal assertiva se reduz a um dogma superado.

Conforme testemunha SÉRGIO SEVERO, "a própria experiência jurídica vem destruindo aquele medo de uma ditadura dos juízes. Tem-se observado que a lei não possui a mobilidade da jurisprudência para acompanhar o processo social na resolução de determinados problemas, daí a importância crescente das cláusulas gerais e dos conceitos indeterminados nos sistemas jurídicos contemporâneos"[48].

O magistrado não é, nem deve ser, um irresponsável, que fixará a indenização pelo dano moral a seu bel-prazer. Ao contrário, deverá agir com as cautelas de sempre, examinando as circunstâncias dos autos e julgando fundamentadamente.

Quanto ao juiz, aponta o advogado AUGUSTO ZENUN, "não encontra maior dificuldade para decidir esse caso do que outro qualquer, pois a dificuldade está em cada um e em todos os casos, donde ter lugar a eterna vigilância, consubstanciada no prudente arbítrio do juiz, como no-lo dizem as leis"[49].

O arbítrio do juiz, entendido no seu sentido técnico e não no pejorativo, é inevitável, "como em todos os casos de reparação de danos, mesmo dos puramente materiais. Nas suas decisões comuns, o juiz age sempre com arbítrio. Perscruta os elementos probatórios, ouve as razões da parte, pensa, pondera e resolve. Não age com automatismo e nem os elementos dos autos dão, na regra geral, a certeza do final resultado ou da final sentença"[50].

---

[48] Sérgio Severo, ob. cit., p. 67.

[49] Augusto Zenun, ob. cit., p. 49.

[50] Wilson Melo da Silva, ob. cit., p. 376.

Além disso, como mais um elemento de superação da objeção oposta, podemos lembrar que a decisão prolatada sempre será passível de reexame e reforma junto às instâncias superiores.

6.1.8. Impossibilidade jurídica da reparação

Por fim, o último argumento é refutado pela realidade existente em diversos países do globo, que têm previsão específica da reparabilidade do dano moral em seus respectivos ordenamentos jurídicos.

A objeção com base na impossibilidade jurídica de admissão da reparação do dano moral chega a ser risível, pois é inequívoco que se os bens morais também são jurídicos, qualquer violação praticada em relação aos mesmos deve ser objeto de tutela do Estado.

> "Se o interesse moral justifica a ação para defendê-lo ou restaurá-lo, é evidente que esse interesse é indenizável, mesmo que o bem moral não se exprima em dinheiro. Se a ordem jurídica sanciona o dever moral de não prejudicar ninguém, como poderia ela ficar indiferente ao ato que prejudique a alma, se defende a integridade corporal, intelectual e física?"[51].

Superadas, portanto, todas as objeções quanto à reparabilidade do dano moral, é sempre importante lembrar, porém, a advertência do brilhante ANTÔNIO CHAVES, para quem

> "propugnar pela mais ampla ressarcibilidade do dano moral não implica no reconhecimento de todo e qualquer melindre, toda suscetibilidade exacerbada, toda exaltação do amor próprio, pretensamente ferido, à mais suave sombra, ao mais ligeiro roçar de asas de uma borboleta, mimos, escrúpulos, delicadezas excessivas, ilusões insignificantes desfeitas, possibilitem sejam extraídas da caixa de Pandora do Direito centenas de milhares de cruzeiros"[52].

Sintetizando este pensamento, lembra APARECIDA AMARANTE que

> "para ter direito de ação, o ofendido deve ter motivos apreciáveis de se considerar atingido, pois a existência da ofensa poderá ser considerada tão insignificante que, na verdade, não acarreta prejuízo moral. O que queremos dizer é que o ato, tomado como desonroso pelo ofendido, seja revestido de gravidade (ilicitude) capaz de gerar presunção de prejuízo e que pequenos melindres incapazes de ofender os bens jurídicos (não) possam ser motivo de processo judicial"[53].

---

[51] Maria Helena Diniz, ob. cit., p. 74.

[52] Antônio Chaves, *Tratado de Direito Civil*, São Paulo: Revista dos Tribunais, 1985, v. II, p. 637.

[53] Aparecida Amarante, *Responsabilidade Civil por Dano à Honra*, Belo Horizonte: Del Rey, 1991, p. 274.

6.2. Natureza jurídica da reparação do dano moral

No tópico referente às formas de reparação de danos, constatamos que a reposição natural não era possível na lesão aos direitos extrapatrimoniais da pessoa, eis que a honra violada jamais poderia ser restituída ao *status quo ante.*

Mas qual a natureza jurídica do pagamento?

Sancionadora, respondemos, sendo sanção entendida como a consequência lógico-normativa de um ato ilícito.

Então esse pagamento seria uma pena?

Para um segmento hoje minoritário da doutrina[54], que gozou de bastante prestígio em passado não longínquo, a reparação do dano moral não constituiria um ressarcimento, mas sim uma verdadeira "*pena civil*", mediante a qual se reprovaria e reprimiria de maneira exemplar a falta cometida pelo ofensor.

Esta corrente de pensamento não dirigia suas atenções para a proteção da vítima ou para o prejuízo sofrido com a lesão, mas sim para o castigo à conduta dolosa do autor do dano. Somente isto justificaria o reconhecimento de uma indenização por dano moral, de modo que, nas palavras do jurista argentino JORGE J. LLAMBÍAS, "*no quede impune un hecho ilícito que ha mortificado malignamente a la víctima causándo-le una aflicción en su ánimo*"[55].

Um dos fundamentos dogmáticos para esta construção doutrinária da "pena civil" estava justamente na suposta imoralidade da compensação do dano moral com dinheiro (o chamado *pretio doloris* — o "preço da dor"), objeção esta que já se encontra há muito superada, como vimos.

Por outro lado, não se pode afirmar que a reparação do dano moral se dá através de uma pena, tendo em vista que este instituto, do ponto de vista técnico, se presta a sancionar, como forma de repressão pública, quem lesiona, ainda que de forma mediata, interesses sociais tutelados pelo Direito Público (Direito Criminal).

Não é este o âmbito de atuação da responsabilidade civil, fundamento doutrinário pelo qual estamos estudando essa forma de pagamento, pois a reparação do dano moral, pela via pecuniária, visa a sancionar violações ocorridas na esfera privada de interesses.

---

[54] Georges Ripert, *A Regra Moral nas Obrigações Civis* (tradução portuguesa de O. de Oliveira), São Paulo: Saraiva, s/d, n. 181, p. 345; René Demogue, *Traité des obligations en géneral*, Paris, 1924, t. IV, n. 406; Savatier, *Traité de la responsabilité civile en droit français*, 2. ed., Paris: LGDJ, 1951, t. II, n. 525, v. 1, p. 102 e n. 528 (ainda que este último admitisse, em certos casos, que a reparação pudesse assumir caráter satisfatório ou compensatório).

[55] Jorge J. Llambías, *Tratado de derecho civil, Obligaciones*, Buenos Aires: Perrot, 1973, t. I, n. 270, p. 352-353.

Obviamente, não se despreza que o dano moral pode também motivar consequências lógico-normativas na esfera criminal, gerando a necessidade de uma repressão social, como nos casos de calúnia, difamação e injúria, previstos respectivamente nos arts. 138, 139 e 140 do Código Penal.

E seria tal reparação uma indenização?

Apesar de ser essa a expressão tradicionalmente utilizada nos pretórios pátrios, o rigor técnico impõe que se reconheça que a resposta é negativa, haja vista que a noção de indenização também está intimamente relacionada com o "ressarcimento" de prejuízos causados a uma pessoa por outra ao descumprir obrigação contratual ou praticar ato ilícito, significando a eliminação do prejuízo e das consequências, o que não é possível quando se trata de dano extrapatrimonial.

A reparação, em tais casos, reside no pagamento de uma soma pecuniária, arbitrada judicialmente, com o objetivo de possibilitar ao lesado uma satisfação *compensatória* pelo dano sofrido, atenuando, em parte, as consequências da lesão.

Na reparação do dano moral, o dinheiro não desempenha função de equivalência, como no dano material, mas, sim, função satisfatória.

Quando a vítima reclama a reparação pecuniária em virtude do dano moral que recai, por exemplo, em sua honra, nome profissional e família, não está definitivamente pedindo o chamado *pretio doloris*, mas apenas que se lhe propicie uma forma de atenuar, de modo razoável, as consequências do prejuízo sofrido, ao mesmo tempo em que pretende a punição do lesante.

Dessa forma, resta claro que a natureza jurídica da reparação do dano moral é sancionadora (como consequência de um ato ilícito), mas não se materializa através de uma "pena civil", e sim por meio de uma *compensação* material ao lesado, sem prejuízo, obviamente, das outras funções acessórias da reparação civil[56].

Nesse sentido, finalmente, a título de informação histórica, registre-se que o antigo Projeto de Lei n. 6.960/2002 (renumerado para 276/2007, antes de seu arquivamento definitivo), pretendia inserir um segundo parágrafo no art. 944, com a seguinte redação: "§ 2.º A reparação do dano moral deve constituir-se em compensação ao lesado e adequado desestímulo ao lesante".

Este dispositivo, digno de encômios, se aplicado com a devida cautela, expressamente autorizaria o juiz, seguindo posicionamento já assentado em Tribunais da Europa, a impor indenizações por dano moral com caráter educativo e sancionador, especialmente se o agente causador do dano é reincidente.

Essa nos parece a melhor solução, para que não continuemos a confundir logicamente o gênero "sanção" com a espécie "pena"[57], eis que esta última deve

[56] Confira-se, a propósito, o tópico 5 ("Função da Reparação Civil") do Capítulo II ("Noções Gerais de Responsabilidade Civil").

[57] Preocupamo-nos em estabelecer esta diagnose diferencial científica, mesmo sabendo

corresponder à submissão pessoal e física do agente, para restauração da normalidade social violada com o delito, enquanto a compensação (ou mesmo a indenização), pela teoria da responsabilidade civil, são sanções aplicáveis a quem viola interesses privados, como é o caso dos danos morais.

Não faltam, contudo, as teorias "ecléticas" que buscam classificar a reparação do dano moral como uma prestação de caráter duplo, em que coexistiriam a compensação e a "pena civil".

Esse posicionamento, contudo, é questionado por alguns doutrinadores, notadamente no Direito Estrangeiro.

RAMON DANIEL PIZARRO, por exemplo, questiona expressamente:

> "*¿Cómo conciliar la tesis punitiva del daño moral, que parte de la base de la antijuridicidad e inmoralidad del resarcimiento del daño moral ("el precio del dolor"), con la tesis del resarcimiento que postula, como ya vimos, una cosmovisión totalmente diferente de la cuestión? ¿Cómo conciliar ideas que son fruto de una ponderación individualista del Derecho y de la vida con otras que son resultado de una visión solidarista de la responsabilidad civil, obsesionada por la protección de la víctima? ¿Como conciliar lo inconciliabre?*"[58].

Essa discussão, contudo, tem, para nós, importância somente acadêmica, pois mesmo nos filiando à corrente de pensamento, capitaneada pelo ilustre ORLANDO GOMES, que entende ser a reparação do dano moral uma sanção materializada através de uma compensação pecuniária, entendemos que a utilização do termo "indenização" não se constitui em uma aberração jurídica, mas sim apenas uma "atecnia consagrada jurisprudencialmente".

Talvez pensando justamente nessa possibilidade é que tenha sido concebido o art. 944 do CC/2002, nos seguintes termos:

> "Art. 944. A indenização mede-se pela extensão do dano.
>
> Parágrafo único. *Se houver excessiva desproporção entre a gravidade da culpa e o dano, poderá o juiz reduzir, equitativamente, a indenização*" (grifos nossos).

Isso porque não há qualquer lógica em se imaginar que o dano material, cuja indenização é fixada justamente pela extensão da lesão perpetrada, em uma operação quase aritmética, possa ser diminuída, uma vez que o prejuízo pecuniário é quase sempre constatado de forma objetiva, ao contrário dos danos morais (ou mesmo de danos materiais quantificados por arbitramento), em

---

que, por vezes, na doutrina e na jurisprudência, tais expressões podem ser encontradas com sentido idêntico.

[58] Ramon Daniel Pizarro, *Daño moral — Prevención/Reparación/Punición*, Buenos Aires: Editorial Hammurabi S.R.L., 1996, p. 114.

que se tem apenas uma expectativa do valor razoável, como uma forma de compensação pela lesão extrapatrimonial sofrida[59].

6.3. Cumulatividade de reparações (danos morais, materiais e estéticos)

Devemos ainda explicitar que a reparação do dano patrimonial não exclui ou substitui a indenização pelos danos morais e vice-versa, mesmo que ambos decorram do mesmo fato.

Isso porque é preciso entender que um único fato pode gerar diversas consequências lesivas, tanto no patrimônio materializado do indivíduo quanto na sua esfera extrapatrimonial de interesses.

Ressalte-se que a controvérsia jurisprudencial acerca da cumulatividade dos danos morais e patrimoniais tem como marco importante o ano de 1992, quando o Superior Tribunal de Justiça editou a Súmula 37, em consonância com a nova ordem constitucional, afirmando que "são cumuláveis as indenizações por dano material e dano moral oriundos do mesmo fato".

Da mesma forma, há de se reconhecer a possibilidade de cumulação de tais reparações com indenizações por danos estéticos.

A autonomia de tal modalidade de dano foi consagrada jurisprudencialmente pela Súmula 387 do STJ, que explicitou:

> "É lícita a cumulação das indenizações de dano estético e dano moral".

Entende-se por dano estético aquele que viola a imagem retrato do indivíduo, havendo respaldo constitucional para esta afirmação na previsão da garantia do "direito de resposta, proporcional ao agravo, além da indenização por dano material, moral ou à imagem" (art. 5.º, V).

Resta saber, porém, se ainda é possível se falar em novas adjetivações de danos (morais, existenciais, psicológicos, sexuais ou de outra natureza), criando-se verdadeira "torre de babel"[60], ou se a admissão desta tricotomia dano moral/material/estético (que substitui a conhecida dualidade dano moral/material) é realmente o ponto final nesta saga de reparabilidade de danos no direito brasileiro.

---

[59] Sobre este polêmico dispositivo legal, voltaremos a falar no último capítulo "A Indenização (Aspectos Processuais da Responsabilidade Civil)" deste livro.

[60] Sobre o tema, confira-se Rodolfo Pamplona Filho; Luiz Carlos Vilas Boas Andrade Júnior, "A Torre de Babel das Novas Adjetivações do Dano", in Direito UNIFACS — Debate Virtual, edição 176, fevereiro/2015. Disponível em: <http://www.revistas.unifacs.br/index.php/redu/article/viewFile/3477/2491>. Acesso em: 12 out. 2017. Há versão impressa também disponível na *Revista do Curso de Direito da UNIFACS*, v. 14, p. 49-68, 2014.

7. DANO MORAL E PESSOA JURÍDICA

Havia, até bem pouco tempo, acesa polêmica acerca da possibilidade de pleito de indenização por danos morais no que diz respeito à pessoa jurídica.

Por longos anos, considerou-se que os danos morais se limitavam às "*dores da alma*", sentimentos que a pessoa jurídica jamais poderia ter, eis que esta é uma criação do direito, e não um ser orgânico, dotado de espírito e emoções.

Nesse sentido, é a compreensão de WILSON MELO DA SILVA, pioneiro no estudo da reparabilidade do dano moral no Brasil, nos seguintes termos:

> "Outro corolário do princípio é que as pessoas jurídicas, em si, jamais teriam direito à reparação dos danos morais. E a razão é óbvia.
>
> Que as pessoas jurídicas sejam, passivamente, responsáveis por danos morais, compreende-se. Que, porém, ativamente, possam reclamar indenizações, consequentes deles é absurdo"[61].

Entendia da mesma forma o ilustre magistrado paulista VALDIR FLORINDO, apoiado em WAGNER D. GIGLIO[62], para quem

> "deve o empregado reparar os prejuízos de ordem moral causados ao empregador. Contudo, é preciso ficar claro, a bem da boa técnica jurídica, que o empregador a que nos referimos é o empregador-proprietário-pessoa física, pois o dano moral é um sofrimento de ordem psíquica, não havendo como considerá-lo a uma pessoa jurídica, ainda que por reflexo ela possa ser atingida pelo dano moral lançado"[63].

Contudo, hodiernamente, não há mais como se aceitar tais posicionamentos.

Isso porque a legislação jamais excluiu expressamente as pessoas jurídicas da proteção aos interesses extrapatrimoniais, entre os quais se incluem os direitos da personalidade.

Se é certo que uma pessoa jurídica jamais terá uma vida privada, mais evidente ainda é que ela pode e deve zelar pelo seu *nome e imagem* perante o público-alvo, sob pena de perder largos espaços na acirrada concorrência de mercado.

Uma propaganda negativa de um determinado produto, por exemplo, pode destruir toda a reputação de uma empresa, da mesma forma que informações falsas sobre uma eventual instabilidade financeira da pessoa jurídica

---

[61] Wilson Melo da Silva, ob. cit., p. 650.

[62] Wagner D. Giglio, *Justa Causa*, 3. ed., São Paulo: LTr, 1996, p. 251.

[63] Valdir Florindo, *O Dano Moral e o Direito do Trabalho*, 2. ed., São Paulo: LTr, 1996, p. 47-48.

podem acabar levando-a a uma indesejável perda de credibilidade, com fortes reflexos patrimoniais.

Nesse ponto, cumpre-nos transcrever o lúcido ensinamento do saudoso Professor JOSAPHAT MARINHO:

> "Questão a considerar, também, é a da extensibilidade dos direitos personalíssimos à pessoa jurídica. Não é dado no caso generalizar, para que tais direitos não se confundam com os de índole patrimonial. É por isso que Santoro Passarelli doutrina que a tutela dos direitos da personalidade se refere 'não só às pessoas físicas, senão também às jurídicas, com as limitações derivadas da especial natureza destas últimas'"[64].

A Constituição Federal de 1988, por sua vez, ao preceituar, em seu art. 5.º, X, que "são invioláveis a intimidade, a vida privada, a honra e a imagem das pessoas, assegurado o direito a indenização pelo dano material ou moral decorrente de sua violação", não fez qualquer acepção de pessoas, não podendo ser o dispositivo constitucional interpretado de forma restritiva, notadamente quando se tratam de direitos e garantias fundamentais (Título II, onde se encontra o dispositivo mencionado).

Da mesma forma, ao assegurar "o direito de resposta, proporcional ao agravo, além da indenização por dano material, moral ou à imagem" (art. 5.º, V), o texto constitucional não apresentou qualquer restrição, devendo o direito abranger a todos, indistintamente.

Comentando tal dispositivo, LUIZ ALBERTO DAVID ARAÚJO ensina que "tanto podem utilizar-se do direito de resposta as pessoas físicas, quanto as jurídicas, entendidas as públicas e as privadas. É remédio de uso geral contra o poder indevido da imprensa"[65].

Sem demérito de reconhecer que a teoria dos direitos da personalidade tenha sido construída a partir de uma concepção antropocêntrica do direito, consideramos inadmissível a posição que limita a possibilidade de sua aplicação à pessoa natural.

Essa tese, inclusive, já havia sido consagrada jurisprudencialmente por Súmula do Superior Tribunal de Justiça[66] e, agora, o atual Código Civil põe fim à polêmica, estabelecendo expressamente:

---

[64] Josaphat Marinho, *Os Direitos da Personalidade no Projeto de Novo Código Civil Brasileiro*. Boletim da Faculdade de Direito da Universidade de Coimbra — STVDIA IVRIDICA, 40, Colloquia — 2. Separata de Portugal-Brasil: Coimbra Ed., ano 2000, p. 257.

[65] Luiz Alberto David Araújo, *A Proteção Constitucional da Própria Imagem*, Belo Horizonte: Del Rey, 1996, p. 113.

[66] STJ: Súmula 227 ("A pessoa jurídica pode sofrer dano moral").

"Art. 52. Aplica-se às pessoas jurídicas, no que couber, a proteção dos direitos da personalidade".

8. DANO MORAL E DIREITOS DIFUSOS E COLETIVOS

Um tema tormentoso, ainda pouco enfrentado pela doutrina especializada, se refere à possibilidade de configuração de reparação por danos morais na tutela de interesses difusos e coletivos.

Isso porque, partindo da premissa de que os danos morais são lesões à esfera extrapatrimonial de um indivíduo, ou seja, a seus direitos da personalidade, não seria possível se imaginar, *a priori*, um dano moral a interesses difusos, como, por exemplo, ao meio ambiente e ao patrimônio histórico-cultural.

Todavia, a Lei da Ação Civil Pública (Lei n. 7.347/85), com as modificações impostas pela Lei n. 8.884/94, estabeleceu expressamente a possibilidade de reparação por danos morais a direitos difusos, ao preceituar, *in verbis*:

> "Art. 1.º Regem-se pelas disposições desta Lei, sem prejuízo da ação popular, as ações de responsabilidade por danos morais e patrimoniais causados:
>
> I — ao meio ambiente;
>
> II — ao consumidor;
>
> III — a bens e direitos de valor artístico, estético, histórico, turístico e paisagístico;
>
> IV — a qualquer outro interesse difuso ou coletivo;
>
> V — por infração da ordem econômica".

Excluída a ideia — tão difundida quanto errônea — de que o dano moral é a dor sofrida pela pessoa (a dor, em verdade, é apenas a consequência da lesão à esfera extrapatrimonial), o conceito de direitos da personalidade tem que ser ampliado para abarcar a previsão legal, tendo em vista inexistir uma personalidade jurídica coletiva difusa[67].

Assim sendo, o dano moral difuso tutelado pela previsão legal somente pode ser caracterizado como uma lesão ao direito de toda e qualquer pessoa (e não de um direito específico da personalidade).

A título de exemplo, poderíamos imaginar uma lesão difusa à integridade corporal de toda uma população com a poluição causada em um acidente ambiental ou violação à integridade psíquica, com o cerceio à liberdade de

---

[67] Em sentido contrário, confira-se Paula Sarno Braga, "A Reparação do Dano Moral no Meio Ambiente do Trabalho", in www.unifacs.br/revistajuridica, edição de fevereiro/2002.

conhecimento e pensamento, com a destruição de bens e direitos de valor artístico, estético, histórico, turístico e paisagístico.

A limitação da legitimidade para ajuizamento de tais pretensões, bem como a circunstância de que os valores obtidos reverterão para fundos específicos de defesa de direitos difusos[68] justifica socialmente tal exceção legal, ressaltando a importância constitucional, por exemplo, da defesa de um meio ambiente ecologicamente equilibrado[69].

9. O DANO MORAL E O MEIO AMBIENTE DE TRABALHO

Conforme visto adrede, a Lei da Ação Civil Pública (Lei n. 7.347/85), com as modificações impostas pela Lei n. 8.884/94, estabeleceu expressamente a possibilidade de reparação por danos morais a direitos difusos.

Assim sendo, nada impede que se configure uma lesão extrapatrimonial difusa nesse sentido, em função de atos que afetem um espaço físico convertido em meio ambiente de trabalho.

Se um ambiente laboral inseguro, por si só, já pode trazer implicações negativas para a sua população interna, a sua poluição pode acarretar falhas humanas ou técnicas geradoras de prejuízos incalculáveis para a comunidade externa.

Assim, a poluição a este meio ambiente operário não produz efeitos restritos ao âmbito coletivo do estabelecimento, o que impõe a conclusão de que se trata de um dano potencialmente difuso que, como visto, é também tutelável juridicamente.

A preservação de boas condições de trabalho configura-se, portanto, como um interesse de todos, de caráter transindividual, conformado em um direito indivisível, cujo titular é um sujeito indeterminado e indeterminável.

Em sua tese de doutoramento, JÚLIO CÉSAR DE SÁ DA ROCHA registra que

> "apesar de os equipamentos, bens, maquinários e instalação serem de propriedade privada da empresa, o meio ambiente do trabalho constitui bem

---

[68] Lei n. 7.347/85: "Art. 13. Havendo condenação em dinheiro, a indenização pelo dano causado reverterá a um fundo gerido por um Conselho Federal ou por Conselhos Estaduais de que participarão necessariamente o Ministério Público e representantes da comunidade, sendo seus recursos destinados à reconstituição dos bens lesados". Saliente-se, a propósito, que o referido fundo já foi devidamente regulamentado pelo Decreto n. 407/91.

[69] CF/88: "Art. 225. Todos têm direito ao meio ambiente ecologicamente equilibrado, bem de uso comum do povo e essencial à sadia qualidade de vida, impondo-se ao Poder Público e à coletividade o dever de defendê-lo e preservá-lo para as presentes e futuras gerações".

inapropriável e de caráter difuso, na medida em que deve ser entendido como *conditio sine qua non* em que se desenrola grande parte da vida humana"[70].

Por tal nova perspectiva, o caráter metaindividual do interesse na preservação do espaço ambiental determina-se pelo risco que pode vir a representar para as populações externas um *habitat* laboral poluído e desequilibrado, uma vez que lesões à saúde física e mental do trabalhador podem tornar-se fatos geradores de falhas humanas, e, ademais, a não observância de normas internas de segurança que se façam necessárias pode vir a causar falhas técnicas no próprio procedimento produtivo, com repercussões que, muitas vezes, ultrapassam a esfera do ambiente de trabalho.

Além disso, vale destacar um outro aspecto do interesse social na preservação do equilíbrio do ambiente laboral, salientado por RAIMUNDO SIMÃO DE MELO, ao lembrar que "o meio ambiente de trabalho adequado e seguro é um dos mais importantes e fundamentais direitos do cidadão trabalhador, o qual, se desrespeitado, provoca agressão a toda sociedade, que no final das contas, é quem custeia a Previdência Social, que, por inúmeras razões, corre o risco de não mais poder oferecer proteção, até mesmo aos seus segurados no próximo século"[71], portanto, a sociedade acaba por arcar com os resultados desta lesão.

Por tudo isso, resta patente a importância de sua proteção como um direito de todos, difusamente considerado, e não somente da coletividade restrita àquele *locus* laboral determinado, impondo, se for o caso, a reparação dos eventuais danos morais pelos atos violadores do meio ambiente de trabalho[72].

---

[70] Júlio César de Sá da Rocha, *Direito Ambiental do Trabalho: mudança de paradigma na tutela jurídica à saúde do trabalhador*, doutorado em Direito das Relações Sociais — Área de Concentração em Direitos Difusos e Coletivos, p. 195.

[71] Raimundo Simão Melo, Meio Ambiente do Trabalho: prevenção de reparação. Juízo Competente. *Trabalho e Doutrina*, p. 164.

[72] "Imaginemos a hipótese de sinistro ocorrido na planta industrial e que ocasione danos ambientais à comunidade. Uma vez provado o nexo de causalidade entre a omissão empresarial e o dano, abre-se o precedente não apenas para buscar a reparação do dano em si, mas também para ressarcir o patrimônio moral da coletividade, pois irrefutavelmente conspurcado interesse difuso" (Manoel Jorge Silva Neto, *Proteção Constitucional dos Interesses Trabalhistas — Difusos, Coletivos e Individuais Homogêneos*, São Paulo: LTr, 2001, p. 164).

Capítulo VII
Nexo de Causalidade

Sumário: 1. Introdução. 2. Teorias explicativas do nexo de causalidade. 2.1. Teoria da equivalência das condições (*conditio sine qua non*). 2.2. Teoria da causalidade adequada. 2.3. Teoria da causalidade direta ou imediata. 3. Teoria adotada pelo Código Civil brasileiro. 4. Causas concorrentes. 5. Concausas. 6. A teoria da imputação objetiva e a responsabilidade civil.

1. INTRODUÇÃO

Após passarmos em revista os dois primeiros elementos da responsabilidade civil — a conduta humana e o dano (abrindo, inclusive, amplas considerações sobre a questão do dano moral) —, cuidaremos de estudar o último, e talvez mais melindroso de todos eles: *o nexo de causalidade.*

O culto SERPA LOPES, com a sagacidade que lhe era peculiar, já havia notado a complexidade do tema, consoante se depreende deste trecho de sua obra:

> "Uma das condições essenciais à responsabilidade civil é a presença de um nexo causal entre o fato ilícito e o dano por ele produzido. É uma noção aparentemente fácil e limpa de dificuldade. Mas se trata de mera aparência, porquanto a noção de causa é uma noção que se reveste de um aspecto profundamente filosófico, além das dificuldades de ordem prática, quando os elementos causais, os fatores de produção de um prejuízo, se multiplicam no tempo e no espaço"[1].

Assim como no Direito Penal, a investigação deste nexo que liga o resultado danoso ao agente infrator é indispensável para que se possa concluir pela responsabilidade jurídica deste último.

Trata-se, pois, do elo etiológico, do liame, que une a conduta do agente (positiva ou negativa) ao dano[2].

---

[1] Miguel Maria de Lopes, *Curso de Direito Civil — Fontes Acontratuais das Obrigações e Responsabilidade Civil,* 5. ed., Rio de Janeiro: Freitas Bastos, 2001, v. V, p. 218.

[2] Não se deve confundir o nexo causal com a imputabilidade. Clássica, nesse sentido, é a advertência do mencionado Prof. Serpa Lopes: "A primeira, como já se disse, se relaciona com os elementos objetivos, externos, consistentes na atividade ou inatividade do sujeito, atentatória do direito alheio, ao qual vulnera produzindo um dano material *ou*

Por óbvio, somente se poderá responsabilizar alguém cujo comportamento houvesse dado **causa** ao prejuízo.

Lamentavelmente, entretanto, esta matéria é muito mal compreendida — talvez por ser mal explicada — gerando dúvidas e, frequentemente, levando os tribunais a adotarem posicionamentos confusos em torno do mesmo objeto de investigação, o que só acarreta prejuízo à segurança jurídica e descrédito ao Poder Judiciário.

Vamos, então, tentar enfrentar cientificamente o problema, a fim de que o nosso leitor, ao final de sua análise, possa sair com um adequado panorama do assunto.

2. TEORIAS EXPLICATIVAS DO NEXO DE CAUSALIDADE

Fundamentalmente, são três as principais teorias que tentam explicar o nexo de causalidade:

a) teoria da equivalência de condições;

b) a teoria da causalidade adequada;

c) a teoria da causalidade direta ou imediata (interrupção do nexo causal).

Para o correto entendimento da matéria, cuidaremos de analisá-las, separadamente, concluindo, ao final do estudo, por qual das teorias o Direito Brasileiro optou.

2.1. Teoria da equivalência das condições ("conditio sine qua non")

Elaborada pelo jurista alemão VON BURI na segunda metade do século XIX, esta teoria não diferencia os antecedentes do resultado danoso, de forma que tudo aquilo que concorra para o evento será considerado causa.

Por isso se diz "equivalência de condições": todos os fatores causais se equivalem, caso tenham relação com o resultado.

CAIO MÁRIO, citando o magistral civilista belga DE PAGE, observa que esta teoria,

> "em sua essência, sustenta que, em havendo culpa, todas as 'condições' de um dano são 'equivalentes', isto é, todos os elementos que, 'de uma certa maneira concorreram para a sua realização, consideram-se como 'causas', sem a necessidade de determinar, no encadeamento dos fatos que antecederam o evento danoso, qual deles pode ser apontado como sendo o que de modo imediato provocou a efetivação do prejuízo"[3].

---

moral; enquanto a segunda — a imputabilidade — diz respeito pura e simplesmente a um elemento subjetivo, interno, relativo tão só ao sujeito" (ob. cit., p. 219).

[3] Caio Mário da Silva Pereira, *Responsabilidade Civil*, 9. ed., Rio de Janeiro: Forense, 2000, p. 78.

Com isso quer-se dizer que esta teoria é de espectro amplo, considerando elemento causal todo o antecedente que haja participado da cadeia de fatos que desembocaram no dano.

É, inclusive, a teoria adotada pelo Código Penal brasileiro, segundo a interpretação dada pela doutrina ao seu art. 13:

> "Art. 13, CP — O resultado, de que depende a existência do crime, somente é imputável a quem lhe deu causa. Considera-se a causa a ação ou omissão sem a qual o resultado não teria ocorrido".

Observe que, da última parte do dispositivo, pode-se extrair uma fórmula de eliminação hipotética (de Thyrén), segundo a qual *causa seria todo o antecedente que, se eliminado, faria com que o resultado desaparecesse.*

Imagine, pois, um sujeito que arremessa, bêbado, uma garrafa contra um transeunte, causando-lhe a morte. Se nós abstrairmos a conduta antecedente (arremesso da garrafa), a morte desaparecerá.

Ilustrando, teríamos:

Arremesso da garrafa = Causa → Morte = Resultado

Esta teoria, entretanto, apresenta um grave inconveniente.

Por considerar causa todo o antecedente que contribua para o desfecho danoso, a cadeia causal, seguindo esta linha de intelecção, poderia levar a sua investigação ao infinito.

Nas palavras de GUSTAVO TEPEDINO, em excelente artigo sobre o nexo causal, "a inconveniência desta teoria, logo apontada, está na desmesurada ampliação, em infinita espiral de concausas, do dever de reparar, imputado a um sem-número de agentes. Afirmou-se, com fina ironia, que a fórmula tenderia a tornar cada homem responsável por todos os males que atingem a humanidade"[4].

Nessa linha, se o agente saca a arma e dispara o projétil, matando o seu desafeto, seria considerado causa, não apenas o disparo, mas também a compra da arma, a sua fabricação, a aquisição do ferro e da pólvora pela indústria etc., o que envolveria, absurdamente, um número ilimitado de agentes na situação de ilicitude[5].

---

[4] Gustavo Tepedino, Notas sobre o Nexo de Causalidade, *Revista Trimestral de Direito Civil*, ano 2, v. 6, jun. de 2001. Rio de Janeiro: PADMA, p. 3-19.

[5] É clássico o exemplo de Binding, também lembrado por Tepedino, segundo o qual, se a teoria da equivalência das condições fosse adotada, em toda a sua extensão, talvez também fosse responsabilizado, como partícipe do adultério, *"o próprio marceneiro que*

A despeito de tudo isso, grande parte dos penalistas adotou-a, sustentando que a análise do dolo ou da culpa do infrator poderia limitá-la, vale dizer, os agentes que apenas de forma indireta interferiram na cadeia causal por não terem a *necessária previsibilidade* (dolo ou culpa) da ocorrência do dano, não poderiam ser responsabilizados[6]. O fabricante da arma, por exemplo, ao produzi-la, não poderia imaginar a utilização criminosa do seu produto[7].

Em virtude, talvez, de todos esses inconvenientes e imprecisões, os cultores do Direito Civil não abraçaram esta teoria.

2.2. Teoria da causalidade adequada

Esta teoria, desenvolvida a partir das ideias do filósofo alemão VON KRIES, posto não seja isenta de críticas, é mais refinada do que a anterior, por não apresentar algumas de suas inconveniências.

Para os adeptos desta teoria, não se poderia considerar causa "toda e qualquer condição que haja contribuído para a efetivação do resultado", conforme sustentado pela teoria da equivalência, mas sim, segundo um juízo de probabilidade, apenas o *antecedente abstratamente idôneo à produção do efeito danoso,* ou, como quer CAVALIERI, "causa, para ela, é o antecedente, não só necessário, mas, também adequado à produção do resultado. Logo, nem todas as condições serão causa, mas apenas aquela que for mais apropriada para produzir o evento"[8].

---

fabricou o leito, no qual se deitou o casal amoroso..." (cf. Wilson Melo da Silva, *Responsabilidade Sem Culpa,* São Paulo: Saraiva, 1974, p. 117, citado por Gustavo Tepedino, op. cit., p. 6).

6 Julio Fabbrini Mirabete, a esse respeito, observa: "Mas, evidentemente, não basta a relação causal para que se possa imputar a prática do ilícito a um agente que, no campo material, colaborou para o resultado. É indispensável que a conduta tenha sido praticada com dolo ou culpa para que se possa falar em fato típico. Em rigor, a adoção do princípio da *conditio sine qua non* tem mais relevância para excluir quem não praticou o fato do que para incluir quem o cometeu" (Código Penal interpretado, São Paulo: Atlas, 1999, p. 136).

7 A análise deste tema, profundamente ligado à seara penal, não poderia parar por aqui. Entretanto, desbordaria da proposta desta obra continuar a investigação e pesquisa do assunto na doutrina especializada e nos sistemas penais do mundo. Advertimos, entretanto, em especial aos nossos leitores que gostam do Direito Penal, que a teoria da equivalência das condições, a despeito de ser tradicionalmente adotada no Direito Brasileiro, tem sofrido duras críticas nas últimas décadas, especialmente a partir dos ensinamentos de Claus Roxin.

8 Sérgio Cavalieri Filho, *Programa de Responsabilidade Civil,* 2. ed., São Paulo: Malheiros, 2000, p. 51.

E é o próprio Desembargador do Tribunal de Justiça do Rio de Janeiro, citando ANTUNES VARELA, quem exemplifica:

> "se alguém retém ilicitamente uma pessoa que se apressava para tomar certo avião, e teve, afinal, de pegar um outro, que caiu e provocou a morte de todos os passageiros, enquanto o primeiro chegou sem incidente ao aeroporto de destino, não se poderá considerar a retenção ilícita do indivíduo como causa (jurídica) do dano ocorrido, *porque, em abstrato, não era adequada a produzir tal efeito, embora se possa asseverar que este (nas condições em que se verificou) não se teria dado se não fora o ilícito.* A ideia fundamental da doutrina é a de que só há uma relação de causalidade adequada entre o fato e o dano quando o ato ilícito praticado pelo agente seja de molde a provocar o dano sofrido pela vítima, segundo o curso normal das coisas e a experiência comum da vida"[9] (grifos nossos).

Note-se, então, que, para se considerar uma causa "adequada", esta deverá, abstratamente, e segundo uma apreciação probabilística, ser apta à efetivação do resultado.

Na hipótese do disparo por arma de fogo, mencionado acima, a compra da arma e a sua fabricação não seriam "causas adequadas" para a efetivação do evento morte.

É a teoria adotada no Direito Argentino, conforme se pode ler na obra de GHERSI: *"Esta teoría fue adoptada por nuestro Código Civil, con la reforma de 1968, en el art. 906. Su idea central es que todo daño le es atribuible a una conducta — acción u omisión — si normal y ordinariamente acaece así en las reglas de la experiencia"*[10].

A adoção da primeira (equivalência das condições) ou segunda (causalidade adequada) teoria não é mera opção intelectual, uma vez que produz efeitos práticos, consoante bem demonstrou CARDOSO GOUVEIA, citado por CARLOS GONÇALVES:

> "*A* deu uma pancada ligeira no crânio de *B*, a qual seria insuficiente para causar o menor ferimento num indivíduo normalmente constituído, mas que causou a *B*, que tinha uma fraqueza particular dos ossos do crânio, uma fratura de que resultou a morte. O prejuízo deu-se, apesar de o fato ilícito praticado por *A* não ser causa adequada a produzir aquele dano em um homem adulto. Segundo a teoria da equivalência das condições, a pancada é uma condição 'sine qua non' do prejuízo causado, pelo qual o seu autor terá de responder. Ao contrário, não haveria responsabilidade, em face da teoria da causalidade adequada"[11].

---

[9] Idem, ibidem, p. 51.

[10] Carlos Alberto Ghersi, *Teoría General de la Reaparación de Daños,* 2 ed., Buenos Aires: Astrea, 1999, p. 90.

[11] Carlos Roberto Gonçalves, *Responsabilidade Civil,* 7. ed., Saraiva: São Paulo, 2002, p. 522-523.

O ponto central para o correto entendimento desta teoria consiste no fato de que somente o antecedente *abstratamente apto à determinação do resultado*, segundo um juízo razoável de probabilidade, em que conta a experiência do julgador, poderá ser considerado causa.

Se a teoria anterior peca por excesso, admitindo uma ilimitada investigação da cadeia causal, esta outra, a despeito de mais restrita, apresenta o inconveniente de admitir um acentuado grau de discricionariedade do julgador, a quem incumbe avaliar, no plano abstrato, e segundo o curso normal das coisas, se o fato ocorrido no caso concreto pode ser considerado, realmente, *causa do resultado danoso*.

Ademais, esta "abstração" característica da investigação do nexo causal segundo a teoria da causalidade adequada pode conduzir a um afastamento absurdo da situação concreta, posta ao acertamento judicial. Conforme bem advertiu FREITAS GOMES, citando DE PAGE, "a determinação do nexo causal é, antes do mais, uma 'quaestio facti', incumbindo ao juiz proceder 'cum arbítrio boni viri', *sopesando cada caso na balança do equilíbrio e da equidade*"[12] (grifos nossos).

2.3. Teoria da causalidade direta ou imediata

Esta última vertente doutrinária, também denominada *teoria da interrupção do nexo causal* ou *teoria da causalidade necessária*, menos radical do que as anteriores, foi desenvolvida, no Brasil, pelo ilustrado Professor AGOSTINHO ALVIM, em sua clássica obra *Da Inexecução das Obrigações e suas Consequências*[13].

Causa, para esta teoria, seria apenas o antecedente fático que, ligado por um vínculo de necessariedade ao resultado danoso, determinasse este último como uma consequência sua, direta e imediata.

Discorrendo sobre esta corrente de pensamento, o culto e saudoso professor da PUC-SP pontificava:

> "A Escola que melhor explica a teoria do dano direto e imediato é a que se reporta à necessariedade da causa. Efetivamente, é ela que está mais de acordo com as fontes históricas da teoria do dano, como se verá". E em outro trecho de sua obra: "Suposto certo dano, considera-se causa dele a que lhe é próxima ou remota, mas, com relação a esta última, é mister que ela se ligue ao dano, diretamente. Assim, é indenizável todo dano que se filia a uma

---

[12] Luiz Roldão de Freitas Gomes, *Elementos de Responsabilidade Civil*, Rio de Janeiro: Renovar, 2000, p. 74.

[13] No plano internacional, alinharam-se a esta corrente autores do quilate de Giorgi, Chironi, Polacco e Enneccerus.

causa, ainda que remota, desde que ela lhe seja causa necessária, por não existir outra que explique o mesmo dano. Quer a lei que o dano seja o efeito direto e imediato da execução"[14].

Tomemos um clássico exemplo doutrinário, para o adequado entendimento da matéria.

Caio é ferido por Tício (lesão corporal), em uma discussão após a final do campeonato de futebol. Caio, então, é socorrido por seu amigo Pedro, que dirige, velozmente, para o hospital da cidade. No trajeto, o veículo capota e Caio falece. Ora, pela morte da vítima, apenas poderá responder Pedro, se não for reconhecida alguma excludente em seu favor. Tício, por sua vez, não responderia pelo evento fatídico, uma vez que o seu comportamento determinou, *como efeito direto e imediato*, apenas a lesão corporal.

Note-se, portanto, que a interrupção do nexo causal por uma causa superveniente, ainda que relativamente independente da cadeia dos acontecimentos (capotagem do veículo) impede que se estabeleça o elo entre o resultado morte e o primeiro agente, Tício, que não poderá ser responsabilizado.

Dessa forma, concluímos com TEPEDINO que:

> "a causa relativamente independente é aquela que, em apertada síntese, torna remoto o nexo de causalidade anterior, importando aqui não a distância temporal entre a causa originária e o efeito, mas sim o novo vínculo de necessariedade estabelecido, entre a causa superveniente e o resultado danoso. A causa anterior deixou de ser considerada, menos por ser remota e mais pela interposição de outra causa, responsável pela produção do efeito, estabelecendo-se outro nexo de causalidade"[15].

Uma questão que ainda deve ser tratada, à luz desta teoria, diz respeito ao dano reflexo ou em ricochete, já visto no capítulo passado.

O fato de só se considerar como atribuível ao antecedente causal o seu efeito direto ou imediato negaria a ocorrência o dano reflexo?

Entendemos que não.

O fato de se considerar "reflexo" ou "indireto" o dano não significa dizer que não haverá responsabilidade civil. Apenas quer-se, com isso, caracterizar aquela espécie de dano que, tendo existência certa e determinada, atinge pessoas próximas à vítima direta. Este dano, pois, para a pessoa que o sofreu reflexamente (o alimentando que teve o pai morto, por ex.), é efeito direto e imediato do ato ilícito.

---

[14] Agostinho Alvim, *Da Inexecução das Obrigações e suas Consequências*, 4. ed., São Paulo: Saraiva, 1972, p. 356.

[15] Gustavo Tepedino, ob. cit., p. 10.

O que não podemos confundir é este dano reflexo — consequência inafastável do ilícito — com aquele que não se liga diretamente (por necessariedade) à conduta do agente, conforme exemplifica o Desembargador CARLOS GONÇALVES, citando doutrina francesa:

> "Pothier fornece o exemplo de alguém que vende uma vaca que sabe pestilenta e que contamina o rebanho do adquirente. Deve, em consequência, indenizar o valor do animal vendido e também o daqueles que morreram em virtude do contágio. Mas não responde pelos prejuízos decorrentes da impossibilidade do cultivo da terra, por terem sido atingidos pela doença também os animais que eram utilizados nesse serviço. É que esses danos, embora filiados a ato seu, acham-se do mesmo modo distante"[16].

Além de mais simples, entendemos ser mais adequada esta teoria, eis que não apresenta o nível de insegurança jurídica e subjetividade apresentados em alto grau pelas teorias anteriores.

3. TEORIA ADOTADA PELO CÓDIGO CIVIL BRASILEIRO

Existe uma certa imprecisão doutrinária, quando se cuida de estabelecer qual a teoria adotada pelo Código Civil brasileiro, referente ao nexo de causalidade.

Respeitável parcela da doutrina, nacional e estrangeira, tende a acolher a teoria da causalidade adequada, por se afigurar, aos olhos destes juristas, a mais satisfatória para a responsabilidade civil.

Inclusive no Direito Comparado, esta corrente doutrinária é bem acolhida, conforme noticia MARTINHO GARCEZ NETO:

> "Em relação ao CC francês, as normas expressas são os arts. 1.150 e 1.151, que, segundo a doutrina e jurisprudência francesas, teriam assento na teoria da equivalência das condições, que *a doutrina moderna, com base nos mais acatados civilistas, repele, pois a jurisprudência agora dominante assenta os seus fundamentos e conclusões na teoria da causalidade adequada, como se colhe dos ensinamentos de CARBONNIER (Obligations, n. 91) e de MAZEAUD TUNC*"[17] (grifos nossos).

No Brasil, vozes autorizadas, como a de CAVALIERI FILHO, são favoráveis a esta teoria[18].

---

[16] Carlos Roberto Gonçalves, op. cit., p. 525.

[17] Martinho Garcez Neto, *Responsabilidade Civil no Direito Comparado*, Rio de Janeiro: Renovar, 2000, p. 212.

[18] Cf. Sérgio Cavalieri Filho, ob. cit., p. 53.

Não raro, aliás, a própria jurisprudência acolhe a causalidade adequada:

"*Ementa*: Apelação cível. Responsabilidade civil. Cheque falso. Falsificação grosseira. Devolução por insuficiência de fundos. Encerramento da conta. Aplicação da *teoria da causalidade adequada*. A conduta negligente do banco foi a causa direta e imediata para o evento danoso, razão pela qual é exclusivamente responsável pelo pagamento dos cheques falsos. Inexistência de culpa concorrente do correntista. Dano moral configurado. Critérios para a fixação de um valor adequado. Juízo de equidade atribuído ao prudente arbítrio do juiz. Compensação à vítima pelo dano suportado. Punição ao infrator, consideradas as condições econômicas e sociais do agressor, bem como a gravidade da falta cometida, segundo um critério de aferição subjetivo. Apelo provido (Apelação Cível n. 70003531589, Sexta Câmara Cível, Tribunal de Justiça do RS, Relator: Des. Carlos Alberto Álvaro de Oliveira, julgado em 17/04/02)".

Entretanto, assim não pensamos.

Alinhamo-nos ao lado daqueles que entendem mais acertado o entendimento de que o Código Civil brasileiro adotou a *teoria da causalidade direta ou imediata* (teoria da interrupção do nexo causal), na vertente da causalidade necessária.

E a essa conclusão chegamos ao analisarmos o art. 403 do CC/2002 (correspondente ao art. 1.060 do Código revogado), que dispõe:

> "Art. 403. Ainda que a inexecução resulte de dolo do devedor, as perdas e danos só incluem os prejuízos efetivos e os lucros cessantes por efeito dela direto e imediato, sem prejuízo do disposto na lei processual".

CARLOS ROBERTO GONÇALVES, seguindo a mesma linha de pensamento, é contundente ao afirmar que: "Das várias teorias sobre o nexo causal, o nosso Código adotou, indiscutivelmente, a do dano direto e imediato, como está expresso no art. 403; e das várias escolas que explicam o dano direto e imediato, a mais autorizada é a que se reporta à consequência necessária"[19].

O problema é que, muitas vezes, a jurisprudência[20] e a doutrina, sucumbindo talvez ao caráter sedutoramente empírico do tema, acabam por confun-

---

[19] Carlos Roberto Gonçalves, ob. cit., p. 524.

[20] "RESPONSABILIDADE CIVIL. ACIDENTE. TRÂNSITO. ESTACIONAMENTO. Na espécie, a autora da demanda deixou seu veículo no estacionamento de aeroporto internacional e o automóvel foi retirado pelo seu filho (menor de idade), acompanhado por dois amigos (um deles maior), deixando a recorrida de exigir a exibição do comprovante de estacionamento em razão de eles informarem tê-lo perdido. Por volta das 22 h daquele mesmo dia, o referido veículo foi encontrado pela Polícia Militar totalmente avariado em decorrência da colisão contra um poste de iluminação pública, que resultou, ainda, em lesões aos seus ocupantes, dentre os quais o filho da autora. Para o Min. Relator, é inequívoca a ausência de nexo causal entre o ato praticado pela ora

dir ambas as teorias, não dispensando, entretanto, em nenhuma hipótese, a investigação da necessariedade da causa.

Demonstrando tal assertiva, TEPEDINO, após colacionar jurisprudência do Tribunal de Justiça do Rio de Janeiro, em que se lê a identificação das teorias:

> "e de acordo com a teoria da causa adequada adotada em sede de responsabilidade civil, também chamada de causa direta ou imediata" (Ac. 1995. 001.271), conclui, acertadamente: "Por todas essas circunstâncias, pode-se considerar como prevalentes, no direito brasileiro, as posições doutrinárias que, com base no art. 1060, do Código Civil Brasileiro, autodenominando-se ora de teoria da interrupção do nexo causal (Supremo Tribunal Federal), ora de teoria da causalidade adequada (STJ e TJRJ), exigem a *causalidade necessária* entre a causa e o efeito danoso para o estabelecimento da responsabilidade civil"[21].

Portanto, a despeito de reconhecermos que o nosso Código melhor se amolda à teoria da causalidade direta e imediata, somos forçados a reconhecer que, por vezes, a jurisprudência adota a causalidade adequada, no mesmo sentido.

A regra positivada básica, como visto, no Código Civil, independentemente da tese adotada, é a do art. 403.

Muito bem.

Nesse contexto, esclarece, com erudição, ANDERSON SCHREIBER, que, em alguns casos, doutrina e jurisprudência têm "dispensado a prova da relação causal no tocante a um resultado ulterior da conduta do agente, assegurando

---

recorrida (entrega do veículo ao filho da autora e seus acompanhantes sem a apresentação do respectivo comprovante de estacionamento) e o dano ocorrido (decorrente do acidente envolvendo o referido veículo horas mais tarde). É evidente que o evento danoso não decorreu direta e imediatamente da suposta inexecução do contrato de depósito estabelecido entre a recorrente e a sociedade empresarial recorrida, razão pela qual não há de se falar em responsabilidade dessa pelo ocorrido. Em matéria de responsabilidade civil — contratual ou extracontratual; objetiva ou subjetiva — vigora, no Direito brasileiro, o princípio da causalidade adequada, também denominado princípio do dano direto e imediato (art. 1.060 do CC/1916 e art. 403 do Código atual). Segundo esse princípio, ninguém pode ser responsabilizado por aquilo a que não tiver dado causa (art. 159 do CC/1916 e art. 927 do CC/2002) e somente se considera causa o evento que produziu direta e concretamente o resultado danoso. A imputação de responsabilidade civil, portanto, supõe a presença de dois elementos de fato, quais sejam: a conduta do agente e o resultado danoso, e de um elemento lógico-normativo, o nexo causal (que é lógico, porque consiste num elo referencial, numa relação de 'pertencialidade' entre os elementos de fato, e é normativo, porque tem contornos e limites impostos pelo sistema de Direito, segundo o qual a responsabilidade civil só se estabelece em relação aos efeitos diretos e imediatos causados pela conduta do agente)" (STJ, REsp 325.622-RJ, Rel. Min. Carlos Fernando Mathias (Juiz convocado do TRF da 1.ª Região), j. em 28-10-2008).

[21] Tepedino, ob. cit., p. 14.

ao nexo de causalidade uma elasticidade que nenhuma das teorias usuais comportaria"[22].

Vale dizer, é como se, em determinadas situações, o aplicador do direito "forçasse a barra", em benefício da vítima, para imputar o dever de reparar o dano ao agente danoso, em hipóteses que, ortodoxamente, o Direito em vigor não permitiria.

Entra-se, assim, nos domínios da "teoria do resultado mais grave", consagrada pelas expressões inglesas "*The Thin Skull Rule*" ou "*The Egg-Shell Skull Rule*"[23].

> "A tal respeito, ilustres autores têm sustentado que o agente que pratica a conduta deve ser responsabilizado também pelo resultado mais grave, ainda que oriundo de condições particulares da vítima. Afirma-se que 'as condições pessoais de saúde da vítima, bem como as suas predisposições patológicas, embora agravantes do resultado, em nada diminuem a responsabilidade do agente', sendo 'irrelevante, para tal fim, que de uma lesão leve resulte a morte por ser a vítima hemofílica; que de um atropelamento resultem complicações por ser a vítima diabética; que da agressão física ou moral resulte a morte por ser a vítima cardíaca; que de pequeno golpe resulte fratura do crânio em razão da fragilidade congênita do osso frontal etc.'"[24].

Vale dizer, na esteira desta teoria, se o agente do dano deu causa a um resultado mais grave, ainda que não se possa visualizar a sua responsabilidade segundo as teorias convencionais da causalidade, seria justo que compensasse a vítima.

Assim, no clássico exemplo dado por CARDOSO GOUVEIA[25], em que o cidadão dá um "leve tapa" na cabeça da vítima e esta vem a óbito por conta de uma fragilidade craniana, pelas teorias convencionais, até mesmo pela ausência de previsibilidade, não deveria o sujeito responder pela morte.

Mas, segundo a "teoria do resultado mais grave", responderia.

E se você, amigo leitor, neste ponto, perguntar-nos se tal teoria é aplicada, diremos: não se trata de uma regra geral amplamente admitida — até porque, como dito, vai de encontro às teorias tradicionais que exigem a demonstração

---

[22] Anderson Schreiber, *Novos Paradigmas da Responsabilidade Civil — Da Erosão dos Filtros da Reparação à Diluição de Danos*, 2. ed., São Paulo: Atlas, 2009, p. 70.

[23] Esse tema foi desenvolvido há alguns anos pelo coautor Pablo Stolze Gagliano em editorial postado na internet, sobre os "Novos Rumos da Responsabilidade Civil", que serviu de base a este ponto da obra. Confira-se, a título exemplificativo, o link <http://www.sinpojud.org.br/destaques.php?id=1698>.

[24] Schreiber, citando Cavalieri Filho, na bela obra supramencionada.

[25] Citado por Carlos Roberto Gonçalves, *Responsabilidade Civil*, 7. ed., São Paulo: Saraiva, 2002, p. 522-3.

do efetivo nexo causal — muito embora, na prática, em determinadas situações, não seja raro encontrarmos decisões que a aplicam como um "recurso empregado, com menor frequência, para a extensão do remédio ressarcitório a domínios que a exigência da demonstração do nexo de causalidade mantinham imunes tanto à responsabilidade subjetiva quanto à objetiva"[26].

Em outras palavras, por vezes, a teoria do "*thin skull rule*" é aplicada para evitar que a vítima (ou os seus sucessores) não receba uma justa indenização.

Tema instigante, polêmico e merecedor de nossa reflexão.

4. CAUSAS CONCORRENTES

Problema interessante que ainda merece a nossa atenção diz respeito à concorrência de causas.

Quando a atuação da vítima também favorece a ocorrência do dano, somando-se ao comportamento causal do agente, fala-se em "concorrência de causas ou de culpas", caso em que a indenização deverá ser reduzida, na proporção da contribuição da vítima.

Neste caso de culpa concorrente, cada um responderá pelo dano na proporção em que concorreu para o evento danoso, o que tem de ser pesado pelo órgão julgador quando da fixação da reparação, uma vez que somente há condenação pela existência da desproporcionalidade da culpa.

Assim, no caso, o dano decorre por causa da atuação de ambos os sujeitos da relação jurídica.

WASHINGTON DE BARROS MONTEIRO, citado por STOCO, manifesta-se a respeito do tema nos seguintes termos:

> "se houver concorrência de culpas, do autor do dano e da vítima, a indenização deve ser reduzida. Posto não enunciado expressamente, esse princípio é irrecusável no sistema do direito pátrio, constituindo, entre nós, 'jus receptum'. A jurisprudência consagra, com efeito, a solução do pagamento pela metade, no caso de culpa de ambas as partes"[27].

Este critério, entretanto, apresentado pelo culto professor paulista, seguido amplamente pela jurisprudência, poderá, em nosso entendimento, ser relativizado pelo julgador, uma vez que o mesmo pode verificar, na apreciação do caso concreto, que qualquer das partes contribuiu mais para o desenlace danoso. Neste caso, a sua participação no *quantum* indenizatório final deverá aumentar.

---

[26] Anderson Schreiber, ob. cit., p. 72.

[27] Washington de Barros Monteiro, *Curso de Direito Civil*, Saraiva, 1971, citado por Rui Stoco, in *Tratado de Responsabilidade Civil*, 5. ed., São Paulo: Revista dos Tribunais, 2001, p. 99.

O vigente Código Civil brasileiro, em regra sem equivalência na codificação anterior, adotou expressamente a culpa concorrente como um critério de quantificação da proporcionalidade da indenização, conforme se verifica do seu art. 945, *in verbis*:

> "Art. 945. Se a vítima tiver concorrido culposamente para o evento danoso, a sua indenização será fixada tendo-se em conta a gravidade de sua culpa em confronto com a do autor do dano".

Uma observação final, entretanto, se impõe.

No campo do Direito do Consumidor, a teoria da concorrência de causas não tem essa mesma amplitude.

Isso porque, nos termos do art. 12, § 3.º, da Lei n. 8.078 de 1990 (Código de Defesa do Consumidor), somente a *culpa exclusiva* da vítima tem o condão de interferir na responsabilidade civil do fornecedor, excluindo-a. Em outras palavras, a culpa simplesmente *concorrente* (de ambos os sujeitos da relação jurídica), por não haver sido prevista pela lei, não exime o fornecedor de produto ou serviço de indenizar *integralmente* o consumidor.

Nesse sentido, escreve ZELMO DENARI:

> "A culpa exclusiva da vítima é inconfundível com a culpa concorrente: no primeiro caso desaparece a relação de causalidade entre o defeito do produto e o evento danoso, dissolvendo-se a própria relação de responsabilidade; no segundo, a responsabilidade se atenua em razão da concorrência de culpa e os aplicadores da norma costumam condenar o agente causador do dano a reparar pela metade o prejuízo, cabendo a vítima arcar com a outra metade. A doutrina, contudo, sem vozes discordantes, tem sustentado o entendimento de que *a lei pode eleger a culpa exclusiva como única excludente de responsabilidade, como fez o Código de Defesa do Consumidor nesta passagem. Caracterizada, portanto, a concorrência de culpa, subsiste a responsabilidade integral do fabricante e demais fornecedores arrolados no 'caput', pela reparação dos danos*"[28].

5. CONCAUSAS

Utiliza-se a expressão "concausa" para caracterizar o acontecimento que, anterior, concomitante ou superveniente ao antecedente que deflagrou a cadeia causal, acrescenta-se a este, em direção ao evento danoso.

Como quer CAVALIERI, trata-se de "outra causa que, juntando-se à principal, concorre para o resultado. Ela não inicia nem interrompe o nexo causal,

[28] Zelmo Denari e outros, *Código Brasileiro de Defesa do Consumidor — Comentado pelos Autores do Anteprojeto*, 5. ed., Rio de Janeiro: Forense, 1998, p. 153.

apenas o reforça, tal como um rio menor que deságua em outro maior, aumentando-lhe o caudal"[29].

A grande questão em torno do tema diz respeito à circunstância de esta concausa interromper ou não o processo naturalístico já iniciado, constituindo um novo nexo, caso em que o agente da primeira causa não poderia ser responsabilizado pela segunda.

Se esta segunda causa for *absolutamente independente em relação à conduta do agente* — quer seja *preexistente, concomitante ou superveniente* — o nexo causal originário estará rompido e o agente não poderá ser responsabilizado.

Imagine, por exemplo, a hipótese de um sujeito ser alvejado por um tiro, que o conduziria à morte, e, antes do seu passamento por esta causa, um violento terremoto matou-o. Por óbvio, esta causa superveniente, *absolutamente independente em face do agente que deflagrou o tiro,* rompeu o nexo causal. O mesmo raciocínio aplica-se às causas preexistentes (a ingestão de veneno antes do tiro) e concomitantes (um derrame cerebral fulminante por força de diabetes, ao tempo que é atingido pelo projétil).

Diferentemente, em se tratando de uma *causa relativamente independente* — aquela que incide no curso do processo naturalístico causal, somando-se à conduta do agente —, urge distinguirmos se a mesma é preexistente, concomitante ou superveniente.

Em geral, essas concausas, quando preexistentes ou concomitantes, não excluem o nexo causal, e, consequentemente, a obrigação de indenizar. Tomemos os seguintes exemplos: Caio, portador de deficiência congênita e diabetes, é atingido por Tício. Em face da sua situação clínica debilitada (anterior) a lesão é agravada e a vítima vem a falecer. No caso, o resultado continuará imputável ao sujeito, eis que a concausa preexistente relativamente independente não interrompeu a cadeia causal. O mesmo ocorre se o sujeito, em razão do disparo de arma de fogo, vem a falecer de susto (parada cardíaca), e não propriamente do ferimento causado. Também nesta hipótese, a concausa concomitante relativamente independente não impede que o agente seja responsabilizado pelo que cometeu.

Entretanto, se se tratar de concausa superveniente — *ainda que relativamente independente em relação à conduta do sujeito* —, o nexo de causalidade poderá ser rompido se esta causa, por si só, determinar a ocorrência do evento danoso.

É o clássico exemplo do sujeito que, ferido por outrem, é levado de ambulância para o hospital, e falece no caminho, por força do tombamento do

[29] Sérgio Cavalieri Filho, ob. cit., p. 62.

veículo. Esta concausa, embora relativamente independente em face da conduta do agente infrator (se este não houvesse ferido a vítima, esta não estaria na ambulância e não morreria no acidente), determina, por si só, o evento fatal, de forma que o causador do ferimento apenas poderá ser responsabilizado, nas searas civil e criminal, pela lesão corporal causada.

Em conclusão, temos que, apenas se houver determinado, por si só, o resultado danoso, *a concausa relativamente independente superveniente* haverá rompido o nexo causal, excluindo a responsabilidade do sujeito infrator.

6. A TEORIA DA IMPUTAÇÃO OBJETIVA E A RESPONSABILIDADE CIVIL

A teoria da imputação objetiva do resultado, construção doutrinária referente ao nexo de causalidade, tem ganhado posição de destaque entre os cultores do Direito Penal.

Mas, será que esta teoria poderia ser aplicada à responsabilidade civil?

Muitos desconhecem, mas KARL LARENZ, partindo do pensamento de HEGEL, já havia desenvolvido a teoria da imputação objetiva para o Direito Civil, visando estabelecer limites entre os fatos próprios e os acontecimentos acidentais[30].

No dizer do Professor LUIZ FLÁVIO GOMES: "A teoria da imputação objetiva consiste basicamente no seguinte: só pode ser responsabilizado penalmente por um fato (leia-se: a um sujeito só pode ser imputado o fato), se ele criou ou incrementou um risco proibido relevante e, ademais, se o resultado jurídico decorreu desse risco"[31].

Nessa linha de raciocínio, se alguém *cria* ou *incrementa* uma situação de risco não permitido, responderá pelo resultado jurídico causado, a exemplo do que ocorre quando alguém dá causa a um acidente de veículo, por estar embriagado (criação do risco proibido), ou quando se nega a prestar auxílio a alguém que se afoga, podendo fazê-lo, caracterizando a omissão de socorro (incremento do risco).

30 Esta observação é do Professor Antonio Luís Chaves Camargo, que acrescenta: "A imputação objetiva, na teoria de Larenz, se refere ao problema crucial da ação, ponto de relevância no Direito Penal, inclusive na atualidade. Estabelece Larenz, neste sentido, que, se não há imputação do fato ao sujeito, este não pode ser considerado como uma causação de resultado, e, portanto, não existe a própria ação, pois tudo é produto de um acidente" (Imputação Objetiva e Direito Penal Brasileiro, São Paulo: Cultural Paulista, 2002, p. 62).

31 Luiz Flávio Gomes, *Direito Penal — Parte Geral, v. II — Teoria do Delito* (inédito), capítulo gentilmente cedido pelo magistral penalista paulista ao Professor Pablo Stolze Gagliano.

Em todas essas hipóteses, o agente poderá ser responsabilizado penalmente, e, porque não dizer, civilmente, para aqueles que admitem a incidência da teoria no âmbito do Direito Civil.

Note-se, entretanto, que, se o "risco criado" é permitido, tolerado, ou insignificante, não haverá imputação objetiva, e, por conseguinte, atribuição causal de resultado.

Nesse sentido, leiam-se as regras básicas da teoria, citadas por LUIZ FLÁVIO GOMES[32]:

> **Regras básicas da teoria da imputação objetiva da conduta:**
>
> *(a) não há imputação objetiva quando o risco criado é permitido;*
>
> (1) nas situações de risco normal — é o caso de Henry George, instrutor americano, que deu aulas de pilotagem para o terrorista suicida Mohammed Atta, que pilotou o avião da American Airlines contra a Torre Norte do WTC;
>
> (2) nas intervenções médicas;
>
> (3) nas lesões esportivas;
>
> (4) na teoria da confiança etc.
>
> *(b) não há imputação objetiva quando o risco é tolerado (ou aceito amplamente pela comunidade): aqui, seja por força da teoria da imputação objetiva, seja em razão da teoria da adequação social, o fato é atípico;*
>
> *(c) não há imputação objetiva quando o risco proibido criado é insignificante (conduta insignificante. Exemplo: jogar um copo d'água numa represa com 10 bilhões de litros de água que veio a inundar toda área vizinha; sendo a conduta do agente, nesse caso, absolutamente insignificante, não há que se falar em fato típico);*

Poderíamos, pois, à vista de todos esses ensinamentos, indagarmos se essa teoria é a que melhor explica o nexo de causalidade.

E são os próprios penalistas que concluem no sentido de que, antes de servir como uma nova teoria, a imputação objetiva serve muito mais como mecanismo científico limitador do nexo de causalidade, para identificar as situações em que o resultado *não poderia ser atribuído ao agente.*

---

[32] Luiz Flávio Gomes, ob. cit. acima (inédita).

Demonstrando tal assertiva, o supracitado autor conclui: "*Se pudéssemos nos valer de uma imagem, diríamos que o nexo de causalidade é uma peneira de espaços grandes enquanto a imputação objetiva conta com orifícios menores. Muitos fatos passam pelo filtro do nexo de causalidade, não porém pelo da imputação objetiva*"[33].

É, portanto, muito mais uma teoria excludente do nexo causal do que propriamente afirmativa da sua existência.

E esta última conclusão também serve para o Direito Civil, razão por que não a colocamos ao lado das teorias anteriormente desenvolvidas.

[33] Luiz Flávio Gomes, ob. cit.

Capítulo VIII
Causas Excludentes de Responsabilidade Civil e Cláusula de não Indenizar

Sumário: 1. Introdução. 2. Causas excludentes de responsabilidade civil. 2.1. Estado de necessidade. 2.2. Legítima defesa. 2.3. Exercício regular de direito e estrito cumprimento do dever legal. 2.4. Caso fortuito e força maior. 2.5. Culpa exclusiva da vítima. 2.6. Fato de terceiro. 3. Cláusula de não indenizar.

1. INTRODUÇÃO

Após estudarmos os elementos componentes da responsabilidade civil, cuidaremos neste capítulo das suas causas excludentes.

Trata-se de matéria com importantes efeitos práticos, uma vez que, com frequência, é arguida como matéria de defesa pelo réu (agente causador do dano) no bojo da ação indenizatória proposta pela vítima.

Cuidaremos, pois, das seguintes excludentes:

1. Estado de necessidade;

2. legítima defesa;

3. exercício regular de direito e estrito cumprimento do dever legal;

4. caso fortuito e força maior;

5. culpa exclusiva da vítima;

6. fato de terceiro.

Após analisarmos todas essas excludentes, cuidaremos também da cláusula de não indenizar, tendo em vista que se trata de uma manifestação de vontade direcionada justamente à exclusão da responsabilidade.

2. CAUSAS EXCLUDENTES DE RESPONSABILIDADE CIVIL

Como causas excludentes de responsabilidade civil devem ser entendidas todas as circunstâncias que, por atacar um dos elementos ou pressupostos gerais da responsabilidade civil, rompendo o nexo causal, terminam por fulminar qualquer pretensão indenizatória.

Esse nosso conceito tem por finalidade estabelecer uma regra que sirva para a sistematização de todas as formas de responsabilidade, exigindo-se, assim, uma característica de generalidade.

Sem prejuízo do exposto, mesmo reconhecendo que a "culpa" é um elemento acidental para a caracterização da responsabilidade civil, vale registrar que, quando adotada uma perspectiva subjetivista (lembre-se que a responsabilidade civil aquiliana, de um modo geral, ainda exige a comprovação necessária da culpa para incidir), tal dado anímico é fulminado também com a ocorrência da causa excludente.

Compreendamos melhor essa afirmação no conhecimento, em espécies, das retromencionadas causas.

2.1. Estado de necessidade

O estado de necessidade tem assento legal no art. 188 do CC/2002, no seu inc. II, conforme se vê abaixo:

> "Art. 188. Não constituem atos ilícitos:
>
> I — os praticados em legítima defesa ou no exercício regular de um direito reconhecido;
>
> *II — a deterioração ou destruição da coisa alheia, ou a lesão a pessoa, a fim de remover perigo iminente.*
>
> Parágrafo único. No caso do inciso II, o ato será legítimo somente quando as circunstâncias o tornarem absolutamente necessário, não excedendo os limites do indispensável para a remoção do perigo".

O estado de necessidade consiste na situação de agressão a um direito alheio, de valor jurídico igual ou inferior àquele que se pretende proteger, para remover perigo iminente, quando as circunstâncias do fato não autorizarem outra forma de atuação.

Diz-se, comumente, na hipótese, haver uma "colisão de interesses jurídicos tutelados".

Perceba-se que o parágrafo único do referido artigo de lei prevê que *o estado de necessidade* "somente será considerado legítimo quando as circunstâncias o tornarem absolutamente necessário, não excedendo os limites do indispensável para a remoção do perigo".

Com isso, quer-se dizer que o agente, atuando em estado de necessidade, não está isento do dever de atuar nos estritos limites de sua necessidade, para a remoção da situação de perigo. Será responsabilizado, pois, por qualquer excesso que venha a cometer.

Diferentemente do que ocorre na legítima defesa, o agente não reage a uma situação injusta, mas *atua para subtrair um direito seu ou de outrem de uma situação de perigo concreto.*

É o caso do sujeito que desvia o seu carro de uma criança, para não atropelá-la, e atinge o muro da casa, causando danos materiais. Atuou, nesse caso, em estado de necessidade.

Note-se, entretanto, que, se o terceiro atingido *não for o causador da situação de perigo*, poderá exigir indenização do agente que houvera atuado em estado de necessidade, cabendo a este ação regressiva contra o verdadeiro culpado (o pai do bebê que o deixou sozinho, por exemplo) (arts. 929 e 930 do CC/2002).

Nesse sentido, o STJ, em acórdão da lavra do Min. Aldir Passarinho Jr. (REsp 124.527, *DJ*, 5-6-2000):

> "A empresa cujo preposto, buscando evitar atropelamento, procede à manobra evasiva que culmina no abalroamento de outro veículo, causando danos, responde civilmente por sua reparação, ainda que não se configure na espécie a ilicitude do ato, praticado em estado de necessidade. Direito de regresso assegurado contra o terceiro culpado pelo sinistro, nos termos do art. 1.520 c/c o art. 160, II, do Código Civil".

Esse dever de reparação assenta-se na ideia de equidade e solidariedade social[1].

Analisando essas regras, WILSON MELO DA SILVA pondera:

> "Mas... e se a situação econômica do autor material do evento for de insolvência, enquanto que, paralelamente a isso, portador de fortuna fosse o terceiro por cuja culpa o dano teve lugar? Pela lei não parece que a vítima tivesse ação direta contra o terceiro. Dos termos da lei claramente se infere que seu direito seria contra o autor material do dano. Este, sim, é que, regressivamente, poderia voltar-se, em tese, contra o terceiro culpado para, dele, haver o que houvesse desembolsado em proveito do dono da coisa lesada"[2].

Nota-se, pois, aí, conclui o culto autor, com inegável razão: "mais outra incongruência de nossa lei", que se revelaria "na sua defeituosa e contraditória determinação no que diz respeito ao estado de necessidade"[3].

2.2. Legítima defesa

Também excludente de responsabilidade civil, a legítima defesa tem fundamento no mesmo art. 188 do Código Civil, inciso I, primeira parte:

> "Art. 188. Não constituem atos ilícitos:

---

[1] Essa colocação é feita por Gisela Sampaio da Cruz, citando Aguiar Dias (*A Parte Geral do Novo Código Civil*, Rio de Janeiro: Renovar, 2002, p. 408).

[2] Wilson Melo da Silva, *Da Responsabilidade Civil Automobilística*, São Paulo: Saraiva, 1974, p. 90.

[3] Wilson Melo da Silva, idem, p. 90.

I — *os praticados em legítima defesa* ou no exercício regular de um direito reconhecido;

II — a deterioração ou destruição da coisa alheia, ou a lesão a pessoa, a fim de remover perigo iminente.

Parágrafo único. No caso do inciso II, o ato será legítimo somente quando as circunstâncias o tornarem absolutamente necessário, não excedendo os limites do indispensável para a remoção do perigo".

Diferentemente do estado de necessidade, na legítima defesa o indivíduo encontra-se diante de uma situação atual ou iminente de injusta agressão, dirigida a si ou a terceiro, que não é obrigado a suportar.

Note-se que, no caso dessa excludente de ilicitude, a doutrina não recomenda a fuga como a conduta mais razoável a se adotar, uma vez que considera legítima a defesa de um interesse juridicamente tutelado, desde que o agente não tenha atuado com excesso[4].

A legítima defesa real (art. 188, I, *primeira parte,* do CC/2002) pressupõe a reação proporcional a uma injusta agressão, atual ou iminente, utilizando-se moderadamente dos meios de defesa postos à disposição do ofendido.

A desnecessidade ou imoderação dos meios de repulsa poderá caracterizar o excesso, proibido pelo Direito.

Vale lembrar que, se o agente, exercendo a sua lídima prerrogativa de defesa, atinge terceiro inocente, terá de indenizá-lo, cabendo-lhe, outrossim, ação regressiva contra o verdadeiro agressor.

Confiram-se os arts. 929 e 930 do CC/2002:

"Art. 929. Se a pessoa lesada, ou o dono da coisa, no caso do inciso II do art. 188, não forem culpados do perigo, assistir-lhes-á direito à indenização do prejuízo que sofreram.

Art. 930. No caso do inciso II do art. 188, se o perigo ocorrer por culpa de terceiro, contra este terá o autor do dano ação regressiva para haver a importância que tiver ressarcido ao lesado.

Parágrafo único. A mesma ação competirá contra aquele em defesa de quem se causou o dano (art. 188, inciso I)".

---

[4] Interessante é a interferência entre o juízo cível e o criminal. A independência de ambos, como se sabe, é relativa. Como é cediço, o art. 65 do CPP dispõe fazer coisa julgada no cível a sentença penal que haja reconhecido o estado de necessidade, a legítima defesa, o estrito cumprimento do dever legal e o exercício regular de direito (nesse sentido, aliás, cf. *RSTJ*, 93/195).

Nesse sentido, a jurisprudência pátria (Ap. Cível n. 20000110423585, TJDF, Rel. Silvânio Barbosa dos Santos, julgado em 19-08-2002):

> "Civil e processo civil. Apelação. Dano moral. Preliminares. Rejeição. Mérito. Situação de perigo não atribuível à vítima. Condenação regular. Verba reparatória exacerbada. Diminuição. Honorários advocatícios infimamente arbitrados. Aumento. 1. Infundada a alegação de negativa de jurisdição, haja vista ter a autoridade judiciária de primeiro grau afastado as teses de legítima defesa ou de exercício regular de direito. 2. Para a solução da lide, de nenhuma influência, se o vigilante achou (e aqui a suposição não é causa de forrar-se da responsabilidade civil) ou não que o cliente fosse um assaltante, pois, o que interessa é o resultado lesivo sofrido por este. 3. Mesmo que se aceitasse a tese dos demandados, isto é, de que o vigilante teria atuado em legítima defesa ou no exercício regular de um direito reconhecido, é de se ver que tal circunstância não lhe tiraria a responsabilidade de indenizar inocentes, restando às pessoas jurídicas o direito de ir atrás dos terceiros que provocaram a atuação do vigilante para ressarcimento. 4. Apesar de a vítima ter sido alvejada duas vezes, quando do assalto, não o foi em região que causasse perigo de vida. 5. Conquanto a lide não apresente complexidade fora do comum, a fixação de verba honorária em apenas 5% (cinco por cento), ofende a regra do art. 20, § 3.º, do CPC.
>
> Decisão
>
> Dar parcial provimento ao recurso adesivo para elevar a verba honorária para 10% (dez por cento). Unânime".

Na mesma linha, anote-se que a *legítima defesa putativa* não isenta o seu autor da obrigação de indenizar. Nesse caso, mesmo em face do próprio sujeito que suporta a agressão — não apenas do terceiro inocente — o agente deverá ressarcir o dano, pois essa espécie de legítima defesa não exclui o caráter ilícito da conduta, interferindo apenas na culpabilidade penal.

Explica-se.

Encontra-se em legítima defesa putativa o agente que, em face de uma suposta ou imaginária agressão, repele-a, utilizando moderadamente dos meios necessários para a defesa do seu direito ameaçado. Exemplo clássico: Caio encontra o seu desafeto Tício. Este, então, leva a mão ao bolso para tirar um lenço. Caio, *incontinenti*, imaginando que o seu inimigo vai sacar uma arma, atira primeiro. Poderá, pois, em tese, alegar a legítima defesa putativa.

Nesse caso, a conduta não deixa de ser considerada ilícita, havendo, apenas, o reconhecimento de uma dirimente penal (causa excludente de culpabilidade).

Dessa forma, a despeito de poder esquivar-se da reprimenda penal, o agente (da legítima defesa) deverá ressarcir o sujeito atingido.

2.3. Exercício regular de direito e estrito cumprimento do dever legal

Não poderá haver responsabilidade civil se o agente atuar *no exercício regular de um direito reconhecido* (art. 188, I, *segunda parte*)[5].

Isso é muito claro.

Se alguém atua escudado pelo Direito, não poderá estar atuando contra esse mesmo Direito.

Tal ocorre quando recebemos autorização do Poder Público para o desmatamento controlado de determinada área rural para o plantio de cereais. Atua-se, no caso, no exercício regular de um direito. Da mesma forma, quando empreendemos algumas atividades desportivas, como o futebol e o boxe, podem surgir violações à integridade física de terceiros, que são admitidas, se não houver excesso[6].

Interessante exemplo de exercício regular de direito é referido em acórdão do STJ, Rel. Min. Sálvio de Figueiredo Teixeira, no REsp 304192/MG, julgado em 25-6-2001:

> "Direito comercial. Cheque. Endosso viciado. Banco sacado. Dever de conferência. Devolução de cheque. Exercício regular de direito (art. 160-I, CC). Descabimento de indenização. Art. 462, CPC. Aplicação. Precedentes. Recurso provido.
>
> I — Consoante proclamado em precedentes da Turma, o banco cobrador ou apresentante está desobrigado de verificar a autenticidade da assinatura do endosso. Por outro lado, todavia, tal não significa que a instituição financeira estaria dispensada de conferir a regularidade dos endossos, aí incluída a legitimidade do endossante.
>
> II — Igual responsabilidade incumbe ao banco sacado, nos termos do art. 39 da Lei do Cheque.
>
> *III — Age em exercício regular de direito (art. 160-I do Código Civil) o banco que se recusa a pagar cheque com irregularidade no endosso, não se podendo imputar à instituição financeira, pela devolução de cheque com esse vício, a prática que culmine em indenização.*
>
> IV — No caso, fica ressalvado que a improcedência do pedido de indenização não exime o banco da obrigação de pagar o cheque, uma vez demonstrado no curso da ação (art. 462, CPC) a regularização do endosso" (grifos nossos)[7].

---

[5] Ressalve-se a situação excepcional, já mencionada no Capítulo III, de *responsabilidade civil decorrente de ato lícito.*

[6] O princípio da adequação social também escuda esses comportamentos, não os considerando ilícitos, já que são admitidos pela coletividade.

[7] Confira-se outro interessante exemplo:

Por outro lado, se o sujeito extrapola os limites racionais do lídimo exercício do seu direito, fala-se em *abuso de direito*, situação desautorizada pela ordem jurídica, que poderá repercutir inclusive na seara criminal (excesso punível).

O abuso de direito é o contraponto do seu exercício regular.

Essa teoria desenvolveu-se a partir do célebre caso de Clement Bayard, julgado por um tribunal francês, no início do século passado. O proprietário de um imóvel, sem razão plausível, construiu altas hastes pontiagudas para prejudicar o voo de aeronaves no terreno vizinho. Cuidava-se de nítido *abuso do direito de propriedade*[8].

Durante a vigência do Código anterior não havia norma expressa que consagrasse essa situação de ilicitude, sustendo a doutrina que a admissibilidade da teoria defluiria da própria análise do art. 160, I, *segunda parte*, do Código, que, ao considerar lícito "o exercício *regular* de um direito reconhecido", reputaria ilícito, consequentemente, o seu exercício *irregular ou abusivo.*

É o que ocorre na hipótese constante do REsp 164391/RJ, Rel. Min. Sálvio de Figueiredo, julgado em 28-6-1999):

> "Civil e processo civil. Responsabilidade civil. Empregada doméstica. Suspeita de furto. Trancamento no apartamento. Queda do edifício. Suspeita de suicídio. Irrelevância. Responsabilidade dos patrões. Exercício regular de direito. Inocorrência. Uso imoderado do meio. Doutrina. Recurso especial. Pressupostos. Falsidade de documento. Matéria fática. Súmula/STJ. Enunciado n. 7. Princípio da identidade física do juiz. CPC. Art. 132. Sentença proferida pelo juiz da instrução, removido para outra Vara da mesma Comarca. Inocorrência de nulidade. Impossibilidade de enfrentamento de temas não prequestionados. Recurso desacolhido.
>
> I — A relação de trabalho entre patrão e empregada doméstica confere àquele o poder de exigir tão somente as obrigações decorrentes do contrato de trabalho. Prender o empregado no local de trabalho, sob o argumento de

---

"Ementa: Responsabilidade civil. Solicitação para deixar sacola no guarda-volumes, dentro do estabelecimento do hipermercado. Praxe adotada no comércio. Dano moral. Inexistência. Cliente que se sente incomodado, ao ser solicitado pelo funcionário da loja, para que deixasse a sacola, no guarda-volumes. Inocorrência de dano moral. Procedimento de rotina, adotado para com todos os clientes. Ausência de discriminação racial, pelo fato de o autor ser negro. Os funcionários agiram no estrito cumprimento do dever legal. Não se pode considerar qualquer dissabor enfrentado pelas pessoas em seu cotidiano, como fato passível de indenização por dano moral. Apelação Desprovida" (Ap. Cível n. 70002638112, Décima Câmara Cível, Tribunal de Justiça do Rio Grande do Sul, Rel. Des. Luiz Ary Vessini De Lima, j. 25-10-2001).

[8] Sobre o tema, confira-se o tópico 4 ("O Abuso de Direito") do Capítulo XVII ("Ato Ilícito") do volume 1 ("Parte Geral") desta obra.

averiguações quanto a eventual ilícito praticado, constitui uso imoderado do meio, nos termos da melhor doutrina.

II — O exercício regular de um direito não pode agredir o direito alheio, sob pena de tornar-se abusivo e desconforme aos seus fins.

III — O cerceamento ao direito fundamental de ir e vir encontra no ordenamento constitucional hipóteses restritas, não se podendo atribuir ao empregador o poder de tolher a liberdade do empregado, ainda que por suspeita de crime contra o patrimônio.

IV — Matéria concernente a falsidade documental, decidida pelas instâncias ordinárias com base nos fatos da causa, não pode ser revista em sede de recurso especial, nos termos do veto contido no verbete n. 7 da súmula desta Corte.

V — Encontrando-se já encerrada a instrução do feito, a simples remoção do juiz que a tenha conduzido e concluído, máxime se efetivada para outra vara da mesma comarca, não o impede de proferir a sentença.

VI — A técnica do recurso especial exige que os temas concernentes aos dispositivos legais apontados como violados pelo recorrente tenham sido debatidos no acórdão impugnado" (grifos nossos).

O Código Civil atual, por sua vez, é expresso a respeito do tema, disciplinando, em seu art. 187, o abuso de direito.

Analisando esse dispositivo, conclui-se não ser imprescindível, pois, para o reconhecimento da *teoria do abuso de direito, que o agente tenha a intenção de prejudicar terceiro,* bastando, segundo a dicção legal, *que exceda manifestamente os limites impostos pela finalidade econômica ou social, pela boa-fé ou pelos bons costumes.*

Pronunciando-se a respeito do tema, pondera SILVIO RODRIGUES:

"acredito que a teoria atingiu seu pleno desenvolvimento com a concepção de Josserand, segundo a qual há abuso de direito quando ele não é exercido de acordo com a finalidade social para a qual foi conferido, pois, como diz este jurista, os direitos são conferidos ao homem para serem usados de uma forma que se acomode ao interesse coletivo, obedecendo à sua finalidade, segundo o espírito da instituição"[9].

Adotou-se, portanto, o critério finalístico para a identificação do *abuso de direito.*

Consoante registramos em nosso primeiro volume, a título de exemplificação, podemos apontar algumas hipóteses de abuso de direito: "no Direito Contratual, a negativa injustificada, causadora de prejuízo, de contratar, após

[9] Silvio Rodrigues, *Direito Civil — Parte Geral,* 28. ed., São Paulo: Saraiva, 1998, v. 1, p. 314.

o proponente nutrir a legítima expectativa da outra parte; no Direito das Coisas, o uso abusivo do direito da propriedade, desrespeitando a política de defesa do meio ambiente; no Direito de Família, a exacerbação do poder correcional dos pais em relação aos filhos; no Direito do Trabalho, o exercício abusivo do direito de greve; no Direito Processual do Trabalho, a sanção cominada nos arts. 731 e 732 da CLT, aplicável especialmente ao reclamante, que não comparece por duas vezes à audiência designada, deixando arquivar (extinguir o processo sem julgamento do mérito) a reclamação, sempre que percebe a presença do reclamado, para tentar forçar uma revelia deste, no dia em que o mesmo esteja impedido de comparecer"[10].

Em conclusão, transcrevemos a precisa observação feita por SÍLVIO VENOSA, de referência à expressa consagração da teoria do abuso de direito no Novo Código Civil brasileiro: "O Projeto, de forma elegante e concisa, prescinde da noção de culpa, no art. 187, para adotar o critério objetivo-finalístico. É válida, portanto, a afirmação apresentada de que o critério de culpa é acidental e não essencial para a configuração do abuso. Adota ainda o Projeto, ao assim estabelecer, a corrente majoritária em nosso meio"[11].

Nesse diapasão, foi editado o Enunciado n. 37 sobre o art. 187 do CC/2002, na I Jornada de Direito Civil da Justiça Federal, consolidando a ideia de que "a responsabilidade civil decorrente do abuso do direito independe de culpa e fundamenta-se somente no critério objetivo-finalístico".

Umbilicalmente ligado a essa excludente é o *estrito cumprimento do dever legal*.

Não o colocamos em tópico autônomo, independentemente do exercício regular do direito, pois concordamos com a advertência de FREDERICO MARQUES no sentido de que "o próprio 'cumprimento do dever legal', não explícito no artigo 160[12], nele está contido, porquanto atua no exercício regular de um direito reconhecido àquele que pratica um ato 'no estrito cumprimento do dever legal'"[13].

Assim, não há falar-se em responsabilidade civil no caso do agente de polícia que arromba uma residência para o cumprimento de uma ordem judicial, por exemplo.

Veja-se, na jurisprudência, a aplicação dessa excludente (Ap. Cível n. 2425490, TJDF, Rel. Deocleciano Queiroga, julgado em 6-5-1993):

---

[10] Pablo Stolze Gagliano e Rodolfo Pamplona Filho, *Novo Curso de Direito Civil*, 2. ed., São Paulo: Saraiva, 2002, v. 1, p. 468.

[11] Sílvio de Salvo Venosa, *Direito Civil — Parte Geral*, São Paulo: Atlas, 2001, p. 499.

[12] Art. 188 do CC/2002.

[13] Citado por Carlos R. Gonçalves, *Responsabilidade Civil*, 7. ed., São Paulo: Saraiva, 2002, p. 712.

"Reparação de danos — Procedimento sumaríssimo — Acidente de trânsito causado por policial militar em serviço — Inexistência de conduta culposa 'stricto sensu' — *Policial que sem condições de descanso ou revesamento cumpria ordem de patrulhamento determinada por superior hierárquico — Excludente de responsabilidade reconhecida pela decisão monocrática* — Improvimento do recurso. Correta é a decisão de primeiro grau que julga improcedente ação de reparação de danos proposta contra policial militar que, em respeito à ordem de superior hierárquico e, sem descanso ou revesamento, causa acidente de trânsito, apesar de estar obedecendo a velocidade determinada para o local onde ocorreu o sinistro" (grifos nossos).

2.4. Caso fortuito e força maior

Dentre as causas excludentes de responsabilidade civil, poucas podem ser elencadas como tão polêmicas quanto a alegação de caso fortuito ou força maior.

Tal afirmação se respalda até mesmo na profunda cizânia doutrinária para tentar definir a diferença entre os dois institutos, havendo quem veja nessa diferença questão "meramente acadêmica", uma vez que se trataria de "sinônimos perfeitos"[14].

Respaldando, de certa forma, a inexistência pragmática de diferença, tanto o Código de 1916 como o de 2002, em regras específicas, condensaram o significado das expressões em conceito único, consoante se pode depreender da análise do seguinte texto do Novo Código:

> "Art. 393. O devedor não responde pelos prejuízos resultantes de caso fortuito ou de força maior, se expressamente não se houver por eles responsabilizado.
>
> Parágrafo único. *O caso fortuito ou de força maior verifica-se no fato necessário, cujos efeitos não era possível evitar ou impedir*" (destaque nosso)[15].

No rigor científico que aqui se propugna, parece-nos desafiante, porém, tentar distinguir as duas figuras.

Segundo MARIA HELENA DINIZ, "na força maior conhece-se o motivo ou a causa que dá origem ao acontecimento, pois se trata de um fato da natureza, como, p. ex., um raio que provoca um incêndio, inundação que danifica produtos ou intercepta as vias de comunicação, impedindo a entrega da mercadoria prometida, ou um terremoto que ocasiona grandes prejuízos etc.". Já "no caso fortuito, o acidente que acarreta o dano advém de causa desconhe-

---

[14] Arnoldo Wald, *Curso de Direito Civil Brasileiro — Obrigações e Contratos*, 9. ed., São Paulo: Revista dos Tribunais, 1990, v. 2, p. 111.

[15] No Código Civil brasileiro de 1916, art. 1.058.

cida, como o cabo elétrico aéreo que se rompe e cai sobre fios telefônicos, causando incêndio, explosão de caldeira de usina, e provocando morte"[16].

SILVIO RODRIGUES lembra que

> "a sinonímia entre as expressões caso fortuito e força maior, por muitos sustentada, tem sido por outros repelida, estabelecendo, os vários escritores que participam desta última posição, critério variado para distinguir uma da outra. Dentre as distinções conhecidas, AGOSTINHO ALVIM dá notícia de uma que a doutrina moderna vem estabelecendo e que apresenta, efetivamente, real interesse teórico. Segundo a referida concepção, o caso fortuito constitui um impedimento relacionado com a pessoa do devedor ou com a sua empresa, enquanto a força maior advém de um acontecimento externo"[17].

Para demonstrar que os doutrinadores, de fato, não adotam critério único para a definição dos termos "caso fortuito" e "força maior", vale conferir o pensamento do ilustrado ÁLVARO VILLAÇA AZEVEDO: "Pelo que acabamos de perceber, caso fortuito é o acontecimento provindo da natureza, sem qualquer intervenção da vontade humana...". A força maior, por sua vez, "é o fato do terceiro, ou do credor; é a atuação humana, não do devedor, que impossibilita o cumprimento obrigacional"[18].

Sem pretender pôr fim à controvérsia, pois seria inadmissível a pretensão, entendemos, como já dissemos alhures, que "a característica básica da força maior é a sua *inevitabilidade, mesmo sendo a sua causa conhecida (um terremoto, por exemplo, que pode ser previsto pelos cientistas)*; ao passo que o caso fortuito, por sua vez, tem a sua nota distintiva na *sua imprevisibilidade,* segundo os parâmetros do homem médio. Nessa última hipótese, portanto, a ocorrência repentina e até então desconhecida do evento atinge a parte incauta, impossibilitando o cumprimento de uma obrigação (um atropelamento, um roubo)"[19].

Não concordamos, ainda, com aqueles que, seguindo o pensamento do culto ARNOLDO MEDEIROS DA FONSECA[20], visualizam diferença entre "ausência de culpa" e "caso fortuito", por entender que a primeira é gênero, no qual estaria compreendido o segundo. Melhor é a conclusão de SÍLVIO VENOSA, no

---

[16] Maria Helena Diniz, *Curso de Direito Civil Brasileiro — Teoria Geral das Obrigações,* 16. ed., São Paulo: Saraiva, 2002, v. 2, p. 346-7.

[17] Silvio Rodrigues, *Direito Civil — Parte Geral das Obrigações,* 30. ed., São Paulo: Saraiva, 2002, v. 2, p. 239.

[18] Azevedo Villaça, *Teoria Geral das Obrigações,* 9. ed., São Paulo: Revista dos Tribunais, 2001, p. 270.

[19] Pablo Stolze Gagliano e Rodolfo Pamplona Filho, *Novo Curso de Direito Civil — Obrigações,* São Paulo: Saraiva, 2002, v. 2, p. 291.

[20] Cf. *Caso Fortuito e Teoria da Imprevisão,* 3. ed., Rio de Janeiro: Forense, 1958.

sentido de não existir *interesse prático na distinção dos conceitos, inclusive pelo fato de o Código Civil não tê-lo feito (art. 393 do CC/2002)*[21].

Um dado a se registrar, porém, até para marcar a nossa discordância sobre o pensamento mencionado, é o fato de que o caso fortuito e a força maior, como excludentes de responsabilidade, atacam justamente o nexo causal do dano perpetrado e não necessariamente o elemento acidental culpa, embora o elemento anímico também seja alvejado com a sua ocorrência.

E o que dizer sobre a incidência de tal excludente nas hipóteses de responsabilidade civil objetiva?

A questão é complexa[22], pois o desprezo pelo elemento culpa é irrelevante quando o que se ataca é justamente o imprescindível nexo causal.

---

[21] Sílvio Venosa, *Direito Civil — Teoria Geral das Obrigações e Teoria Geral dos Contratos*, 2. ed., São Paulo: Atlas, 2002, p. 254. No mesmo sentido, reconhecendo que o caso fortuito/força maior e a ausência de culpa são definições que se identificam, Orlando Gomes, citando Barassi, pontifica: "o conceito de caso fortuito resulta, assim, de determinação negativa. Caso, segundo BARASSI, é conceito antitético de culpa" (Orlando Gomes, 8. ed., Rio de Janeiro: Forense, 1992, p. 179).

[22] Sobre o tema, veja-se a seguinte notícia do site do STJ:

"STJ analisa caso a caso o que é fortuito ou força maior

Qual é a ligação entre um buraco no meio da via pública, um assalto à mão armada dentro de um banco e um urubu sugado pela turbina do avião que atrasou o voo de centenas de pessoas? Todas essas situações geraram pedidos de indenização e foram julgados no Superior Tribunal de Justiça (STJ) com base num tema muito comum no Direito: o caso fortuito ou de força maior.

O Código Civil diz que o caso fortuito ou de força maior existe quando uma determinada ação gera consequências, efeitos imprevisíveis, impossíveis de evitar ou impedir:

Caso fortuito + Força maior = Fato/Ocorrência imprevisível ou difícil de prever que gera um ou mais efeitos/consequências inevitáveis.

Portanto pedidos de indenização devido a acidentes ou fatalidades causadas por fenômenos da natureza podem ser enquadrados na tese de caso fortuito ou de força maior.

Exemplo: um motorista está dirigindo em condições normais de segurança. De repente, um raio atinge o automóvel no meio da rodovia e ele bate em outro carro. O raio é um fato natural. Se provar que a batida aconteceu devido ao raio, que é um acontecimento imprevisível e inevitável, o condutor não pode ser punido judicialmente, ou seja: não vai ser obrigado a pagar indenização ao outro envolvido no acidente.

Ao demonstrar que a causa da batida não está relacionada com o veículo, como problemas de manutenção, por exemplo, fica caracterizada a existência de caso fortuito ou força maior.

Nem todas as ações julgadas no STJ são simples de analisar assim. Ao contrário, a maior parte das disputas judiciais sobre indenização envolve situações bem mais complicadas. Como o processo de uma menina do Rio de Janeiro. A garota se acidentou com um bambolê no pátio da escola e perdeu a visão do olho direito.

Em primeiro lugar, é importante registrar que, até mesmo pela análise da parte final do *caput* do art. 393 do CC/2002, o devedor, à luz do princípio da autonomia da vontade, pode expressamente se responsabilizar pelo cumprimento da obrigação, mesmo em se configurando o evento fortuito.

Em exemplo já por nós ventilado, "se uma determinada empresa celebra um contrato de locação de gerador com um dono de boate, nada impede que se responsabilize pela entrega da máquina, no dia convencionado, mesmo na hipótese de suceder um fato imprevisto ou inevitável que, naturalmente, a eximiria da obrigação (um incêndio que consumiu todos os seus equipamentos). Nesse caso, assumirá o dever de indenizar o contratante, se o gerador que seria locado houver sido destruído pelo fogo, antes da efetiva entrega. Esta assunção

---

A instituição de ensino deveria ser responsabilizada pelo acidente? Os pais da menina diziam que sim e exigiram indenização por danos morais e materiais. Por sua vez, o colégio afirmava que não podia ser responsabilizado porque tudo não passou de uma fatalidade. O fato de o bambolê se partir e atingir o olho da menina não podia ser previsto: a chamada tese do caso fortuito. Com essa alegação, a escola esperava ficar livre da obrigação de indenizar a aluna.

Ao analisar o pedido, o STJ entendeu que a escola devia indenizar a família. Afinal, o acidente aconteceu por causa de uma falha na prestação dos serviços prestados pela própria instituição de ensino. Assim como esse, outras centenas de processos envolvendo caso fortuito e indenizações chegam ao STJ todos os dias.

Assalto à mão armada no interior de ônibus, trens, metrôs? Para o STJ é caso fortuito. A jurisprudência do Tribunal afirma que a empresa de transporte não deve ser punida por um fato inesperado e inevitável que não faz parte da atividade fim do serviço de condução de passageiros.

Entretanto em situações de assalto à mão armada dentro de agências bancárias, o STJ entende que o banco deve ser responsabilizado, já que zelar pela segurança dos clientes é inerente à atividade fim de uma instituição financeira.

E o buraco causado pela chuva numa via pública que acabou matando uma criança? Caso fortuito? Não. O STJ decidiu que houve omissão do Poder Público, uma vez que o município não teria tomado as medidas de segurança necessárias para isolar a área afetada ou mesmo para consertar a erosão fluvial a tempo de evitar uma tragédia.

E onde entra o urubu? Numa ação de indenização por atraso de voo contra uma companhia aérea. A empresa alegou caso fortuito porque um urubu foi tragado pela turbina do avião durante o voo. Mas o STJ considerou que acidentes entre aeronaves e urubus já se tornaram fatos corriqueiros no Brasil, derrubando a tese do fato imprevisível. Resultado: a companhia aérea foi obrigada a indenizar o passageiro.

Moral da história: Imprevistos acontecem, mas saber se o caso fortuito ou de força maior está na raiz de um acidente é uma questão para ser analisada processo a processo, através das circunstâncias em que o incidente ocorreu".

do risco, no entanto, para ser reputada eficaz, deverá constar de cláusula expressa do contrato"[23].

Enfrentando, porém, a questão da responsabilidade civil objetiva, a assunção de riscos somente poderia afastar a responsabilização no caso de comprovação efetiva, pelo sujeito responsabilizado, de absoluta ausência dos elementos essenciais da responsabilidade civil (conduta humana, nexo causal e dano)[24].

Tratando da responsabilidade civil do Estado, por exemplo, que analisaremos mais detidamente em capítulo próprio[25], SAULO JOSÉ CASALI BAHIA lembra a distinção entre o caso fortuito interno e o caso fortuito externo:

> "O caso fortuito interno ocorreria a partir da atividade da própria administração. Seria um fato imprevisível, mas atrairia responsabilidade civil ao Estado. Isto porque deve-se entender que a atividade estatal criou um risco. Se a administração se coloca no mundo físico, guiando um carro, construindo um edifício, fez surgir, pelo só fato da sua atividade, um risco para os demais. Reparará, portanto, por este risco que criou. Pouco importa que a barra de direção do veículo oficial houvesse partido pelo acaso ou o edifício público desabado pela ação das chuvas. Como se vê, não se exige a presença de culpa. A teoria é objetiva (risco administrativo).
>
> Por outro lado, haveria casos fortuitos (denominados casos fortuitos externos) que não adviriam da atividade da administração, mas de terceiros ou da natureza. Neste caso, a administração não deveria reparar ao lesado (só a teoria do risco social fará com que o caso fortuito externo não sirva como

---

[23] Pablo Stolze Gagliano e Rodolfo Pamplona Filho, *Novo Curso de Direito Civil — Obrigações*, São Paulo, 2002, v. 2, p. 292-3.

[24] "Ementa: Responsabilidade *civil*. Município. Desabamento de pavilhão em ventania. Defeito de construção. Paraplegia. Pensionamento. Dano Moral. 1) Ato Ilícito: Operário atingido pelos escombros de pavilhão construído pelo Município para o funcionamento de estabelecimento industrial durante ventania. Defeito de construção comprovado pela perícia técnica e pela prova testemunhal. Responsabilidade do Município, que elaborou o projeto e construiu o pavilhão. 2) *Caso fortuito*. Não caracterização da excludente do *nexo* causal do *caso fortuito* (vento), que não foi a causa exclusiva do evento. 3) Dano moral: Caracterização do dano moral pela grave ofensa à integridade física da vitima. Manutenção do valor da indenização arbitrado na sentença, que abrangeu os danos morais. Vinculação apenas ao salário mínimo vigente na data da sentença. 4) Custas processuais: O Município é beneficiário da isenção de metade das custas processuais. Apelação do Município desprovida. Sentença de procedência modificada parcialmente em reexame necessário (21 fls.)" (Apelação e reexame necessário n. 70003109642, Nona Câmara Cível, Tribunal de Justiça do Rio Grande do Sul, Rel. Des. Paulo De Tarso Vieira Sanseverino, j. 28-12-2001).

[25] Cf. Capítulo XIII ("Responsabilidade Civil do Estado").

excludente). Num exemplo: ninguém poderá reclamar responsabilidade civil do Estado se um raio caiu sobre sua residência e danificou o telhado"[26].

A tese é, sem dúvida, atrativa.

Todavia, parece-nos que, no rigor metodológico, muito do que se chama de "caso fortuito externo" seria, simplesmente, a ausência de conduta humana (comissiva — a prática de ato danoso, ou omissiva — a não observância de deveres legais de conduta) imputável ao sujeito responsabilizado (no caso, à Administração).

Havendo como identificar a conduta do responsabilizado, que assumiu os riscos de sua atividade[27], somente a efetiva quebra do nexo causal poderá ensejar o reconhecimento da excludente mencionada de responsabilidade civil[28].

2.5. Culpa exclusiva da vítima

A exclusiva atuação culposa da vítima tem também o condão de quebrar o nexo de causalidade, eximindo o agente da responsabilidade civil.

Imagine a hipótese do sujeito que, guiando o seu veículo segundo as regras de trânsito, depara-se com alguém que, visando suicidar-se, arremessa-se sob as suas rodas. Nesse caso, o evento fatídico, obviamente, não poderá ser atribuído ao motorista (agente), mas sim, e tão somente, ao suicida (vítima).

Outro exemplo, já no campo da responsabilidade do Estado, citado por BANDEIRA DE MELLO, merece referência:

> "figure-se que um veículo militar esteja estacionado e sobre ele precipite um automóvel particular, sofrendo avarias unicamente neste último. Sem os dois veículos não haveria a colisão e os danos não se teriam produzido. Contudo, é de evidência solar que o veículo do Estado não causou o dano. Não se deveu a ele a produção do evento lesivo. Ou seja: inexistiu relação causal que ensejaria a responsabilidade do Estado"[29].

---

[26] Saulo José Casali Bahia, *Responsabilidade Civil do Estado*, Rio de Janeiro: Forense, 1995, p. 71.

[27] Sobre o tema da Atividade de Risco, confira-se o Capítulo X ("Responsabilidade Civil Objetiva e a Atividade de Risco").

[28] "Administrativo. Responsabilidade *civil* do Estado. *Força maior.* A *Força Maior* exclui a Responsabilidade Civil do Estado, quando descaracteriza o nexo de causalidade entre o evento danoso e o serviço público; não se qualifica como tal a tentativa de roubo de veículo apreendido por trafegar sem licença, que se encontrava sob a guarda de repartição pública, porque nesse caso o Estado deve estar preparado para enfrentar a pequena criminalidade. Responsabilidade pelos danos causados no veículo. Recurso Especial não conhecido" (STJ, REsp 135259/SP; REsp 1997/0039492-1, *DJ*, 2-3-1998, p. 62, *RSTJ*, 105/190, Min. Ari Pargendler, T2 — 2.ª Turma, j. 5-2-1998).

[29] Celso Antônio Bandeira de Mello, 10. ed., *Curso de Direito Administrativo*, São Paulo: Malheiros, 1998, p. 634.

Não há falar-se, pois, nesse caso, em responsabilidade civil.

Discorrendo sobre o tema, AGUIAR DIAS, com habitual precisão, observa que: "Admite-se como causa de isenção de responsabilidade o que se chama de culpa exclusiva da vítima. Com isso, na realidade, se alude a ato ou fato exclusivo da vítima, pelo qual fica eliminada a causalidade em relação ao terceiro interveniente no ato danoso"[30].

Mas note-se que somente se houver atuação **exclusiva** da vítima haverá quebra do nexo causal. Como vimos linhas acima, havendo concorrência de culpas (ou causas) a indenização deverá, como regra geral, ser mitigada, na proporção da atuação de cada sujeito.

Na jurisprudência do STJ, tem-se exigido que o réu demonstre suficientemente essa causa, para efeito de se eximir da obrigação de indenizar, consoante se lê no acórdão da lavra do Min. José Delgado, a seguir transcrito (REsp 439408/SP, *DJ*, 21-10-2002):

> "Direito civil. Ação de reparação de danos. Responsabilidade civil. Indenização. Acidente automobilístico. Ausência de grades de proteção no local. Demonstração de relação de causa e efeito entre a omissão e as mortes.
>
> 1. Recurso especial interposto contra v. Acórdão que julgou improcedente ação ordinária de reparação de danos em face da Prefeitura Municipal de São Paulo, objetivando a indenização pelo falecimento dos pais dos recorrentes, ao argumento de que os mesmos vieram a falecer em razão de acidente automobilístico ocorrido na Marginal do Tietê, pois no local do acidente não existiam grades de proteção, o que impediria a queda do veículo.
>
> 2. Para que se configure a responsabilidade objetiva do ente público, basta a prova da omissão e do fato danoso e que deste resulte o dano material ou moral.
>
> 3. O exame dos autos revela que está amplamente demonstrado que o acidente ocorreu e que o evento morte dele decorreu e que a estrada não tinha grade de proteção.
>
> *4. A ré só ficaria isenta da responsabilidade civil se demonstrasse — o que não foi feito — que o fato danoso aconteceu por culpa exclusiva da vítima.*
>
> 5. A imputação de culpa está lastreada na omissão da ré no seu dever de, em se tratando de via pública, zelar pela segurança do trânsito e pela prevenção de acidentes (arts. 34, parágrafo 2.º, do Código Nacional de Trânsito, e 66, parágrafo único, do Decreto n. 62.127/68).
>
> 6. Jurisdição sobre a referida marginal de competência da ré, incumbindo a ela a sua manutenção e sinalização, advertindo os motoristas dos perigos e

---

[30] José de Aguiar Dias, *Da Responsabilidade Civil*, 9. ed., Rio de Janeiro: Forense, 1994, v. 2, p. 693.

dos obstáculos que se apresentam. A falta no cumprimento desse dever caracteriza a conduta negligente da Administração Pública e a torna responsável (art. 66, parágrafo único, do Decreto n. 62.127/68) pelos danos que dessa omissão decorrerem.

7. Estabelecido assim o nexo causal entre a conduta omissiva e o falecimento dos pais do recorrente, responde a ré pela reparação dos prejuízos daí decorrentes, no caso, os danos patrimoniais pela cessação da fonte de sustento dos menores.

8. Recurso provido" (grifos nossos).

2.6. Fato de terceiro

Nessa mesma linha de raciocínio, interessa saber se o comportamento de um terceiro — que não seja o agente do dano e a vítima — rompe o nexo causal, excluindo a responsabilidade civil[31].

Segundo SÍLVIO VENOSA, "A questão é tormentosa na jurisprudência, e o juiz, por vezes, vê-se perante uma situação de difícil solução. Não temos um texto expresso de lei que nos conduza a um entendimento pacífico. Na maioria das vezes, os magistrados decidem por equidade, embora não o digam"[32].

Note-se que, a princípio, desde que haja a atuação causal de um terceiro, sem que se possa imputar participação do autor do dano, o elo de causalidade restaria rompido[33].

Todavia, a matéria não é pacífica e, de todas as excludentes, esta é que maior resistência encontra na jurisprudência pátria.

---

[31] Ainda que de forma indireta, o Código Civil reconhece essa causa excludente nos arts. 929 e 930.

[32] Sílvio de Salvo Venosa, *Responsabilidade Civil*, 3. ed., São Paulo: Atlas, 2003, p. 48.

[33] "Ementa: Responsabilidade civil. Furto de malote. Ato ilícito praticado por terceiro. Agência bancária. Estacionamento público. Caso fortuito e força maior. Causas de exclusão. Contrato de depósito. Inexistência. 1 — Ação que visa o ressarcimento de danos patrimoniais e morais decorrentes do furto de malote de empresa ocorrido no estacionamento de agência bancária. Hipótese em que se faz presente a figura relativa a exoneração de responsabilidade pelo fato provocado por terceiro. *Caso fortuito* e força maior. Inevitabilidade. Riscos inerentes. Ausência de *nexo* causal a ensejar a obrigação do banco em reparar os danos. Precedentes jurisprudenciais e doutrinários. 2 — Ausência de contrato de depósito a ensejar a responsabilidade da instituição financeira. Provas que atestam que o local onde fora estacionado o veículo é de acesso gratuito ao público, sem qualquer fiscalização por parte do banco. *Nexo* causal não configurado. Apelo do réu provido, para julgar improcedente a ação, restando prejudicado o recurso da autora" (Ap. Cível n. 70002278869, 10.ª Câmara Cível, Tribunal de Justiça do Rio Grande do Sul, Rel. Des. Paulo Antônio Kretzmann, j. 8-11-2001).

Cite-se, por exemplo, a Súmula 187 do Supremo Tribunal Federal no sentido de que: "A responsabilidade contratual do transportador, pelo acidente com o passageiro, não é ilidida por culpa de terceiro, contra o qual tem ação regressiva".

O fundamento desse entendimento sumulado é claro na medida em que a obrigação do transportador é de resultado, compreensiva de inafastável cláusula de segurança, mesmo que esta não esteja expressamente prevista no contrato. Por isso, deverá indenizar a vítima, sem prejuízo de eventual direito de regresso[34].

Em algumas hipóteses, entretanto, o fato de terceiro que haja rompido o nexo causal, sem que se possa imputar participação ao agente, exonera, em nosso entendimento, completamente a sua responsabilidade, devendo a vítima voltar-se diretamente contra o terceiro.

Se, por exemplo, o sujeito estiver ultrapassando, com o seu fusca, pelo lado esquerdo da pista, um caminhão, e o motorista deste, imprudentemente, arremessá-lo para fora da estrada, será obrigado (o agente que guiava o carro) a indenizar o pedestre que atropelou? Ou poderia alegar o fortuito, para o efeito de se eximir da obrigação de ressarcir?

Em muitos julgados, tende-se a reconhecer a responsabilidade do causador do dano, a quem caberia ação regressiva contra o terceiro, mesmo em caso de abalroamento (*JTACSP*, 109/226, *RT*, 646/89, *RT*, 437/127).

---

[34] Atenuando o rigor de tal afirmação, confiram-se os seguintes acórdãos:

"Responsabilidade civil. Acidente. Via pública. Ato de terceiro.

Prosseguindo o julgamento, a Turma entendeu que se exclui a responsabilidade civil de empresa ferroviária por acidente e graves danos provocados pelo arremesso, por terceiro, de pedra contra veículo, em via contígua à ferrovia, vez que tal ato de vandalismo não se equipara aos riscos e deveres inerentes aos serviços do transporte ferroviário. REsp 204.826-RJ, Rel. Min. Cesar Asfor Rocha, j. 3-12-2002".

"Responsabilidade civil. Exclusão. Transporte rodoviário. Força maior.

A Seção, por maioria, entendeu que, não obstante a habitualidade da ocorrência de assaltos à mão armada em transportes coletivos, que colocam em risco a incolumidade dos seus usuários, no caso incide a excludente de responsabilidade por força maior (art. 17, segunda alínea, I, do Dec. n. 2.681/1912 e art. 1.058 do CC). Precedentes citados do STF: RE 88.408-RJ, *DJ*, 12-7-1980; RE 113.194-RJ, *DJ*, 7-8-1987; do STJ: REsp 74.534-RJ, *DJ*, 14-4-1997; REsp 200.110-RJ, *DJ*, 10-4-2000; REsp 30.992-RJ, *DJ*, 21-3-1994, e REsp 118.123-SP, *DJ*, 21-9-1998. REsp 435.865-RJ, Rel. Min. Barros Monteiro, julgado em 9-10-2002."

"Responsabilidade civil. Transporte intermunicipal. Assalto praticado dentro do ônibus. Caso em que o fato de terceiro não guarda conexidade com o transporte. Exoneração da responsabilidade do transportador, de acordo com precedentes do STJ: REsp's 13.351, 30.992 e 35.436. Recurso Especial conhecido e provido" (STJ, REsp 74.534/RJ; REsp 1995/0046994-4, *DJ*, 14-4-1997, p. 12738, *REVJUR*, v. 238, p. 51, Min. Nilson Naves, T3 — 3.ª Turma, j. 4-3-1997).

Não entendemos assim, pois, em tal situação, diferentemente do que ocorre no estado de necessidade, em que o sujeito causador do dano *atua para livrar-se do perigo*, no abalroamento do fusca, *este veículo fora apenas um mero instrumento na cadeia causal dos acontecimentos.*

Daí por que, no caso, só restaria à vítima acionar o motorista do caminhão.

Nesse sentido, WILSON MELO DA SILVA pondera:

> "Se o fato de terceiro, referentemente ao que ocasiona um dano, envolve uma clara imprevisibilidade, necessidade e, sobretudo, marcada inevitabilidade sem que, para tanto, intervenha a menor parcela de culpa por parte de quem sofre o impacto substanciado pelo fato de terceiro, óbvio é que nenhum motivo haveria para que não se equiparasse ele ao caso fortuito. Fora daí, não. Só pela circunstância de se tratar de um fato de terceiro, não se tornaria ele equipolente ao *casus* ou à *vis major*"[35].

Nesse sentido, a jurisprudência pátria:

> "Condutor do veículo abalroador. Inaplicabilidade dos arts. 160, II, e 1.520, CC. Hipótese diversa da apreciada no REsp 18.840-RJ (*DJU* de 28.03.94). Denunciação da lide. Improcedência do pedido deduzido na ação principal. Ônus da sucumbência. Preclusão. Recurso desacolhido.
>
> *I — Não há de atribuir-se responsabilidade civil ao condutor de veículo que, atingido por outro, desgovernado, vem a colidir com coisa alheia, provocando-lhe dano, sendo tal situação diversa daquela em que o condutor do veículo, ao tentar desviar-se de abalroamento, acaba por causar prejuízo a outrem.*
>
> *II — No caso em tela, o prejuízo experimentado pelo dono da coisa danificada não guarda relação de causalidade com qualquer atitude volitiva do referido condutor, cujo veículo restou envolvido no acidente como mero instrumento da ação culposa de terceiro*" (grifos nossos)[36].

Parece-nos lógico, porém, que, em situações como essa, o ônus da prova é do causador material do dano, que deve demonstrar que sua participação no evento danoso foi como mero instrumento da atuação do efetivo responsável.

A matéria, entretanto, não é pacífica, havendo julgados, como vimos, no sentido de autorizar que a vítima demande diretamente o causador do dano, ressalvado a este o direito de agir regressivamente contra o terceiro, por meio da denunciação da lide (art. 125, III, CPC/2015; art. 70, III, CPC/1973).

---

[35] Wilson Melo da Silva, *Da Responsabilidade Civil Automobilística*, São Paulo: Saraiva, 1974, p. 70.

[36] STJ, REsp 54444/SP, j. 21-11-94.

3. CLÁUSULA DE NÃO INDENIZAR

Obviamente, pela natureza mesma do referido pacto, essa cláusula somente tem cabida na responsabilidade civil contratual.

Trata-se, pois, de convenção por meio da qual as partes excluem o dever de indenizar, em caso de inadimplemento da obrigação.

Após advertir que essa cláusula não poderá violar princípios superiores de ordem pública, o mestre CAIO MÁRIO DA SILVA PEREIRA, lembrando que a sua admissibilidade em nosso direito é menos ampla do que no sistema francês[37], observa: "Os seus efeitos consistem no afastamento da obrigação consequente ao ato danoso. Não contém apenas uma inversão do ônus *probandi*. Dentro do campo de sua aplicação e nos limites de sua eficácia é uma excludente de responsabilidade"[38]. Daí por que também é conhecida como "cláusula de irresponsabilidade".

Em verdade, essa cláusula não nos agrada muito.

No Direito Civil ensinado e difundido na primeira metade do século XX, imbuído de ideais individualistas e egoísticos, essa convenção teria lugar mais apropriado.

Não nos dias de hoje, em que vivemos um repensar do Direito Privado, mais vocacionado aos superiores princípios constitucionais, e influenciado por valores de solidarismo social.

Oportunas, pois, nesse ponto, as poéticas e verdadeiras palavras de LUIZ EDSON FACHIN:

> "Passando por sobre o sistema tradicional do individualismo, cuja força ainda gera uma ação de retaguarda para mantê-lo incólume, os princípios de justiça distributiva tornaram-se dominantes, a ponto de serem considerados tendências mundiais da 'percepção bem concreta dessa coisa que se chama solidariedade social que, nas modernas sociedades, já penetrou profundamente na área do direito privado'"[39].

Para esse novo Direito Civil, mais socializado, subversivo dos antigos paradigmas, a cláusula de não indenizar, posto que não seja vedada pelo Código Civil, é condicionada a alguns parâmetros como a *igualdade dos estipulantes* e a *não infringência de superiores preceitos de ordem pública*.

---

[37] A Súmula 161 do STF veda *expressamente* essa cláusula nos contratos de transporte: "Em contrato de transporte é inoperante a cláusula de não indenizar".

[38] Caio Mário Pereira, *Responsabilidade Civil*, 9. ed., Rio de Janeiro: Forense, 2000, p. 305.

[39] Luiz Edson Fachin, *Teoria Crítica do Direito Civil*, Rio de Janeiro: Renovar, 2000, p. 217.

Não é por outro motivo que o Código de Defesa do Consumidor, a mais bela e revolucionária lei do País, em seu art. 25, veda *cláusula que impossibilite, exonere ou atenue a responsabilidade civil do fornecedor.*

E o motivo é simples: a vulnerabilidade do consumidor aconselha a intervenção estatal no domínio da autonomia privada, para considerar abusiva a cláusula que beneficie a parte economicamente mais forte. Principalmente em se tratando de contratos de adesão, em que a manifestação livre de vontade do aderente é mais reprimida.

Daí por que não consideramos válida a estipulação contratual costumeiramente imposta por empresas de guarda de veículos (estacionamentos pagos) no sentido de não se responsabilizarem por furtos de objetos ocorridos no interior dos automóveis.

Desde que não tenha a vítima concorrido exclusivamente para o evento (culpa exclusiva da vítima), essa cláusula não prevalece, por ser abusiva, e a indenização há de ser cabal.

Entretanto, situações há, em nosso direito, nas quais essa cláusula tem validade, a exemplo do noticiado no acórdão abaixo transcrito:

> "Condomínio. Furto de veículo. *Cláusula de não indenizar.*
>
> 1. Estabelecendo a Convenção *cláusula de não indenizar*, não há como impor a responsabilidade do condomínio, ainda que exista esquema de segurança e vigilância, que não desqualifica a força da regra livremente pactuada pelos condôminos.
>
> 2. Recurso especial conhecido e provido" (STJ, REsp 168346/SP, Rel. Min. Waldemar Zveiter, *DJ*, 6-9-99) (grifos nossos).

Assim, à vista de todo o exposto, poderíamos fixar a premissa de que essa cláusula só deve ser admitida quando as partes envolvidas guardarem entre si uma relação de igualdade[40], de forma que a exclusão do direito à reparação não traduza renúncia da parte economicamente mais fraca.

---

[40] Mais recentemente, decidiu o STJ: "AGRAVO REGIMENTAL NO AGRAVO DE INSTRUMENTO. RESPONSABILIDADE CIVIL. CONDOMÍNIO. FURTO EM UNIDADE AUTÔNOMA. MATÉRIA DE PROVA. SÚMULA 7/STJ. ALEGADA EXISTÊNCIA DE CLÁUSULA DE RESPONSABILIDADE. SÚMULA 5/STJ. PREPOSTO. RESPONSABILIDADE OBJETIVA DO CONDOMÍNIO. AUSÊNCIA DE PREQUESTIONAMENTO. SÚMULA 211/STJ. PRECEDENTES.

1. A Segunda Seção desta Corte firmou entendimento no sentido de que "*O condomínio só responde por furtos ocorridos nas suas áreas comuns se isso estiver expressamente previsto na respectiva convenção*" (EREsp 268669/SP, Rel. Min. Ari Pargendler, *DJ*, 26-4-2006).

2. Na hipótese dos autos, o acórdão recorrido está fundamentado no fato de que: (a) o furto ocorreu no interior de uma unidade autônoma do condomínio e não em uma área comum; (b) o autor não logrou êxito em demonstrar a existência de cláusula de

responsabilidade do condomínio em indenizar casos de furto e roubo ocorridos em suas dependências.

3. Para se concluir que o furto ocorreu nas dependências comuns do edifício e que tal responsabilidade foi prevista na Convenção do condomínio em questão, como alega a agravante, seria necessário rever todo o conjunto fático probatório dos autos, bem como analisar as cláusulas da referida Convenção, medidas, no entanto, incabíveis em sede de recurso especial, a teor das Súmulas 5 e 7 desta Corte.

4. Impossibilidade de análise da questão relativa à responsabilidade objetiva do condomínio pelos atos praticados por seus prepostos por ausência de prequestionamento.

5. Agravo regimental a que se nega provimento" (STJ, AgRg no AgI 1.102.361 - RJ (2008/0215398-2), Rel. Min. Raul Araújo Filho).

Capítulo IX
A Responsabilidade Civil Subjetiva e a Noção de Culpa

Sumário: 1. Introdução. 2. Breve histórico e conceito de culpa: da glória ao declínio. 3. Elementos da culpa. 4. Graus e formas de manifestação da culpa em sentido estrito (negligência, imprudência e imperícia). 5. Espécies de culpa.

1. INTRODUÇÃO

Talvez o nosso leitor possa ter percebido, durante a análise desta obra, que, subvertendo a sistemática da teoria clássica da responsabilidade civil, nós tivemos o cuidado de analisar a matéria sem o costumeiro vício de nos deixarmos seduzir pela ideia de culpa.

Durante o desenvolvimento dos elementos da responsabilidade civil, cuidou-se de adotar um critério metodológico preciso, que servisse para as duas principais espécies de responsabilidade — a subjetiva (com aferição de culpa) e a objetiva (sem aferição de culpa) — postas, lado a lado, pelo Código de 2002.

Não preferimos, pois, uma em detrimento da outra.

Por isso, o tópico objeto do presente capítulo não foi inserido no estudo dos elementos ou requisitos componentes da responsabilidade, em virtude de faltar-lhe o necessário cunho de generalidade.

De tal forma, reservamos o presente capítulo para a análise da culpa, tema dos mais intrincados, e que já gozou de maior prestígio entre os cultores da responsabilidade, sobretudo logo após a edição do Código Civil francês.

Em sequência, no Capítulo X, deitaremos olhos na responsabilidade civil objetiva, com ênfase na atividade de risco.

2. BREVE HISTÓRICO E CONCEITO DE CULPA: DA GLÓRIA AO DECLÍNIO

A exigência da culpa como pressuposto da responsabilidade civil representou, inegavelmente, um grande avanço na história da civilização, na medida em que se abandonou o objetivismo típico das sociedades antigas, onde a resposta ao mal causado era difusa, passando-se a se exigir um elemento subjetivo que pudesse viabilizar a imputação psicológica do dano ao seu agente.

A despeito da falta de consenso, muitos doutrinadores apontam que foi por meio da *Lex Aquilia* que o conceito de culpa incorporou-se definitivamente à responsabilidade extracontratual (ou aquiliana) do Direito Romano.

Observando tal aspecto, o magistral ALVINO LIMA assevera:

> "É incontestável, entretanto, que a evolução do instituto da responsabilidade extracontratual ou aquiliana se operou, no direito romano, no sentido de se introduzir o elemento culpa, contra o objetivismo do direito primitivo, expurgando-se do direito a ideia de pena, para substituí-la pela de reparação do dano sofrido"[1].

Do Direito Romano — principal fonte histórica de que dispomos — para a modernidade, a culpa encontrou no Código Civil francês o seu principal anteparo normativo, espraiando-se e influenciando todas as legislações modernas.

A nossa própria legislação codificada de 1916 assenta a responsabilidade civil nessa noção, ao estabelecer como norma genérica a responsabilidade civil subjetiva, nos termos do seu art. 159.

Entretanto, todo esse prestígio de que gozou a ideia de culpa — entendida em sentido *lato* para compreender também o dolo — esbarra em uma incômoda e aparentemente intransponível dificuldade: *a fixação satisfatória do seu conceito.*

Afinal, o que se entende por "culpa"?

SAVATIER, citado por AGUIAR DIAS, após reconhecer na ideia de culpa dois elementos (objetivo — o dever violado, e subjetivo — a imputabilidade do agente), define-a nos seguintes termos: "A culpa (faute) é a inexecução de um dever que o agente podia conhecer e observar. Se efetivamente o conhecia e deliberadamente o violou, ocorre o delito civil ou, em matéria de contrato, o dolo contratual. Se a violação do dever, podendo ser conhecida e evitada, é involuntária, constitui a culpa simples, chamada, fora da matéria contratual, de quase delito"[2].

Já os alemães, como observa MARTON, tornariam mais objetiva a noção de culpa, utilizando para tanto o critério justiniano do *bonus pater familias*[3].

---

[1] Alvino Lima, *Culpa e Risco*, 2. ed., São Paulo: Revista dos Tribunais, 1999, p. 26.

[2] José de Aguiar Dias, *Da Responsabilidade Civil*, 9. ed., Rio de Janeiro: Forense, 1994, v. 1, p. 110.

[3] Idem, ob. cit., p. 111. "*Bonus Pater Familias. Expressão latina.* Bom pai de família. Trata-se de um conceito padrão utilizado juridicamente como ponto de referência da diligência que se exige no comportamento e da avaliação da culpa *in abstracto.*

Outra definição é mencionada por GHERSI: "*Así es que la culpa implica un juicio de reprochabilidad sobre la conducta de una persona, teniéndose en cuenta la prudencia y la diligencia del actuar del sujeto. O, como enseñam Ripert Y Boulanger, incurrir en culpa consiste en no conducirse como se deberia*"[4].

Entre nós, a culpa sempre foi considerada pedra de toque da responsabilidade civil, preferindo-se identificar em seu conceito a ideia de *violação de uma norma jurídica anterior.*

Nesse sentido, CAIO MÁRIO DA SILVA PEREIRA:

> "A doutrina brasileira reza, mais frequentemente, no conceito vindo de Marcel Planiol (violação de norma preexistente), sem embargo de encontrar guarida a ideia de 'erro de conduta', como ocorre em minhas *Instituições de Direito Civil*, vol. I, n. 114; ou com Silvio Rodrigues, *Direito Civil*, vol. 4, n. 53; ou com Alvino Lima quando diz que a culpa é um erro de conduta, moralmente imputável ao agente, e que não seria cometido por uma pessoa avisada, em iguais circunstâncias"[5].

Ainda dentro de um esforço conceitual, o Professor RUI STOCO preleciona: "Quando existe intenção deliberada de ofender o direito, ou de ocasionar prejuízo a outrem, há o dolo, isto é, o pleno conhecimento do mal e o direto propósito de o praticar. Se não houvesse esse intento deliberado, proposital, mas o prejuízo veio a surgir, por imprudência ou negligência, existe a culpa (*stricto sensu*)"[6].

Em decorrência da erudição do conceito retroapresentado, reconhecemos ser uma tarefa por demais ousada fixarmos um conceito nosso.

Tentaremos fazê-lo, dentro da perspectiva crítica e criadora desta obra, embora não pretendamos esgotar a melindrosa noção de culpa em poucas palavras.

Em nosso entendimento, portanto, *a culpa (em sentido amplo) deriva da inobservância de um dever de conduta, previamente imposto pela ordem jurídica, em atenção à paz social. Se esta violação é proposital, atuou o agente com dolo;*

Assim sendo, o bom pai de família seria o protótipo do cidadão médio, prudente, normal, atento, dotado de ordinária inteligência, hábil, empenhado e dedicado. Seria o paradigma do homem abstratamente diligente que cumpre seus deveres legais ou convencionais sem que se considerem sua cultura, aptidão, instrução" (Maria Helena Diniz, *Dicionário Jurídico*, São Paulo: Saraiva, 1998, v. 1, p. 432-3).

[4] Carlos Alberto Ghersi, *Teoria General de la Reparación de Daños*, 2. ed., Buenos Aires: Astrea, 1999, p. 122.

[5] Caio Mário da Silva Pereira, *Responsabilidade Civil*, 9. ed., Rio de Janeiro: Forense, 2000, p. 69.

[6] Rui Stoco, *Tratado de Responsabilidade Civil*, São Paulo: Revista dos Tribunais, 2001, p. 97.

se decorreu de negligência, imprudência ou imperícia, a sua atuação é apenas culposa, em sentido estrito.

Pela natural dificuldade de subsunção do caso concreto ao conceito proposto, as legislações falharam ao centralizar a responsabilidade civil no impreciso conceito de culpa.

Ainda mais em uma sociedade tão tumultuada como a nossa, em que a globalização das relações econômicas, temperadas por frequentes notas de exploração, aliada à massificação do consumo e ao incremento do risco, torna tão difícil a fixação de um conceito tão subjetivo.

Por isso, lembra MARTINHO GARCEZ NETO que

> "a noção de culpa, que parecia tão sólida, permitindo a RIPERT (*La Règle Morale dans les Obligations Civiles*, 4. ed., 1949, n. 112, pág. 206) assinalar que, durante todo o século XIX, os juristas não ousaram levantar qualquer dúvida sobre esse fundamento da responsabilidade, encontra-se, há cerca de meio século, submetido à crítica mais severa de que se tem notícia no mundo contemporâneo. E não será por outra razão que se dá a esse movimento o título de 'crise da responsabilidade civil'"[7].

E o mais interessante de tudo é que foi no próprio Direito francês que surgiram as primeiras vozes de crítica à concepção tradicional apegada à ideia de culpa.

O movimento iniciado pelas doutrinas de JOSSERAND e SALEILLES passaria a dirigir duras críticas à concepção restritiva da culpa que, dada a sua imprecisão, não poderia resolver os complexos problemas referentes à responsabilidade civil[8].

A partir daí surgiria a *teoria do risco*, fundamento da responsabilidade objetiva, que admitiria a possibilidade de responsabilização do sujeito que empreendesse atividade perigosa, independentemente da análise de sua culpa.

O Código Civil de 1916, no entanto, consoante já anotamos, profundamente influenciado pelo Direito francês, adotaria a culpa como viga de sua responsabilidade, consoante se depreende da análise do seu art. 159:

> "Art. 159. Aquele que, por ação ou omissão voluntária, negligência, ou imprudência, violar direito, ou causar prejuízo a outrem, fica obrigado a reparar o dano.
>
> A verificação da culpa e a avaliação da responsabilidade regulam-se pelo disposto neste Código, arts. 1.518 a 1.532 e 1.537 a 1.553".

---

[7] Martinho Garcez Neto, *Responsabilidade Civil no Direito Comparado*, Rio de Janeiro: Renovar, 2000, p. 86.

[8] Alvino Lima, ob. cit., p. 40.

Comentando tal dispositivo, pondera ORLANDO GOMES:

"O direito pátrio baseia na culpa a responsabilidade delitual. Nenhuma dúvida se pode ter, com a leitura do art. 159, do Cód. Civil, de que aceitou a teoria subjetivista. Contudo, alguns escritores sustentam que, em certas disposições, acolheu a doutrina objetiva, como se verá adiante. O fato de ter sido consagrado o princípio da responsabilidade baseada na culpa não significa que, em nosso direito positivo, inexistam regras consagradoras da responsabilidade fundada no risco. Leis especiais, como dentre outras a de acidente de trabalho, adotaram a concepção objetiva"[9].

O Novo Código Civil, por sua vez, afastando-se da orientação da lei revogada, consagrou expressamente a teoria do risco e, ao lado da responsabilidade subjetiva (calcada na culpa), admitiu também a responsabilidade objetiva, consoante se infere da leitura do seu art. 927:

"Art. 927. Aquele que, por ato ilícito (arts. 186 e 187), causar dano a outrem, é obrigado a repará-lo.

Parágrafo único. Haverá obrigação de reparar o dano, independentemente de culpa, nos *casos especificados em lei*, ou quando *a atividade normalmente desenvolvida pelo autor do dano implicar, por sua natureza, risco para os direitos de outrem*" (grifos nossos).

Percebe-se, então, que, ao lado da responsabilidade decorrente do ilícito (art. 186), em cuja noção encontra-se inserida a ideia de culpa, poderá o magistrado também reconhecer a responsabilidade civil do infrator, *sem indagação do elemento anímico* (responsabilidade objetiva), em duas outras situações (além daquela referente ao abuso de direito — art. 187 — que não pressupõe culpa), previstas no parágrafo único do referido dispositivo.

a) nos casos especificados em lei;

b) quando a atividade normalmente desenvolvida pelo autor do dano implicar, por sua natureza, risco para os direitos de outrem.

Como visto, a culpa passou por todo um processo de sedimentação doutrinária, com largo período de prestígio e primazia, culminando por perder a importância de outrora nos ordenamentos jurídicos contemporâneos, inclusive no nosso.

3. ELEMENTOS DA CULPA

A culpa, em sentido amplo, compõe-se, segundo a doutrina tradicional, dos seguintes elementos:

---

[9] Orlando Gomes, *Obrigações*, 8. ed., Rio de Janeiro: Forense, 1992, p. 344.

a) **voluntariedade do comportamento do agente** — ou seja, a atuação do sujeito causador do dano deve ser voluntária, para que se possa reconhecer a culpabilidade. Note-se que, se houver, também, vontade direcionada à consecução do resultado proposto, a situação reveste-se de maior gravidade, caracterizando o dolo. Neste, portanto, não apenas o *agir*, mas o próprio *escopo* do agente é voltado à realização de um prejuízo. Na culpa em sentido estrito, por sua vez, sob qualquer das suas três formas de manifestação (negligência, imprudência ou imperícia), o dano resulta da violação de um dever de cuidado, sem que o agente tenha a vontade posicionada no sentido da realização do dano;

b) **previsibilidade** — só se pode apontar a culpa se o prejuízo causado, vedado pelo direito, era previsível. Escapando-se do campo da previsibilidade, ingressamos na seara do fortuito que, inclusive, pode interferir no nexo de causalidade, eximindo o agente da obrigação de indenizar;

c) **violação de um dever de cuidado** — a culpa implica a violação de um dever de cuidado. Se esta inobservância é intencional, como visto, temos o dolo.

4. GRAUS E FORMAS DE MANIFESTAÇÃO DA CULPA EM SENTIDO ESTRITO (NEGLIGÊNCIA, IMPRUDÊNCIA E IMPERÍCIA)

Tradicionalmente, o nosso Código de 1916 abandonou a antiga gradação, oriunda do Direito Romano, que estabelecia graus de culpa: grave, leve e levíssima.

Com fundamento na doutrina de RUI STOCO, poderíamos explicar esses três graus da seguinte forma[10]:

a) **culpa grave** — embora não intencional, o comportamento do agente demonstra que o mesmo atuou "como se tivesse querido o prejuízo causado à vítima", o que inspirou o ditado "*culpa lata dolo aequiparatur*";

b) **culpa leve** — é a falta de diligência média que um homem normal observa em sua conduta;

c) **culpa levíssima** — trata-se da falta cometida por força de uma conduta que escaparia ao padrão médio, mas que um diligentíssimo *pater familias*, especialmente cuidadoso e atento, guardaria.

Diferentemente do que ocorre no Direito Penal, em que a culpa é considerada para efeito de fixação da sanção (pena-base), no Direito Civil, a sanção não está adstrita ou condicionada ao elemento psicológico da ação, mas, sim, à extensão do dano. Para efeito de indenizar, portanto, não se distingue, *a priori*, o dolo da culpa leve, por exemplo.

---

[10] Rui Stoco, ob. cit., p. 101.

Aliás, como lembra o culto CAVALIERI, "ainda que levíssima, a culpa obriga a indenizar *(in lege aquilea et levissima culpa venit)*"[11].

Por isso, à luz do diploma anterior, a doutrina costumava criticar essa distinção, apontando a sua pouca utilidade.

Nesse sentido, SILVIO RODRIGUES:

"Tal distinção se apresenta irrelevante em matéria de responsabilidade extracontratual, onde a necessidade de reparar advém de culpa do agente (de qualquer grau), mas onde o elemento predominante é o alcance do prejuízo experimentado pela vítima". E arremata considerando ser mais "útil a distinção entre a culpa *in concreto* e a culpa *in abstracto*"[12]. A primeira seria examinada no caso sob julgamento, considerando as circunstâncias fáticas apresentadas; a segunda, aquela que contempla o homem médio, segundo a noção de *bonus pater familias* dos romanos. Para esse culto professor, deveria prevalecer, em nosso sistema, a perquirição da culpa *in concreto*, por ser a mais adequada[13].

Entretanto, a impressão que temos é de que o Novo Código Civil passou a se importar com os graus de culpa, para efeito de mensurar a obrigação de indenizar decorrente da responsabilidade civil.

Ao analisarmos o parágrafo único do art. 944, regra sobre a qual nos debruçaremos mais adiante ao estudarmos a *indenização*, constatamos que a *extensão do dano* deixou de ser o único termômetro de mensuração da reparação civil, uma vez que se reconheceu ao juiz poderes para, agindo por equidade, *reduzir o "quantum" indenizatório se verificar excessiva desproporção entre a gravidade da culpa e o dano.*

Com isso, quer-nos parecer que o legislador, lançando mão da análise dos graus de culpa, permitiu o abrandamento da situação do réu, facultando ao juiz impor-lhe sanção pecuniária menos gravosa, se verificar, no caso concreto, a despeito da extensão do dano, que a sua culpa foi leve ou levíssima.

Comentando esse dispositivo, PABLO STOLZE GAGLIANO, em artigo publicado no *Repertório de Jurisprudência IOB*, observou:

> "Acontece que o Código Civil recém-aprovado altera profundamente o tratamento da matéria, ao permitir, em seu parágrafo único do art. 944, que o juiz possa, por equidade, *diminuir a indenização devida, se houver excessiva desproporção entre a gravidade da culpa e o dano.*

---

[11] Sérgio Cavalieri Filho, *Programa de Responsabilidade Civil*, 2. ed., São Paulo: Malheiros, 2000, p. 42.

[12] Silvio Rodrigues, *Direito Civil — Parte Geral*, 28. ed., São Paulo: Saraiva, 1998, v. 1, p. 306.

[13] Idem, ob. cit., p. 306.

Ora, tal permissivo, subvertendo o princípio de que a indenização mede-se pela extensão do dano, permite que o juiz investigue culpa para o efeito de reduzir o *quantum debeatur*. É o caso, por exemplo, de o magistrado constatar que o infrator não teve intenção de lesionar, embora haja causado dano considerável. Será que a vetusta classificação romana de culpa (leve, grave e gravíssima), oriunda do Direito Romano, ressurgiu das cinzas, tal qual Fenix?

Não sei até onde vai a utilidade da norma, que, sem sombra de dúvida, posto possa se afigurar justa em determinado caso concreto, rompe definitivamente com o princípio de ressarcimento integral da vítima.

Isso sem mencionar que o ilícito praticado pode decorrer do exercício de atividade de risco, ou estar previsto em legislação especial como ensejador de responsabilidade objetiva, e o juiz, para impor a obrigação de indenizar, não necessite investigar a culpa do infrator. Como então explicar que, para o reconhecimento da responsabilidade seja dispensada a indagação da culpa, e para a fixação do valor indenizatório, a mesma seja invocada para beneficiar o réu?"[14].

Resta-nos saber como a jurisprudência pátria se posicionará a respeito dessa intrincada questão.

A priori, conforme apontamos em tópico anterior[15], a norma, embora formalmente não limitada, parece ter sido concebida sob medida para as reparações pecuniárias de danos morais, tendo em vista a impossibilidade fática e jurídica de se aferir objetivamente um valor exato e inquestionável para o dano perpetrado.

Outro tema menos polêmico diz respeito às formas pelas quais a culpa, *entendida em sentido estrito*, se manifesta.

Nesse sentido, teríamos:

a) **negligência** — é a falta de observância do dever de cuidado, por omissão. Tal ocorre, por exemplo, quando o motorista causa grave acidente por não haver consertado a sua lanterna traseira, por desídia;

b) **imprudência** — esta se caracteriza quando o agente culpado resolve enfrentar desnecessariamente o perigo. O sujeito, pois, atua contra as regras básicas de cautela. Caso do indivíduo que manda o seu filho menor alimentar um cão de guarda, expondo-o ao perigo;

---

[14] Pablo Stolze Gagliano, A Responsabilidade Extracontratual no Novo Código Civil e o Surpreendente Tratamento da Atividade de Risco, *Repertório de Jurisprudência IOB*, 1.ª quinzena de outubro, n. 19, 2002. Texto 3/19551, p. 529.

[15] Confira-se o tópico 6.2 ("Natureza Jurídica da Reparação do Dano Moral") do Capítulo VI ("O Dano Moral").

c) **imperícia** — esta forma de exteriorização da culpa decorre da falta de aptidão ou habilidade específica para a realização de uma atividade técnica ou científica. É o que acontece quando há o erro médico em uma cirurgia em que não se empregou corretamente a técnica de incisão ou quando o advogado deixa de interpor recurso que possibilitaria, segundo jurisprudência dominante, acolhimento da pretensão do seu cliente.

Interessante notar que, pela dicção do art. 186 do Código Civil, a impressão que se tem é a de que o legislador não previu a ação "dolosa", e, além disso, ao tratar da ação "culposa", apenas considerou a "negligência e a imprudência", esquecendo-se da "imperícia".

Leia-se, novamente, o artigo:

> "Art. 186. Aquele que, por ação ou omissão voluntária, negligência ou imprudência, violar direito e causar dano a outrem, ainda que exclusivamente moral, comete ato ilícito".

A omissão do legislador, entretanto, é apenas aparente.

Embora não haja primado pela melhor técnica, podemos inferir desse dispositivo que, ao fazer referência à "ação ou omissão **voluntária**", estaria o legislador se referindo à atuação (comissiva ou omissiva) **dolosa**. A voluntariedade aí, portanto, estaria dirigida não ao comportamento em si (pois na culpa em sentido estrito também há "vontade de realizar a ação"), mas aos fins ou propósitos pretendidos pelo agente. Dessa forma, se há intenção ou vontade de atingir a finalidade danosa, há dolo[16].

Na mesma linha, a despeito de preferirmos uma redação que explicitasse a imperícia, a única interpretação razoável é no sentido de que, por ser espécie de negligência técnica ou profissional, estaria compreendida nesta última expressão.

5. ESPÉCIES DE CULPA

Por último, vamos enfrentar as espécies de culpa.

A depender da *natureza do dever jurídico violado*, o agente poderá ter agido com *culpa contratual* ou *culpa extracontratual*.

---

[16] Nesse sentido, o Des. Carlos Gonçalves do TJSP: "Ao se referir à ação ou omissão voluntária, o art. 159 do Código Civil (*art. 186, CC-02*) cogitou do dolo. Em seguida, referiu-se à culpa em sentido estrito, ao mencionar a negligência e a imprudência" (grifos nossos) (*Direito das Obrigações* — Parte Especial — Responsabilidade Civil, São Paulo: Saraiva, 2001, p. 14 (Col. Sinopses Jurídicas, v. 6, t. 2).

No primeiro caso, viola-se norma prevista no contrato, no segundo, a atuação do agente afronta a própria lei, a exemplo do que ocorre quando causa um acidente de trânsito embriagado[17].

Temos, ainda, outras modalidades amplamente difundidas pela doutrina, classificadas quanto ao *modo* em que se apresentam:

a) **culpa *in vigilando*** — é a que decorre da falta de vigilância, de fiscalização, em face da conduta de terceiro por quem nos responsabilizamos[18]. Exemplo clássico é a culpa atribuída ao pai por não vigiar o filho que causa o dano. No Código de 2002, entretanto, a responsabilidade dos pais por atos dos filhos menores, sob sua autoridade e companhia, foi consagrada como responsabilidade objetiva, ou seja, sem culpa, nos termos do art. 932, I;

---

[17] A diferenciação entre a responsabilidade civil contratual e a extracontratual foi desenvolvida no tópico 3.2 ("Responsabilidade Civil Contratual x Responsabilidade Civil Extracontratual ou Aquiliana") do Capítulo II ("Noções Gerais de Responsabilidade Civil").

[18] Interessante situação é prevista na Apelação Cível 20000150053029APC/DF, Rel. Des. George Lopes Leite, publicado no *DJU* de 12-6-2002: "Ementa: Responsabilidade civil — Fuga e desaparecimento do paciente de clínica psiquiátrica — Culpa dos responsáveis pelo estabelecimento — Dano moral — Indenização devida. Incide em culpa *in vigilando* prepostos de estabelecimento manicomial que permitem a fuga de interno, ante a facilidade decorrente da ausência de obstáculos físicos e número insuficiente de vigilantes. Cabível é a indenização por dano moral aos familiares da vítima, alienada mental, que foge e desaparece. Recurso adesivo dos autores conhecido e desprovido, e provimento parcial do recurso da ré. Decisão: Negar provimento ao recurso adesivo dos autores e dar parcial provimento ao recurso da ré. Unânime". Outro exemplo de culpa *in vigilando*, este do TJ do Rio de Janeiro (Ap. Cív. 2202.001.20715, Rel. Des. Ely Barbosa, j. em 15-10-2002), responsabiliza também a avó por ato do neto: "Apelação Cível. Responsabilidade Civil. Acidente de trânsito. Menor. Condutor do veículo. Como se trata de acidente de trânsito, pacífica a responsabilidade dos pais do menor pelos atos ilícitos praticados pelo menor, culpa '*in vigilando*'. Solidariamente responde avó que autorizou menor a conduzir o veículo. Culpa incontroversa. Além de presumida, resulta comprovada a culpa, face prova oral e pericial. Apelo improvido".

Confira-se, ainda, o seguinte acórdão do STJ:

"Ementa: Turismo. Pacote de viagem. Abatimento do preço. Responsabilidade civil da empresa pelo dano sofrido por menor entregue a sua vigilância. É direito dos excursionistas ao abatimento proporcional do preço, em face da constatação de disparidade do valor cobrado com as indicações constantes da mensagem publicitária de oferta (incidência do artigo 20 — III do Código do Consumidor). Responsabilidade civil. A empresa de turismo que, devidamente autorizada pelo Juizado da Infância e da Juventude, promove excursão de menores, responde pelos danos materiais e morais que estes venham a sofrer, por culpa *in vigilando et in custodiendo*, tanto na parte aérea, como na marítima ou terrestre. Sentença confirmada, em parte" (Apelação Cível 593157225, 5.ª Câmara Cível, Tribunal de Justiça do Rio Grande do Sul, Rel. Des. Clarindo Favretto, j. 19-5-1994).

b) **culpa *in eligendo*** — é aquela decorrente da má escolha. Tradicionalmente, aponta-se como exemplo a culpa atribuída ao patrão por ato danoso do empregado ou do comitente[19]. Tal exemplo também perdeu a importância prática, remanescendo somente a título didático, considerando que o atual Código firmou o princípio da responsabilidade objetiva nessa hipótese, consoante se depreende da análise do art. 932, III;

c) **culpa *in custodiendo*** — assemelha-se com a culpa *in vigilando*, embora a expressão seja empregada para caracterizar a culpa na guarda de coisas ou animais, sob custódia[20]. A mesma crítica anterior pode ser feita. Nos termos do

---

[19] Sobre a culpa *in eligendo*, confiram-se os seguintes julgados do STJ:

"Responsabilidade civil. Cirurgia. Queimadura causada na paciente por bisturi elétrico. Médico-chefe. Culpa '*in eligendo*' e '*in vigilando*'. Relação de preposição. Dependendo das circunstâncias de cada caso concreto, o médico-chefe pode vir a responder por fato danoso causado ao paciente pelo terceiro que esteja diretamente sob suas ordens. Hipótese em que o cirurgião-chefe não somente escolheu o auxiliar, a quem se imputa o ato de acionar o pedal do bisturi, como ainda deixou de vigiar o procedimento cabível em relação àquele equipamento. Para o reconhecimento do vínculo de preposição, não é preciso que exista um contrato típico de trabalho; é suficiente a relação de dependência ou que alguém preste serviços sob o comando de outrem. Recurso especial não conhecido" (REsp 200831/RJ, Rel. Min. Barros Monteiro, *DJ*, 20-8-2001).

"Civil. Responsabilidade civil. Veículo dirigido por terceiro. Culpa deste a abalroar outro veículo. Obrigação do proprietário de indenizar. Contra o proprietário de veículo dirigido por terceiro considerado culpado pelo acidente conspira a presunção 'iuris tantum' de culpa 'in eligendo' e 'in vigilando', não importando que o motorista seja ou não seu preposto, no sentido de assalariado ou remunerado, em razão do que sobre ele recai a responsabilidade pelo ressarcimento do dano que a outrem possa ter sido causado. Recurso conhecido e provido" (STJ, REsp 5756/RJ; REsp 1990/0010815-2, 4.ª Turma, Min. Cesar Asfor Rocha, j. 8-10-1997).

[20] A título ilustrativo, vale conferir acórdão do TJRS, Rel. Des. Arnaldo Rizzardo, Ap. Cível n. 590013702: "Ementa: Responsabilidade civil. Disparo de arma de fogo por menor, que atinge a região frontal da cabeça da vítima, causando-lhe a cegueira irreversível. Obrigação de indenizar a cargo das pessoas sob a qual estava a guarda da menor, autora do disparo, por incidirem em culpa 'in vigilando', 'in custodiendo' relativamente à arma, que permanecia à mostra em um cômodo da casa de propriedade dos réus, respectivamente mãe e tio da causadora do evento danoso. Fixação dos lucros cessantes em valor compatível com as perspectivas dos rendimentos que auferiria a vítima, em vista da idade e do grau de instrução que atingiu quando do evento. Recurso provido em parte" (Ap. Cível n. 590013702, 2.ª Câmara Cível, Tribunal de Justiça do Rio Grande do Sul, Rel. Des. Arnaldo Rizzardo, j. 20-6-1990).

Confira-se, ainda, o seguinte acórdão:

"Ementa: Responsabilidade civil. Vendedor de carros usados. Responsabilidade como depositário. Não tendo o comerciante de compra e venda de veículos usados, que ficou com a guarda do automotor, zelado por sua conservação, segurança, permitindo, por sua negligência, o furto do veículo do espaço-estacionamento ao lado de sua residência,

Código de 2002, o fato da coisa ou do animal desafia a responsabilidade civil objetiva, razão por que essa categoria, da mesma forma, perdeu importância prática, subsistindo mais a título ilustrativo;

d) culpa *in comittendo* ou culpa *in faciendo* — quando o agente realiza um ato positivo, violando um dever jurídico;

e) culpa *in omittendo*, culpa *in negligendo* ou culpa *in non faciendo* — quando o agente realiza uma abstenção culposa, negligenciando um dever de cuidado[21].

Conforme tivemos a oportunidade de ressaltar, considerando que o Código de 2002 alçou a responsabilidade civil objetiva a um posto de maior importância, pondo-a ao lado da modalidade subjetiva, nota-se que essas espécies de culpa, e, consequentemente, as "presunções" tradicionalmente reconhecidas pela doutrina, perderam a importância de outrora.

Não temos dúvida de que a culpa é um conceito cada vez mais esquecido nas sociedades contemporâneas, caracterizadas pelo incremento do risco e pela imprevisão institucionalizada.

Importante notar, finalmente, a existência ainda da denominada culpa *in contrahendo*, aquela em que incorre o agente na fase anterior à elaboração de um contrato (fase de pontuação ou de punctação).

Trata-se, pois, de uma modalidade de culpa derivada de um comportamento danoso da parte que, negando-se a celebrar o contrato esperado, prejudica o legítimo interesse da outra, em detrimento da regra ética de boa-fé objetiva.

Nesse sentido, clássico acórdão do Tribunal de Justiça do Rio Grande do Sul, tendo como relator o então Desembargador Ruy Rosado de Aguiar Jr. (que, depois, tornou-se ministro do STJ), na Apelação Cível n. 591028295 (julgamento em 6-6-1991):

> "Ementa: Contrato. Tratativas. Culpa '*in contrahendo*'. Responsabilidade civil. Responsabilidade da empresa alimentícia, industrializadora de tomates, que

---

cabe sua responsabilização pelo possuidor legítimo do carro, mais consectários. Embargos infringentes acolhidos" (Embargos Infringentes n. 588010421, 2.º Grupo de Câmaras Cíveis, Tribunal de Justiça do Rio Grande do Sul, Rel. Des. Gervásio Barcellos, j. 17-3-1989).

21 "Culpa *in non faciendo. Direito civil.* Resulta da circunstância de ter o agente deixado de fazer certo ato cuja comissão evitaria o dano. Por exemplo, um professor de natação que, por estar distraído, não acode seu aluno, que morre afogado, responde por culpa *in non faciendo.* Entretanto, a omissão só poderá ser considerada causa jurídica do dano se houver existência do dever de praticar o ato não cumprido e certeza ou grande probabilidade de o fato omitido ter impedido a produção do evento danoso" (Maria Helena Diniz, *Dicionário Jurídico*, São Paulo: Saraiva, 1998, v. 1, p. 964).

distribui sementes, no tempo do plantio, e então manifesta a intenção de adquirir o produto, mas depois resolve, por sua conveniência, não mais industrializá-lo, naquele ano, assim causando prejuízo ao agricultor, que sofre a frustração da expectativa de venda da safra, uma vez que o produto ficou sem possibilidade de colocação. Provimento em parte do apelo, para reduzir a indenização à metade da produção, pois uma parte da colheita foi absorvida por empresa congênere, as instâncias da Ré. Voto vencido, julgando improcedente a ação" (Ap. Cível n. 591028295, 5.ª Câmara Cível, Tribunal de Justiça do Rio Grande do Sul, Rel. Des. Ruy Rosado de Aguiar Júnior, j. 6-6-1991).

Na mesma linha, confira-se, em conclusão, trecho de julgado do E. Tribunal de Justiça do Rio de Janeiro (Ap. Cível n. 2002.001.18860, Rel. Des. Humberto de Mendonça Manes):

> "*Civil.* Responsabilidade *Civil.* Ruptura das negociações preliminares. Dano moral a reparar. Concordância da proprietária em vender o imóvel, assinando, para tanto, documentação necessária à obtenção, pelo pretendente à compra, de financiamento junto à Caixa Econômica Federal. A abrupta ruptura, por parte da proprietária, das negociações preliminares, deixando de comparecer a Cartório para assinar a escritura definitiva, quando sua conduta fazia crer ao outro interessado que o negócio jurídico se concretizaria, torna-a responsável pelos prejuízos causados àquele que agiu de boa-fé. Indenização cabível, tanto no plano material quanto no moral, que se justifica pelas teorias da culpa *in contrahendo*, do abuso de direito do ato ilícito e das regras que protegem o agente de boa-fé. Confirmação substancial da sentença que concedeu verba de dano moral, já que composto o conflito relativamente ao dano material. Indenização de R$ 10.000,00 (dez mil reais) que atende as circunstâncias do caso, aplicando-se, quanto às verbas de sucumbência, a regra contida no art. 21, do CPC".

Capítulo X
Responsabilidade Civil Objetiva e a Atividade de Risco

Sumário: 1. Introdução. 2. A responsabilidade civil objetiva na legislação especial e na atividade de risco. 3. Como conciliar a responsabilidade civil objetiva e o art. 944, parágrafo único, do atual Código Civil.

1. INTRODUÇÃO

Neste capítulo, cuidaremos da responsabilidade civil objetiva, que ganhou posição de destaque no novo Código Civil, refletindo a nova face da sociedade contemporânea, em que o risco, especialmente decorrente do avanço tecnológico, impôs uma mudança dos antigos paradigmas da lei anterior.

Com absoluta precisão, demonstrando a mudança por que passa o tratamento da responsabilidade civil no Direito brasileiro, conclui GUSTAVO TEPEDINO:

> "Com efeito, os princípios de solidariedade social e da justiça distributiva, capitulados no art. 3.º, incisos I e III, da Constituição, segundo os quais se constituem em objetivos fundamentais da República a construção de uma sociedade livre, justa e solidária, bem como a erradicação da pobreza e da marginalização e a redução das desigualdades sociais e regionais, não podem deixar de moldar os novos contornos da responsabilidade civil. Do ponto de vista legislativo e interpretativo, retiram da esfera meramente individual e subjetiva o dever de repartição dos riscos da atividade econômica e da autonomia privada, cada vez mais exacerbados na era da tecnologia. Impõem, como linha de tendência, o caminho da intensificação dos critérios objetivos de reparação e do desenvolvimento de novos mecanismos de seguro social"[1].

E é exatamente sobre essa tendência *objetivista da responsabilidade civil* que nos debruçaremos a partir de agora.

---

[1] Gustavo Tepedino, *Temas de Direito Civil*, 2. ed., Rio de Janeiro: Renovar, 2001, p. 175-6.

2. A RESPONSABILIDADE CIVIL OBJETIVA NA LEGISLAÇÃO ESPECIAL E NA ATIVIDADE DE RISCO

Por influência do Direito francês, o Código Civil de Beviláqua calcou a responsabilidade civil na ideia de culpa, consoante se depreende da simples leitura do seu art. 159: "Aquele que, por ação ou omissão *voluntária, negligência, ou imprudência*, violar direito, ou causar prejuízo a outrem, fica obrigado a reparar o dano".

As hipóteses de responsabilidade objetiva, por sua vez, ficariam relegadas a isolados pontos da lei codificada, a exemplo da regra prevista em seu art. 1.529, que impunha a obrigação de indenizar, sem indagação de culpa, àquele que habitar uma casa ou parte dela, pelas coisas que dela caírem ou forem lançadas em lugar indevido.

De tal forma, a responsabilidade civil extracontratual ou aquiliana, conforme concebida pelo codificador, exigia, para a sua configuração, além da ação ilícita, do dano e do nexo de causalidade, a perquirição do móvel subjetivo que impulsionou o comportamento do agente (a sua culpabilidade).

Entretanto, o avanço tecnológico, favorecido sobremaneira pelo esforço bélico característico do século XX, desenvolveu a denominada teoria do risco, que serviria de base à responsabilidade objetiva, e cujos reflexos seriam sentidos por grande parte das leis especiais reguladoras da atividade econômica[2].

Com notável acuidade, J. J. CALMON DE PASSOS sintetiza todo esse contexto histórico:

> "Os proveitos e vantagens do mundo tecnológico são postos num dos pratos da balança. No outro, a necessidade de o vitimado em benefício de todos poder responsabilizar alguém, em que pese o coletivo da culpa. O desafio é

---

[2] Exemplo de responsabilidade objetiva fundada na atividade de risco, temos neste recente acórdão do STJ, REsp 101397/SP, *DJ*, 9-9-2002, Rel. Min. Nancy Andrighi: "Recurso Especial. Ação indenizatória. Transporte Aéreo. Atraso em voo c/c adiamento de viagem. Responsabilidade Civil. Hipóteses de exclusão. Caso Fortuito ou Força Maior. Pássaros. Sucção pela turbina de avião. A responsabilização do transportador aéreo pelos danos causados a passageiros por atraso em voo e adiamento da viagem programada, ainda que considerada objetiva, não é infensa às excludentes de responsabilidade civil. As avarias provocadas em turbinas de aviões, pelo tragamento de urubus, constituem-se em fato corriqueiro no Brasil, ao qual não se pode atribuir a nota de imprevisibilidade marcante do caso fortuito. É dever de toda companhia aérea não só transportar o passageiro como levá-lo incólume ao destino. Se a aeronave é avariada pela sucção de grandes pássaros, impõe a cautela seja o maquinário revisto e os passageiros remanejados para voos alternos em outras companhias. O atraso por si só decorrente desta operação impõe a responsabilização da empresa aérea, nos termos da *atividade de risco* que oferece".

como equilibrá-los. Nessas circunstâncias, fala-se em responsabilidade objetiva e elabora-se a teoria do risco, dando-se ênfase à mera relação de causalidade, abstraindo-se, inclusive, tanto da ilicitude do ato quanto da existência de culpa"[3].

Sob a influência dessas ideias, inúmeras leis especiais consagraram a nova teoria, admitindo a responsabilização do agente causador do dano, independentemente da prova de dolo ou culpa: o Decreto n. 2.681, de 1912 (responsabilidade das estradas de ferro por danos causados aos proprietários marginais), a legislação de acidente do trabalho (Lei n. 5.316/67, o Decreto n. 61.784/67, Lei n. 8.213/91), as Leis n. 6.194/74 e 8.441/92 (seguro obrigatório de acidentes de veículos — DPVAT), Lei n. 6.938/81 (referente a danos causados no meio ambiente), além do próprio Código de Defesa do Consumidor (Lei n. 8.078/90), que também reconhece a responsabilidade objetiva do fornecedor do produto ou serviço por danos causados ao consumidor. Isso tudo sem esquecermos da responsabilidade objetiva do Estado, nos termos do art. 37, § 6.º, da Constituição da República[4].

O atual Código Civil, por seu turno, afastando-se da orientação da lei revogada, consagrou expressamente a teoria do risco e, ao lado da responsabilidade subjetiva (calcada na culpa), admitiu também a responsabilidade objetiva[5], consoante se infere da leitura do seu art. 927:

> "Art. 927. Aquele que, por ato ilícito (arts. 186 e 187), causar dano a outrem, fica obrigado a repará-lo.
>
> Parágrafo único. Haverá obrigação de reparar o dano, independentemente de culpa, nos *casos especificados em lei*, ou quando *a atividade normalmente desenvolvida pelo autor do dano implicar, por sua natureza, risco para os direitos de outrem*" (grifos nossos).

Percebe-se, então, que, ao lado da responsabilidade decorrente do ilícito civil ou do abuso de direito, em cujas noções encontra-se inserida a ideia de culpa (arts. 186 e 187), poderá o magistrado também reconhecer a responsabilidade civil do infrator, *sem indagação de culpa* (responsabilidade objetiva), em duas situações, previstas no parágrafo único do referido dispositivo:

a) nos casos especificados em lei;

b) quando a atividade normalmente desenvolvida pelo autor do dano implicar, por sua natureza, risco para os direitos de outrem.

---

[3] José Joaquim Calmon de Passos, "*O Imoral nas Indenizações por Dano Moral*", disponível no *site* jurídico do *jusnavigandi* (agosto/2002): www.jus.com.br.

[4] Sobre o tema, confira-se o Capítulo XIII ("Responsabilidade Civil do Estado").

[5] Recomendamos, nesse ponto, a excelente obra do Professor Roger Silva Aguiar, intitulada: *Responsabilidade Civil*: a culpa, o risco e o medo, São Paulo: Atlas.

A primeira hipótese é muito clara.

Como se vê, a nova lei mantém, naquilo que com ela não for incompatível, toda a legislação especial que já reconhecia a responsabilidade sem culpa.

A segunda situação, entretanto, não restou bem definida.

Afinal, reconhecendo a responsabilidade objetiva aos agentes empreendedores de atividade de risco, estaria o legislador referindo-se especificamente a que categoria de pessoas? Qual seria, pois, o âmbito de incidência dessa norma? Quem estaria aí compreendido? Apenas o agente transportador de produtos químicos ou especializado em manejo de material nuclear? Ou, então, qualquer pessoa que exerça uma atividade que possa causar dano — e, por isso, com risco — a outrem?

E o que dizer do motorista que guia o seu veículo, todos os dias, até o trabalho? Ninguém poderá negar tratar-se de uma atividade cujo risco é imanente. Em tal caso, se atropelar um transeunte, seria obrigado a indenizar, mesmo sem a comprovação de sua culpa?

Essas são apenas algumas indagações que poderão surgir, considerando-se a natureza fluídica da expressão "atividade de risco" — conceito demasiadamente aberto —, com a entrada em vigor do Novo Código Civil.

Notando a porta aberta pelo legislador ao não delimitar o que se entende por atividade de risco, CARLOS GONÇALVES pontifica: "... a admissão da responsabilidade sem culpa pelo exercício de atividade que, por sua natureza, representa risco para os direitos de outrem, da forma genérica como está no texto, possibilitará ao Judiciário uma ampliação dos casos de dano indenizável"[6].

Trata-se, portanto, de um dos dispositivos mais polêmicos do Novo Código Civil, que, pela sua característica de conceito jurídico indeterminado, ampliará consideravelmente os poderes do magistrado. Isso porque o conceito de atividade de risco — fora da previsão legal específica — somente poderá ser balizado jurisprudencialmente, com a análise dos casos concretos submetidos à apreciação judicial.

NEY MARANHÃO expõe, com inteira pertinência, a forte ligação desse enunciado legal com os valores constitucionais, destacando, também, que, ao fim e ao cabo, caberá mesmo ao Poder Judiciário a tarefa de apontar, em cada caso, quais atividades ensejam o grau de risco que o legislador tem em mira. Seguem suas colocações, *verbis*:

> "Cumpre sublinhar a já perceptível e estreitíssima conexão axiológica entre o artigo 1.º, inciso III, da Carta Magna, e o artigo 927, parágrafo único, do Código Civil. É que este preceito infraconstitucional foi gestado e veio à luz

[6] Carlos Roberto Gonçalves, *Responsabilidade Civil*, 7. ed., São Paulo: Saraiva, 2002, p. 25.

justamente em razão da potente força conformadora que subjaz no princípio constitucional da solidariedade (artigo 3.º, inciso I), que, em específico, invadindo a seara da responsabilidade civil, veio fomentar que se densifique, no máximo de sua potencialidade fática (mandado de otimização – Alexy), o princípio constitucional da dignidade da pessoa humana (artigo 1.º, inciso III). Logo, o dispositivo em apreço é fruto do dever de adstrição do legislador aos valores constitucionais. É decorrência, portanto, da dimensão objetiva dos direitos fundamentais, que, pela irradiação de suas substantivas diretrizes, conformou a atuação do Poder Legislativo, de modo a estabelecer, agora, na atual quadra da história, uma maior proteção ao ser humano (...). Um dos efeitos práticos desse arranjo normativo é o raiar de uma oportuna cláusula aberta de promoção da dignidade humana, inferência umbilicalmente relacionada com o que dispõe o artigo 5.º, § 2.º, da Constituição Federal. Com isso, nosso ordenamento jurídico passa a exigir um escancarado espectro de máxima proteção da pessoa humana, *ainda que nem todas as situações de risco à sua dignidade estejam legalmente disciplinadas*. Quando da análise de tal fenômeno, asseveramos que a proteção à pessoa deve sempre ocorrer, *mesmo que à revelia de qualquer prévia e específica tipificação legal de proteção* – exatamente como fora expressamente afirmado no artigo sob análise – (...). Agora, fato é que esse risco em grande parte só poderá ser aferido caso a caso, não havendo mesmo como se fixar, aprioristicamente, todas as atividades que induzam um grau acentuado de exposição a risco, a ponto de serem inseridos no comando normativo do artigo 927, parágrafo único, do Código Reale, sendo essa uma tarefa que terá de ser exercitada, pois, com paciência e percuciência, *à luz das circunstâncias de cada caso concreto*"[7].

Na busca pela compreensão do sentido da norma, entendemos que é imprescindível compreender o sentido da palavra "risco".

Para MARIA HELENA DINIZ, no seu profícuo *Dicionário Jurídico*:

"RISCO. Direito civil e direito comercial. 1. Possibilidade da ocorrência de um perigo ou sinistro causador de dano ou de prejuízo, suscetível de acarretar responsabilidade civil na sua reparação. 2. Medida de danos ou prejuízos potenciais, expressa em termos de probabilidade estatística de ocorrência e de intensidade ou grandeza das consequências previsíveis. 3. Relação existente entre a probabilidade de que uma ameaça de evento adverso ou acidente determinados se concretize com o grau de vulnerabilidade do sistema receptor a seus efeitos"[8].

---

[7] MARANHÃO, Ney Stany Morais. *Responsabilidade Civil Objetiva pelo Risco da Atividade: Uma Perspectiva Civil-Constitucional.* São Paulo: Método, 2010, p. 243-245 e 251 (grifos no original).

[8] Maria Helena Diniz, *Dicionário Jurídico*, São Paulo: Saraiva, 1998, v. 4, p. 215.

No nosso entendimento, ao consignar o advérbio "normalmente", o legislador quis referir-se a todos os agentes que, em troca de determinado proveito, exerçam com *regularidade* atividade potencialmente nociva ou danosa aos direitos de terceiros. Somente essas pessoas, pois, empreenderiam a mencionada atividade de risco, apta a justificar a sua responsabilidade objetiva[9].

Note-se, inclusive, que não se exige que a conduta lesionante seja ilícita *stricto sensu*, mas, sim, pelo fato de que seu exercício habitual pode, potencialmente, gerar danos a outrem, não sendo razoável admitir-se que a autorização legal para o exercício de uma atividade importe em considerar lícita a lesão a direito de terceiros.

A respeito da intelecção dessa regra, ADALBERTO PASQUALOTO apresentou, na Jornada de Direito Civil, realizada no STJ, Brasília, em setembro de 2001, o seguinte enunciado, aprovado à unanimidade:

> "Enunciado 38 — A responsabilidade fundada no risco da atividade, como prevista na segunda parte do parágrafo único do artigo 927, do novo Código Civil, configura-se quando a atividade *normalmente desenvolvida pelo autor do dano causar à pessoa determinada um ônus maior do que aos demais membros da coletividade*"[10] (grifamos).

Em nosso entendimento, o exercício dessa atividade de risco pressupõe ainda a busca de um determinado proveito, em geral de natureza econômica, que surge como decorrência da própria atividade potencialmente danosa (risco-proveito). Outro não é, aliás, o entendimento do grande ALVINO LIMA, quando preleciona: "a teoria do risco não se justifica desde que não haja proveito para o agente causador do dano, porquanto, se o proveito é a razão de ser justificativa de arcar o agente com os riscos, na sua ausência deixa de ter fundamento a teoria"[11].

---

[9] Nesse sentido, também é o entendimento de Sílvio Venosa: "Em casos excepcionais, levando em conta os aspectos da nova lei, o juiz poderá concluir pela responsabilidade objetiva no caso que examina. No entanto, advirta-se, o dispositivo questionado explicita que somente pode ser definida como objetiva a responsabilidade do causador do dano quando este decorrer de 'atividade normalmente desenvolvida' por ele. O juiz deve avaliar, no caso concreto, a atividade costumeira do ofensor e não uma atividade esporádica ou eventual, qual seja, aquela que, por um momento ou por uma circunstância possa ser um ato de risco. Não sendo levado em conta esse aspecto, poder-se-á transformar em regra o que o legislador colocou como exceção" (Sílvio de Salvo Venosa, *Direito Civil — Responsabilidade Civil*, 3. ed., São Paulo: Atlas, 2003, v. 3, p.15).

[10] Proposição sobre o art. 927 da Jornada de Direito Civil (Brasília, 11 a 13 de setembro de 2002) publicada na Tribuna da Magistratura — Associação Paulista de Magistrados, Caderno Especial Jurídico, set. 2002, ano XIV, n. 122, p. 9.

[11] Alvino Lima, *Culpa e Risco*, 2. ed., São Paulo: Revista dos Tribunais, 1999, p. 198.

Isso bastaria, em nosso entendimento, para isentar da regra, sob análise, os condutores de veículo, uma vez que, embora aufiram proveito, este não é decorrência de uma atividade previamente aparelhada para a produção desse benefício. Além do que, o direito à circulação em avenidas e rodovias é imperativo da própria ordem constitucional, que nos garante o direito de ir e vir. Raciocínio contrário, *data venia*, seria a consagração do absurdo, pois estaria se dando exegese elástica à norma sob comento.

A imprecisão de se trabalhar com um conceito jurídico indeterminado leva, sucessivamente, porém, à seguinte questão: e o motorista de táxi, profissional autônomo, que exerce sua atividade, com finalidade econômica, poderia estar enquadrado na concepção de atividade de risco?

A pergunta não permite uma resposta imediata.

Com efeito, o ato de dirigir não gera, por si só, "*um ônus maior do que aos demais membros da coletividade*".

Todavia, a sua prática com finalidade lucrativa tem, sim, um risco embutido, que não pode ser transferido para terceiros, se eles não concorreram exclusivamente para os danos ocorridos.

Assim, abstraída a ocorrência de alguma excludente de responsabilidade, a responsabilização deverá ser objetiva pelos danos causados nessa atividade, se o evento danoso era potencialmente esperado, em função da probabilidade estatística de sua ocorrência.

Como se vê, a forma como a disciplina veio a ser inovada no sistema brasileiro pode gerar uma inicial insegurança nas relações jurídicas, pois transmitirá para a jurisprudência a responsabilidade — sem trocadilho! — da conceituação de atividade de risco no caso concreto[12].

Muitas outras intrincadas questões poderão ser suscitadas na discussão sobre o que se caracteriza como atividade de risco a ensejar responsabilização objetiva. Algumas delas, inclusive, como, por exemplo, a responsabilidade civil por acidente de trabalho e a responsabilidade civil de profissionais liberais, como médicos e advogados, serão desenvolvidas em capítulos próprios, na parte especial deste volume[13].

---

[12] Talvez, por isso, o grande amigo Sílvio Venosa desabafa em seu livro: "Essa norma da lei nova transfere para a jurisprudência a conceituação de atividade de risco no caso concreto, o que talvez signifique perigoso alargamento da responsabilidade sem culpa. É discutível a conveniência de uma norma genérica neste sentido. Melhor seria que se mantivesse nas rédeas do legislador a definição das situações de aplicação da teoria do risco" (Sílvio de Salvo Venosa, *Direito Civil — Responsabilidade Civil*, 3. ed., São Paulo: Atlas, 2003, v. 3, p. 15).

[13] Confiram-se, a propósito, os Capítulos XIV ("Responsabilidade Civil Profissional") e XV ("Responsabilidade Civil nas Relações de Trabalho").

Ressalte-se, todavia, que, como se não bastasse todo esse amplo reconhecimento da responsabilidade objetiva por ato próprio, o codificador cuidou ainda de admiti-la nas situações de responsabilidade civil indireta (por ato de terceiro — art. 932), além daquelas decorrentes da guarda da coisa ou do animal (arts. 936, 937 e 938), conforme estudaremos nos próximos capítulos.

Assim, só para fixarmos um exemplo bem comum, se o meu filho menor danificar o carro importado do vizinho, estando ele sob a minha autoridade (não necessariamente guarda) e companhia, serei chamado a responder "objetivamente", sem que a vítima seja obrigada a provar a ocorrência de culpa *in vigilando*, nos termos dos arts. 932, I, c/c 933 do Novo Código Civil.

O mesmo raciocínio aplica-se aos tutores, curadores, patrões e donos de hotéis, por atos praticados por seus tutelados, curatelados, empregados e hóspedes.

É óbvio, porém, que tal responsabilidade civil não subsistirá se provada alguma excludente de responsabilidade. Exemplifiquemos, para esclarecer melhor a questão: se o filho menor danificar o carro importado do vizinho, os pais devem responder objetivamente, salvo se provarem, v. g., que o dano foi causado por culpa exclusiva da vítima (engatou a marcha a ré sem perceber que a bicicleta do menor estava parada em lugar permitido, adentrou abruptamente com o carro em lugar proibido etc.).

Caiu por terra, portanto, a tradicional "presunção de culpa", uma vez que o legislador optou expressamente nessas hipóteses pela responsabilidade objetiva.

Por fim, vale lembrar que, contornando críticas doutrinárias que há décadas se repetiam, cuidou a nova Lei Codificada também de estabelecer, em seu art. 928, que "o incapaz responde pelos prejuízos que causar, se as pessoas por ele responsáveis não tiverem a obrigação de fazê-lo ou não dispuserem de meios suficientes".

Assim, no clássico exemplo do "louco milionário", sendo o curador pessoa de parcos recursos, o patrimônio do incapaz poderá suportar a condenação, desde que não o prive ou os seus dependentes do necessário para a sua mantença (art. 928).

Nesse sentido, mesmo antes da vigência do atual Código, o excelente SÍLVIO VENOSA já advertia: "há, no entanto, moderna tendência de fazer incidir no patrimônio do amental a reparação do dano por ele causado, quando tenha ele bens suficientes e não tenha responsável, sob o prisma da proteção social ampla no tocante ao restabelecimento do prejuízo"[14].

[14] Sílvio de Salvo Venosa, *Direito Civil — Contratos em Espécie e Responsabilidade Civil*, São Paulo: Atlas, 2001, v. 3, p. 532-3.

Digna de encômios, nesse particular, a inovação legal.

3. COMO CONCILIAR A RESPONSABILIDADE CIVIL OBJETIVA E O ART. 944, PARÁGRAFO ÚNICO, DO ATUAL CÓDIGO CIVIL

Feitas todas essas considerações, já podemos concluir que o Código Civil de 2002 colocou em posição de destaque a responsabilidade civil objetiva, que passou a compreender inúmeras situações frequentemente vivenciadas, e para as quais a jurisprudência tradicional insistia em fazer incidir as clássicas regras da responsabilidade subjetiva, estabelecendo falaciosas "presunções de culpa".

Pelo amplo espectro de incidência da locução "atividade de risco", arriscamo-nos a dizer que a grande maioria das situações de responsabilidade civil posta à apreciação judicial será resolvida sem a análise da culpabilidade do infrator.

E é exatamente por isso que não compreendemos bem, senão com certa perplexidade, o disposto no art. 944 do Código de 2002:

> "Art. 944. A indenização mede-se pela extensão do dano.
>
> Parágrafo único. Se houver excessiva desproporção entre a gravidade da culpa e o dano, poderá o juiz reduzir, equitativamente, a indenização".

Clara é a primeira parte do dispositivo.

É regra geral de Direito Civil que a indenização mede-se pela extensão do dano, sob pena de caracterizar enriquecimento sem causa[15]. Não é, pois, a intensidade de culpa que altera a mensuração do *quantum debeatur*. Assim, se o prejuízo é de 10, compreendendo o dano emergente e o lucro cessante, a indenização devida também deverá ser de 10, mesmo que o agente causador da lesão haja atuado com intensa carga de dolo.

Sempre foi assim no Direito Civil, que, nesse particular, afasta-se do Direito Penal, uma vez que, ocorrido um ilícito desse último jaez, o juiz criminal, ao impor a reprimenda estatal (sanção penal), graduará a pena-base, dentre outros critérios, de acordo com a *culpabilidade* do infrator.

---

[15] Sobre o enriquecimento sem causa já tivemos oportunidade de observar que: "No sistema brasileiro, o enriquecimento ilícito traduz a situação em que uma das partes de determinada relação jurídica experimenta injustificado benefício, em detrimento da outra, que se empobrece, inexistindo causa jurídica para tanto. É o que ocorre, por exemplo, quando uma pessoa, de boa-fé, beneficia ou constrói em terreno alheio, ou, bem assim, quando paga uma dívida por engano. Nesses casos, o proprietário do solo e o recebedor da quantia enriqueceram-se ilicitamente às custas de terceiro" (Pablo Stolze Gagliano; Rodolfo Pamplona Filho, *Novo Curso de Direito Civil — Obrigações*, São Paulo: Saraiva, 2002, v. 2).

Essa investigação psicológica não é exigida pelo Direito Civil para fixar a indenização devida. Como bem demonstrou o *caput* do art. 944, "a indenização mede-se pela *extensão* do dano".

Acontece que o Código Civil de 2002 altera profundamente o tratamento da matéria, ao permitir, em seu parágrafo único do art. 944, que o juiz possa, por equidade, *diminuir a indenização devida, se houver excessiva desproporção entre a gravidade da culpa e o dano.*

Ora, tal permissivo, subvertendo o princípio de que a indenização mede--se pela extensão do dano, permite que o juiz investigue culpa para o efeito de reduzir o *quantum debeatur.* É o caso, por exemplo, de o magistrado constatar que o infrator não teve intenção de lesionar, embora haja causado dano considerável.

Parece-nos, consoante vimos no capítulo anterior, que a vetusta classificação romana de culpa (leve, grave e gravíssima), oriunda do Direito Romano, ressurgiu das cinzas, tal qual a mitológica *Phoenix.*

É duvidosa, inclusive, até onde vai a utilidade da norma, que, sem sombra de dúvida, *embora possa se afigurar justa em determinado caso concreto*, acaba rompendo definitivamente com o princípio básico de ressarcimento integral da vítima.

Isso sem mencionar que o ilícito praticado pode decorrer do exercício de atividade de risco, ou estar previsto em legislação especial como ensejador de responsabilidade objetiva, e o juiz, para impor a obrigação de indenizar, não necessite investigar a culpa do infrator.

Como então explicar que, *para o reconhecimento da responsabilidade seja dispensada a indagação da culpa, e para a fixação do valor indenizatório ela seja invocada para beneficiar o réu?*

Parece-nos que o legislador não andou bem nesse ponto, estabelecendo regra anacrônica diante do sistema consagrado. A não ser que tal dispositivo somente seja aplicado em situações de responsabilidade subjetiva, ou seja, amparada na culpa, o que colocaria de fora os agentes empreendedores de atividade de risco[16].

---

[16] Na I Jornada de Direito Civil, referida linhas atrás, tentou-se contornar esse inconveniente com a aprovação de enunciado com o seguinte teor: "A possibilidade de redução do montante da indenização, em face do grau de culpa do agente, estabelecida pelo parágrafo único do art. 944 do novo Código Civil, deve ser interpretada restritivamente por representar uma exceção ao princípio da reparação integral do dano, *não se aplicando às hipóteses de responsabilidade objetiva*" (grifos nossos). Analisando esse entendimento, a primeira impressão é de que não haveria outra solução, senão admitir essa *faculdade de redução* apenas nas hipóteses de responsabilidade subjetiva (culposa), o que poderia ser considerado uma regra um tanto anacrônica, pois inserida em um sistema

Essa preocupação também abateu o culto RUI STOCO, consoante se depreende da análise do seu pensamento:

> "Também o parágrafo único desse artigo, segundo nos parece, rompe com a teoria da *restitutio in integrum* ao facultar ao juiz reduzir, equitativamente, a indenização se houver 'excessiva desproporção entre a gravidade da culpa e o dano'. Ao adotar e fazer retornar os critérios de graus da culpa obrou mal, pois o dano material não pode sofrer influência dessa gradação se comprovado que o agente agiu culposamente ou que há nexo de causa e efeito entre a conduta e o resultado danoso, nos casos de responsabilidade objetiva ou sem culpa. Aliás, como conciliar a contradição entre indenizar por inteiro quando se tratar de responsabilidade objetiva e impor indenização reduzida ou parcial porque o agente atuou com culpa leve, se na primeira hipótese sequer se exige culpa?"[17].

De todo o exposto, fica o convite à reflexão.

---

que privilegia as hipóteses de responsabilidade calcadas na atividade de risco. Todavia, posteriormente, a IV Jornada considerou por bem atribuir nova redação ao referido Enunciado n. 46 da I Jornada de Direito Civil, criando novo enunciado sob o n. 380, com a supressão da parte final "não se aplicando às hipóteses de responsabilidade objetiva", o que levanta novas reflexões sobre o tema. Poder-se-ia então imaginar que, em verdade, o fato de se não analisar a culpa em uma demanda que verse sobre responsabilidade objetiva não significaria que ela não concorresse, no caso concreto. Nessa linha, poderia, então, o elemento subjetivo ser analisado apenas para efeito de redução. Em nosso sentir, posto respeitável este entendimento, no plano prático-processual não se afigura tão simples dispensar a análise da culpa para efeito de "responsabilizar", e invocá-la apenas para "quantificar" por meio de um critério legal redutor. No entanto, segundo o novo enunciado, haveria, por exemplo, a possibilidade jurídica de reconhecimento do critério redutor em situações especiais, atinentes a demandas de responsabilidade objetiva (ex.: responsabiliza-se, em uma relação de consumo, pelo critério objetivo, mas, constatando que se trata de um fato isolado, sem qualquer culpa, ou que a empresa tentou amenizar os efeitos deletérios do fato, diminui-se o valor da indenização). A tese não é simples e merece, pois, uma reflexão mais detida por parte da jurisprudência brasileira.

[17] Rui Stoco, *Tratado de Responsabilidade Civil — Responsabilidade Civil e sua Interpretação Jurisprudencial*, 5. ed., São Paulo: Revista dos Tribunais, 2001, p. 13.

Capítulo XI
Responsabilidade Civil por Ato de Terceiro

Sumário: 1. Introdução. 2. Tratamento legal da matéria. 3. Responsabilidade civil dos pais pelos filhos menores. 4. Responsabilidade civil dos tutores e curadores pelos tutelados e curatelados. 5. Responsabilidade civil do empregador ou comitente pelos atos dos seus empregados, serviçais ou prepostos. 6. Responsabilidade civil dos donos de hotéis, hospedarias e estabelecimentos educacionais por ato dos seus hóspedes, moradores e educandos. 7. Responsabilidade civil pelo produto de crime. 8. Responsabilidade civil das pessoas jurídicas de Direito Público e de Direito Privado.

1. INTRODUÇÃO

Até aqui cuidamos da responsabilidade civil por ato próprio, ou seja, decorrente da atividade do próprio sujeito a quem é imposta a obrigação de indenizar.

No entanto, é possível que o sujeito seja chamado a responder civilmente pela atuação de um terceiro, ligado a si por algum tipo de vínculo jurídico, contratual ou legal.

Trata-se da responsabilidade civil indireta ou por ato de terceiro (fato de outrem), objeto do presente capítulo.

2. TRATAMENTO LEGAL DA MATÉRIA

Houve uma sensível mudança no tratamento dessa matéria, se compararmos as disposições do Código de 1916 com o diploma de 2002.

Na sistemática anterior, os responsáveis previstos no art. 1.521 (pais, tutor/curador, patrão/amo/comitente, donos de hotéis/hospedarias ou estabelecimentos congêneres, diretores de estabelecimentos educacionais), com exceção dos que houvessem gratuitamente participado do produto do crime (art. 1.521, V), somente responderiam se fosse demonstrada a sua *culpa ou negligência*, nos termos do art. 1.523.

Criticando essa postura do legislador, que impôs à própria vítima, em uma acintosa inversão dos princípios da responsabilidade civil, o *ônus de provar a culpa do infrator*, CLÓVIS BEVILÁQUA asseverava: "Esta prova deverá incumbir aos responsáveis, por isso que há contra eles presunção legal de culpa; mas o Código, modificando a redação dos projetos, impôs o ônus da prova ao prejudicado. Essa inversão é devida à redação do Senado"[1].

De fato, afigura-se-nos absurdo que a própria vítima tenha que provar a culpa do sujeito que deveria ter tido o cuidado de guarda, custódia ou vigilância do agente causador do dano. Teria eu, portanto, lesado pela atuação de um menor que atiçou soda cáustica na pintura do meu carro, que provar que o seu pai não o vigiou devidamente? Ou seria mais justo que já pesasse contra esse pai uma presunção de culpa (*in vigilando*), cabendo, pois, a ele mesmo, quando demandado, o ônus de provar que não atuou com desídia?

A jurisprudência brasileira, entretanto, suavizando a rigidez da norma, cuidou de estabelecer o *critério da presunção de culpa* em desfavor dos responsáveis previstos no art. 1.521, facilitando, assim, o ressarcimento da vítima[2].

Trata-se de presunções relativas, na medida em que os responsáveis poderão eximir-se da obrigação de indenizar, desde que provem não haverem atuado com culpa.

No caso da responsabilidade por ato do empregado, o próprio Supremo Tribunal Federal foi chamado a manifestar-se a respeito, editando famosa súmula, que firmou uma presunção absoluta de culpa[3] do patrão por ato do empregado, tornando indiscutível a sua responsabilidade civil: "Súmula 341. É presumida a culpa do patrão ou comitente pelo ato culposo do empregado ou preposto".

---

[1] Citado por Carlos R. Gonçalves, *Responsabilidade Civil*, 7. ed., São Paulo: Saraiva, 2002, p. 127-8.

[2] "Ementa. Civil. Responsabilidade civil. Veículo dirigido por terceiro. Culpa deste a abalroar outro veículo. Obrigação do proprietário de indenizar. Contra o proprietário de veículo dirigido por terceiro considerado culpado pelo acidente conspira a presunção 'iuris tantum' de culpa 'in eligendo' e 'in vigilando', não importando que o motorista seja ou não seu preposto, no sentido de assalariado ou remunerado, em razão do que sobre ele recai a responsabilidade pelo ressarcimento do dano que a outrem possa ter sido causado. Recurso conhecido e provido" (STJ, j. 8-10-1997, 4.ª Turma, REsp 5756/RJ; REsp 1990/0010815-2, Rel. Min. Cesar Asfor Rocha).

[3] Nesse sentido, Arnoldo Wald: "A atitude de nossos tribunais é de fato no sentido de não admitir qualquer prova de que não houve culpa do patrão uma vez provada a do preposto. A alegada presunção 'juris tantum' se transforma assim numa presunção 'jure et de jure', já que o patrão não se pode exonerar de sua responsabilidade alegando que escolheu preposto devidamente habilitado para o exercício da função" (*Curso de Direito Civil Brasileiro — Obrigações e Contratos*, 12. ed., São Paulo: Revista dos Tribunais, 1995, v. 2, p. 518).

Vale registrar, inclusive, que todas as formas de responsabilidade civil por ato de terceiro, previstas no mencionado artigo, decorreriam de uma culpa *in vigilando*, salvo, justamente, a responsabilidade civil por ato de empregados, serviçais e prepostos, que se daria justamente por uma culpa *in eligendo*, arcando o patrão, amo ou comitente com os riscos da má eleição.

Com isso, portanto, tendeu-se a reconhecer uma certa "perda de eficácia social" do defeituoso art. 1.523 do Código anterior, por atuação — repita-se! — da própria jurisprudência, que passou a considerar presumida a culpa dos responsáveis ali referidos.

Assim, com fundamento no Código anterior, teríamos o seguinte quadro esquemático:

1. pais ⟷ filho (presunção de culpa *in vigilando*);
2. tutor ⟷ tutelado (presunção de culpa *in vigilando*);
3. curador ⟷ curatelado (presunção de culpa *in vigilando*);
4. patrão, amo, comitente ⟷ empregados, serviçais e prepostos (presunção de culpa *in eligendo*);
5. donos de hotéis, hospedarias ou estabelecimentos congêneres ⟷ hóspedes, moradores (presunção de culpa *in vigilando*);
6. diretores de estabelecimentos educacionais ⟷ educandos (presunção de culpa *in vigilando*).

Todo o sistema anterior, portanto, é calcado na ideia de culpa, ainda que provada por meio de presunções, para facilitar a postulação da vítima.

O Código de 2002, por sua vez, alterando significativamente esse cenário, valendo-se visivelmente da teoria do risco, cuidou de acabar, de uma vez por todas, com as melindrosas "presunções de culpa", e, em uma atitude mais séria e precisa, estabeleceu, nos termos dos seus arts. 932 e 933, que as situações ali mencionadas de responsabilidade civil por ato de terceiro dispensariam a prova de culpa.

Consagrou-se, assim, a *responsabilidade objetiva*, para aquelas hipóteses que anteriormente vinham tratadas como de responsabilidade subjetiva (culposa) por presunção.

A essa conclusão chegamos, ao analisarmos os referidos artigos de lei, transcritos abaixo, *in verbis*:

> Art. 932. São também responsáveis pela reparação civil:
>
> I — os pais, pelos filhos menores que estiverem sob sua autoridade e em sua companhia;
>
> II — o tutor e o curador, pelos pupilos e curatelados, que se acharem nas mesmas condições;

III — o empregador ou comitente, por seus empregados, serviçais e prepostos, no exercício do trabalho que lhes competir, ou em razão dele;

IV — os donos de hotéis, hospedarias, casas ou estabelecimentos onde se albergue por dinheiro, mesmo para fins de educação, pelos seus hóspedes, moradores e educandos;

V — os que gratuitamente houverem participado nos produtos do crime, até a concorrente quantia.

Art. 933. As pessoas indicadas nos incisos I a V do artigo antecedente, ainda que não haja culpa de sua parte, responderão pelos atos praticados pelos terceiros ali referidos.

Trata-se de enumeração *numerus clausus*, de forma que não se poderá estender a situações não previstas[4].

Por fim, uma última indagação se impõe: as pessoas consideradas "responsáveis por ato de terceiro", enumeradas no art. 932, teriam uma responsabilidade *solidária* ou *simplesmente subsidiária*?

Ao analisarmos o Código Civil, tanto o de 1916 quanto o de 2002, não se verifica qualquer referência expressa à ideia de responsabilidade subsidiária no Livro do Direito das Obrigações.

Todavia, se o campo de investigação for ampliado para a análise de outros livros do próprio Código Civil e da jurisprudência nacional, sem muita dificuldade é possível encontrar previsões desse tipo de responsabilidade.

Tratando, por exemplo, do registro da pessoa jurídica, o art. 46, V, do CC/2002 estabelece que ele declarará "*se os membros respondem, ou não, subsidiariamente, pelas obrigações sociais*", o que, *mutatis mutandis*, também está previsto, no que diz respeito ao contrato social das sociedades simples, no art. 997, VI, do CC/2002.

Quando trata, também, da sociedade em comandita por ações, há previsão expressa de tal responsabilidade no art. 1.091 do CC/2002, *in verbis*:

"Art. 1.091. Somente o acionista tem qualidade para administrar a sociedade e, como diretor, responde subsidiária e ilimitadamente pelas obrigações da sociedade.

---

4 Frequentemente deparamo-nos com a seguinte pergunta: "se eu emprestar o meu carro a um amigo, respondo pelo dano causado por ele?". Regra geral, a resposta negativa se impõe. E a razão é simples. No caso, tem-se a realização de um contrato de comodato (empréstimo gratuito de coisa não fungível — o carro), e a legislação em vigor *não previu a responsabilidade do comodante por ato do comodatário*. A não ser que o proprietário do veículo haja *atuado causalmente para a consecução do dano*, emprestando-o a um amigo bêbado. Aí sim responde, pelo fundamento genérico do art. 186 (nesse sentido, cf. tb. Cavalieri, ob. cit., p. 129).

§ 1.º Se houver mais de um diretor, serão solidariamente responsáveis, depois de esgotados os bens sociais.

§ 2.º Os diretores serão nomeados no ato constitutivo da sociedade, sem limitação de tempo, e somente poderão ser destituídos por deliberação de acionistas que representem no mínimo 2/3 (dois terços) do capital social".

No campo do Direito de Família, por exemplo, estabelece o art. 1.744 do CC/2002 uma responsabilidade do magistrado, que será direta e pessoal, quando não tiver nomeado o tutor, ou não o houver feito oportunamente; mas apenas *subsidiária*, quando não tiver exigido garantia legal do tutor, nem o removido, tanto que se tornou suspeito.

Mas o que seria, afinal, essa responsabilidade subsidiária?

Nada mais do que uma forma especial de solidariedade, com benefício ou preferência de excussão de bens de um dos obrigados[5].

De fato, na solidariedade passiva, temos uma determinada obrigação, em que concorre uma pluralidade de devedores, cada um deles obrigado ao pagamento de toda a dívida. Nessa responsabilidade solidária, há, portanto, duas ou mais pessoas unidas pelo mesmo débito.

Na responsabilidade subsidiária, por sua vez, temos que uma das pessoas tem o débito originário e a outra tem apenas a responsabilidade por esse débito[6]. Por isso, existe uma preferência (dada pela lei) na "fila" (ordem) de excussão (execução): no mesmo processo, primeiro são demandados os bens do devedor (porque foi ele quem se vinculou, de modo pessoal e originário, à dívida); não tendo sido encontrados bens do devedor ou não sendo eles suficientes, inicia-se a excussão de bens do responsável em caráter subsidiário, por toda a dívida.

Vale lembrar que a expressão "subsidiária" se refere a tudo que vem "em reforço de..." ou "em substituição de...", ou seja, não sendo possível executar o efetivo devedor — sujeito passivo direto da relação jurídica obrigacional —, devem ser executados os demais responsáveis pela dívida contraída.

Por isso, podemos afirmar que não existe, *a priori*, uma "obrigação subsidiária" (motivo pelo qual, talvez, os doutrinadores pátrios de direito civil normalmente não se debrucem sobre o tema nessa área), mas sim apenas uma "responsabilidade subsidiária".

E como ficariam, afinal, as hipóteses previstas no art. 932 do Código Civil?

---

[5] Cf. o volume 2 desta obra, no Capítulo VI, item 3. 4.1.2.

[6] Sobre a diferença entre *obrigação (debitum) e responsabilidade (obligatio)*, confira-se, novamente, o volume 2 desta obra, especificamente, o Capítulo I ("Introdução ao Direito da Obrigações"), tópico 6.1 ("Conceitos Correlatos").

Em nosso entendimento, com a utilização do advérbio "também" no seu *caput* ("Art. 932. São *também* responsáveis pela reparação civil..."), a lei estabeleceu uma forma de *solidariedade passiva*, oportunizando à vítima exigir a reparação civil diretamente do responsável legal.

É essa a linha do parágrafo único do art. 942 do CC/2002, ao estabelecer que "são solidariamente responsáveis com os autores os coautores e as pessoas designadas no art. 932".

Cumprida a obrigação, caberá ao pagador direito de regresso contra a pessoa por quem se responsabilizou, ressalvada a hipótese de ser seu descendente, absoluta ou relativamente incapaz (art. 934 do CC/2002[7]).

Um exemplo irá aclarar a hipótese: se o patrão paga a indenização devida à vítima por conta da atuação ilícita do seu empregado, poderá, posteriormente, cobrar deste último aquilo que desembolsou, se este tiver agido com dolo ou culpa, conforme veremos em tópico posterior[8].

O mesmo não acontecerá, entretanto, no caso de o pai pagar o prejuízo causado pelo seu filhinho de 4 anos, pois o referido art. 934 impede que seja ajuizada demanda regressiva em face de descendente incapaz.

3. RESPONSABILIDADE CIVIL DOS PAIS PELOS FILHOS MENORES

Pela ordem natural da vida, os pais — biológicos ou adotivos, pouco importa — são responsáveis por toda a atuação danosa atribuída aos seus filhos menores.

Na sistemática do Código anterior, o art. 1.521 somente admitia essa forma de responsabilidade em face dos "filhos menores que estivessem sob o seu poder e companhia".

Com isso, admitiu-se que apenas aquele dos pais com quem o menor mantivesse contato direto poderia ser chamado à responsabilidade. Assim, caso o genitor não detivesse a guarda do menor, ficando este, por exemplo, em companhia da mãe, cometido o dano, apenas esta última poderia ser responsabilizada, ficando de fora a figura paterna. Claro está, todavia, que se o evento ocorresse durante o período do direito de visita, o pai poderia ser responsabilizado.

---

[7] "Art. 934. Aquele que ressarcir o dano causado por outrem pode reaver o que houver pago daquele por quem pagou, salvo se o causador do dano for descendente seu, absoluta ou relativamente incapaz".

[8] *Vide* tópico 5 ("Responsabilidade Civil do Empregador ou Comitente pelos atos dos seus Empregados, Serviçais ou Prepostos").

Note-se, entretanto, que, enquanto vigeu o Código de 1916, essa responsabilidade *solidária* dos pais por atos dos filhos somente se aplicava em se tratando de menores púberes (relativamente capazes — maiores de 16 e menores de 21 anos).

Isso porque o art. 156 da Lei Civil revogada, sem equivalente no Código Civil brasileiro de 2002, equiparava esses menores aos maiores, pelos ilícitos que houvessem praticado. Vale dizer, caso dispusessem de patrimônio, seriam responsabilizados conjuntamente com os seus pais pelo dano causado (obrigação solidária)[9].

Em se tratando de absolutamente incapaz (menor impúbere), por sua vez, essa regra não teria incidência, em virtude de o legislador o haver considerado inimputável, e, por consequência, apenas sobre os seus pais pesaria a obrigação civil de indenizar.

---

[9] Problema que restou resolvido com a redução da maioridade civil diz respeito ao acidente causado por filho habilitado a dirigir. Nesse sentido, Sérgio Cavalieri Filho: "Ora, se a lei permite ao menor, a partir dos 18 anos, tirar carteira de habilitação, que poder têm os pais para impedir o filho de fazer aquilo que a lei permite?". E conclui, com precisão: "Parece-me estar, aí, caracterizada uma hipótese em que cessa o poder de direção dos pais sobre o filho nesse particular, afastando-lhes a responsabilidade, salvo se já tiverem ciência de que o mesmo tem-se comportado de maneira imprudente ao volante e se omitirem em tomar as providências cabíveis" (*Programa de Responsabilidade Civil*, São Paulo: Malheiros, 2000, p. 114). Com a redução da maioridade para os 18 anos, não há falar-se mais em responsabilidade dos pais, pois, no caso, a menoridade deixou de existir.

Sobre tal problema no sistema anterior, confira-se o seguinte acórdão:

"Ementa: Civil e processual. Acidente de trânsito. Vítima fatal. Veículo causador dirigido e pertencente a menor púbere legalmente habilitado. Responsabilidade dos pais não configurada. Carência da ação. CPC, art. 267, VI. I. Achando-se o menor púbere legalmente habilitado à condução de veículo automotor de sua propriedade, os danos por ele provocados a terceiros em acidente no qual também perdeu a vida não devem ser suportados pelos pais, eis que o dever de vigilância inerente ao exercício do pátrio poder não se estende sobre atos para os quais o filho se achava apto a praticar de forma absolutamente autônoma. II. Conquanto possível, ainda assim, em hipóteses excepcionais, atribuir-se aos pais responsabilidade *civil* pelo comportamento do filho menor púbere, quando, sendo de seu conhecimento que ele padece de vício (alcoolismo, drogas, etc.), doença ou tratamento que lhe retira reflexo ou capacidade de discernimento para dirigir, se omitem na tomada das providências necessárias, tais situações não se verificam no caso dos autos. III. Recurso especial conhecido e provido, extinto o processo sem Julgamento do mérito, nos termos do art. 267, VI, da lei adjetiva civil" (STJ, REsp 392099/DF; REsp 2001/0164175-2, j. 7-3-2002, 4.ª Turma, Rel. Min. Aldir Passarinho Junior).

Com a entrada em vigor do atual Código Civil, a mudança de tratamento legal da matéria foi significativa.

Primeiramente, pela alteração da dicção do próprio inciso I do art. 932 que substituiu as expressões "poder" por "autoridade", ficando assim redigido:

> "Art. 932. São também responsáveis pela reparação civil:
>
> I — os pais, pelos filhos menores que estiverem sob sua *autoridade* e em sua companhia".

Melhor assim.

A expressão "poder" no Código anterior era anacrônica, na medida em que o pai que não tivesse o menor em sua companhia não deixava de ter o "pátrio poder" sobre ele.

O Código de 2002 foi mais técnico ao referir a expressão "autoridade" em lugar da palavra "poder". Por outro lado, aparentemente, optou por restringir a responsabilidade ao pai ou à mãe que tivesse o menor "em sua companhia", o que pode não se afigurar justo, na medida em que a ambos os detentores do poder familiar compete o dever de educar[10].

---

[10] "CIVIL E PROCESSUAL CIVIL. RESPONSABILIDADE DOS PAIS E DA AVÓ EM FACE DE ATO ILÍCITO PRATICADO POR MENOR. SEPARAÇÃO DOS PAIS. PODER FAMILIAR EXERCIDO POR AMBOS OS PAIS. DEVER DE VIGILÂNCIA DA AVÓ. REEXAME DE FATOS. INCIDÊNCIA DA SÚMULA 7/STJ. DISSÍDIO JURISPRUDENCIAL COMPROVADO.

1. O Tribunal *a quo* manifestou-se acerca de todas as questões relevantes para a solução da controvérsia, tal como lhe fora posta e submetida. Não cabe alegação de violação do artigo 535 do CPC, quando a Corte de origem aprecia a questão de maneira fundamentada, apenas não adotando a tese da recorrente. Precedentes.

2. Ação de reparação civil movida em face dos pais e da avó de menor que dirigiu veículo automotor, participando de 'racha', ocasionando a morte de terceiro. A preliminar de ilegitimidade passiva dos réus, sob a alegação de que o condutor do veículo atingiu a maioridade quando da propositura da ação, encontra-se preclusa, pois os réus não interpuseram recurso em face da decisão que a afastou.

3. Quanto à alegada ilegitimidade passiva da mãe e da avó, verifica-se, de plano, que não existe qualquer norma que exclua expressamente a responsabilização das mesmas, motivo pelo qual, por si só, não há falar em violação aos arts. 932, I, e 933 do CC.

4. *A mera separação dos pais não isenta o cônjuge, com o qual os filhos não residem, da responsabilidade em relação aos atos praticados pelos menores, pois permanece o dever de criação e orientação, especialmente se o poder familiar é exercido conjuntamente.* Ademais, não pode ser acolhida a tese dos recorrentes quanto a exclusão da responsabilidade da mãe, ao argumento de que houve separação e, portanto, exercício unilateral do poder familiar pelo pai, pois tal implica o revolvimento do conjunto fático probatório, o que é defeso em sede de recurso especial. Incidência da Súmula 7/STJ.

Ademais, vale lembrar que não mais se analisa culpa para efeito de responsabilidade, ainda que sob a forma de presunção, na medida em que o art. 933 ressaltou que todas as modalidades de responsabilidade indireta são *objetivas.*

E mais uma observação importante se faz necessária.

Como já observado, o Código de 2002 não contém regra semelhante àquela constante no art. 156 da lei revogada, referente à equiparação do menor púbere ao maior.

Na verdade, o legislador foi mais além.

No seu art. 928, subvertendo a teoria tradicional que considerava o menor impúbere inimputável, a lei civil consagrou a plena responsabilidade jurídica do incapaz — em cujo conceito se subsume o menor —, desde que os seus responsáveis *não tivessem a obrigação de indenizar ou não dispusessem de meios suficientes para tanto*:

> "Art. 928. O incapaz responde pelos prejuízos que causar, se as pessoas por ele responsáveis *não tiverem obrigação de fazê-lo* ou *não dispuserem de meios suficientes.*
>
> Parágrafo único. A indenização prevista neste artigo, que deverá ser equitativa, não terá lugar se privar do necessário o incapaz ou as pessoas que dele dependem" (grifamos).

Pouco importando, pois, que se trate de menor absoluta ou relativamente incapaz, se o seu representante *não tiver a obrigação de indenizar* (imagine que o pai esteja em coma, e o seu filho, órfão de mãe, haja ficado em companhia da avó idosa, ocasião em que cometeu o dano), *ou for pobre*, poderá a vítima demandar o próprio menor, objetivando o devido ressarcimento, caso haja patrimônio disponível[11].

---

5. Em relação à avó, com quem o menor residia na época dos fatos, subsiste a obrigação de vigilância, caracterizada a delegação de guarda, ainda que de forma temporária. A insurgência quanto a exclusão da responsabilidade da avó, a quem, segundo os recorrentes, não poderia se imputar um dever de vigilância sobre o adolescente, também exigiria reapreciação do material fático-probatório dos autos. Incidência da Súmula 7/STJ.

6. Considerando-se as peculiaridades do caso, bem como os padrões adotados por esta Corte na fixação do valor indenizatório a título de danos morais por morte, reduzo a indenização arbitrada pelo Tribunal de origem para o valor de R$ 250.000,00 (duzentos e cinquenta mil reais), acrescido de correção monetária a partir desta data (Súmula 362/STJ), e juros moratórios a partir da citação, conforme determinado na sentença (fl. 175), e confirmado pelo Tribunal de origem (fls. 245/246).

7. Recurso especial parcialmente conhecido e, na extensão, provido" (STJ, REsp 1074937/MA, Rel. Min. Luis Felipe Salomão, 4.ª Turma, julgado em 1.º-10-2009, *DJe*, 19-10-2009, grifos nossos).

[11] A título de informação histórica, registre-se que o antigo Projeto de Lei n. 6.960/2002 (renumerado para 276/2007, antes de seu arquivamento definitivo), pretendia alterar a

No entanto, o parágrafo único do art. 928, mitigando a regra anterior, ressalva que "a indenização prevista neste artigo, que deverá ser equitativa, *não terá lugar se privar do necessário o incapaz ou as pessoas que dele dependem*". Trata-se de regra que tenta conciliar o interesse da vítima com a situação de hipossuficiência do incapaz, que não poderá ficar à míngua em virtude de sua responsabilização civil.

4. RESPONSABILIDADE CIVIL DOS TUTORES E CURADORES PELOS TUTELADOS E CURATELADOS

O tutor, como se sabe, atua como representante legal do menor cujos pais sejam falecidos, declarados ausentes ou destituídos do poder familiar.

Trata-se de um múnus público, imposto por lei a determinadas pessoas, em atenção ao menor, nos termos dos arts. 1.728 a 1.766 do Código Civil.

Ora, como exerce poder de direção sobre o menor, deverá, nos termos do art. 932, II, responder pelos danos que ele haja cometido em face de terceiros.

O mesmo se diga do curador[12].

A curatela, diferentemente da tutela, dirige-se, em geral, à proteção das seguintes pessoas, na forma do art. 1.767 do CC/2002, com a redação dada pela Lei n. 13.146, de 6 de julho de 2015 (Estatuto da Pessoa com Deficiência):

a) aqueles que, por causa transitória ou permanente, não puderem exprimir sua vontade;

b) os ébrios habituais e os viciados em tóxico;

c) os pródigos.

Ao lado de tais hipóteses, vale lembrar que este Estatuto prevê, em caráter extraordinário, nos termos dos seus arts. 84 e 85, a curatela da pessoa com deficiência que não possa se valer da tomada de decisão apoiada, instituto previsto em seu art. 116.

Atente-se, por outro lado, para o fato de que a curatela não apenas visa à proteção de maiores, mas, também, poderá ser deferida para a salvaguarda de interesses do nascituro (art. 1.779 do CC/2002).

---

redação desse dispositivo, que ficaria da seguinte forma: "Art. 928. O incapaz responde pelos prejuízos que causar, observado o disposto no art. 932 e no parágrafo único do art. 942". A remissão a essas duas regras nos dá a impressão de que a responsabilidade jurídica do incapaz restaria reforçada, salientando-se a *solidariedade existente com o seu representante legal*.

12 A doutrina tradicional costuma aconselhar o magistrado a tratar com maior benevolência o tutor ou curador, pois, se o compararmos ao pai, apenas este último deteria uma responsabilidade natural em face do menor.

Caso, portanto, o curatelado cometa um ato lesivo ao patrimônio ou a direito de terceiro, o seu curador — pessoa a quem assiste poder de direção — poderá ser civilmente responsabilizado.

Tal regra, se levada às últimas consequências, afigura-se-nos por demais injusta.

No caso da interdição por prodigalidade, por exemplo, o dever de vigilância imposto ao curador não deveria ir ao ponto de torná-lo solidariamente obrigado pelo dano causado pelo pródigo, pois a sua assistência diz respeito apenas à prática de atos de disposição patrimonial. Em todo o mais, o indivíduo padecente desse desvio comportamental rege a sua vida, sem a ingerência de quem quer que seja.

Por isso, entendemos dever o juiz ter redobrada cautela ao considerar a responsabilidade dessas pessoas, analisando, na hipótese concreta, o grau de participação efetiva do curatelado.

E a lei anterior gerava ainda um outro grave inconveniente.

Por princípio, o "louco de todo o gênero" — expressão infeliz que veio a ser substituída pela noção de "enfermidade ou deficiência mental" (posteriormente suprimida da codificação com o advento da Lei n. 13.146, de 6 de julho de 2015 (Estatuto da Pessoa com Deficiência) — sempre fora considerado *inimputável* em nossa ordem jurídica.

Isso porque, em face dele, não existia regra semelhante àquela prevista para o menor púbere (relativamente incapaz) — art. 156 — que o equiparava ao maior pelo ilícito que houvesse praticado. Em outras palavras, causado o dano, restava à vítima, tão somente, demandar o curador, a quem caberia fazer prova em sentido contrário, visando ilidir a presunção de culpa *in vigilando*[13].

E tal situação se agravava se o curador não dispusesse de recursos para arcar com o prejuízo, a despeito da riqueza do amental.

A vítima quedaria irressarcida...

Irresignada com a injustiça da questão, respeitável parcela da doutrina, amparando-se em princípios de equidade e razoabilidade, passou a admitir que, em tal caso, pudesse a vítima cobrar a indenização devida do próprio incapaz.

Nesse sentido, é o pensamento do professor SILVIO RODRIGUES, consoante depreende-se deste trecho de sua obra:

---

[13] Nesse sentido, antes da mudança de diretriz legislativa, confira-se o seguinte acórdão: "Responsabilidade Civil. Negócio Jurídico com pessoa interditada. Obrigação de indenizar pelo curador apenas na hipótese de se provar seu agir culposo. Ônus da prova a cargo de quem alega. Indenizatória improcedente. Recurso de autora improvido, provido o do réu" (1.º TACSP, Ap. 0962387-6, j. 6-8-2001, 10.ª Câmara, Rel. Araldo Telles).

"No Brasil, onde a legislação é silente sobre a eventual responsabilidade do amental, o problema tem preocupado os juristas, e, embora haja quem opine no sentido de que o legislador não distinguiu entre o amental e a pessoa normal, para efeito de responsabilidade, a verdade é que a opinião prevalecente é no sentido contrário, ou seja, no de que o psicopata, sendo inimputável, não pode responder no campo civil. *Todavia, o mesmo anseio de justiça que orientou os juristas, o legislador e os juízes daqueles países acima apontados manifestou-se entre nós. Realmente, 'de lege ferenda', deve o juiz, por equidade, determinar que o patrimônio do amental responda pelo dano por ele causado a terceiro quando, se isso não ocorresse, a vítima ficaria irressarcida*"[14] (grifos nossos).

O Novo Código Civil, entretanto, conforme vimos linhas acima, contornou o problema ao admitir a responsabilidade civil do incapaz que disponha de patrimônio, respeitado o limite mínimo da renda para a sua mantença, nos termos do aqui já transcrito art. 928, sem equivalente no CC/1916.

Assim, causado o dano, se o curador não tiver a obrigação de ressarcir (imagine uma situação em que o indivíduo tenha causado danos antes da designação formal do curador) ou não dispuser de condições para fazê-lo (for pobre), o patrimônio do incapaz poderá ser atingido para a satisfação da vítima, preservada uma renda mínima para a sua própria mantença ou das pessoas que de si dependam economicamente (sua filhinha, por exemplo).

Finalmente, lembre-se de que tanto o tutor quanto o curador, nos termos do art. 933, responderão pelo dano independentemente da existência de culpa (responsabilidade civil objetiva), resguardado o direito de regresso, nos termos do art. 934.

Algumas reflexões ainda devem ser feitas na perspectiva do Estatuto da Pessoa com Deficiência.

Como se sabe, este verdadeiro microssistema jurídico reestruturou parte do Direito Privado brasileiro.

Ao considerar a pessoa com deficiência legalmente capaz, nos termos dos seus arts. 6.º e 84 — ainda que precise se valer de institutos assistenciais como a curatela ou a tomada de decisão apoiada para atuar na vida social — o legislador realizou um "salto quântico" na direção de um horizonte mais justo, inclusivo e igualitário.

Nesse contexto, uma pergunta se impõe: *o curador continuaria solidariamente responsável pelo ato do curatelado?*

Bem, o inciso II do art. 932 do Código Civil não fora expressamente revogado nem alterado, especialmente pelo fato de a curatela poder ser aplicada a outros sujeitos, a exemplo do pródigo.

---

[14] Silvio Rodrigues, *Direito Civil — Responsabilidade Civil*, 17. ed., São Paulo: Saraiva, 1999, v. 4, p. 24-5.

A circunstância de se reconhecer a capacidade legal da pessoa com deficiência não exclui o dever de cuidado e vigilância ínsitos à curatela, ainda que este instituto haja sido redimensionado pelo Estatuto da Pessoa com Deficiência.

Na mesma linha, aliás, para evitar que a vítima fique irressarcida, a doutrina brasileira admite a responsabilidade dos pais pelo ato do menor capaz, já emancipado por eles, até que complete a maioridade legal.

O mesmo raciocínio, por consequência, pode ser aplicado à curatela da pessoa com deficiência, uma vez que, nesses casos específicos, como visto, a curatela não implica reconhecimento de incapacidade.

5. RESPONSABILIDADE CIVIL DO EMPREGADOR OU COMITENTE PELOS ATOS DOS SEUS EMPREGADOS, SERVIÇAIS OU PREPOSTOS

A hipótese versada no inciso III do art. 932 do Novo Código Civil brasileiro traz, em verdade, duas situações assemelhadas, que, porém, não se confundem.

De fato, a responsabilidade civil do empregador ou comitente, pelos atos dos seus empregados, serviçais ou prepostos, se justifica pelo poder diretivo desses sujeitos em relação aos agentes materiais do dano, sendo este o seu elemento comum.

Todavia, há uma diferença substancial entre a natureza da relação jurídica mantida entre esses sujeitos.

Com efeito, no primeiro caso, exige-se a existência de uma relação de trabalho subordinado (vínculo empregatício), única hipótese em que se pode esperar a presença de um sujeito *empregador*.

Já na segunda hipótese, em que se menciona a responsabilidade civil de um *comitente*[15], a relação jurídica-base em que se postula a responsabilização pode se dar das mais amplas formas de contratação civil[16] (nela, incluídas,

---

[15] "*Comitente.* Adj.2g.s.2g. (1836 cf.SC) 1. JUR que ou aquele que incumbe alguém, mediante o pagamento de uma comissão, de executar certos atos em seu nome e sob sua direção e responsabilidade 2. COM que ou aquele que, por sua conta, consigna mercadorias a outrem. ETIM lat. *committens, entis*, part. pres. de *committère* 'confiar'; ver met., f.hist. 1836 *committente*; a datação é para o subst. ANT comissionado" (Antônio Houaiss e Mauro de Salles Villar, *Dicionário Houaiss da Língua Portuguesa*, Rio de Janeiro: Objetiva, 2001, p. 771).

[16] "Ementa: Responsabilidade *civil.* Cirurgia. Queimadura causada na paciente por bisturi elétrico. Médico-chefe. Culpa '*in eligendo*' e '*in vigilando*'. Relação de preposição. Dependendo das circunstâncias de cada caso concreto, o médico-chefe pode vir a responder por fato danoso causado ao paciente pelo terceiro que esteja diretamente sob suas ordens. Hipótese em que o cirurgião-chefe não somente escolheu o auxiliar, a quem

obviamente, as avenças comerciais), podendo se enquadrar, por exemplo, os contratos de mandato (arts. 653 a 685 do CC/2002), comissão (arts. 693 a 709 do CC/2002; sem equivalente no CC/1916, mas sim no Código Comercial de 1850, arts. 165 a 190, sob o nome de "comissão mercantil"), agência e distribuição (arts. 710 a 721 do CC/2002), corretagem (arts. 722 a 729 do CC/2002) e mesmo a representação comercial autônoma (regulada pela Lei n. 4.886, de 9-12-1965)[17], entre outras formas contratuais.

---

se imputa o ato de acionar o pedal do bisturi, como ainda deixou de vigiar o procedimento cabível em relação àquele equipamento. — Para o reconhecimento do vínculo de preposição, não é preciso que exista um contrato típico de trabalho; é suficiente a relação de dependência ou que alguém preste serviços sob o comando de outrem. Recurso especial não conhecido" (STJ, REsp 200831/RJ; REsp 1999/0002980-1, Rel. Min. Barros Monteiro, j. 8-5-2001, 4.ª Turma).

"Responsabilidade civil de estabelecimento comercial. Ato ilícito praticado por preposto. Constrangimento ilegal. Teoria da aparência. Culpa *in eligendo*. Dano moral. Indenização. Apelação. Reparação de danos. Constrangimento. Não completada eletronicamente a operação, na Gerência, a A. foi destratada por outro preposto da Apte., desdenhando montante das compras e afirmando que dispensa clientes a sua feição, além de exigir cheque e carteira de identidade, retendo-a, conf. prova oral e inserção parcial na contestação. Aplica-se à espécie a teoria da aparência, pouco importando se houve ou não reconhecimento de quem destratou e o dever da Apte. é zelar, evitando que terceiros abordem seus clientes, destratando-os ou humilhando-os, culpa 'in eligendo' ou 'in vigilando'. Apelo improvido" (TJRJ, Ap. Cível 2001.001.14533, data de registro: 3-12-2001, 6.ª Câmara Cível, Des. Ely Barbosa, j. 18-10-2001).

"Responsabilidade civil de posto de gasolina. Segurança particular. Morte de filho maior. Culpa *in eligendo*. Pensão mensal. Dano moral. A prova produzida, documental e testemunhal, dá a certeza de que o vigilante que tirou a vida do filho dos segundos apelantes, prestava serviço ao posto de gasolina, juntamente com dois policiais que com a empresa não tinham vínculo empregatício. Caracterizada a culpa *in eligendo*, e, em decorrência, a responsabilidade civil da empresa. A pensão mensal é devida desde a data do evento, até quando a vítima completaria sessenta e cinco anos de idade, já que ficou reconhecido que a família perdeu a contribuição do falecido para o sustento. *Desprovimento do primeiro apelo e provimento do recurso adesivo*, para fixar o limite final da pensão em sessenta e cinco anos" (TJRJ, Ap. Cível 2002.001.00708, data de registro: 19-7-2002, 12.ª Câmara Cível, Des. Alexandre H. Varella, j. 14-5-2002).

[17] A Revista eletrônica *Consultor Jurídico*, em 30 de julho de 2002, divulgou a seguinte notícia: "Grupo condenado — *Justiça manda Baú da Felicidade indenizar consumidora*. O Baú da Felicidade Utilidades Domésticas Ltda., do grupo Silvio Santos, foi condenado a pagar R$ 10 mil para Carolina de Lima Padilha. O 3.º Grupo Cível do Tribunal de Justiça do Rio Grande do Sul entendeu que a empresa do grupo causou danos morais para a consumidora.

De acordo com os autos, Carolina recebeu a visita de duas vendedoras do Baú informando que ela ganhou duas casas. Uma seria para Carolina e outra para familiar a ser indicado. Mas para isso, precisava adquirir e pagar oito novos carnês do Baú. A consumidora concordou.

Nesse sentido, conforme define o insuperável DE PLÁCIDO E SILVA:

"COMITENTE. Denominação que se dá à pessoa que encarrega outra de comprar, vender ou praticar qualquer ato, sob suas ordens e por sua conta, mediante certa remuneração, a que se dá o nome de comissão.

É assim um dos participantes do contrato de comissão, que justamente dá poderes ao comissário para que execute o negócio ou pratique o ato, a seu mando e sob sua conta, obrigando-se a pagar ao comissário as despesas e comissões resultantes do contrato, e a cumprir as obrigações que da comissão (contrato) resultarem para ele.

Embora, sob vários aspectos, o comitente se assemelhe ao mandante, nem sempre ele o é, pois a comissão pode resultar de mandato ou simplesmente das ordens para execução de atos comerciais, que são feitos sob o nome e responsabilidade do comissário, que, assim, age autonomamente perante os terceiros com quem contrata.

A responsabilidade do comitente, pois, relativamente aos atos praticados pela pessoa a quem os incumbiu de praticar, decorre das condições em que foram dadas essas ordens, se em virtude de contrato de comissão mercantil, de

---

Mais tarde, quando se apresentou na loja da empresa para pegar as passagens aéreas e viajar a São Paulo, foi informada do golpe. Segundo o site *Espaço Vital*, a consumidora entrou em depressão e teve que obter atendimento médico continuado.

A empresa admitiu que duas de suas vendedoras haviam dado o golpe. A consumidora, então, entrou com ação penal contra as vendedoras. Também impetrou ação por danos morais contra a empresa.

Em primeira instância, a ação foi julgada improcedente. A Justiça entendeu que a empresa não teria responsabilidade no fato criminoso. A consumidora recorreu ao TJ gaúcho. O pedido, por maioria, foi rejeitado.

Como a decisão não foi unânime, a consumidora entrou com embargos infringentes e o 3.º Grupo julgou a ação procedente. De acordo com a decisão, 'a empresa que explora o comércio de venda de carnês responde pela reparação dos atos ilícitos de seus prepostos'.

Leia trecho de voto publicado no site *Espaço Vital*:

Os fatos são interpretados segundo o que, de ordinário, sucede em casos da espécie, em que sobreleva a aparência de seriedade e de verdade dos autores do estelionato, em contraposição à boa-fé e à funda emoção das vítimas. Tal obscurece qualquer possibilidade de levá-las à desconfiança imediata.

Irrelevante a consignação do regulamento, sobre ser 'grátis' a contemplação do prêmio, pois a condição posta pelas 'mensageiras da felicidade' não caracterizava exigência de pagamento pela premiação.

Justamente por representar um 'quase nada' diante do alto valor das duas casas é que funcionava o estratagema do golpe.

A queixa da consumidora é pelas funestas consequências ao seu estado de saúde, pela decepção e pelos transtornos que padeceu quando se inteirou da verdade.

Processo n. 70002319663".

mandato ou de preposição comercial, pois somente nestes dois últimos casos, perfeito mandante é responsável pelos atos de seus mandatários, se agirem segundo suas instruções e poderes dados.

No entanto, mesmo na comissão, o comitente é responsável pelas obrigações assumidas pelo comissário nos negócios ou operações realizados por determinação dele"[18].

Como se vê, o que nos parece relevante, em ambas as situações contidas no inciso III, é a existência de um negócio jurídico celebrado entre o sujeito responsabilizado e o autor material do dano, praticando este último a conduta lesiva, "no exercício do trabalho que lhes competir, ou em razão dele"[19].

Injustificável, porém, é a permanência, no Código Civil brasileiro de 2002, da expressão serviçal, como sujeito praticante de ato lesivo.

Isso porque, além de não trazer uma correspondência direta com o sujeito responsabilizado (se empregador se refere a empregados e comitente a prepostos, o que dizer dessa figura de "serviçais", incrustada entre os dois sujeitos ativos?), a terminologia utilizada não é mais adequada para a modernidade.

A expressão "serviçal", antepondo-se a amo, poderia plenamente se justificar para o Código Civil brasileiro de 1916, fruto de um projeto de BEVILÁQUA de 1899, quando ainda engatinhávamos na construção de uma sociedade capitalista.

Naquela época, recém-saídos do regime escravocrata, em que não era concebida a profissionalização das relações de trabalho, admitir relações de servidão poderia ser algo aceitável socialmente.

Hoje, definitivamente não!

Por isso, soa deveras estranho que a expressão "amo" tenha sido suprimida, mas mantida a ideia de "serviçal" no dispositivo correspondente.

Se pretendia o legislador incluir as formas de trabalho voluntário, despicienda era a manutenção, pois, dentro do elástico conceito de preposto, poderiam ser incluídos tais sujeitos.

Porém, se pretendia pensar em situações de exploração em que haveria a prestação de serviços sem qualquer retribuição, em condição análoga ao traba-

---

[18] De Plácido e Silva, *Vocabulário Jurídico*, 15. ed., Rio de Janeiro: Forense, 1998, p. 184.

[19] "Se, por um lado, a noção de empregado é perfeitamente definida, não o é a de preposição. Nesse termo, inserem-se todas as figuras intermediárias nas quais surge nebulosa a ideia de poder diretivo. Nessas hipóteses, o vínculo de subordinação é mais tênue. Não é necessário que essa relação tenha caráter oneroso: aquele que dirige veículo a pedido de outrem, ainda que de favor, tipifica a noção de preposto" (Sílvio de Salvo Venosa, *Direito Civil — Responsabilidade Civil*, 3. ed., São Paulo: Atlas, 2003, v. 3, p. 69).

lho escravo, o descumprimento da mínima legislação trabalhista não converteria a natureza jurídica da atividade, encaixando-se perfeitamente no conceito de empregado.

Assim, preferimos entender que o referido dispositivo foi incluído de forma pleonástica, apenas no sentido de reforçar a ideia de responsabilização do tomador de serviços pelos danos causados pelo prestador, "no exercício do trabalho que lhes competir, ou em razão dele".

Conforme já dito anteriormente, a redação do art. 934 do Código Civil brasileiro de 2002 enseja o direito de regresso daquele que ressarciu o dano causado por outrem.

No campo das relações de trabalho, contudo, o dispositivo deve ser interpretado em consonância com o art. 462 da Consolidação das Leis do Trabalho, que dispõe, *in verbis*:

> "Art. 462. Ao empregador é vedado efetuar qualquer desconto nos salários do empregado, salvo quando este resultar de adiantamentos, de dispositivos de lei ou de contrato coletivo.
>
> § 1.º Em caso de dano causado pelo empregado, o desconto será lícito, desde que esta possibilidade tenha sido acordada ou na ocorrência de dolo do empregado".

Assim, para que o empregador possa descontar valores referentes a danos causados *culposamente* pelo empregado, será necessária a pactuação específica, o que é dispensável, por medida da mais lídima justiça, no caso de dolo.

Por fim, vale registrar que essa responsabilização se dá, inclusive, para a preposição em sede processual, respondendo o empregador ou comitente pelos atos de seus empregados ou prepostos.

No processo trabalhista, preceitua o § 1.º do art. 843 consolidado que é "facultado ao empregador fazer-se substituir pelo gerente, ou qualquer outro *preposto que tenha conhecimento do fato, e cujas declarações obrigarão o preponente*" (grifos nossos), incorrendo ele em *ficta confessio*, toda vez que o preposto/empregado[20] demonstrar não ter conhecimento do fato, objeto da lide[21].

---

[20] O Tribunal Superior do Trabalho, inclusive, interpreta de forma restrita a representação por preposto do empregador na Justiça do Trabalho, preceituando, em sua Súmula 377, que "PREPOSTO. EXIGÊNCIA DA CONDIÇÃO DE EMPREGADO (nova redação) — Res. 146/2008, DJ 28.04.2008, 02 e 05.05.2008. Exceto quanto à reclamação de empregado doméstico, ou contra micro ou pequeno empresário, o preposto deve ser necessariamente empregado do reclamado. Inteligência do art. 843, § 1.º, da CLT e do art. 54 da Lei Complementar n. 123, de 14 de dezembro de 2006".

[21] Há, sobre a matéria, nesse sentido, larga jurisprudência, como se vê dos seguintes arestos:

6. RESPONSABILIDADE CIVIL DOS DONOS DE HOTÉIS, HOSPEDARIAS E ESTABELECIMENTOS EDUCACIONAIS POR ATO DOS SEUS HÓSPEDES, MORADORES E EDUCANDOS

Pode até parecer engraçado, mas, desde o sistema legal anterior, os donos de hotéis, hospedarias e outros estabelecimentos onde se albergue por dinheiro (albergues, motéis etc.) são solidariamente responsáveis pelos danos causados a terceiros por seus hóspedes ou moradores.

Claro que se o dano resulta da atuação de preposto do estabelecimento, a responsabilidade civil do seu titular é indiscutível.

O problema, entretanto, ganha proporções, se o dano é causado por outro hóspede, caso em que somente a análise do caso concreto, com a aferição da atuação causal do dono do hotel, poderá autorizar a conclusão por sua responsabilidade.

Discorrendo a respeito desse tema, com inigualável precisão, preleciona JOSÉ DE AGUIAR DIAS:

> "Tudo estará, pois, em examinar, dado o caso concreto, até que ponto interveio a colaboração do dono da casa no fato danoso. É indubitável que lhe incumbe, mesmo quando hospedador gratuito, um dever de segurança em relação ao hóspede, pois não se compreende que se albergue para lhe proporcionar ou permitir o dano, através de terceiro. Em que termos ela se pode considerar como imposta ao dono da casa será questão a resolver, tendo em vista as circunstâncias"[22].

Na mesma linha, os diretores de estabelecimentos educacionais são responsáveis pelos danos causados aos seus educandos ou a terceiros.

"Atribuir-se a pena de 'confissão ficta' ao preposto que alega ignorar fato relevante ao deslinde de controvérsia, decorre da própria exigência estabelecida pelo § 1.º do art. 843 da CLT" (TST, RR 104.303/94.7, Antônio Maria Thaumaturgo Cortizo, Ac. 5.ª T. 3.634/94).

"O art. 400 do CPC, em seu inciso I, não dá margem a dubiedades, quando determina ao julgador que indefira a inquirição de testemunhas sobre fatos já provados por documento ou confissão. Aliás, seria, de fato, incoerente, tanto quanto contrário aos princípios da celeridade e economia processuais, se o Juiz prolongasse, indefinidamente, a fase instrutória, mesmo já havendo formado seu convencimento em certo sentido. Que a confissão ficta pode ser elidida por prova em contrário, por gerar mera presunção, é indiscutível, mas desde que tal ocorra em razão de documentos ou testemunhos já constantes dos autos, não sendo esta a hipótese presente" (TST, RR 82.464/93.6, Antônio Maria Thaumaturgo Cortizo, Ac. 5.ª T. 623/94).

"Do Preposto, indicado pelo empregador, exige-se conhecimento dos fatos. Implica em confissão, com dispensa de outras provas, o desconhecimento do Preposto sobre a matéria fática discutida nos autos" (TRT/MT, RO 461/94, Diogo Silva, Ac. TP 1.052/94).

[22] José de Aguiar Dias, *Da Responsabilidade Civil*, 9. ed., Rio de Janeiro: Forense, 1994, p. 530.

Nesse sentido, observa SÍLVIO VENOSA:

"... Enquanto o aluno se encontra no estabelecimento de ensino e sob sua responsabilidade, este é responsável não somente pela incolumidade física do educando, como também pelos atos ilícitos praticados por este a terceiros. Há um dever de vigilância e incolumidade inerente ao estabelecimento de educação que, modernamente, decorre da responsabilidade objetiva do Código de Defesa do Consumidor. O aluno é consumidor do fornecedor de serviços, que é a instituição educacional. Se o agente sofre prejuízo físico ou moral decorrente da atividade no interior do estabelecimento ou em razão dele, este é responsável. Responde, portanto, a escola, se o aluno vem a ser agredido por colega em seu interior ou vem a acidentar-se em seu interior. Pode até mesmo ser firmada a responsabilidade civil, ainda que o educando se encontre fora das dependências do estabelecimento: imaginemos a hipótese de danos praticados por aluno em excursão ou visita organizada, orientada ou patrocinada pela escola. Nesse caso, o dever de vigilância dos professores e educadores é ambulatório, isto é, acompanha os alunos"[23].

Tal responsabilidade civil, como visto, poderá decorrer de danos causados a terceiros ou, até mesmo, aos outros alunos, devendo-se registrar que, em se tratando de escola pública, a obrigação de indenizar é do Estado.

Finalmente, adverte, com absoluta propriedade, CARLOS GONÇALVES que "em se tratando de educandos maiores, nenhuma responsabilidade cabe ao educador ou professor, pois é natural pensar que somente ao menor é que se dirige essa responsabilidade, porquanto o maior não pode estar sujeito à mesma vigilância que se faz necessária a uma pessoa menor"[24].

Mais uma vez, vale lembrar que o Novo Código considera de natureza objetiva a responsabilidade civil de todas aquelas pessoas mencionadas em seu art. 932.

7. RESPONSABILIDADE CIVIL PELO PRODUTO DE CRIME

A última previsão legal de responsabilidade do art. 932 refere-se a todas as pessoas que, gratuitamente, houverem participado do produto do crime, até a concorrente quantia.

Tais pessoas respondem, pois, solidariamente, pelos valores e bens decorrentes da prática do crime.

Se assim não fosse, estar-se-ia admitindo o espúrio enriquecimento dos agentes do crime ou seus beneficiários.

---

[23] Sílvio de Salvo Venosa, *Direito Civil — Responsabilidade Civil*, 3. ed., São Paulo: Atlas, 2003, v. 3, p. 71.

[24] Carlos Roberto Gonçalves, *Direito das Obrigações* — Parte Especial — Responsabilidade Civil, São Paulo: Saraiva, 2001, p. 28 (Col. Sinopses Jurídicas, v. 6, t. 2).

Citando BARROS MONTEIRO, STOCO observa a respeito desse dispositivo que: "Se alguém participou gratuitamente nos produtos de um crime, é claro que está obrigado a devolver o produto dessa participação até a concorrente quantia. O dispositivo somente consagra um princípio geralmente conhecido, que é o da repetição do indevido"[25].

8. RESPONSABILIDADE CIVIL DAS PESSOAS JURÍDICAS DE DIREITO PÚBLICO E DE DIREITO PRIVADO

As pessoas jurídicas, mesmo não tendo a existência ontológica das pessoas naturais, respondem, com seu patrimônio, por todos os atos ilícitos que praticarem, através de seus representantes.

Do ponto de vista da responsabilidade civil, inexiste, inclusive, qualquer distinção efetiva entre os entes de existência física para os de existência ideal.

Assim, independentemente da natureza da pessoa jurídica (direito público ou privado), estabelecido um negócio jurídico com a observância dos limites determinados pela lei ou estatuto, com deliberação do órgão competente e/ou realização pelo legítimo representante, deve ela cumprir o quanto pactuado, respondendo, com seu patrimônio, pelo eventual inadimplemento contratual, na forma do art. 389 do CC/2002[26].

No campo da responsabilidade civil aquiliana ou extracontratual, a regra geral do *neminem laedere* (a ninguém se deve lesar) é perfeitamente aplicável às pessoas jurídicas, estando consagrada nos arts. 186 e 187 e 927 do CC/2002, que não fazem acepção de quais pessoas são as destinatárias da norma.

Sobre a responsabilidade civil das pessoas jurídicas de direito público, enfrentaremos a questão em capítulo próprio, ao qual remetemos o leitor[27].

Em relação à responsabilidade civil das pessoas jurídicas de direito privado, na mesma linha de responsabilização civil objetiva por ato de terceiro, importantíssima norma está contida no art. 931 do CC/2002, que preceitua, *in verbis*:

---

[25] Rui Stoco, *Tratado de Responsabilidade Civil*, 5. ed., São Paulo: Revista dos Tribunais, 2001, p. 724.

[26] Vale destacar, inclusive, que o Código de Defesa do Consumidor, em seus arts. 12 a 25, impõe não somente a responsabilização patrimonial objetiva das pessoas jurídicas pelo fato e por vício do produto e do serviço, como também a responsabilidade subjetiva para garantir a incolumidade econômica do consumidor ante os incidentes de consumo que podem diminuir seu patrimônio por força de vício de quantidade e de qualidade por inadequação.

[27] Referimo-nos ao Capítulo XIII ("Responsabilidade Civil do Estado").

"Art. 931. Ressalvados outros casos previstos em lei especial, os empresários individuais e as empresas respondem independentemente de culpa pelos danos causados pelos produtos postos em circulação".

Tal norma se coaduna perfeitamente com as regras de responsabilização objetiva do Código de Defesa do Consumidor, as quais serão também abordadas em capítulo próprio[28].

Entendemos, ademais, que melhor do que "empresa" seria a denominação "sociedade empresária", mais adequada à dicção do próprio Código Civil.

Interessante notar, a título de curiosidade, que o antigo Projeto de Lei n. 6.960/2002 (renumerado para 276/2007, antes de seu arquivamento definitivo), pretendia alterar o referido art. 931, para referir que os empresários individuais e as empresas responderiam também pelos *serviços prestados*.

Um ponto, porém, que deve ser observado é que, sem discussão da responsabilidade civil das pessoas jurídicas, ainda é possível responsabilizar patrimonialmente seus sócios e/ou representantes, na forma da lei.

De fato, dispõe o art. 790, II, do Código de Processo Civil de 2015 (equivalente ao art. 592, II, do CPC/1973), que ficam sujeitos à execução os bens do sócio, nos termos da lei, explicitando, no mesmo diploma, o art. 795 (correspondente ao art. 596 do CPC/1973):

"Art. 795. Os bens particulares dos sócios não respondem pelas dívidas da sociedade, senão nos casos previstos em lei.

§ 1.º O sócio réu, quando responsável pelo pagamento da dívida da sociedade, tem o direito de exigir que primeiro sejam excutidos os bens da sociedade.

§ 2.º Incumbe ao sócio que alegar o benefício do § 1.º nomear quantos bens da sociedade situados na mesma comarca, livres e desembargados, bastem para pagar o débito.

§ 3.º O sócio que pagar a dívida poderá executar a sociedade nos autos do mesmo processo.

§ 4.º Para a desconsideração da personalidade jurídica é obrigatória a observância do incidente previsto neste Código".

Nessa responsabilização patrimonial, devem ser observadas as regras das normas disciplinadoras de cada sociedade, em função da prática de atos específicos desses sócios.

Nesses casos, em que se vai executar o sócio por dívidas societárias pelas quais responde, como, por exemplo, nas hipóteses das sociedades em nome coletivo ou das limitadas em que o sócio não integralizou o capital social, a pessoa jurídica não pode ser ignorada, nem muito menos tida como inexisten-

[28] Confira-se o Capítulo XVI ("Responsabilidade Civil nas Relações de Consumo").

te. A verificação da responsabilidade dos sócios, por conta de uma série de causas e fatores, pressupõe a existência da pessoa jurídica.

Além disso, porém, há a possibilidade da desconsideração da personalidade jurídica, instituto que não se confunde com a responsabilidade patrimonial direta de seus sócios.

De fato, há uma distinção nítida entre responsabilidade dos sócios por dívidas da sociedade e desconsideração da pessoa jurídica.

A *disregard* somente se justifica para as hipóteses em que *não há responsabilidade*. Se o sócio já é diretamente responsável, não há que se falar em desconsideração. A teoria da desconsideração da pessoa jurídica serve, exatamente, para achar, desvendar, revelar o verdadeiro "negociante", que se escondeu com a "máscara" da pessoa jurídica. Serve, pois, para as situações em que o ato é, em princípio, lícito, só sendo ilícito na medida em que se revela que houve um abuso no exercício do direito de constituir ou valer-se de uma pessoa jurídica.

Como já dissemos anteriormente, em linhas gerais, "a doutrina da desconsideração pretende o superamento episódico da personalidade jurídica da sociedade, em caso de fraude, abuso, ou simples desvio de função, objetivando a satisfação do terceiro lesado junto ao patrimônio dos próprios sócios, que passam a ter responsabilidade pessoal pelo ilícito causado"[29].

Nesse contexto, deve-se referir a importante contribuição dada pelo Código de Defesa do Consumidor (Lei n. 8.078/90) que incorporou, em seu sistema normativo, norma expressa a respeito da teoria da desconsideração:

> "Art. 28. O juiz poderá desconsiderar a personalidade jurídica da sociedade quando, em detrimento do consumidor, houver abuso de direito, excesso de poder, infração da lei, fato ou ato ilícito ou violação dos estatutos ou contrato social. A desconsideração também será efetivada quando houver falência, estado de insolvência, encerramento ou inatividade da pessoa jurídica provocados por má administração".
>
> (...)
>
> "§ 5.º Também poderá ser desconsiderada a pessoa jurídica sempre que sua personalidade for, de alguma forma, obstáculo ao ressarcimento de prejuízos causados aos consumidores".

O Novo Código Civil, por sua vez, colocando-se ao lado das legislações modernas, consagrou, em norma expressa, a *teoria da desconsideração da personalidade jurídica*, nos seguintes termos:

---

[29] Pablo Stolze Gagliano e Rodolfo Pamplona Filho, *Novo Curso de Direito Civil — Parte Geral*, 2. ed., São Paulo: Saraiva, 2002, v. 1, p. 234.

"Art. 50. Em caso de abuso de personalidade jurídica, caracterizado pelo desvio de finalidade, ou pela confusão patrimonial, pode o juiz decidir, a requerimento da parte, ou do Ministério Público quando lhe couber intervir no processo, que os efeitos de certas e determinadas relações de obrigações sejam estendidos aos bens particulares dos administradores ou sócios da pessoa jurídica"[30].

Trata-se de norma que se afina com a tendência de modernização do Direito Civil, mormente em se considerando o elogiável reconhecimento de legitimidade do Ministério Público, quando lhe couber intervir.

---

[30] Para um aprofundamento sobre o tema, confira-se o tópico 9 ("Desconsideração da Personalidade Jurídica — *Disregard Doctrine*) do volume 1 ("Parte Geral") da presente obra.

Capítulo XII
Responsabilidade Civil pelo Fato da Coisa e do Animal

Sumário: 1. Introdução. 2. A importância do Direito francês. 3. A doutrina da guarda da coisa e do animal no Brasil. 4. O responsável civil pela guarda da coisa ou do animal. 5. Tratamento legal. 5.1. Responsabilidade civil pela guarda do animal. 5.2. Responsabilidade civil pela ruína de edifício ou construção. 5.3. Responsabilidade civil pelas coisas caídas de edifícios. 6. Questões jurisprudenciais frequentes.

1. INTRODUÇÃO

Vivemos em uma sociedade perigosa, onde, não apenas os homens, mas também as coisas e os animais podem acarretar graves riscos ao nosso patrimônio ou à nossa integridade físico-psíquica.

Não é por outra razão que já constatamos vivermos a "era do risco", especialmente incrementada pelo avanço tecnológico.

Pois bem.

Neste capítulo, estudaremos a responsabilidade civil decorrente dos danos causados por objetos inanimados e seres irracionais.

Trata-se, em outras palavras, do estudo da responsabilidade da pessoa que detém o poder de comando das coisas e animais causadores de danos à esfera jurídica de outrem, situação de prejuízo esta que, obviamente, não poderia quedar-se irressarcida.

Imagine, apenas a título de ilustração, um *pitbull* solto — aquele simpático cãozinho cuja dentada equivale a algumas toneladas de pressão — que ataca uma criança, causando-lhe lesões irreparáveis. Pondo-se de lado a indiscutível investigação criminal que será iniciada, não se poderá atribuir responsabilidade civil ao próprio animal, desprovido de inteligência e discernimento.

Na mesma linha, imagine o dano causado por um gerador de energia elétrica, que explode, queimando pessoas.

A quem se deverá atribuir a obrigação de indenizar?

Lembra-nos AGUIAR DIAS que "se bem que no direito romano já estivesse fixada a chamada responsabilidade pelo fato da coisa, a locomotiva, o automóvel, o avião, ou outros veículos que marcam a trepidação da vida moderna e os inventos da era industrial multiplicaram ao infinito os casos de responsabilidade civil, exigindo mais atenção aos estudiosos"[1].

Obviamente que a denominação "responsabilidade pelo fato da coisa ou do animal" diz menos do que deveria pois, conforme já tivemos oportunidade de frisar, a responsabilidade jurídica — penal, civil ou administrativa — é um fenômeno inerente à atuação humana, e só interessa quando ligada ao comportamento das pessoas.

Concordamos, assim, com a corrente citada por CAVALIERI FILHO, que prefere, por ser mais técnica, a expressão "responsabilidade pela guarda das coisas inanimadas". Nesse sentido, leia-se o seguinte trecho de sua obra:

> "a vida moderna colocou à nossa disposição um grande número de coisas que nos trazem comodidade, conforto e bem-estar, mas que, por serem perigosas, são capazes de acarretar danos aos outros. Superiores razões de política social impõem-nos, então, o dever jurídico de vigilância e cuidado das coisas que usamos, sob pena de sermos obrigados a repararmos os danos por elas produzidos. É o que se convencionou chamar de responsabilidade pelo fato das coisas, ou como preferem outros, *responsabilidade pela guarda das coisas inanimadas*"[2] (grifos nossos).

No entanto, em respeito à tradição do nosso Direito, manteremos, no título deste capítulo, a expressão "responsabilidade civil pelo fato da coisa ou do animal".

A menção, inclusive, a "fato", e não a "ato", já permite visualizar a ideia de que se trata de uma responsabilização por um evento não humano, mas que, por uma relação jurídica firmada, deve o titular da coisa ou animal indenizar os danos causados por esses seus bens.

2. A IMPORTÂNCIA DO DIREITO FRANCÊS

Sem sombra de dúvida, a doutrina civilista deve muito à nação francesa, especialmente no campo da responsabilidade civil.

Foi a jurisprudência desse Estado que, à luz das ideias de PLANIOL, RIPERT e BOULANGER, interpretando o Código Napoleão, chegou à teoria da responsabilidade pelo fato da coisa inanimada.

Conforme lembra CAIO MÁRIO, "a subordinação da responsabilidade pelo fato das coisas ao princípio da responsabilidade civil (que é enunciado

---

[1] José de Aguiar Dias, *Da Responsabilidade Civil*, 9. ed., Rio de Janeiro: Forense, 1994, v. 2, p. 389.

[2] Sérgio Cavalieri Filho, *Programa de Responsabilidade Civil*, 2. ed., São Paulo: Malheiros, 2000, p. 123.

na disposição do art. 1.382 daquele Código) ocorreu através da ideia de presunção de culpa". Posteriormente, lembra o professor mineiro, a doutrina viu nessa teoria uma *consagração parcial da teoria do risco,* no sentido de que ao guardião da coisa, que usufrui dos cômodos, caberia suportar os incômodos (obrigação de indenizar), em decorrência dos danos causados por essa mesma coisa[3].

A partir do desenvolvimento dessa teoria nos Tribunais da França, portanto, começou a ganhar forma e moldura jurídica na doutrina internacional a responsabilidade pelo fato da coisa e, consequentemente, do animal.

3. A DOUTRINA DA GUARDA DA COISA E DO ANIMAL NO BRASIL

Com absoluta precisão, CAVALIERI lembra que talvez o primeiro jurista no mundo a tratar do tema, mesmo antes dos teóricos franceses, haja sido o baiano TEIXEIRA DE FREITAS, em seu Esboço de 1865 que, pelo avanço de suas ideias, restou incompreendido na época em que fora elaborado[4].

Nesse ponto, vale transcrever, na íntegra, o art. 3.690 do Esboço, cujo título era "Do dano causado por coisas inanimadas":

> "Art. 3.690. Quando de qualquer coisa inanimada resultar dano a alguém, seu dono responderá pela indenização, a não provar que de sua parte não houve culpa; como nos seguintes casos:
>
> 1. Desmoronamento de edifícios, e de construções em geral no todo ou em parte;
>
> 2. Caída de árvores mal arraigadas, ou expostas a cair nos casos de ordinária ocorrência;
>
> 3. Lançamento de fumo insólito e excessivo de forno, forja ou fornalha, para as janelas do vizinho;
>
> 4. Exalação de cheiros infetos de canos, cloacas e depósitos, para as casas vizinhas, por motivo de sua construção, sem as precauções necessárias;
>
> 5. Umidades em paredes alheias por esterqueiras ou estrumeiras contíguas, e em geral por causas evitáveis;
>
> 6. Compressão do rio com valados;
>
> 7. Obras novas de qualquer espécie, ainda que em lugar público com licença, em prejuízo de outrem".

---

[3] Caio Mário da Silva Pereira, *Responsabilidade Civil*, 9. ed., Rio de Janeiro: Forense, 2000, p. 102.

[4] Sérgio Cavalieri Filho, ob. cit., p. 124.

Pela análise desse dispositivo, vê-se, com clareza, que o grande jurista já disciplinava a responsabilidade pela guarda das coisas e dos animais causadores de dano, fundando a obrigação de indenizar na ideia de presunção de culpa, consoante se depreende da análise da parte final do *caput* do artigo sob comento.

Entretanto, nesse ponto, uma pergunta se impõe: a quem caberia essa responsabilidade?

É o que enfrentaremos no próximo tópico.

4. O RESPONSÁVEL CIVIL PELA GUARDA DA COISA OU DO ANIMAL

Em nosso entendimento, o responsável pela reparação do dano proveniente da coisa ou do animal é o seu "guardião".

Por guardião entenda-se não apenas o proprietário (guardião presuntivo), mas, até mesmo, o possuidor ou o mero detentor do bem, desde que, no momento do fato, detivesse o seu *poder de comando ou direção intelectual.*

Assim, se a minha bomba d'água, malconservada, explode e lesiona um transeunte, a obrigação de indenizar será imposta a mim, proprietário e guardião da coisa, que estava sob a minha custódia e direção.

Diferentemente, se eu contrato um amestrador de cães, confiando-lhe a guarda do meu buldogue, e este, durante uma sessão de treinamento, desprende-se da coleira e causa dano a terceiro, obviamente que, pela reparação do dano, responderá apenas o *expert*, pois, no momento do desenlace fatídico, detinha o poder de comando do animal, que estava sob a sua autoridade. Raciocínio contrário, aliás, esbarraria na própria noção de nexo de causalidade, uma vez que, no caso, o dano não poderia ser atribuído ao proprietário do cão, que o havia confiado a um perito. O comportamento deste último foi *causa direta e imediata* do resultado lesivo.

Fixamos, portanto, a premissa de que a responsabilidade pelos danos causados pela coisa ou animal há que ser atribuída *àquela pessoa que, no momento do evento, detinha poder de comando sobre ele.*

E note-se que essa atribuição de responsabilidade não exige necessariamente perquirição de culpa. Ou seja, a depender do sistema legal consagrado, o guardião poderá ser chamado à responsabilidade, mesmo que não haja atuado com culpa ou dolo, mas pelo simples fato de haver exposto a vítima a uma situação de risco.

É lógico, porém, que, sendo a coisa ou animal de propriedade da Administração Pública, a responsabilidade civil objetiva que esta detém pela conduta de seus agentes a obriga à reparação dos danos, independentemente do fato de o responsável direto pelo bem móvel ou semovente ter tido culpa no evento danoso[5].

5. TRATAMENTO LEGAL

Nos próximos tópicos, verificaremos, de forma sistemática, como se dá a responsabilização civil pelos danos causados por esses bens móveis (coisas) ou semoventes (animais), no nosso ordenamento jurídico positivo.

5.1. Responsabilidade civil pela guarda do animal

Infelizmente, nos últimos anos, deparamo-nos com um crescente número de incidentes envolvendo animais ferozes, por conta da falta de cautela e civilidade dos seus donos ou possuidores.

Não nos alinhamos junto àqueles que supõem uma ameaça ínsita, de raiz genética, em determinados animais, por pensarmos que a nocividade desses seres decorre principalmente da forma pela qual são tratados ou criados por seus donos ou possuidores.

A campanha contra a criação dos cães da raça *pitbull*, por exemplo, por mais compreensível que se afigure, parte, em muitos casos, do pressuposto de periculosidade inata do animal, quando, em verdade, a falta de bom senso e respeito dos seus donos é a principal razão dos acidentes graves.

O homem deixou de respeitar a natureza e o instinto dos animais, passando a tratá-los como se fossem uma extensão de sua pessoa, de suas mágoas, de seus complexos e de seus sofrimentos.

E talvez todo esse processo de banalização no tratamento dos animais, agravado pelo crescente número de acidentes, conduziu o legislador a mudar significativamente o tratamento legal da matéria no Novo Código Civil, que passou a admitir expressamente a responsabilidade do guardião (dono ou mero detentor), independentemente da aferição de culpa, ou seja, de forma objetiva.

---

[5] "Ementa: Responsabilidade civil. Reexame necessário. Danos ocasionados em veículo por equino de propriedade do Estado (brigada militar). Certidão de ocorrência. Prova testemunhal. Nexo causal configurado. Sentença confirmada. O dono de animais tem a obrigação de indenizar os danos quando não toma os cuidados necessários a fim de evitar o ataque daqueles a terceiros. Art. 1.527, do CC. Equino de propriedade da brigada militar que acabou se assustando com barulho, vindo a atingir veículo da autora que se encontrava estacionado no parque de exposições. Certidão de ocorrência e prova testemunhal que comprovaram os fatos narrados na exordial. Nexo causal que corrobora a assertiva da responsabilidade, determinando a reparação. Sentença confirmada em reexame necessário" (Reexame Necessário n. 70002234698, 10.ª Câmara Cível, Tribunal de Justiça do Rio Grande do Sul, Rel. Des. Paulo Antônio Kretzmann, j. 6-12-2001).

Comparem-se, pois, os dispositivos dos Códigos de 1916 e de 2002:

Código de 1916:

"Art. 1.527. O dono, ou detentor, do animal ressarcirá o dano por este causado, se não provar:

I — que o guardava e vigiava com cuidado preciso;

II — que o animal foi provocado por outro;

III — que houve imprudência do ofendido;

IV — que o fato resultou de caso fortuito, ou força maior".

Código de 2002:

"Art. 936. O dono, ou detentor, do animal ressarcirá o dano por este causado, se não provar culpa da vítima ou força maior".

Note-se que, no artigo da lei revogada, admitia-se a isenção de responsabilidade caso o dono ou detentor provasse que guardou e vigiou o animal com o cuidado preciso, ou seja, que não atuou com culpa *in custodiendo*[6] ou *in vigilando*[7].

Na lei nova, por sua vez, a responsabilidade não pode ser ilidida nesses termos, pois, partindo-se da teoria do risco, o guardião somente se eximirá se provar quebra do nexo causal em decorrência da culpa exclusiva da vítima ou evento de força maior, não importando a investigação de sua culpa.

Interessante notar ainda que, se o dano ocorre estando o animal em poder do próprio dono, dúvida não há no sentido de ser este o responsável pela reparação, pelo fato de ser o seu guardião presuntivo. Se, entretanto, transferiu a posse ou a detenção do animal a um terceiro (caso do comodato ou da entrega a amestrador), entendemos que o seu dono se exime de responsabilidade, por não deter o *poder de comando sobre ele*, consoante vimos acima.

---

[6] "Ementa: Responsabilidade civil. Gado que invade lavoura de feijão-soja em fase de maturação, pisoteando e comendo o produto. Prova que convence quanto à identificação do dono ou detentor dos animais. Responsabilidade reconhecida na modalidade de culpa 'in custodiendo'. Arts. 159 e 1.527 do CC. O pedido reconvencional pressupõe seja conexo com o pedido da ação principal (CPC, art. 315), no caso inexistente. Provimento em relação ao pedido da ação principal e desprovimento em relação ao pedido reconvencional" (Ap. Cível 197203391, 2.ª Câmara Cível, Tribunal de Alçada do Rio Grande do Sul, Rel. Des. Irineu Mariani, j. 7-5-1998).

[7] "Responsabilidade civil. Dano provocado por animal. Culpa presumida. O dano causado por animal presume-se decorrente de culpa 'in vigilando' do seu guardião, salvo quando comprova a ocorrência de alguma das excludentes legais de responsabilidade" (TJDF, Ap. Cível no Juizado Especial 20010110218990ACJ/DF, Acórdão n. 152713, 1.ª Turma Recursal dos Juizados Especiais Cíveis e Criminais do Distrito Federal, j. 26-2-2002, Rel. Fernando Habibe, *DJU*, 29-4-2002).

E se o animal houver sido furtado, e, estando na posse do ladrão, atacar um terceiro?

A resposta a essa indagação é formulada com absoluta precisão por nosso mestre CAIO MÁRIO DA SILVA PEREIRA:

> "Em caso de furto, ao dono pode ser imputada a culpa *in vigilando*. Se foi por ter o proprietário faltado ao dever de guardar que o furto ocorreu, a mesma razão que justifica a reparação pela culpa *in custodiendo* se impõe ao dono que foi privado da posse do animal. Se, porém, o furto se deu não obstante as cautelas da custódia devida, o dono se exonera, equiparado que é o furto à força maior. Tal como se dá na responsabilidade por fato das coisas em geral, e foi visto acima, se o dono perde o comando, a responsabilidade incumbe a quem o tem ainda que não fundado em direito"[8].

Tal raciocínio que equipara o furto à força maior, para o efeito de eximir o dono de responsabilidade, também se aplica nos casos de serem cometidos outros delitos que impliquem a subtração do animal (roubo, extorsão etc.).

Por fim, passemos em revista a jurisprudência pátria, para vermos como os nossos Tribunais têm tratado da matéria:

No Tribunal de Justiça do Distrito Federal (Ap. Cível n. 20000310109227, Reg. Ac. 152107, 3.ª T. Civ., Rel. Jeronymo de Souza, publicado no *DJU* de 24-4-2002):

> "Ementa: Processo civil. Civil. Constitucional. Danos materiais. Colisão. Animais soltos na pista. Responsabilidade do proprietário. Comprovação. Provas testemunhais. Contradição. Ônus da prova. Obediência ao princípio de igualdade de tratamento entre as partes. Suspeição. Interesse na causa. 1. Os depoimentos prestados pelas testemunhas arroladas pelas partes autorizam a conclusão de ser o réu proprietário dos animais causadores do acidente. Há presunção de responsabilidade do dono ou detentor do animal que cause dano a outrem, presunção esta afastada se o réu comprovar uma das excludentes legais arroladas no art. 1.527 do Código Civil, inocorrentes na espécie. 2. A ínfima contradição entre os depoimentos das testemunhas arroladas pela autora, onde o condutor do veículo sinistrado afirma que anotou nome do réu no caderno, pois as pessoas existentes no local do acidente lhe informaram que o proprietário dos animais ali estava e autorizou o esquartejamento dos mesmos, enquanto que o ajudante disse ter saído do local sem saber o nome de quem tinha autorizado, é perfeitamente possível, pois o condutor pode ter feito essa anotação e não ter comentado com o ajudante, tanto assim o é, que se chegou ao nome do réu. 3. Com efeito, cumpriu o autor o ônus de provar o fato constitutivo do seu

8 Caio Mário da Silva Pereira, ob. cit., p. 110.

direito, mostrando-se incabível a alegação de violação aos arts. 332, 333, inciso I, e 335, todos do CPC. 4. Também se constata que aos litigantes foi deferida igualdade de tratamento, pois ambos se manifestaram nos autos, havendo, inclusive, a oitiva das testemunhas arroladas pelas partes, devendo ser rejeitada a alegação de violação aos arts. 125, inciso I, 131 do CPC e 5.º da CF. 5. No tocante ao depoimento prestado pelo condutor do veículo sinistrado, o qual poderá implicar sua responsabilidade pelos danos causados, caso demonstrada a culpa no sinistro, entendo que, diante do efetivo interesse no litígio, poderá ser considerado suspeito. Todavia, a sentença monocrática não o tomou unicamente por base, mas considerou o conjunto probatório, inclusive os depoimentos prestados pelas testemunhas arroladas pelo réu. Neste diapasão, correta a utilização destes depoimentos, como autorizado pelo art. 404, § 4.º, do CPC, afastando a alegada violação ao § 3.º do mesmo dispositivo. 6. Com efeito, 'cumpriu e fez cumprir o magistrado, com independência, serenidade e exatidão, as disposições legais e atos de ofício', como determina o art. 35, inciso I, da LOMAN. 7. Sentença mantida. Apelação improvida".

E ainda o Tribunal de Justiça do Rio Grande do Sul (Ap. Cível n. 70004113957, 9.ª Câmara Cível, Rel. Rejane Bins, julgado em 26-6-2002):

"Ementa: Responsabilidade civil da pessoa jurídica por fato de animal. Circo de rodeios. Concausalidade com ato de pessoa relativamente incapaz. Dano material e moral. Prova. Quantificação. A pessoa jurídica é responsável pelos atos de seus administradores ou empregados. A exposição do público, inclusive menor de idade, a uma competição consistente em tentar montar em mula xucra, sob oferta de uma caixa de bebidas alcoólicas revela culpa (art. 1.527 do CC). Reconhece-se a concausalidade no ato do menor, com dezesseis anos, que se oferece para competir, não podendo ignorar no que se compunha o desafio, mormente dada a natureza da diversão de que participava (circo de rodeios). Inteligência do art. 156 do CC. Ante a ausência de prova do dano material postulado (ressarcimento de despesas médico-hospitalares, quando o atendimento se deu pelo SUS), inviável é a condenação em indenização por danos patrimoniais. Presença do dano moral tanto pela ofensa aos direitos do menor de idade, como de sua integridade física, com os incômodos decorrentes da fratura no braço. Quantificação módica da indenização, considerada a concorrência de causas. Apelação parcialmente provida" (Ap. Cível 70004113957, 9.ª Câmara Cível, Tribunal de Justiça do Rio Grande do Sul, Rel. Des. Rejane Maria Dias de Castro Bins, j. 26-6-2002).

Finalmente, leia-se interessante julgado do Tribunal do Rio de Janeiro, prolatado ainda na vigência da lei anterior, proveniente da 2.ª Câmara Cível, Ap. Cível n. 2001.001.00890, Relator o Professor SERGIO CAVALIERI FILHO, julgado em 24-4-2001:

"Apelação Cível. Direitos Civil e Processual. Ação de Reparação de Danos. Lesão incurável nos testículos decorrente de feroz mordida de *animal*. *Responsabilidade civil* do dono do *animal*. Artigos 5.º, X, da Constituição Federal, 333, I, do Código de Processo Civil e 1.527 do Código *Civil*. O instituto da *responsabilidade civil*, na modalidade subjetiva, encontra-se assentado em três pressupostos sem os quais não se perfaz: o dano, a culpa e o nexo de causalidade entre o primeiro e o segundo. O art. 1.527 do Código *Civil* restringe-se enquanto regra distributiva do ônus da prova, nestes casos, apenas e tão somente ao elemento culpa do tripé que pressupõe a *responsabilidade civil*. Tem-se por evidente, pois, da simples verificação do que consta dos respectivos incisos que todos eles, sem exceção, referem-se à culpabilidade do dono ou detentor do *animal*. Assim, a procedência do pedido de reparação de danos materiais é imprescindível sejam estes, os danos, comprovados pelo demandante, nos termos do art. 333, I, do CPC, segundo o qual ao autor incumbe a prova dos *fatos* constitutivos de seu direito. Restando estes incomprovados, improsperável a pretensão de ressarcimento pelo dano material. Noutro polo, verificada a lesão à esfera extrapatrimonial do ofendido, deve a verba indenizatória coadunar-se com o dano efetivamente demonstrado, no caso, inflamação crônica nos testículos e azoospermia. A idade do demandante nada tem que ver com a extensão da dor sofrida pela esterilidade. Menos ainda com o constrangimento. Nem a idade, nem a prole e nem mesmo a circunstância de ser o autor casado. O valor tutelado pela norma — a intimidade, a vida privada, a imagem e a honra referidas no inciso X, do art. 5.º, da Constituição Federal — está muito além da virilidade ou mesmo opção sexual e familiar da pessoa. Refere-se este valor, inquestionavelmente, a aspectos intangíveis e personalíssimos, calcada sua tutela na ideia de solidariedade à vítima, em razão da ofensa que sofreu a um bem jurídico lesado pelo agente. Sentença que se reforma, majorando-se a verba indenizatória a título de reparação pelo dano extrapatrimonial de 50 (cinquenta) para 500 (quinhentos) salários mínimos. Provimento parcial do recurso (RIT)".

Vale salientar apenas que, com a entrada em vigor do Novo Código Civil, a discussão de culpa em situações desse jaez restou superada, não havendo mais espaço, em nosso entendimento, para se invocar a noção de responsabilidade subjetiva em caso de acidente envolvendo animal.

5.2. Responsabilidade civil pela ruína de edifício ou construção

Ainda dentro desse tema, o Código Civil cuida da responsabilidade decorrente da ruína de edifício ou construção.

O diploma revogado dispunha a respeito em seu art. 1.528:

"Art. 1.528. O dono de edifício ou construção responde pelos danos que resultarem de sua ruína, se esta provier de falta de reparos, cuja necessidade fosse manifesta".

Comentando esse dispositivo, ALVINO LIMA sustentava que essa norma não se afastava do princípio da culpa, que deveria ser suficientemente provada pela vítima: "Subordinando a responsabilidade à condição de ter sido a ruína ocasionada pela falta de reparos, cuja necessidade era manifesta, restringiu o legislador demasiadamente a responsabilidade decorrente dos danos provenientes da ruína de um edifício, circunscrevendo a culpa a uma necessidade patente de ausência de reparos"[9].

Em sentido contrário, respeitáveis doutrinadores visualizavam, no caso, uma excepcional consagração de responsabilidade sem culpa pelo Código de 1916, a exemplo do culto professor ÁLVARO VILLAÇA AZEVEDO: "Por sua vez, o art. 1.528 do mesmo Código responsabiliza o dono do edifício ou da construção pelos danos, que advierem de sua ruína, se esta se causar por falta de reparos indispensáveis à remoção daquele perigo. O Código é claro em atribuir ao dono do prédio a responsabilidade, pois a ele cabe cuidar do que lhe pertence. Não se procura, no caso, a culpabilidade desse proprietário, cuja responsabilidade é objetiva, se bem que possa ele, após ter indenizado, procurar reembolsar-se, com ação regressiva contra o culpado (por exemplo, o engenheiro, o zelador)"[10].

Adotando posição mais moderada, embora desapegada à noção de culpa defendida pelo culto ALVINO LIMA, SILVIO RODRIGUES pontifica assistir razão a AGUIAR DIAS, quando reconhece, na hipótese, uma *presunção de responsabilidade do dono do prédio,* dispensando-se, consequentemente, a demonstração cabal da vítima de que houve falta de reparos. A simples circunstância de que o edifício ou construção ruiu seria suficiente para a configuração da responsabilidade civil: "tanto necessitava de reparos que caiu..."[11].

O art. 937 do Código de 2002, cuja redação é idêntica à da lei revogada, mantém a mesma dicção, de forma que poderia o leitor imaginar que as dúvidas e discussões a respeito da correta intelecção da norma haverão de continuar.

Longe de querermos pacificar a questão, mas apenas esboçando o nosso pensamento, cuidaremos de registrar que, em nosso entendimento, essa regra consagra indiscutivelmente a *responsabilidade civil objetiva do dono do edifício ou construção.*

Observe que falamos em "dono", e não em simples possuidor ou detentor. Se, por exemplo, a construção do imóvel alugado desmorona, óbvio que res-

[9] Alvino Lima, *Culpa e Risco,* 2. ed., São Paulo: Revista dos Tribunais, 1999, p. 297.

[10] Álvaro Villaça Azevedo, *Teoria Geral das Obrigações,* 8. ed., São Paulo: Revista dos Tribunais, 2000, p. 291.

[11] Silvio Rodrigues, *Direito Civil — Responsabilidade Civil,* 17. ed., São Paulo: Saraiva, 1999, p. 127.

ponderá o seu proprietário, podendo assistir-lhe uma eventual ação regressiva, no caso de culpa do locatário.

E a vítima, para obter a devida compensação, não precisará provar a sua culpa na ausência de reparos que causou o desfecho fatídico.

Vale salientar, ainda, que a "ruína" do edifício ou construção pode significar a sua destruição tanto total quanto parcial. A jurisprudência, aliás, tem sido maleável ao interpretar esse conceito, admitindo a subsunção nessa categoria de hipóteses tais como: desprendimento de revestimentos de parede, queda de telhas e de vidros, soltura de placas de concreto etc.[12]

Note que o artigo sob comento é peremptório ao dispor que o dono do edifício ou construção *responde* pelos danos provenientes da falta de reparos necessários, não se considerando isenção de responsabilidade a demonstração de haver atuado com a diligência e o cuidado devidos.

A redação legal, de tão contundente, é até mesmo um pouco agressiva.

Se quisesse admitir a responsabilidade fundada na culpa não consignaria o preceito de forma tão categórica.

Ademais, utilizando um critério de interpretação sistemática, a tese de que a norma exigiria prova de culpa seria, no sistema inaugurado pelo novo diploma, completamente anacrônica, uma vez que todas as regras até então estudadas, inseridas no mesmo capítulo, consagraram a responsabilidade sem culpa.

Admitida, portanto, a responsabilidade civil objetiva, o proprietário somente se eximirá se provar a quebra do nexo causal por uma das excludentes de responsabilidade, como, por exemplo, evento fortuito ou de força maior ou, ainda, culpa exclusiva da vítima.

Em arremate, concordamos com o pensamento do mestre SÍLVIO VENOSA, quando sustenta haver o novo Código, nesse ponto, adotado a responsabilidade civil objetiva, mormente levando-se em consideração ser a construção civil uma atividade de risco, potencialmente danosa: "O novo Código, como já referimos nos capítulos anteriores, estabelece um dispositivo geral de responsabilidade objetiva, portanto independente de culpa, nos casos especificados em lei, ou 'quando a atividade normalmente desenvolvida pelo autor do dano implicar, por sua natureza, risco para os direitos de outrem' (art. 927). Caberá à jurisprudência fixar os casos de atividade perigosa ou de risco. Certamente, a área da construção civil será abrangida por esse entendimento. Nesse campo, a obrigação de reparar o dano emerge tão só da atividade desempenhada pelo agente. Trata-se de evolução contemporânea e universal sentida na responsabilidade civil aquiliana"[13].

---

[12] Nesse sentido, Cavalieri Filho, ob. cit., p. 138.

[13] Sílvio de Salvo Venosa, *Direito Civil — Responsabilidade Civil*, 3. ed., São Paulo: Atlas, 2003, p. 82.

5.3. Responsabilidade civil pelas coisas caídas de edifícios

Historicamente, a modalidade em epígrafe tem raiz na responsabilidade oriunda da *actio de effusis et dejectis* do Direito Romano.

Cuida-se da responsabilidade civil decorrente do dano causado pelas coisas caídas ou lançadas de edifícios, que atinjam lugares e pessoas, indevidamente.

O novo Código Civil dispõe a respeito em seu art. 938, cuja redação é muito semelhante à do dispositivo correspondente do Código revogado (art. 1.529):

> "Art. 938. Aquele que habitar prédio, ou parte dele, responde pelo dano proveniente das coisas que dele caírem ou forem lançadas em lugar indevido".

Corretamente, a Lei de 2002 substituiu a palavra "casa" — constante no artigo superado — pela palavra "prédio", tecnicamente mais adequada, por abranger habitações que não se subsumiriam no primeiro conceito.

Saliente-se que, diferentemente do que dispõe o artigo antecedente, a responsabilidade pelas coisas caídas ou lançadas não é necessariamente do proprietário da construção, mas sim do seu *habitante*, atingindo, dessa forma, também, o mero possuidor (locatário, comodatário, usufrutuário etc.).

Indiscutivelmente, cuida-se de responsabilidade civil objetiva, pois o agente só se exime provando não haver participado da cadeia causal dos acontecimentos.

Em outras palavras, para efeito de reparação, não se discute culpa.

Nesse sentido, é o norte dado pela jurisprudência pátria:

"Na *actio de effusis et dejectis* a responsabilidade é objetiva. Assim, provado o fato e o dano do mesmo resultante, a obrigação indenizatória surge como normal consequência" (*RT*, 441/233).

Interessante notar que se o dano é imputado a condomínio, não se podendo identificar a unidade habitacional de onde partiu a coisa, a jurisprudência tem adotado o critério de responsabilizar apenas o bloco de apartamentos de onde se poderia, segundo a lógica dos fatos, partir o objeto. Dessa maneira, os moradores do bloco ou face do prédio oposto ao local do dano não seriam admitidos como parte legítima para responderem na demanda indenizatória.

Nessa linha, a jurisprudência paranaense:

"Para que se exija do condomínio a assunção da responsabilidade pelo lançamento de coisas sobre o prédio vizinho, necessário se torna que se tenha como presumível a participação no fato de todos os condôminos. Não se verificando essa probabilidade, à ação devem ser chamados somente os condôminos ou moradores dos conjuntos que têm vizinhança e condição para, de cima, lançar coisas sobre o prédio vizinho" (TAPR, 1.ª C., Ap., Rel. Des. Schiavon Puppi, *RT*, 530/213).

Finalmente, é bom que se lembre que a responsabilidade decorrente da queda de objetos pode se conjugar com outras modalidades de responsabilidade civil indireta.

Imagine que o filhinho de Caio, por brincadeira (de mau gosto), arremesse uma garrafa de vidro contendo xixi sobre o carro conversível de Tício. Claro está que a vítima poderá buscar o ressarcimento do dano junto ao representante legal do menor, independentemente da demonstração de culpa *in vigilando*.

6. QUESTÕES JURISPRUDENCIAIS FREQUENTES

Neste último tópico cuidaremos de analisar situações especiais e peculiares de responsabilidade civil pelo fato da coisa, muito ocorrentes na jurisprudência nacional[14].

A primeira delas diz respeito ao dano proveniente de veículo furtado ou roubado.

Tendo havido a subtração ilícita do automóvel, com a consequente ocorrência de acidente, responderia o proprietário do bem por tal episódio danoso?

Em nosso entendimento, a resposta negativa se impõe.

No momento em que o titular do domínio ou, até mesmo, o mero possuidor do bem perde a disponibilidade sobre ele em decorrência da subtração criminosa, deixa de ter, consequentemente, responsabilidade por sua guarda, razão por que não poderá ser compelido a indenizar a vítima do acidente.

Até porque, por mais fatídico que possa parecer, o sujeito que teve o seu veículo furtado ou roubado *também é vítima da cadeia dos acontecimentos*, não podendo ser considerado agente de sua causação, ressalvada, apenas, a hipótese de ter agido com indiscutível negligência ao propiciar a consumação do delito (imagine que o indivíduo deixou o carro aberto, com a chave na ignição, em um bairro notoriamente violento).

Discordamos, pois, com todas as nossas forças, da corrente doutrinária que sustenta a mantença da responsabilidade civil do proprietário do veículo em face da vítima do acidente, por não ter havido "transferência jurídica" de sua posse para o assaltante.

Esse raciocínio, *data venia*, não procede.

---

[14] Uma excelente visão doutrinária e jurisprudencial dessas questões pode ser encontrada nas obras dos cultos professores Cavalieri Filho e Rui Stoco, citadas.

No momento em que se consuma o crime patrimonial (roubo, furto, extorsão ou assemelhado), o proprietário deixa de deter poder de comando sobre a coisa, não podendo mais, por conseguinte, ser considerado seu guardião.

Nesse sentido, com absoluta precisão, CAVALIERI FILHO: "Logo, é forçoso concluir que o proprietário perde o poder de direção ou de comando sobre a coisa em razão do furto ou do roubo, ficando, assim, privado de sua guarda, que passa para o ladrão"[15].

Outra questão interessante diz respeito ao furto ou roubo de veículo ocorrido nas dependências de condomínio.

Por razões lógicas, tendo se demonstrado a falha no sistema de segurança, o condômino prejudicado poderá pleitear o ressarcimento devido, por ser legítima a sua pretensão. Entretanto, caberá a ele provar cabalmente o alegado, para se evitar o enriquecimento sem causa[16].

Tendo havido reincidência de fatos criminosos, sem que o síndico ou a assembleia geral haja adotado alguma providência a respeito, a comprovação da responsabilidade do condomínio fica mais facilitada, uma vez que a postura omissiva dos seus administradores reflete desídia injustificável.

Interessante ainda é a polêmica a respeito do dano causado por veículo locado.

A despeito das veementes críticas que lhe são dirigidas, prevalece no Supremo Tribunal o entendimento, já sumulado (Súmula 492), no sentido de que a empresa locadora do veículo responderia *solidariamente* com o locatário pelos danos causados a terceiros, no uso do carro locado.

---

[15] Sérgio Cavalieri Filho, ob. cit., p. 128.

[16] Sobre o tema, confira-se o seguinte acórdão:

"Responsabilidade civil. Condomínio de edifício. Furto de objetos em unidade condominial. Culpa 'in vigilando'. Culpa 'in eligendo'. Dano material. Dano moral. Exclusão. Sucumbência. Art. 21, CPC. Direito civil. Responsabilidade civil. Condomínio. Furto em unidade autônoma. Se o condomínio prevê, na convenção condominial, que diligenciará no sentido de garantir a segurança e policiamento das dependências, sem excluir as autônomas das comuns, não há como elidir sua responsabilidade por furto havido em apartamento, ainda que 'in vigilando'. Havendo evidência de que há serviços de vigilância terceirizada, há igualmente culpa 'in eligendo', já que os funcionários daquela empresa são prepostos. Responsabilidade do condomínio configurada em relação aos danos materiais. Necessidade de comprovação dos danos morais alegados, que na hipótese não têm como ser presumidos. Provimento parcial do recurso, para excluir as verbas referentes a estes últimos e determinar o rateio dos ônus sucumbenciais, na forma do art. 21 do CPC" (TJRJ, Ap. Cível 2000.001.19787, data de registro: 2-4-2002, 11.ª Câmara Cível, Des. Luiz Eduardo Rabello, j. 6-2-2002).

No caso do *leasing*[17], a jurisprudência tem entendido que apenas o arrendatário tem poder de comando sobre a coisa, cabendo a ele, e não ao arrendador, a responsabilidade por eventuais danos causados.

Nesse sentido, leia-se interessante acórdão:

> "No contrato de 'leasing' inexiste responsabilidade solidária da empresa arrendante pela má utilização do objeto pela arrendatária ou seu preposto. Em se tratando de acidente automobilístico, não é o domínio que enseja a responsabilidade civil, mas sim a posse do veículo, mesmo porque em termos de ato ilícito, o que tem relevo é a conduta do agente" (TAMG, *RT*, 574/216).

Finalmente, uma última situação, ainda muito discutida, merece a nossa atenção.

Tendo havido a alienação do veículo, sem que se seguisse a imediata regularização da transferência no respectivo DETRAN, o antigo proprietário continuaria responsável por eventuais danos causados a terceiros pelo novo condutor?

A resposta negativa se impõe.

Obviamente que, tendo havido a transferência da posse e da propriedade do veículo, o antigo dono *deixa de ter comando sobre a coisa*, não mais podendo ser considerado seu guardião para efeito de responsabilidade civil.

Esse entendimento aplica-se, inclusive, na hipótese em que o sujeito aliena o bem a uma concessionária ou empresa especializada, acompanhado da assinatura do DUT "em branco", mediante a emissão de um recibo de entrega, em que a adquirente se compromete a preencher o documento oficial e reconhecer as respectivas firmas, tão logo o revenda a um terceiro.

Claro está que, também nessa hipótese, caso haja a revenda sem a consequente regularização do registro, o antigo proprietário *não poderia ser responsabilizado*, uma vez que a posse e o comando intelectual da coisa já haviam sido transferidos, anteriormente, à empresa compradora do automóvel.

Não é pelo simples fato de não ter havido a regularização do registro administrativo de propriedade do bem no DETRAN que o antigo dono será responsabilizado pelo uso da coisa, agora pertencente ao novo proprietário. A realização desta providência tem a vantagem e a finalidade de imprimir eficácia *erga omnes* à alienação, por firmar uma presunção geral de publicidade (Sú-

[17] O *leasing* é o conhecido contrato de arrendamento mercantil. Em sua forma mais comum, o arrendador adquire o bem, transferindo a sua posse ao arrendatário, que fica obrigado a pagar-lhe uma determinada renda. Ao final do prazo previsto no contrato, o arrendatário poderá optar pela extinção do negócio, pela mantença do arrendamento, ou, ainda, pleitear a aquisição da coisa.

mula 489 do STF). A sua ausência, outrossim, acarreta apenas problemas de natureza administrativa (as multas seriam emitidas em nome do antigo dono, que teria o ônus de demonstrar a venda), mas nunca de assunção da responsabilidade civil pelo fato de a coisa não mais lhe pertencer.

No entanto, como vimos, a falta do registro não tem o condão de manter a responsabilidade civil do antigo dono.

E para que não pairem dúvidas, concluímos nosso raciocínio esboçando a posição já assentada pelo Superior Tribunal de Justiça a respeito do tema:

> "Súmula 132. A ausência de registro da transferência não implica a responsabilidade do antigo proprietário por dano resultante de acidente que envolva o veículo alienado".

Com certeza, é o melhor entendimento.

Nesse sentido, observa Arnaldo Rizzardo, ao comentar o Código de Trânsito Brasileiro:

> "Inclusive no pertinente à responsabilidade civil por danos causados pelo veículo restará definida com aquela providência: o adquirente responderá pelo ressarcimento. Se bem que, nesta parte, mesmo que omitida a medida, e uma vez bem provada a transferência, a indenização recairá no comprador ou adquirente. A omissão de registro não implica invalidade do negócio. Implica somente maior discussão quanto à credibilidade do documento, em relação a terceiros, como vastamente vêm afirmando a doutrina e a jurisprudência. Salienta-se que a regra tem efeitos mais administrativos, não podendo admitir questões de responsabilidade civil"[18].

---

[18] Arnaldo Rizzardo, *Comentários ao Código de Trânsito Brasileiro*, 4. ed., São Paulo: Revista dos Tribunais, 2003, p. 335.

Capítulo XIII
Responsabilidade Civil Contratual

Sumário: 1. Importância do tema. 2. Regras positivadas sobre inadimplemento contratual. 3. Responsabilidade civil contratual. 4. Algumas palavras sobre a cláusula penal. 5. Responsabilidade civil pré-contratual. 5.1. Recusa de contratar. 5.2. Quebra das negociações preliminares. 6. Responsabilidade civil pós-contratual.

1. IMPORTÂNCIA DO TEMA

O Título V do Livro do "Direito das Obrigações", intitulado "Dos Contratos em Geral", não é explícito quanto ao estabelecimento de regras sobre o inadimplemento e a responsabilidade contratual.

Isso porque a disciplina positivada, na espécie, busca compreender a relação jurídica contratual como um sistema, de forma a regular como ela nasce, desenvolve-se e se extingue.

Todavia, parece-nos que tecer algumas considerações sobre o inadimplemento contratual, bem como a responsabilidade civil daí decorrente, é tema da maior importância na modernidade, não somente pela enorme quantidade de situações fáticas que demandam disciplina, mas também pelo fato de que a própria Constituição Federal de 1988 propugna pela restituição integral de danos por atos ilícitos, dentro dos direitos e garantias fundamentais[1].

E o descumprimento do contrato nada mais é do que uma manifestação de um ato ilícito, que, independentemente de resultar ou não na extinção do vínculo obrigacional original, deve ser sancionado, na forma adequada, com a reparação dos danos daí decorrentes.

Para isso, revisemos algumas importantes regras positivadas sobre o inadimplemento contratual.

2. REGRAS POSITIVADAS SOBRE INADIMPLEMENTO CONTRATUAL

Por inadimplemento contratual compreenda-se o não cumprimento da prestação pactuada, na forma como estabelecida na relação jurídica obrigacional.

[1] *Vide* o art. 5.º, V, da CF/88.

Ocorrendo tal descumprimento do avençado, deve-se direcionar as pretensões para a tutela específica das prestações descumpridas, de forma a prestigiar a boa-fé objetiva e a manifestada intenção das partes ao celebrarem o negócio jurídico[2], embora outras condutas possam ser aceitas[3].

Independentemente disso, os danos decorrentes de tal ato ilícito devem ser reparados, mas, para isso, é preciso distinguir se a inexecução ocorreu de forma voluntária ou não.

De fato, tendo ocorrido o descumprimento do acordado — e, possível e consequentemente, danos por tal ato ilícito — é necessário averiguar se tal fato ocorreu por motivo de caso fortuito ou força maior (argumentação cujo ônus da prova é sempre do devedor inadimplente), pois, assim sendo, não há que falar em reparação, o que se depreende da regra do art. 393 do CC/2002[4].

Não sendo esta a hipótese, incide plenamente a regra básica de responsabilidade civil contratual, a saber, o art. 389 do Código Civil de 2002, cuja dicção é a seguinte:

> "Art. 389. Não cumprida a obrigação, responde o devedor por perdas e danos, mais juros e atualização monetária segundo índices oficiais regularmente estabelecidos, e honorários de advogado".

Mas em que consiste esta responsabilidade civil contratual?

É o que enfrentaremos no próximo tópico.

3. RESPONSABILIDADE CIVIL CONTRATUAL

O tema da responsabilidade civil é, sem sombra de qualquer dúvida, o mais abrangente de todos os temas da Teoria Geral do Direito, extrapolando

---

[2] Sobre o tema, recomendamos, novamente, a leitura dos tópicos 2.2.1 ("Descumprimento culposo das obrigações de fazer: a sua tutela jurídica") e 2.3.1 ("Descumprimento culposo das obrigações de não fazer: a sua tutela jurídica") do Capítulo V ("Classificação Básica das Obrigações") do v. 2 ("Obrigações") desta obra.

[3] "Verifica-se, do exposto, que o contratante pontual pode, ante o inadimplemento do outro, tomar, a seu critério, três atitudes, uma passiva e duas ativas: a) permanecer inerte e defender-se, caso acionado, com a *exceptio non adimpleti contractus*; b) ou pleitear a resolução do contrato, com perdas e danos, provando o prejuízo sofrido; c) ou, ainda, exigir o cumprimento contratual, quando possível a execução específica (CPC, arts. 461 e parágrafos, e 639 a 641)" (Carlos Roberto Gonçalves, *Direito das Obrigações — Parte Especial — Contratos*, Col. Sinopses Jurídicas, 6. ed., São Paulo: Saraiva, 2002, t. I, p. 26).

[4] "Art. 393. O devedor não responde pelos prejuízos resultantes de caso fortuito ou força maior, se expressamente não se houver por eles responsabilizado.

Parágrafo único. O caso fortuito ou de força maior verifica-se no fato necessário, cujos efeitos não era possível evitar ou impedir."

seus limites para além do Direito Civil[5], embora nele esteja a disciplina de seus institutos essenciais.

Trata-se, na verdade, de uma situação derivada da violação de uma norma jurídica preexistente (legal ou contratual), desembocando na necessidade de reparação pelos danos causados.

Assim sendo, falar em responsabilidade civil contratual nada mais é do que tratar da reparação dos danos causados pelo descumprimento do pactuado.

Note-se que, na concepção legal de perdas e danos, independentemente do fundamento da responsabilidade civil, abranger-se-ão tanto os lucros cessantes quanto os danos emergentes[6].

Mas há alguma peculiaridade em tal modalidade de responsabilidade civil, em relação à chamada responsabilidade civil extracontratual ou aquiliana?

Retomando o tema, rememoremos as diferenças essenciais entre a responsabilidade civil aquiliana e a responsabilidade civil contratual.

Como visto, a concepção básica da responsabilidade civil é a de reparação de danos causados pela violação de uma norma preexistente.

Ou seja, quem infringe dever jurídico *lato sensu* fica obrigado a reparar o dano causado.

Esse dever jurídico *lato sensu*, passível de violação, pode ter, todavia, como fundamento tanto uma obrigação imposta por um dever geral do Direito ou decorrente da própria lei quanto uma relação negocial preexistente, isto é, um dever oriundo de um contrato.

No primeiro caso, teremos a responsabilidade civil aquiliana[7], em que se

---

[5] "Toda manifestação da atividade que provoca prejuízo traz em seu bojo o problema da responsabilidade, que não é fenômeno exclusivo da vida jurídica, mas de todos os domínios da vida social. Realmente, embora alguns autores, como Josserand, considerem a responsabilidade civil como 'a grande vedete do direito civil', na verdade, absorve não só todos os ramos do direito — pertencendo à seara da Teoria Geral do Direito, sofrendo as naturais adaptações conforme aplicável ao direito público ou privado, mas os princípios estruturais, o fundamento e o regime jurídico são os mesmos, comprovando a tese da unidade jurídica quanto aos institutos basilares, uma vez que a diferenciação só se opera no que concerne às matérias, objeto de regulamentação legal — como também a realidade social, o que demonstra o campo ilimitado da responsabilidade civil" (Maria Helena Diniz, *Curso de Direito Civil*, 10. ed., São Paulo: Saraiva, 1996, v. 7, p. 3-4).

[6] "Art. 402. Salvo as exceções expressamente previstas em lei, as perdas e danos devidas ao credor abrangem, além do que ele efetivamente perdeu, o que razoavelmente deixou de lucrar."

[7] "Onde se realiza a maior revolução nos conceitos jus-romanísticos em termos de responsabilidade civil é com a Lex Aquilia, de data incerta, mas que se prende aos tempos da República (Leonardo Colombo, *Culpa Aquiliana*, p. 107). Tão grande revo-

viola um dever necessariamente negativo, ou seja, a obrigação de não causar dano a ninguém; enquanto no segundo falamos justamente da mencionada responsabilidade civil contratual, em que a *culpa contratual* se caracteriza pela violação de um dever de adimplir, que constitui justamente o conteúdo do negócio jurídico.

E a diferença se resume à fonte do dever jurídico violado?

Não.

Além da *necessária preexistência de uma relação jurídica* entre lesionado e lesionante na responsabilidade civil contratual (relação esta inexistente na responsabilidade civil aquiliana, por isso mesmo chamada de extracontratual), dois outros elementos devem ser lembrados, a saber, o *ônus da prova quanto à culpa* e *a diferença quanto à capacidade*[8].

De fato, na responsabilidade civil contratual, a culpa é, de regra, no mínimo, presumida[9], uma vez que se trata do descumprimento de uma prestação que se assumiu livremente. Assim, há uma inversão do ônus da prova, pois caberá à vítima comprovar, apenas, que a obrigação não foi cumprida, enquanto ao devedor restará o *onus probandi*, por exemplo, de que não agiu com culpa ou que ocorreu alguma causa excludente do elo de causalidade.

Como observa SÉRGIO CAVALIERI FILHO,

> "essa presunção de culpa não resulta do simples fato de estarmos em sede de responsabilidade contratual. O que é decisivo é o tipo de obrigação assumida no contrato. Se o contratante assumiu a obrigação de alcançar um determinado resultado e não conseguiu, haverá culpa presumida, ou, em alguns casos, até responsabilidade objetiva; se a obrigação assumida no contrato foi de meio, a responsabilidade, embora contratual, será fundada na culpa provada"[10].

Por outro lado, na responsabilidade civil aquiliana, abstraídas as hipóteses de reconhecimento de responsabilidade civil objetiva, respaldadas pelo parágra-

---

lução que a ela se prende a denominação de aquiliana para designar-se a responsabilidade extracontratual em oposição à contratual. Foi um marco tão acentuado, que a ela se atribui a origem do elemento 'culpa', como fundamental na reparação do dano" (Caio Mário da Silva Pereira, *Responsabilidade Civil*, 9. ed., Rio de Janeiro: Forense, 2001, p. 3).

[8] Sérgio Cavalieri Filho, *Programa de Responsabilidade Civil*, 2. ed., São Paulo: Malheiros, 2000, p. 197-9, 3. tir.

[9] Como regra especial, registre-se a previsão do art. 392 do CC/2002, pela qual nos "contratos benéficos, responde por simples culpa o contratante, a quem o contrato aproveite, e por dolo aquele a quem não favoreça; nos contratos onerosos, responde cada uma das partes por culpa, salvo as exceções previstas em lei".

[10] Sérgio Cavalieri Filho, *Programa de Responsabilidade Civil*, 2. ed., São Paulo: Malheiros, 2000, p. 198, 3. tir.

fo único do art. 927 do CC/2002[11], a culpa do réu deve ser sempre provada pela vítima, ao postular a reparação de danos causados.

A última distinção, por fim, refere-se ao plano de validade do negocio jurídico, notadamente à capacidade para assumir e responder pelo dever jurídico acessório da responsabilidade civil, haja vista que o menor púbere só se vincula contratualmente quando assistido por seu representante legal — e, excepcionalmente, se maliciosamente declarou-se maior (art. 180 do Código Civil de 2002) —, somente devendo ser responsabilizado nesses casos, ao contrário da responsabilidade civil aquiliana, em que o prejuízo deve ser reparado, pelo menos na previsão do art. 156 do Código Civil de 1916, sem correspondente no novel diploma civil. O Código de 2002, por sua vez, sem distinguir púberes de impúberes, dispõe que "o incapaz responde pelos prejuízos que causar, se as pessoas por ele responsáveis não tiverem obrigação de fazê-lo ou não dispuserem de meios suficientes" (art. 928).

4. ALGUMAS PALAVRAS SOBRE A CLÁUSULA PENAL

Embora já tenhamos tratado, com minúcias, da *cláusula penal* em volume anterior desta coleção[12], é preciso recordar a natureza jurídica desse instituto, pela sua evidente relação com o tema da responsabilidade civil contratual.

De fato, como já afirmamos alhures, "a cláusula penal é um pacto acessório, pelo qual as partes de um determinado negócio jurídico fixam, previamente, a indenização devida em caso de descumprimento culposo da obrigação principal, de determinada cláusula do contrato ou em caso de mora.

Em outras palavras, a cláusula penal, também denominada pena convencional, tem a precípua função de pré-liquidar danos, em caráter antecipado, para o caso de inadimplemento culposo, absoluto ou relativo, da obrigação"[13].

Ora, assim sendo, com a pactuação, de maneira idônea, de uma cláusula penal pelas partes, a discussão sobre a responsabilidade civil contratual, neste caso, sofrerá a interferência deste pacto.

Isso não abrange, porém, as fases pré e pós-contratual.

E há responsabilidade civil nessas fases?

É o que veremos nos próximos tópicos.

---

[11] "Art. 927. Aquele que, por ato ilícito (arts. 186 e 187), causar dano a outrem, fica obrigado a repará-lo.Parágrafo único. Haverá obrigação de reparar o dano, independentemente de culpa, nos casos especificados em lei, ou quando a atividade normalmente desenvolvida pelo autor do dano implicar, por sua natureza, risco para os direitos de outrem."

[12] Cf. o Capítulo XXV ("Cláusula Penal") do v. 2 ("Obrigações") desta obra.

[13] Pablo Stolze Gagliano; Rodolfo Pamplona Filho, *Novo Curso de Direito Civil*, 19. ed., São Paulo: Saraiva, 2018, v. 2, p. 375.

5. RESPONSABILIDADE CIVIL PRÉ-CONTRATUAL

Conforme já defendemos em capítulo anterior[14], o princípio maior da boa-fé objetiva deve ser aplicado não somente na conclusão e celebração do contrato, mas também nas fases pré e pós-contratual.

Nesse sentido, inclusive, é o Enunciado 25 da Jornada de Direito Civil, promovida pelo Conselho da Justiça Federal, com o seguinte teor:

> "O art. 422 do Código Civil não inviabiliza a aplicação, pelo julgador, do princípio da boa-fé nas fases pré e pós-contratual".

Ora, assim sendo, não temos a menor dúvida de que, se há uma responsabilidade civil contratual, também há que falar em uma responsabilidade civil pré-contratual e — por que não? — pós-contratual.

Seguindo a linha de SÍLVIO VENOSA, parece-nos que a responsabilidade civil pré-contratual pode ser vista sob dois enfoques: a recusa de contratar e a quebra das negociações preliminares[15].

Enfrentemos cada um deles.

5.1. Recusa de contratar

Pode alguém recusar-se a contratar?

Se levarmos em "ponta de faca" o princípio da autonomia da vontade, a resposta seria sempre positiva.

Todavia, tal conduta não pode ser levada a grau extremo, pois a conduta de quem oferta seus bens e serviços no mercado não pode ser interpretada como de plena liberdade para escolher quem bem lhe aprouver para atender, dando tratamento desigual em face de determinadas pessoas.

É lógico que, havendo a recusa à contratação, ela tem de ser fundamentada, sob pena de se caracterizar como uma conduta discriminatória.

Como contrato nem sequer existe, é realmente complicado pensar em uma responsabilidade civil pré-contratual, soando mais como uma manifestação da responsabilidade cıvil aquiliana.

Nessa linha, ensina o amigo SÍLVIO VENOSA:

> "Não se trata exatamente de uma responsabilidade pré-contratual, porque contrato ainda inexiste, mas de um aspecto da responsabilidade aquiliana que tem a ver com o universo contratual.

---

[14] Cf. o Capítulo "Boa-Fé Objetiva em Matéria Contratual" do v. 4, *Contratos*, desta obra.

[15] Sílvio de Salvo Venosa, *Direito Civil — Teoria Geral das Obrigações e dos Contratos*, 3. ed., São Paulo: Atlas, 2003, v. II, p. 478-83.

Nessa situação, na recusa de contratar, a questão coloca-se primeiramente em âmbito sociológico. Em sociedade, cada um exerce uma atividade para suprir necessidades dos outros, que não podem satisfazê-las. Destarte, o vendedor de determinada mercadoria, ou o prestador de serviços, validamente estabelecidos, desempenham uma função social relevante. Fornecem bens e serviços à sociedade e estão obrigados a fazê-lo, se foi essa a atividade escolhida para seu mister. A recusa injustificada na venda ou prestação do serviço constitui ato que se insere no campo do abuso do direito. O comerciante não está obrigado a vender, mas se dispôs a vender, não pode recusar-se a fazê-lo a quem pretende adquirir o objeto de sua mercancia. Essa conduta extravasa os limites do direito, é prática abusiva, pois existe um desvio de finalidade. (...) Quando o titular de uma prerrogativa jurídica, de um direito subjetivo, atua de modo tal que sua conduta contraria a boa-fé, a moral, os bons costumes, os fins econômicos e sociais da norma, incorre no ato abusivo. Em tal situação, o ato é contraditório ao Direito e ocasiona a responsabilidade do agente pelos danos causados"[16].

Em sentido contrário, entretanto, defende CARLYLE POPP:

"Não pode parecer, deste modo, obscuro ao jurista com o pensamento voltado para o presente que tal tipo de situação jurídica não se pode enquadrar no campo da responsabilidade extracontratual. Ora, há muito foi o tempo em que havia uma separação absoluta entre contrato celebrado e negociações contratuais. Estas, da mesma forma que a publicidade e a oferta, regem-se pelo sistema contratual. O contrato social propicia o surgimento de deveres de conduta, fundamentados no princípio da boa-fé objetiva, mas cuja situação jurídica tem índole relativa. A relação jurídica não nasce do ilícito, mas é a ele preexistente. O dever genérico de não prejudicar não nasce do ordenamento jurídico, mas sim, do conteúdo das tratativas e da conduta das partes. Isto porque, vista a obrigação como totalidade, estes deveres acessórios geram a obrigação de prestar, mas somente àqueles que se encontram sujeitos a esse vínculo preexistente. Assim, ratificando o pensamento *supra* de PRATA, a questão deve conduzir o intérprete ao raciocínio claro: responsabilidade pré-negocial, de qualquer espécie, tem natureza contratual e, portanto, submeter-se-á a idêntico disciplinamento jurídico"[17].

Acolhendo-se tal posicionamento, a recusa de contratar, como violação da boa-fé objetiva pode, inclusive, permitir, excepcionalmente, o reconhecimento da existência anterior da relação contratual, o que tem sido verificado, em especial, na jurisprudência trabalhista[18].

---

[16] Sílvio de Salvo Venosa, *Direito Civil — Teoria Geral das Obrigações e dos Contratos*, 3. ed., São Paulo: Atlas, 2003, v. II, p. 480.

[17] Carlyle Popp, *Responsabilidade Civil Pré-Negocial: o rompimento das tratativas*, Curitiba: Juruá, 2002, p. 149.

[18] "CONTRATO DE TRABALHO. APLICAÇÃO SUBSIDIÁRIA À RELAÇÃO CONTRA-

5.2. Quebra das negociações preliminares

Também já explicitamos que os *atos prévios ou preparatórios* à celebração do contrato poderão gerar, em caso de quebra injustificada da expectativa de contratar, responsabilidade civil do infrator, por força da violação à *boa-fé objetiva pré-contratual*.

O entendimento assente sobre a matéria é que o rompimento dessa legítima expectativa de contratar, em prejuízo da parte que efetivou gastos na certeza da celebração do negócio, poderá ocasionar, a depender das circunstâncias do caso, responsabilidade civil, por aplicação da denominada teoria da culpa *in contrahendo*.

Nesse sentido, o magistral ORLANDO GOMES já observava que:

> "Se um dos interessados, por sua atitude, cria para o outro a experiência de contratar, obrigando-o, inclusive, a fazer despesas para possibilitar a realização do contrato, e, depois, sem qualquer motivo, põe termo às negociações, o outro terá o direito de ser ressarcido dos danos que sofreu. Eis por que tais negociações nem sempre são irrelevantes. Há, em verdade, uma responsabilidade pré-contratual"[19].

Confira-se ainda, nessa linha de intelecção, ementa de conhecido julgado do Tribunal de Justiça do Rio Grande do Sul, da lavra do eminente jurista RUY ROSADO DE AGUIAR JR.:

> "Contrato. Tratativas. 'Culpa *in contrahendo*'. Responsabilidade civil. Responsabilidade da empresa alimentícia, industrializadora de tomates, que distribui sementes, no tempo do plantio, e então manifesta a intenção de adquirir o produto, mas depois resolve, por sua conveniência, não mais industrializá-lo, naquele ano, assim causando prejuízo ao agricultor, que sofre a frustração da

---

TUAL DO ART. 422 DO CÓDIGO CIVIL. PRINCÍPIO DA BOA-FÉ. O artigo 422 do Código Civil impõe a observância do princípio da boa-fé a todas as relações obrigacionais. Irretocável a r. sentença de primeiro grau, proferida pelo MM. Juiz Luciano Augusto de Toledo Coelho, ao aplicar ao contrato de trabalho o princípio da boa-fé: 'no caso dos autos, 'integração' significaria ingresso na cultura e no serviço da empresa, não sendo crível e nem de acordo com a boa-fé que a ré levasse trabalhadores desempregados, do Paraná para o Rio Grande do Sul, acenando com trabalhos de pintura, para, lá chegando, ainda submetê-los à situação que poderia gerar a não contratação e sequer utilizá-los para os serviços. De qualquer forma, ao adentrar no ônibus fretado pela empresa para ir ao campo de trabalho em outro estado, já incide o artigo 4.º da CLT.' Mantém-se a r. sentença que reconheceu o vínculo empregatício a partir do momento em que o trabalhador esteve à disposição do empregador" (TRT/PR, TRT-PR-01452-2006-654-09-00-4(RO-01645-2008)-ACO-00684-2009, Órgão Julgador: 3.ª T., rel. Des. Wanda Santi Cardoso da Silva, *DJPR* 20-1-2009).

[19] Orlando Gomes, ob. cit., p. 61.

expectativa de venda da safra, uma vez que o produto ficou sem possibilidade de colocação. Provimento em parte do apelo, para reduzir a indenização a metade da produção, pois uma parte da colheita foi absorvida por empresa congênere, às instâncias da ré. Voto vencido, julgando improcedente a ação. (12FLS. — D)"[20].

Vê-se, portanto, deste trecho do acórdão, o inequívoco reconhecimento da teoria da *culpa in contrahendo*, justificando a responsabilidade civil por quebra do dever de lealdade na fase pré-contratual, desde que haja, é claro, comprovação dos danos daí decorrentes.

Nessa trilha de pensamento, confira-se a opinião a respeito do tema do culto JUNQUEIRA DE AZEVEDO, em excelente artigo já citado nesta obra, elaborado quando da tramitação do Projeto de Código Civil:

"Cito um caso entre a Cica e plantadores de tomate, no Rio Grande do Sul, no qual, em pelo menos 4 acórdãos, o Tribunal de Justiça do Rio Grande do Sul reconheceu que a Companhia Cica havia criado expectativas nos possíveis contratantes — pequenos agricultores —, ao distribuir sementes para que plantassem tomates e, depois, errou ao se recusar a comprar a safra dos tomates. Houve, então, prejuízo dos pequenos agricultores, baseado na confiança despertada antes do contrato, fase pré-contratual. Logo, o caso do art. 421 deveria também falar em responsabilidade pré-contratual ou extensão do comportamento de boa-fé na fase pré-contratual.

Faço um parêntese para exemplificar, transformando em hipótese o que li nos jornais de hoje sobre o caso da Ford com o Governador do Rio Grande do Sul. A Ford, durante os dois anos em que teria procurado montar a sua indústria, certamente teve muitos gastos e, de repente, o negócio não teria sido efetivado. O problema da responsabilidade pré-contratual é justamente esse, qual seja, o dos gastos que se fazem antes do contrato e quando há a ruptura. Se essa hipótese da Ford for pré-contratual — no caso, suponho ter havido algum contrato anterior — mas se não houvesse, e se fosse apenas um problema de negociações, antes de qualquer efetivação do negócio, haveria dois pressupostos da responsabilidade pré-contratual: a confiança na realização do futuro negócio e o investimento na confiança. Faltariam, talvez, outros dois pressupostos: o de poder atribuir uma justificação à confiança que alguém teve e, em segundo lugar, o de que essa confiança tenha sido causada pela outra parte. Assim, poderíamos duvidar se o Governador chegou a criar essa confiança e, portanto, provocou a despesa da indústria; e, ainda, se a indústria não confiou demais e assim por diante. São problemas em aberto, mas de qualquer maneira, o meu primeiro ponto

---

20 Ap. Cív. 591028295, 5.ª Câm. Cív., TJRS, Rel. Ruy Rosado de Aguiar Júnior, j. em 6-6-1991.

sobre a responsabilidade pré-contratual é que há uma omissão do Projeto de Código Civil, no artigo em causa"[21].

Com base em tais ensinamentos, vemos que a doutrina tradicionalmente costuma justificar a responsabilidade civil pré-contratual na teoria da *culpa in contrahendo.*

Nesse sentido, ensina DÁRIO MOURA VICENTE, professor da Faculdade de Direito de Lisboa:

> "E a quem compete a prova da ocorrência de culpa ou da falta dela?
>
> É questão espinhosa, pois nesta matéria divergem os regimes das duas formas de responsabilidade. Na contratual, a culpa presume-se, em conformidade com a máxima da experiência segundo a qual em regra o devedor inadimplente age culposamente. Mas na responsabilidade extracontratual vale a solução oposta, cabendo ao lesado, por conseguinte, demonstrar a censurabilidade da conduta do lesante.
>
> Nas situações de responsabilidade pré-contratual, depõe no sentido de funcionamento da presunção de culpa a circunstância de nelas estar em causa, geralmente, a violação de deveres de conduta específicos, emergentes de uma relação jurídica preexistente, o que as aproxima bastante da violação de obrigações contratuais. Mas já não deve ser assim quando o ilícito imputado ao lesante for o rompimento abusivo das negociações e não puder atribuir-se ao lesante a violação de qualquer dever jurídico"[22].

Entretanto, pensamos que esse respeitável posicionamento tenderá a uma revisão, considerando-se que já há corrente sustentando a dispensabilidade da investigação da culpa, quando se estiver diante de quebra da boa-fé objetiva.

Inclusive na fase pré-contratual, concluímos.

Nesse sentido, um dos enunciados das Jornadas de Direito Civil, disponível no *site* oficial do Conselho da Justiça Federal, já referido nesta obra, a saber, o de número 24, foi no sentido de que: "Em virtude do princípio da boa-fé, positivado no art. 422, a violação dos deveres anexos constitui espécie de inadimplemento, independentemente de culpa".

Do exposto, resulta que a violação de qualquer dos deveres anexos ou de proteção, oriundos da boa-fé objetiva, desembocariam na responsabilidade objetiva, segundo essa moderna doutrina.

---

[21] Antônio Junqueira de Azevedo, "*Projeto do Código Civil — o princípio da boa-fé nos contratos*", artigo disponível no excelente *site* do Conselho da Justiça Federal: www.cjf.gov.br.

[22] Dário Moura Vicente, "A responsabilidade pré-contratual no Código Civil brasileiro de 2002", *Revista Trimestral de Direito Civil*, Rio de Janeiro: PADMA, v. 18, p. 17, abr./jun. 2004.

A questão de fundo, portanto, na responsabilidade civil pré-contratual, diz respeito menos à relevância ou não do elemento anímico e muito mais à demonstração efetiva de que a conduta do indivíduo violou a boa-fé objetiva, conceito aberto que deverá ser colmatado pelo magistrado no caso concreto.

E essa, sem dúvida, é a tendência do nosso Direito: a sua objetivação, em face da falência da (imprecisa) noção de culpa.

6. RESPONSABILIDADE CIVIL PÓS-CONTRATUAL

Por fim, vale registrar que, pelos mesmos fundamentos que se reconhece a responsabilidade pré-negocial, há que se reconhecer uma responsabilidade civil pós-contratual.

Em verdade, tudo gira em torno do princípio da boa-fé objetiva e todos os deveres jurídicos anexos ou de proteção que ela acarreta.

É a precisa observação de MAURÍCIO JORGE MOTA:

> "A pós-eficácia das obrigações constitui portanto um dever lateral de conduta de lealdade, no sentido de que a boa-fé exige, segundo as circunstâncias, que os contratantes, depois do término da relação contratual, omitam toda conduta mediante a qual a outra parte se veria despojada ou essencialmente reduzidas as vantagens oferecidas pelo contrato. Esses deveres laterais de lealdade se consubstancializam primordialmente em deveres de reserva quanto ao contrato concluído, deveres de segredo dos fatos conhecidos em função da participação na relação contratual e deveres de garantia da fruição pela contraparte do resultado do contrato concluído"[23].

Com efeito, não é pelo fato de que terminou a relação de emprego que um trabalhador esteja autorizado a revelar segredos a que somente teve acesso por força da relação contratual mantida. Da mesma forma, a extinção de um contrato da prestação de serviços advocatícios ou médicos não fulmina o dever de sigilo gerado pelo vínculo estabelecido.

Tudo gira, pois, em torno da necessidade de se proceder segundo um comportamento ético e probo esperado pelas partes, uma em face da outra.

---

[23] Maurício Jorge Mota, "A pós-eficácia das obrigações", in Gustavo Tepedino (coord.), *Problemas de Direito Civil-Constitucional*, Rio de Janeiro: Renovar, 2001, p. 204.

Capítulo XIV
Responsabilidade Civil do Estado

Sumário: 1. Introduzindo este e os próximos capítulos. 2. Evolução das teorias explicativas sobre a responsabilidade civil do Estado. 2.1. Teoria da irresponsabilidade. 2.2. Teorias subjetivistas. 2.2.1. Teoria da culpa civilística. 2.2.2. Teoria da culpa administrativa. 2.2.3. Teoria da culpa anônima. 2.2.4. Teoria da culpa presumida (falsa teoria objetiva). 2.2.5. Teoria da falta administrativa. 2.3. Teorias objetivistas. 2.3.1. Teoria do risco administrativo. 2.3.2. Teoria do risco integral. 2.3.3. Teoria do risco social. 3. Teoria adotada no sistema jurídico brasileiro. 4. Algumas palavras sobre a responsabilidade civil do agente material do dano. 4.1. A denunciação da lide. 5. Prescrição da pretensão indenizatória contra o Estado.

1. INTRODUZINDO ESTE E OS PRÓXIMOS CAPÍTULOS

Até o capítulo anterior, tratamos das regras gerais sobre a responsabilidade civil no vigente ordenamento jurídico brasileiro.

A partir de agora, propugnamos pelo enfrentamento do que chamamos de casuística da responsabilidade civil, analisando justamente a incidência dessas regras estudadas em determinadas atividades e circunstâncias.

Esse primeiro capítulo da parte especial, por sua vez, versa sobre um dos mais importantes aspectos da matéria, qual seja, a responsabilidade civil do Estado.

Nessa altura da presente obra, o leitor já tem consciência de que a responsabilidade civil do Estado é objetiva, tendo tal afirmação fulcro, inclusive, em sede constitucional, conforme se verifica de uma simples leitura do § 6.º do art. 37 da Constituição Federal de 1988, *in verbis*:

> "Art. 37. A administração pública direta e indireta de qualquer dos Poderes da União, dos Estados, do Distrito Federal e dos Municípios obedecerá aos princípios da legalidade, impessoalidade, moralidade, publicidade e eficiência e, também, ao seguinte:
>
> (...)
>
> § 6.º As pessoas jurídicas de direito público e as de direito privado prestadoras de serviços públicos responderão pelos danos que seus agentes, nessa qualidade, causarem a terceiros, assegurado o direito de regresso contra o responsável nos casos de dolo ou culpa".

Seguindo tal diretriz, o CC/2002 estabelece regra semelhante, em seu art. 43, registrando que as "pessoas jurídicas de direito público interno são civilmente responsáveis por atos dos seus agentes que nessa qualidade causem danos a terceiros, ressalvado direito regressivo contra os causadores do dano, se houver, por parte destes, culpa ou dolo".

Todavia, a consagração dessa forma de responsabilização não se deu da noite para o dia, tendo sido produzida farta doutrina especializada sobre a matéria, nos mais diversos sentidos.

Conhecer a evolução de tal pensamento é a proposta deste capítulo[1].

2. EVOLUÇÃO DAS TEORIAS EXPLICATIVAS SOBRE A RESPONSABILIDADE CIVIL DO ESTADO

Historicamente, no que diz respeito ao presente tema, a doutrina especializada registra posicionamentos que vão desde a irresponsabilidade absoluta até a teoria do risco integral.

Vejamos cada uma delas, na medida do menor ou maior grau de responsabilização do Estado por condutas danosas de seus agentes.

2.1. Teoria da irresponsabilidade

"*The king can do no wrong*" ("O Rei nada faz de errado").

Esse brocardo inglês é a máxima que regeu longo período do percurso histórico das sociedades políticas estatais, recusando-se a possibilidade de responsabilização do Estado como reflexo do predomínio da teoria divina e sobrenatural do Poder.

Com o surgimento da concepção moderna de Estado, imperava a ideia da total "irresponsabilidade" do poder público. Vale dizer, o Estado absolutista não admitia a possibilidade da reparação por eventuais danos causados pela Administração, não se aceitando a constituição de direitos subjetivos contra o Estado soberano e absoluto.

Tal infalibilidade estatal pressupunha que o Estado era, por si só, a expressão da lei e do Direito, sendo inadmissível a ideia de concebê-lo como violador da ordem que teria por dever preservar.

Com a decadência do absolutismo, e sob a influência do liberalismo, o Estado vai perdendo a sua imunidade de outrora.

Conforme observa ANTÔNIO LAGO JÚNIOR, a

[1] Para um aprofundamento da matéria, sugerimos a leitura do excelente *Responsabilidade Civil do Estado*, de autoria de Saulo José Casali Bahia (Rio de Janeiro: Forense, 1995), fonte doutrinária muito útil ao estudo do tema, a qual mereceu a nossa especial referência.

"jurisprudência foi responsável pela transformação deste estado de coisas, ao perceber que o Estado, nas suas diversas formas de atuação, poderia ser percebido de duas formas: ou a Administração atuava exercendo seu 'jus imperii' e, nesses casos, procedia na qualidade de Estado no exercício do seu poder soberano; ou, por outro lado, atuava na gestão de seus negócios, exercendo atos 'iure gestionis', pelo que se igualava ao indivíduo comum. A partir dessa concepção bipartida, admitia-se que, no primeiro caso, a Administração pública era imune; no segundo, atuando de igual sorte que o particular, sujeitava-se à reparação dos danos que eventualmente causasse a outrem. Era o início da responsabilização civil da Administração. Contudo, esta visão bipartida do Estado único, segundo De Page, citado por Caio Mário da Silva Pereira, não passava de uma construção teórica e que, portanto, gerava sérias dificuldades de aplicação prática, com reflexos negativos na jurisprudência"[2].

Assim, passou-se a admitir a responsabilidade civil do Estado.

O fundamento desta responsabilização, porém, também passou por longo período de maturação e evolução, conforme verificaremos nos próximos tópicos.

2.2. Teorias subjetivistas

Da prepotência da teoria da absoluta irresponsabilidade estatal pelos danos causados aos particulares partiu-se para o reconhecimento da aplicabilidade da concepção da responsabilidade subjetiva.

Nesse caso, o fundamento da responsabilização se refere à culpa do funcionário para a atribuição da responsabilidade ao Estado, exigindo-se, portanto, a presença do elemento anímico para sua caracterização.

Cinco teorias procuram explicar tal fenômeno, quais sejam, a teoria da culpa civilística, a da culpa administrativa, a da culpa anônima, a da culpa presumida e a da falta administrativa.

2.2.1. Teoria da culpa civilística

A primeira teoria subjetiva, que propugnava pela responsabilização civil do Estado, estava calcada na ideia de seus agentes (servidores) ostentarem a condição de prepostos.

Dessa forma, incidindo o Estado em culpa *in vigilando* ou *in eligendo*, deveria ser obrigado a reparar os danos causados por seus representantes.

---

[2] Antonio Lago Júnior, A Responsabilidade Civil Decorrente do Acidente de Trabalho, in Adroaldo Leão; Rodolfo Mário Veiga Pamplona Filho (coords.), *Responsabilidade Civil*, Rio de Janeiro: Forense, 2001, p. 71-2.

Sobre tal concepção, RICARDO HOYOS DUQUE salienta que:

> "Em primeiro lugar, a responsabilidade baseia-se sobre a culpa do amo ou patrono; no caso, a responsabilidade pública seria do Estado na eleição ou vigilância de seus criados ou dependentes (culpa 'in eligendo' ou 'in vigilando'), isto é, que o Estado deve realizar, com respeito a seus funcionários, uma cuidadosa eleição e permanente vigilância, se não quer ver comprometida sua responsabilidade.
>
> Em segundo lugar, esta responsabilidade teria o caráter de indireta, na medida em que ao Estado, como pessoa jurídica, não lhe é dado agir ilicitamente"[3].

Tal teoria acabava por abarcar inúmeras situações de irressarcibilidade, pela evidente dificuldade do particular em comprovar a existência do elemento anímico pelo Estado, sendo esse talvez o maior motivo para o afastamento paulatino dessa tese.

Afinal, na frase atribuída a VOLTAIRE, *un droit porté trop loin devient une injustice* ("Um direito deixado muito longe torna-se uma injustiça").

2.2.2. Teoria da culpa administrativa

Uma segunda teoria, conhecida como da *culpa administrativa* ou do *acidente administrativo*, apresenta-se como uma fase intermediária no processo de transição entre a responsabilidade civil com culpa e a objetivação da responsabilidade.

Em vez de partir da visão do agente público como um preposto ou representante do Estado, passa-se a encará-lo como parte da própria estrutura estatal, pelo que, se gerar dano, o faz em nome da própria Administração, uma vez que é dela apenas um instrumento.

Os novos parâmetros para aferição da responsabilidade estatal são, agora, a culpa *in commitendo* e a culpa *in omittendo,* ou seja, o elemento subjetivo seria respaldado na ação e omissão dos seus agentes.

Como observa ANA CECÍLIA ROSÁRIO RIBEIRO, com

> "o surgimento desta teoria, a responsabilidade estatal deixa de ser indireta (teoria da culpa civilística), passando a ser direta. Agora, basta que o particular demonstre o dano, o comportamento do funcionário e o nexo de causalidade, entre ambos, posto que o agente é considerado instrumento do Estado, agindo por conta e em razão deste. Com isto, resta evidente a influência da teoria organicista, pela qual o ato do funcionário passou a ser compreendido como ato da Administração"[4].

---

[3] Ricardo Hoyos Duque, *La Responsabilidad Patrimonial de la Administración Pública*, p. 9, apud Saulo José Casali Bahia, ob. cit., p. 22.

[4] Ana Cecília Rosário Ribeiro, *Responsabilidade Civil do Estado por Atos Jurisdicionais*, São Paulo: LTr, 2003, p. 24.

Destacado por vários autores que se debruçaram especificamente sobre o tema, o famoso caso *Blanco* constituiu-se um marco para o reconhecimento de tal teoria e a tomada de sua orientação.

Relatemos, em apertada síntese, o referido precedente jurisprudencial, ocorrido na França, com julgamento em 1.º-2-1873: a jovem *Agnès Blanco*, ao atravessar a rua da cidade de Bordeaux, na França, foi atropelada por um vagão da Companhia Nacional de Manufatura de Fumo. Inconformado, seu pai ajuizou ação de indenização contra o Estado, pleiteando a reparação perante os tribunais civis. Tendo sido suscitado o conflito de atribuições, o Tribunal de Conflitos decidiu pelo julgamento perante o Tribunal Administrativo, deixando consignado que "A responsabilidade que pode incumbir ao Estado em razão da culpa de seus agentes não pode ser regida pelos princípios que estabelece o Código Civil para as relações de particulares com particulares; essa responsabilidade não é nem geral nem absoluta; ela exige regras especiais que variam segundo as modalidades do serviço e a necessidade de conciliar os direitos do Estado com o dos particulares"[5].

2.2.3. *Teoria da culpa anônima*

Se, na culpa administrativa, a responsabilidade civil do Estado passou a ser direta, em função de conduta de determinados servidores seus, o que permitia uma justa composição de danos, essa teoria, por sua vez, não se mostrava satisfatória quando não era possível proceder-se à identificação individual do causador do dano.

Mesmo sabendo-se que o prejuízo decorre da atividade estatal, nem sempre é fácil descobrir quem foi o agente que praticou a conduta lesiva.

Assim, poucas não foram as situações em que, dados o gigantismo estatal e a impessoalidade na prestação de serviços, ficava a vítima sem condições de identificar o funcionário causador do malefício.

Para situações como tais, propugna-se pela teoria da culpa anônima, exigindo-se para a responsabilização do Estado tão somente a prova de que a lesão foi decorrente da atividade pública, sem necessidade de saber, de forma específica, qual foi o funcionário que a produziu.

---

[5] Cf. Ricardo Hoyos Duque, *La Responsabilidad Patrimonial de la Administración Pública*, Bogotá/Colômbia: Temis, 1984, p. 12, apud Saulo José Casali Bahia, ob. cit., p. 24. O Supremo Tribunal Federal, inclusive, já apresentou manifestação seguindo esta visão: "Responsabilidade civil do Estado — Danos causados a particular — Casos em que o poder público é obrigado a ressarcir danos causados a particulares, ainda mesmo inexistindo qualquer ato ilícito, desde que o serviço haja irregularmente funcionado. A responsabilidade do Estado em relação aos particulares não pode ser regida pelos princípios estabelecidos no Código Civil" (STF, 2.ª Turma, Rel. Min. Rocha Lagoa, RE 9.917).

Da mesma forma que na teoria anterior, é a jurisprudência francesa que consagra essa teoria, havendo apenas dúvida quanto ao primeiro precedente[6].

2.2.4. *Teoria da culpa presumida (falsa teoria objetiva)*

Trata-se de uma variante da teoria da culpa administrativa.

A sua diferença essencial é que, na teoria da culpa presumida, há presunção da culpa do Estado, com a adoção do critério de inversão do ônus da prova.

Embora tenha chegado a ser denominada, equivocadamente, responsabilidade sem culpa ou objetiva, não pode ser assim considerada, justamente porque admitia a possibilidade de demonstração da não concorrência de culpa pelo Estado.

2.2.5. *Teoria da falta administrativa*

Como última teoria subjetivista, temos a chamada teoria da *falta administrativa.*

A teoria epigrafada toma como espeque a visão de que a falta do serviço estatal caracteriza a culpa da Administração, não havendo necessidade de investigar o elemento subjetivo do agente estatal, mas sim, somente, a falta do serviço em si mesmo[7].

---

[6] Nesse sentido é a observação de Saulo José Casali Bahia (ob. cit., p. 26):

"Segundo Altamira Gigena, a falta anônima surgiu com o caso Pelletier, de 30.07.1873.

Diversa opinião possui Aguiar Dias, para quem a teoria da falta do serviço público originou-se no Conselho de Estado francês, através do clássico caso 'Anguet'. Numa agência de correios, o horário foi adiantado e a porta da saída possuía um ressalto. Como uma pessoa de nome Anguet encontrava-se ainda na agência, foi violentamente posta para fora, de modo que quebrou uma perna e intentou ação de reparação contra o Estado. O Conselho de Estado francês não se importou em individuar a autoria da lesão, considerando que houve, ali, culpa anônima do serviço público".

[7] Nessa linha, noticiou a Revista *Consultor Jurídico*, de 4-11-2002:

"No meio do caminho — Prefeitura é condenada a indenizar por queda em bueiro

O município de Belo Horizonte foi condenado a indenizar Heber Magalhães em R$ 4 mil por danos morais. Ele caiu em um bueiro de 3,40 metros de profundidade por 1,90 metro de largura. Na Justiça, alegou que teria engolido líquidos contaminados na galeria que recebe esgotos de toda a região. O fato teria afetado-lhe de forma física, psicológica e moral.

A Terceira Câmara Cível do Tribunal de Justiça de Minas Gerais acatou os argumentos.

De acordo com os autos, o acidente teria ocorrido à noite. Magalhães teria ficado preso durante aproximadamente uma hora até a chegada do corpo de bombeiros para fazer o resgate.

Para MARIA SYLVIA ZANELLA DI PIETRO, a culpa do Estado ocorre com o não funcionamento do serviço público (inexistência), com o seu funcionamento atrasado (retardamento) ou, ainda, quando funciona mal (mau funcionamento)[8].

Nestes três casos, ocorrerá a culpa do serviço, independentemente de qualquer inquirição a respeito da falta do funcionário[9].

Assim, o que nos parece relevante, na adoção dessa teoria, é justamente que, além dos três elementos essenciais para a caracterização da responsabili-

---

O relator do processo, desembargador Kildare Gonçalves, entendeu que ficou demonstrada a falta de sinalização em buraco na via pública, o que caracteriza a responsabilidade civil do município. Nesse caso, segundo o desembargador, encontra-se presente o nexo causal.

Gonçalves lembrou que o buraco causador da queda foi negligentemente mantido na rua. Também afirmou que não há por que imputar à vítima a participação no incidente que resultou o dano sofrido, já que não era previsível que, à noite, em um passeio na via pública, houvesse um enorme bueiro aberto".

8 "Tratamento médico. Exterior. Reembolso. Constatada a forma de leucemia gravíssima que acometia a recém-nascida filha do autor, que necessitava, com urgência, de transplante de medula óssea, sua família procurou o único hospital em território nacional habilitado, àquela época, a realizar tal intervenção. Sucede que, pela grande demanda e longa lista de espera, foram aconselhados a buscar tratamento no exterior, pois não se poderia, aqui, realizar a cirurgia a tempo de salvá-la. Buscaram, então, auxílio financeiro junto ao Inamps, que se quedou silente. Com parte dos recursos necessários obtidos em outras entidades, contraíram empréstimos e venderam bens, conseguindo custear, assim, a intervenção. Infelizmente, mesmo após a operação, a menina não resistiu e veio a falecer, sendo interposta ação de cobrança com a finalidade de reaver os valores gastos, o que resultou na condenação da União, sucessora do Inamps. No REsp, a União sustenta que, naquele momento, por regulamento, a concessão desse tipo de auxílio estaria suspensa. Prosseguindo o julgamento, após voto de desempate, a Turma, por maioria, não conheceu do recurso, ao fundamento de que, se estavam esgotadas no país todas as possibilidades do tratamento, urgente e imprescindível como sobejamente provado, e diante do silêncio da autoridade competente, a exigência de prévia autorização para reembolso resta afastada, quanto mais se o art. 60 do Dec. n. 89.312/1984 a excepciona em casos de força maior. Admitir sustar todo o custeio desses tratamentos excepcionais e urgentes é negar o direito fundamental à saúde e à vida, sentenciando o paciente à morte. O Min. Franciulli Netto aduziu que, diante das peculiaridades, o silêncio do Inamps poderia ser entendido como aquiescência e que, defronte de direito fundamental, cai por terra qualquer outra justificativa de natureza técnica ou burocrática" (STJ, REsp 338.373-PR, Rel. originária Min. Eliana Calmon, Rel. p/acórdão Min. Laurita Vaz, j. 10-9-2002).

9 Maria Sylvia Zanella Di Pietro, *Direito Administrativo*, 9. ed., São Paulo: Atlas, 1998, p. 411.

dade civil, prove-se também, para o reconhecimento da omissão estatal, justamente o seu dever de agir, com a demonstração de que, não se omitindo, haveria real possibilidade de evitar o dano[10].

Todavia, em que pesem todas essas teorias aqui expostas, o ocaso da culpa como fundamento do dever de indenizar não foi desprezado também na responsabilização civil do Estado[11].

É o que veremos nos próximos tópicos.

2.3. Teorias objetivistas

Embora muitas vezes a inversão do ônus da prova tenha gerado maior facilidade para o reconhecimento da responsabilidade civil do Estado, a tendência mundial de estabelecimento de regras de responsabilização sem culpa não poderia passar *in albis* em relação à Administração.

Nessa linha, segundo a melhor doutrina, três teorias foram concebidas, a saber, a do risco administrativo, a do risco integral e a do risco social.

Se é certo que, muitas vezes, os tribunais denominam teoria objetiva o que é simples inversão do ônus da prova, como no caso da teoria da *culpa presumida*, o fato é que afastar esse elemento subjetivo é uma medida que prestigia a reparação integral de danos e os direitos de cidadania opostos ao Estado.

Compreendamos, assim, cada uma dessas teorias.

---

[10] "Responsabilidade civil do Estado. Agressão física. Magistério estadual. Acidente em serviço. Pressuposto não comprovado. Recurso não provido. Responsabilidade civil. Indenizatória proposta por servidora pública contra o Estado, por ter sido agredida por aluna em escola pública. Responsabilidade subjetiva e não objetiva do Estado, de acordo com o disposto no art. 37 pp. sexto da Constituição da República e pela teoria da 'faute de service'. Não se vislumbra culpa 'in vigilando' do Estado em manter a incolumidade física de seus servidores, se não há provas de que a agressão decorreu, ao menos em parte, do fato alegado de que o estabelecimento público estaria abandonado a bandidos da favela vizinha. Agressão que, em princípio, poderia ter ocorrido em qualquer outra escola, privada ou pública. Recurso improvido" (TJRJ, Ap. Cível 2000.001.22328, data de registro: 29-11-2001, 11.ª Câmara Cível, v. u., Des. Luiz Eduardo Rabello, j. 13-9-2001).

[11] A culpa é, definitivamente, um instituto jurídico esvaziado. Até mesmo nas demandas de família, a discussão sobre a culpa é, cada vez mais, desaconselhada pela doutrina, por ser considerada desnecessária e de impossível solução. A propósito, reiteramos que o tema "Responsabilidade Civil nas Relações de Família" será abordado expressamente em nosso volume 6 ("Direito de Família").

2.3.1. *Teoria do risco administrativo*

A ideia de risco administrativo avança no sentido da publicização da responsabilidade e coletivização dos prejuízos, fazendo surgir a obrigação de indenizar o dano em razão da simples ocorrência do ato lesivo, sem se perquirir a falta do serviço ou da culpa do agente.

Como observa o Mestre SÍLVIO VENOSA, por essa teoria

> "surge a obrigação de indenizar o dano, como decorrência tão só do ato lesivo e injusto causado à vítima pela Administração. Não se exige falta do serviço, nem culpa dos agentes. Na culpa administrativa exige-se a falta do serviço, enquanto no risco administrativo é suficiente o mero fato do serviço. A demonstração da culpa da vítima exclui a responsabilidade civil da Administração. A culpa concorrente, do agente e do particular, autoriza uma indenização mitigada ou proporcional ao grau de culpa"[12].

2.3.2. *Teoria do risco integral*

A teoria em epígrafe leva a ideia de responsabilização às mais altas elucubrações.

De fato, a sua aplicação levaria a reconhecer a responsabilidade civil em qualquer situação, desde que presentes os três elementos essenciais, *desprezando-se quaisquer excludentes de responsabilidade*, assumindo a Administração Pública, assim, todo o risco de dano proveniente da sua atuação.

Trata-se de situação extrema, que não deve ser aceita, em regra, pela imensa possibilidade de ocorrência de desvios e abusos.

Na doutrina brasileira, é possível vislumbrar que há uma confusão terminológica entre a teoria do risco administrativo e a teoria do risco integral, como corretamente observa ANA CECÍLIA ROSÁRIO RIBEIRO, em nota de rodapé:

> "Zanella atesta esta mistura entre as nomenclaturas trazendo que: '... a maior parte da doutrina não faz distinção, considerando as duas expressões — risco integral e risco administrativo — como sinônimas ou falando em risco administrativo como correspondendo ao acidente administrativo. Mesmo os autores que falam em teoria do risco integral admitem as causas excludentes de responsabilidade' (Maria Sylvia Zanella di Pietro, ob. cit., p. 412). Trazemos o posicionamento de Caio Mário Pereira, para ilustrar a divergência doutrinária, acerca das duas teorias. Para ele, o direito positivo brasileiro adota a teoria do risco integral ou do risco administrativo, trazendo as duas distintas teorias como sinônimas. Logo em seguida, afirma que as causas excludentes

---

[12] Sílvio de Salvo Venosa, *Direito Civil — Parte Geral*, 3. ed., São Paulo: Atlas, 2001, v. 1, p. 275-6.

de responsabilidade podem ser aplicadas no que couber, admitindo as elidentes na teoria do risco integral"[13].

A diferença entre as duas teorias, entretanto, é sensível, na medida da admissibilidade da invocação de circunstâncias fáticas que possam romper o nexo de causalidade, como excludentes de responsabilidade.

2.3.3. Teoria do risco social

Por fim, vale destacar a denominada teoria do risco social, também conhecida como responsabilidade sem risco.

Seu fundamento, segundo SAULO JOSÉ CASALI BAHIA, "é bem simples. Se o Estado tem o dever de cuidar da harmonia e da estabilidade sociais, e o dano provém justamente da quebra desta harmonia e estabilidade, seria dever do Estado repará-lo. O que releva não é mais individuar para reprimir e compensar, mas socializar para garantir e compensar"[14].

Com tal teoria, prescinde-se, inclusive, da conduta humana atribuível ao Estado, através de seus agentes, para lhe responsabilizar.

Em exemplo apresentado por JOSÉ DE AGUIAR DIAS, tal teoria poderia ser aplicada nas situações em que sejam desconhecidos os autores dos delitos, nos casos em que estes empreendam fuga sem deixar bens ou sejam insolventes[15].

Para não deixar a vítima sem qualquer reparação, assumiria o Estado o ônus da prova de repará-la, sem prejuízo do direito de regresso contra o real causador do prejuízo, que restaria preservado.

Esta representa a última fase da responsabilidade civil do Estado, no entender do aqui multicitado SAULO CASALI BAHIA, para quem, todavia, seu advento é muito mais anunciado do que acontecido[16], o que — convenhamos! — parece-nos bastante razoável, tendo em vista a situação comumente precária das finanças públicas brasileiras...

3. TEORIA ADOTADA NO SISTEMA JURÍDICO BRASILEIRO

Alguns doutrinadores têm entendido que é a teoria da culpa presumida que foi abarcada no nosso sistema constitucional, na previsão, já transcrita, do seu art. 37, § 6.º.

---

[13] Ana Cecília Rosário Ribeiro, *Responsabilidade Civil do Estado por Atos Jurisdicionais*, São Paulo: LTr, 2003, p. 30.

[14] Saulo José Casali Bahia, ob. cit., p. 94.

[15] José de Aguiar Dias, *Da Responsabilidade Civil*, 9. ed., Rio de Janeiro: Forense, 1994, v. 2, p. 778.

[16] Saulo José Casali Bahia, ob. cit., p. 92.

É o caso de ARNALDO MARMITT:

> "Importa colocar tais postulados nos seus devidos termos, arredando o radicalismo e buscando o verdadeiro alcance da norma constitucional. Esta traduz mero risco administrativo, estabelecendo simples inversão do ônus probatório. É uma exceção à regra de inexistência de ressarcimento sem prévia comprovação de culpa. Proposta a ação reparatória contra a entidade pública, a ela competirá provar que seu funcionário não agiu culposamente, mas sim a vítima. Inverte-se, assim, a posição: não o autor, mas o réu, deve comprovar. Se a administração deixar de produzir essa prova, responderá pelas perdas e danos, cumprindo ao lesado apenas positivar o prejuízo e sua relação causal com o fato"[17].

Embora respeitemos o posicionamento adotado, não partilhamos dele.

De fato, parece-nos que, sem sombra de qualquer dúvida, a responsabilidade civil prevista na Constituição Federal de 1988 é essencialmente *objetiva*, prescindindo da ideia de culpa, como pressuposto para a obrigação de indenizar.

A constatação de "culpa da vítima" fulmina a pretensão reparatória, não pela ausência de elemento subjetivo, mas sim por quebrar o nexo de causalidade necessário para o reconhecimento da reparabilidade do dano[18].

Tal conclusão se respalda, ainda mais, quando compreendida no novo sistema de responsabilidade civil no Brasil, que propugna pela mais ampla reparabilidade dos danos causados, justamente com a independência do elemento culpa.

Essa afirmação, todavia, não implica dizer que o nosso sistema tenha adotado as teorias do risco integral ou risco social, mas sim do risco administrativo[19],

---

[17] Arnaldo Marmitt, *Perdas e Danos*, Rio de Janeiro: Aide, 1992, p. 258.

[18] Sobre o tema, confira-se o Capítulo VIII ("Causas Excludentes de Responsabilidade Civil e Cláusula de Não Indenizar").

[19] "EMENTA: RESPONSABILIDADE CIVIL OBJETIVA DO ESTADO (CF, ART. 37, § 6.º). CONFIGURAÇÃO. 'BAR BODEGA'. DECRETAÇÃO DE PRISÃO CAUTELAR, QUE SE RECONHECEU INDEVIDA, CONTRA PESSOA QUE FOI SUBMETIDA A INVESTIGAÇÃO PENAL PELO PODER PÚBLICO. ADOÇÃO DESSA MEDIDA DE PRIVAÇÃO DA LIBERDADE CONTRA QUEM NÃO TEVE QUALQUER PARTICIPAÇÃO OU ENVOLVIMENTO COM O FATO CRIMINOSO. INADMISSIBILIDADE DESSE COMPORTAMENTO IMPUTÁVEL AO APARELHO DE ESTADO. PERDA DO EMPREGO COMO DIRETA CONSEQUÊNCIA DA INDEVIDA PRISÃO PREVENTIVA. RECONHECIMENTO, PELO TRIBUNAL DE JUSTIÇA LOCAL, DE QUE SE ACHAM PRESENTES TODOS OS ELEMENTOS IDENTIFICADORES DO DEVER ESTATAL DE REPARAR O DANO. NÃO COMPROVAÇÃO, PELO ESTADO DE SÃO PAULO, DA ALEGADA INEXISTÊNCIA DO NEXO CAUSAL. CARÁTER SOBERANO DA DECISÃO LOCAL, QUE, PROFERIDA EM SEDE RECURSAL ORDINÁRIA, RECONHECEU, COM

APOIO NO EXAME DOS FATOS E PROVAS, A INEXISTÊNCIA DE CAUSA EXCLUDENTE DA RESPONSABILIDADE CIVIL DO PODER PÚBLICO. INADMISSIBILIDADE DE REEXAME DE PROVAS E FATOS EM SEDE RECURSAL EXTRAORDINÁRIA (SÚMULA 279/STF). DOUTRINA E PRECEDENTES EM TEMA DE RESPONSABILIDADE CIVIL OBJETIVA DO ESTADO. ACÓRDÃO RECORRIDO QUE SE AJUSTA À JURISPRUDÊNCIA DO SUPREMO TRIBUNAL FEDERAL. RECONHECIDO E IMPROVIDO.

DECISÃO: O presente recurso extraordinário foi interposto contra decisão, que, proferida pelo E. Tribunal de Justiça do Estado de São Paulo, acha-se consubstanciada em acórdão assim ementado (fls. 259):

"Indenização pleiteada em favor de pessoa indevidamente envolvida em inquérito policial arquivado. Cabimento de danos materiais e morais. 1. Apesar da ausência de erro judiciário, o Estado tem o dever de assegurar ao cidadão o exercício dos direitos subjetivos outorgados na Constituição, com margem de segurança. 2. Inobservada aquela cautela, resulta configurada a responsabilidade objetiva e o dever de reparação devido à vítima de imputação descabida. 3. Embargos infringentes rejeitados".

O Estado de São Paulo, no apelo extremo em questão, alega a inexistência, na espécie, do nexo de causalidade material entre o evento danoso e a ação do Poder Público, eis que a "(...) demonstração de que a prisão provisória do autor, para fins averiguatórios, ocorreu nos estritos limites da lei, através de decisão judicial fundamentada e mantida pelo Tribunal em grau de 'Habeas Corpus', afigura-se como causa excludente de responsabilidade na medida em que rompe o nexo causal entre a ação do poder público e o evento danoso" (fls. 269).

O exame destes autos convence-me de que não assiste razão ao Estado ora recorrente, quando sustenta — para descaracterizar a sua responsabilidade civil objetiva a respeito do evento danoso em causa — "que a prisão provisória do autor, para fins averiguatórios, ocorreu nos estritos limites da lei, através de decisão judicial fundamentada e mantida pelo Tribunal em grau de 'Habeas Corpus'" (fls. 269).

Com efeito, a situação de fato que gerou o gravíssimo evento narrado neste processo (prisão cautelar de pessoa inocente) põe em evidência a configuração, no caso, de todos os pressupostos primários que determinam o reconhecimento da responsabilidade civil objetiva da entidade estatal ora recorrente.

Cumpre observar, no ponto, por oportuno, que a questão concernente ao reconhecimento do dever do Estado de reparar danos causados por seus agentes mereceu amplo debate doutrinário, que subsidiou, em seus diversos momentos, o tratamento jurídico que essa matéria recebeu no plano de nosso direito positivo.

Como se sabe, a teoria do risco administrativo, consagrada em sucessivos documentos constitucionais brasileiros, desde a Carta Política de 1946, revela-se fundamento de ordem doutrinária subjacente à norma de direito positivo que instituiu, em nosso sistema jurídico, a responsabilidade civil objetiva do Poder Público, pelos danos que seus agentes, nessa qualidade, causarem a terceiros, por ação ou por omissão (CF, art. 37, § 6.º).

Essa concepção teórica — que informa o princípio constitucional da responsabilidade civil objetiva do Poder Público, tanto no que se refere à ação quanto no que concerne à omissão do agente público — faz emergir, da mera ocorrência de lesão causada à vítima pelo Estado, o dever de indenizá-la pelo dano pessoal e/ou patrimonial sofrido, independentemente de caracterização de culpa dos agentes estatais ou de demonstração de falta do serviço público, não importando que se trate de comportamento positivo ou que se cuide de conduta negativa daqueles que atuam em nome do Estado, consoante enfatiza o magistério da doutrina (HELY LOPES MEIRELLES, *Direito Administrativo Brasileiro*, p. 650, 31. ed., 2005, Malheiros; Sergio Cavalieri Filho, *Programa de Responsabilidade Civil*, p. 248, 5. ed., 2003, Malheiros; José Cretella Júnior, *Curso de Direito Administrativo*, p. 90, 17. ed., 2000, Forense; Yussef Said Cahali, *Responsabilidade Civil do Estado*, p. 40, 2. ed., 1996, Malheiros; Toshio Mukai, *Direito Administrativo Sistematizado*, p. 528, 1999, Saraiva; Celso Ribeiro Bastos, *Curso de Direito Administrativo*, p. 213, 5. ed., 2001, Saraiva; Guilherme Couto de Castro, *A Responsabilidade Civil Objetiva no Direito Brasileiro*, p. 61/62, 3. ed., 2000, Forense; Mônica Nicida Garcia, *Responsabilidade do Agente Público*, p. 199/200, 2004, Fórum, v.g.), cabendo ressaltar, no ponto, a lição expendida por Odete Medauar (*Direito Administrativo Moderno*, p. 430, item n. 17.3, 9. ed., 2005, RT):

"Informada pela 'teoria do risco', a responsabilidade do Estado apresenta-se hoje, na maioria dos ordenamentos, como 'responsabilidade objetiva'. Nessa linha, não mais se invoca o dolo ou culpa do agente, o mau funcionamento ou falha da Administração. Necessário se torna existir relação de causa e efeito entre ação ou omissão administrativa e dano sofrido pela vítima. É o chamado nexo causal ou nexo de causalidade. Deixa-se de lado, para fins de ressarcimento do dano, o questionamento do dolo ou culpa do agente, o questionamento da licitude ou ilicitude da conduta, o questionamento do bom ou mau funcionamento da Administração. Demonstrado o nexo de causalidade, o Estado deve ressarcir".

É certo, no entanto, que o princípio da responsabilidade objetiva não se reveste de caráter absoluto, eis que admite abrandamento e, até mesmo, exclusão da própria responsabilidade civil do Estado nas hipóteses excepcionais configuradoras de situações liberatórias — como o caso fortuito e a força maior — ou evidenciadoras de ocorrência de culpa atribuível à própria vítima (RDA 137/233 — RTJ 55/50 — RTJ 163/1107-1109, v.g.).

Impõe-se destacar, neste ponto, na linha da jurisprudência prevalecente no Supremo Tribunal Federal (RTJ 163/1107-1109, Rel. Min. Celso de Mello — AI 299.125/SP), que os elementos que compõem a estrutura e delineiam o perfil da responsabilidade civil objetiva do Poder Público compreendem (a) a alteridade do dano, (b) a causalidade material entre o *eventus damni* e o comportamento positivo (ação) ou negativo (omissão) do agente público, (c) a oficialidade da atividade causal e lesiva imputável a agente do Poder Público, que, nessa condição funcional, tenha incidido em conduta comissiva ou omissiva, independentemente da licitude, ou não, do seu comportamento funcional (RTJ 140/636) e (d) a ausência de causa excludente da responsabilidade estatal (RTJ 55/503 — RTJ 71/99 — RTJ 91/377 — RTJ 99/1155 — RTJ 131/417).

A compreensão desse tema e o entendimento que resulta da exegese dada ao art. 37, § 6.º, da Constituição foram bem definidos e expostos pelo Supremo Tribunal Federal em julgamentos cujos acórdãos estão assim ementados:

"RESPONSABILIDADE CIVIL OBJETIVA DO PODER PÚBLICO — PRINCÍPIO CONSTITUCIONAL. A teoria do risco administrativo, consagrada em sucessivos documentos constitucionais brasileiros desde a Carta Política de 1946, confere fundamento doutrinário à responsabilidade civil objetiva do Poder Público pelos danos a que os agentes públicos houverem dado causa, por ação ou por omissão. Essa concepção teórica, que informa o princípio constitucional da responsabilidade civil objetiva do Poder Público, faz emergir, da mera ocorrência de ato lesivo causado à vítima pelo Estado, o dever de indenizá-la pelo dano pessoal e/ou patrimonial sofrido, independentemente de caracterização de culpa dos agentes estatais ou de demonstração de falta do serviço público.

Os elementos que compõem a estrutura e delineiam o perfil da responsabilidade civil objetiva do Poder Público compreendem (a) a alteridade do dano, (b) a causalidade material entre o *eventus damni* e o comportamento positivo (ação) ou negativo (omissão) do agente público, (c) a oficialidade da atividade causal e lesiva, imputável a agente do Poder Público, que tenha, nessa condição funcional, incidido em conduta comissiva ou omissiva, independentemente da licitude, ou não, do comportamento funcional (RTJ 140/636) e (d) a ausência de causa excludente da responsabilidade estatal (RTJ 55/503 — RTJ 71/99 — RTJ 91/377 — RTJ 99/1155 — RTJ 131/417). O princípio da responsabilidade objetiva não se reveste de caráter absoluto, eis que admite o abrandamento e, até mesmo, a exclusão da própria responsabilidade civil do Estado, nas hipóteses excepcionais configuradoras de situações liberatórias — como o caso fortuito e a força maior — ou evidenciadoras de ocorrência de culpa atribuível à própria vítima (RDA 137/233 — RTJ 55/50) (...)" (RTJ 163/1107-1108, Rel. Min. Celso de Mello).

"Recurso extraordinário. Responsabilidade civil do Estado. Morte de preso no interior do estabelecimento prisional. 2. Acórdão que proveu parcialmente a apelação e condenou o Estado do Rio de Janeiro ao pagamento de indenização correspondente às despesas de funeral comprovadas. 3. Pretensão de procedência da demanda indenizatória. 4. O consagrado princípio da responsabilidade objetiva do Estado resulta da causalidade do ato comissivo ou omissivo e não só da culpa do agente. Omissão por parte dos agentes públicos na tomada de medidas que seriam exigíveis a fim de ser evitado o homicídio. 5. Recurso conhecido e provido para condenar o Estado do Rio de Janeiro a pagar pensão mensal à mãe da vítima, a ser fixada em execução de sentença" (RTJ 182/1107, Rel. Min. Néri da Silveira).

É por isso que a ausência de qualquer dos pressupostos legitimadores da incidência da regra inscrita no art. 37, § 6.º, da Carta Política basta para descaracterizar a responsabilidade civil objetiva do Estado, especialmente quando ocorre circunstância que rompe o nexo de causalidade material entre o comportamento do agente público (positivo ou negativo) e a consumação do dano pessoal ou patrimonial infligido ao ofendido.

As circunstâncias do presente caso, no entanto, apoiadas em pressupostos fáticos soberanamente reconhecidos pelo Tribunal *a quo*, evidenciam que se reconheceu presente, na espécie, o nexo de causalidade material, ao contrário do que sustentado pelo Estado de São Paulo, que pretendeu tê-lo por inexistente.

Daí a correta observação feita pelo E. Tribunal de Justiça do Estado de São Paulo, constante do acórdão ora recorrido (fls. 261):

"No caso dos autos, comprovada a prisão provisória do embargado, seguida da segregação preventiva e do arquivamento do inquérito policial, inafastável a conclusão de que houve falha da Administração na execução das diligências policiais, donde emerge a responsabilidade objetiva do Estado (...)".

Inquestionável, desse modo, que a existência do nexo causal — cujo reconhecimento, pelo Tribunal ora recorrido, efetivou-se em sede recursal meramente ordinária — teve por suporte análise do conjunto probatório subjacente ao pronunciamento jurisdicional em referência.

Esse dado assume relevo processual, pois a discussão ora suscitada pelo Estado de São Paulo em torno da pretendida inexistência, na espécie, do nexo de causalidade material revela-se incabível em sede de recurso extraordinário, por depender do exame de matéria de fato, de todo inadmissível na via do apelo extremo.

Como se sabe, o recurso extraordinário não permite que se reexaminem, nele, em face de seu estrito âmbito temático, questões de fato ou aspectos de índole probatória (RTJ

161/992 — RTJ 186/703). É que o pronunciamento do Tribunal *a quo* sobre matéria de fato (como o reconhecimento da existência do nexo de causalidade material, p. ex.) reveste-se de inteira soberania (RTJ 152/612 — RTJ 153/1019 — RTJ 158/693, v.g.).

Impende enfatizar, neste ponto, que esse entendimento (inadmissibilidade do exame, em sede recursal extraordinária, da pretendida inexistência do nexo de causalidade) tem pleno suporte no magistério jurisprudencial desta Suprema Corte (AI 505.473-AgR/RJ, Rel. Min. Joaquim Barbosa — RE 234.093-AgR/RJ, Rel. Min. Marco Aurélio — RE 257.090-AgR/RJ, Rel. Min. Maurício Corrêa — AI 299.125/SP, Rel. Min. Celso de Mello, v.g.):

"Agravo Regimental em Agravo de Instrumento. Responsabilidade do Estado. Nexo de Causalidade. Reexame de Fatos e Provas. Súmula 279 STF. Responsabilidade objetiva do Estado por morte de preso em complexo penitenciário. Alegações de culpa exclusiva da vítima e de ausência de nexo de causalidade entre a ação ou omissão de agentes públicos e o resultado. Questões insuscetíveis de serem apreciadas em recurso extraordinário, por exigirem reexame de fatos e provas (Súmula 279-STF). Precedentes. Agravo regimental a que se nega provimento" (AI 343.129-AgR/RS, Rel. Min. Maurício Corrêa).

"1. Recurso. Extraordinário. Inadmissibilidade. Reexame de fatos e provas. Responsabilidade do Estado. Tiroteio entre policiais e bandidos. Morte de transeunte. Nexo de causalidade. Reexame. Impossibilidade. Ofensa indireta à Constituição. Agravo regimental não provido. Inadmissível, em recurso extraordinário, o reexame dos fatos e provas em que se baseou o acórdão recorrido para reconhecer a responsabilidade do Estado por danos que seus agentes causaram a terceiro (...)" (RE 286.444-AgR/RJ, Rel. Min. Cezar Peluso).

"Responsabilidade Civil Objetiva do Estado (CF, art. 37, § 6.º). Policial Militar, que, em seu período de folga e em trajes civis, efetua disparo com arma de fogo pertencente à sua corporação, causando a morte de pessoa inocente. Reconhecimento, na espécie, de que o uso e o porte de arma de fogo pertencente à Polícia Militar eram vedados aos seus integrantes nos períodos de folga. Configuração, mesmo assim, da responsabilidade civil objetiva do Poder Público. Precedente (RTJ 170/631). Pretensão do Estado de que se acha ausente, na espécie, o nexo de causalidade material, não obstante reconhecido pelo Tribunal *a quo*, com apoio na apreciação soberana do conjunto probatório. Inadmissibilidade de reexame de provas e fatos em sede recursal extraordinária. Precedentes específicos em tema de responsabilidade civil objetiva do Estado. Acórdão recorrido que se ajusta à jurisprudência do Supremo Tribunal Federal. Reconhecido e improvido" (RE 291.035/SP, Rel. Min. Celso de Mello).

Cumpre ressaltar, por tal razão, em face do caráter soberano do acórdão recorrido (que reconheceu, com apoio no exame de fatos e provas, a ausência de demonstração da ruptura do nexo causal sustentada pelo Estado de São Paulo), que o Tribunal de Justiça interpretou, com absoluta fidelidade, a norma constitucional que consagra, em nosso sistema jurídico, a responsabilidade civil objetiva do Poder Público.

Com efeito, o acórdão impugnado na presente sede recursal extraordinária, ao fazer aplicação do preceito constitucional em referência (CF, art. 37, § 6.º), reconheceu, com inteiro acerto, no caso em exame, a cumulativa ocorrência dos requisitos concernentes (1) à consumação do dano, (2) à conduta dos agentes estatais, (3) ao vínculo causal entre o evento danoso e o comportamento dos agentes públicos e (4) à ausência de qualquer causa excludente de que pudesse eventualmente decorrer a exoneração da responsabilidade civil do Estado de São Paulo.

Cabe acentuar, por necessário, que esse entendimento vem sendo observado em sucessivos julgamentos, proferidos no âmbito desta Corte, a propósito de questão virtual-

que admite, portanto, a quebra do nexo causal[20] pela comprovação de uma das excludentes de responsabilidade civil[21].

---

mente idêntica à que ora se examina nesta sede recursal (AI 654.562-AgR/GO, Rel. Min. Marco Aurélio — RE 505.393/PE, Rel. Min. Sepúlveda Pertence — RE 557.922/MG, Rel. Min. Ellen Gracie — RE 594.500/SP, Rel. Min. Eros Grau, v.g.).

Conclui-se, portanto, que a pretensão recursal deduzida pelo Estado de São Paulo não tem o amparo da própria jurisprudência que o Supremo Tribunal Federal firmou em precedentes inteiramente aplicáveis ao caso ora em exame.

Sendo assim, e pelas razões expostas, conheço do presente recurso extraordinário, para negar-lhe provimento.

Publique-se.

Brasília, 05 de outubro de 2009.

(21.º Aniversário da promulgação da Constituição democrática de 1988)

Ministro CELSO DE MELLO Relator" (STF, RE 385943/SP, decisão publicada no *DJE* de 16.10.2009).

[20] "Responsabilidade civil. Município. Queda de árvore. Vendaval. Força maior. Exclusão de nexo de causalidade. A Constituição Federal, em seu art. 37, par. 6, prevê apenas a responsabilidade objetiva do estado, 'pelos danos que seus agentes, nessa qualidade, causarem a terceiros', não o responsabilizando, no entanto, por fatos provocados por condutas de terceiros ou decorrentes de fenômenos da natureza. A responsabilidade, neste caso, somente ocorreria quando provado que, por omissão ou falha de serviço, tenha concorrido para o evento, o que incorreu na espécie que se aponta. Sentença confirmada" (Tribunal de Justiça do Rio Grande do Sul, Ap. Cível n. 70000352617, 5.ª Câmara Cível, Rel. Des. Clarindo Favretto, j. 1.º-6-2000).

[21] "Acidente de trânsito. Colisão de carro com animal na pista de rolamento. Morte da vítima. Responsabilidade civil de concessionária de servico público. Indenização. Sumário. Lide com culpa afirmada da Ré. Legitimidade passiva evidenciada, transferindo ao mérito a apreciação dos temas em lide. Atropelamento de animal em estrada, com consequente morte de passageiro do veículo. Inexistindo a expressa obrigação da Concessionária, quanto a elidir presença de animais na estrada, não pode ser ela responsável. Obrigação que se transfere ao dono do animal. Culpa 'in custodiendo'. Exegese do art. 588, § 3.º, do CC, que é 'numerus clausus'. Não há como se aplicar o parágrafo 5.º do citado artigo se não assumiu a Concessionária a expressa responsabilidade pela verificação de animais na estrada e se há normas jurídicas que assim o estabelecem como obrigação da Polícia Rodoviária Federal. Local do acidente que é uma reta, com valão para evitar passagem de animais, cercas e sinalização obrigando a velocidade máxima em 60 (sessenta) quilômetros. Medidas de razoável prudência, que elidem a responsabilidade da Concessionária. O fato de existir no local acessos abertos a outras vias, proporcionando a também passagem de animais, não pode, por si só, caracterizar a culpa da Concessionária. Aplicáveis 'in hypothesis' a Lei Estadual 2.234/94, o Decreto 1.655/95, a Lei 9.503/97, o Regimento Interno da Polícia Rodoviária Federal aprovado pela Portaria 308/99 e o Convênio n. PG 032/96-00 firmado entre o Departamento de Polícia Federal e o DNER. Inaplicabilidade da teoria do risco integral. Provimento" (TJDF, Ap. Cível 2000.001.16903, data de registro: 5-3-2001, 4.ª Câmara Cível, Des. Reinaldo P. Alberto Filho, j. 12-12-2000).

Registre-se, porém, que a aceitação de uma teoria — no caso, a visão objetiva do risco administrativo — não importa, necessariamente, no abandono das anteriores, em caso de situações heterodoxamente peculiares[22], sendo possível a sua coexistência, a depender de cada situação concreta[23].

Para arrematar este capítulo, teçamos algumas considerações sobre a responsabilização civil direta ou indireta — pela via regressiva — do agente material do dano.

"Administração. Responsabilidade civil do Estado. Força maior. A força maior exclui a responsabilidade civil do estado, quando descaracteriza o nexo de causalidade entre o evento danoso e o serviço público; não se qualifica como tal a tentativa de roubo de veículo apreendido por trafegar sem licença, que se encontrava sob a guarda de repartição pública, porque nesse caso o estado deve estar preparado para enfrentar a pequena criminalidade. Responsabilidade pelos danos causados no veículo. Recurso especial não conhecido" (STJ, REsp 135.259/SP; REsp 1997/0039492-1, fonte: *DJ*, data: 2-3-1998, PG: 00062, *RSTJ*, v. 00105, PG: 00190, Rel. Min. Ari Pargendler, j. 5-2-1998, 2.ª Turma).

"Responsabilidade civil do Estado. Invasão de área cedida por este em parceria agrícola. Responsabilidade objetiva. Força maior. A invasão de área dada pelo Estado em parceria agrícola, por terceiros, caracteriza a força maior excludente da responsabilidade do ente público, que, no caso, atuou como se particular fosse, não se lhe podendo exigir, por outro lado, que seja responsável genericamente pelo cumprimento das leis. Necessária a caracterização, ao menos, do nexo causal entre a ação de seu agente e os danos suportados por determinada pessoa, física ou jurídica. Quando o Estado-juiz que manteve provisoriamente os invasores na posse do imóvel, agiu o magistrado prolator da decisão no fiel exercício de sua jurisdição, não tendo sido atribuído ao mesmo, na inicial, dolo ou culpa grave, circunstâncias que poderiam conferir ao apelante o dever de indenizar. Apelo provido" (Tribunal de Justiça do Rio Grande do Sul, Ap. Cível 70000454199, 10.ª Câmara Cível, Rel. Des. Luiz Ary Vessini de Lima, j. 11-5-2000).

[22] "Civil. Responsabilidade civil. Elementos da responsabilidade não demonstrados. Configuração de excludente de responsabilidade. Força maior. Inundação de residência depois de obras na via pública. Decorrência, no entanto, de intensas chuvas, acima do nível normal, que inundaram diversas regiões do Estado. A prova robusta do agir culposo da municipalidade não ficou demonstrada, sendo apenas caracterizado o dano, o qual não é suficiente para ensejar o dever de indenizar da administração pública. Ausência do nexo de causalidade. Apelo provido" (Tribunal de Justiça do Rio Grande do Sul, Apelação e Reexame Necessário n. 70000560250, 5.ª Câmara Cível, Rel. Des. Carlos Alberto Bencke, j. 5-10-2000).

[23] "Por fim, diga-se que, se tais teorias obedeceram a essa cronologia, não quer isso dizer que hoje só vigore a última a aparecer no cenário jurídico dos Estados, isto é, a teoria da responsabilidade patrimonial objetiva do Estado ou teoria do risco administrativo. Ao contrário disso, em todos os Estados acontecem ou estão presentes as teorias da culpa administrativa e do risco administrativo, desprezadas as da irresponsabilidade e do risco integral. Aquela (culpa administrativa) se aplica, por exemplo, para responsabilizar o Estado nos casos de danos decorrentes de casos fortuitos ou de força maior, em que o Estado, normalmente, não indeniza. Esta (risco administrativo), nos demais casos" (Diogenes Gasparini, *Direito Administrativo*, 2. ed., São Paulo: Saraiva, 1992, p. 607).

4. ALGUMAS PALAVRAS SOBRE A RESPONSABILIDADE CIVIL DO AGENTE MATERIAL DO DANO

Uma tormentosa questão se refere não à ação regressiva do Estado em relação ao agente material do dano, uma vez que essa se encontra consagrada expressamente no texto constitucional, mas, sim, em relação à possibilidade de ajuizamento direto da ação contra o agente público[24], e não contra o Estado.

Isso porque a doutrina divergiu sobre a natureza da responsabilidade do Estado, em relação ao agente público, interpretando o art. 107 da CF/69.

HELY LOPES MEIRELLES, por exemplo, sustentava que a responsabilidade do ente estatal era exclusiva, assegurando-se a este o direito de regresso contra o funcionário causador do dano:

> "A ação de indenização da vítima deve ser ajuizada unicamente contra a entidade pública responsável, não sendo admissível a inclusão do servidor na demanda. O lesado por ato da Administração nada tem a ver com o funcionário causador do dano, visto que o seu direito, constitucionalmente reconhecido (art. 107), é o de ser reparado pela pessoa jurídica, e não pelo agente direto da lesão. Por outro lado, o servidor culpado não está na obrigação de reparar o dano à vítima, visto que só responde pelo seu ato ou por sua omissão perante a Administração a que serve, e só em ação regressiva poderá ser responsabilizado civilmente"[25].

---

[24] A responsabilidade civil por atos judiciais e legislativos é tema que, em nosso entender, dadas as peculiaridades ínsitas de cada uma dessas atividades políticas, desbordaria do conteúdo dessa obra, merecendo tratamento em trabalho específico. Mas, cumprindo a nossa proposta de darmos ampla visão de toda a matéria de responsabilidade civil, registramos que essa responsabilização só deverá haver se houver abuso ou desvio de finalidade da função desempenhada. Ainda assim, em havendo dano indenizável pela atuação desastrada do legislador ou do magistrado, *a responsabilidade, em primeiro plano, é do Estado*, com eventual ação regressiva contra o seu presentante. Note-se, ainda, que, no caso dos juízes, o seu livre convencimento, manifestado em decisões devidamente fundamentadas, não pode, de per si, ser interpretado como atuação lesiva, pelo simples fato de haver contrariado uma das partes.

[25] Hely Lopes Meirelles, *Direito Administrativo Brasileiro*, 25. ed., São Paulo: Malheiros, 2000, p. 626. Não foi este o entendimento, contudo, do Supremo Tribunal Federal sobre a matéria, conforme verificamos dos seguintes acórdãos:

"Responsabilidade civil do Estado — Exegese do art. 107 da CF — Ação direta contra o servidor público com base no art. 159 do CC — O art. 107 da CF não impede que a vítima do dano decorrente do ato de servidor público — como é o serventuário da Justiça, ainda que de serventia não oficializada — proponha contra este ação direta, com fundamento no art. 109 do CC. Recurso extraordinário conhecido, mas não provido" (STF, 2.ª T., RE, rel. Moreira Alves, j. 22-3-1983, *JSTF* 55/230).

"Dano puramente moral, indenizável. Direito de opção pelo lesado, entre a ação contra o Estado e a ação direta, proposta ao servidor (Constituição, art. 107). Precedentes do

A seguir tal linha de argumentação, a vítima só poderia ajuizar a pretensão indenizatória contra o Estado.

A contrario sensu, há o entendimento de que o autor pode escolher litigar contra o Estado, hipótese em que a responsabilidade é objetiva; o agente público, em que terá de provar dolo ou culpa; ou contra ambos, como responsáveis solidários.

Essa segunda corrente prevaleceu entre os doutrinadores brasileiros.

Dentre eles podemos citar: OSWALDO ARANHA BANDEIRA DE MELLO[26], ADILSON DE ABREU DALLARI[27], YUSSEF SAID CAHALI[28] e CELSO ANTÔNIO BANDEIRA DE MELLO[29].

A jurisprudência, da mesma forma que a doutrina, posiciona-se pela admissão da ação indenizatória contra o Estado, o agente público ou ambos[30].

Como observa percucientemente ANA CECÍLIA, a

> "norma constitucional, prevista no art. 37, § 6.º, é clara ao dispor que a pessoa jurídica, causadora do dano, responde perante a vítima, tendo, porém, direito de regresso contra o seu agente que tenha atuado com dolo ou culpa. Entre-

STF. Recurso Extraordinário de que não se conhece. O fato de a Constituição garantir o direito de uma ação, em que a prova da culpa é dispensável e o pagamento assegurado pelas forças do erário, não priva o lesado da opção de agir diretamente contra o funcionário, culpado e solvável, em busca de um procedimento mais expedido de execução. Ao servidor público, nenhum interesse legítimo se lhe atinge, porquanto estaria sujeito, de outro modo, a suportar a ação regressiva, faculdade do Estado, indisponível pelo Administrador" (STF, 1.ª T., RE, Rel. Octavio Gallotti, j. 20-9-1985, *RTJ* 115/383). "A responsabilidade objetiva do Estado pelos prejuízos causados por seus agentes não afasta o direito que tem o prejudicado de postular a necessária reparação diretamente do funcionário que causou o dano" (STF, 1.ª T., RE, Rel. Min. Antônio Néder, j. 4-12-1979, *RT* 538/275).

26 *Princípios Gerais de Direito Administrativo*, Rio de Janeiro: Forense, 1969, v. 2, p. 481.

27 *Regime Constitucional dos Servidores Públicos*, 2. ed., 2.ª tir., São Paulo: Revista dos Tribunais, 1990, p. 142.

28 *Responsabilidade Civil do Estado*, 2. ed., São Paulo: Revista dos Tribunais, 2000, p. 218-9.

29 *Ato Administrativo e Direitos dos Administrados*, São Paulo: Revista dos Tribunais, 1981, p. 168.

30 "Relativamente à recomposição de prejuízos causados por quem atua investido de função de natureza pública, nada impede que o lesado acione exclusivamente o Estado, como, da mesma forma, pode fazê-lo em relação ao responsável direto, ou a ambos, conjuntamente" (TJSP, 3.ª Câm., EI, Rel. Des. J. Roberto Bedran, j. 28-9-1993, *JTJ*, Lex, 151/117). Sobre o tema, consultem-se, ainda, as decisões noticiadas nos seguintes Informativos do STF: Info 436 — RE 327.904 — ação só contra a pessoa jurídica de direito público, não cabendo contra o servidor, pois o § 6.º do art. 37 da CRFB/88 representaria uma dupla garantia: ao cidadão e ao servidor; Info 519 — RE 344.133 — ação contra a pessoa jurídica de direito público ou contra a pessoa jurídica de direito privado prestadora de direito público.

tanto, esta norma não pode ser interpretada, num sentido restritivo, apenas admitindo a ação contra o Estado e negando, ao cidadão, a possibilidade de litigar contra o agente que lhe causou prejuízo. O intuito desta norma foi conferir a possibilidade da vítima encontrar, na fase de execução, um patrimônio solvente, e não o de restringir o polo passivo da ação indenizatória"[31].

Apesar disso, ao interpretar o art. 37, § 6.º, da Constituição Federal, o Supremo Tribunal Federal conclui pela impossibilidade de a vítima acionar diretamente o agente público. O Supremo entendeu que aquele dispositivo consagra uma dupla garantia: uma, em favor do particular, possibilitando-lhe ação indenizatória contra a pessoa jurídica de direito público, ou de direito privado que preste serviço público. Outra garantia, no entanto, em prol do servidor estatal, que somente responde administrativa e civilmente perante a pessoa jurídica a cujo quadro funcional se vincular. Este entendimento foi ratificado por ambas as turmas do Supremo Tribunal Federal no julgamento do Recurso Extraordinário n. 327.904[32] e no Agravo Regimental no Agravo de Instrumento n. 167.659[33], de modo que se trata de entendimento consolidado na Corte Constitucional.

Feitas essas considerações, há uma pergunta que não quer calar: é admissível a denunciação da lide do agente causador do dano?

É o que veremos no próximo subtópico deste capítulo.

---

[31] Ana Cecília Rosário Ribeiro, ob. cit., p. 87.

[32] "RECURSO EXTRAORDINÁRIO. ADMINISTRATIVO. RESPONSABILIDADE OBJETIVA DO ESTADO: § 6.º DO ART. 37 DA MAGNA CARTA. ILEGITIMIDADE PASSIVA *AD CAUSAM*. AGENTE PÚBLICO (EX-PREFEITO). PRÁTICA DE ATO PRÓPRIO DA FUNÇÃO. DECRETO DE INTERVENÇÃO. O § 6.º do artigo 37 da Magna Carta autoriza a proposição de que somente as pessoas jurídicas de direito público, ou as pessoas jurídicas de direito privado que prestem serviços públicos, é que poderão responder, objetivamente, pela reparação de danos a terceiros. Isto por ato ou omissão dos respectivos agentes, agindo estes na qualidade de agentes públicos, e não como pessoas comuns. Esse mesmo dispositivo constitucional consagra, ainda, dupla garantia: uma, em favor do particular, possibilitando-lhe ação indenizatória contra a pessoa jurídica de direito público, ou de direito privado que preste serviço público, dado que bem maior, praticamente certa, a possibilidade de pagamento do dano objetivamente sofrido. Outra garantia, no entanto, em prol do servidor estatal, que somente responde administrativa e civilmente perante a pessoa jurídica a cujo quadro funcional se vincular. Recurso extraordinário a que se nega provimento" (STF, RE 327.904/SP, Rel. Min. Carlos Britto, j. 15-8-2006, 1.ª Turma, *DJ*, 8-9-2006, *RTJ* v. 200(1), p. 162, *RNDJ* v. 8, n. 86, 2007, p. 75-78).

[33] "CONSTITUCIONAL. RESPONSABILIDADE CIVIL DO ESTADO. ATO DO AGENTE PÚBLICO: GOVERNADOR. CF, art. 37, § 6.º. I — No caso, o ato causador de danos patrimoniais e morais foi praticado pelo Governador do Estado, no exercício do cargo: deve o Estado responder pelos danos. CF, art. 37, § 6.º. II — Se o agente público, nessa qualidade, agiu com dolo ou culpa, tem o Estado ação regressiva contra ele (CF, art. 37, § 6.º). III — RE inadmitido. Agravo não provido" (STF, AI 167.659/PR, Rel. Min. Carlos Velloso, j. 18-6-1996, 2.ª Turma, *DJ*, 14-11-1996).

4.1. A denunciação da lide

A denunciação da lide é um tipo de intervenção de terceiro forçada, e o seu cabimento, na hipótese do art. 125, II, CPC/2015 (equivalente ao art. 70, III, do CPC/1973), está condicionado à possibilidade de que o condenado possa regredir contra outrem.

Assim sendo, como há previsão expressa de direito regressivo do Estado, contra o agente material do dano, no caso de dolo e culpa, nada impediria, do ponto de vista teórico, a aplicação do instituto.

Há, contudo, séria resistência, na doutrina e jurisprudência especializada, para sua admissão.

Isso porque os que defendem a inadmissibilidade da denunciação da lide consideram-na danosa à vítima que pleiteia a indenização perante o Estado.

De fato, soa estranho que, respondendo o Estado objetivamente, deva ser aberta a discussão para o elemento culpa, no que diz respeito a ação regressiva contra o agente público.

Nesse caso, o ingresso do funcionário na demanda, ajuizada originariamente pela vítima contra o Estado, ensejaria, em um único processo, a formação de duas lides, a saber: uma, referente à relação do Estado com o funcionário, em que se faz necessária a demonstração de culpa ou dolo para a responsabilização deste, e a outra, entre o Estado e a vítima, na qual a responsabilidade do primeiro é objetiva[34].

O dissenso jurisprudencial é evidente, havendo diversos julgados que permitem o ingresso do funcionário através da denunciação da lide promovida pelo Estado[35], e outros tantos em sentido contrário[36].

---

[34] "Sendo presumida a responsabilidade do Estado, a discussão sobre a culpa do funcionário introduziria um elemento novo na demanda que, ao invés de atender à finalidade principal da denunciação, que é a economia processual, redundaria em demora no término da instrução, com prejuízo ao autor" (1.º TACSP, 14.ª Câm., Ap. 445.314-9, rel. Juiz Carlos Roberto Gonçalves, j. 12-9-1990).

[35] Seguindo esta orientação: "Cabe denunciação da lide ao funcionário quando o Poder Público é acionado por terceiro com base em ilícito daquele" (1.º TACSP, 5.ª Câm., AI, rel. Juiz Jorge Tannus, j. 10-3-1982, *RT*, 568/106). "Responsabilidade civil — Servidor Público — Denunciação à lide — Art. 70, III, do CPC — Nada impede que a Administração Pública denuncie à lide, na qualidade de terceiro, o seu funcionário, na forma estabelecida no art. 70, III, do CPC" (STJ, 2.ª T., REsp, rel. Min. José de Jesus Filho, j. 6-12-1993, *RSTJ*, 58/260).

[36] "Correto o afastamento da denúncia à lide. O fundamento da denunciação é o inc. III, do art. 70, do CPC, com chamamento do responsável, por via de regresso, em decorrência de vínculo contratual ou legal. A hipótese dos autos, para a espécie de denunciação, como regresso por vínculo legal, tem fulcro na invocação do art. 37, par. 6.º, da

Sinceramente, na nossa opinião, a questão deve ser decidida por um critério lógico.

De fato, tendo em vista a imensa multiplicidade de relações em que está envolvido o Estado, o elemento que nos parece relevante para reconhecer a utilidade da denunciação da lide é puramente pragmático.

Com efeito, se há controvérsia quanto à autoria e materialidade do ato imputado ao servidor público, a denunciação da lide é medida da maior importância, pois evitará a prolação de sentenças contraditórias.

Em outra via, entretanto, caso a discussão se limite ao elemento anímico (dolo ou culpa) do servidor, ampliar os limites da lide é despiciendo e pouco interessante para a efetivação da prestação jurisdicional.

Parece-nos esse, sem dúvida, o melhor critério.

5. PRESCRIÇÃO DA PRETENSÃO INDENIZATÓRIA CONTRA O ESTADO

Toda pretensão está sujeita a um determinado prazo prescricional, restando-nos, portanto, investigar qual o prazo prescricional da pretensão indenizatória contra o Estado.

Este prazo prescricional está regulado em legislação especial, o Decreto n. 20.910/32, cujo art. 1.º estabelece que "as dívidas passivas da União, dos Estados e dos Municípios, bem assim todo e qualquer direito ou ação contra a Fazenda federal, estadual ou municipal, seja qual for a sua natureza, prescrevem em cinco anos contados da data do ato ou fato do qual se originarem".

No entanto, o art. 10 deste mesmo Decreto nos chama a atenção ao dispor que "o disposto nos artigos anteriores não altera as prescrições de menor prazo, constantes das leis e regulamentos, as quais ficam subordinadas às mesmas regras". A par desta redação, chega-se à conclusão de que o prazo de cinco anos cederia lugar a eventuais prazos menores previstos em normas diversas.

E isso nos remete ao Código Civil.

CF, ação eventual que o Estado possa exercer contra o direto responsável, por culpabilidade própria. A primeira e segunda parte do citado dispositivo constitucional envolvem responsabilidade de natureza diversa, uma pelo risco administrativo, outra pela responsabilidade aquiliana, a outorgar fundamento jurídico diverso para cada hipótese. A introdução de fundamento jurídico novo na lide é incompatível com o instituto da denunciação, na espécie preconizada, art. 70, III, do CPC, cuja aplicação deve ser limitada às hipóteses de necessária garantia do resultado da demanda, por vínculo contratual ou legal. Tal não se inscreve como a hipótese de denunciação presente, dada a autonomia, das responsabilidades em exame" (1.º TACSP, 1.ª Câm. Esp. de jan. 1993, Ap. 511.292-5, Rel. Juiz Oscarlino Moeller, j. 2-2-1993).

Como sabemos, o Código Civil de 1916 estabeleceu o prazo prescricional de vinte anos para as pretensões indenizatórias. Este prazo fora reduzido para três anos pelo Código Civil de 2002.

Seria este dispositivo, do Código Civil de 2002, aplicável às pretensões contra o Estado?

Responde-nos o STJ.

Aquele Tribunal tem apontado no sentido de que a pretensão indenizatória por responsabilidade civil do Estado prescreveria em cinco anos, nos termos do art. 1.º do Decreto n. 20.910/32, não se aplicando, na hipótese, o disposto no art. 206, § 3.º, V, do Código Civil[37].

---

[37] Nesse sentido, decidiu o STJ:

"PROCESSUAL CIVIL. AGRAVO REGIMENTAL NO AGRAVO. EXECUÇÃO DE SENTENÇA CONTRA A FAZENDA PÚBLICA. AÇÃO INDENIZATÓRIA. PRESCRIÇÃO. PRAZO QUINQUENAL (ART. 1.º DO DECRETO 20.910/32) X PRAZO TRIENAL (ART. 206, § 3.º, V, DO CC). PREVALÊNCIA DA LEI ESPECIAL. ESPECIAL EFICÁCIA VINCULATIVA DO ACÓRDÃO PROFERIDO NO RESP 1.251.993/PR. IMPUGNAÇÃO DO VALOR FIXADO A TÍTULO DE VERBA HONORÁRIA (PEDIDO DE REDUÇÃO). QUESTÃO ATRELADA AO REEXAME DE MATÉRIA FÁTICA. ÓBICE DA SÚMULA N. 7/STJ. 1. A Primeira Seção/STJ, ao apreciar o REsp 1.251.993/PR (Rel. Min. Mauro Campbell Marques, *DJe*, 19-12-2012), aplicando a sistemática prevista no art. 543-C do CPC, pacificou entendimento de que deve ser aplicado o prazo prescricional quinquenal nas ações indenizatórias contra a Fazenda Pública, nos termos do artigo 1.º do Decreto n. 20.910/1932. 2. Está consolidado na jurisprudência do Superior Tribunal de Justiça que a revisão da condenação em honorários, salvo nas hipóteses de condenações irrisórias ou excessivas, demanda o revolvimento das circunstâncias fáticas do caso. 3. O caso concreto — em que a verba honorária foi fixada em 10% (dez por cento) sobre o valor da causa atribuído aos embargos — não se subsume às hipóteses excepcionais admitidas por esta Corte para a revisão da condenação em honorários, incidindo, dessarte, a vedação contida na Súmula n. 7/STJ. 4. Agravo regimental não provido" (STJ, AgRg no AREsp 278.168/RJ 2012/0275956-3, Rel. Min. Mauro Campbell Marques, j. 2-5-2013, 2.ª Turma, *DJe*, 7-5-2013).

Confiram-se, ainda, o EREsp 1.081.885/RR, Rel. Min. Hamilton Carvalhido, *DJe*, 1.º-2-2011; AgRg no REsp 1.149.621/PR, 1.ª Seção, Rel. Min. Benedito Gonçalves, *DJe*, 18-5-2010; EREsp 1.081.885/RR, 1.ª Seção, Rel. Min. Hamilton Carvalhido, *DJe*, 1.º-2-2011; e o AgRg no REsp 1.195.013/AP, Rel. Min. Teori Albino Zavascki, *DJe*, 23-5-2012.

Capítulo XV
Responsabilidade Civil Profissional

Sumário: 1. Noções fundamentais. 2. Conceito de atividade profissional. 3. Natureza jurídica da responsabilidade civil decorrente de danos causados no exercício da profissão. 4. A aplicação do Código de Defesa do Consumidor e do art. 927, parágrafo único, do Código Civil brasileiro de 2002. 5. Casuística. 5.1. Responsabilidade civil médica. 5.1.1. Identificando obrigações de resultado na atividade médica. 5.1.2. O dever de prestar socorro. 5.1.3. O erro médico. 5.1.4. Responsabilidade civil dos hospitais ou clínicas médicas. 5.1.5. Responsabilidade civil das empresas mantenedoras de planos e seguros privados de assistência à saúde. 5.1.6. Responsabilidade civil odontológica. 5.2. Responsabilidade civil do advogado. 5.2.1. Natureza jurídica da obrigação de prestação de serviços advocatícios. 5.2.2. Responsabilidade civil pela perda de uma chance. 5.2.3. A ofensa irrogada em juízo e suas consequências.

1. NOÇÕES FUNDAMENTAIS

Um dos campos mais importantes — e de contornos por vezes dramáticos — para a aferição da responsabilidade civil é quando ela está relacionada ao exercício de uma atividade profissional.

De fato, tentar diagnosticar a forma de tal responsabilidade — se subjetiva (contratual ou extracontratual) ou objetiva — é um desafio que empolga todos aqueles que se debruçam sobre o tema.

Essa diagnose pode se tornar ainda mais polêmica com o advento do Código Civil brasileiro de 2002, na intrincada definição do que seja "atividade de risco" para o reconhecimento da responsabilidade civil objetiva.

Embora controversa, temos bem assentado nosso posicionamento sobre a questão, o que, sem pretender criar muito suspense, já explicitaremos nos próximos tópicos.

2. CONCEITO DE ATIVIDADE PROFISSIONAL

Para explicitar o nosso posicionamento sobre a matéria objeto do presente capítulo, faz-se mister conceituar o que se entende por atividade profissional.

A ideia de atividade designa a soma de ações, atribuições, encargos ou serviços desempenhados pela pessoa.

Trata-se de uma palavra que, quando representa o âmbito da atividade desenvolvida pela pessoa ou entidade jurídica, recebe qualificativos, com a finalidade de distinguir as espécies de serviços ou funções, como, por exemplo, *atividade política, atividade comercial, atividade econômica* e/ou — o que nos interessa! — *atividade profissional*.

Quando adjetivada dessa última forma, refere-se ao conjunto de atos praticados por um sujeito, em decorrência do exercício de seu ofício (profissão autônoma ou subordinada).

Vale destacar, inclusive, que, no campo das relações laborais, toda vez que se utilizar a expressão "atividade profissional", entenda-se o desempenho da atividade do trabalhador, reservando-se o termo "atividade econômica" para o empreendimento empresarial[1].

É sobre, justamente, a responsabilidade civil por danos decorrentes do exercício do ofício do trabalhador que precisamos delimitar a natureza jurídica.

3. NATUREZA JURÍDICA DA RESPONSABILIDADE CIVIL DECORRENTE DE DANOS CAUSADOS NO EXERCÍCIO DA PROFISSÃO

Partindo do pressuposto de que o sujeito realiza a atividade em decorrência de sua atuação profissional, estaremos, sempre, em regra, no campo da responsabilidade civil contratual.

---

[1] Nesse sentido, pode-se inferir, por exemplo, as previsões da Consolidação das Leis do Trabalho, referentes à associação em sindicato, *in verbis*:

"Art. 511. É lícita a associação para fins de estudo, defesa e coordenação dos seus interesses econômicos ou profissionais de todos os que, como empregadores, empregados, agentes ou trabalhadores autônomos, ou profissionais liberais, exerçam, respectivamente, a mesma atividade ou profissão ou atividades ou profissões similares ou conexas.

§ 1.º A solidariedade de interesses econômicos dos que empreendem atividades idênticas, similares ou conexas constitui o vínculo social básico que se denomina categoria econômica.

§ 2.º A similitude de condições de vida oriunda da profissão ou trabalho em comum, em situação de emprego na mesma atividade econômica ou em atividades econômicas similares ou conexas, compõe a expressão social elementar compreendida como categoria profissional.

§ 3.º Categoria profissional diferenciada é a que se forma dos empregados que exerçam profissões ou funções diferenciadas por força de estatuto profissional especial ou em consequência de condições de vida singulares.

§ 4.º Os limites de identidade, similaridade ou conexidade fixam as dimensões dentro das quais a categoria econômica ou profissional é homogênea e a associação é natural".

Isso porque o exercício do ofício pressupõe, em condições normais, a interatividade da realização de um negócio jurídico, em que o profissional se obriga a realizar determinada atividade pactuada.

Para sua devida compreensão, é preciso distinguir as *obrigações de meio* e *de resultado*, pois ambas podem ser derivadas de um contrato.

A *obrigação de meio* é aquela em que o devedor se obriga a empreender a sua atividade, sem garantir, todavia, o resultado esperado.

Nelas, o devedor (profissional) se obriga tão somente a usar de prudência e diligência normais para a prestação de certo serviço, segundo as melhores técnicas, com o objetivo de alcançar um determinado resultado, sem se vincular a obtê-lo.

As obrigações do médico, em geral, assim como as do advogado, são, fundamentalmente, de meio, uma vez que esses profissionais, a despeito de deverem atuar segundo as mais adequadas regras técnicas e científicas disponíveis naquele momento, não podem garantir o resultado de sua atuação (a cura do paciente, o êxito no processo)[2].

Já na *obrigação de resultado*, o devedor se obriga não apenas a empreender a sua atividade, mas, principalmente, a produzir o resultado esperado pelo credor.

É o que ocorre na obrigação decorrente de um contrato de transporte, em que o devedor se obriga a levar o passageiro, com segurança, até o seu destino. Se não cumprir a obrigação, ressalvadas hipóteses de quebra do nexo causal por eventos fortuitos (um terremoto), será considerado inadimplente, devendo indenizar o outro contratante.

Conforme já dissemos em volume anterior[3], "interessante questão diz respeito à obrigação do cirurgião plástico. Em se tratando de *cirurgia plástica estética*, haverá, segundo a melhor doutrina, *obrigação de resultado*. Entretanto, se se tratar de *cirurgia plástica reparadora* (decorrente de queimaduras, por exemplo), a obrigação do médico será reputada de meio, e a sua responsabilidade excluída, se não conseguir recompor integralmente o corpo do paciente, a despeito de haver utilizado as melhores técnicas disponíveis[4].

---

[2] Sobre a atuação do advogado, recomendamos a leitura do excelente livro de Sérgio Novais Dias, *Responsabilidade Civil do Advogado pela Perda de uma Chance*, São Paulo: LTr, 1999.

[3] Pablo Stolze Gagliano e Rodolfo Pamplona Filho, *Novo Curso de Direito Civil — Obrigações*, São Paulo: Saraiva, 2002, v. 2, p. 109.

[4] "A cura não pode ser o objetivo maior devido à característica de imprevisibilidade do organismo humano — mormente em estado de doença, o que se reflete em limitações no exercício da medicina. Já não se pode dizer o mesmo quando estivermos frente a um atendimento médico por ocasião de uma cirurgia plástica estética (para

Em ambas as situações, ter-se-á uma responsabilidade civil subjetiva, em que a prova da culpa, pelos danos causados, é relevante, embora haja uma presunção de culpa, com a inversão do ônus da prova do elemento anímico, notadamente em relação às obrigações de resultado.

Isso se dá, por óbvio, porque, na primeira forma, o obrigado só será responsável se o credor comprovar a ausência total do comportamento exigido ou uma conduta pouco diligente, prudente e leal, ao contrário da segunda modalidade, em que o devedor só se isentará de responsabilidade se demonstrar que não agiu culposamente. Ou seja, em ambas as situações, o elemento culpa é relevante, mas o ônus de sua prova deverá ser distribuído em função da forma de obrigação avençada.

Um dado, porém, é preciso ser salientado.

Está-se, aqui, falando da responsabilidade civil do profissional, diretamente ou pela via oblíqua de uma ação de regresso, e não do eventual intermediador da sua mão de obra, pela celebração de contratos de trabalho ou de outras modalidades civis de prestações de serviço (empreitadas, cooperativas etc.).

Nesses casos, a responsabilidade do intermediador da mão de obra (empregador, por exemplo) é objetiva, com fulcro nas regras já aqui explicadas da responsabilidade civil por ato de terceiro[5], independentemente da possibilidade de ação regressiva no caso de dolo ou culpa. Assim, a responsabilidade do hospital (prestador de serviço) é objetiva, ao passo que a do médico é subjetiva.

Mas todo e qualquer dano causado pelo exercício de uma atividade profissional será sempre fundamentada em uma relação contratual?

Como regra geral, sim, mas é possível, por exceção, encontrarmos situações em que se deve invocar a ideia de responsabilidade civil extracontratual.

É a observação da culta Professora MARIA HELENA DINIZ:

> "Não se pode olvidar que há, sem dúvida, certas profissões dotadas de função social, daí serem obrigações legais, de modo que o profissional responderá por elas tanto quanto pelas obrigações assumidas contratualmente. São hipóteses em que coincidem as duas responsabilidades — a contratual e a

---

os casos de cirurgia plástica reparadora cabe a afirmação de caracterizar-se como uma obrigação de meios). A doutrina e a jurisprudência brasileira são unânimes, pelo menos até o presente momento, em considerar os casos de cirurgia plástica estética como um contrato cujo objeto é uma obrigação de resultado. Assim, há presunção de culpa, se o médico cirurgião plástico não adimplir integralmente a sua obrigação (o adimplemento parcial é considerado uma não execução da obrigação pela qual se comprometeu com o paciente contratante)" (Neri Tadeu Camara Souza, Responsabilidade Civil do Médico, *Jornal Síntese*, Porto Alegre: Síntese, mar. 2002, p. 22).

[5] Confira-se o Capítulo XI ("Responsabilidade Civil por Ato de Terceiro").

extracontratual —, e o profissional deverá observar as normas reguladoras de seu ofício, umas vezes por força de contrato e outras, em virtude de lei. Mas, como a responsabilidade extracontratual só surge na ausência de um vínculo negocial, decorre daí que, se há vínculo contratual, o inadimplemento da obrigação contratual e legal cairá, conforme o caso, na órbita da responsabilidade contratual e não da delitual, ante a preponderância do elemento contratual. Todavia, em algumas hipóteses poder-se-á ter duas zonas independentes: a da responsabilidade contratual e a da responsabilidade delitual. P. ex.: se, em relação ao serviço do médico, se cogitar da extensão do tratamento e de sua remuneração, do descumprimento desses deveres resultará uma responsabilidade contratual. Se um médico fez uma operação altamente perigosa e não consentida, sem observar as normas regulamentares de sua profissão, o caso será de responsabilidade extracontratual, visto que não houve inadimplemento contratual, mas violação a um dever legal, sancionado pela lei"[6].

Todas essas considerações partem do pressuposto da responsabilização civil subjetiva de tais profissionais por danos causados no exercício de sua atividade.

E isso é uma regra que se mantém válida, mesmo em face do Código de Defesa do Consumidor e do art. 927, parágrafo único, do Código Civil brasileiro de 2002?

É o que explicitaremos no próximo tópico.

4. A APLICAÇÃO DO CÓDIGO DE DEFESA DO CONSUMIDOR E DO ART. 927, PARÁGRAFO ÚNICO, DO CÓDIGO CIVIL BRASILEIRO DE 2002

Um interessante problema que está vindo à tona, com o advento do Novo Código Civil brasileiro, diz respeito à atuação de determinados profissionais liberais que empreendem atividade de risco, a exemplo de médicos e advogados.

Ninguém discute que o exercício de tais profissões envolve acentuada potencialidade de dano: imagine o erro de um cirurgião ou a perda de prazo por um advogado. Mas será que, nesses casos, tais profissionais poderiam ser responsabilizados objetivamente?

Essa preocupação é esboçada pelo culto Min. RUY ROSADO DE AGUIAR, em excelente artigo jurídico, quando, analisando a norma do Novo Código referente à atividade de risco, adverte:

---

[6] Maria Helena Diniz, *Curso de Direito Civil Brasileiro — Responsabilidade Civil*, 16. ed., São Paulo: Saraiva, 2002, v. 7, p. 243.

"A regra atinge o empresário e o profissional liberal e, nesse ponto, contraria a regra do Código de Defesa do Consumidor, que exige, para a responsabilidade do profissional liberal, a demonstração da culpa"[7].

Defendemos o entendimento, todavia, de que a disciplina geral de responsabilidade civil dos profissionais liberais permanecerá de *natureza subjetiva*, uma vez que, embora seja o Código de 2002 "lei nova" em face do Código de Defesa do Consumidor, a regra constante nesse último diploma (art. 14, § 4.º)[8] não perderá vigência, por força do princípio da especialidade.

Acreditamos que esse seja o melhor entendimento sobre a matéria, preservando-se a autonomia e a dignidade da atividade profissional.

Afinal de contas, na relação contratual, os danos eventualmente ocorridos pelo descumprimento da obrigação avençada já trazem, em si, a presunção de culpa.

Assim, nas obrigações de meio, com a ocorrência de dano na atividade profissional, para responsabilizar o agente, é preciso, ao deduzir os elementos da responsabilidade civil, provar também o elemento culpa ou, então, aí sim, o descumprimento de um dever contratual, fazendo incidir a presunção mencionada.

Já nas obrigações de resultado, sendo este não realizado, já terá havido o descumprimento contratual, incidindo a presunção de culpa, cujo ônus da prova para sua eventual elisão é do demandado.

Esclarecidos nossos posicionamentos sobre a matéria, passemos a enfrentar algumas questões relevantes sobre a casuística da responsabilidade civil profissional.

5. CASUÍSTICA

Por uma questão puramente de opção didática, trabalharemos neste capítulo apenas com duas das mais comuns relações profissionais que ensejam questionamentos no campo da responsabilidade civil: a atividade médica e o ofício da advocacia.

Ressaltamos, porém, que é infindável a enumeração de situações passíveis em discussão em juízo, mas, pelo menos, no que diz respeito às regras gerais, elas já foram explicitadas nesse capítulo, sendo, em cada caso, mero desdobramento em função das peculiaridades de cada ofício.

---

[7] Ruy Rosado de Aguiar, *Obrigações e Contratos — Projeto de Código Civil*, disponível no *site* do Conselho da Justiça Federal: www.cjf.gov.br.

[8] Art. 14, § 4.º, do CDC: "A responsabilidade pessoal dos profissionais liberais será apurada mediante a verificação de culpa".

5.1. Responsabilidade civil médica

A concepção da responsabilidade civil subjetiva pelos danos causados na atividade médica *lato sensu* já encontrava guarida no CC/1916, que estabelecia:

> "Art. 1.545. Os médicos, cirurgiões, farmacêuticos, parteiras e dentistas são obrigados a satisfazer o dano, sempre que da imprudência, negligência, ou imperícia, em atos profissionais, resultar morte, inabilitação de servir, ou ferimento".

A importância do já transcrito § 4.º do art. 14 do Código de Defesa do Consumidor, ao reafirmar a responsabilidade civil subjetiva dos profissionais liberais, nos quais se encontram os mencionados agentes da atividade médica[9], se verifica na medida em que aquele diploma consagra, nas relações de consumo, a responsabilidade civil objetiva, mas, *expressamente*, faz a ressalva, o que infere o caráter proposital dessa situação excepcional.

O CC/2002, por sua vez, mantém a tradição legislativa, estabelecendo, *in verbis*:

> "Art. 951. O disposto nos arts. 948, 949 e 950 aplica-se ainda no caso de indenização devida por aquele que, no exercício de atividade profissional, por negligência, imprudência ou imperícia, causar a morte do paciente, agravar-lhe o mal, causar-lhe lesão, ou inabilitá-lo para o trabalho".

Registre-se que os artigos mencionados no dispositivo *supra* se referem às indenizações devidas, respectivamente, nos casos de homicídio, lesão ou ofensa à saúde e impedimento de exercício de ofício ou profissão[10], o que voltaremos a enfrentar em capítulo próprio.

---

[9] "Ação de indenização — Danos morais e materiais — Nulidade do julgado — Inocorrência de culpa. 1 — Rejeita-se a alegação de nulidade do julgado quando a matéria foi amplamente examinada, não estando o juiz obrigado a examinar todas as alegações das partes, desde que já tenha encontrado motivo suficiente para o deslinde da controvérsia. 2 — Mostrando-se adequado o tratamento médico para a espécie, tendo o médico prestado os esclarecimentos necessários, não se vislumbra culpa capaz de autorizar condenação por danos morais e materiais. 3 — A assistência médica não é uma obrigação de resultado, mas sim de meio, responsabilizando-se o médico tão só pelo tratamento adequado. 4 — Recurso não provido. Maioria" (TJDF, Ap. Cível 20000750026364A/DF, registro do acórdão n. 156071, j. 11-3-2002, 5.ª Turma Cível, Rel. Asdrubal Nascimento Lima, Rel. Desig. Haydevalda Sampaio, *DJU*: 26-6-2002, p. 66).

[10] "Art. 948. No caso de homicídio, a indenização consiste, sem excluir outras reparações:

I — no pagamento das despesas com o tratamento da vítima, seu funeral e o luto da família;

A distinção, já trabalhada neste capítulo, entre as *obrigações de meio* e *de resultado*, porém, deve ser levada em consideração, para efeito da delimitação da culpabilidade.

5.1.1. Identificando obrigações de resultado na atividade médica

Se a atividade profissional médica é, como regra geral, uma obrigação de meio, há alguns misteres que podem ser interpretados de outra forma.

É o caso, por exemplo, dos cirurgiões plásticos, cuja atuação não se limitaria ao acompanhamento do paciente com todos os deveres de cautela, mas sim ao desenvolvimento de uma conduta especificamente para a obtenção de um resultado no plano da realidade.

Conosco concorda SÍLVIO DE SALVO VENOSA:

> "Dizem a doutrina e a jurisprudência que a cirurgia plástica constitui obrigação de resultado. Deve o profissional, em princípio, garantir o resultado almejado. 'Há, indiscutivelmente, na cirurgia estética, tendência generalizada a se presumir a culpa pela não obtenção do resultado. Isso diferencia a cirurgia estética da cirurgia geral' (Kfouri Neto, 1998: 165). Não resta dúvida de que a cirurgia estética ou meramente embelezadora trará em seu bojo uma relação contratual. Como nesse caso, na maioria das vezes, o paciente não sofre de moléstia nenhuma e a finalidade procurada é obter unicamente um resultado estético favorável, entendemos que se trata de obrigação de resultado. Nessa premissa, se não fosse assegurado um resultado favorável pelo cirurgião, certamente não haveria consentimento do paciente"[11].

Como já vimos, em se tratando de cirurgia plástica estética, a obrigação é de resultado; se for reparadora, de meio.

Uma outra atividade médica, cuja natureza é, todavia, peculiar, refere-se ao labor dos anestesistas.

II — na prestação de alimentos às pessoas a quem o morto os devia, levando-se em conta a duração provável da vida da vítima.

Art. 949. No caso de lesão ou outra ofensa à saúde, o ofensor indenizará o ofendido das despesas do tratamento e dos lucros cessantes até ao fim da convalescença, além de algum outro prejuízo que o ofendido prove haver sofrido.

Art. 950. Se da ofensa resultar defeito pelo qual o ofendido não possa exercer o seu ofício ou profissão, ou se lhe diminua a capacidade de trabalho, a indenização, além das despesas do tratamento e lucros cessantes até ao fim da convalescença, incluirá pensão correspondente à importância do trabalho para que se inabilitou, ou da depreciação que ele sofreu.

Parágrafo único. O prejudicado, se preferir, poderá exigir que a indenização seja arbitrada e paga de uma só vez."

[11] Sílvio de Salvo Venosa, *Direito Civil — Responsabilidade Civil*, 3. ed., São Paulo: Atlas, 2003, v. 3, p. 101.

Curar a dor é quase um ato divino.

Todavia, falhas na anestesia podem ocasionar danos de difícil ou impossível reparação.

Embora haja polêmica sobre sua caracterização como atividade-meio ou de resultado, tendemos à primeira visão, uma vez que sua finalidade é justamente possibilitar a atividade cirúrgica, pelo que o elemento culpa deve ser provado, sendo hipótese de responsabilidade civil subjetiva[12].

Nesse sentido, observa JURANDIR SEBASTIÃO, especialista na matéria:

> "Não obstante vozes abalizadas de que a atividade do médico anestesiologista envolve contrato de resultado — caso contrário não seria necessário o ato médico, e ainda, porque esse especialista age com arbitrariedade —, entendemos que a natureza jurídica dessa atividade continua sendo apenas de meios, ou seja, de cautelas e de empenho quantos necessários, em cada caso de fato e de acordo com os avanços desse ramo da Ciência Médica, no tempo. A natureza reserva segredos que ainda se conservam fora do alcance da medicina"[13].

Excepcionalmente, atividades que denotam uma obrigação de meio podem se converter em uma obrigação de resultado[14], a depender da forma como se

---

[12] "Responsabilidade civil. Anestesia. Encargo da prova. Na relação que se estabelece entre o especialista e o paciente, ou responsáveis, incumbe àquele, por senhor da ciência, as providências, prévias e incidentais, adequadas para o pleno sucesso. Age com culpa anestesista que, em cirurgia de pequeno porte, jamais tendo discutido a opção com os responsáveis por paciente de menor idade, e ignorando exames prévios, elege a anestesia geral e os meios a ela conducentes, resultando definitivamente ofendida a integridade física do anestesiado. EI desacolhidos" (Tribunal de Justiça do Rio Grande do Sul, Embargos Infringentes n. 597078641, 3.º Grupo de Câmaras Cíveis, Rel. Des. Antônio Janyr Dall'Agnol Júnior, j. 1.º-8-1997).

"Civil. Responsabilidade civil. Erro Médico. Anestesia. 1. O anestesiologista responde pelo dano causado ao paciente, em razão do procedimento anestésico, quando não obteve, previamente, anuência para realizar a anestesia geral (imprudência), não realizou exames pré-anestésicos (negligência) e não empregou todos os recursos técnicos existentes no bloco cirúrgico (imperícia). Valor da indenização. Voto vencido, que não localizou culpa na conduta do anestesiologista. 2. Apelação desprovida por maioria" (Tribunal de Justiça do Rio Grande do Sul, Ap. Cível 597009992, 5.ª Câmara Cível, Rel. Des. Paulo Augusto Monte Lopes, j. 20-3-1997).

[13] Jurandir Sebastião, *Responsabilidade Médica Civil, Criminal e Ética*, 2. ed., Belo Horizonte: Del Rey, 2000, p. 90.

[14] "Indenização. Cirurgia de laqueadura tubária. Insucesso. CDC. Ausência de informação. Obrigação de meio e de resultado. — Embora possa ser considerada obrigação de meio ou mesmo de resultado, em caso de cirurgia de laqueadura tubária, a responsabilidade pelo insucesso deve ser apurada mediante culpa, podendo essa ser caracterizada pela ausência de informação de percentual mínimo de insucesso. — A ausência de

deu a pactuação com o consumidor dos serviços médicos[15].

Um dado que nos parece relevante, porém, é que, independentemente da natureza da obrigação avençada, o fato de a responsabilidade civil ser aferida subjetivamente, na forma do mencionado art. 14, § 4.º, do Código de Defesa do Consumidor, não afasta a possibilidade de considerar solidariamente responsáveis todos os agentes que estejam ligados ao resultado danoso, do chefe da cirurgia até os simples auxiliares, desde que todos tenham contribuído com o elemento culpa.

5.1.2. O dever de prestar socorro

Poucas atividades profissionais envolvem uma carga tão grande de emotividade quanto a medicina.

Ter a vida de um paciente, em suas mãos, esvaindo-se como grãos de areia na ampulheta, tendo de decidir os rumos a serem tomados, antes que seja

---

informação dos riscos e de consentimento do paciente atribui o dever de indenizar ao facultativo. — Sendo de fim o contrato para prestação de serviço médico — cirurgia de ligadura de trompas — para efeito de esterilização, e, não havendo prova de que o médico sequer alertara a paciente para o possível insucesso da cirurgia, ainda que em percentual mínimo, a obrigação de indenizar a paciente pelo médico é mero corolário jurídico" (TJMG, número do processo: 0338950-2, órgão julgador: Sexta Câmara Cível, data do julgamento: 11-4-2002, Rel. Juiz Belizário de Lacerda).

15 "**Médicos indenizarão mulher por darem esperanças de cura**

Dois médicos paulistas terão de pagar uma indenização a uma paciente por terem dado a ela falsas esperanças de cura. Com a decisão da 4.ª Turma do Superior Tribunal de Justiça (STJ), M.B.F. vai receber R$ 147 mil como reparação por danos materiais e morais.

Ela propôs ação de indenização contra os dois médicos que a atenderam depois de realizar uma cirurgia considerada inócua. M.B.F. perdeu a visão em 1980. Depois de consultar vários especialistas que a desenganaram, passou a ser tratada por S.T.G. que lhe incentivou a realizar um tratamento. A paciente foi convencida a se submeter a uma cirurgia nos olhos realizada pelo médico A.G.F.

Apesar da operação, a visão não foi recuperada. Na petição inicial, a autora da ação diz que foi ludibriada pelos médicos, em um suposto conluio. Iludida com a perspectiva de cura, ela vendeu imóveis e veículos para custear as despesas de tratamento médico. Mas tudo teria sido em vão. Por isso, ela pediu uma indenização no valor de R$ 500 mil.

Em 1.ª instância, o juiz concluiu que os dois médicos foram negligentes e imprudentes e os condenou ao pagamento dos danos materiais, na quantia gasta pela paciente com o tratamento e a cirurgia (R$ 67.054), e dano moral no valor equivalente a 100 salários mínimos, ou R$ 20 mil. A autora da ação e o segundo réu (o médico que realizou a cirurgia) apelaram no Tribunal de Alçada Civil de São Paulo (Agência Brasil).

tarde demais, é uma atribuição para verdadeiros vocacionados, como um sacerdócio estabelecido para o bem da coletividade.

O Código de Ética da Atividade Médica, inclusive, estabelece em seu art. 1.º:

> "Art. 1.º A medicina é uma profissão a serviço da saúde do ser humano e da coletividade e deve ser exercida sem discriminação de qualquer natureza".

O juramento hipocrático de luta pela preservação da vida não deve ser considerado uma mera formalidade para a colação de grau, mas sim uma verdadeira regra para pautar comportamentos nessa atividade tão importante e especializada.

Tais considerações vêm à baila pela constatação da existência de um dever de prestar socorro, no que, omitindo-se, pode o profissional ser responsabilizado civilmente pelos danos ocorridos[16].

E como deve se portar o profissional médico, diante de pacientes que não aceitam determinados tratamentos específicos? Em um exemplo, em termos práticos, pode o médico ser responsabilizado civilmente por um dano causado a uma testemunha de Jeová?

Para que se possa compreender melhor a questão da responsabilidade civil do médico pela transfusão de sangue em pacientes que não aceitam esse tratamento (Testemunhas de Jeová), é preciso ter em mente três premissas básicas:

---

[16] Em atenção à acentuada carga de solidarismo social que a atuação médica contém, já tivemos oportunidade de anotar, em nosso volume I, que consideramos espúria e imoral a exigência do "cheque caução" ou a assinatura de fiança, como condição *sine qua* para o atendimento médico de emergência: "*Não há como não se reconhecer a ocorrência deste vício no ato de garantia (prestação de fiança ou emissão de cambial) prestado pelo indivíduo que pretenda internar, em caráter de urgência, um parente seu ou amigo próximo em determinada Unidade de Terapia Intensiva, e se vê diante da condição imposta pela diretoria do hospital, no sentido de que o atendimento emergencial só é possível após a constituição imediata de garantia cambial ou fidejussória.*

É perfeita a incidência da norma: premido da necessidade de salvar pessoa próxima, de perigo de grave dano conhecido da outra parte, o declarante assume obrigação excessivamente onerosa.

Não se pretende justificar o tratamento clínico em hospital particular de pessoa desprovida de recursos.

Entretanto, a prestação de serviços médicos emergenciais é obrigação, não apenas jurídica, mas principalmente moral, decorrente do sublime juramento de Hipócrates. Prestado o serviço emergencial, que se providencie a transferência do paciente para um hospital da rede pública. E para este tipo de atendimento de emergência, qualquer exigência imposta como condição *sine qua non* para a pronta atuação médica é descabida, podendo, inclusive, gerar a responsabilização criminal dos envolvidos".

a) O direito de disposição sobre o próprio corpo pertence ao paciente, de modo que o médico não pode ministrar-lhe qualquer tratamento sem o seu consentimento, salvo em caso de iminente perigo de vida.

b) O direito à liberdade religiosa é garantido tanto pela Declaração Universal dos Direitos Humanos quanto pela Constituição (art. 5.º, VI[17]), o que significa que ninguém pode ser compelido a realizar prática condenada por sua fé e consciência.

c) O reconhecimento de um direito à vida, também assegurado constitucionalmente (art. 5.º, *caput*), determina que todos têm direito *à* vida, mas não direito *sobre* a vida, o que implica a não aceitação pelo nosso sistema jurídico de práticas como o aborto e a eutanásia, pois a pessoa não teria direito sobre a própria vida[18]. Entende-se, inclusive, que o Estado tem interesse em prolongar a vida das pessoas, pois cada uma representa um papel social relevante.

Estabelecidas as premissas, não deixemos de enfrentar o problema.

Trata-se de um choque entre direitos fundamentais (direito à vida x direito à liberdade religiosa) que, por sua vez, podem ser classificados como princípios jurídicos. Por isso, o seu choque não implica a exclusão de um deles do sistema, mas a busca pela sua compatibilização em cada caso concreto.

Temos plena convicção de que, no caso da realização de transfusão de sangue em pacientes que não aceitam esse tratamento, o direito à vida se sobrepõe ao direito à liberdade religiosa, uma vez que a vida é o pressuposto da aquisição de todos os outros direitos. Além disso, como já colocado, a manutenção da vida é interesse da sociedade e não só do indivíduo. Ou seja, mesmo que, intimamente, por força de seu fervor, ele se sinta violado pela transfusão feita, o interesse social na manutenção de sua vida justificaria a conduta cerceadora de sua opção religiosa[19].

---

[17] Constituição Federal de 1988: "Art. 5.º Todos são iguais perante a lei, sem distinção de qualquer natureza, garantindo-se aos brasileiros e aos estrangeiros residentes no País a inviolabilidade do direito à vida, à liberdade, à igualdade, à segurança e à propriedade, nos termos seguintes: (...) VI — é inviolável a liberdade de consciência e de crença, sendo assegurado o livre exercício dos cultos religiosos e garantida, na forma da lei, a proteção aos locais de culto e a suas liturgias".

[18] Sobre o tema, na ótica da proteção dos Direitos da Personalidade, confira-se, inclusive, o capítulo próprio do volume I ("Parte Geral") desta obra.

[19] "Cautelar. Transfusão de sangue. Testemunhas de Jeová. Não cabe ao Poder Judiciário, no sistema jurídico brasileiro, autorizar ou ordenar tratamentos médico-cirúrgicos e/ou hospitalares, salvo casos excepcionalíssimos e salvo quando envolvidos os interesses de menores. Se iminente o perigo de vida, é direito e dever do médico empregar todos os tratamentos, inclusive cirúrgicos, para salvar o paciente, mesmo contra a vontade deste, e de seus familiares e de quem quer que seja, ainda que a oposição seja ditada por motivos religiosos. Importa ao médico e ao hospital demonstrar que

Acreditamos, realmente, que o parâmetro a ser tomado é sempre a existência ou não de iminente perigo de vida.

No caso de pacientes maiores e capazes no momento da concessão do consentimento, entendemos que, ausente o perigo de perda da vida, mas, só e somente só, a recomendação do tratamento, o médico não deve ministrá-lo, sob pena de estar constrangendo ilegalmente o paciente. Assim, caso não observe essa determinação, o médico corre o risco de ser responsabilizado civilmente.

Havendo, porém, a situação de perigo de vida, a realização do tratamento, ainda que sem êxito, com o eventual falecimento do paciente, não deve impor uma responsabilização civil do profissional, pois este estará seguindo o seu dever[20], por força da interpretação das regras próprias do vigente Código de Ética Médica[21].

---

utilizaram a ciência e a técnica apoiadas em séria literatura médica, mesmo que haja divergências quanto ao melhor tratamento. O Judiciário não serve para diminuir os riscos da profissão médica ou da atividade hospitalar. Se transfusão de sangue for tida como imprescindível, conforme sólida literatura médico-científica (não importando naturais divergências), deve ser concretizada, se para salvar a vida do paciente, mesmo contra a vontade das testemunhas de Jeová, mas desde que haja urgência e perigo iminente de vida (art. 146, par. 3, inc. I, do Código Penal). Caso concreto em que não se verificava tal urgência. O direito à vida antecede o direito a liberdade, aqui incluída a liberdade de religião. É falácia argumentar com os que morrem pela liberdade, pois, aí se trata de contexto fático totalmente diverso. Não consta que morto possa ser livre ou lutar por sua liberdade. Há princípios gerais de ética e de direito, que aliás norteiam a Carta das Nações Unidas, que precisam se sobrepor às especificidades culturais e religiosas; sob pena de se homologarem as maiores brutalidades; entre eles estão os princípios que resguardam os direitos fundamentais relacionados com a vida e a dignidade humanas. Religiões devem preservar a vida e não exterminá-la" (Tribunal de Justiça do Rio Grande do Sul, Ap. Cível 595000373, 6.ª Câmara Cível, Rel. Des. Sérgio Gischkow Pereira, j. 28-3-1995).

20 "Indenizatória — Reparação de danos — Testemunha de Jeová — Recebimento de transfusão de sangue quando de sua internação — Convicções religiosas que não podem prevalecer perante o bem maior tutelado pela Constituição Federal que é a vida — Conduta dos médicos, por outro lado, que pautou-se dentro da lei e ética profissional, posto que somente efetuaram as transfusões sanguíneas após esgotados todos os tratamentos alternativos — Inexistência, ademais, de recusa expressa a receber transfusão de sangue quando da internação da autora — Ressarcimento, por outro lado, de despesas efetuadas com exames médicos, entre outras, que não merece acolhido, posto não terem sido os valores despendidos pela apelante — Recurso não provido" (TJSP, Ap. Cível 123.430-4-Sorocaba, 3.ª Câmara de Direito Privado, Rel. Flávio Pinheiro, j. 7-5-2002, v. u.).

21 O vigente Código de Ética Médica, do Conselho Federal de Medicina, é a Resolução CFM n. 1.931/2009 (publicada no *DOU* de 24-9-2009, Seção I, p. 90, com retificação publicada no *DOU* de 13-10-2009, Seção I, p. 173, tendo entrado em vigor em 13-4-2010).

Da mesma forma que a norma anterior (Resolução n. 1.246/88, de 8-1-1988, do Conselho Federal de Medicina, publicada no *Diário Oficial da União*, de 26-1-1988), traz um capítulo próprio sobre a Relação do Profissional com Pacientes e Familiares, em que estabelece as seguintes proibições:

"É vedado ao médico:

Art. 31. Desrespeitar o direito do paciente ou de seu representante legal de decidir livremente sobre a execução de práticas diagnósticas ou terapêuticas, salvo em caso de iminente risco de morte.

Art. 32. Deixar de usar todos os meios disponíveis de diagnóstico e tratamento, cientificamente reconhecidos e a seu alcance, em favor do paciente.

Art. 33. Deixar de atender paciente que procure seus cuidados profissionais em casos de urgência ou emergência, quando não haja outro médico ou serviço médico em condições de fazê-lo.

Art. 34. Deixar de informar ao paciente o diagnóstico, o prognóstico, os riscos e os objetivos do tratamento, salvo quando a comunicação direta possa lhe provocar dano, devendo, nesse caso, fazer a comunicação a seu representante legal.

Art. 35. Exagerar a gravidade do diagnóstico ou do prognóstico, complicar a terapêutica ou exceder-se no número de visitas, consultas ou quaisquer outros procedimentos médicos.

Art. 36. Abandonar paciente sob seus cuidados.

§ 1.º Ocorrendo fatos que, a seu critério, prejudiquem o bom relacionamento com o paciente ou o pleno desempenho profissional, o médico tem o direito de renunciar ao atendimento, desde que comunique previamente ao paciente ou a seu representante legal, assegurando-se da continuidade dos cuidados e fornecendo todas as informações necessárias ao médico que lhe suceder.

§ 2.º Salvo por motivo justo, comunicado ao paciente ou aos seus familiares, o médico não abandonará o paciente por ser este portador de moléstia crônica ou incurável e continuará a assisti-lo ainda que para cuidados paliativos.

Art. 37. Prescrever tratamento ou outros procedimentos sem exame direto do paciente, salvo em casos de urgência ou emergência e impossibilidade comprovada de realizá-lo, devendo, nesse caso, fazê-lo imediatamente após cessar o impedimento.

Parágrafo único. O atendimento médico a distância, nos moldes da telemedicina ou de outro método, dar-se-á sob regulamentação do Conselho Federal de Medicina.

Art. 38. Desrespeitar o pudor de qualquer pessoa sob seus cuidados profissionais.

Art. 39 Opor-se à realização de junta médica ou segunda opinião solicitada pelo paciente ou por seu representante legal.

Art. 40. Aproveitar-se de situações decorrentes da relação médico-paciente para obter vantagem física, emocional, financeira ou de qualquer outra natureza.

Art. 41. Abreviar a vida do paciente, ainda que a pedido deste ou de seu representante legal.

Parágrafo único. Nos casos de doença incurável e terminal, deve o médico oferecer todos os cuidados paliativos disponíveis sem empreender ações diagnósticas ou terapêuticas inúteis ou obstinadas, levando sempre em consideração a vontade expressa do paciente ou, na sua impossibilidade, a de seu representante legal.

Art. 42. Desrespeitar o direito do paciente de decidir livremente sobre método contraceptivo, devendo sempre esclarecê-lo sobre indicação, segurança, reversibilidade e risco de cada método".

Mesmo no caso de pacientes que estejam, temporária ou permanentemente, impossibilitados de manifestar sua vontade, no que se incluem os pacientes menores, e por isso incapazes, o médico tem também a obrigação de ministrar o tratamento, até mesmo porque nem sempre é possível obter a anuência do responsável legal[22].

É essa a linha, inclusive, recomendada pelo Conselho Federal de Medicina, através da Resolução CFM n. 1.021/80, que, mesmo sendo anterior à Constituição Federal de 1988, ainda nos parece a posição mais razoável e justa para os casos concretos, nos seguintes termos:

"RESOLUÇÃO CFM n. 1.021/80

O Conselho Federal de Medicina, usando da atribuição que lhe confere a Lei n. 3.268, de 30 de setembro de 1957, regulamentada pelo Decreto n. 44.045, de 19 de julho de 1958, e

Considerando o disposto no artigo 153, parágrafo 2.º da Constituição Federal; no artigo 146 e seu parágrafo 3.º, incisos I e II do Código Penal; e nos artigos 1.º, 30 e 49 do Código de Ética Médica;

Considerando o caso de paciente que, por motivos diversos, inclusive os de ordem religiosa, recusam a transfusão de sangue;

Considerando finalmente o decidido em sessão plenária deste Conselho realizada no dia 26 de setembro de 1980,

Resolve:

Adotar os fundamentos do anexo PARECER, como interpretação autêntica dos dispositivos deontológicos referentes a recusa em permitir a transfusão de sangue, em casos de iminente perigo de vida.

Rio de Janeiro, 26 de setembro de 1980.

Guaraciaba Quaresma Gama

Presidente em Exercício

José Luiz Guimarães Santos

Secretário-Geral

Publicada no *DOU* (Seção I — Parte II) de 22/10/80

---

22 "Responsabilidade civil — Cirurgia — Consentimento — a gravidade do estado de saúde do paciente, verificada na sala de operações, libera o médico do consentimento dos interessados para a realização de uma segunda intervenção cirúrgica" (TJMG, Processo 191936-8, 5.ª Câmara Cível, j. 6-4-1995, Rel. Juiz Lopes de Albuquerque).

O problema criado, para o médico, pela recusa dos adeptos da Testemunha de Jeová em permitir a transfusão sanguínea, deverá ser encarado sob duas circunstâncias:

1 — A transfusão de sangue teria precisa indicação e seria a terapêutica mais rápida e segura para a melhora ou cura do paciente.

Não haveria, contudo, qualquer perigo imediato para a vida do paciente se ela deixasse de ser praticada.

Nessas condições, deveria o médico atender o pedido de seu paciente, abstendo-se de realizar a transfusão de sangue.

Não poderá o médico proceder de modo contrário, pois tal lhe é vedado pelo disposto no artigo 32, letra 'f' do Código de Ética Médica:

'Não é permitido ao médico:

f) exercer sua autoridade de maneira a limitar o direito do paciente resolver sobre sua pessoa e seu bem-estar'.

2 — O paciente se encontra em iminente perigo de vida e a transfusão de sangue é a terapêutica indispensável para salvá-lo.

Em tais condições, não deverá o médico deixar de praticá-la apesar da oposição do paciente ou de seus responsáveis em permiti-la.

O médico deverá sempre orientar sua conduta profissional pelas determinações de seu Código.

No caso, o Código de Ética Médica assim prescreve:

'Artigo 1.º — A medicina é uma profissão que tem por fim cuidar da saúde do homem, sem preocupações de ordem religiosa...'.

'Artigo 30 — O alvo de toda a atenção do médico é o doente, em benefício do qual deverá agir com o máximo de zelo e melhor de sua capacidade profissional'.

'Artigo 19 — O médico, salvo o caso de 'iminente perigo de vida', não praticará intervenção cirúrgica sem o prévio consentimento tácito ou explícito do paciente e, tratando-se de menor incapaz, de seu representante legal'.

Por outro lado, ao praticar a transfusão de sangue, na circunstância em causa, não estará o médico violando o direito do paciente.

Realmente, a Constituição Federal determina em seu artigo 153, parágrafo 2.º que 'ninguém será obrigado a fazer ou deixar de fazer alguma coisa senão em virtude da lei'[23].

Aquele que violar esse direito cairá nas sanções do Código Penal quando este trata dos crimes contra a liberdade pessoal e em seu artigo 146 preconiza:

---

[23] A referência, aqui, é à Constituição Federal de 1969.

'Constranger alguém, mediante violência ou grave ameaça, ou depois de lhe haver reduzido, por qualquer meio, a capacidade de resistência, a não fazer o que a lei permite, ou a fazer o que ela não manda'.

Contudo, o próprio Código Penal, no parágrafo 3.º desse mesmo artigo 146, declara:

'Não se compreendem na disposição deste artigo:

I — a intervenção médica ou cirúrgica sem o consentimento do paciente ou de seu representante legal, se justificada por iminente perigo de vida'.

A recusa do paciente em receber a transfusão sanguínea, salvadora de sua vida, poderia, ainda, ser encarada como suicídio. Nesse caso, o médico, ao aplicar a transfusão, não estaria violando a liberdade pessoal, pois o mesmo parágrafo 3.º do artigo 146, agora no inciso II, dispõe que não se compreende, também, nas determinações deste artigo: 'a coação exercida para impedir o suicídio'.

Conclusão

Em caso de haver recusa em permitir a transfusão de sangue, o médico, obedecendo a seu Código de Ética Médica, deverá observar a seguinte conduta:

1.º Se não houver iminente perigo de vida, o médico respeitará a vontade do paciente ou de seus responsáveis.

2.º Se houver iminente perigo de vida, o médico praticará a transfusão de sangue, independentemente de consentimento do paciente ou de seus responsáveis.

Dr. *Telmo Reis Ferreira*

Relator".

No mesmo sentido do referido parecer, ainda invocado frequentemente, foi editada a Resolução n. 136/1999, do CREMERJ (publicada no *Diário Oficial do Estado do Rio de Janeiro* em 19-2-1999), também disciplinando a matéria[24].

Para o médico se acobertar, todavia, de eventual demanda indenizatória, aconselhamos que, caso possível, ingresse com pedido de alvará de autorização judicial[25].

5.1.3. O erro médico

Estabelecida a premissa de que a responsabilidade civil do médico, como atividade profissional (liberal ou empregatícia), é subjetiva, vem a lume a questão do erro médico.

---

[24] Estas e outras normas podem ser acessadas no site http://portal.cfm.org.br, ao qual remetemos o amigo leitor.

[25] No Estado da Bahia, a Corregedoria-Geral do Tribunal de Justiça mantém, em permanente plantão, juízes corregedores para, dentre outras atribuições, cuidarem de casos dessa natureza.

De fato, a prestação de serviços médicos não consiste em uma operação matemática, em que o profissional pode afirmar, de forma peremptória, que curará o indivíduo, dada a sua condição, em regra, de obrigação de meio.

Por isso, a prova do elemento anímico (culpa) é tão importante quanto a da conduta humana equivocada, no que diz respeito aos deveres gerais como cidadão e aos específicos da atividade profissional.

Como observa MARIA HELENA DINIZ:

> "Assim sendo, se o paciente vier a falecer, sem que tenha havido negligência, imprudência ou imperícia na atividade do profissional da saúde, não haverá inadimplemento contratual, pois o médico não assumiu o dever de curá-lo, mas de tratá-lo adequadamente. É preciso lembrar que não haverá presunção de culpa para haver condenação do médico; ele (CDC, art. 6.º, VIII) é que deverá provar que não houve inexecução culposa da sua obrigação profissional, demonstrando que o dano não resultou de imperícia, negligência (AASP, 2.093:180 e 1.º TACSP, Ap. 684.076-6, j. 9-3-1998) ou imprudência sua (RT, 407:174, 357, 196; JSTJ, 8:294). Tal prova poderá ser feita por testemunhas, se não houver questão técnica a ser esclarecida, sendo necessário que haja liame de causalidade entre o dano e a falta do médico de que resulta a responsabilidade civil. Portanto, a responsabilidade civil dos médicos somente decorre de culpa provada, constituindo uma espécie particular de culpa. Não resultando provadas a imprudência ou imperícia ou negligência, nem o erro grosseiro, fica afastada a responsabilidade dos doutores em medicina, em virtude mesmo da presunção de capacidade constituída pelo diploma obtido após as provas regulamentares (TJRJ, *ADCOAS*, 1982, n. 84.019)"[26].

O erro médico é, em linguagem simples, a falha profissional imputada ao exercente da medicina.

Conforme já dissemos, na caracterização desse erro atua o elemento anímico culpa, especialmente sob a roupagem da imperícia ou da negligência.

Além da eventual responsabilização jurídica — penal ou civil —, o médico se sujeita às sanções administrativas da sua entidade fiscalizadora — o Conselho Federal ou Estadual de Medicina —, podendo, em situações de maior gravidade, ser proibido de exercer o seu ofício.

Vale lembrar, entretanto, que a imposição de qualquer sanção administrativa, nos termos do disposto na Carta da República (art. 5.º, LV), exige a observância do devido processo legal, garantidos, assim, o contraditório e a ampla defesa.

---

[26] Maria Helena Diniz, *Curso de Direito Civil Brasileiro — Responsabilidade Civil*, 16. ed., São Paulo: Saraiva, 2002, v. 7, p. 257.

5.1.4. *Responsabilidade civil dos hospitais ou clínicas médicas*

Como já deve ter sido inferido, embora a responsabilidade civil do profissional médico permaneça subjetiva, o mesmo não pode ser dito do hospital ou clínica médica em que presta serviços.

Com efeito, por força da nova regra de responsabilização objetiva por ato de terceiro, contida no art. 932, III, do CC/2002, não há como deixar de aplicar o dispositivo para tais entidades.

Registre-se, inclusive, que essa regra se aplica também a hospitais filantrópicos, pois a atividade com intuito assistencial não afasta a responsabilidade pelo dever geral de vigilância e eleição que deve manter com seus profissionais[27].

Se o médico integra o quadro pessoal permanente do hospital ou da clínica, a responsabilidade desta última deflui manifesta, nos termos do referido art. 932, III.

Entretanto, dúvida pode haver quanto àqueles profissionais que apenas eventualmente utilizam a estrutura física e logística do hospital para realizar uma cirurgia, por exemplo.

Ainda assim, entendemos existir um liame jurídico entre o médico e a entidade hospitalar, de modo a autorizar a responsabilização objetiva desta última, sem prejuízo de um eventual direito de regresso contra o médico.

Até porque reputamos muito difícil — senão impossível — à vítima delimitar e diferenciar, no caso concreto, a participação do médico desidioso ou a falta de estrutura ou de higiene do hospital para a ocorrência do dano.

5.1.5. *Responsabilidade civil das empresas mantenedoras de planos e seguros privados de assistência à saúde*

Em função da precariedade do serviço público de saúde, a sociedade brasileira viu se desenvolver um novo ramo de atividade econômica: a das empresas mantenedoras de planos privados de assistência à saúde.

A matéria é regida pela Lei n. 9.656, de 3-6-1998, já bastante modificada por normas posteriormente editadas.

Nela, temos as seguintes definições em seu art. 1.º, com a redação dada pela MP n. 2.177-44, de 24-8-2001:

---

[27] "Responsabilidade civil. Indenização e pensão. Hospital filantrópico. O fato de ser entidade filantrópica não isenta a responsabilidade de atender ao dever de informação e de responsabilizar-se pela falta de seu médico, que deixou de informar a paciente dos riscos cirúrgicos, dos quais resultou a perda da sua visão por consequência da intervenção" (STJ, REsp 467.878-RJ, Rel. Min. Ruy Rosado, j. 5-12-2002).

"Art. 1.º Submetem-se às disposições desta Lei as pessoas jurídicas de direito privado que operam planos de assistência à saúde, sem prejuízo do cumprimento da legislação específica que rege a sua atividade, adotando-se, para fins de aplicação das normas aqui estabelecidas, as seguintes definições:

I — Plano Privado de Assistência à Saúde: prestação continuada de serviços ou cobertura de custos assistenciais a preço pré ou pós-estabelecido, por prazo indeterminado, com a finalidade de garantir, sem limite financeiro, a assistência à saúde, pela faculdade de acesso e atendimento por profissionais ou serviços de saúde, livremente escolhidos, integrantes ou não de rede credenciada, contratada ou referenciada, visando a assistência médica, hospitalar e odontológica, a ser paga integral ou parcialmente às expensas da operadora contratada, mediante reembolso ou pagamento direto ao prestador, por conta e ordem do consumidor;

II — Operadora de Plano de Assistência à Saúde: pessoa jurídica constituída sob a modalidade de sociedade civil ou comercial, cooperativa, ou entidade de autogestão, que opere produto, serviço ou contrato de que trata o inciso I deste artigo;

III — Carteira: o conjunto de contratos de cobertura de custos assistenciais ou de serviços de assistência à saúde em qualquer das modalidades de que tratam o inciso I e o § 1.º deste artigo, com todos os direitos e obrigações nele contidos.

§ 1.º Está subordinada às normas e à fiscalização da Agência Nacional de Saúde Suplementar — ANS qualquer modalidade de produto, serviço e contrato que apresente, além da garantia de cobertura financeira de riscos de assistência médica, hospitalar e odontológica, outras características que o diferencie de atividade exclusivamente financeira, tais como:

a) custeio de despesas;

b) oferecimento de rede credenciada ou referenciada;

c) reembolso de despesas;

d) mecanismos de regulação;

e) qualquer restrição contratual, técnica ou operacional para a cobertura de procedimentos solicitados por prestador escolhido pelo consumidor; e

f) vinculação de cobertura financeira à aplicação de conceitos ou critérios médico-assistenciais.

§ 2.º Incluem-se na abrangência desta Lei as cooperativas que operem os produtos de que tratam o inciso I e o § 1.º deste artigo, bem assim as entidades ou empresas que mantêm sistemas de assistência à saúde, pela modalidade de autogestão ou de administração.

§ 3.º As pessoas físicas ou jurídicas residentes ou domiciliadas no exterior podem constituir ou participar do capital, ou do aumento do capital, de pessoas jurídicas de direito privado constituídas sob as leis brasileiras para operar planos privados de assistência à saúde.

§ 4.º É vedada às pessoas físicas a operação dos produtos de que tratam o inciso I e o § 1.º deste artigo".

Como titulares de uma relação jurídica, decorrente da exploração de uma atividade econômica enquadrável nas previsões tuitivas das normas disciplinadoras das relações de consumo, parece-nos que devem eles também responder solidariamente pelos danos causados pelos profissionais credenciados ou autorizados, no caso de erro médico[28].

Nesse sentido, dissertando justamente sobre a responsabilização dos planos e convênios por erro médico, afirmou CAMILA LEMOS AZI, em sua monografia de final de curso, que "o primeiro aspecto a ser observado é que, de fato, a contribuição destes para o acesso da população a serviços de saúde de qualidade é inegável, como também é inegável o seu caráter comercial. Todavia, não se pode negar que estes, na condição de maiores beneficiados financeiramente com as atividades desenvolvidas, devem também responder pelos eventuais danos que seus associados venham a sofrer. (...) A partir do momento em que credenciam sujeitos para a prestação dos serviços que lhe incumbe, o plano assume a responsabilidade pelos atos destes, pelas regras de responsabilidade por ato de terceiro, e culpa *in eligendo* e *in vigilando*"[29].

A única observação que fazemos a essa excelente referência doutrinária é que, como se trata de um serviço prestado no mercado de consumo, a responsabilidade civil da companhia é objetiva.

Ora, se o segurado (paciente) se sujeita a um catálogo previamente fornecido de profissionais credenciados, sem que tenha liberdade plena de escolha, claro nos parece que a companhia seguradora deva suportar a carga jurídica do dano causado por seu médico autorizado.

Raciocínio inverso afigurar-se-ia injusto e dissonante com as mais elementares regras de responsabilidade civil.

5.1.6. Responsabilidade civil odontológica

Apenas para arrematar este tópico, vale registrar que a responsabilidade dos profissionais da odontologia está no mesmo nível dos exercentes da atividade médica *stricto sensu*.

---

[28] "Responsabilidade. Dano. Plano. Saúde. A empresa que explora plano de saúde e dentistas conveniados responde civilmente pelo dano causado pelos profissionais credenciados ou autorizados, facultando-lhe o direito de regresso contra aqueles que diretamente prestaram os serviços defeituosos. Precedentes citados: REsp 138.059-MG, *DJ* 11/6/2001, e REsp 164.084-SP, *DJ* 17/4/2000" (STJ, REsp 328.309-RJ, Rel. Min. Aldir Passarinho Junior, j. 8-10-2002).

[29] Camila Lemos Azi, *Responsabilidade Civil por Erro Médico no Direito Brasileiro*, monografia apresentada no Curso de Graduação em Direito da UNIFACS — Universidade Salvador, Salvador/BA, 2000, p. 88-89.

Em verdade, destaque-se que o art. 1.545 do Código Civil brasileiro de 1916 os colocava no mesmo patamar de médicos, cirurgiões e farmacêuticos[30], e sua norma equivalente no CC/2002 — o já transcrito art. 951 —, embora não nomine expressamente tais profissionais, também não os exclui, sendo razoável o reconhecimento da manutenção da regra, até mesmo pela menção ao indivíduo "paciente".

Saliente-se, porém, com SÍLVIO VENOSA, que "ao lado da Odontologia propriamente dita, atualmente, há inúmeros profissionais que auxiliam o odontólogo e cuja responsabilidade também deve aflorar e deve ser devidamente analisada. São atividades acessórias que dependem do dentista para seu exercício. Embora o produto final de seu trabalho seja aplicado no paciente, é ao dentista que se destina sua atividade. Assim se colocam os técnicos em prótese dentária e o técnico de higiene bucal. Como a responsabilidade final é do dentista, sempre que houver responsabilidade desses profissionais, responderão eles, quando muito, solidariamente com o profissional principal. Eventualmente, pode aflorar a responsabilidade regressiva do dentista contra esses auxiliares"[31].

Em nossa opinião, a atividade odontológica pode ser considerada de resultado, se tiver apenas fins estéticos.

Entretanto, determinadas intervenções para o tratamento de patologias bucais deverão, por óbvias razões, ser enquadradas na categoria de "obrigações de meios", dada a impossibilidade de garantir o restabelecimento completo do paciente.

5.2. Responsabilidade civil do advogado

Um outro apaixonante tema, relacionado à responsabilidade civil profissional, é a análise da atividade advocatícia.

Última das profissões liberais, a advocacia é também o mais nobre bastião da liberdade, na luta contra a opressão no Estado Democrático de Direito.

Dada a importância de tal ofício, a possibilidade de ocorrência de danos, seja pela utilização equivocada de técnicas inadequadas ao caso concreto ou simplesmente a omissão nos deveres de defesa dos interesses do cliente, é um elemento concreto que não pode ser desprezado.

Para compreender como tal responsabilização se materializa é preciso entender a natureza jurídica dessa atividade.

---

[30] CC/1916: "Art. 1.545. Os médicos, cirurgiões, farmacêuticos, parteiras e dentistas são obrigados a satisfazer o dano, sempre que da imprudência, negligência, ou imperícia, em atos profissionais, resultar morte, inabilitação de servir, ou ferimento".

[31] Sílvio de Salvo Venosa, *Direito Civil — Responsabilidade Civil*, 3. ed., São Paulo: Atlas, 2003, v. 3, p. 108.

5.2.1. *Natureza jurídica da obrigação de prestação de serviços advocatícios*

A prestação de serviços advocatícios é, em regra, uma obrigação de meio, uma vez que o profissional não tem como assegurar o resultado da atividade ao seu cliente.

Assim, da mesma forma como o ofício médico, demanda uma responsabilidade civil subjetiva, com fundo contratual que, no caso do processo judicial, decorre do mandato.

Observe-se, porém, a advertência de VENOSA:

> "No entanto, existem áreas de atuação da advocacia que, em princípio, são caracterizadas como obrigações de resultado. Na elaboração de um contrato ou de uma escritura, o advogado compromete-se, em tese, a ultimar o resultado. A matéria, porém, suscita dúvidas e o caso concreto definirá eventual falha funcional do advogado que resulte em dever de indenizar. Em síntese, o advogado deve responder por erros de fato e de direito cometidos no desempenho do mandato. O exame da gravidade dependerá do caso sob exame. Erros crassos como perda de prazo para contestar ou recorrer são evidenciáveis objetivamente. Há condutas do advogado, no entanto, que merecem exame acurado. Não devemos esquecer que o advogado é o primeiro juiz da causa e intérprete da norma. Deve responder, em princípio, se ingressa com remédio processual inadequado ou se postula frontalmente contra a letra da lei. No entanto, na dialética do direito, toda essa discussão será profundamente casuística. É fora de dúvida, porém, que a inabilidade profissional evidente e patente que ocasiona prejuízos ao cliente gera dever de indenizar. O erro do advogado que dá margem à indenização é aquele injustificável, elementar para o advogado médio, tomado aqui também como padrão por analogia ao 'bonus pater familias'. No exame da conduta do advogado, deve ser aferido se ele agiu com diligência e prudência no caso que aceitou patrocinar"[32].

O importante é perceber, todavia, que, embora exercendo uma atividade com potencial risco de dano, a responsabilidade civil será sempre subjetiva (CDC, art. 14, § 4.º, e Lei n. 8.906/94 — Estatuto da Advocacia — art. 32), distribuindo-se o ônus da prova do elemento culpa em função da natureza da obrigação avençada e geradora do dano, em benefício do consumidor do serviço.

5.2.2. *Responsabilidade civil pela perda de uma chance*

Na busca do diagnóstico da conduta do advogado que perpetrou um dano ao seu cliente, inevitável é a ocorrência de situações em que a lesão ao patri-

---

[32] Sílvio de Salvo Venosa, ob. cit., p. 176.

mônio jurídico do cliente tenha se dado por uma conduta omissiva do profissional.

A casuística é infindável: falta de propositura de ação judicial; recurso ou ação rescisória; não formulação de pedido; omissão na produção de provas; extravio de autos, ausência de contrarrazões ou sustentação oral; falta de defesa etc.

Como se trata da perda de uma chance, jamais se poderá saber qual seria o resultado do julgamento se o ato houvesse sido validamente realizado.

Nessas situações, há hipóteses extremas em que fatalmente se reconhecerá que uma ação ajuizada é fadada à procedência ou à rejeição como uma aventura processual. A imensa gama de situações intermediárias, porém, impõe admitir que só há possibilidade de responsabilização se for sobejamente demonstrado o nexo de causalidade e a extensão do dano.

Tentando estabelecer alguns parâmetros para essa questão tão complicada, SÉRGIO NOVAIS DIAS, em pioneira obra, traz alguns baremas de razoabilidade:

> "Em casos cuja decisão envolve interpretação legal, em relação à qual o entendimento encontra-se sumulado pelo Supremo Tribunal Federal ou Superior Tribunal de Justiça, a probabilidade é de que o julgamento se faça no mesmo sentido da súmula, a não ser que se demonstre estar ela superada pela própria jurisprudência do tribunal.
>
> Não sendo matéria sumulada, será considerado provável todo resultado que decorrer de uma interpretação razoável da norma legal, na esteira da Súmula 400 do STF. Tendo, porém, a jurisprudência do STF e do STJ já definido, dentre as interpretações razoáveis, respectivamente das normas constitucionais e das normas federais infraconstitucionais, qual a interpretação considerada correta, será provável o resultado que estiver em sintonia com essa jurisprudência predominante, uma vez que, mesmo se o tribunal de segunda instância adotasse interpretação razoável, porém dissonante daquela pacificação nas instâncias extraordinárias, era previsível que a parte vencida fizesse o processo chegar à terceira instância, mediante a interposição do recurso adequado, de maneira que o julgamento último esperado do caso seria de acordo com essa interpretação.
>
> Quando a questão envolver valoração da matéria fática ou de prova, será provável o resultado que decorrer de uma avaliação razoável da questão"[33].

Cuidado especial devem ter os advogados, por exemplo, quanto ao levantamento de valores de clientes e, também, ao manuseio de seus documentos.

Quanto aos valores, é interessante observar que os profissionais devem, para prevenir responsabilidade, evitar procurações de cunho genérico e com poderes amplíssimos.

---

[33] Sérgio Novais Dias, *Responsabilidade Civil do Advogado pela Perda de uma Chance*, São Paulo: LTr, 1999, p. 94.

No que se refere aos documentos, devem exigir recibo do seu cliente, ao devolvê-los, para evitar alegação de extravio.

A relação cliente/advogado deve sempre ser pautada pelo respeito e confiança, embora um pouco de cautela não faça mal a ninguém.

5.2.3. A ofensa irrogada em juízo e suas consequências

Por fim, vale tecer algumas considerações sobre as consequências das ofensas irrogadas em juízo pelo advogado.

De fato, tem o profissional da advocacia uma imunidade para sua conduta, conforme consta expressamente do art. 142, I, do vigente Código Penal brasileiro[34].

Tal preceito é reforçado pelo § 2.º do art. 7.º da Lei n. 8.906/94, que estabelece que o "advogado tem imunidade profissional, não constituindo injúria, difamação ou desacato puníveis qualquer manifestação de sua parte, no exercício de sua atividade, em juízo ou fora dele, sem prejuízo das sanções disciplinares perante a OAB, pelos excessos que cometer"[35].

A pergunta que não quer calar é: tais dispositivos dão uma imunidade absoluta ao advogado para qualquer manifestação em Juízo? Pode ele, por exemplo, ofender dolosamente a parte contrária, o representante do Ministério Público ou o magistrado?[36]

---

[34] "Art. 142. Não constituem injúria ou difamação punível:

I — a ofensa irrogada em juízo, na discussão da causa, pela parte ou por seu procurador;

II — a opinião desfavorável da crítica literária, artística ou científica, salvo quando inequívoca a intenção de injuriar ou difamar;

III — o conceito desfavorável emitido por funcionário público, em apreciação ou informação que preste no cumprimento de dever de ofício.

Parágrafo único. Nos casos dos n. I e III, responde pela injúria ou pela difamação quem lhe dá publicidade."

[35] Vale destacar que o STF, na ADI 1.127, declarou a inconstitucionalidade da expressão "ou desacato".

[36] "Dano inexistente — *Grosseria de advogado em petição não gera danos morais*

A Quarta Turma do Superior Tribunal de Justiça livrou o advogado Luiz Paulo de Barros Correia de indenizar o juiz Carlos Augusto Borges por danos morais. A Turma, por unanimidade, entendeu que expressões grosseiras e arrogantes escritas em petição para criticar atuação do juiz não necessariamente ferem a honra de uma pessoa a ponto de ser caracterizado dano moral passível de indenização.

O STJ rejeitou recurso do juiz que alegou ter sido ofendido em uma petição elaborada por Luiz Paulo, no curso de uma ação popular. Luiz Paulo era o advogado de uma das partes.

Na visão de RUI STOCO, seria "odiosa qualquer interpretação que conduzisse à conclusão de que o Estatuto da Advocacia instituiu para os advogados imunidade penal e civil ampla e absoluta, não o fazendo, contudo, com relação aos cidadãos, às partes no processo e aos Juízes e membros do Ministério Público. Em resumo, a 'libertas convinciandi' do advogado não se degrada em licença para irrogar ofensas em Juízo. Embora o art. 133 da Constituição Federal disponha que o advogado é indispensável à administração da Justiça, tenha-se em mente que será ele indispensável enquanto agir escorreitamente segundo as balizas que o mandato estabeleceu. A inviolabilidade por seus atos e manifestações no exercício da profissão, para que se estabeleça a imunidade judiciária, pressupõe a prática de atos lícitos permitidos e nos exatos termos da outorga e do âmbito de discussão da causa, até porque se, por um lado, o advogado é inviolável por seus atos, quando no exercício da profissão, por outro, toda e qualquer pessoa é inviolável em sua honra, segundo o art. 5.º, inciso X, da Constituição Federal, e tem o direito de não ser ofendida ou agredida verbalmente em detrimento de sua imagem e de sua honra"[37].

Assim também vêm decidindo os tribunais:

"A inviolabilidade, de que trata o art. 133 da Constituição, não elide a responsabilidade penal do advogado por crime cometido no exercício da profis-

---

No texto da petição, o advogado afirmou que o juiz não teria 'razoável bom-senso' e nem suficiente conhecimento jurídico para julgar a causa sob sua responsabilidade. Palavras como 'equivocado', 'despreparo', entre outras, também foram utilizadas pelo advogado.

Em primeira instância, o advogado foi condenado a pagar uma indenização por danos morais equivalente a 15 vezes o salário bruto do autor da ação. Luiz Paulo recorreu e conseguiu reverter a decisão em segunda instância.

Os desembargadores do Tribunal de Justiça do Rio de Janeiro entenderam que o dano moral não havia sido caracterizado, pois 'simples constrangimentos ou dissabores, normais na vida comum, não configuram o dano moral indenizável'.

Inconformado, o juiz recorreu ao STJ. Reafirmou a tese da ofensa da honra e da cabida indenização por danos morais. Entretanto, o relator do processo, ministro Sálvio de Figueiredo Teixeira, manteve a decisão do TJ-RJ. Para o ministro, o advogado 'revelou-se grosseiro e presunçoso', mas não provocou danos morais.

'No caso dos autos, acredito que as expressões utilizadas pelo advogado, apesar de grosseiras e contrárias ao dever de urbanidade, não chegam a ensejar o reconhecimento do dano moral', disse Sálvio Teixeira.

O relator transcreveu uma citação do ministro Cesar Asfor Rocha sobre o tema: 'Mero receio ou dissabor não pode ser alçado ao patamar do dano moral, mas somente aquela agressão que exacerba a naturalidade dos fatos da vida, causando fundadas aflições ou angústias no espírito de quem ela se dirige'" (Processo: REsp 438.734).

[37] Rui Stoco, *Tratado de Responsabilidade Civil*, 5. ed., São Paulo: Revista dos Tribunais, 2001, p. 364.

são, por isso que contida nos limites da lei. Não se pode dizer compreendida na imunidade judiciária do art. 142, I, do Código Penal, a ofensa que extrapola o âmbito da discussão da causa" (Superior Tribunal de Justiça, RHC, Rel. José Cândido, *RSTJ*, 38/236).

"A inviolabilidade judiciária penal do advogado está circunscrita nos limites da lei (art. 133 da Constituição da República). Não pode, assim, o *animus defendendi* ser transformado em licença para o ataque descomedido e desnecessário" (Superior Tribunal de Justiça, RHC, Rel. Edson Vidigal, *RSTJ*, 40/244).

Por isso, em uma interpretação constitucional, esperamos que o STF firme entendimento no sentido de dar justos limites às regras do Código Penal e do Estatuto da Advocacia, sem subtrair a necessária liberdade ao advogado, em prol da lisura e do respeito nas demandas judiciais.

Como já se disse, liberdade em demasia redunda em arbítrio...

ano, por isso que [illegible] se [illegible] [illegible] [illegible] [illegible] [illegible] [illegible] [illegible] [illegible] [illegible] a [illegible] do [illegible], [illegible] [illegible] [illegible] [illegible] [illegible] [illegible] [illegible] [illegible] [illegible] [illegible] [illegible] [illegible] [illegible] [illegible] [illegible]. [illegible] [illegible] [illegible]

[illegible] [illegible]

Capítulo XVI
Responsabilidade Civil nas Relações de Trabalho

Sumário: 1. Noções gerais. 2. Compreendendo a caracterização jurídica da relação de emprego. 2.1. Considerações terminológicas. 2.2. Elementos essenciais para a configuração da relação de emprego. 2.3. Sujeitos da relação de emprego: empregado e empregador. 3. Disciplina e importância da responsabilidade civil nas relações de trabalho. 3.1. Responsabilidade civil do empregador por ato do empregado. 3.2. Responsabilidade civil do empregado em face do empregador. 3.3. O litisconsórcio facultativo e a denunciação da lide. 3.4. Responsabilidade civil do empregador por dano ao empregado. 3.4.1. Responsabilidade civil decorrente de acidente de trabalho. 3.5. Responsabilidade civil em relações triangulares de trabalho.

1. NOÇÕES GERAIS

Uma das relações jurídicas mais complexas da sociedade moderna é, sem sombra de qualquer dúvida, a relação de trabalho subordinado.

Isso porque não há uma relação com tal "eletricidade social" no nosso meio, tendo em vista que o próprio ordenamento jurídico reconhece a desigualdade fática entre os sujeitos, em uma situação em que um deles se subordina juridicamente, de forma absoluta, independente da utilização ou não da energia colocada à disposição.

Por tal razão, o sistema normativo destina ao polo hipossuficiente uma proteção maior na relação jurídica de direito material trabalhista, concretizando, no plano ideal, o princípio da isonomia, desigualando os desiguais na medida em que se desigualem.

Todavia, a questão se torna ainda mais complexa quando tratamos da aplicação das regras de responsabilidade civil nesse tipo de relação jurídica especializada.

Tal "complexidade agregada" se dá pelo fato de que não é possível aplicar isoladamente as regras de Direito Civil em uma relação de emprego, sem observar a disciplina própria de tais formas de contratação.

Compreendê-la é o desafio deste capítulo.

2. COMPREENDENDO A CARACTERIZAÇÃO JURÍDICA DA RELAÇÃO DE EMPREGO

Antes de fazer qualquer observação sobre a aplicação das regras de responsabilidade civil na relação de emprego, faz-se mister, por imperativo absolutamente lógico, compreender como se configura tal relação jurídica.

Para isso, entendemos ser necessário compreender seus elementos caracterizadores, bem como as peculiaridades — fáticas e normativas — dos sujeitos envolvidos.

Todavia, preliminarmente, façamos algumas considerações terminológicas.

2.1. Considerações terminológicas

A expressão "relações de trabalho" tem, muitas vezes, uma acepção plurissignificativa.

De fato, a expressão "trabalho", se utilizada de forma genérica como objeto de uma relação contratual, pode levar à confusão terminológica com o que se convencionou chamar de *contratos de atividade*, que são aqueles caracterizados pelo fato de um dos contratantes aplicar sua atividade pessoal na consecução de um fim desejado pelo outro.

Tal traço de afinidade, que inspirou o seu batismo, dado por *Jean Vincent*, em seu clássico *La dissolution de contrat de travail*[1], sugeriu também agrupá-los, para o fim de estudo, em virtude dos pontos de similaridade que qualquer deles pode prestar-se com o *contrato individual de emprego*, abrindo caminho para a prática da simulação e da fraude à lei.

Entre esses contratos, podem ser elencados, por exemplo, a empreitada, o agenciamento ou representação, o mandato, a sociedade, a parceria rural (agrícola ou pecuária) e o próprio contrato individual de emprego.

Inúmeras teorias explicativas foram construídas a propósito de estabelecer a *distinção* do *contrato individual de emprego* com seus afins, evitando, também, ser dissimulado sob o *nomen juris* de algum deles, a saber:

a) para a *Empreitada*, tentou-se a distinção pelos critérios *do fim do contrato, da profissionalidade do empregador* e *do modo de remuneração do prestador*;

b) para o *Agenciamento ou Representação*, tentou-se a *representação jurídica do apropriador da atividade*;

c) para o *Mandato, a gratuidade da prestação, a natureza da atividade, a representação do apropriador do resultado*;

d) para a *Sociedade*, a *affectio societatis*;

e) para a *Parceria Rural* (espécie típica de *Sociedade*), a *affectio societatis*.

Nenhum desses critérios teóricos se mostrou seguro, na prática, por apresentar falhas nos resultados da análise em determinados casos concretos. So-

[1] Apud Orlando Gomes; Elson Gottschalk, *Curso de Direito do Trabalho*, 13. ed., Rio de Janeiro: Forense, 1994, p. 146.

mente para exemplificar, o modo de remuneração do empregado, *por produção*, se identifica inteiramente com o da remuneração do *empreiteiro, por obra ou serviço*. A *representação* está presente no contrato individual do *alto-empregado*, em igualdade de condições com o do *mandatário*. A *affectio societatis* tem uma medida de presença, no contrato com o empregado remunerado *por tarefa*, similar à verificada nas *sociedades*, de atividade urbana ou rural.

Conforme dissemos em outra oportunidade:

> "Verificou-se, entretanto, que uma última teoria, aplicada a todos os contratos de atividade, mostrou um critério distintivo seguro para deles isolar o contrato individual de emprego. Essa teoria firmou-se na Subordinação (ou Dependência) Jurídica, sempre presente na relação de emprego, de natureza trabalhista, e sempre ausente nas demais, de natureza civil.
>
> Por isso, todas as demais teorias se tornaram secundárias, não perdendo totalmente o interesse do analista porque, em alguns casos, a subordinação ou dependência jurídica se torna difusa dentro das características da função do prestador, como é o caso dos altos-empregados, que apresentam traços de identidade muito mais forte com o próprio empregador do que com os seus companheiros da comunidade executora de tarefas.
>
> Em situações desse gênero, as demais teorias podem ser usadas como auxiliares, avivando, pelas circunstâncias que revelam, os traços de perfil da subordinação jurídica.
>
> Considere-se, por último, que em todos os contratos de atividade, que concorrem com o individual de emprego, há traços de subordinação de um contratante (o prestador da atividade) ao outro (o apropriador do resultado).
>
> Tal conjuntura que, à primeira vista, concorreria para dificultar a separação dos contratos, tornando a teoria da subordinação jurídica tão insegura quanto as demais, é totalmente eliminada, se for levado em conta, na análise investigativa, que em qualquer contrato de atividade (principalmente na Empreitada, no Agenciamento ou Representação e no Mandato, onde aparece com mais clareza), a subordinação se restringe ao fim ou resultado visado pelo contrato, sendo o prestador totalmente autônomo, quanto aos meios de realização, nos quais se concentra a aplicação da energia pessoal.
>
> Em sentido diametralmente oposto, é no desenvolvimento da atividade que se evidencia, com toda a ênfase, a subordinação do prestador ao apropriador, no contrato individual de emprego. Diz-se, por isso, que sua subordinação se mostra em grau absoluto, que resulta em colocá-lo no conhecido *status subjectionis* (estado de sujeição), que a incrusta no próprio conteúdo do contrato, possibilitando-lhe a qualificação de subordinação jurídica"[2].

---

[2] José Augusto Rodrigues Pinto; Rodolfo Pamplona Filho, *Repertório de Conceitos Trabalhistas*, São Paulo: LTr, 2000, p. 157.

Feitas tais observações, ressaltamos que o objeto do presente capítulo é, portanto, a disciplina da responsabilidade civil na relação de trabalho subordinado, também conhecida como relação de emprego.

2.2. Elementos essenciais para a configuração da relação de emprego

No sistema normativo brasileiro, a tutela dos interesses dos hipossuficientes econômicos leva à consagração de um princípio básico da proteção, que se espraia em vários outros princípios, como os da irrenunciabilidade de direitos e da primazia da realidade.

Justamente por causa deste último princípio, justifica-se a previsão do art. 442 da Consolidação das Leis do Trabalho, que dispõe que o "contrato individual de trabalho é o acordo tácito ou expresso, correspondente à relação de emprego".

Note-se que o dispositivo legal não fala em escrito ou verbal, ambas modalidades da forma expressa, mas sim "acordo tácito ou expresso", o que importa reconhecer que a relação de emprego pode emergir dos fatos, independentemente do que foi formalmente pactuado, o que é uma séria garantia contra as fraudes.

Por isso mesmo, compreender o quanto necessário para caracterizar uma relação de emprego (trabalho subordinado) é um imperativo para a análise do tema aqui proposto.

Nesse sentido, explicitamos que quatro elementos são simultaneamente indispensáveis para tal mister:

a) Pessoalidade: o contrato de emprego é estabelecido *intuito personae*, havendo sua descaracterização quando o trabalhador (expressão aqui utilizada na sua acepção mais genérica) puder se fazer substituir por outro, independentemente da manifestação de vontade da parte contrária;

b) Onerosidade: o contrato de trabalho subordinado, definitivamente, não é gratuito, devendo haver sempre uma contraprestação pelo labor desenvolvido. A ausência de tal retribuição, quando não for a hipótese de inadimplemento contratual, inferirá algum outro tipo de avença, por exemplo, o trabalho voluntário;

c) Permanência ou *não eventualidade*: nesse requisito, entenda-se a ideia de habitualidade na prestação laboral. Para a presença desse elemento não se exige o trabalho em todos os dias da semana, mas, sim, tão somente, com uma periodicidade razoável, como no caso do garçom — empregado — que trabalha somente de quinta-feira a domingo em um clube social. O trabalho episódico, típico do sujeito conhecido como "biscateiro", não implica reconhecimento de vínculo empregatício;

d) Subordinação: trata-se do estado em que se coloca o empregado perante o empregador, quando, por força do contrato individual, põe sua energia pessoal à disposição da empresa para a execução dos serviços necessários aos seus fins. A vinculação contratual da relação de emprego é absoluta. Exatamente porque corresponde a um *estado* (*status subjectionis*) assumido pelo empregado, em razão da celebração do contrato e independentemente de prestar ou não o trabalho, é que a doutrina se fixou na qualificação de *jurídica* para explicar sua natureza, ressaltando-se que a ausência de subordinação *econômica* ou *técnica* é irrelevante, por si só, para afastar o vínculo empregatício, por exemplo, no caso de um professor universitário que não dependa do salário da instituição de ensino para sobreviver, nem precisa de seu empregador para aprender o seu ofício.

Além desses quatro elementos, há outros dois, acidentais, que, embora não imprescindíveis para a caracterização da relação de emprego, auxiliam na sua diagnose, por permitir que se infira a presença dos elementos essenciais.

São eles:

a) Continuidade: trata-se da permanência levada a grau absoluto, ou seja, não somente o trabalho com habitualidade, mas também em todos os dias da semana, observados os repousos obrigatórios. Muitas vezes presente, não é essencial, como visto, para o reconhecimento da relação contratual prevista na Consolidação das Leis do Trabalho, embora o seja, segundo parte da doutrina e jurisprudência, para o vínculo empregatício doméstico[3];

b) Exclusividade: embora nada impeça a existência de múltiplos e simultâneos contratos de trabalho, não há como se negar que a prestação exclusiva

---

3 "*Doméstico. Faxineira. Diarista.* A Lei n. 5.859 de 1972, que dispõe sobre a profissão de empregado doméstico, o conceitua como 'aquele que presta serviços de natureza *contínua* e de finalidade não lucrativa à pessoa ou à família, no âmbito residencial destas'. Verifica-se que um dos pressupostos do conceito de empregado doméstico é a continuidade, inconfundível com a não eventualidade exigida como elemento da relação jurídica advinda do contrato de emprego firmado entre empregado e empregador regidos pela CLT. Continuidade pressupõe ausência de interrupção (cf. Aurélio Buarque de Holanda — *Novo Dicionário da Língua Portuguesa* — 2. ed.), enquanto a não eventualidade se vincula com o serviço que se insere nos fins normais da atividade da empresa. 'Não é o tempo em si que desloca a prestação de trabalho de efetivo para eventual, mas o próprio nexo da prestação desenvolvida pelo trabalhador, com a atividade da empresa.' (cf. Paulo Emílio Ribeiro de Vilhena, *Relação de Emprego: pressupostos, autonomia e eventualidade*). Logo, se o tempo não caracteriza a não eventualidade, o mesmo não se poderá dizer no tocante à continuidade, por provocar ele a interrupção. Dessa forma, não é doméstica a faxineira de residência que lá comparece em alguns dias da semana, por faltar na relação jurídica o elemento continuidade". (Ac. unânime da 2.ª Turma do TRT, 3.ª Região, RO 9.829/91 — Rel. Juíza Alice Monteiro de Barros). Para um estudo mais aprofundado do tema, recomendamos a leitura do nosso *Direito do Trabalho Doméstico* (2. ed., São Paulo: LTr, 2001).

auxilia na diagnose dos elementos *pessoalidade* e *subordinação jurídica* para a caracterização do vínculo empregatício.

Compreendidos os elementos necessários para o reconhecimento de um vínculo de emprego, passemos a conhecer os seus dois sujeitos fundamentais.

2.3. Sujeitos da relação de emprego: empregado e empregador

Do ponto de vista técnico, é preciso ter em mente que *trabalhador* é um gênero, do qual *empregado* é uma das espécies, talvez a mais sujeita à tutela normativa especializada.

De fato, segundo consenso doutrinário, o amplo gênero *trabalhador* pode ser dividido em quatro espécies: *autônomo*, *eventual*, *avulso* e *subordinado* (*empregado*), distinguindo-se pela maior ou menor gradação do elemento *subordinação jurídica* na utilização da energia pessoal[4].

Compreendidos os elementos para a caracterização do vínculo de *emprego*, vemos que o texto consolidado seguiu a melhor técnica jurídica ao enunciar o conceito legal de empregado, conforme se verifica da simples leitura do seu art. 3.º:

> "Art. 3.º Considera-se empregado toda pessoa física que prestar serviços de natureza não eventual a empregador, sob a dependência deste e mediante salário.
>
> Parágrafo único. Não haverá distinções relativas à espécie de emprego e à condição de trabalhador, nem entre o trabalhador intelectual, técnico e manual".

O conceito legal de empregador, porém, está insculpido no artigo anterior da Consolidação das Leis do Trabalho, nos seguintes termos:

> "Art. 2.º Considera-se empregador a empresa, individual ou coletiva, que, assumindo os riscos da atividade econômica, admite, assalaria e dirige a prestação pessoal de serviços.
>
> § 1.º Equiparam-se ao empregador, para os efeitos exclusivos da relação de emprego, os profissionais liberais, as instituições de beneficência, as associações recreativas ou outras instituições sem fins lucrativos, que admitirem trabalhadores como empregados.

---

[4] "Vale destacar que os trabalhadores *avulsos* e *eventuais* são considerados, por alguns autores, meras subespécies de subordinados, identificados pelo traço comum da subordinação de sua energia pelo terceiro a quem aproveitará o resultado, diferenciando-se, entre si, porque a atividade exigida do avulso coincide, em regra, com a atividade-fim do tomador, o que não acontece no trabalho eventual" (José Augusto Rodrigues Pinto e Rodolfo Pamplona Filho, ob. cit., p. 503-504).

§ 2.º Sempre que uma ou mais empresas, tendo, embora, cada uma delas, personalidade jurídica própria, estiverem sob a direção, controle ou administração de outra, constituindo grupo industrial, comercial ou de qualquer outra atividade econômica, serão, para os efeitos da relação de emprego, solidariamente responsáveis a empresa principal e cada uma das subordinadas".

Embora se possa questionar as impropriedades técnicas deste conceito, notadamente na circunstância de tratar igualmente sujeito (pessoa) e objeto (empresa) de direitos (o empregador é a pessoa, seja natural ou jurídica, sendo a *empresa* mero objeto do direito de propriedade), bem como a ideia — equivocada — de que todo empregador deve exercer atividade econômica (o que forçou a menção ao chamado "empregador por equiparação" no seu § 1.º)[5], o conceito ainda é válido, por revelar o caráter forfetário da atividade do *empregado.*

Com efeito, quem deve assumir os riscos da atividade econômica (ou mesmo os riscos econômicos da atividade) é o empregador, e não o empregado, que se subordina juridicamente, de forma absoluta, ao poder patronal de direção.

Esse é, para nós, uma premissa básica para, aí sim, entender a responsabilidade civil nas relações de trabalho subordinado.

3. DISCIPLINA E IMPORTÂNCIA DA RESPONSABILIDADE CIVIL NAS RELAÇÕES DE TRABALHO

Como já observamos em vários momentos anteriores, a nova concepção da responsabilidade civil no Brasil é de que temos uma regra geral dual, per-

---

[5] "Ademais, influenciado pelo conceito econômico de empresa, que sempre pressupõe a atividade com finalidade lucrativa, criou o legislador uma desnecessária e aberrante figura jurídica: o *empregador por equiparação.*

De fato, dispõe o § 1.º do art. 2.º da CLT: 'Equiparam-se ao empregador, para os efeitos exclusivos da relação de emprego, os profissionais liberais, as instituições de beneficência, as associações recreativas ou outras instituições sem fins lucrativos, que admitirem trabalhadores como empregados'.

Ora, tal dispositivo é de uma redundância inacreditável! Se empresas 'admitirem trabalhadores como empregados', não há como se imaginar que sejam outra coisa senão empregadores! A necessidade deste dispositivo somente se explica por esta evidente influência de conceitos econômicos na concretização da legislação trabalhista nacional.

Muito mais técnico seria que se fundissem o *caput* e o § 1.º do art. 2.º, para considerar empregador aquele que, em vez de assumir os riscos da atividade econômica, assumisse os riscos econômicos da atividade, o que abarcaria todos os 'empregadores por equiparação', inclusive o Estado" (José Augusto Rodrigues Pinto e Rodolfo Pamplona Filho, ob. cit., p. 232).

sistindo a responsabilidade subjetiva, porém, agora, em coexistência como regra, não mais como exceção, com a responsabilidade objetiva, seja em função de previsão legal específica, seja em decorrência — novidade legislativa — do fato de a atividade desenvolvida pelo autor do dano ser considerada de risco para os direitos de outrem, conceito jurídico indeterminado a ser preenchido pelo magistrado.

Essa nova regra se mostra de grande importância, em especial, para o Direito do Trabalho, seja pelas previsões de responsabilidade civil por ato de terceiro, seja pela circunstância de já haver enquadramento formal — por normas regulamentares — de determinadas atividades econômicas como de risco à saúde do trabalhador.

Para compreender essa disciplina, porém, não podemos olvidar as regras próprias das relações contratuais trabalhistas, bem como a característica de alteridade que as condiciona, pelo que a responsabilidade civil poderá ser tanto do empregador quanto do próprio empregado, em função de danos causados na relação jurídica de direito material trabalhista.

Enfrentemos essa disciplina.

3.1. Responsabilidade civil do empregador por ato do empregado

De acordo com o novo ordenamento jurídico, a responsabilidade civil do empregador por ato causado por empregado, no exercício do trabalho que lhe competir, ou em razão dele, deixou de ser uma hipótese de responsabilidade civil subjetiva, com presunção de culpa (Súmula 341 do Supremo Tribunal Federal), para se transformar em hipótese legal de responsabilidade civil objetiva[6].

A ideia de culpa, na modalidade *in eligendo*, tornou-se legalmente irrelevante para se aferir a responsabilização civil do empregador, propugnando-se pela mais ampla ressarcibilidade da vítima, o que se mostra perfeitamente compatível com a vocação, aqui já demonstrada, de que o empregador deve responder pelos riscos econômicos da atividade exercida.

E essa responsabilidade é objetiva, independentemente de quem seja o sujeito vitimado pela conduta do empregado, pouco importando que seja um outro empregado[7] ou um terceiro ao ambiente laboral (fornecedor, cliente, transeunte etc.).

[6] Sobre o tema, confira-se o Capítulo XI ("Responsabilidade Civil por Ato de Terceiro").

[7] "Responsabilidade civil. Acidente do trabalho. Empregador. Perda do olho esquerdo. Brincadeira de estilingue durante o almoço. Pensionamento. Dano moral. 1) Ato ilícito: empregado atingido no olho esquerdo, durante o horário do almoço no estabelecimento industrial, por bucha de papelão atirada com estilingue feito com a borracha de luva. Perda da visão do olho esquerdo. 2) Culpa da empresa demandada:

Todavia, essa responsabilização civil do empregador, de forma objetiva, pode ensejar quem sustente que isso poderia estimular conluios entre o empregado e a vítima, com o intuito de lesionar o empregador.

Se a tentação para o mal é uma marca humana, o Direito não deve se quedar inerte diante de tal condição.

E demonstraremos isso nos próximos dois tópicos.

3.2. Responsabilidade civil do empregado em face do empregador

Conforme já expusemos em tópico anterior[8], a redação do art. 934 do Código Civil de 2002 enseja o direito de regresso daquele que ressarciu o dano causado por outrem.

No campo das relações de trabalho, contudo, o dispositivo deve ser interpretado em consonância com o art. 462 da Consolidação das Leis do Trabalho, que dispõe, *in verbis*:

> "Art. 462. Ao empregador é vedado efetuar qualquer desconto nos salários do empregado, salvo quando este resultar de adiantamentos, de dispositivos de lei ou de contrato coletivo.
>
> § 1.º Em caso de dano causado pelo empregado, o desconto será lícito, desde que esta possibilidade tenha sido acordada ou na ocorrência de dolo do empregado".

Assim, para que o empregador possa descontar valores referentes a danos causados *culposamente* pelo empregado, será necessária a pactuação específica, seja prévia, seja quando da ocorrência do evento danoso, o que é dispensável, por medida da mais lídima justiça, no caso de *dolo*.

presença da culpa da empresa requerida 'in vigilando' (falta de controle dos funcionários à sua disposição) e 'in omittendo' (omissão nos cuidados devidos). 3) Culpa concorrente da vítima: não reconhecimento da culpa concorrente da vítima no caso concreto. 4) Pensionamento: redução da capacidade laborativa caracterizada pela necessidade de dispêndio de maior esforço, em função da visão monocular (art. 1.539 do CC). Fixação do percentual da pensão com base na perícia do DMJ (30%) a incidir sobre a remuneração do empregado acidentado na data da ocorrência do acidente. Redução do valor arbitrado na sentença. 5) Dano moral: caracterização do dano moral pela grave ofensa à integridade física do empregado acidentado. Manutenção do valor da indenização arbitrado na sentença, que abrangeu os danos morais e estéticos. Sentença de procedência modificada. Apelação parcialmente provida" (Tribunal de Justiça do Rio Grande do Sul, Apelação Cível 70003335924, 9.ª Câmara Cível, Rel. Des. Paulo de Tarso Vieira Sanseverino, j. 12-12-2001).

[8] Referimo-nos ao Capítulo XI ("Responsabilidade Civil por Ato de Terceiro"), tópico 5 ("Responsabilidade Civil do Empregador ou Comitente pelos Atos dos seus Empregados, Serviçais ou Prepostos").

É óbvio que tal avença poderá ser objeto de controle judicial, em caso de ocorrência de qualquer vício que leve à invalidade do negócio jurídico, como a coação psicológica para a obtenção de tal documento.

Da mesma forma, o elemento anímico deverá ser comprovado pelo empregador, evitando abusos que importariam na transferência do risco da atividade econômica para o empregado.

Mais importante, porém, é o fato de que essa regra compatibiliza o caráter tuitivo que deve disciplinar toda norma trabalhista com a rígida regra de direito de que a ninguém se deve lesar, não se chancelando, pela via estatal, a irresponsabilidade de trabalhadores, enquanto cidadãos, pelos atos danosos eventualmente praticados.

E se o dano causado pelo empregado for justamente o resultado patrimonial de um ato, praticado por ele, lesando direitos de terceiros, o empregador deve responder objetivamente?

É o que enfrentaremos no próximo tópico.

3.3. O litisconsórcio facultativo e a denunciação da lide

Se decorre da novel regra legal que o empregador responde objetivamente pelos danos causados pelo empregado, não há óbice para que a pretensão indenizatória seja direcionada em face do empregado, fulcrada na ideia de responsabilidade civil subjetiva, ou, melhor ainda, diretamente contra os dois sujeitos, propugnando por uma solução integral da lide, o que se respalda, inclusive, na palavra "também" registrada no *caput* do multicitado art. 932 do CC/2002.

Trata-se de medida de economia processual, pois permite verificar, desde já, todos os campos de responsabilização em uma única lide, evitando sentenças contraditórias.

E se a pretensão for deduzida somente contra o empregador, caberia a intervenção de terceiros conhecida por denunciação da lide?

A denunciação da lide, conforme ensina MANOEL ANTONIO TEIXEIRA FILHO, "traduz a ação incidental, ajuizada pelo autor ou pelo réu, em caráter obrigatório, perante terceiro, com o objetivo de fazer com que este seja condenado a ressarcir os prejuízos que o denunciante vier a sofrer, em decorrência da sentença, pela evicção, ou para evitar posterior exercício da ação regressiva, que lhe assegura a norma legal ou disposição do contrato"[9].

Esta forma de intervenção de terceiros está prevista no art. 125 do Código de Processo Civil de 2015 (equivalente ao art. 70 do CPC/1973), que dispõe, *in verbis*:

---

[9] Manoel Antonio Teixeira Filho, *Litisconsórcio, Assistência e Intervenção de Terceiros no Processo do Trabalho*, 2. ed., São Paulo: LTr, 1993, p. 196.

"Art. 125. É admissível a denunciação da lide, promovida por qualquer das partes:

I — ao alienante imediato, no processo relativo à coisa cujo domínio foi transferido ao denunciante, a fim de que possa exercer os direitos que da evicção lhe resultam;

II — àquele que estiver obrigado, por lei ou pelo contrato, a indenizar, em ação regressiva, o prejuízo de quem for vencido no processo.

§ 1.º O direito regressivo será exercido por ação autônoma quando a denunciação da lide for indeferida, deixar de ser promovida ou não for permitida.

§ 2.º Admite-se uma única denunciação sucessiva, promovida pelo denunciado, contra seu antecessor imediato na cadeia dominial ou quem seja responsável por indenizá-lo, não podendo o denunciado sucessivo promover nova denunciação, hipótese em que eventual direito de regresso será exercido por ação autônoma".

A previsão do inciso I do art. 125 não interessa, por certo, ao campo das relações de trabalho, uma vez que é muito pouco provável que o direito material discutido em um processo de tal natureza se refira ao tema ali tratado.

Todavia, a segunda hipótese (obrigação, pela lei ou pelo contrato, de indenizar, em ação regressiva, o prejuízo do que perder a demanda) pode ser perfeitamente aplicável em um litígio dessa natureza.

Imagine-se, por exemplo, que o empregador esteja sendo acionado, sob a alegação de que uma empregada tenha sido assediada sexualmente por um colega de trabalho[10].

Em função dos danos materiais e morais causados por tal empregado, na sua atividade laboral, deve a empregadora responder objetivamente, se provados todos os três elementos indispensáveis para a caracterização da responsabilidade civil, sem quebra do nexo causal.

Nesse caso, baseando-se no já mencionado art. 462 da Consolidação das Leis do Trabalho, é plenamente cabível a responsabilização regressiva do empregado.

Por que não fazê-la nos mesmos autos da ação principal?

Poder-se-ia argumentar que isso faria demorar o ressarcimento da vítima, por ser gerada uma nova lide entre dois sujeitos, não tendo ela interesse jurídico em discutir a culpa, pela previsão legal de responsabilização objetiva.

Essa não nos parece, porém, a melhor solução.

Imagine, por exemplo, que não seja deferida a denunciação da lide, sob tal fundamento — muito comum, inclusive, em ações de responsabilidade civil

---

[10] Sobre o tema, confira-se Rodolfo Pamplona Filho, *Assédio Sexual na Relação de Emprego*, São Paulo: LTr, 2001.

do Estado[11] — mas, na ação regressiva, o suposto assediador *nega* a autoria e materialidade do fato.

Haveria, sem sombra de dúvida, a possibilidade jurídica de sentenças contraditórias, que desprestigiariam a atividade jurisdicional.

Assim sendo, consideramos não somente possível a formação do litisconsórcio passivo, mas, principalmente, recomendável o eventual deferimento da denunciação da lide, garantindo-se, assim, uma resolução integral da demanda, possibilitando uma maior celeridade na efetiva solução do litígio e uma economia processual no sentido macro da expressão.

Até mesmo se tal ação foi ajuizada na Justiça do Trabalho, não haverá motivo razoável para se afastar a intervenção de terceiros, pois a regra de competência material do art. 114 da Constituição Federal de 1988 estará sendo estritamente observada, uma vez que teremos, sempre, demandas entre trabalhadores e empregadores (no exemplo dado, *empregada assediada x empregadora responsabilizada* e *empregadora responsabilizada x empregado assediador*).

3.4. Responsabilidade civil do empregador por dano ao empregado

Uma questão interessante sobre o tema da responsabilidade civil nas relações de trabalho se refere não aos danos causados pelo empregado, mas sim aos danos causados ao empregado.

Trata-se de uma diferença relevante.

No primeiro caso, como visto, o sistema positivado adotou a teoria da responsabilidade civil objetiva.

No segundo, porém, não há uma norma expressa a disciplinar o problema, pelo que a resposta deve ser encontrada dentro do sistema normativo.

E, sendo assim, a resposta dependerá das circunstâncias em que esse dano for causado.

Se esse dano decorrer de ato de outro empregado, a responsabilização, como já explicitado, será objetiva, cabendo ação regressiva contra o agente, nos casos de dolo ou culpa.

E se o dano, porém, for causado por um terceiro, ainda que no ambiente de trabalho?

Não temos dúvida em afirmar que, na regra geral, a responsabilidade civil continua a ser *subjetiva*.

E isso somente quando não houver a quebra do nexo causal!

Exemplifiquemos, para que nos tornemos mais claros.

---

[11] Confira-se, a propósito, o Capítulo XIII ("Responsabilidade Civil do Estado").

Imagine-se, por exemplo, que um cliente do empregador, ao manobrar seu próprio carro, colida com o carro estacionado do empregado, no estacionamento da empresa.

É óbvio que esse dano patrimonial não deve ser exigido do empregador, ainda que o trabalhador esteja em seu horário de trabalho, à disposição da empresa, pois, nesse caso, o ato é imputável somente ao cliente.

Diferente é a situação em que o próprio empregador colide o seu carro com o automóvel do empregado, nas mesmas circunstâncias. Nesse caso, embora razoavelmente fácil de provar, o elemento anímico (dolo ou culpa) deve ser demonstrado em juízo.

Com isso, queremos dizer que a responsabilidade civil do empregador por danos causados ao empregado será sempre subjetiva?

Não foi isso que dissemos.

Em verdade, acreditamos que, em condições normais, a responsabilidade civil, nesses casos, é, sim, subjetiva, salvo alguma previsão legal específica de objetivação da responsabilidade, como a do Estado ou decorrente de ato de empregado.

Todavia, não podemos descurar da nova regra da parte final do parágrafo único do art. 927 do CC/2002, que estabelece uma responsabilidade civil objetiva, *quando a atividade normalmente desenvolvida pelo autor do dano implicar, por sua natureza, risco para os direitos de outrem.*

A regra parece ser feita sob medida para relações empregatícias, pois, como já exposto, é o empregador que deve assumir os riscos da atividade econômica. É lógico que o risco a que se refere a disposição celetista é o risco/proveito, ou seja, a potencial ruína pelo insucesso da atividade econômica com que se pretendeu obter lucro.

Mas e quando essa própria atividade econômica pode, por si só, gerar um risco maior de dano aos direitos do empregado?

Aí, sim, como uma situação supostamente excepcional, é possível, sim, responsabilizar objetivamente o empregador.

Note-se, inclusive, que, por força de normas regulamentares, há uma série de atividades *lícitas* que são consideradas de risco para a higidez física dos trabalhadores, parecendo-nos despiciendo imaginar que, provados os três elementos essenciais para a responsabilidade civil — e ausente qualquer excludente de responsabilidade — ainda tenha o empregado lesionado de provar a culpa do empregador, quando aquele dano já era potencialmente esperado...

E isso vale para os acidentes de trabalho?

É o que pretendemos defender no próximo subtópico.

3.4.1. Responsabilidade civil decorrente de acidente de trabalho

Como já percebemos, a inexistência de parâmetro legal seguro para se compreender a "atividade de risco" remete-nos a várias complexas questões.

Como se dará, pois, o enquadramento jurídico do acidente de trabalho no que tange à ação indenizatória de direito comum? Vale dizer, *a latere* o benefício previdenciário, *para o qual não se exige a indagação de culpa*, o que dizer da ação civil (ação acidentária de direito comum), prevista no art. 7.º, XXVIII, da Carta Magna, que o empregado pode ajuizar contra o empregador, caso este haja atuado com "dolo ou culpa"?

Imagine que o empregado exerça atividade de risco.

Neste caso, o empregador, que explora esta atividade, passará a responder pelo dano causado pelo empregado independentemente da comprovação de culpa?

Trata-se de intrincada questão.

Para esclarecê-la, entendamos a problemática do acidente de trabalho.

O conceito jurídico de acidente de trabalho, embora trabalhado doutrinariamente, possui sede legal.

A Lei n. 6.367, de 19 de outubro de 1976, em seu art. 2.º definia: "Acidente do trabalho é aquele que ocorrer pelo exercício do trabalho a serviço da empresa, provocando lesão corporal ou perturbação funcional que cause a morte, ou perda, ou redução, permanente ou temporária, da capacidade para o trabalho".

Já o art. 19 da atual Lei n. 8.213, de 24 de julho de 1991, que dispõe sobre os planos de benefícios da Previdência Social, traz um conceito semelhante ao da lei anterior, só que mais amplo, de sorte a abranger uma classe especial de segurados, até então não tutelados, quais sejam, o produtor, o parceiro, meeiro e arrendatário rurais, o garimpeiro e o pescador artesanal, desde que trabalhem individualmente ou sob o regime de economia familiar, senão vejamos:

> "Art. 19. Acidente do trabalho é o que ocorre pelo exercício do trabalho a serviço da empresa ou pelo exercício do trabalho dos segurados referidos no inciso VII do art. 11 desta Lei, provocando lesão corporal ou perturbação funcional que cause a morte ou a perda ou redução, permanente ou temporária, da capacidade para o trabalho".

Em outras palavras, tomando o conceito legal como ponto de partida, podemos afirmar, com Antônio Lago Júnior, que o

> "acidente do trabalho é aquele acontecimento mórbido, relacionado diretamente com o trabalho, capaz de determinar a morte do obreiro ou a perda total ou parcial, seja por um determinado período de tempo, seja definitiva, da capacidade para o trabalho. Integram, pois, o conceito jurídico de acidente do trabalho: a) a perda ou redução da capacidade laborativa; b) o fato lesivo à saúde, seja física ou mental do trabalhador; c) o nexo etiológico

entre o trabalho desenvolvido e o acidente, e entre este último e a perda ou redução da capacidade laborativa"[12].

Três tipos de responsabilização podem decorrer da ocorrência de um acidente do trabalho.

A primeira é uma responsabilização contratual, com a eventual suspensão do contrato de trabalho e o reconhecimento da estabilidade acidentária prevista no art. 118 da Lei n. 8.213/91.

A segunda é o benefício previdenciário do seguro de acidente de trabalho, financiado pelo empregador, mas adimplido pelo Estado.

A terceira, porém, é a que gera polêmica, tendo uma natureza puramente civil, de reparação de danos, prevista no já mencionado art. 7.º, XXVIII, da Constituição Federal de 1988, nos seguintes termos:

> "Art. 7.º São direitos dos trabalhadores urbanos e rurais, além de outros que visem à melhoria de sua condição social:
>
> (...)
>
> XXVIII — seguro contra acidentes de trabalho, a cargo do empregador, sem excluir a indenização a que este está obrigado, *quando incorrer em dolo ou culpa*".

Poder-se-ia defender que, a partir do momento em que a Carta Constitucional exigiu, expressamente, a comprovação de culpa ou dolo do empregador para impor-lhe a obrigação de indenizar, optou por um *núcleo necessário*, fundado na responsabilidade subjetiva, do qual o legislador infraconstitucional não se poderia afastar.

Ademais, uma lei ordinária não poderia simplesmente desconsiderar requisitos previamente delineados em norma constitucional, a qual, além de se situar em grau superior, serve como o seu próprio fundamento de validade.

Se o constituinte quisesse reconhecer a responsabilidade objetiva, seria explícito, a exemplo do tratamento dispensado à responsabilidade civil do Estado, no art. 37, § 6.º.

Não sendo assim, remanesce o princípio da culpa.

Todavia, a questão não é assim tão direta.

De fato, não há como negar que, *como regra geral*, indubitavelmente a responsabilidade civil do empregador, por danos decorrentes de acidente de trabalho, é subjetiva, devendo ser provada alguma conduta culposa de sua parte, em alguma das modalidades possíveis[13], incidindo de forma independente do seguro acidentário, pago pelo Estado.

---

[12] Antônio Lago Júnior, A Responsabilidade Civil decorrente do Acidente de Trabalho, in Adroaldo Leão; Rodolfo Mário Veiga Pamplona Filho (coords.), *Responsabilidade Civil*, Rio de Janeiro: Forense, 2001, p. 54-55.

[13] "Responsabilidade civil — Ação indenizatória — Dano moral e material — Acidente no

Todavia, parece-nos inexplicável admitir a situação de um sujeito que:

- por força de lei, assume os riscos da atividade econômica;
- por exercer uma determinada atividade (que implica, por sua própria natureza, risco para os direitos de outrem), responde objetivamente pelos danos causados;
- ainda assim, *em relação aos seus empregados*, tenha o direito subjetivo de somente responder, *pelos seus atos*, se os hipossuficientes provarem culpa...

A aceitar tal posicionamento, vemo-nos obrigados a reconhecer o seguinte paradoxo: o empregador, pela atividade exercida, responderia objetivamente

---

trabalho — Morte da vítima arrimo de família — Culpa *in eligendo* e *in vigilando* — Direito ressarcitório — Recursos conhecidos, maioria, e improvidos, unânime. 1 — O preparo de custas da apelação deve ser obediente ao comando do art. 511, do CPC, i.e., simultâneo com a interposição do recurso. A limitação do consumo de energia elétrica, levada a efeito pelo governo, fez mudança no hábito de vida, inclusive, no horário de expediente ao público nos estabelecimentos bancários, assim, o 'apagão' é causa que justifica, em princípio, o retardo para o dia seguinte do preparo de custas do recurso. O apelo, portanto, deve ser conhecido. 2 — A morte de filho de 19 anos de idade, vítima de desabamento na obra em que trabalhava, como operário, é causa remota próxima a justificar o ressarcir pelo dano moral e também o dano material, desde quando arrimo de família. 3 — Estão legitimados solidariamente no polo passivo da causa o empreiteiro responsável pela obra e, também, o proprietário da edificação, este pela culpa *in eligendo* ao contratar com quem descumpre as leis do trabalho, i.e., empresa irregular. 4 — A dor e o sofrimento pela perda de um ente querido são inimagináveis e esta realidade é considerada, a par doutros pormenores, pelo julgador; assim, a decisão cônscia nesse seguir, há de ser homenageada" (TJDF, Apelação Civel 19980910035585/DF, Ac. 151998, j. 29-10-2001, 1.ª Turma Cível, Rel. Eduardo de Moraes Oliveira, *DJU*, 2-5-2002, p. 100).

"Civil. Responsabilidade civil. Acidente do trabalho. Menor de idade. O menor de idade que se acidenta no curso da jornada, manejando máquina em que não estava habilitado a trabalhar, tem direito à indenização dos danos morais e materiais sofridos; responsabilidade que resulta, no mínimo, da própria omissão do dever de vigilância, imputável ao empregador, que não se desobrigaria ainda quando o menor tivesse substituído espontaneamente o colega encarregado da tarefa perigosa. Recurso especial conhecido e provido" (STJ, REsp 435.394/PR; REsp 2002/0059632-2, *DJ*, 16-12-2002, 320, Rel. Min. Ari Pargendler, j. 12-11-2002, 3.ª Turma).

"Acidente aéreo. Responsabilidade. Empregador. Trata-se de indenização contra banco em razão da morte do empregado em acidente aéreo no desempenho de suas funções, fato que configurou acidente de trabalho. O banco contestou, arguiu sua ilegitimidade passiva e denunciou a lide à transportadora aérea. O Tribunal *a quo* negou provimento ao pedido. A Turma deu provimento ao recurso do banco, afirmando que o empregador pode ser responsabilizado pela indenização devida pela morte de seu empregado quando a serviço, porém desde que demonstrada a culpa do empregador pela ocorrência do evento, seja pela escolha do procedimento, da via, do meio de transporte, da empresa transportadora, da ocasião etc." (STJ, REsp 443.359-PB, Rel. Min. Ruy Rosado, j. 3-10-2002).

pelos danos por si causados, mas, em relação a seus empregados, por causa de danos causados justamente pelo exercício da mesma atividade que atraiu a responsabilização objetiva, teria um direito a responder subjetivamente...

A questão não é, porém, definitivamente simples[14], devendo ser devidamente dirimida por nossa jurisprudência[15].

---

[14] A posição esposada neste capítulo, após intenso e fraternal debate entre os autores, converge com a tendência que deverá prevalecer, nos próximos anos, em nosso Direito. Registramos, porém, por um dever de honestidade intelectual, que tal posicionamento decorre desta clara tendência de objetivização da responsabilidade civil que se verifica no nosso ordenamento jurídico, não obstante, do ponto de vista pessoal, haja divergência entre os próprios autores deste livro, uma vez que *Pablo Stolze Gagliano* propugna, no caso, pela teoria subjetivista e *Rodolfo Pamplona Filho*, pela responsabilidade civil objetiva.

[15] O Tribunal Superior do Trabalho, de sua parte, já apresenta precedentes para o reconhecimento da responsabilidade civil objetiva do empregador no acidente do trabalho:

"Recurso de revista. Acidente do trabalho. Motoboy. Dano moral e estético. Responsabilidade objetiva. Teoria do risco da atividade. 1. Tese regional, fulcrada na exegese dos artigos 2.º da CLT e 927, parágrafo único, do Código Civil, a afirmar a responsabilidade objetiva, nas atividades em que um dos contratantes exponha o outro a risco, bem como a assunção, pelo empregador, dos riscos da atividade econômica. 2. Prevalecendo nesta Corte compreensão mais ampla acerca da exegese da norma contida no *caput* do art. 7.º da Constituição da República, revela-se plenamente admissível a aplicação da responsabilidade objetiva à espécie, visto que o acidente automobilístico de que foi vítima o trabalhador — que laborava na função de motoboy — ocorreu no exercício e em decorrência da atividade desempenhada para a reclamada, notadamente considerada de risco. Precedentes. 3. Inviolados os arts. 7.º, XXVIII, da Constituição da República, e 186 e 927 do Código Civil. Inespecífico o aresto paradigma coligido. Aplicação das Súmulas 23 e 296 do TST. Recurso de revista não conhecido" (TST, 3.ª Turma, Recurso de Revista n. TST-RR-59300-11.2005.5.15.0086, 3-8-2011, Min. Rel. Rosa Maria Weber Candiota da Rosa).

"Embargos em recurso de revista. Acórdão publicado na vigência da Lei n. 11.496/2007. Dano moral. Acórdão do TRT que registra a existência de nexo de causalidade. 1. A CF, no *caput* do artigo 7.º, XXVIII, refere que a responsabilidade do empregador será subjetiva. No entanto, a mesma Constituição Federal consagrou o princípio da dignidade da pessoa humana, segundo o qual 'as pessoas deveriam ser tratadas como um fim em si mesmas, e não como um meio (objetos)' (Immanuel Kant). Nesse contexto, conclui-se que a regra prevista no artigo 7.º, XXVIII, da CF, deve ser interpretada de forma sistêmica aos demais direitos fundamentais. Acrescente-se que os direitos elencados no artigo 7.º, XXVIII, da CF, são mínimos, não excluindo outros que 'visem à melhoria de sua condição social'. Logo, o rol do artigo 7.º, XXVIII, da CF, não é exaustivo. 2. Uma vez demonstrado que o dano ocorreu pela natureza das atividades da empresa, ou seja, naquelas situações em que o dano é potencialmente esperado, não há como negar a responsabilidade objetiva do empregador. 3. Nesse sentido, em Sessão do dia 4-11-2010, ao examinar o Processo n. TST-9951600-43.2006.5.09.0664, esta SBDI-1/TST decidiu que a responsabilidade é objetiva em caso de acidente em trabalho de risco acentuado. Recurso de embargos conhecido por divergência jurisprudencial e provido" (Processo:

E-ED-RR — 9951600-43.2006.5.09.0664, j. 10-2-2011, Rel. Min. Horácio Raymundo de Senna Pires, Subseção I Especializada em Dissídios Individuais, *DEJT* de 11-3-2011).

"Recurso de revista. Acidente de trabalho. Dano moral. Indenização e pensão. A caracterização de responsabilidade objetiva depende do enquadramento técnico da atividade empreendida como sendo perigosa. Artigo 927, parágrafo único, do Código Civil. Motorista de viagem. 1.1. Condenação ao pagamento de indenização por dano moral e de pensão mensal, baseada na aplicação da responsabilidade objetiva, pressupõe o enquadramento técnico da atividade empreendida como sendo perigosa. 1.2. Os motoristas profissionais, aplicados ao transporte rodoviário enfrentam, cotidianamente, grandes riscos com a falta de estrutura da malha rodoviária brasileira. O perigo de acidentes é constante, na medida em que o trabalhador se submete, sempre, a fatores de risco superiores àqueles a que estão sujeitos o homem médio. Nesse contexto, revela-se inafastável o enquadramento da atividade de motorista de viagem como de risco, o que autoriza o deferimento dos títulos postulados com arrimo na aplicação da responsabilidade objetiva prevista no Código Civil. Recurso de revista conhecido e provido" (Processo: RR — 148100-16.2009.5.12.0035, j. 16-2-2011, Rel. Min. Alberto Luiz Bresciani de Fontan Pereira, 3.ª Turma, *DEJT* 25-2-2011).

"Indenização por danos morais. Acidente do trabalho. Atividade de risco. Teoria objetivada. Responsabilidade. O Regional constatou que o reclamante exercia a função de motorista de caminhão caçamba, e que, diante do travamento da tampa da caçamba, houve a necessidade de operar o equipamento manualmente, oportunidade em que o reclamante sofreu o típico acidente do trabalho, ficando com o seu dedo preso entre a trava e a caçamba. Assim, havendo o Regional concluído que a prova produzida nos autos demonstra a existência do dano sofrido pelo autor (perda do dedo médio de sua mão esquerda) e o nexo causal com as atividades por ele desempenhadas, não há afastar a responsabilidade da reclamada pelo evento danoso. O artigo 927, parágrafo único, do Código Civil de 2002, c/c o parágrafo único do artigo 8.º da CLT, autoriza a aplicação, no âmbito do Direito do Trabalho, da teoria da responsabilidade objetiva do empregador, nos casos de acidente de trabalho quando as atividades exercidas pelo empregado são de risco, conforme é o caso em análise. Recurso de revista conhecido e provido" (Processo: RR — 185300-18.2005.5.18.0007, j. 17-11-2010, Rel. Min. José Roberto Freire Pimenta, 2.ª Turma, *DEJT* de 26-11-2010).

"Recurso de revista. Acidente de trabalho. Responsabilidade objetiva do empregador. Motorista de caminhão. Teoria do risco da atividade. Exegese que se extrai do *caput* do artigo 7.º da CF c/c os artigos 2.º da CLT e 927, parágrafo único, do CC. Esta Corte tem entendido que o artigo 7.º, XXVIII, da Constituição Federal, ao consagrar a teoria da responsabilidade subjetiva, por dolo ou culpa do empregador, não obsta a aplicação da teoria da responsabilidade objetiva às lides trabalhistas, mormente quando a atividade desenvolvida pelo empregador pressupõe a existência de risco potencial à integridade física e psíquica do trabalhador e o acidente ocorreu na vigência do novo Código Civil. Efetivamente, o artigo 7.º da Constituição da República, ao elencar o rol de direitos mínimos assegurados aos trabalhadores, não exclui a possibilidade de que outros venham a ser reconhecidos pelo ordenamento jurídico infraconstitucional, tendo em mira que o próprio *caput* do mencionado artigo autoriza ao intérprete a identificação de outros direitos, com o objetivo da melhoria da condição social do trabalhador. De outra parte, a teoria do risco da atividade empresarial sempre esteve contemplada no artigo 2.º da CLT, e o Código Civil de 2002, no parágrafo único do artigo 927, reconheceu, expressamente, a responsabilidade objetiva para a reparação do dano causado a terceiros. No caso dos autos, não há dúvida quanto ao risco imanente à atividade

Vale destacar, ainda, que na IV Jornada de Direito Civil da Justiça Federal foi editado o Enunciado n. 377, com a seguinte redação:

> "O art. 7.º, inc. XXVIII, da Constituição Federal não é impedimento para a aplicação do disposto no art. 927, parágrafo único, do Código Civil quando se tratar de atividade de risco".

---

empresarial do transporte de cana-de-açúcar, e o reclamante, na condição de motorista, sofreu acidente de trabalho que ocasionou-lhe a amputação do seu membro inferior direito, sendo devida a reparação correspondente, em razão dos danos morais e materiais. Recurso de revista não conhecido" (Processo: RR — 114400-47.2005.5.15.0054, j. 15-9-2010, Rel. Min. Dora Maria da Costa, 8.ª Turma, *DEJT* de 17-9-2010).

"Recurso de revista. Acidente do trabalho. Motorista de caminhão. Incapacidade permanente para o trabalho. Responsabilidade civil do empregador. A regra geral do ordenamento jurídico, no tocante à responsabilidade civil do autor do dano, mantém-se com a noção da responsabilidade subjetiva (arts. 186 e 927, *caput*, CC). No plano das relações de trabalho, a responsabilidade subjetiva do empregador tem assento inclusive constitucional (art. 7.º, XXVIII, CF). Contudo, tratando-se de atividade empresarial, ou de dinâmica laborativa (independentemente da atividade da empresa), fixadoras de risco especialmente acentuado para os trabalhadores envolvidos, desponta a exceção ressaltada pelo parágrafo único do art. 927 do CC, tornando objetiva a responsabilidade empresarial por danos acidentários (responsabilidade em face do risco). Nesta hipótese excepcional, a regra objetivadora do Código Civil também se aplica ao Direito do Trabalho uma vez que a Carta Magna manifestamente adota no mesmo cenário normativo o princípio da norma mais favorável (art. 7.º, *caput*: '... além de outros que visem à melhoria de sua condição social'), permitindo a incidência de regras infraconstitucionais que aperfeiçoem a condição social dos trabalhadores. Recurso de revista conhecido e parcialmente provido" (Processo: RR — 197700-51.2005.5.04.0202, j. 20-4-2010, Rel. Min. Mauricio Godinho Delgado, 6.ª Turma, *DEJT* de 30-4-2010).

"Dano moral. Acidente do trabalho. Risco inerente à atividade. Responsabilidade objetiva. A atividade de transporte de valores em carro forte é, pela sua natureza, indubitavelmente uma atividade de risco acentuado e, de acordo com o art. 2.º da CLT, os riscos da atividade econômica devem ser suportados pelo empregador. Saliente-se que, embora o art. 7.º, inc. XXVIII, da Constituição da República estabeleça a obrigação do empregador, quando incorrer em dolo ou culpa, de indenizar o empregado em razão de acidente de trabalho, o *caput* desse dispositivo ressalta que os direitos ali previstos não o são de forma taxativa, ao dispor 'além de outros que visem à melhoria de sua condição social'. Dessa forma, não há impedimento constitucional para a incidência do art. 927 do Código Civil, que no seu parágrafo único dispõe: 'Haverá obrigação de reparar o dano, independentemente de culpa, nos casos especificados em lei, ou quando a atividade normalmente desenvolvida pelo autor do dano implicar, por sua natureza, risco para os direitos de outrem'. Dessa forma, revela-se objetiva a responsabilidade do empregador quando há risco inerente à sua atividade. Recurso de Embargos de que se conhece e a que se dá provimento" (Processo: E-RR — 84700-90.2008.5.03.0139, j. 3-12-2009, Rel. Min. João Batista Brito Pereira, Subseção I Especializada em Dissídios Individuais, *DEJT* de 11-12-2009).

Tal diretriz teórica, embora não vinculante, demonstra a plausibilidade da tese aqui defendida, desde a primeira edição deste volume.

3.5. Responsabilidade civil em relações triangulares de trabalho

Para encerrar este capítulo, é importante tecer algumas considerações sobre a responsabilidade civil nas relações triangulares de trabalho.

Fenômeno da modernidade, a terceirização é vista como um modelo de excelência empresarial e administrativa, com a possibilidade de redução de custos de mão de obra e especialização dos serviços prestados.

Trata-se, em síntese, de uma dúplice relação jurídica, em que um sujeito contrata os serviços de outro, em um pacto de natureza civil, e este último contrata empregados, que trabalham em atividades relacionadas com o tomador de serviços.

A responsabilidade patrimonial para os créditos trabalhistas dos empregados é de quem é o sujeito da relação obrigacional, qual seja, seu empregador, no caso, o prestador de serviços.

Todavia, a jurisprudência trabalhista, consagrando uma hipótese didática de *obligatio* sem *debitum*, construiu e acolheu a tese da responsabilidade civil subsidiária do tomador de serviços pelos débitos trabalhistas do prestador, estando a matéria ventilada na Súmula (ex-Enunciado) 331 do colendo Tribunal Superior do Trabalho:

"Enunciado n. 331:

Contrato de Prestação de Serviços — Legalidade — Revisão do Enunciado n. 256:

I — A contratação de trabalhadores por empresa interposta é ilegal, formando-se o vínculo diretamente com o tomador dos serviços, salvo nos casos de trabalho temporário (Lei n. 6.019, de 3-1-1974).

II — A contratação irregular de trabalhador, através de empresa interposta não gera vínculo de emprego com os órgãos da Administração Pública Direta, Indireta ou Fundacional (art. 37, II, da Constituição da República).

III — Não forma vínculo de emprego com o tomador a contratação de serviços de vigilância (Lei n. 7.102, de 20-6-1983), de conservação e limpeza, bem como a de serviços especializados ligados a atividade meio do tomador, desde que inexistente a pessoalidade e a subordinação direta.

IV — O inadimplemento das obrigações trabalhistas, por parte do empregador, implica na responsabilidade subsidiária do tomador do serviço quanto àquelas obrigações, desde que tenha participado da relação processual e conste também do título executivo judicial.

V — Os entes integrantes da Administração Pública direta e indireta respondem subsidiariamente, nas mesmas condições do item IV, caso evidenciada a sua conduta culposa no cumprimento das obrigações da Lei n. 8.666, de 21-6-1993, especialmente na fiscalização do cumprimento das obrigações contratuais e legais da prestadora de serviço como empregadora. A aludida responsabilidade não decorre do mero inadimplemento das obrigações trabalhistas assumidas pela empresa regularmente contratada.

VI — A responsabilidade subsidiária do tomador de serviços abrange todas as verbas decorrentes da condenação referentes ao período da prestação laboral" (Res. n. 174/2011, DJET divulgado em 27, 30 e 31-5-2011).

Diante do exposto, a incidência normativa a ser procedida é a do inciso IV do Enunciado n. 331 do colendo Tribunal Superior do Trabalho, com a fixação da responsabilidade patrimonial subsidiária da tomadora dos serviços, caso não sejam encontrados bens da prestadora demandada para responder aos créditos eventualmente reconhecidos nesta decisão.

Vale destacar, inclusive, que há fundamento jurídico para encontrar a responsabilidade da tomadora dos serviços pelos créditos do trabalhador.

Admitamos que a mera inadimplência das verbas trabalhistas pela prestadora de serviços não transfere a responsabilidade para o tomador, ente público da administração direta ou indireta, para fazer a apologia do teor do art. 71, anteriormente referido.

Quando a tomadora dos serviços, a despeito de ser uma entidade pública, que se pauta pelos princípios da legalidade, impessoalidade, moralidade, publicidade e eficiência (art. 37 da CF/88), deixa de fiscalizar os contratos firmados com base nestas premissas, e esta ausência de fiscalização, ou ineficiência de gestão, principalmente no tocante ao cumprimento da legislação laboral, causa prejuízo aos trabalhadores, incide no caso o teor do art. 186 c/c o art. 927 do CC/2002, não havendo como isentar de responsabilidade o ente público contratante e beneficiário direto dos serviços prestados pelo trabalhador.

Do contrário, estaríamos diante da defesa da irresponsabilidade absoluta da parte tomadora, do que não poderão os entes públicos se socorrerem. A responsabilidade do tomador de serviços se encaixa no conceito de responsabilidade por ato de terceiro, que é regulada pelo Código Civil, fonte subsidiária do direito do trabalho, e pelo art. 8.º da CLT.

A Administração Pública incorre na culpa *in eligendo*, quando escolhe mal a prestadora de serviços referida. Incorre também em culpa *in vigilando*, quando negligencia a fiscalizaçao do cumprimento do contrato, especialmente no que diz respeito ao cumprimento das normas trabalhistas dos empregados que derramaram suor nas atividades para as quais foram contratados.

Ressalte-se que a própria Lei n. 8.666/93, nos arts. 58 e 67, dispõe sobre a obrigação legal do ente, ou entidade pública, em fiscalizar o cumprimento do contrato, o que inclui as obrigações perante terceiros, no caso os trabalhadores.

Ademais, a prevalecer a teoria da irresponsabilidade absoluta da Administração Pública, direta ou indireta, estaríamos diante de violação direta a um dos fundamentos da República, do valor social do trabalho (art. 3.º, IV, da CF) e da valorização do trabalho com pilastra da ordem econômica e justiça social (arts. 170 e 193 da CF), o que constituiria um absurdo, pois seria como se a própria Administração Pública voltasse as costas aos problemas sociais decorrentes da terceirização.

Decisão do C. TST, 6.ª Turma, cuja Relatoria é do Min. Maurício Godinho Delgado, invoca esta compreensão acerca da responsabilidade subsidiária dos entes, ou entidades públicas, *verbis*:

"Agravo de instrumento. Recurso de revista. Terceirização trabalhista — Entidades estatais — Responsabilidade em caso de culpa, *in vigilando*, no que tange ao cumprimento da legislação trabalhista e previdenciária por parte da empresa terceirizante contratada — Compatibilidade com o art. 71 da Lei de Licitações — Incidência dos arts. 159 do CCB/1916, 186 e 927, *caput*, do CCB/2002. Decisão denegatória. Manutenção. A mera inadimplência da empresa terceirizante quanto às verbas trabalhistas e previdenciárias devidas ao trabalhador terceirizado não transfere a responsabilidade por tais verbas para a entidade estatal tomadora de serviços, a teor do disposto no art. 71 da Lei n. 8.666/93 (Lei de Licitações), cuja constitucionalidade foi declarada pelo Supremo Tribunal Federal na ADC 16-DF. Entretanto, a inadimplência da obrigação fiscalizatória da entidade estatal tomadora de serviços no tocante ao preciso cumprimento das obrigações trabalhistas e previdenciárias da empresa prestadora de serviços gera sua responsabilidade subsidiária, em face de sua culpa *in vigilando*, a teor da regra responsabilizatória incidente sobre qualquer pessoa física ou jurídica que, por ato ou omissão culposos, cause prejuízos a alguém (art. 186, Código Civil). Evidenciada essa culpa *in vigilando* nos autos, incide a responsabilidade subjetiva prevista no art. 159 do CCB/16, arts. 186 e 927, *caput*, do CCB/2002, observados os respectivos períodos de vigência. Registre-se que, nos estritos limites do recurso de revista (art. 896, CLT), não é viável reexaminar-se a prova dos autos a respeito da efetiva conduta fiscalizatória do ente estatal (Súmula 126/TST). Sendo assim, não há como assegurar o processamento do recurso de revista quando o agravo de instrumento interposto não desconstitui os fundamentos da decisão denegatória, que ora subsiste por seus próprios fundamentos. Agravo de instrumento desprovido" (Processo: AIRR 79.640-28.2008.5.11.0006, j. 2-2-2011, Rel. Min. Maurício Godinho Delgado, 6.ª Turma, *DEJT* de 11-2-2011.

Na mesma esteira, veja-se decisão da 8.ª Turma, de relatoria da Min. Dora Maria da Costa, *in verbis*:

"Agravo de instrumento em recurso de revista. 1. Responsabilidade subsidiária. Administração Pública. Culpa *in vigilando*. O Tribunal Regional decidiu a controvérsia em consonância com a Súmula 331, IV, desta Corte

Superior, que tem por fundamento principalmente a responsabilidade subjetiva, decorrente da culpa *in vigilando* (arts. 186 e 927 do Código Civil). Isso porque os arts. 58, III, e 67 da Lei n. 8.666/93 impõem à Administração Pública o dever de fiscalizar a execução dos contratos administrativos de prestação de serviços por ela celebrados. No presente caso, o ente público tomador dos serviços não cumpriu adequadamente essa obrigação, permitindo que a empresa prestadora contratada deixasse de pagar regularmente a seus empregados as verbas trabalhistas que lhes eram devidas. Saliente-se que tal conclusão não implica afronta ao art. 97 da CF e à Súmula Vinculante 10 do STF, nem desrespeito à decisão do STF na ADC 16, porque não parte da declaração de inconstitucionalidade do art. 71, § 1.º, da Lei n. 8.666/93, mas da definição do alcance da norma inscrita no citado dispositivo com base na interpretação sistemática, em conjunto com as normas infraconstitucionais citadas acima. Óbice do art. 896, § 4.º, da CLT e da Súmula 333 do TST. 2. Limites da responsabilidade subsidiária e juros moratórios. A insurgência caracteriza-se inovação recursal da parte, tendo em vista que nem a reclamada, no seu recurso de revista, nem o despacho denegatório trataram dessas matérias. Agravo de instrumento conhecido e não provido" (Processo: AIRR — 101440-13.2009.5.03.0132, j. 16-2-2011, Rel. Min. Dora Maria da Costa, 8.ª Turma, *DEJT* de 18-2-2011).

Até mesmo no que diz respeito ao ônus da prova, a matéria não é favorável à atitude de Administração Pública, conforme se pode verificar também do seguinte julgado:

"Agravo de instrumento desprovido — Terceirização — Dever de fiscalização — Administração Pública — Omissão — *Culpa in vigilando* — Responsabilidade subsidiária — Decisão do STF na ADC 16. No julgamento da ADC 16, o Supremo Tribunal Federal, ao declarar a constitucionalidade do art. 71, § 1.º, da Lei n. 8.666/93, ressalvou a possibilidade de a Justiça do Trabalho constatar, no caso concreto, a culpa *in vigilando* da Administração Pública e, diante disso, atribuir responsabilidade ao ente público pelas obrigações, inclusive trabalhistas, inobservadas pelo contratado. A própria Lei de Licitações impõe à Administração Pública o dever de fiscalizar a execução dos contratos administrativos, conforme se depreende dos arts. 58, 111 e 67, § 1.º, da Lei n. 8.666/93. Partindo dessas premissas, compete ao ente público, quando pleiteada em juízo sua responsabilização pelos créditos trabalhistas inadimplidos pelo contratado, apresentar as provas necessárias a demonstração de que cumpriu a obrigação prevista em lei, sob pena de restar caracterizada a culpa *in vigilando* da Administração Pública, decorrente da omissão quanto ao dever de fiscalização da execução do contrato administrativo. Agravo de Instrumento a que se nega provimento" (AIRR — 4527-94.2010.5.01.0000 Acórdão redigido por — GMCA DEJT — 18-3-2011).

A ideia dessa responsabilização é com base em uma culpa *in eligendo* do tomador de serviços, na escolha do prestador, bem como *in vigilando* da atividade exercida[16], aplicando-se analogicamente outras disposições da legislação trabalhista, como, por exemplo, o art. 455 da Consolidação das Leis do Trabalho[17].

E essa regra jurisprudencial, concebida para créditos trabalhistas *stricto sensu*, é aplicável para as regras de responsabilidade civil em geral?

Não temos a menor dúvida em afirmar que sim.

E qual é o fundamento para tal responsabilização?

Simplesmente, o mesmo dispositivo que alberga a regra de responsabilidade civil objetiva do empregador por ato dos seus empregados.

De fato, dispõe o art. 932, III, do CC/2002:

> Art. 932. São também responsáveis pela reparação civil:
>
> (...)
>
> III — o empregador ou comitente, por seus empregados, serviçais e prepostos, no exercício do trabalho que lhes competir, ou em razão dele;

Ora, o que é o prestador de serviços terceirizados, senão um preposto do tomador para a consecução de uma determinada atividade?

Ao terceirizar a atividade antes destinada à tomadora, elegeu esta um determinado sujeito — pessoa física ou jurídica — para exercer a atividade em

---

16 "Civil — Responsabilidade civil por fato de terceiro — Ato ilícito praticado por empregado prestador de serviço de estiva, requisitados por comandante ou armador — Inteligência dos arts. 15 da Lei n. 8.630/93, 255 e 261 da CLT. I — Da exegese das normas do art. 15 da Lei n. 8.630/93 (responsabilidade pela segurança do navio) e dos arts. 255, 259 e 261 da CLT (normas de proteção ao trabalhador) não se dessume que ao dono do navio ou prepostos deste se atribua *culpa in vigilando* pelos serviços de estiva que se realizem a bordo da nave, imputando ao armador ou ao comandante responsabilidade (fato de terceiro) por ato ilícito, comprovadamente praticada por empregado de empresa prestadora requisitada para tais serviços, empresa essa cuja *culpa in vigilando* remanesce inconteste. II — Recurso conhecido e provido" (STJ, REsp 67227/SP; REsp 1995/0027272-5, Rel. Min. Waldemar Zveiter, j. 5-5-1998, 3.ª Turma).

17 "Art. 455. Nos contratos de subempreitada responderá o subempreiteiro pelas obrigações derivadas do contrato de trabalho que celebrar, cabendo, todavia, aos empregados, o direito de reclamação contra o empreiteiro principal pelo inadimplemento daquelas obrigações por parte do primeiro.

Parágrafo único. Ao empreiteiro principal fica ressalvada, nos termos da lei civil, ação regressiva contra o subempreiteiro e a retenção de importâncias a este devidas, para a garantia das obrigações previstas neste artigo."

seu lugar. Aos olhos da comunidade, porém, aquela atividade-meio desempenhada realiza-se como se feita pela tomadora[18].

Assim, por exemplo, se um determinado restaurante terceiriza o serviço de manobrista de seus clientes, deve responder, juntamente com o empregador do manobrista, pelos danos causados ao consumidor, no exercício dessa função.

Não se trata de uma novidade no sistema, mas, sim, da consagração da ideia de que se deve propugnar sempre pela mais ampla reparabilidade dos danos causados, não permitindo que aqueles que usufruem dos benefícios da atividade não respondem também pelos danos causados por ela.

Por fim, vale registrar que, no que diz respeito aos danos causados diretamente pela tomadora ao empregado da prestadora de serviços, a hipótese será disciplinada pelas mesmas regras da responsabilidade do empregador por danos causados aos seus empregados (ou seja, *a priori*, responsabilidade subjetiva, sem prejuízo de sua objetivização, se enquadrar a atividade na previsão do parágrafo único do art. 927 do CC/2002).

E, por óbvio, quanto aos danos causados à tomadora, pelo empregado da prestadora de serviços, a responsabilidade será subjetiva do obreiro, da mesma forma que é a responsabilidade dos empregados próprios da tomadora.

---

[18] Neste sentido, confiram-se os seguintes acórdãos do STJ:

"RESPONSABILIDADE CIVIL. USINA. TRANSPORTE DE TRABALHADORES RURAIS. MOTORISTA PRESTADOR DE SERVIÇO TERCEIRIZADO. VÍNCULO DE PREPOSIÇÃO. RECONHECIMENTO. Para o reconhecimento do vínculo de preposição não é preciso que exista um contrato típico de trabalho; é suficiente a relação de dependência ou que alguém preste serviço sob o interesse e o comando de outrem. Precedentes. Recurso especial não conhecido" (STJ, REsp 304.673-SP (2001/0020414-7), Rel. Min. Barros Monteiro, j. em 25-9-2001, *DJ*, 11-3-2002, p. 257).

"RESPONSABILIDADE CIVIL. LEGITIMIDADE DE PARTE. EMPRESA IMOBILIÁRIA QUE CONTRATA TRANSPORTADORA PARA CONDUZIR INTERESSADOS ATÉ O LOTEAMENTO. PRECLUSÃO. RELAÇÃO DE PREPOSIÇÃO. 1. Matéria alusiva à legitimidade de parte já decidida anteriormente, estando coberta pela preclusão. 2. O estado de preposição não exige necessariamente a presença de um contrato típico de trabalho" (STJ, Agravo Regimental no AG n. 54.523-7, (94.22148-7), Distrito Federal, Rel. Min. Barros Monteiro, 4.ª Turma, j. em 21-3-1995, *DJ*, 22-5-1995, p. 14413).

Capítulo XVII
Responsabilidade Civil nas Relações de Consumo

Sumário: 1. Introdução: o Código de Defesa do Consumidor. 1.1. Partes na relação de consumo: fornecedor e consumidor. 1.2. Objeto da relação de consumo: produto ou serviço. 2. Responsabilidade civil pelo fato do produto ou serviço (acidente de consumo). 2.1. A responsabilidade civil dos profissionais liberais. 2.2. Prazo prescricional para a pretensão reparatória decorrente do acidente de consumo. 3. Responsabilidade civil pelo vício do produto ou serviço. 4. Responsabilidade civil pela inserção do nome do consumidor nos bancos de dados.

1. INTRODUÇÃO: O CÓDIGO DE DEFESA DO CONSUMIDOR

Respeitando comando constitucional, que erigiu a defesa do consumidor como princípio da ordem econômica (art. 170, V, da CF), aprovou-se, no início da década de 1990, o Código de Defesa do Consumidor — Lei n. 8.078, de 12 de setembro de 1990.

Trata-se, sem sombra de dúvida, do mais importante e significativo diploma legal dos últimos tempos.

E a essa conclusão chegamos, não apenas por constatarmos a ampla consagração de institutos jurídicos avançados — a exemplo da teoria da imprevisão e da desconsideração da pessoa jurídica —, mas, sobretudo, pela circunstância de o CDC haver pautado uma mudança de postura ideológica do nosso legislador, que passou a perceber a manifesta necessidade de se adotar, também na seara do Direito Privado, uma posição mais intervencionista, em defesa da parte hipossuficiente da relação de consumo.

Acabou-se o tempo da hipócrita adoração do princípio da igualdade formal das partes contratantes.

As partes, sob o prisma econômico, raramente podem ser consideradas equidistantes, principalmente nos contratos de consumo, geralmente pactuados sob a forma de adesão, em que figuram, de um lado, o fornecedor, e, de outro, o consumidor.

Fruto do labor de capacitados juristas, o Código de Defesa do Consumidor marcou, assim, uma nova era para o Direito Privado brasileiro, na medida em que, havendo socializado as normas regentes das relações de consumo, culminou por servir como modelo substitutivo para um Código Civil de que ainda se carecia na época.

Em linhas gerais, consoante salientado pelos próprios elaboradores do anteprojeto, o Código de Defesa do Consumidor apresenta as seguintes características[1]:

1. Formulação de um conceito amplo de fornecedor, incluindo os agentes que atuam direta ou indiretamente no mercado de consumo, abrangendo instituições financeiras e securitárias.
2. Apresentação de um elenco de direitos básicos dos consumidores e instrumentos de implementação.
3. Proteção contra os desvios de qualidade e quantidade.
4. Melhoria do regime jurídico dos prazos decadenciais e prescricionais.
5. Ampliação das hipóteses de desconsideração da personalidade jurídica das sociedades.
6. Regramento do *marketing* (oferta e publicidade).
7. Controle das práticas e cláusulas abusivas, bancos de dados e cobranças de dívidas de consumo.
8. Introdução de um sistema sancionatório civil e penal.
9. Facilitação do acesso à Justiça para o consumidor, com o regramento, inclusive, dos direitos difusos e coletivos.
10. Incentivo à composição privada entre consumidores e fornecedores, especialmente com a previsão de convenções coletivas de consumo.

Com todos esses instrumentos, apresentados apenas em breve síntese, nosso leitor amigo já pode constatar o que significou, em um país como o nosso, cuja tradição legislativa especialmente incrementada pelos anos da ditadura primou em grande parte pelo materialismo egoístico, a entrada em vigor do Código de Defesa do Consumidor.

Se bem que sejamos tentados a discorrer mais sobre o tema, respeitaremos a diretriz desta obra, e, assim, cuidaremos de centrar o nosso foco na análise da responsabilidade civil pelo *fato* e pelo *vício* do produto ou serviço.

Antes, porém, apresentaremos alguns conceitos básicos, indispensáveis ao adequado entendimento do tema.

Vamos a eles.

---

[1] Ada Pellegrini Grinover, e outros, *Código Brasileiro de Defesa do Consumidor*, 5. ed., Rio de Janeiro: Forense, 1997, p. 10-1.

1.1. Partes na relação de consumo: fornecedor e consumidor

Nos termos do art. 2.º do CDC, "consumidor é toda pessoa física ou jurídica que adquire ou utiliza produto ou serviço como destinatário final".

Note-se, primeiramente, que a qualidade de consumidor não é restrita à pessoa natural ou física, uma vez que, em nosso sistema, a pessoa jurídica também pode receber esse designativo.

Tudo depende da circunstância de o agente atuar ou não como destinatário do produto ou serviço. Se, por exemplo, uma sociedade empresária compra da indústria peças de ferro para manufaturá-las, transformando-as em engrenagens para veículos, não podemos considerar a referida sociedade "consumidora" das peças, por não ser destinatária final delas. Por outro lado, se adquire móveis para escritório, poderá ser reputada parte na relação de consumo travada com a loja de departamentos que lhe forneceu os bens.

Adotou-se, assim, um critério finalístico para a definição da figura do consumidor[2].

E o parágrafo único acrescenta que "equipara-se a consumidor a coletividade de pessoas, ainda que indetermináveis, que haja intervindo nas relações de consumo".

Comentando esse dispositivo, JOSÉ GERALDO BRITO FILOMENO observa que

> "o que se tem em mira no parágrafo único do art. 2.º do Código do Consumidor é a universalidade, conjunto de consumidores de produtos e serviços, ou mesmo grupo, classe ou categoria deles, e desde que relacionados a um determinado produto ou serviço, perspectiva esta extremamente relevante e realista, porquanto é natural que se previna, por exemplo, o consumo de produtos ou serviços perigosos ou então nocivos, beneficiando-se assim abstratamente as referidas universalidades e potenciais consumidores"[3].

E essa disposição entra em consonância com a proteção do consumidor em juízo, prevista pelas normas processuais do referido diploma que, corretamente, em uma postura democrática e socializante, não cuidou apenas de tu-

---

[2] Nesse sentido, Cláudia Lima Marques e Eduardo Turkienicz: "O Código de Defesa do Consumidor define consumidor 'stricto sensu' no art. 2.º como 'toda aquela pessoa física ou jurídica que adquire ou utiliza produto ou serviço como destinatário final'. Tivemos a oportunidade de afirmar que esta definição é bastante objetiva, mas que sua interpretação pode e deve ser finalística" (Caso Teka vs. Aiglon: Em defesa da teoria finalista de interpretação do art. 2.º do CDC, *Revista de Direito do Consumidor*, n. 36, out./dez. 2000, p. 226).

[3] José Geraldo Filomeno, *Código Brasileiro de Defesa do Consumidor*, p. 32.

telar interesses individuais, mas, também, os de natureza difusa, coletiva ou individual homogênea (art. 81)[4].

Com isso, salientou-se a legitimidade do Ministério Público nas esferas estadual e federal para o ajuizamento das medidas judiciais cabíveis, especialmente a ação civil coletiva e a ação civil pública[5], em prol dessa universalidade de consumidores.

Assim, uma engrenagem defeituosa em um veículo ou um produto alimentício deteriorado atingiriam número indeterminado de pessoas que, indiscutivelmente, mereceriam a proteção do Código do Consumidor, por meio da definição insculpida no referido parágrafo único do art. 2.º.

Feitas todas essas considerações, passemos a enfrentar agora o conceito de *fornecedor*.

Conforme dispõe o art. 3.º do CDC, "fornecedor é toda pessoa física ou jurídica, pública ou privada, nacional ou estrangeira, bem como os entes despersonalizados, que desenvolvem atividades de produção, montagem, criação, construção, transformação, importação, exportação, distribuição ou comercialização de produtos ou prestação de serviços".

Note-se a amplitude do conceito.

Não apenas as entidades de direito privado, mas também as de direito público, podem ser enquadradas no conceito de fornecedor, para efeito de aplicação das normas do CDC.

Vale observar, ainda, a referência aos "entes despersonalizados", também subsumíveis ao conceito *supra*, e que, no dizer de FILOMENO, seriam os que

---

[4] Sobre o tema, confira-se também o Capítulo V ("O Dano"), tópico 5 ("Danos Coletivos, Difusos e a Interesses Individuais Homogêneos").

[5] Conforme lembra João Batista de Almeida, "a ação civil coletiva e a ação civil pública não se confundem. Embora sejam, por vezes, utilizadas indistintamente, uma em lugar da outra, na verdade, são ações típicas, distintas, com perfil e procedimento próprios e destinadas à proteção de bens diversos, embora possuindo algumas afinidades e muitas distinções. Por ora, é importante ressaltar que a ação civil pública criada em 1985, por meio da Lei n. 7.347, para a defesa coletiva do 'consumidor e de outros bens tutelados', enquadrados na categoria de 'direitos ou interesses difusos ou coletivos' — estes, por definição, de natureza transindividual e indivisíveis —, bem como dos 'direitos individuais homogêneos de caráter social, consoante têm admitido o STF e o STJ. E também ressaltar que a ação civil coletiva, criada em 1990, pelo Código de Defesa do Consumidor, destina-se à defesa coletiva unicamente do consumidor, vítimas ou sucessores (e não de outros bens tutelados), e é adequada para a defesa dos 'interesses ou direitos individuais homogêneos de origem comum', divisíveis por natureza, apresentando, desse modo, campo de utilização bem mais restrito do que o da ação civil pública" (A Ação Civil Coletiva para a Defesa dos Interesses ou Direitos Individuais Homogêneos, *Revista de Direito do Consumidor*, n. 34, abr./jun. 2000, p. 89).

"embora não dotados de personalidade jurídica, quer no âmbito mercantil, quer no civil, exercem atividades produtivas de bens e serviços, como, por exemplo, a gigantesca Itaipu Binacional, em verdade um consórcio entre os governos brasileiro e paraguaio para a produção de energia hidrelétrica, e que tem regime jurídico 'sui generis'"[6].

Nada impede, ainda, que as sociedades de fato ou irregulares (tratadas sob denominação de "sociedades não personificadas" pelo Novo Código Civil), desde que atuantes no mercado de consumo, sejam consideradas fornecedoras para efeito de responsabilização, nos termos do Código do Consumidor.

A respeito dessa espécie de sociedade, já tivemos oportunidade de observar em nosso volume 1 — Parte Geral que, nas

> "sociedades irregulares ou de fato, a responsabilidade dos sócios é ilimitada (art. 990 do NCC), devendo-se observar que os credores particulares dos sócios só podem executar a participação que o devedor possuir na sociedade, se não tiver outros bens desembargados, ou, se depois de executados, os bens que ainda tiver não forem suficientes para o pagamento, nos termos do art. 292 do CCom.
>
> Da mesma forma, os credores da sociedade devem, primeiramente, executar o patrimônio social (art. 989 do NCC), para, na falta de bens, realizar a responsabilidade ilimitada do sócio, que, por isso, é subsidiária (art. 350 do CCom)"[7 e 8].

Fornecedor, portanto, é o sujeito que integra o polo ativo da relação de consumo, ou seja, atua como alienante do bem ou prestador do serviço pretendido pelo consumidor, seu destinatário final.

1.2. Objeto da relação de consumo: produto ou serviço

Neste tópico falaremos um pouco sobre a relação de consumo.

Como já vimos, trata-se de uma relação jurídica pessoal travada entre o *consumidor* e o *fornecedor do produto ou serviço.*

A Lei Codificada, por seu turno, define "produto", nos seguintes termos:

> "Art. 3.º (*Omissis.*)
>
> § 1.º Produto é qualquer bem, móvel ou imóvel, material ou imaterial".

---

[6] José Geraldo Filomeno, ob. cit., p. 36.

[7] Rubens Requião, *Curso de Direito Comercial*, 23. ed., São Paulo: Saraiva, 1998, v. 1, p. 353. Nada impede, porém, em nossa opinião — ao contrário, recomendamos a conduta —, que se ajuíze a ação também contra o sócio, em litisconsórcio facultativo sucessivo.

[8] Pablo Stolze Gagliano; Pamplona Filho, *Novo Curso de Direito Civil — Parte Geral*, 2. ed., São Paulo: Saraiva, 2002, v. 1, p. 202.

Pelo amplo espectro do conceito, podemos observar que todo e qualquer bem jurídico disponível, corpóreo ou incorpóreo, móvel ou imóvel, pode ser definido como produto. Mas não devemos esquecer que esse bem deve ter a característica da "consumibilidade", *no sentido de que é sempre vocacionado à alienação*, ou seja, dirige-se ao consumidor, seu destinatário final.

O multicitado FILOMENO, com inegável razão, adverte que melhor seria a referência legal à expressão "bens" — termo mais preciso e abrangente — do que a "produtos", palavra de acepção mais restrita[9]. Ao encontro desse entendimento, lembramos ainda que essa última expressão pode ter significado dúbio, na medida em que também pode expressar espécie de bem acessório, definido como *uma utilidade não renovável que a coisa principal produz, e cuja percepção diminui a sua substância*.

De qualquer forma, preferiu o legislador a utilização da palavra produto.

Assim, segundo a dicção legal, poderíamos citar inúmeros exemplos de produtos, circuláveis no mercado de consumo, desde o alimento que nos sustenta, passando por nossas roupas, nosso veículo, e o apartamento que compramos, sem nos esquecermos de que a aquisição dos referidos bens é feita pelo seu destinatário final, o consumidor.

Quanto aos serviços, dispõe a lei nos seguintes termos:

> "Art. 3.º (*Omissis.*)
>
> (...)
>
> § 2.º Serviço é qualquer atividade fornecida no mercado de consumo, mediante remuneração, inclusive as de natureza bancária, financeira, de crédito e securitária, salvo as decorrentes das relações de caráter trabalhista".

Esse dispositivo merece a nossa especial atenção.

Primeiramente, fixemos a premissa de que "serviço" é expressão que nos remete à ideia de "atividade".

Diferentemente do produto, que é um bem acabado, o serviço traduz o interesse do adquirente na própria atuação do fornecedor, que lhe é interessante.

Agora, leiamos mais uma vez a regra, leitor amigo.

Vejamos que o seu alcance é amplíssimo, para atingir todo e qualquer tipo de serviço realizado no mercado de consumo, *desde que contratado me-*

---

[9] Aliás, "na versão original da Comissão Especial do Conselho Nacional da Defesa do Consumidor do Ministério da Justiça, bem como no texto final aprovado pelo plenário do referido órgão extinto pelo atual governo federal, em todos os momentos se fala em 'BENS' — termo tal que de resto é inequívoco e genérico, exatamente no sentido de apontar para o aplicador do Código de Defesa do Consumidor para os reais objetos de interesses nas relações de consumo" (Filomeno, ob. cit., p. 40).

diante remuneração (paga pelo consumidor), incluindo-se, por expressa determinação legal, as atividades de natureza *bancária, financeira, de crédito e securitária*, ressalvando-se, apenas, as relações empregatícias.

Dada a clareza da norma, é realmente pouco razoável que, em momento pretérito, ela tenha sofrido incessante bombardeio jurídico, uma vez que, como se sabe, a Confederação Nacional do Sistema Financeiro — entidade que agrega as mais respeitáveis entidades financeiras do país — ajuizou Ação Direta de Inconstitucionalidade (ADIn n. 2.591), que tramitou no Supremo Tribunal Federal, visando *a declaração da inconstitucionalidade da referida regra*.

E o mais incrível: pleitearam a concessão de liminar (tutela de urgência), para obter a imediata suspensão dos efeitos do CDC em face das instituições financeiras, durante o curso da ação principal.

Veja bem.

Nós dissemos "liminar"!

Mais de dez anos se passaram da entrada em vigor do Código do Consumidor e se pretendeu obter um provimento liminar para barrar os efeitos desta lei!

Caso isso ocorresse, seria, sem dúvida, a interpretação mais elástica de *periculum in mora* de que se teve notícia... dez anos depois, alega-se o prejuízo...

Com isso, os bancos e instituições financeiras em geral objetivaram que todos os dispositivos do Código de Defesa do Consumidor — *possibilidade de revisão dos contratos, sistema de nulidades de cláusulas abusivas, inversão do ônus da prova em benefício do consumidor, responsabilidade civil objetiva pelo fato ou vício do produto ou serviço, teoria da imprevisão (onerosidade excessiva), proteção contra a publicidade enganosa* (apenas para citar alguns dispositivos) — não mais fossem aplicados em suas atividades (cadernetas de poupança, depósitos bancários, contratos de financiamento e mútuo, cartões de crédito, contratos de seguro etc.).

Segundo os defensores dessa tese, respeitáveis juristas, esse referido dispositivo legal encontrar-se-ia em rota de colisão com o superior mandamento insculpido no art. 192 e parágrafos da Constituição Federal, *que haveria reservado à lei complementar (e não à lei ordinária, como o CDC) a disciplina jurídica do Sistema Financeiro Nacional*:

Art. 192, CF: "O sistema financeiro nacional, estruturado *de forma a promover o desenvolvimento equilibrado do País e a servir aos interesses da coletividade, será regulado em* lei complementar, *que disporá, inclusive, sobre: (...)*"[10].

---

[10] Este dispositivo posteriormente seria modificado pela Emenda Constitucional n. 40/2003, passando a figurar com a seguinte redação: "Art. 192. O sistema financeiro nacional, estruturado de forma a promover o desenvolvimento equilibrado do País e a

A atividade bancária, desta forma, enquanto não fosse editada lei complementar que estruturasse *todo o sistema*, deveria, segundo essa linha de raciocínio, ser disciplinada pelas Leis n. 4.595, de 31 de dezembro de 1964 (Lei de Reforma Bancária), e n. 4.728, de 14 de julho de 1965 (Lei de Mercado de Capitais), recepcionadas como leis complementares, e, bem assim, pelas resoluções do Conselho Monetário Nacional e do Banco Central do Brasil.

Mas onde estaria a apontada inconstitucionalidade?

Responde-nos PABLO STOLZE GAGLIANO, em palestra proferida no IV Fórum Brasil de Direito, realizado em Salvador-BA: "*O fato de o CDC haver considerado a atividade bancária, financeira, de crédito e securitária como relação de consumo, significa que* estruturou *o SFN? O CDC define o que é 'serviço bancário'? Conceitua 'operações de crédito e financiamento'? Regula a atividade do Banco Central do Brasil? Delimita o campo de atuação do Conselho Monetário Nacional? Altera a política de juros? Claro que não!!! Apenas considera a atividade financeira, de crédito e securitária, à luz do princípio da igualdade e da dignidade da pessoa humana —, equiparável àquela empreendida pelo transportador, construtor, vendedor de pãozinho, dono de boutique, que fornecem produtos ou serviços, todos sujeitos às normas da Lei de Proteção e Defesa do Consumidor*"[11].

Por tudo isso, invocando os mais basilares princípios de razoabilidade, igualdade e dignidade da pessoa humana, e sem subestimarmos a imensurável capacidade intelectual dos subscritores da ADIn, fizemos sinceros votos de que o Supremo Tribunal Federal rechaçasse-a firmemente, pela sua completa inadmissibilidade.

E, tal qual o atendimento de uma prece, em belíssimo julgamento realizado em junho de 2006, o Supremo Tribunal Federal, por maioria de votos, julgou, com alguma ressalva (especialmente quanto a política de juros), improcedente a referida Ação Direta de Inconstitucionalidade, pondo uma pá de cal em tal controvérsia[12].

---

servir aos interesses da coletividade, em todas as partes que o compõem, abrangendo as cooperativas de crédito, será regulado por leis complementares que disporão, inclusive, sobre a participação do capital estrangeiro nas instituições que o integram".

[11] GAGLIANO, Pablo Stolze. *A Legislação Bancária, o Código de Defesa do Consumidor e o Princípio da Dignidade da Pessoa Humana*, palestra proferida no IV Fórum Brasil de Direito, realizado pelo JusPodivm, no Centro de Convenções de Salvador — Bahia, em maio de 2002.

[12] "EMENTA: CÓDIGO DE DEFESA DO CONSUMIDOR. ART. 5.º, XXXII, DA CB/88. ART. 170, V, DA CB/88. INSTITUIÇÕES FINANCEIRAS. SUJEIÇÃO DELAS AO CÓDIGO DE DEFESA DO CONSUMIDOR, EXCLUÍDAS DE SUA ABRANGÊNCIA A DEFINIÇÃO DO CUSTO DAS OPERAÇÕES ATIVAS E A REMUNERAÇÃO DAS OPERAÇÕES PASSIVAS PRATICADAS NA EXPLORAÇÃO DA INTERMEDIAÇÃO

Observe-se, ainda, que os serviços públicos podem ser considerados atividades de consumo, nos termos do próprio art. 22 do CDC, uma vez que o administrado/usuário é seu destinatário final[13].

DE DINHEIRO NA ECONOMIA [ART. 3.º, § 2.º, DO CDC]. MOEDA E TAXA DE JUROS. DEVER-PODER DO BANCO CENTRAL DO BRASIL. SUJEIÇÃO AO CÓDIGO CIVIL. 1. As instituições financeiras estão, todas elas, alcançadas pela incidência das normas veiculadas pelo Código de Defesa do Consumidor. 2. 'Consumidor', para os efeitos do Código de Defesa do Consumidor, é toda pessoa física ou jurídica que utiliza, como destinatário final, atividade bancária, financeira e de crédito. 3. O preceito veiculado pelo art. 3.º, § 2.º, do Código de Defesa do Consumidor deve ser interpretado em coerência com a Constituição, o que importa em que o custo das operações ativas e a remuneração das operações passivas praticadas por instituições financeiras na exploração da intermediação de dinheiro na economia estejam excluídas da sua abrangência. 4. Ao Conselho Monetário Nacional incumbe a fixação, desde a perspectiva macroeconômica, da taxa base de juros praticável no mercado financeiro. 5. O Banco Central do Brasil está vinculado pelo dever-poder de fiscalizar as instituições financeiras, em especial na estipulação contratual das taxas de juros por elas praticadas no desempenho da intermediação de dinheiro na economia. 6. Ação direta julgada improcedente, afastando-se a exegese que submete às normas do Código de Defesa do Consumidor [Lei n. 8.078/90] a definição do custo das operações ativas e da remuneração das operações passivas praticadas por instituições financeiras no desempenho da intermediação de dinheiro na economia, sem prejuízo do controle, pelo Banco Central do Brasil, e do controle e revisão, pelo Poder Judiciário, nos termos do disposto no Código Civil, em cada caso, de eventual abusividade, onerosidade excessiva ou outras distorções na composição contratual da taxa de juros. ART. 192, DA CB/88. NORMA-OBJETIVO. EXIGÊNCIA DE LEI COMPLEMENTAR EXCLUSIVAMENTE PARA A REGULAMENTAÇÃO DO SISTEMA FINANCEIRO. 7. O preceito veiculado pelo art. 192 da Constituição do Brasil consubstancia norma-objetivo que estabelece os fins a serem perseguidos pelo sistema financeiro nacional, a promoção do desenvolvimento equilibrado do País e a realização dos interesses da coletividade. 8. A exigência de lei complementar veiculada pelo art. 192 da Constituição abrange exclusivamente a regulamentação da estrutura do sistema financeiro. CONSELHO MONETÁRIO NACIONAL. ART. 4.º, VIII, DA LEI N. 4.595/64. CAPACIDADE NORMATIVA ATINENTE À CONSTITUIÇÃO, FUNCIONAMENTO E FISCALIZAÇÃO DAS INSTITUIÇÕES FINANCEIRAS. ILEGALIDADE DE RESOLUÇÕES QUE EXCEDEM ESSA MATÉRIA. 9. O Conselho Monetário Nacional é titular de capacidade normativa — a chamada capacidade normativa de conjuntura — no exercício da qual lhe incumbe regular, além da constituição e fiscalização, o funcionamento das instituições financeiras, isto é, o desempenho de suas atividades no plano do sistema financeiro. 10. Tudo o quanto exceda esse desempenho não pode ser objeto de regulação por ato normativo produzido pelo Conselho Monetário Nacional. 11. A produção de atos normativos pelo Conselho Monetário Nacional, quando não respeitem ao funcionamento das instituições financeiras, é abusiva, consubstanciando afronta à legalidade" (STF, ADIn 2591/DF, Relator Min. Carlos Velloso, Relator p/ Acórdão Min. Eros Grau, j. 7-6-2006, Tribunal Pleno, *DJ*, 29-9-2006, p. 31, Ementário, v. 2249-02, p. 142).

[13] No desenvolvimento deste tópico foram de fundamental importância os animados diálogos com o nosso amigo e renomado professor de Direito Administrativo Dirley da Cunha Jr., Juiz Federal substituto da 8.ª Vara, Seção Judiciária do Estado da Bahia.

O entendimento dessa regra é fácil, quando nos referimos aos concessionários e permissionários de serviços públicos que recebem remuneração pelo que prestam (tarifa ou preço público).

Da mesma forma, as entidades privadas da Administração Pública indireta[14] — empresas públicas e sociedades de economia mista[15] — submetem-se

---

[14] "Ao compor os lineamentos básicos da Administração federal, o Decreto-lei 200, que continua a ser o diploma mais importante na matéria, em despeito de seus incontáveis erros técnico-jurídicos, firma-se na distinção entre administração direta e administração indireta, tal como ali delineada. Os conceitos que forjou aproximam tal dicotomia das noções mais comuns sobre centralização e descentralização, conforme dantes expusemos, mas com elas não coincidem.

De acordo com seus termos, administração direta é aquela realizada pelo conjunto de órgãos integrados nos Ministérios ou diretamente subordinados à Presidência da República. Administração indireta é a desenvolvida por (a) autarquias; (b) empresas públicas; (c) sociedades de economia mista e (d) fundações públicas" (Celso Antonio Bandeira de Mello, *Curso de Direito Administrativo*, 4. ed., São Paulo: Malheiros Ed., 1993, p. 72).

[15] Nesse sentido, noticiou a Revista *Consultor Jurídico*, de 15-8-2002:

"Energia cortada — *STJ manda Cemig indenizar consumidora por danos*

A Primeira Turma do Superior Tribunal de Justiça, por unanimidade, condenou a Companhia Energética de Minas Gerais (Cemig) a pagar indenização por danos morais para uma consumidora. Motivo: a Cemig cortou o fornecimento de energia elétrica para a aposentada Maria Angélica de Jesus por causa de inadimplência. A decisão reforma sentença do Tribunal de Justiça de Minas Gerais.

Os ministros entenderam que energia é um bem essencial à população e constitui serviço público indispensável. Dessa forma, o corte do fornecimento configura, segundo o relator, ministro José Delgado, uma prática abusiva e ilegal da concessionária, mesmo sendo um meio para compelir o usuário ao pagamento da tarifa vencida.

Moradora de Frei Inocêncio, município de Minas Gerais, Maria Angélica propôs Ação Ordinária de Reparação de Danos contra a Cemig, em 1999. O argumento é de que com o corte de energia, por mais de quatro horas, a Companhia violou a sua honra e imagem, por ter exposto a consumidora ao ridículo e ao constrangimento diante dos vizinhos. O ato foi apontado pela aposentada como 'reprovável, desumano e ilegal', além de ter ferido os princípios constitucionais da inocência presumida e da ampla defesa.

A Cemig determinou a interrupção do fornecimento de energia, no dia 14 de junho de 1999, porque Maria Angélica não pagara as contas referentes aos meses de março e abril daquele ano, com valores de R$ 26,45 e R$ 22,86. A aposentada não nega que estava inadimplente na ocasião. Naquele mesmo dia, ela efetuou o pagamento e horas depois a energia foi restaurada. Mas argumenta que o tempo de corte foi suficiente para causar-lhe constrangimentos.

A consumidora pediu uma indenização equivalente a 500 vezes o valor das faturas vencidas na ocasião do corte, ou seja R$ 24.655, devidamente atualizados de juros de mora e correção monetária a contar da data do fato. De acordo com a decisão do STJ, entretanto, quem vai estipular o valor da indenização é o Juízo onde a ação teve origem, ou seja, o juiz da 1.ª Vara Cível da Comarca de Governador Valadares, Minas Gerais.

à legislação do consumidor, sobretudo em se considerando que os seus serviços são de natureza comercial ou industrial, e o regime jurídico aplicável é de direito privado, parcialmente derrogado por normas públicas.

Entretanto, no que tange às entidades públicas da administração indireta — autarquias e fundações — e às entidades estatais (União, Estados, Município, Distrito Federal), o mesmo raciocínio não pode ser invocado.

Ainda quando exigida taxa para a realização do serviço, entendemos não poder ser este submetido às regras do Direito do Consumidor, considerando a natureza eminentemente publicística do vínculo travado com o administrado. Ademais, tais entidades não visam lucro com o empreendimento da atividade, e, por vezes, prestam o serviço gratuitamente (Universidades Públicas, Sistema Único de Saúde). No caso, serão aplicadas as regras de Direito Público pertinentes, inclusive as protetivas do beneficiário do serviço, a exemplo da referente à responsabilidade civil objetiva do Estado.

Por fim, a exclusão, na parte final do dispositivo, das atividades "*decorrentes das relações de caráter trabalhista*" se justifica pelo fato de que elas são disciplinadas por regras próprias, conforme visto em capítulo anterior[16], nada impedindo, porém, a sua aplicação subsidiária[17], naquilo em que não for

---

No entendimento da Primeira Turma, o corte de energia violou o artigo 22, do Código de Proteção e Defesa do Consumidor, segundo o qual: 'os órgãos públicos, por si ou suas empresas, concessionárias, permissionárias ou sob qualquer outra forma de empreendimento, são obrigados a fornecer serviços adequados, eficientes, seguros e, quanto aos essenciais, contínuos'.

O relator também ressaltou que o artigo 42 da mesma lei não permite que o devedor seja exposto ao ridículo, nem que seja submetido a qualquer tipo de constrangimento ou ameaça" (REsp 430.812).

[16] Cf. Capítulo XV ("Responsabilidade Civil nas Relações de Trabalho").

[17] Nessa aplicação subsidiária do CDC ao processo do trabalho, confiram-se os seguintes acórdãos:

"De revista. Adesão do empregado ao plano de desligamento voluntário. Transação extrajudicial. Direito do trabalho. Princípio da irrenunciabilidade ou disponibilidade relativa. 'Res dubia' e objeto determinado. Condições específicas de validade da transação do art. 477, §§ 1.º e 2.º, da CLT. Efeitos. Arts. 9.º da CLT e 51 do CDC. O Direito do Trabalho não cogita da quitação em caráter irrevogável em relação aos direitos do empregado, irrenunciáveis ou de disponibilidade relativa, consoante impõe o art. 9.º consolidado, porquanto se admitir tal hipótese importaria obstar ou impedir a aplicação das normas imperativas de proteção ao trabalhador. Neste particularismo reside, portanto, a nota singular do Direito do Trabalho em face do Direito Civil. A cláusula contratual imposta pelo empregador que ofende essa singularidade não opera efeitos jurídicos na esfera trabalhista, porque a transgressão de norma cogente importa não apenas na incidência da sanção respectiva, mas na nulidade 'ipso jure', que se faz substituir automaticamente pela norma heterônoma de natureza im-

incompatível com os princípios do Direito do Trabalho[18].

---

perativa, visando à tutela da parte economicamente mais debilitada, num contexto obrigacional de desequilíbrio de forças. Em sede de Direito do Trabalho a transação tem pressuposto de validade na assistência sindical, do Ministério do Trabalho ou do próprio órgão jurisdicional, por expressa determinação legal, além da necessidade de determinação das parcelas porventura quitadas, nos exatos limites do artigo 477, §§ 1.º e 2.º, da Consolidação das Leis do Trabalho, sem prejuízo do elemento essencial relativo à existência de 'res dubia' ou objeto determinado, que não se configura quando a quitação é levada a efeito com conteúdo genérico e indeterminado, pois ao tempo em que operada, nenhuma delimitação havia quanto a supostos direitos descumpridos ou controvertidos, bem como nenhuma determinação se especificou quanto ao objeto, se pretendia apenas satisfazer todos os direitos e obrigações decorrentes do contrato de trabalho. A transação ou a compensação pretendidas, em termos genéricos, porque abusivas, e como tal consideradas nulas, afrontam as normas já citadas que as desqualificam, máxime quando se tem em vista princípio idêntico contido no artigo 51 da Lei n. 8.078/90 (Código de Defesa do Consumidor), segundo o qual são consideradas nulas de pleno direito as cláusulas contratuais que estabeleçam obrigações consideradas iníquas, abusivas, que colocam o consumidor em desvantagem ou sejam incompatíveis com a boa-fé ou a equidade, princípio inafastável do direito e processo do trabalho. Recurso de revista a que se dá provimento" (TST, j. 18-9-2002, Recurso de Revista, 5.ª Turma, *DJ*, 11-10-2002, Rel. Juiz Convocado Vieira de Mello Filho).

"Sociedade por cotas de responsabilidade limitada — Responsabilidade subsidiária dos sócios cotistas. A jurisprudência trabalhista já firmou entendimento no sentido de responsabilização dos sócios das sociedades por cotas de responsabilidade limitada por além daquelas previstas na lei reguladora da figura jurídica (Decreto n. 3.708/19). Fundada no art. 135 do CTN (que fixa a responsabilidade tributária dos administradores societários), na circunstância de que o crédito trabalhista recebe da ordem jurídica proteção ainda mais acentuada que a deferida ao crédito tributário (art. 8.º da CLT), e com suporte ainda na teoria da desconsideração da personalidade jurídica (*lift de corporate veil*) hoje já consagrada no Direito Comum, a teor do art. 28 da Lei n. 8.078/90 (CDC) a jurisprudência tem compreendido que o sócio, mesmo em se retirando da sociedade, responde pelas dívidas trabalhistas da sociedade, caso esta não tenha bens para garantir a execução judicial" (TRT 3.ª Região, j. 10-2-2003, 1.ª Turma, *DJMG*, 14-2-2003, p. 6, Rel. Juiz Márcio Flávio Salem Vidigal).

"Sociedade. Bens particulares dos sócios. A empresa cessou suas atividades e não possui bens suficientes para a quitação da dívida. Diante disso, perfeitamente possível que os bens particulares dos sócios respondam pelo débito, porquanto a teoria da despersonalização da pessoa jurídica, prevista no ordenamento jurídico, especialmente no Código de Defesa do Consumidor, permite a penhorabilidade destes bens" (TRT 10.ª Região, j. 27-9-2002, 2.ª Turma, Rel. Juíza Maria Piedade Bueno Teixeira).

[18] Nesse sentido, dispõe o art. 8.º da Consolidação das Leis do Trabalho:

"Art. 8.º As autoridades administrativas e a Justiça do Trabalho, na falta de disposições legais ou contratuais, decidirão, conforme o caso, pela jurisprudência, por analogia, por equidade e outros princípios e normas gerais de direito, principalmente do direito do trabalho, e, ainda, de acordo com os usos e costumes, o direito comparado, mas sempre de maneira que nenhum interesse de classe ou particular prevaleça sobre o interesse público.

Fixadas tais ideias básicas, passaremos a enfrentar especificamente o tema objeto do presente capítulo.

2. RESPONSABILIDADE CIVIL PELO FATO DO PRODUTO OU SERVIÇO (ACIDENTE DE CONSUMO)

Cuidaremos, neste tópico, da responsabilidade civil decorrente de danos causados ao consumidor, por falha na segurança dos produtos ou serviços fornecidos. Trata-se da responsabilidade pelo *acidente de consumo*, prevista nos arts. 12 a 17.

Abre essa seção o art. 12 do Código do Consumidor, que dispõe sobre a responsabilidade decorrente de *produtos defeituosos*:

> "Art. 12. O fabricante, o produtor, o construtor, nacional ou estrangeiro, e o importador respondem independentemente da existência de culpa, pela reparação dos danos causados aos consumidores por defeitos decorrentes de projeto, fabricação, construção, montagem, fórmulas, manipulação, apresentação ou acondicionamento de seus produtos, bem como por informações insuficientes ou inadequadas *sobre sua utilização e riscos.*
>
> § 1.º O produto é defeituoso quando não oferece a segurança que dele legitimamente se espera, levando-se em consideração as circunstâncias relevantes, entre as quais:
>
> I — sua apresentação;
>
> II — o uso e os riscos que razoavelmente dele se esperam;
>
> III — a época em que foi colocado em circulação.
>
> § 2.º O produto não é considerado defeituoso pelo fato de outro de melhor qualidade ter sido colocado no mercado".

A análise desse artigo não deixa margem a dúvidas: o legislador consagrou a responsabilidade civil *objetiva* nas relações de consumo. Aliás, nada mais compreensível, se nós considerarmos a hipossuficiência do consumidor e, sobretudo, o fato de que, muitas vezes, o fornecedor exerce uma atividade de risco.

Ressalte-se, outrossim, que mesmo não caracterizando atividade perigosa, toda relação de consumo, ressalvadas as exceções capituladas na própria lei, enseja a aplicação das normas de responsabilidade sem culpa.

Imagine, portanto, que Caio comprou um carro ou um aparelho de TV. Ao ligar o equipamento, desencadeia-se uma série de explosões, causadoras de queimaduras no consumidor. Poderá, portanto, responsabilizar o fabricante do

---

Parágrafo único. O direito comum será fonte subsidiária do direito do trabalho, naquilo em que não for incompatível com os princípios fundamentais deste".

produto pelos danos materiais e morais que vier a sofrer. Para tanto, dispensa-se a prova da culpa do fornecedor.

Vale referir ainda que, se um terceiro participante da cadeia causal dos acontecimentos vier a sofrer também o dano, poderá ser considerado consumidor, por equiparação, nos termos do art. 17 do CDC[19]. Trata-se da figura do *bystander*, cuja proteção também é feita pela mesma lei. No exemplo *supra*, suponha que a namorada de Caio houvesse também sido atingida, caso em que poderia ingressar com ação lastreada nas normas de proteção e defesa do consumidor.

Na jurisprudência, podemos colacionar, a título de ilustração, o seguinte aresto:

"Processual Civil. Competência. Art. 101, I, do CDC. Incidência, a teor do seu art. 17, que protege os denominados *bystander*. As pessoas equiparadas aos consumidores, por força do art. 17 do CDC, podem propor ação de indenização em face do fornecedor do serviço no foro do próprio domicílio. Recurso desprovido" (TJDF, Agravo de Instrumento 2001.002.11249, data de registro: 5-4-2002, 13.ª Câmara Cível, Des. Nametala Machado Jorge, julgado em 7-2-2002).

Interessante notar, ainda, que o Código destacou a responsabilidade do *comerciante* em seu art. 13[20], conferindo-lhe natureza jurídica subsidiária, em face dos agentes referidos no artigo anterior.

Nesse sentido, com absoluta precisão, pontifica CARLOS ROBERTO GONÇALVES:

> "A responsabilidade principal é exclusiva do fabricante, produtor, construtor ou importador do produto, sendo que o comerciante somente responde, subsidiariamente, quando os responsáveis principais não puderem ser identificados, bem como quando não conservar, adequadamente, os produtos perecíveis. Ressalva o parágrafo único do art. 13 o direito de regresso, na me-

---

[19] "Art. 17. Para os efeitos desta Seçao, equiparam-se aos consumidores todas as vítimas do evento".

[20] "Art. 13. O comerciante é igualmente responsável, nos termos do artigo anterior, quando:

I — o fabricante, o construtor, o produtor ou o importador não puderem ser identificados;

II — o produto for fornecido sem identificação clara do seu fabricante, produtor, construtor ou importador;

III — não conservar adequadamente os produtos perecíveis.

Parágrafo único. Aquele que efetivar o pagamento ao prejudicado poderá exercer o direito de regresso contra os demais responsáveis, segundo sua participação na causação do evento danoso".

dida de sua participação no evento danoso, àquele que indenizar o prejudicado quando havia outros devedores solidários"[21].

Note-se, portanto, que o comerciante que alienou a televisão defeituosa, causadora do acidente, não é, em primeiro plano, responsável pela reparação do dano, uma vez que a lei só lhe impõe tal obrigação se:

a) o fabricante, o construtor, o produtor ou o importador *não puderem ser identificados*;

b) o produto for fornecido *sem identificação clara do seu fabricante, produtor, construtor ou importador*;

c) não conservar *adequadamente* os produtos perecíveis.

Saliente-se, entretanto, que, em nosso entendimento, o consumidor não está obrigado a fazer uma investigação prévia de quem seja, de fato, o responsável pelo dano causado. Poderá ajuizar a demanda contra qualquer dos agentes participantes da cadeia causal dos acontecimentos, cabendo ao próprio comerciante, em sede de defesa, demonstrar a sua ilegitimidade passiva, caso se configure uma das hipóteses previstas no art. 13.

Vale notar, ainda, que se qualquer dos participantes da relação de consumo (fornecedores) houver cumprido a obrigação de indenizar, poderá ajuizar ação de regresso contra aquele que considerar culpado, exercendo o seu direito de regresso, previsto no parágrafo único do art. 13.

Sobre a responsabilidade civil do comerciante na relação de consumo, tem-se manifestado a jurisprudência:

> "Relação de consumo — Venda de carro 0km — Concessionária — Responsabilidade — Solidariedade. A revendedora autorizada de veículo responde solidariamente com o fabricante, independentemente da existência de culpa, pela reparação dos danos causados aos consumidores por defeito decorrente de apresentação do bem, como é o caso de carro com chassi adulterado. Aplicação adequada da unicidade da interpretação do CDC, de maneira a não desproteger o consumidor. Lição da doutrina: quando alude ao fornecedor, o Código pretende alcançar todos os partícipes do ciclo produtivo distributivo, vale dizer, todos aqueles que desenvolvem as atividades descritas no art. 30, do CDC. Em matéria de responsabilidade por danos ... o art. 12 discrimina alguns fornecedores, responsabilizando somente o fabricante, o produtor, o construtor, bem como o importador, excluindo ... a figura do comerciante. Não se encaixa, entretanto, na figura de comerciante, para efeitos do art. 13, do CDC, o revendedor autorizado, conhecido vulgarmente como concessionário. Este último age em parceria e de forma solidária com o fabricante, pois atua no mercado com esta qualidade. Precedentes da jurisprudência. Conde-

[21] Carlos Roberto Gonçalves, *Responsabilidade Civil*, 7. ed., São Paulo: Saraiva, 2002, p. 392.

nação bem arbitrada. Recurso conhecido e desprovido" (TJRJ, Ap. Cível n. 2001.001.15615, data de registro: 3-7-2002, Quinta Câmara Cível, Des. Ricardo Couto, julgado em 30-4-2002).

"Denúncia da lide — Cabível, em ordinária de desnegativação e dano moral, pela Ré-operadora à sua agente credenciada, que 'habilitou a linha negada pelo autor'. Não incide, na espécie, alegada proibição do art. 88, que se refere ao comerciante que indeniza pelo fabricante ou fornecedor (art. 13, parágrafo único), tudo do CDC. Agravo desprovido" (TJRJ, Agravo de Instrumento 2002.002.13431, 17.ª Câmara Cível, Des. Severiano Ignácio Aragão, j. 25-9-2002).

Nesse diapasão, não poderíamos deixar de considerar as causas excludentes da responsabilidade civil dos fornecedores de produtos defeituosos, previstas, em *numerus clausus,* pelo § 3.º do referido art. 12.

Sobre as causas excludentes de responsabilidade, já estudadas em capítulo anterior[22], tivemos a oportunidade de observar que, do ponto de vista genérico, consistem em *determinadas circunstâncias que, por atacar um dos elementos ou pressupostos gerais da responsabilidade civil, rompendo o nexo causal, terminam por fulminar qualquer pretensão indenizatória.*

Pois bem.

Analisando-se o mencionado dispositivo do CDC, temos que *o fabricante, produtor, construtor ou importador exime-se de responsabilidade,* provando:

a) que não colocou o produto no mercado — de fácil intelecção essa primeira causa, semelhante à alegação da defesa penal de "negativa de autoria". Se o fornecedor demonstrar que não inseriu o produto no mercado, não há que se falar em atribuição do nexo causal, e a obrigação de indenizar desaparece por ausência de agente imputável. Comentando esse dispositivo, ZELMO DENARI, um dos elaboradores do anteprojeto do CDC, observa que: "Os exemplos mais nítidos da causa excludente prevista no inc. I seriam aqueles relacionados com o furto ou roubo do estabelecimento ou com a usurpação do nome, marca ou signo distintivo, cuidando-se, nesta última hipótese, de falsificação do produto. Da mesma sorte, pode ocorrer que, em função do vício de qualidade, pode ocorrer que o produto defeituoso tenha sido apreendido pela administração e, posteriormente, à revelia do fornecedor, tenha sido introduzido no mercado de consumo, circunstância esta eximente da sua responsabilidade"[23]. Note-se, outrossim, que nem sempre poderá o fornecedor eximir-se alegando "sabotagem". Um exemplo irá ilustrar o que dizemos: su-

[22] Cf. Capítulo VIII ("Causas Excludentes de Responsabilidade Civil e Cláusula de Não Indenizar").

[23] Zelmo Denari, *Código Brasileiro de Defesa do Consumidor,* p. 152.

ponha que uma indústria de alimentos houvesse sido invadida por um indivíduo, que subtraiu produtos para envenená-los e introduzi-los no mercado. Em tal caso, restando evidenciada falha no sistema de segurança do estabelecimento fabril, entendemos ser admissível a responsabilidade civil solidária do fornecedor, sem prejuízo do exercício do direito de regresso contra o verdadeiro causador do dano[24];

b) que, embora haja colocado o produto no mercado, o defeito inexiste — permitindo-nos a mesma comparação feita no tópico *supra*, essa defesa corresponderia à "negativa de materialidade" do Direito Penal. É, inclusive, uma alegação defensiva muito frequente. O fornecedor não nega a colocação do produto no mercado, embora sustente a ausência do vício causador do dano;

c) a culpa exclusiva do consumidor ou de terceiro — esta, sem dúvida, é uma das causas excludentes mais importantes, sendo, em nosso sentir, também a mais alegada. O fornecedor, nesse caso, sem negar a colocação do produto (inciso I) ou a existência do defeito (inciso II), sustenta a *quebra do nexo causal* por força da atuação exclusiva da própria vítima ou de terceiro, estranho à relação de consumo. É o caso, por exemplo, do sujeito que compra uma máquina de lavar louças e, a despeito do visível aviso de advertência, gravado em

---

[24] Em situação análoga, confira-se o seguinte aresto:

"Civil. Responsabilidade civil. Dano moral causado por negativação do nome do autor no SPC em decorrência de haverem documentos seus, extraviados, sido fraudados por terceiro, que deles se utilizou para obter cartão de crédito, com o qual efetuou compras em loja conveniada. Responsabilidade objetiva da ré (art. 14 do CDC), não afastada pelas excludentes do § 3.º, pois, como instituição financeira responsável por ser concedido o cartão, cumpre-lhe exercer fiscalização sobre dados e documentos apresentados pelo cliente. Sua omissão em colaborar para a realização de perícia grafotécnica. Incidência de juros moratórios a partir de quando tomou o autor ciência da inclusão de seu nome. Redução da indenização a 60 salários mínimos. Recurso parcialmente provido" (TJRJ, Ap. Cível 2001.001.05688, 7.ª Câmara Cível, Des. Luiz Roldão F. Gomes, j. 15-1-2002).

"Responsabilidade Civil. Cheques. Talonário extraviado antes da efetiva entrega ao correntista. Utilização por falsários. Excludente de responsabilidade. Relação de consumo. Responsabilidade objetiva do banco. SPC. Dano moral. Não exclui a responsabilidade do banco, na forma do art. 14, parág. 3.º, II, do CDC, a circunstância de os cheques terem sido emitidos por estelionatários, em compras no comércio. É do banco o dever de guarda e vigilância do talonário até a sua efetiva entrega ao correntista. A só negativação indevida do nome do consumidor constitui dano moral, a ser devidamente reparado. Verba fixada em quantia equivalente a 50 salários mínimos, que, no caso, não se mostra excessiva a reparar o prejuízo extrapatrimonial suportado pelo consumidor. Conversão de ofício em moeda corrente do valor estabelecido em salários mínimos, em atenção ao comando do art. 7.º, IV, da CF" (TJRJ, Ap. Cível 2001.001.25738, 13.ª Câmara Cível, Des. Nametala Machado Jorge, j. 3-4-2002).

letras vermelhas e consignado no manual de instruções, no sentido de não se poder manusear o bocal de entrada de energia elétrica, arvora-se eletricista e coloca o dedo, para ver se a máquina está ligada. Recebe uma forte descarga elétrica, com danos, não só ao aparelho, como ao seu corpo. Nesse caso, tendo havido exclusiva culpa da vítima, não se poderá pretender responsabilizar o fabricante, que não concorreu, no plano causal, para o desfecho danoso. Na mesma ordem de ideias, já estando o produto em poder do consumidor, se o dano decorre da atuação de um terceiro, que o adultera propositalmente para causar dano ao seu proprietário, não poderá ser imposta ao fabricante a obrigação de indenizar, por não ter tido participação alguma no evento.

Advirta-se, com DENARI, que "a culpa exclusiva é inconfundível com a culpa concorrente: no primeiro caso desaparece a relação de causalidade entre o defeito do produto e o evento danoso, dissolvendo-se a própria relação de causalidade; no segundo, a responsabilidade se atenua em razão da concorrência de culpa e os aplicadores da norma costumam condenar o agente causador do dano a reparar pela metade o prejuízo, cabendo à vítima arcar com a outra metade"[25]. Dessa forma, seguindo a linha de raciocínio desse culto autor, amplamente acatada pela doutrina e jurisprudência, uma vez que o CDC apenas alçou à categoria de causa excludente a culpa *exclusiva* da vítima, silenciando-se quanto à culpa concorrente, não se podendo dar interpretação ampliativa à norma, concluímos que, caso haja atuação culposa de ambos os lados — consumidor (vítima) x fornecedor (agente causador do dano) —, deverá a vítima ser integralmente ressarcida, sem mitigação do *quantum* condenatório. É a melhor solução, mais afinada, inclusive, aos fundamentos ideológicos e filosóficos do Código de Defesa do Consumidor.

Observe-se, ainda, que, a despeito de a lei não elencar, no rol das causas excludentes de responsabilidade civil, *o caso fortuito e a força maior*, entendemos, por imperativo lógico, que tais circunstâncias, se interruptivas do nexo causal, podem e devem ser alegadas pelo fornecedor, em sede de defesa.

Não procede, nesse ponto, data vênia, o pensamento daqueles que sustentam a inadmissibilidade da alegação, pelo simples fato de tais causas não estarem estampadas em lei.

E, com isso, não estamos nos contradizendo, pelo fato de havermos, linhas atrás, afirmado tratar-se de norma que apresenta rol taxativo de causas excludentes. Ao sustentarmos isso, apenas referimos que não poderia o fornecedor, por mero ato de vontade, "criar" defesas não previstas em lei.

Acontece que o caso fortuito e a força maior, como se sabe, têm sede legal em nosso próprio Direito Positivo (art. 393 do CC/2002), se é que não

[25] Zelmo Denari, ob. cit., p. 153.

poderíamos considerar tais eventos derivados da própria principiologia do sistema.

Nessa linha, poderíamos, seguindo a doutrina apresentada por CAVALIERI, estabelecer uma diagnose diferencial entre *fortuito interno* e *fortuito externo*, para efeito de concluirmos pela mantença ou não da responsabilidade civil do fornecedor[26]:

a) **fortuito interno** — trata-se do acontecimento imprevisível, causador de dano de consumo, e que incide no processo de elaboração ou fabricação do produto, ou, então, no momento da realização do serviço. Em tais casos, por óbvio, a responsabilidade do fornecedor, que assume os riscos da sua atividade, não poderá ser afastada. Ademais, até a colocação do produto ou a prestação do serviço no mercado, deverá o agente econômico garantir a qualidade daquilo que disponibiliza ao consumidor. Havendo dano, deverá indenizar. Exemplo: durante o processo de fabricação de uma engrenagem automotiva sensível, um leve, mas perceptível, abalo sísmico prejudicou o correto encaixe de fios, causando, posteriormente, dano ao condutor do veículo[27];

b) **fortuito externo** — diferentemente do anterior, o fortuito externo traduz-se no acontecimento imprevisível, causador de dano, que incide após a colocação do produto ou a prestação do serviço no mercado. É logicamente estranho à atuação do fornecedor, que não poderá ser responsabilizado pelo dano. No mesmo exemplo *supra*, se o abalo sísmico ocorre após a aquisição do bem, não se poderia, por óbvio, atribuir responsabilidade ao fornecedor, pois, quando introduziu o bem no mercado de consumo, o defeito inexistia.

Vale lembrar, ainda, que, como regra geral, o ônus da prova é de quem faz a alegação.

---

[26] Sérgio Cavalieri Filho, ob. cit., p. 375.

[27] "Consumidor. Pessoa jurídica. Bens de consumo intermediário. Responsabilidade civil do fornecedor de serviços. Incêndio em suas instalações. Fortuito interno não excludente da responsabilidade. Em relação aos chamados bens de consumo intermediário, a pessoa jurídica é consumidora porque os utiliza como destinatário final e não como mera intermediária ou insumidora. É pois de consumo, regida pelo CDC, a relação jurídica existente entre fornecedora de serviços telefônicos e seus usuários, ainda que pessoas jurídicas. Incêndio nas instalações da fornecedora dos serviços caracteriza fortuito interno, que não exclui a sua responsabilidade, por integrar os riscos do negócio, ligado à organização empresarial, configurando defeito na prestação dos serviços. Dano material configurado e comprovado. O incêndio, fato público e notório, não poderia refletir negativamente na honra objetiva da usuária dos serviços em relação ao seu bom nome comercial e conceito perante seus clientes. Desprovimento de ambos os recursos. Sentença confirmada" (TJRJ, Ap. Cível 2002.001.10966, 2.ª Câmara Cível, Des. Sergio Cavalieri Filho, j. 18-9-2002).

E esse não é um princípio apenas do nosso ordenamento jurídico, mas também do próprio Direito Comparado.

Apenas a título de ilustração, veja a referência feita por RONALD B. STANDLER, ao comparar os sistemas penal e civil dos Estados Unidos da América: "*In civil litigation, the burden of proof is initially on the plaintiff. However, there are a number of technical situations in which the burden shifts to the defendant*"[28].

Em nossa ordem jurídica, a regra geral é a mesma.

Entretanto, em se tratando de litígios de consumo, o art. 6.º, VIII, inverte o ônus da prova, em benefício do consumidor, nos seguintes termos:

> "Art. 6.º São direitos básicos do consumidor:
>
> (...)
>
> VIII — a facilitação da defesa de seus direitos, inclusive com a inversão do ônus da prova, a seu favor, no processo civil, quando, a critério do juiz, for verossímil a alegação ou quando for ele hipossuficiente, segundo as regras ordinárias de experiências".

Assim, pretendendo o réu alegar, em sede de defesa, uma das excludentes acima estudadas, deverá o magistrado, nos termos do art. 6.º, VIII, reconhecer a inversão do ônus da prova, em benefício do consumidor. Em outras palavras, caberá ao próprio réu provar o alegado (não colocou o produto no mercado; o defeito inexiste; culpa exclusiva da vítima ou de terceiro).

O art. 14 do CDC, por sua vez, regula a responsabilidade civil pelo fato danoso decorrente de *serviço defeituoso*, nos seguintes termos:

> "Art. 14. O fornecedor de serviços responde, independentemente da existência de culpa, pela reparação dos danos causados aos consumidores por defeitos relativos à prestação de serviços, bem como por informações insuficientes ou inadequadas sobre a sua fruição e riscos.
>
> § 1.º O serviço é defeituoso quando não fornece a segurança que o consumidor dele pode esperar, levando-se em consideração as circunstâncias relevantes, entre as quais:
>
> I — o modo de seu fornecimento;
>
> II — o resultado e os riscos que razoavelmente dele se esperam;
>
> III — a época em que foi fornecido.
>
> § 2.º O serviço não é considerado defeituoso pela adoção de novas técnicas".

---

[28] Ronald B. Standler, *Differences Between Civil and Criminal Law in the USA*, disponível no endereço: www.rbs2.com/cc.htm, acessado em 12-3-2003.

O objeto desses dispositivos, como se pode perceber, não é o fornecimento de um determinado produto, mas a realização de uma atividade de consumo, a exemplo do serviço do encanador, do advogado, ou, até mesmo, da instituição financeira[29].

Havendo remuneração, o serviço prestado ao destinatário final, ressalvada apenas a prestação laboral do empregado, será regido pelas normas protetivas do Código de Defesa do Consumidor.

Note-se, da mesma forma, que a responsabilidade pelo acidente de consumo decorrente da prestação de um serviço defeituoso — quer por imperícia do prestador, quer por falta de informação ao consumidor —, tem regramento semelhante àquele consagrado ao *fato do produto*, estudado *supra*, uma vez que a Lei n. 8.078/90 admitiu, expressamente, a responsabilidade civil objetiva ("Art. 14. O fornecedor de serviços responde, independentemente da existência de culpa...").

Mais uma vez registramos que o reconhecimento da responsabilidade civil objetiva harmoniza-se com o sistema de proteção aos direitos do consumidor, inaugurado pela Constituição de 1988.

Com muita propriedade, ressaltando a necessidade de os empreendedores de atividade econômica — fornecedores de produtos ou serviços — atuarem sempre em respeito ao princípio da dignidade da pessoa humana, CARLOS EDUARDO PIANOVSKI RUZYK sustenta que o mecanismo da responsabilidade civil serve como um muro defensivo para coibir condutas atentatórias aos direitos fundamentais do consumidor:

> "No que diz respeito ao aspecto específico da produção, no curso de atividades econômicas, de danos que afetem a dignidade da pessoa humana, a responsabilidade civil pode ter um papel relevante. A operacionalização desse instituto pode produzir uma intervenção na relação meios-fins da atividade econômica, tornando ineficiente aquilo que pode violar o princípio da dignidade. Em outras palavras: trata-se de tornar ineficiente aquilo que já é antijurídico, forçando a inserção na racionalidade econômica de uma racionalidade reprodutiva do sujeito, a ela em princípio alheia, mas da qual o agente econômico não poderá olvidar, sob pena de perda de competitividade"[30].

E, nessa linha de raciocínio, concluímos com facilidade que a adoção da responsabilidade objetiva, aliada a outros instrumentos jurídicos de proteção,

---

[29] Sobre a definição de serviço, confira-se o item 1.2 deste capítulo.

[30] Carlos Eduardo Pianovski Ruzyk, A Responsabilidade Civil por Danos Produzidos no Curso de Atividade Econômica e a Tutela da Dignidade da Pessoa Humana: o Critério do Dano Ineficiente, in *Diálogos sobre Direito Civil*, org. Carmem Lucia Silveira Ramos, Gustavo Tepedino e outros, Rio de Janeiro: Renovar, 2002, p. 144.

a exemplo da inversão do ônus da prova, culminam por fortalecer o sistema de defesa do consumidor.

O realizador do serviço, por sua vez, poderá eximir-se de responsabilidade, provando uma das situações previstas no § 3.º do art. 14, a saber:

a) que, mesmo tendo prestado o serviço, o defeito inexiste;

b) a culpa exclusiva do consumidor ou de terceiro.

Mutatis mutandis, as mesmas observações feitas *supra* para o produto defeituoso causador de acidente de consumo aplicam-se aos prestadores de serviço.

Especial referência merecem, porém, os profissionais liberais, cuja disciplina da responsabilidade civil, por razões metodológicas e didáticas, será feita em subtópico autônomo, a seguir.

2.1. A responsabilidade civil dos profissionais liberais

Ao tratar da responsabilidade civil pelo fato do serviço, o Código de Defesa do Consumidor ressalva a situação dos profissionais liberais que, nos termos do § 4.º do art. 14, somente respondem com fundamento na culpa profissional:

> "§ 4.º A responsabilidade pessoal dos profissionais liberais será apurada mediante a verificação de culpa".

Problema instigante diz respeito à intelecção do parágrafo único do art. 927 do CC/2002, que considera objetiva a atividade desenvolvida pelos empreendedores de atividade de risco.

Será que, a partir de agora, responderiam os médicos e advogados — exercentes de atividade de risco — sem aferição de sua culpa?

Embora já tenhamos cuidado da matéria em momento anterior[31], reiteramos nosso entendimento de que a responsabilidade civil dos profissionais liberais continua de natureza subjetiva (culposa), por força de considerarmos o Código do Consumidor lei especial em face do novo Código Civil.

Sobre o tema, vale colacionar alguns acórdãos que ressaltam a natureza subjetiva desse tipo de responsabilidade civil, como os a seguir transcritos:

> "Direito do consumidor. Responsabilidade civil subjetiva. Médico. Culpa. Ausência de prova. Responsabilidade civil objetiva. Estabelecimento hospitalar. Fato do serviço. Ausência de prova. Dever de indenizar. Inexistência. A relação existente entre médico e paciente e estabelecimento hospitalar e paciente é de consumo e, portanto, submetida às regras da legislação consumeira. Responsabilidade civil do nosocômio: objetiva (artigo 14, *caput*, do

[31] Confira-se, a propósito, o Capítulo XIV ("Responsabilidade Civil Profissional").

Código de Proteção e Defesa do Consumidor). Responsabilidade civil do médico: subjetiva (artigo 14, § 4.º, do Código de Proteção e Defesa do Consumidor). Não provada a culpa do profissional liberal, nem o defeito do serviço prestado pelo estabelecimento hospitalar, não há como reconhecer-se o direito à indenização pretendida. Sentença integralmente mantida. Recurso não provido" (TJRJ, Ap. Cível 2001.001.21050, 3.ª Câmara Cível, Des. Werson Rego, j. 17-1-2002).

"Dentista. Adoção de procedimentos errados. Responsabilidade civil. Dever de indenizar. Erros técnicos. Constatações periciais. I — A imperícia profissional praticada pelo dentista, adotando técnicas que impedem a boa higiene bucal e facilitam as inflamações das gengivas, implicam no dever de indenizar consagrado no artigo 1.545 do Código Civil. II — A frustração do paciente, que procura o profissional para recuperação estética dos dentes e gengivas, deve ser indenizada. O valor da reparação deve considerar, por analogia, os parâmetros do artigo 53 da Lei de Imprensa, realçando os efeitos negativos que a má apresentação da boca enseja ao consumidor lesado. III — A devolução integral do preço do serviço é corolário da aplicação do artigo 18, inciso II, do CDC, dispensando liquidação por arbitramento. IV — Recurso da consumidora parcialmente provido, negando-se provimento ao apelo do profissional liberal que não provou a culpa concorrente da autora" (TJRJ, Ap. Cível 2001.001.29565, 17.ª Câmara Cível, Des. Bernardo Garcez, j. 20-2-2002).

"Responsabilidade civil de médico. CDC. Inversão do ônus da prova. Cirurgia que, ao invés de melhorar a visão do paciente, induz cegueira. Deslocamento de retina. Inexistência de comunicação prévia acerca dos riscos cirúrgicos em face de condição pessoal do paciente. Negligência no pós-operatório. Retirado o curativo e constatada a cegueira, não foi sequer marcada nova consulta para acompanhamento do caso. Retornos do paciente por iniciativa própria. Dentre as grandes inovações consagradas no CDC, sobreleva-se a da responsabilidade objetiva do fornecedor, mas a responsabilidade dos profissionais liberais será apurada mediante a verificação de culpa, consoante exceção contida no § 4.º do art. 14 do CDC. Presentes os pressupostos elencados no inciso VIII do art. 6.º da Lei n. 8.078/90, faz jus o consumidor à inversão do ônus da prova. Toda vez que houver risco a correr, é preciso contar com o consentimento esclarecido do paciente, só dispensável em caso de urgência, não caracterizada nos autos. Inexistência nos autos de prova neste sentido. Negligência no pós-operatório, descurando-se o médico de determinar o retorno do paciente para acompanhamento indispensável, tornando o deslocamento da retina irreversível. Não comprovando o réu que agiu de forma correta, deixando de aplicar toda diligência possível para obter resultado favorável, impõe-se a procedência do pedido. Sentença mantida. Apelação improvida" (TJDF, Ap. Cível 4633997/DF, registro do acórdão n. 103262, j. 11-12-1997, 3.ª Turma Cível, Rel. Carmelita Brasil, *DJU*, 22-4-1998).

2.2. Prazo prescricional para a pretensão reparatória decorrente do acidente de consumo

Consumando-se o acidente, estabelece o CDC, em seu art. 27, que o prazo para o ajuizamento da pretensão reparatória de responsabilidade civil pelo fato do produto ou serviço é de *cinco anos*, iniciando-se a contagem a partir do conhecimento do dano e de sua autoria[32].

Vale registrar que, como se trata de norma especial, prevalece mesmo diante da nova regra geral de prescrição das pretensões de reparação civil, constante do art. 206, § 3.º, V, do CC/2002, que estabelece o prazo de três anos para sua dedução.

3. RESPONSABILIDADE CIVIL PELO VÍCIO DO PRODUTO OU SERVIÇO

Observação inicial deve ser feita no sentido de que o Código de Defesa do Consumidor, neste tópico, não cuida dos vícios causadores de acidente — cuja regulação foi feita acima —, mas, sim, de *defeitos que interfiram na qualidade ou economicidade do produto ou serviço.*

Vale lembrar, ainda, que o sistema reparatório inaugurado pela Lei do Consumidor é mais abrangente do que o consagrado pelo Código Civil, não distinguindo, ademais, os vícios ocultos (redibitórios) dos aparentes, para efeito de proteção do consumidor[33].

Abre esta seção o art. 18, cuidando dos *produtos defeituosos*, nos seguintes termos:

---

[32] "Código de Proteção e Defesa do Consumidor — Prazo decadencial do direito de reclamar pelos vícios ocultos em produto durável — Aplicação da norma incrustada no art. 26, II, c/c o § 3.º do Código de Proteção e Defesa do Consumidor e não o do art. 27 do mesmo diploma legal, que trata da pretensão à reparação pelos danos causados por fato do produto — 1. A 'pretensão à reparação pelos danos causados por fato do produto (art. 27 do CDC), prescreve em 05 (cinco) anos. 1.1 Por fato do produto entende-se o dano causado ao consumidor decorrente de defeito objetivo no mesmo. 2. Computador é considerado produto durável, ou seja, é em analogia ao bem consumível previsto no art. 51 do Código Civil, aquele cujo consumo não importa destruição da própria substância do produto. 3. Tratando-se de vício oculto, relativo a produto durável, aplica-se o disposto no inciso II do art. 26 c/c o seu § 3.º da lei consumerista. 4. Sentença mantida por seus próprios e judiciosos fundamentos" (TJDF, Ap. Cível no Juizado Especial 20010110607605/DF, registro do acórdão n. 154097, j. 8-5-2002, 2.ª Turma Recursal dos Juizados Especiais Cíveis e Criminais do Distrito Federal, Rel. João Egmont Leôncio Lopes, *DJU*, 24-5-2002).

[33] Nesse sentido, Zelmo Denari, ob. cit., p. 164.

"Art. 18. Os fornecedores de produtos de consumo duráveis ou não duráveis respondem solidariamente pelos vícios de qualidade ou quantidade que os tornem impróprios ou inadequados ao consumo a que se destinam ou lhes diminuam o valor, assim como aqueles decorrentes da disparidade, com as indicações constantes do recipiente, da embalagem, rotulagem ou mensagem publicitária, respeitadas as variações decorrentes da sua natureza, podendo o consumidor exigir a substituição das partes viciadas".

Interessante que o dispositivo legal consagra uma classificação de bens não utilizada pelo Código Civil — "duráveis e não duráveis" —, conferindo ao consumidor, ainda, o direito de não apenas pleitear a reparação devida, mas, também, exigir a substituição de partes viciadas.

Consagrou-se, ademais, a responsabilidade objetiva e solidária dos fornecedores dos produtos, o que facilita, como já vimos, sobremaneira, a defesa do consumidor.

Em sequência, o Código estabelece que, caso o consumidor reclame a reparação do vício ou defeito, *este não sendo sanado em trinta dias*[34], poderá, a seu critério, exigir alternativamente:

a) a substituição do produto por outro da mesma espécie, em perfeitas condições de uso;

b) a restituição imediata da quantia paga, monetariamente atualizada, sem prejuízo de eventuais perdas e danos;

c) o abatimento proporcional no preço.

Com isso, o CDC, afinado com a moderna tendência do Direito Processual Civil, escapou da antiga e cansativa fórmula das perdas e danos, abrindo ao consumidor a possibilidade de exigir uma tutela jurídica específica, compelindo o fornecedor à substituição do produto por outro, em perfeitas condições de uso.

Não se esqueça, por outro lado, que o prazo para reclamar pelos vícios aparentes, contado a partir da entrega efetiva do produto ou da execução do serviço, nos termos do art. 26, decai em:

a) *noventa dias*, tratando-se de produtos duráveis;

b) *trinta dias*, tratando-se de produtos não duráveis.

---

[34] Esse prazo de garantia legal do produto não exclui a garantia contratual, no Código do Consumidor (art. 50). O Código Civil, por sua vez, em norma inserida na seção dedicada aos vícios redibitórios (art. 446), estabeleceu que, na constância de eventual cláusula de garantia, não correriam os prazos para se reclamar judicialmente pelo defeito oculto, embora se impusesse ao adquirente o dever de denunciar ao alienante o vício, nos trinta dias seguintes ao seu descobrimento, sob pena de decadência. Tal regra poderia, em nosso entendimento, desde que não detrimentosa a direito do consumidor, ser aplicada analogicamente às relações de consumo.

Em se tratando de vício oculto, o § 3.º do art. 26 estabelece que o prazo inicia-se a partir do momento em que o defeito se apresentou.

Quanto à disciplina desses prazos decadenciais, aliás, o Código inovou, estabelecendo causas obstativas da decadência — lembre-se de que, tradicionalmente, apenas *prazos prescricionais* poderiam ser interrompidos ou suspensos —, nas seguintes hipóteses:

Obstam a decadência:

a) **a reclamação comprovadamente formulada pelo consumidor perante o fornecedor de produtos e serviços até a resposta negativa correspondente, que deve ser transmitida de forma inequívoca** — imagine que CAIO (sempre CAIO!) adquire uma camisa defeituosa em uma loja de roupas, e retornando ao estabelecimento, apresenta reclamação (documentada) ao vendedor. Nesse caso, enquanto não sobrevier resposta da empresa, o prazo de decadência para o ajuizamento da ação judicial estará paralisado[35];

b) **a instauração de inquérito civil, até o seu encerramento** — enquanto estiver em trâmite o expediente administrativo preliminar da ação civil pública, também o prazo decadencial estará obstado.

Finalmente, o art. 20 do CDC cuida da responsabilidade civil decorrente de *serviço defeituoso.*

---

[35] "Relação de consumo. Decadência de direito. Vício oculto. Tratando-se de vício oculto é aplicável o § 3.º do art. 26 do CDC. Havendo comunicação ao fornecedor, fica obstada a decadência na forma do inciso I do § 2.º do mencionado artigo do CDC. A deterioração do cabeçote do motor, necessitando de retífica, é vício oculto, detectável por fornecedor afeto ao ramo e imperceptível pelo consumidor comum, especialmente por mulher, de pouca cultura. Recurso conhecido e improvido à unanimidade" (TJDF, Ap. Cível no Juizado Especial 20010110915985/DF, registro do acórdão n. 158202, j. 14-5-2002, 1.ª Turma Recursal dos Juizados Especiais Cíveis e Criminais do Distrito Federal, Rel. Gilberto Pereira de Oliveira, *DJU*, 28-8-2002).

"Relação de consumo — Prazo decadencial — Termo inicial da ciência do defeito — Suspensão da decadência — Falta de provas da reclamação e resposta negativa. 1. Quando o vício do produto durável é oculto, o prazo decadencial para reclamar é de 90 dias a partir do momento em que ficar evidenciado o defeito (art. 26, § 3.º, da Lei consumerista). 2. Nos termos do § 2.º, também do retrorreferido artigo, obsta a decadência, a reclamação formulada pelo consumidor até a resposta negativa do fornecedor, a qual suspende o prazo decadencial. 3. Não sendo comprovada esta reclamação exigida pelo CDC, conclui-se que o prazo decadencial fluiu normalmente, exaurindo-se. 3. Sentença mantida por seus próprios e jurídicos fundamentos" (TJDF, Ap. Cível no Juizado Especial 20010910048262/DF, registro do acórdão n. 155726, j. 29-5-2002, 2.ª Turma Recursal dos Juizados Especiais Cíveis e Criminais do Distrito Federal, Rel. João Egmont Leôncio Lopes, *DJU*, 18-6-2002).

O regramento constante desse dispositivo assemelha-se ao anterior, com as devidas adaptações à natureza da atividade prestada[36].

Nesse caso, ao consumidor lesado abre-se a tríplice alternativa, sempre ao seu critério, de exigir:

a) a reexecução dos serviços, sem custo adicional e quando cabível[37];

b) a restituição imediata da quantia paga, monetariamente atualizada, sem prejuízo de eventuais perdas e danos;

c) o abatimento proporcional do preço.

Por todo o exposto, breve panorama da responsabilidade civil nas relações de consumo, somos levados a crer que o CDC — muito mais do que um simples diploma — é um dos mais importantes estatutos jurídicos da atualidade, marco indiscutível no Direito brasileiro, e que merece especial atenção dos estudiosos da Ciência Jurídica.

4. RESPONSABILIDADE CIVIL PELA INSERÇÃO DO NOME DO CONSUMIDOR NOS BANCOS DE DADOS

Para arrematar o presente capítulo, faz-se mister tecer algumas considerações sobre um dos temas mais comuns no debate sobre responsabilidade civil nas relações de consumo: a questão dos bancos de dados de devedores inadimplentes.

De fato, em decorrência da complexização das relações jurídicas na modernidade, em especial as relações de consumo onde a regra é a impessoalidade e profissionalização da prestação de serviços, precisam os fornecedores de bens e serviços de uma maior segurança para a prática de negócios jurídicos, notadamente no estabelecimento dos chamados “crediários”[38].

---

[36] “Responsabilidade civil — Reparação de danos — Restaurante — Serviço de manobrista — Contrato de depósito — Furto de veículo — Dever de indenizar. 1. A entrega do veículo ao manobrista do estabelecimento comercial configura contrato de depósito, cessando sua responsabilidade tão somente quando devolvidas as chaves ao cliente. Ademais, não se trata de mera gentileza, pois, à evidência, o valor dos serviços respectivos está embutido nos preços cobrados pelas refeições. 2. Negado provimento. Unânime” (TJDF, Ap. Cível 5193199/DF, registro do acórdão n. 139522, j. 26-3-2001, 5.ª Turma Cível, Rel.ª Sandra de Santis, *DJU*, 13-6-2001).

[37] Tal reexecução, nos termos do § 1.º, poderá ser confiada a terceiro capacitado, por conta e risco do fornecedor. Em nosso sentir, tal regra somente se aplica às obrigações que não sejam, obviamente, *intuitu personae*.

[38] Nesse diapasão, observa Eduardo Sodré que a “evolução do capitalismo e, consequentemente, a multiplicação das transações comerciais, em especial das relações de consumo, fez com que ficasse relegada ao passado a identificação pessoal outrora existente entre fornecedor de produtos e serviços e consumidor, razão pela qual assumiu

Afinal de contas, com o perdão do trocadilho, somente se deve dar crédito a quem tem crédito na praça como bom pagador.

Assim, a existência de tais serviços de proteção ao crédito, por si só, não deve ser considerada uma prática abusiva, mas sim o exercício regular de um direito[39].

Todavia, até mesmo pelas consequências de tal inscrição, esta deve ser realizada com "cuidados de ourives", de forma a evitar uma lesão aos direitos do consumidor, caso ela ocorra de forma indevida, seja pela efetiva satisfação do débito, seja pela sua eventual discussão judicial ou outro motivo relevante[40].

---

fundamental importância na sociedade hodierna, até mesmo para a sobrevivência do comércio, a elaboração e manutenção de cadastros de proteção ao crédito" ("Algumas considerações acerca da legitimidade passiva das entidades mantenedoras de bancos de dados para figurar no polo passivo de demandas relativas a inclusões indevidas ou irregulares de consumidores em seus cadastros de proteção ao crédito", *Revista Jurídica dos Formandos em Direito da UFBA*, ano V, v. 7 (edição em homenagem ao Professor Machado Neto), Salvador: Faculdade de Direito da Universidade Federal da Bahia, 2001, p. 91).

[39] Nesse sentido, manifesta-se a jurisprudência do Superior Tribunal de Justiça:

"Comercial. Cédula rural pignoratícia. Verba honorária. Compensação. Prequestionamento. Ausência. Inscrição no SERASA. Previsão legal. Embargos à execução. Vedação do registro pelo Tribunal estadual. Cabimento. Lei n. 8.038/90, art. 43, § 4.º, CC, art. 160, I. Correção monetária. TR. Previsão contratual. Aplicação. I. Inadmissível recurso especial em que é debatida questão federal não enfrentada no acórdão *a quo*. II. Legítimo é o procedimento adotado pela instituição financeira em inscrever os devedores inadimplentes em cadastro de proteção ao crédito, por autorizado na legislação pertinente. Todavia, em havendo discussão jurídica sobre o débito, pertinente o deferimento do pedido de abstenção com o fim de assegurar a eficácia do processo principal, sob pena de se frustrar, ao menos em parte, o direito nele discutido, pela imediata perda da credibilidade dos autores na praça em que atuam. III. Não há vedação legal para a utilização da TR como indexador de cédula rural pignoratícia livremente pactuada. Precedentes da Corte. IV. Recurso especial conhecido em parte e, nessa parte, parcialmente provido" (STJ, j. 21-6-2001, 4.ª Turma, REsp 324877/RS; REsp 2001/0057789-0, *DJ*, 15-10-2001, p. 269, Rel. Min. Aldir Passarinho Junior).

"Recurso Especial. Civil e Processual Civil. Banco de Dados. Registro de Inadimplência. Nome. Exclusão. Deferimento. Hipóteses restritas. O pedido de exclusão do nome do consumidor, como devedor inadimplente em cadastro de proteção ao crédito, justifica-se quando este diligencia em impugnar a cobrança da dívida. Afora estas circunstâncias, não é abusivo o procedimento adotado pela instituição financeira que remete o nome do devedor ao Serasa, porquanto respaldado na legislação pertinente. Recurso Especial não conhecido" (STJ, j. 20-4-2001, 3.ª Turma, REsp 253771/SP; REsp 2000/0031117-0, *DJ*, 25-6-2001, p. 171, Rel. Min. Nancy Andrighi).

[40] "*Leasing*. Veículo. Quitação do débito. Aponte do nome como devedor inadimplente. Serviço de Proteção ao Crédito (SPC). Descabimento. Art. 14 do CPC. Dano moral. Elevação. Recurso provido. Dano moral. Arrendatária — *leasing* de veículo, quitadas as parcelas contratadas, tem o sagrado direito de não ser molestada ou

A inobservância de cautelas poderá, portanto, ensejar a responsabilização civil de todos aqueles que participaram, direta ou indiretamente, do ato que ensejou a negativação indevida do consumidor.

Sobre o tema, confira-se, ainda, o seguinte interessante acórdão do Tribunal de Justiça do Rio de Janeiro:

> "Responsabilidade civil. Relação de consumo. Responsabilidade objetiva. Registro de proteção ao crédito. Negativação do nome do consumidor. Dano moral. Os bancos de dados de proteção ao crédito só podem conter anotações que correspondam à realidade dos fatos, sob pena de desvirtuamento de suas finalidades, com prejuízo em particular para a imagem do consumidor. Logo, lícita é apenas a inclusão e permanência em seus registros de nomes dos consumidores inadimplentes; não daqueles que, pela quitação do débito, não mais se encontram nessa condição. Deixando o consumidor de ser inadimplente, cumpre ao credor tomar todas as providências necessárias para permitir a baixa desse registro. Assim não procedendo, acaba por manter ilicitamente o nome do consumidor negativado, o que constitui, só por si, dano moral, a ser devidamente reparado. Comércio de Calçados Ltda. e apelada Tânia Caldeira de Souza. Acordam os Desembargadores da Décima Terceira Câmara Cível do Tribunal de Justiça do Estado do Rio de Janeiro, à unanimidade, em rejeitar a preliminar, e, no mérito, em negar provimento ao recurso. Cuida-se de ação de indenização proposta por Tânia Caldeira de Souza em face de Ranissa Comércio de Calçados Ltda. E da d. sentença, cujo relatório adota-se, que deu pela procedência do pedido, apela a ré. Suscita a preliminar de cerceamento de defesa, ao argumento de que fora surpreendida com a convolação da audiência de conciliação, a única a realizar-se na oportunidade, na forma do mandado de citação, para instrução e julgamento, o que a impediu de arrolar suas testemunhas. No plano do mérito, postula a integral reforma do aresto monocrático, pois a negativação do nome da recorrida ocorrera por comprovado inadimplemento seu, tanto assim que o cheque que emitira fora devolvido por duas vezes, por falta de provisão de fundos. Ademais, não é sua a responsabilidade dessa negativação, como demonstra o docu-

---

ameaçada de negativação, por alegado erro de serviço de banco conveniado do arrendante. Inaceitável excludente de falha de terceiro, ante a responsabilidade objetiva consumerista (art. 14, *caput*, CDC). Apelo provido, para elevar a verba de dano moral" (TJRJ, Ap. Cível 2002.001.21480, 17.ª Câmara Cível, Des. Severiano Ignácio Aragão, j. 16-10-2002).

"Processual civil — Cautelar — SPC — SERASA. I — Não há como assentir seja registrado nome de devedor inadimplente no SERASA ou no SPC, a respeito de débitos que estão sendo discutidos em ação judicial — precedente do STJ. II — Recurso conhecido e provido" (STJ, j. 29-6-2000, 3.ª Turma, REsp 228790/SP; REsp 1999/0079317-0, *DJ*, 23-10-2000, p. 135, Rel. Min. Waldemar Zveiter).

mento de fls. 53; só expediu a carta de anuência, diante da afirmação da apelada de que comprara em sua loja; não transferiu o cheque para terceiros, pois todas as empresas pertencem ao mesmo grupo econômico; não há prova do alegado dano moral. Recurso, tempestivo e preparado, foi respondido. Este o relatório. Rejeita-se, desde logo, a preliminar. Como se vê de fls. 44, a recorrente fora mesmo citada para a audiência, na qual, superada fase de conciliação, deveria apresentar sua defesa, sob pena de revelia. Além disso, como se trata de procedimento sumário, cumpria-lhe apresentar, com a contestação, o rol de suas testemunhas (art. 278 do CPC), e não o fez; sequer requereu produção de qualquer prova (fls. 73). Logo, inocorreu o alegado cerceamento de defesa. No mérito, o recurso por igual improcede, porquanto a d. sentença deu correta solução à demanda, passando seus fundamentos a integrar o presente, na forma regimental. Revelam os autos que a autora-apelada teve, de início, seu nome justamente negativado em registro de proteção ao crédito por ter emitido cheque sem fundos como pagamento de compra que realizara. Revelam, também, que essa dívida fora integralmente quitada, e que, mesmo assim, restou mantida essa negativação. Contudo, os bancos de dados de proteção ao crédito só podem manter anotações que correspondam à realidade dos fatos, sob pena de desvirtuamento de suas finalidades, em prejuízo de todos e em particular da imagem do consumidor. Lícito, pois, é apenas o lançamento, em seus registros, de nomes de consumidores inadimplentes (art. 160, I, do CC); não daqueles que não mais se encontram nessa condição, porque os dados não mais seriam verdadeiros (art. 43, parág. 1.º, do CDC). Por conseguinte, se a apelada recebeu o valor correspondente ao cheque, ainda que agora nominal a outra empresa do mesmo grupo, é mais do que evidente que o negócio jurídico, que deu causa a sua emissão, fora mesmo celebrado entre as partes. Logo, incumbia-lhe tomar as providências necessárias para a baixa desse registro, pela imperiosa necessidade de sua atualização. Não se olvide que, na espécie, incide o CDC, por tratar-se de iniludível relação de consumo. Daí que a responsabilidade da apelante é objetiva e só restaria afastada se prova houvesse de uma das excludentes previstas no art. 14, parág. 3.º, do referido diploma legal, ônus da apelante, do qual não se desincumbiu. Assim não procedendo, acabou por manter injustamente o nome do consumidor negativado, o que constitui, só por si, dano moral, independentemente de qualquer repercussão na esfera do seu patrimônio, eis que se satisfaz com a dor, sofrimento e humilhação por ele experimentados pela vítima. Está ínsito na própria ofensa, decorre da gravidade do ato ilícito em si, vale dizer, existe 'in re ipsa' (Sérgio Cavalieri Filho, Programa de Responsabilidade Civil, M., 2.ª ed., pág. 80); por isso que a demonstração da sua ocorrência não demanda prova necessária à comprovação dos danos materiais (art. 1.060 do CC)" (TJRJ, Ap. Cível 2002.001.22821, 13.ª Câmara Cível, Des. Nametala Machado Jorge, j. 30-10-2002).

Por isso mesmo, dada a repercussão para o patrimônio jurídico (material e moral) do cidadão consumidor, entendemos ser importantíssima a sua cientificação prévia do propósito de proceder à inclusão do seu nome em cadastros de proteção ao crédito, com base no art. 43, § 2.º, do Código de Defesa do Consumidor, que estabelece que a "abertura de cadastro, ficha, registro e dados pessoais e de consumo deverá ser comunicada por escrito ao consumidor, quando não solicitada por ele".

Sobre tal direito subjetivo, ensina ANTÔNIO HERMAN DE VASCONCELLOS E BENJAMIN:

> "O primeiro direito do consumidor, em sede de arquivos de consumo, é tomar conhecimento de que alguém começou a estocar informações a seu respeito, independentemente de sua solicitação ou mesmo aprovação. Em decorrência disso, o consumidor, sempre que não solicitar ele próprio a abertura do arquivo, tem direito a ser devidamente informado sobre este fato"[41].

O Superior Tribunal de Justiça, inclusive, já firmou posicionamento acerca da matéria, conforme se verifica de uma simples leitura dos seguintes arestos:

> "De acordo com o artigo 43, § 2.º, do Código de Defesa do Consumidor, e com a doutrina, obrigatória é a comunicação de sua inscrição no cadastro de proteção de crédito, na ausência dessa comunicação, reparável o dano oriundo da inclusão indevida" (4.ª Turma, REsp 165.727/DF, Rel. Min. Sálvio de Figueiredo Teixeira, v. u., j. 16-6-1998).
>
> "O registro somente deve ser feito com o prévio conhecimento do interessado, para permitir as medidas de defesa cabíveis" (4.ª Turma, REsp 22337-8-RS, Rel. Min. Ruy Rosado de Aguiar, v. u., j. 13-2-1995).

Neste sentido, o STJ, inclusive, editou a Súmula 359, preceituando:

> "Cabe ao órgão mantenedor do Cadastro de Proteção ao Crédito a notificação do devedor antes de proceder à inscrição".

Mas de quem seria tal responsabilidade civil?

No nosso entender, todos os prejuízos decorrentes de uma indevida inclusão devem ser suportados, *solidariamente*, pelo fornecedor responsável pela solicitação da "negativação" e pela pessoa jurídica mantedora do cadastro de proteção ao crédito, o que encontra respaldo no parágrafo único do art. 7.º c/c o art. 14, *caput*, do mesmo diploma.

Nesse sentido, também é a opinião de ANTÔNIO HERMAN DE VASCONCELLOS E BENJAMIM:

---

[41] *Código de Defesa do Consumidor — Comentado pelos autores do anteprojeto*, 5. ed., Rio de Janeiro: Forense, 1997, p. 331.

> "[13.1.7] RESPONSÁVEIS PELA COMUNICAÇÃO — Os arquivos de consumo cristalizam a conjugação de esforços de vários sujeitos, dois deles principais: o fornecedor da obrigação original e o administrador do banco de dados.
>
> Nos termos do art. 7.º, parágrafo único, do CDC: 'Tendo mais de um autor a ofensa, todos responderão solidariamente pela reparação dos danos previstos nas normas de consumo'. Isso quer dizer que fornecedor e administrador, como agentes diretamente envolvidos no *iter* da inscrição, são corresponsáveis pelos danos eventualmente causados ao consumidor por defeito de comunicação. A hipótese, evidentemente, é de responsabilidade solidária, cabendo, por isso mesmo, ação de regresso de um corresponsável na direção do outro. Compete ao consumidor escolher um ou todos os agentes, no momento da propositura de eventual ação indenizatória"[42].

Acompanhamos, assim, as conclusões do ilustre jovem jurista EDUARDO LIMA SODRÉ, em preciso e precioso artigo, nos seguintes termos: "A responsabilidade pela indevida ou irregular negativação do nome do consumidor é solidária, podendo a pretensão indenizatória ser deduzida, integralmente, em face de qualquer fornecedor interveniente na relação de consumo, inclusive a pessoa jurídica mantedora do cadastro de proteção ao crédito"[43].

Interessante notar, ainda, que, estando prescrita a pretensão de cobrança, não se justificaria a mantença da inscrição. Aliás, se tiver havido redução de prazo prescricional pelo Código de 2002, entendemos deva este prevalecer, em benefício do consumidor, que tem *o direito* de ter o seu nome retirado do cadastro de inadimplentes, assim que se operar a prescrição.

Vale destacar, finalmente, o não cabimento de indenização por dano moral em caso de anotação irregular em cadastro de proteção ao crédito quando já exista inscrição legítima feita anteriormente, tendo em vista o entendimento firmado pelo Superior Tribunal de Justiça, constante da Súmula 385, que dispõe: "Da anotação irregular em cadastro de proteção ao crédito, não cabe indenização por dano moral quando preexistente legítima inscrição, ressalvado o direito ao cancelamento".

Data venia, não concordamos com este entendimento, na medida em que a nova inscrição ilegítima justificaria, por si só, em virtude da função social e do caráter pedagógico da responsabilidade civil, a fixação de uma justa e adequada verba indenizatória.

---

[42] Ob. cit., p. 400.

[43] Eduardo Sodré, ob. cit., p. 92.

Capítulo XVIII
Responsabilidade Civil do Transportador

Sumário: 1. Considerações iniciais. 2. O contrato de transporte. 2.1. Transporte de coisas ou mercadorias. 2.2. Transporte de pessoas. 3. Transporte gratuito. 4. Visão geral sobre o transporte aeronáutico.

1. CONSIDERAÇÕES INICIAIS

Com a sua peculiar sabedoria, AGUIAR DIAS observa que o estudo da responsabilidade civil deveu o seu desenvolvimento, em grande parte, ao avanço tecnológico no transporte de coisas e pessoas:

> "O estudo da responsabilidade civil deve, em grande parte, o extraordinário incremento que apresenta em nossos dias ao desenvolvimento incessante dos meios de transporte. Sem desconhecer outros motivos realmente fortes, pode afirmar-se que a influência dos novos riscos criados pelo automóvel na responsabilidade civil foi profunda e decisiva, no sentido de alçá-la ao seu incontestável lugar de 'vedette' do direito civil, na classificação adequada de Josserand. O insopitável anseio de se transportar fácil e rapidamente, a que alude Julian Huxley, é responsável por essa crescente importância do problema"[1].

De fato, na medida em que a sociedade experimentou um assustador avanço científico, especialmente no período pós-guerra, um dos setores da atividade humana que mais se beneficiou com esse esforço bélico foi, sem dúvida, o de transportes.

Os transportes terrestre e o aeronáutico, sem nos esquecermos do marítimo, evoluíram, nos últimos cem anos, mais do que em todos os séculos precedentes, desde quando o homem, em magnífico *insight*, criou a roda.

O século XX, sob esta perspectiva, traduziu em seus cem anos o que não se conseguiu em mais de mil.

Entretanto, o lado negro deste incremento tecnológico, tão importante para o bem-estar dos homens de hoje, foi o aumento do risco e, consequentemente, o agravamento das situações de dano, inseridas no campo da responsabilidade civil aquiliana.

---

[1] José de Aguiar Dias, *Da Responsabilidade Civil*, 9. ed., Rio de Janeiro: Forense, 1994, v. I, p. 184.

Em magnífico ensaio, já referenciado neste livro, JOSÉ JOAQUIM CALMON DE PASSOS ressalta o incremento do risco como corolário do avanço da sociedade moderna em palavras magistrais, merecendo a reiteração e a transcrição integral:

> "A modernidade assentou em três pilares — o do Estado, o do mercado e o da comunidade. A par disso, deu visibilidade à dialética da convivência humana que se processa pela interação entre regulação e emancipação. Traduziu-se, em termos ideológicos, pela trilogia da Revolução Francesa — liberdade, igualdade e fraternidade; o Estado no papel de fiador da liberdade; o mercado como propiciador da igualdade; a fraternidade seria mera consequência da realização de ambas. A lógica intrínseca do capitalismo e o fato de haver-se confundido o desenvolvimento da racionalidade econômica com o da racionalidade tecnocientífica importou, entretanto, num déficit de fraternidade e de solidariedade. Todas as tentativas de se compatibilizar a liberdade com a igualdade resultaram frustrantes ou insuficientes para colocar a fraternidade em condições de efetivar-se. Nem o logrou o Estado como, por igual, o mercado, inexistindo, mesmo em médio prazo, no contexto da filosofia capitalista, perspectiva de que isso se faça possível. Essa realidade foi precisamente o que levou à teorização da responsabilidade objetiva que, antes de ser um avanço teórico, é uma consequência inelutável dos pressupostos de natureza sócio-político-econômica que a determinaram. Ao falarmos em responsabilidade sem culpa, usamos, na verdade, de um eufemismo encobridor de algo que ideologicamente precisa ser dissimulado. O puro fato da natureza, quando nos causa dano, se situa no âmbito do infortúnio, da fatalidade, da impotência humana diante de tudo quanto ainda não é capaz de controlar. Em verdade, todas as hipóteses de responsabilidade sem culpa são ocorrências em que o causador do dano é responsável por ele ou se tornou anônimo, dada a intensa mecanização e massificação da vida moderna, ou de tal modo está distanciado da vítima que seria uma injustificável exigência atribuir ao lesado o dever de identificá-lo. Sem esquecer que, em seu núcleo, a teoria do risco, a mais objetiva das teorias objetivas, apenas atende ao fato de haver-se tornado, em si mesmo, perigoso, em nossos dias, viver e conviver. E se todos somos coletivamente culpados pela adesão emprestada a esse estilo de vida, que legitimamos com o nome de progresso, tornamo-nos todos também coletivamente responsáveis. Os proveitos e vantagens do mundo tecnológico são postos num dos pratos da balança. No outro, a necessidade de o vitimado em benefício de todos poder responsabilizar alguém, em que pese o coletivo da culpa. O desafio é como equilibrá-los. Nessas circunstâncias, fala-se em responsabilidade objetiva e elabora-se a teoria do risco, dando-se ênfase à mera relação de causalidade, abstraindo-se, inclusive, tanto da ilicitude do ato quanto da existência de culpa"[2].

---

[2] José Joaquim Calmon de Passos, *O Imoral nas Indenizações por Dano Moral*, disponível no *site* http: www.jusnavigandi.com.br, doutrina.

Feitas tais observações iniciais, passaremos a enfrentar especificamente o tema objeto de nosso capítulo.

2. O CONTRATO DE TRANSPORTE

O contrato de transporte, cuja disciplina é feita a partir do art. 730 do Código de 2002 (sem correspondência no Código revogado), pode ser definido como o negócio jurídico bilateral, consensual e oneroso, pelo qual uma das partes (transportador ou condutor) se obriga a, mediante remuneração, transportar pessoa ou coisa a um destino previamente convencionado.

Da definição legal defluem as suas duas espécies:

a. transporte de coisas (arts. 743 a 756);

b. transporte de pessoas (arts. 734 a 742).

O preço pago ao transportador recebe a denominação de "frete ou porte" no transporte de coisas, e de "valor da passagem" no transporte de passageiros.

2.1. Transporte de coisas ou mercadorias

Com fundamento na doutrina pátria[3], podemos apresentar o seguinte quadro esquemático de direitos e obrigações das partes envolvidas no contrato de transporte de mercadorias:

1. **obrigações do remetente**: entrega da mercadoria em condições de envio; pagamento do preço convencionado, ressalvada a hipótese de este ser adimplido pelo destinatário; acondicionamento da mercadoria; declaração do seu valor e da sua natureza; recolhimento tributário pertinente; respeito às normas legais em vigor no sentido de somente expedir mercadorias de trânsito admitido no Brasil;

2. **obrigações do transportador**: receber a coisa a ser transportada no dia, hora, local e modo convencionados; empregar total diligência no transporte da mercadoria posta sob a sua custódia; seguir o itinerário ajustado, ressalvadas as hipóteses de caso fortuito e força maior; entregar a mercadoria ao destinatário da mesma, mediante apresentação do respectivo documento comprobatório de sua qualidade de recebedor (conhecimento de transporte); respeito às normas legais em vigor no sentido de somente expedir mercadorias de trânsito admitido no Brasil.

Comentando o transporte de mercadorias, SÍLVIO VENOSA lembra ainda que: "cabe ao transportador permitir o desembarque da mercadoria, me-

---

[3] Cf., a respeito, o nosso volume 4 ("Contratos"), e a obra do renomado Sílvio de Salvo Venosa, *Direito Civil — Contratos em Espécie* (Capítulo 23), Atlas, 2003.

diante a apresentação do conhecimento, salvo se se tratar de mercadoria sujeita a transporte sob regulamentação especial ou de endossatário em penhor (art. 106 do Decreto n. 51.813/63, redação do Decreto n. 61.588/67). Cuida-se do direito de *stoppage in transitu*, ou variação do destino da carga. Se houver variação do destino, o transportador poderá pedir reajuste do frete. Se não houver acordo, cumprirá o transporte entregando a coisa no destino primitivo"[4].

Cumpre observar, para que não restem dúvidas, que o *conhecimento de transporte* é o documento, derivado do próprio contrato, que contém os necessários dados de identificação da mercadoria (art. 744 do CC/2002).

Com espeque em tudo o que se disse até aqui, já podemos começar a analisar as bases da responsabilidade civil do transportador no transporte de coisas ou mercadorias.

Ora, indiscutivelmente, trata-se de uma *responsabilidade de natureza contratual*, na medida em que o transportador, ao assumir a obrigação, arca com o dever de levar a coisa até o local de destino, devidamente protegida e em perfeito estado de conservação.

No conceito de coisa, inclusive, devem ser compreendidos os semoventes transportados por força de tal avença contratual[5].

---

[4] Sílvio de Salvo Venosa, ob. cit., p. 487.

[5] Noticiou a Revista *Consultor Jurídico* (http://conjur.uol.com.br), de 11 de novembro de 2002:

"Voo fatal — *Juíza manda Varig indenizar por morte de cachorro*

A Varig foi condenada a pagar indenização por danos morais e materiais à dona de um cão da raça Pug. Motivo: o cachorro morreu durante um voo da empresa do Rio de Janeiro para Miami (EUA).

A juíza da 11.ª Vara Cível de Brasília, Maria de Fátima Rafael de Aguiar Ramos, arbitrou o valor da indenização por danos morais em R$ 10 mil e dos danos materiais, em R$ 100 mil.

De acordo com a juíza, ficaram evidenciadas a culpa e a responsabilidade da Varig pelos prejuízos morais sofridos pela dona do cão, uma vez que a empresa descumpriu o contrato de transporte nos termos ajustados.

Maria de Fátima afirmou que 'cabem no rótulo de dano moral os transtornos, os aborrecimentos ou contratempos anormais que sofreu a Autora no seu dia a dia e pela sensação de desconforto e aborrecimento em razão da negligência da Ré'.

Pela sentença, do total de R$ 100 mil de danos materiais, R$ 20 mil são pelo cão e R$ 80 mil pelos lucros cessantes, considerando-se o menor valor de avaliação de ambos.

No cálculo dos lucros cessantes, levou-se em conta, ainda, a menor estimativa da quantidade de filhotes que o cachorro poderia ter se estivesse vivo nos quatro anos seguintes de sua morte, a média de dois acasalamentos por mês e o preço de R$ 1.500,00 por filhote.

Em verdade, o transportador assume uma *obrigação de resultado* — e isso também serve para o transporte de pessoas —, na medida em que se obriga a transportar a mercadoria até o local acertado, em segurança[6].

Viagem sem volta

No dia 17 de junho de 2001, o cão embarcou no voo da Varig juntamente com sua adestradora e mais dois cachorros para participar de uma exposição.

A dona do cão disse que, ao desembarcar em Miami, a adestradora foi comunicada da morte do cachorro e, sem muitas informações nem assistência por parte dos funcionários da Varig, ela providenciou a autópsia do corpo do animal em uma clínica veterinária.

De acordo com o laudo da clínica, o exame de necropsia e de patologia do animal indicou falta de ar no estômago e intestinos, bem como contusões pulmonares decorrentes de ventilação inadequada e/ou temperatura imprópria. A dona do animal alegou ter notificado a Varig para providenciar a apuração dos fatos que levaram à morte do cachorro. O corpo do animal ficou congelado por 30 dias à disposição da empresa.

A dona do cão afirmou que o animal era campeão mundial, com inúmeros títulos nacionais e internacionais, patrocinado por uma das mais importantes empresas de rações do mundo, a Effem-Pedigree. Ela alegou ainda que os custos com o cão seriam compensados com a venda do sêmen e com a procriação direta.

A Varig argumentou que se três animais foram transportados no mesmo voo, dentro do mesmo contêiner, e dois chegaram ao destino sem qualquer problema de saúde é inaceitável a tese de que o terceiro cão morreu por causa de ventilação inadequada e/ou temperatura imprópria. Além disso, a empresa questionou a credibilidade do laudo do veterinário e alegou divergências quanto à identidade do cachorro morto.

A juíza rejeitou os argumentos da Varig. Maria de Fátima lembrou que a empresa não providenciou nova análise no corpo do animal. Além disso, para a juíza, a identidade do cão ficou suficientemente comprovada nos autos do processo.

Segundo a Varig, a omissão da dona do cão em aplicar sedativo no mesmo, conforme exigido pelas companhias aéreas, pode ter sido a causa da morte do animal. A juíza refutou a hipótese levantada pela empresa porque nenhum dos cães ingeriu sedativo.

Segundo a juíza, se fosse obrigatório o uso do medicamento, conforme informação da empresa, a Varig deveria ter exigido a sedação do animal.

De acordo com a juíza, competia à empresa entregar os cães na mesma situação em que os recebeu. Afirmou que "a finalidade da condenação é compensatória, punitiva e intimidativa, pois inibe que outros erros da mesma espécie venham a ser cometidos".

[6] Sobre a obrigação de resultado, já anotamos que: "Nesta modalidade obrigacional, o devedor se obriga, não apenas a empreender a sua atividade, mas, principalmente, a produzir o resultado esperado pelo credor. É o que ocorre na obrigação decorrente de um contrato de transporte, em que o devedor se obriga a levar o passageiro, com segurança, até o seu destino. Se não cumprir a obrigação, ressalvadas hipóteses de quebra do nexo causal por eventos fortuitos (um terremoto), será considerado inadimplente, devendo indenizar o outro contratante. A respeito desse tema, interessante questão diz respeito à obrigação do cirurgião plástico. Em se tratando de cirurgia

Aliás, não é difícil concluir que a esmagadora maioria — senão a totalidade — das sociedades ou empresários individuais que atua neste setor realiza uma *atividade de consumo*, sujeita às regras do Código de Defesa do Consumidor.

Por isso mesmo, não temos dúvida em afirmar que se trata de uma hipótese de responsabilidade civil objetiva, e não meramente de presunção de culpa, na eventual hipótese de descumprimento do pactuado.

Cumpre-nos, todavia, advertir que *a responsabilidade do transportador é limitada ao valor constante do conhecimento*, nos termos do art. 750 do CC, que, como visto, veda eventual indenização suplementar, caso haja extravio ou destruição da mercadoria.

Mas observe que, se o destinatário comprovar ter sofrido prejuízo a maior decorrente do não recebimento da mercadoria (deixou de celebrar um negócio já devidamente acertado, em minuta de contrato), poderá, em nosso sentir, pleitear indenização superior ao valor constante do conhecimento, considerando a extensão do dano sofrido.

Tal afirmação se fundamenta na concepção básica da responsabilidade civil no nosso ordenamento jurídico, que é a restituição integral do dano.

Ainda com fulcro no mesmo artigo de lei, verifica-se que o legislador cuidou de delimitar cronologicamente a responsabilidade do transportador, ao referir que esta *começa no momento em que ele, ou seus prepostos, recebem a coisa e termina quando é entregue ao destinatário, ou depositada em juízo, se aquele não for encontrado (art. 750).*

Comentando este dispositivo, o culto ZENO VELOSO ressalta a natureza objetiva da responsabilidade do transportador: "Correm os riscos por conta do transportador, sendo a sua responsabilidade objetiva, salvo força maior devidamente comprovada, ou se a coisa se perdeu ou deteriorou por culpa exclusiva do remetente, como na hipótese de vício próprio da coisa, sendo ela facilmente deteriorável, por exemplo, e tendo sido a circunstância omitida pelo expedidor"[7].

---

plástica estética, haverá, segundo a melhor doutrina, obrigação de resultado. Entretanto, se se tratar de cirurgia plástica reparadora (decorrente de queimaduras, por exemplo), a obrigação do médico será reputada de meio, e a sua responsabilidade excluída, se não conseguir recompor integralmente o corpo do paciente, a despeito de haver utilizado as melhores técnicas disponíveis" (Pablo Stolze Gagliano e Rodolfo Pamplona Filho, *Novo Curso de Direito Civil — Obrigações*, São Paulo: Saraiva, 2002, v. II, p. 109).

[7] Zeno Veloso, *Novo Código Civil Comentado* — coord. Ricardo Fiuza, São Paulo: Saraiva, 2002, p. 675.

No mesmo sentido, o já citado VENOSA: "O transportador responde por perdas e avarias na coisa, desde que não se atribua o risco ao remetente. A responsabilidade do transportador é objetiva"[8].

Claro está, portanto, que a *culpa exclusiva do remetente* ou a *ocorrência do caso fortuito e de força maior* tem o condão de quebrar o nexo de causalidade, tendo em vista que se tratam de regras gerais de excludentes de responsabilidade.

Ressaltando a isenção de responsabilidade do transportador pelo mau acondicionamento da mercadoria pelo remetente, leia-se a seguinte ementa do Tribunal de Justiça do Mato Grosso do Sul:

> "Apelação cível — Ressarcimento de danos — Transportador — Responsabilidade presumida — Mercadoria avariada — Deficiência de acondicionamento — Conhecimento do transportador, durante a viagem, do mau acondicionamento — Descarregamento e novo carregamento que demandaria mão de obra de várias pessoas — Estrada — Impossibilidade — Sentença mantida — Recurso improvido.
>
> A responsabilidade civil do transportador é objetiva, fundada na teoria do risco presumido. Restando demonstrado que o acidente somente veio a ocorrer em virtude da deficiência do condicionamento da mercadoria transportada (art. 1.º, item 4.º, do referido Decreto n. 2.681/12), inexiste responsabilidade do transportador pelo evento danoso.
>
> Nao há falar em responsabilidade do transportador que mesmo tendo tomado conhecimento, durante a viagem, de que a carga estava mal condicionada, ainda assim deu sequência a esta, se o descarregamento e novo carregamento da mercadoria demandaria mão de obra de várias pessoas, o que na estrada é impossível" (TJMS, Processo 2001.005063-6 — julgado em 17-5-2002 — Apelação Cível — Sumário/Itaporã, Rel. Des. Joenildo de Sousa Chaves — 2.ª Turma Cível).

Importa notar ainda que, no contrato de transporte (de coisas ou de pessoas), considera-se ineficaz cláusula contratual de não indenizar. Vale dizer, é inadmissível que o transportador, visando a eximir-se de responsabilidade, estipule convencionalmente norma que a exclua totalmente. Tal providência, inclusive, entraria em rota de colisão com os princípios do Código do Consumidor[9], dada a relação consumerista desse tipo de negócio jurídico.

---

[8] Sílvio de Salvo Venosa, ob. cit., p. 488.

[9] Nesse sentido, o art. 25 do Código de Defesa do Consumidor: "Art. 25. É vedada a estipulação contratual de cláusula que impossibilite, exonere ou atenue a obrigação de indenizar prevista nesta e nas Seções anteriores".

No plano da jurisprudência, como já observamos em capítulo anterior[10], o Supremo Tribunal Federal há muito já se firmou no sentido de não admitir cláusula desta natureza no contrato de transporte, *ex vi* do disposto na Súmula 161: "Em contrato de transporte é inoperante a cláusula de não indenizar".

Concordamos firmemente com a orientação sumulada.

Qualquer disposição prevista no contrato de transporte em sentido contrário, inclusive a que limitasse o valor da indenização a um patamar inferior ao *quantum* correspondente do dano efetivamente sofrido, seria considerada abusiva, ilegal, e, inclusive, inconstitucional, por atentar contra o princípio da dignidade da pessoa humana.

Feitas tais considerações, passemos a enfrentar um tema mais delicado: a responsabilidade civil no transporte de pessoas.

2.2. Transporte de pessoas

Fixado o conceito do contrato de transporte, passaremos a estudar as consequências civis decorrentes de danos causados às pessoas transportadas (passageiros).

Mutatis mutandis, poderíamos aproveitar as observações acima esposadas quanto aos direitos e obrigações das partes, aplicando-as ao transporte de pessoas. Registre-se, apenas, o imensurável valor daquilo que se transporta: a vida humana.

AGUIAR DIAS, em sua monumental obra, já advertia que, em todo o contrato de transporte de pessoas existe, implícita, uma cláusula de segurança ou de incolumidade[11].

Mesmo que o instrumento contratual não explicite, é decorrência do princípio da função social do contrato e da regra ética de boa-fé objetiva (arts. 421 e 422 do CC/2002) que o transportador tem o *dever* de levar o passageiro, a salvo e em segurança, até o local de destino.

A quebra desta obrigação implícita de natureza contratual impõe o reconhecimento da responsabilidade objetiva do transportador, que deverá indenizar a vítima independentemente de ter atuado ou não com dolo ou culpa.

Lembre-se, inclusive, de que o primeiro diploma brasileiro consagrador de responsabilidade civil objetiva foi, precisamente, o Decreto Legislativo n. 2.681, de 1912, referente às estradas de ferro.

[10] Confira-se o Capítulo VIII ("Causas Excludentes de Responsabilidade Civil e Cláusula de Não Indenizar").

[11] Aguiar Dias, ob. cit., v. I, p. 185.

Este mesmo princípio, anunciado há tantas décadas, veio previsto pelo Código de Defesa do Consumidor, que prevê a responsabilização objetiva do fornecedor de serviço (art. 14), facilitando, desta maneira, a compensação devida à vítima.

Não é demais notar que, se não bastasse a incidência do CDC, o serviço de transporte de passageiros — terrestre, marítimo ou aeronáutico — é considerado indiscutivelmente uma atividade de risco, para a qual o Código Civil prevê, também, a aplicação das regras da responsabilidade sem culpa, nos termos do parágrafo único do seu art. 927.

A disciplina específica do transporte de pessoas é feita a partir do art. 734 do Código Civil que, harmonizando-se com a Lei do Consumidor, prevê que:

> "Art. 734. O transportador responde pelos danos causados às pessoas transportadas e suas bagagens, salvo motivo de força maior, sendo nula qualquer cláusula excludente da responsabilidade.
>
> Parágrafo único. É lícito ao transportador exigir a declaração do valor da bagagem a fim de fixar o limite da indenização".

E essa obrigação de segurança é tão importante que somente será ilidida em situações excepcionais de quebra do nexo causal, não eximindo o transportador pelo fato de terceiro, nos termos da Súmula 187 do STF[12]: "A responsabilidade contratual do transportador, pelo acidente com o passageiro, não é elidida por culpa de terceiro, contra o qual tem ação regressiva".

Tal preceito vem agora reproduzido pelo art. 735 do Código de 2002:

> "Art. 735. A responsabilidade contratual do transportador por acidente com o passageiro não é elidida por culpa de terceiro, contra o qual tem ação regressiva".

Imagine-se, por exemplo, que um ex-empregado da companhia de viação, visando a prejudicar seu antigo patrão, resolva folgar alguns componen-

[12] Com base nesta súmula, controvertido entendimento jurisprudencial existe no sentido de que a companhia transportadora responde em caso de arremesso de objeto por terceiro contra o veículo, durante a viagem. A questão é delicada, na medida em que a companhia nem sempre dispõe de meios para evitar acontecimentos deste jaez, provenientes da atuação de vândalos. Nessa linha, cumpre-nos transcrever acórdão da lavra do Des. Cavalieri Filho, ressaltando a isenção de responsabilidade do transportador quando o dano se originar de causa estranha: "Não responde o transportador por dano decorrente de causa estranha ao transporte, provocado por grupo de delinquentes na prática do chamado arrastão. Tal fato, por ser inevitável e não guardar nenhuma conexidade com o transporte, equipara-se ao fortuito externo, excludente do próprio nexo causal. O transporte, em casos tais, não é causa do evento, apenas de sua ocasião, pelo que não pode ser incluído entre os riscos próprios do deslocamento. Desprovimento do recurso" (TJRJ, EInf. em AP. Cível 3.362/96, j. 2-4-1998).

tes da roda do ônibus, causando grave acidente. Em tal caso, não poderá o proprietário da empresa alegar fato de terceiro para se eximir da obrigação de indenizar.

Assim, poderíamos concluir que apenas a culpa exclusiva da vítima ou a ocorrência de evento fortuito excluiriam o dever de indenizar.

Lembre-se, ademais, conforme já vimos em páginas anteriores, que somente o *fortuito externo* tem o condão de eximir o transportador, o mesmo não acontecendo na hipótese de *fortuito interno*[13].

Nesse sentido, ensina o ilustre CARLOS ROBERTO GONÇALVES, ilustre Desembargador do TJSP:

> "Somente o fortuito externo, isto é, a causa ligada à natureza, estranha à pessoa do agente e à máquina, exclui a responsabilidade deste em acidente de veículos. O fortuito interno, não. Assim, tem-se decidido que o estouro de pneus, a quebra da barra de direção, o rompimento do 'burrinho' dos freios e outros defeitos mecânicos em veículos não afastam a responsabilidade do condutor, porque previsíveis e ligados à máquina"[14].

Questão interessante diz respeito ao assalto ocorrido durante o transporte.

Em nossa opinião, seria por demais injusto impor à companhia transportadora o ônus de assumir a obrigação de indenizar os passageiros pelo roubo ocorrido, do qual também foi vítima, ainda mais em se considerando ser do Estado o dever constitucional de garantir a todos a segurança pública[15].

---

[13] Confira-se, novamente, o Capítulo VIII ("Causas Excludentes de Responsabilidade Civil e Cláusula de Não Indenizar"), mas especificamente o tópico 2.4 ("Caso Fortuito e Força Maior").

[14] Carlos Roberto Gonçalves, *Responsabilidade Civil*, 7. ed., São Paulo: Saraiva, 2002, p. 282.

[15] Em sentido contrário, defendendo a responsabilidade do transportador, leia-se este belo trecho de voto vencido, proveniente do E. TJRJ, que, se por um lado, não se afina com a doutrina majoritária, por outro, acaba ressaltando a necessidade de o transportador redobrar os cuidados com a segurança em trechos frequentemente marcados por assaltos: "Processual. Responsabilidade civil. Assalto a ônibus. Vítima que é atingida no interior de coletivo em troca de tiros entre passageiros e assaltantes. Alegado fato de terceiro evidenciador de fortuito externo. Inocorrência em face da previsibilidade do evento danoso. Omissão dos empresários na tomada de providências que minorem ou evitem as ocorrências. Responsabilidade contratual. Pensão que deve levar em conta os gastos da vítima com a sua manutenção. Juros, que por se tratar de relação contratual, contam-se da citação-recurso a que se dá parcial provimento. I — Se o caso fortuito é a expressão especialmente usada, na linguagem jurídica, para indicar todo caso, que acontece imprevisivelmente, atuado por uma força que não se pode evitar, revela-se inocorrente o caso fortuito nos assaltos a ônibus numa região como a da Avenida Brasil em Bonsucesso onde, infelizmente, os assaltos se sucedem. Relembrando Planiol, 'os juízes devem viver com sua época, se não querem que esta viva sem eles'; II — O

Ressalve-se, apenas, a situação delituosa para a qual contribuiu a própria companhia transportadora, em virtude da atuação desidiosa ou negligente do seu preposto (que parou o ônibus ou atracou a embarcação em local inseguro, por exemplo).

Nesse diapasão, citem-se os seguintes julgados:

"Responsabilidade Civil — Estrada de Ferro — Passageiro Ferido em Assalto — O fato de terceiro que não exonera de responsabilidade o transportador é aquele que com o transporte guarda conexidade, inserindo-se nos riscos próprios do deslocamento. Não assim quando intervenha fato inteiramente es

---

questionamento do 'como se evitar', não deve se dirigir ao Judiciário, mas às empresas de segurança que, graças ao avanço tecnológico, conhecem muito bem as formas de se coibirem eventos semelhantes ao que se encontra narrado nos autos, a menos que essas empresas sejam primárias na área de segurança, incapazes, imperitas. A simples colocação de câmeras em alguns coletivos no Rio de Janeiro já diminuiu a ocorrência; III — Por outro lado, como lembra o eminente Desembargador Pimentel Marques em apelação julgada pela egrégia Quarta Câmara Cível, 'nunca se ouve falar de fortuito interno relativo à guarda do dinheiro, sabendo-se do elogiável cuidado e a quase impossibilidade de meliantes e marginais agredirem o patrimônio financeiro do transportador, ante o óbice de verdadeira barreira humana de segurança a cuidar dos emolumentos, que ficam, na hipótese da verificação (inteiramente inaceitável, convém frisar) desse fortuito, sem os correspectivos ônus, se e quando ocorrem fatos no interior do automotor. Mais que previsíveis assaltos e homicídios no interior de veículos de transporte coletivo, o risco de trafegar em horas da madrugada impõe ao transportador o dever de proteger os passageiros, que as empresas de ônibus bem devem saber de que espécie a proteção a ser desenvolvida, para que reste cumpridamente efetivado o contrato de transporte. O fato de terceiro não serve de arredar a cláusula de incolumidade física do passageiro que, ao ingressar no coletivo, firma contrato de transporte que tem por escopo levá-lo ao destino da viagem com suas normais e regulares condições de vida. O dolo de terceiro jamais se presta a elidir a responsabilidade do transportador, pois que é previsível, e passa a estar diretamente relacionado com o fato do transporte, diferentemente do que entende a d. maioria'; IV — Enquanto o Judiciário, divorciado do seu real papel no contexto social, continuar entendendo que não são indenizáveis os assaltos no interior de coletivos, as empresas de ônibus, nababescamente, continuarão indiferentes às lágrimas, às dores, ao luto e ao desamparo daqueles que as sustentam através do contrato de transporte regiamente retribuído — *ubi periculum, ibi et lucrum collocetur* — onde está o perigo, aí seja colocado o lucro. Ou seja, as vantagens e as comodidades devem tocar a quem arrisca. O fato era e é perfeitamente previsível e faz parte do risco da atividade econômica; V — Pelo princípio do *restitutio in integrum*, deve a indenização compreender as perdas originárias do evento. De forma que, na fixação da pensão se deve levar em conta o valor que a vítima despenderia na sua manutenção, sendo razoável a fixação da pensão concedida em 2/3 do salário mínimo; VI — O valor do dano moral, fixado em reais, deve atender ao princípio da razoabilidade, entendendo-se como tal o fixado na sentença; VII — Os juros, em se tratando de culpa contratual, são contados a partir da citação; VIII — Provimento parcial do recurso" (TJRJ, Apelação Cível 2001.001.15218, Rel. Des. Gilberto Fernandes, j. 16-10-2002).

tranho, como ocorre tratando-se de um assalto" (STJ — 3.ª T. — REsp — Rel. Eduardo Ribeiro — julgado em 21-9-1993 — *RSTJ* 52/208).

"O roubo caracteriza força maior e, portanto, é excludente da responsabilidade da transportadora, exceto se esta se expor negligentemente ao perigo, deixando de empregar as diligências e precauções necessárias" (1.º TACSP — Ap. Rel. Jorge Almeida, JTACSP 78/23)[16].

Recente jurisprudência aponta na mesma direção, consoante se pode deduzir da análise dos seguintes julgados:

"Responsabilidade civil. Exclusão. Transporte rodoviário. Força maior. A Seção, por maioria, entendeu que, não obstante a habitualidade da ocorrência de assaltos à mão armada em transportes coletivos, que colocam em risco a incolumidade dos seus usuários, no caso incide a excludente de responsabilidade por força maior (art. 17, segunda alínea, I, do Dec. n. 2.681/1912 e art. 1.058 do CC). Precedentes citados do STF: RE 88.408-RJ, *DJ* 12-7-1980; RE 113.194-RJ, *DJ* 7-8-1987; do STJ: REsp 74.534-RJ, *DJ* 14-4-1997; REsp 200.110-RJ, *DJ* 10-4-2000; REsp 30.992-RJ, *DJ* 21-3-1994, e REsp 118.123-SP, *DJ* 21-9-1998" (STJ, REsp 435.865-RJ, Rel. Min. Barros Monteiro, julgado em 9-10-2002).

"Responsabilidade civil. Transporte intermunicipal. Assalto praticado dentro do ônibus. Caso em que o fato de terceiro não guarda conexidade com o transporte. Exoneração da responsabilidade do transportador, de acordo com precedentes do STJ: REsps 13.351, 30.992 e 35.436. Recurso especial conhecido e provido" (STJ, REsp 74534/RJ; Recurso Especial 1995/0046994-4, julgado em 4-3-1997, 3.ª Turma, Rel. Min. Nilson Naves).

"Civil. Responsabilidade civil. Danos materiais e morais. Assalto em ônibus de transporte interestadual. Caso fortuito. 1) Não se deve inverter o ônus da prova quando esta é possível de ser produzida pelo consumidor, sob pena de ferir o princípio da legalidade. 2) O assalto em ônibus interestadual, salvo situação excepcionalíssima, constitui caso fortuito, afastando o dever de indenizar do transportador" (TJDF, Apelação Cível 169041, Rel. Gilberto Pereira de Oliveira, *DJU*, 18-3-2003, p. 199).

"Civil. Responsabilidade civil. Roubo praticado no interior de ônibus interestadual. Caso fortuito. Exclusão do dever de indenizar. Precedente da Turma Recursal. 1. O roubo praticado no interior de ônibus pode ser definido como caso fortuito, porque é fato imprevisível que se encontra desligado da vontade do sujeito passivo. 2. Por ser caso fortuito, ocorrendo sem qualquer culpa do agente transportador, é considerado causa de exclusão da responsabilidade civil deste pelos danos materiais ou morais eventualmente sofridos pelos passageiros. 3. Está consagrado em nosso direito o princípio

[16] Jurisprudência citada por Rui Stoco, cuja excelente obra serviu de importante fonte de consulta para a nossa obra.

da exoneração do devedor pela impossibilidade de cumprir a obrigação sem culpa sua. Assim sendo, o sujeito passivo do assalto, ocorrido no interior de ônibus de transporte público, não poderá exigir indenização da empresa transportadora pelos prejuízos decorrentes do caso fortuito, consoante o disposto no art. 1.058 do Código Civil, além do que não há causalidade entre o roubo e o contrato de transporte, sendo da responsabilidade do Estado o oferecimento de segurança pública. 4. Recurso provido. Sentença reformada" (TJDF, Apelação Cível 130551, Rel. Arnoldo Camanho de Assis, *DJU*, 19-10-2000, p. 60).

E veja ainda este interessante julgado do TJRJ que veda a denunciação da lide ao Estado pelo assalto ocorrido no transporte de passageiros:

"Responsabilidade civil. Assalto no interior de ônibus. Morte de passageiro. Dano moral. Não configuração. Indenização. Descabimento. Morte de passageiro em assalto dentro do coletivo. Caso fortuito. Denunciação da lide ao Estado. Dano moral inocorrente. Não cabe denunciar a lide ao Estado, por morte de passageiro dentro de propriedade privada, onde a segurança pública não atua. O fato se caracteriza como fortuito, posto que inevitável. Não há nenhuma culpa do transportador, para que seja obrigado a indenizar a morte do passageiro. Recurso provido" (TJRJ, Apelação Cível 2002.001.24206, 16.ª Câmara Cível, Des. Bernardino M. Leituga, julgado em 26-11-2002).

Seguindo esta mesma linha de raciocínio, CARLOS ROBERTO GONÇALVES, com maestria, pontifica: "Pode-se afirmar, malgrado as divergências apontadas, que são encontradas na jurisprudência, em maior número, decisões no sentido de que o assalto a mão armada no interior de ônibus, embora se pudesse ter meios de evitá-lo, equipara-se ao caso fortuito, assim considerado o fato imprevisível, que isenta de responsabilidade o transportador, ao fundamento, especialmente, de que o dever de prestar segurança pública ao passageiro é do Estado, mercê do art. 144 da Constituição Federal, não se podendo transferi-lo ao transportador"[17].

Nesse ponto, cumpre-nos indagar acerca da responsabilidade do transportador pelo dano causado a seus prepostos.

Em tal caso, estaremos diante de um acidente de trabalho, já desenvolvido em momento oportuno[18], em que, como visto, a responsabilidade civil do empregador será, em regra, subjetiva, salvo a caracterização da atividade como de risco habitual, para efeito de incidência da regra do parágrafo único do art. 927 do CC/2002, questão sobremaneira controvertida, como vimos.

---

[17] Carlos Roberto Gonçalves, ob. cit., p. 286.

[18] Confira-se o tópico 3.4.1 ("Responsabilidade Civil decorrente de Acidente de Trabalho") do Capítulo XV ("Responsabilidade Civil nas Relações de Trabalho").

Outro ponto digno de realce diz respeito à responsabilidade do transportador em face de pedestres.

Um acidente, muitas vezes, não atinge apenas os passageiros, mas também os transeuntes, vale dizer, pessoas que não mantinham relação contratual com a companhia transportadora.

Em relação ao passageiro, conforme já vimos, no momento em que o mesmo adquire o bilhete, ou recebe o *e-mail* de confirmação de aquisição da passagem, o contrato já está perfectibilizado.

Claro está, portanto que, em relação ao passageiro, a responsabilidade do transportador é contratual e objetiva, regida pelas normas do Código de Defesa do Consumidor.

Mas e quanto ao terceiro?

Imagine, apenas a título de ilustração, que o ônibus, por desídia do motorista que dormiu ao volante, causou grave acidente ferindo passageiros e atropelando pedestres. Como ficaria, afinal, a situação destes últimos?

Em nosso pensamento, trata-se de situação de responsabilidade civil aquiliana, também de natureza objetiva, por considerarmos o terceiro, vítima do evento, equiparado ao passageiro/consumidor, nos termos do art. 17 do Código de Defesa do Consumidor.

O excelente CAVALIERI lembra, ainda, que, em se tratando de transporte público, explorado por concessionários ou permissionários do serviço, a própria Constituição Federal, em seu art. 37, § 6.º, estabelece a responsabilidade sem culpa do transportador[19].

Gostaríamos de registrar, apenas, o fato de que, muitas vezes, o próprio pedestre é o único responsável pelo evento fatídico.

Pesa reconhecer que a população exige do Poder Público a construção de passarelas sobre movimentadas rodovias, e, uma vez concluída a obra, inúmeros transeuntes insistem, de forma leviana e injustificável, em arriscar as próprias vidas, passando por baixo da construção. Muitos demonstram, inclusive, certo prazer mórbido em se esquivar dos veículos.

Em tais casos, desde que não haja concorrência de culpa do motorista, entendemos que o pedestre/vítima não terá direito a indenização alguma — nem, muito menos, a sua família — se o dano decorreu exclusivamente de sua atuação culposa, por estar configurada uma excludente de responsabilidade civil, genericamente disciplinada no nosso ordenamento jurídico.

Finalmente, deve-se notar que a obrigação de transporte do passageiro implica a necessidade de se guardar o mesmo dever de cautela em face de sua

---

[19] Sérgio Cavalieri Filho, ob. cit., p. 210.

bagagem e, principalmente, de se observar o itinerário proposto, sob pena de o condutor ser responsabilizado.

Em relação à mudança de itinerário, se esta se der por motivo de força maior, o transportador não poderá ser responsabilizado, nos termos do art. 737. Imagine, por exemplo, que em uma viagem aérea, o comandante da aeronave (sua autoridade máxima), decida alterar a rota, por força de uma tempestade, sendo forçado a pousar em uma cidade distante daquela traçada como destino no plano de voo.

Em tal hipótese, não podemos pretender responsabilizar a companhia aérea, em virtude de a medida haver sido tomada em atenção à incolumidade dos passageiros e da tripulação.

Cuidados especiais devem ser tomados, ainda, no que tange à admissão de alguns passageiros cuja situação pessoal possa pôr em risco a saúde ou a segurança dos demais.

O próprio Código Civil cuidou de estabelecer em seu art. 739 uma regra aparentemente discriminatória, mas que, em verdade, visa salvaguardar um interesse público superior:

> "Art. 739. O transportador não pode recusar passageiros, *salvo os casos previstos nos regulamentos, ou se as condições de higiene ou de saúde do interessado o justificarem*" (grifos nossos).

A título apenas de exemplo, lembre-se de que passageiros portadores de doenças infectocontagiosas, transmissíveis pelo ar, não devem viajar em aparelhos utilizados por outras pessoas.

Tal medida visa a proteção dos usuários desses serviços de transporte.

Na mesma linha, passageiros armados não podem ser admitidos em transportes de uso coletivo, especialmente as aeronaves.

Em nossa opinião, mesmo com o devido porte legal de arma, ressalvada a hipótese de condução especial de preso ou missão especialmente autorizada, a arma, a critério do comandante (autoridade máxima), deve ser transportada desmuniciada, em compartimento de carga.

Essas medidas afiguram-se sobremaneira importantes nos dias que correm, em que os atentados terroristas tornaram-se comuns em alguns meios de transporte — especialmente o aéreo — em alguns Estados do mundo.

3. TRANSPORTE GRATUITO

Questão interessante, amplamente discutida na doutrina e jurisprudência, diz respeito ao denominado transporte gratuito.

Na mais restrita acepção do termo, gratuito somente poderá ser considerado o transporte de mera cortesia, a carona desinteressada, por amizade ou outro sentimento íntimo.

Neste sentido, o art. 736 do Código de 2002, sem correspondente no Código anterior:

> "Art. 736. Não se subordina às normas do contrato de transporte o feito gratuitamente, por amizade ou cortesia.
>
> Parágrafo único. Não se considera gratuito o transporte quando, embora feito sem remuneração, o transportador auferir vantagens indiretas".

Pela dicção da norma, podemos vislumbrar duas situações juridicamente distintas:

a) o transporte propriamente gratuito ou de mera cortesia (previsto no *caput* do artigo sob comento) — neste caso, havendo acidente e dano causado ao tomador da carona, entendemos deva ser aplicado o sistema de regras da responsabilidade aquiliana do Código Civil, o que significa dizer que o juiz, nos termos do art. 186, deverá perquirir a *culpa* (em sentido lato) do condutor para efeito de impor-lhe a obrigação de indenizar. Não concordamos, *data venia*, com o entendimento de que apenas o dolo ou a culpa grave autorizariam a obrigação de indenizar (Súmula 145, STJ), sobretudo pelo fato de o novo Código Civil não estabelecer esta restrição[20]. Ademais, também negamos a natureza contratual da relação jurídica travada entre condutor e "caronista", pela idêntica razão de não encontrar respaldo legal. Trata-se, pois, a carona em si de um ato jurídico não negocial que, se causar dano ao passageiro por má atuação do condutor, poderá se converter em ato ilícito. Exemplo: passando pela rua, um amigo pede carona. Momentos depois, o veículo tomba desgovernado, com danos ao condutor e passageiro. Neste caso, o primeiro poderá ser responsabilizado se houver prova de haver atuado com dolo ou culpa (art. 186 do CC). Note-se que o art. 736 do Código refere expressamente não serem aplicáveis as regras do contrato de transporte para esta hipótese;

b) transporte interessado, sem remuneração direta (parágrafo único do artigo sob comento) — diferentemente, neste caso, o condutor, posto não seja diretamente remunerado, experimenta vantagem indireta, à custa do conduzido. Imagine, por exemplo, um representante de vendas que "faz questão de levar o seu cliente" até o seu *stand*. Ocorrendo um abalroamento lesivo no caminho, o transportador poderá ser responsabilizado, segundo as regras de

[20] Jurisprudência anterior ao novo Código, baseada na referida Súmula 145, e que entendemos deve ser repensada, sustentava a natureza contratual deste tipo de responsabilidade, que somente imporia ao condutor o dever de indenizar se houvesse atuado com dolo ou culpa grave, no que não concordamos: "Responsabilidade civil — Transporte de simples cortesia. No transporte benévolo, de simples cortesia, a responsabilidade do transportador, por danos sofridos pelo transportado, condiciona-se a demonstração de que resultaram de dolo ou de culpa grave, a que aquele se equipara. Hipótese em que se caracteriza contrato unilateral, incidindo o disposto no artigo 1.057 do Código Civil" (STJ, REsp 38668/RJ, Rel. Min. Eduardo Ribeiro, *DJ* 22-11-1993).

responsabilidade civil contratual, inferidas do sistema de defesa do consumidor. Trata-se de um acidente de consumo, gerador de responsabilidade civil objetiva. Aliás, uma vez que, neste caso, deverão ser aplicadas as regras do contrato de transporte, cumpre-nos lembrar a incidência da cláusula de segurança, impondo a obrigação de levar o passageiro ao seu destino, são e salvo. Veja, portanto, que, em se tratando de transporte interessado, a responsabilização do transportador é mais facilitada. Uma última indagação, entretanto, se impõe. Para não ser considerado gratuito, o referido "interesse" do condutor deve ser econômico? Uma carona motivada por interesse sexual, por exemplo, descaracterizaria a cortesia, fazendo incidir as regras do contrato de transporte, e, por conseguinte, da responsabilidade civil objetiva? Em nosso sentir, segundo uma interpretação teleológica, *desde que não seja por amizade ou mera cortesia* (art. 736, *caput*), o transporte motivado por qualquer interesse do condutor justificaria a descaracterização do transporte gratuito (art. 736, parágrafo único). Ademais, a lei não refere que o interesse do transportador deva ser necessariamente pecuniário. Assim, uma carona dada apenas para fins sexuais (a famosa "cantada em ponto de ônibus") autorizaria, em nosso entendimento, a incidência das regras do contrato de transporte, por força da "vantagem indireta" experimentada pelo condutor, nos termos do mencionado parágrafo único do art. 736. Destarte, deverá observar a cláusula implícita de segurança, podendo ser compelido a indenizar a outra parte sem aferição de culpa. Advertimos, apenas, que a incidência dessas regras, mais severas para o transportador, não decorre da circunstância de estarmos diante de um contrato de transporte típico, pelo simples fato de a prestação sexual não ser licitamente admitida. Todavia, apenas para o efeito de facilitar a responsabilização do condutor — que atuou com segundas intenções —, concluímos que o legislador cuidou de determinar a aplicação das regras do contrato de transporte, afastando a alegação de mera cortesia, visando, dessa forma, facilitar a reparação da vítima.

Na jurisprudência, podemos ver o amplo reconhecimento da doutrina do transporte interessado, consoante se pode depreender do trecho deste acórdão do STJ, da lavra do Min. Ruy Rosado de Aguiar (REsp 238676/RJ, *DJ*, 10-4-2000):

> "Responsabilidade civil. Transporte. Contrato com a empregadora da vítima. Honorários advocatícios. O transportador que celebra contrato com empresa para o transporte de seus empregados, não fornece ao passageiro um *transporte gratuito* e tem a obrigação de levar a viagem a bom termo, obrigação que assume com a pessoa que transporta, pouco importando quem forneceu o numerário para o pagamento da passagem. Deferida a indenização a título de responsabilidade contratual, os precedentes desta Turma deferem honorários calculados sobre as prestações vencidas e uma anualidade das vincendas. Recurso conhecido em parte e nessa parte provido".

Finalmente, é bom que se diga que o *transporte clandestino* não encontra amparo legal, e qualquer acidente que venha a ocorrer em virtude do mesmo deverá ser juridicamente suportado pela vítima.

É o caso do sujeito que sofre grave lesão por adentrar sorrateiramente o compartimento de cargas de um navio.

Atuou com culpa exclusiva, não cabendo direito à indenização.

Caso venha a falecer, não poderão, pelas mesmas razões expostas, os seus familiares pleitear indenização.

4. VISÃO GERAL SOBRE O TRANSPORTE AERONÁUTICO

Neste último tópico, dada a sua natureza peculiar e os seus importantes reflexos na vida prática, trataremos, em breves linhas, do transporte aéreo ou aeronáutico.

Com absoluta propriedade, CAIO MÁRIO DA SILVA PEREIRA sintetiza o tema nos seguintes termos:

> "A construção dogmática da responsabilidade aeronáutica sofreu influência negativa de duas forças. De um lado, a ausência de uma sedimentação de princípios, devido ao tempo relativamente curto de exploração da aeronave como veículo comercial. De outro lado, a menor ocorrência de elaboração jurisprudencial". E conclui mais adiante o grande mestre: "A reparação dos prejuízos sofridos por pessoas e coisas transportadas subordina-se aos princípios da responsabilidade contratual e está regulada pelo Código Brasileiro do Ar"[21].

Especial atenção merece, no estudo deste tema, além do nosso Código Aeronáutico (Lei n. 7.565/86) e do Código de Defesa do Consumidor, que alterou profundamente o tratamento da matéria, a Convenção de Varsóvia, referente ao transporte internacional de passageiros, ratificada pelo Brasil, em 2 de maio de 1931, e promulgada pelo Decreto n. 20.794/31, bem como o Decreto n. 5.910, de 27 de setembro de 2006, que promulgou a Convenção para a Unificação de Certas Regras Relativas ao Transporte Aéreo Internacional, celebrada em Montreal, em 28 de maio de 1999, trazendo novas regras acerca da responsabilidade do transportador aéreo (em especial, o *quantum* das indenizações devidas em casos de morte e extravio de bagagem).

Não temos dúvida de que, não só por se tratar de uma atividade de risco, mas, sobretudo, por consistir em um serviço de consumo, a responsabilidade civil do transportador é de natureza contratual, porém, objetiva.

---

[21] Caio Mário da Silva Pereira, *Responsabilidade Civil*, 9. ed., Rio de Janeiro: Forense, 2000, p. 224.

Problema interessante diz respeito à incômoda situação da perda ou extravio de bagagem.

Como se sabe, a Convenção de Varsóvia (alterada pela de Haia) fixava um limite para o caso de perda, extravio ou avaria de malas e bagagens.

Tal limitação, todavia, nem sempre se afigurava justa, na medida em que o dano causado, mormente o de espectro moral, muitas vezes supera consideravelmente o valor tarifado.

Seguindo esta linha de intelecção, o Supremo Tribunal Federal, em voto da lavra do culto Min. Marco Aurélio, RE 172.720-9/RJ, *DJU*, 21-2-1997, firmou entendimento nos seguintes termos:

> "Ementa — O fato de a Convenção de Varsóvia revelar, como regra, a indenização tarifada por danos materiais, não exclui a relativa aos danos morais. Configurados esses pelo sentimento de desconforto, de constrangimento, aborrecimento e humilhação decorrentes do extravio de mala, cumpre observar a Carta Política da República — incisos V e X do art. 5.º, no que se sobrepõe a tratados e convenções ratificados pelo Brasil".

Interessante registrar ainda trecho do voto vista do então Ministro Francisco Rezek, estudioso do Direito Internacional, e que se afina com o entendimento do relator:

> "Há uma questão de índole técnica, que é a de saber se o dano moral previsto por nossa ordem jurídica como capaz de justificar uma indenização reparatória é incompatível com a Convenção de Varsóvia, reformada pela de Haia, no que estabelecem um limite para a reparação e o fixam em US$ 400,00 ou soma equivalente.
>
> Primeiro, como pondera o relator, a garantia da reparação por dano moral tem estatura constitucional entre nós. Isso tem relevo à hora de fazer o confronto comparativo entre um texto de produção internacional e um texto de produção interna. Mas, não bastasse o fato de que a garantia constitucional da indenizabilidade do dano moral é algo que prevalece sobre obrigações internacionais de nível ordinário (no caso, os velhos textos de Varsóvia e da Haia), o voto do relator insinua algo sugestivo. O conflito há de ser sempre resolvido em favor da Constituição, mas poderíamos evitar as consequências desastradas do conflito (o repúdio de uma obrigação internacional válida) se entendêssemos que os limites têm a ver com o dano material: não se referem a essa outra figura, própria de um direito moderno que não poderia ser entrevisto nos trabalhos convencionais de Varsóvia ou da Haia, anteriores à segunda Grande Guerra"[22].

[22] Acórdão disponível na *Revista Brasileira de Direito Privado*, abr./jun. 2000, Revista dos Tribunais, p. 225 e s.

Permitimo-nos, à época, entretanto, um raciocínio mais ousado do que o esposado pelo r. STF.

Em nossa modesta opinião, na medida em que a Constituição Federal e o Código do Consumidor (este último, lei muito posterior à Convenção de Varsóvia) não estabeleceram nenhum tipo de tarifamento indenizatório, tanto para o dano moral quanto para o material, concluímos que qualquer limitação nesse sentido, prevista em norma anterior à Carta Política e ao próprio CDC, haveria de ser rechaçada por falta de lastro normativo.

E esse mesmo raciocínio se aplicava para as hipóteses de acidente envolvendo os passageiros.

Nos Tribunais, veja como o tema era tratado:

> "Transporte aéreo. Extravio de bagagem. Circunstância que por si só é suficiente para ocasionar desconforto emocional. Danos morais. Viabilidade. Valor. 1) Conforme precedente do col. STF (RE 172.720, Relator Min. Marco Aurélio), o extravio de bagagem em transporte aéreo, indubitavelmente, ocasiona desconforto emocional no titular desta, havendo incidência da reparação por danos morais. 2) Fixada a verba reparatória em valor inferior a vinte salários mínimos, é de se mantê-la, haja vista sua razoabilidade na espécie" (TJDF, Rel. Silvanio dos Santos, Apelação Cível no Juizado Especial 89199/DF, *DJU*, 2-9-1999).

E veja-se ainda a incidência do CDC, em caso do insuportável *overbooking*[23], consoante decidiu o TJDF:

> "Dano moral — Transporte aéreo — *Overbooking* — Impossibilidade de realização da viagem — Configuração — Valor da indenização — Não aplicação do Código Brasileiro de Aeronáutica — *Quantum* excessivo — Redução — Sentença parcialmente reformada. 1. Comete dano moral, e que tem que reparar, empresa aérea que deixa de transportar passageiro que previamente adquiriu bilhete, só o fazendo no dia seguinte, em razão de *overbooking*, que nada mais é do que excesso de passagens vendidas, em razão do risco assumido. 2. O valor da indenização, em se tratando de dano moral, a ser pago por companhia aérea, não está regido pelo Código Brasileiro de Aeronáutica, mas pelo Código de Defesa do Consumidor, que não estabe-

---

[23] "Indenização — Atraso — Voo. *Overbooking*. Só após o atraso de cerca de 24 horas os recorridos puderam embarcar em voo internacional, isso devido ao excesso na lotação da aeronave. Anotando que o *overbooking* é prática condenável e intolerável, pois só leva em conta o interesse da companhia aérea, que assume o risco de deixar viajantes em terra por sua mera conveniência administrativa, em franco desrespeito ao consumidor, a Turma entendeu que, nesse caso, a aflição causada aos passageiros excede substancialmente o mero percalço comum na vida das pessoas, gerando o direito à indenização" (STJ, REsp 211.604-SC, Rel. Min. Aldir Passarinho Junior, j. 25-3-2003).

lece seu limite máximo. 3. Mostrando-se o valor da condenação excessivo, deve haver a sua redução para patamar mais justo, afastando-se o ganho sem causa. 4. Deve a recorrente pagar as custas processuais e honorários advocatícios, por ter ela sucumbido na quase totalidade do recurso" (TJDF, Apelação Cível no Juizado Especial 20020110357346/DF, Rel. Luciano Vasconcellos, *DJU*, 18-11-2002).

No Superior Tribunal de Justiça[24], vale conferir o seu quadro de jurisprudência comparada referente à responsabilidade civil do transportador:

ÓRGÃO JULGADOR: 3.ª T, 4.ª T, 2.ª S

A responsabilidade civil do transportador aéreo pelo atraso de voo e pelo extravio de bagagem ou de carga *rege-se* pelo *Código de Defesa do Consumidor* se o evento se deu em sua vigência, *afastando-se a indenização tarifada* prevista na Convenção de Varsóvia. Aplica-se o princípio da responsabilidade objetiva e considera-se abusiva a cláusula que eventualmente limite a responsabilidade do fornecedor pelos danos causados.

Partindo-se de uma interpretação sistemática, verifica-se que as normas previstas no Código de Defesa do Consumidor são de ordem pública e interesse social, revogando, portanto, a legislação que prevê indenização restritiva por ato ilícito[25].

Neste sentido, não se descarta, inclusive, a configuração do instituto de "acidente de consumo", quando a prestação de serviços de transporte aeronáu-

---

[24] Disponível no excelente *site* www.stj.gov.br.

[25] Legislação Aplicável em Ação de Indenização contra Empresa Aérea (STF, *Informativo 418*): "A Turma deu provimento a recurso extraordinário interposto por empresa aérea contra acórdão da Turma Recursal dos Juizados Especiais Cíveis e Criminais de Natal/RN que entendera que, no conflito entre normas do Código de Defesa do Consumidor — CDC e da Convenção de Varsóvia sobre a prescrição, em ação de indenização do passageiro contra empresa aérea, prevalecem as disposições mais favoráveis do Código, que estabelecem o prazo prescricional de cinco anos. A recorrente sustentava ofensa aos artigos 5.º, § 2.º, e 178 da CF. Na linha do que firmado no julgamento do RE 214349/RJ (DJU de 11.6.99), afastou-se a apontada violação ao art. 5.º, § 2.º, da CF, por se entender que ele se refere a tratados internacionais relativos a direitos e garantias fundamentais, matéria não objeto da Convenção de Varsóvia, a qual trata da limitação da responsabilidade civil do transportador aéreo internacional.

Considerou-se, entretanto, que, embora válida a norma do CDC quanto aos consumidores em geral, no caso de contrato de transporte internacional aéreo em obediência ao disposto no art. 178 da CF ('A lei disporá sobre a ordenação dos transportes aéreo, aquático e terrestre, devendo, quanto à ordenação do transporte internacional, observar os acordos firmados pela União, atendido o princípio da reciprocidade'), prevalece o que dispõe a Convenção de Varsóvia, que estabelece o prazo prescricional de dois anos" (RE 297.901/RN, Rel. Min. Ellen Gracie, j. 7-3-2006).

tico gerar danos a terceiros, devendo ser aplicado o CDC, conforme já decidiu o Superior Tribunal de Justiça.

O mencionado Decreto n. 5.910, de 27 de setembro de 2006, por sua vez, passou a disciplinar a matéria por meio dos seguintes dispositivos:

"Artigo 21 – Indenização em Caso de Morte ou Lesões dos Passageiros

1. O transportador não poderá excluir nem limitar sua responsabilidade, com relação aos danos previstos no número 1 do Artigo 17, que não exceda de 100.000 Direitos Especiais de Saque por passageiro.

2. O transportador não será responsável pelos danos previstos no número 1 do Artigo 17, na medida em que exceda de 100.000 Direitos Especiais de Saque por passageiro, se prova que:

a) o dano não se deveu a negligência ou a outra ação ou omissão do transportador ou de seus prepostos; ou

b) o dano se deveu unicamente a negligência ou a outra ação ou omissão indevida de um terceiro.

Artigo 22 – Limites de Responsabilidade Relativos ao Atraso da Bagagem e da Carga

1. Em caso de dano causado por atraso no transporte de pessoas, como se especifica no Artigo 19, a responsabilidade do transportador se limita a 4.150 Direitos Especiais de Saque por passageiro.

2. No transporte de bagagem, a responsabilidade do transportador em caso de destruição, perda, avaria ou atraso se limita a 1.000 Direitos Especiais de Saque por passageiro, a menos que o passageiro haja feito ao transportador, ao entregar-lhe a bagagem registrada, uma declaração especial de valor da entrega desta no lugar de destino, e tenha pago uma quantia suplementar, se for cabível. Neste caso, o transportador estará obrigado a pagar uma soma que não excederá o valor declarado, a menos que prove que este valor é superior ao valor real da entrega no lugar de destino.

3. No transporte de carga, a responsabilidade do transportador em caso de destruição, perda, avaria ou atraso se limita a uma quantia de 17 Direitos Especiais de Saque por quilograma, a menos que o expedidor haja feito ao transportador, ao entregar-lhe o volume, uma declaração especial de valor de sua entrega no lugar de destino, e tenha pago uma quantia suplementar, se for cabível. Neste caso, o transportador estará obrigado a pagar uma quantia que não excederá o valor declarado, a menos que prove que este valor é superior ao valor real da entrega no lugar de destino.

4. Em caso de destruição, perda, avaria ou atraso de uma parte da carga ou de qualquer objeto que ela contenha, para determinar a quantia que constitui o limite de responsabilidade do transportador, somente se levará em conta o peso total do volume ou volumes afetados. Não obstante, quando a destruição, perda, avaria ou atraso de uma parte da carga ou de um objeto que

ela contenha afete o valor de outros volumes compreendidos no mesmo conhecimento aéreo, ou no mesmo recibo ou, se não houver sido expedido nenhum desses documentos, nos registros conservados por outros meios, mencionados no número 2 do Artigo 4, para determinar o limite de responsabilidade também se levará em conta o peso total de tais volumes.

5. As disposições dos números 1 e 2 deste Artigo não se aplicarão se for provado que o dano é resultado de uma ação ou omissão do transportador ou de seus prepostos, com intenção de causar dano, ou de forma temerária e sabendo que provavelmente causaria dano, sempre que, no caso de uma ação ou omissão de um preposto, se prove também que este atuava no exercício de suas funções.

6. Os limites prescritos no Artigo 21 e neste Artigo não constituem obstáculo para que o tribunal conceda, de acordo com sua lei nacional, uma quantia que corresponda a todo ou parte dos custos e outros gastos que o processo haja acarretado ao autor, inclusive juros. A disposição anterior não vigorará, quando o valor da indenização acordada, excluídos os custos e outros gastos do processo, não exceder a quantia que o transportador haja oferecido por escrito ao autor, dentro de um período de seis meses contados a partir do fato que causou o dano, ou antes de iniciar a ação, se a segunda data é posterior".

Este novo regramento revoga as normas anteriores e, em caso de conflito normativo, deve ser aplicado o princípio da lei mais benéfica para a vítima, próprio das normas de Direito Internacional[26].

---

[26] "RESPONSABILIDADE CIVIL. Dano material — Transporte aéreo — Extravio de bagagem da autora — Configuração dos prejuízos de ordem material — Ausência de Declaração específica dos bens contidos na mala — Inexistência de prova cabal sobre seu conteúdo — Aplicação da indenização tarifada do Protocolo de Montreal, que emendou a Convenção de Varsóvia — Recurso da autora desprovido e parcialmente provido o da ré — Sentença parcialmente reformada — Dano moral — Procedência — Transporte aéreo — Extravio de bagagem dos passageiros — Configuração dos prejuízos de ordem moral — Verba indenizatória alinhada aos parâmetros comumente adotados pela Turma Julgadora para casos da mesma natureza — Recurso da autora desprovido e parcialmente provido o da ré — Sentença parcialmente reformada" (TJSP, Apelação: APL 9170731662006826 SP 9170731-66.2006.8.26.0000, de 24-10-2011).

"RESPONSABILIDADE CIVIL — Dano material — Transporte aéreo — Extravio de bagagem — Configuração dos prejuízos de ordem material — Aplicação da indenização tarifada da Convenção de Montreal — Recurso desprovido — Sentença mantida — Dano moral — Procedência — Transporte aéreo — Extravio de bagagem — Configuração dos prejuízos de ordem moral — Verba indenizatória, alinhada aos parâmetros comumente adotados pela Turma Julgadora para casos da mesma natureza — Recurso desprovido — Sentença mantida" (TJSP, Apelação: APL 3003920532009826 SP 3003920-53.2009.8.26.0506, de 14-9-2011).

"APELAÇÃO CÍVEL — AÇÃO DE INDENIZAÇÃO POR DANOS MATERIAIS E MO-

E para fecharmos com "chave de ouro" este capítulo, em que nos preocupamos não apenas em transmitir ao nosso leitor amigo os mais importantes subsídios doutrinários da matéria, mas, sobretudo, a recente jurisprudência pátria, confira-se este último julgado, do Supremo Tribunal Federal, em sede de RE 258726/AL, da lavra do Min. Sepúlveda Pertence, *DJ*, 14-6-2002, no qual se assentou a *responsabilidade civil do Estado pelo acidente aéreo causado pela omissão fiscalizatória do então Departamento de Aviação Civil (DAC)*[27]:

> "Ementa: Responsabilidade civil do Estado: morte de passageiro em acidente de aviação civil: caracterização. 1. Lavra dissensão doutrinária e pretoriana acerca dos pressupostos da responsabilidade civil do Estado por omissão (cf. RE 257.761), e da dificuldade muitas vezes acarretada à sua caracterização, quando oriunda de deficiências do funcionamento de serviços de polícia administrativa, a exemplo dos confiados ao DAC — Departamento de Aviação Civil —, relativamente ao estado de manutenção das aeronaves das empresas concessionárias do transporte aéreo. 2. No caso, porém, o acórdão recorrido não cogitou de imputar ao DAC a omissão no cumprimento de um suposto dever de inspecionar todas as aeronaves no momento antecedente à decolagem de cada voo, que razoavelmente se afirma de

---

RAL — EXTRAVIO DE BAGAGEM EM VOO INTERNACIONAL — RESPONSABILIDADE OBJETIVA — PREVALÊNCIA DO CÓDIGO DE DEFESA DO CONSUMIDOR — APLICABILIDADE DA NORMA MAIS BENÉFICA — DANO MORAL CONFIGURADO — ABALO MORAL PRESUMIDO — VALOR ADEQUADO — DECISÃO MANTIDA. 1. A Requerida responde objetivamente pela obrigação contratual de transportar incólume o passageiro e sua bagagem. 2. As normas consumeiristas prevalecem em relação à Convenção de Varsóvia e Montreal por se tratar de norma mais benéfica ao passageiro. 3. A indenização devida em razão do extravio de bagagem deve ser integral, nos termos do art. 734 do Código Civil, e deve atender aos critérios de razoabilidade e proporcionalidade. 4. O dano moral independe de prova do prejuízo, sendo evidente o abalo, a aflição pela perda suportada pela passageira em razão do extravio de sua bagagem jamais localizada. 5. O valor indenizatório é fixado ao arbítrio do Juiz, enfatizando o caráter sancionatório para evitar novas ocorrências, assumindo também um caráter pedagógico ao infrator. RECURSO CONHECIDO E NÃO PROVIDO" (TJPR, Apelação Cível AC 7047447 PR 0704744-7, de 7-4-2011).

"APELAÇÃO CÍVEL. CONTRATO DE TRANSPORTE AÉREO INTERNACIONAL. EXTRAVIO DE BAGAGEM. RECUPERAÇÃO DA BAGAGEM APÓS SEIS DIAS, QUANDO JÁ EM CURSO O CRUZEIRO INTERNACIONAL CONTRATADO. SUPRESSÃO E CANCELAMENTO DE VOOS. PERDA DE PERNOITE. ALTERAÇÃO DE ROTAS. DANOS MATERIAIS. DANOS MORAIS.CONVENÇÃO DE MONTREAL. CÓDIGO DE DEFESA DO CONSUMIDOR . RESPONSABILIDADE SOLIDÁRIA ENTRE AS PARCEIRAS. RESPONSABILIDADE SOLIDÁRIA" (TJRS, Apelação Cível AC 70043070333 RS, de 4-7-2011).

[27] As atribuições do antigo DAC, atualmente, são desempenhadas pela ANAC — Agência Nacional de Aviação Civil.

cumprimento tecnicamente inviável: o que se verificou, segundo o relatório do próprio DAC, foi um estado de tal modo aterrador do aparelho que bastava a denunciar a omissão culposa dos deveres mínimos de fiscalização. 3. De qualquer sorte, há no episódio uma circunstância incontroversa, que dispensa a indagação acerca da falta de fiscalização preventiva, minimamente exigível, do equipamento: é estar a aeronave, quando do acidente, sob o comando de um 'checador' da Aeronáutica, à deficiência de cujo treinamento adequado se deveu, segundo a instância ordinária, o retardamento das medidas adequadas à emergência surgida na decolagem, que poderiam ter evitado o resultado fatal"

Veja-se, pois, o correto entendimento do Supremo, no sentido de responsabilizar objetivamente o Estado pela desastrosa falha de um dos seus mais importantes departamentos.

Capítulo XIX
Responsabilidade Civil do Empreiteiro, Construtor e Incorporador

Sumário: 1. Noções fundamentais. 2. Contratos de empreitada, construção e incorporação imobiliária. 3. Responsabilidade civil do empreiteiro, do construtor e do incorporador. 4. Incidência do Código de Defesa do Consumidor. 5. Responsabilidade trabalhista na atividade de construção civil.

1. NOÇÕES FUNDAMENTAIS

Conforme bem observa SÍLVIO VENOSA, "a responsabilidade dos arquitetos, engenheiros, empreiteiros e construtores em geral guarda certas particularidades em relação aos demais profissionais liberais"[1].

De fato, a atividade dessas pessoas, por sua própria natureza, exigiria disciplina legal diferenciada, não apenas pela singularidade dos conhecimentos técnicos exigidos para a atuação no setor, mas, principalmente, pela possibilidade de os danos porventura ocorrentes gerarem um espectro de atuação muito maior do que o observado na atividade de outros profissionais, a exemplo de médicos e advogados.

Imagine-se, por exemplo, a queda de uma laje em um grande *shopping*, por força da imperícia do engenheiro responsável. Quantas pessoas poderiam, no caso, ser potencialmente atingidas?

Por tais razões, já cuidamos de ressaltar que, em nosso entendimento, a atividade desses profissionais pode e deve ser considerada de natureza perigosa, embora a sua responsabilidade não seja objetiva, por força do art. 14, § 4.°, do CDC, norma especial, que admite, como regra, apenas a *responsabilidade subjetiva* para os profissionais liberais.

O mesmo, todavia, não se poderá dizer da empresa que explora o ramo da construção civil.

---

[1] Sílvio Venosa, *Direito Civil — Responsabilidade Civil*, 3. ed., São Paulo: Atlas, 2003, p. 188.

Neste caso, tratando-se de pessoa jurídica, não subsumível no conceito de "profissional liberal", a sua responsabilidade deverá ser considerada de natureza objetiva, por força do risco criado (art. 927, parágrafo único, do CC/2002). E caso atue no mercado de consumo, é o próprio CDC que consagra esta espécie de responsabilidade, em benefício do consumidor (arts. 12 e s. e 18 e s.).

Antes, porém, de avançarmos em tão apaixonante tema, faz-se necessário estabelecer alguns conceitos fundamentais, extraídos do Direito Contratual.

2. CONTRATOS DE EMPREITADA, CONSTRUÇÃO E INCORPORAÇÃO IMOBILIÁRIA

O setor da construção civil, sem dúvida, representa uma das parcelas mais fortes de nossa economia.

Em excelente síntese, CARLOS ROBERTO GONÇALVES lembra que o Código de Beviláqua apenas contemplou o contrato de empreitada, embora atualmente a expressão "contrato de construção" seja tecnicamente mais perfeita, por compreender as suas duas modalidades fundamentais[2]:

a) a empreitada; e

b) a administração.

O contrato de empreitada, cuja disciplina é feita pelos arts. 610 a 626 do CC/2002, é o negócio jurídico pelo qual uma das partes (empreiteiro) assume, mediante o pagamento de um preço, a obrigação de realizar uma obra de interesse de outra (dono da obra), utilizando materiais próprios (empreitada de materiais) ou apenas a sua força de trabalho (empreitada de lavor)[3].

---

[2] Carlos Roberto Gonçalves, *Responsabilidade Civil*, 7. ed., São Paulo: Saraiva, 2002, p. 407.

[3] "Empreitada de lavor. Responsabilidade do engenheiro. Desabamento de prédio em construção. Embora somente concorrendo com o serviço, e recebendo do dono da obra os materiais a serem empregados, o engenheiro contratado para elaborar o projeto e fiscalizar a construção é civilmente responsável pelo evento danoso, pois era de seu dever examinar os materiais empregados, tais como os tijolos, e recusá-los se frágeis ou defeituosos. Artigos 159 do Código Civil, invocado na inicial, e 1.245 do mesmo Código. A ocorrência de chuvas excessivas, máxime na região da Serra do Mar, não constitui fato da natureza imprevisível aos construtores de edifícios. Divergência pretoriana não caracterizada. Recurso especial não conhecido" (STJ, REsp 8.410/SP; REsp 1991/0002905-0, Rel. Min. Athos Carneiro, j. 23-10-1991, 4.ª Turma).

"Empreitada de construção de edifício. Aplicação do artigo 1.245 do Código Civil. Conceito de 'segurança' do prédio. Infiltrações de águas e umidade. O art. 1.245 do Código Civil deve ser interpretado e aplicado tendo em vista as realidades da construção civil nos dias atuais. Vazamentos nas instalações hidráulicas, constatados pericialmente e afirmados como defeitos de maior gravidade nas instâncias locais. Prejuízos inclusive

O empreiteiro de construção, por sua vez, realiza obras de tamanho considerável, segundo um projeto especificado e proposto pelo outro contratante, responsabilizando-se tecnicamente por sua execução e riscos.

Já no contrato de construção por administração, o construtor obriga-se apenas a realizar a obra, correndo por conta do proprietário os riscos inerentes ao empreendimento, ficando os custos sob a sua exclusiva responsabilidade[4]. Note-se que, neste caso, a despeito de *não haver subordinação hierárquica entre o contratante e o construtor*, este último tem menor liberdade de atuação, na medida em que depende dos recursos financeiros da outra parte para ir realizando a obra. Em linguagem mais coloquial, diríamos que o construtor depende do capital injetado para ir "tocando a obra".

Outro importante contrato correlato que merece ainda a nossa atenção é o de incorporação imobiliária.

Neste negócio jurídico, o incorporador obriga-se a construir unidades imobiliárias, que serão repassadas aos adquirentes, na medida em que estes pagam o valor correspondente convencionado.

Em precisa definição, MELHIM CHALHUB, após ressaltar a natureza complexa deste contrato, preleciona que: "considera-se incorporação imobiliária o negócio jurídico pelo qual o incorporador se obriga a realizar, por si ou por terceiros, a construção de unidades imobiliárias em edificação coletiva e, bem assim, a transmitir a propriedade dessas unidades aos respectivos adquirentes, firmando os respectivos contratos durante a construção; em contrapartida, obrigam-se os adquirentes a pagar o preço das unidades que se comprometeram a adquirir"[5].

Trata-se de uma figura jurídica complexa, que aproxima três pessoas:

a) o construtor;

b) o incorporador;

c) o adquirente.

Muito comum, aliás, haver a intervenção de uma instituição que realize o financiamento da obra.

à saúde dos moradores. Não é seguro um edifício que não proporcione a seus moradores condições normais de habitabilidade e salubridade. Doutrina brasileira e estrangeira quanto à extensão da responsabilidade do construtor (no caso, da incorporadora que assumiu a construção do prédio). Prazo quinquenal de garantia. Recurso especial não conhecido" (STJ, REsp 1.882/RJ; REsp 1990/0000018-1, Rel. Min. Athos Carneiro, j. 6-3-1990, 4.ª Turma).

[4] Conceito clássico extraído da lição de Hely Lopes Meirelles, *Direito de Construir*, Malheiros, cit. por Carlos Gonçalves, ob. cit., p. 410.

[5] Melhim Namem Chalhub, *Da Incorporação Imobiliária*, Rio de Janeiro: Renovar, 2003, p. 141.

A disciplina básica deste contrato continua sendo feita pela Lei n. 4.591/64[6].

Falaremos mais sobre estes temas em nosso próximo volume, dedicado ao Direito dos Contratos.

3. RESPONSABILIDADE CIVIL DO EMPREITEIRO, DO CONSTRUTOR E DO INCORPORADOR

Feitas tais observações iniciais, passaremos a enfrentar especificamente o objeto de nosso capítulo.

A responsabilidade civil do empreiteiro e do construtor era disciplinada pelo art. 1.245 do Código de 1916, nos seguintes termos:

> "Art. 1.245. Nos contratos de empreitada de edifícios ou outras construções consideráveis, o empreiteiro de materiais e execução responderá, durante 5 (cinco) anos, pela solidez e segurança do trabalho, assim em razão dos materiais, como do solo, exceto, quanto a este, se, não o achando firme, preveniu em tempo o dono da obra".

Trata-se de artigo cuja hermenêutica deve ser feita com cuidado, para que o intérprete não seja conduzido ao absurdo.

Consoante se depreende da primeira parte do dispositivo, esta regra de responsabilidade aplicar-se-ia aos contratos de construção e empreitada em que há emprego de materiais, por parte do construtor ou empreiteiro.

Segundo a dicção legal, o responsável pela execução da obra responderá, *durante o prazo de cinco anos*, pela solidez e segurança do trabalho, assim em razão dos materiais quanto do solo.

Em relação ao solo, a última parte da regra ressalva, absurdamente, a responsabilidade profissional, caso o construtor ou empreiteiro, não o achando firme, avise em tempo o dono da obra. Ora, caso não constate a necessária segurança do solo, por razões óbvias e humanitárias, o responsável pela obra

---

[6] Trata-se da antiga Lei de Condomínios, parcialmente revogada pelo novo Código Civil. A respeito do assunto, aliás, Pablo Stolze Gagliano, em artigo disponível no *site* www.pablostolze.com.br, já teve oportunidade de observar que: "Um dos pontos mais controvertidos do novo Código Civil diz respeito à disciplina do condomínio horizontal ou edilício, popularmente conhecido como condomínio em edifício. Com entrada em vigor do Código de 2002, vários artigos da Lei n. 4.591/64 foram revogados, remanescendo poucos dispositivos, especialmente os referentes à incorporação imobiliária. Conceitualmente, o condomínio edilício caracteriza-se pela coexistência de áreas de propriedade particular (unidades autônomas), e áreas comuns, titularizadas por mais de um coproprietário, segundo uma convenção previamente estabelecida" (O Condomínio Edilício no Novo Código Civil, abril de 2003, http://www.pablostolze.com.br).

deve *suspender imediatamente a sua execução*, e não simplesmente avisar ao dono da obra, uma vez que, ainda que o notifique, será responsabilizado civil, administrativa ou criminalmente, pelo acidente causado[7].

Comentando esta circunstância, anota, com precisão, MARIA HELENA DINIZ: "É preciso ressaltar que em relação à estabilidade do solo, o art. 1.245 do Código Civil de 1916, 'in fine', responsabilizava o comitente, quando o construtor o preveniu em tempo sobre a sua instabilidade. Mas devido às exigências de ordem técnica e à responsabilidade do empreiteiro em todas as fases da construção, previstas na Lei Federal n. 5.194/66, aquele artigo do Código não mais atende aos tempos atuais; por ser o dono da obra, geralmente, um leigo, não tendo capacidade nem condições técnicas para opinar sobre a firmeza do solo, cabendo tal competência aos profissionais legal e tecnicamente habilitados"[8].

A norma tem em mira, pois, eventuais defeitos que interfiram na estrutura da obra (parede mal firmada, viga defeituosa), afetando a sua solidez e segurança, e não meros vícios que prejudiquem a sua cômoda utilização ou simplesmente diminuam a sua economicidade (janela desalinhada), para os quais a lei prevê regras específicas referentes aos vícios redibitórios.

Vale observar, ainda, que este prazo quinquenal *não é nem se confunde com o prescricional para se deduzir a pretensão indenizatória em juízo*, por consistir, tão somente, em um prazo legal de *garantia* pela solidez e segurança da obra realizada. Vale dizer: ocorrido o dano dentro deste lapso temporal (imagine que a marquise ruiu), o adquirente ainda terá o prazo prescricional geral para exigir a indenização cabível[9].

Nesse sentido, o entendimento da jurisprudência pátria, mesmo antes da entrada em vigor do atual Código Civil:

> "Responsabilidade civil do incorporador e construtor frente ao Condomínio. Defeitos ocultos da obra. Prescrição vintenária. Termo inicial. Tratando-se de vícios ocultos, resultantes da própria construção, que afetam as partes comuns do edifício, é razoável a decisão que considera como termo inicial

---

[7] "Responsabilidade civil. Vícios de construção. Laudo pericial. Dever de reparação dos danos. O construtor responde pelos danos decorrentes de vício de construção e também lhe cabe a responsabilidade por edificar em terreno constituído de banhado, sem tomar as devidas precauções para evitar infiltrações por capilaridade. Recurso improvido" (Tribunal de Justiça do Rio Grande do Sul, Ap. Cível 598357713, 6.ª Câmara Cível, Rel. Des. João Pedro Pires Freire, j. 10-11-1999).

[8] Maria Helena Diniz, *Curso de Direito Civil Brasileiro — Responsabilidade Civil*, 16. ed., São Paulo: Saraiva, 2002, p. 268.

[9] Nesse sentido, a Súmula 194 do STJ dispunha que: "Prescreve em 20 (vinte) anos a ação para obter, do construtor, indenização por defeitos da obra".

para a contagem do lapso prescricional a data do 'habite-se', não prevalecendo a data da eventual entrega das unidades, especialmente se não há provas da entrega de todo o complexo edificado a seus proprietários, anteriormente. Ajuizada a ação antes de completado o prazo de vinte anos, aplicável à hipótese, segundo a regra do art. 177 do Código Civil, torna-se desinfluente que as citações tenham se formalizado após esta data, não se podendo imputar a demora à parte autora (art. 219, §§ 1.º e 2.º, do CPC). Não configura cerceamento de defesa o fato de o perito se posicionar de forma divergente da tese defendida pela parte, respondendo, em razão disto, a quesito formulado por ela sem a abrangência pretendida, por considerá-lo impertinente às conclusões técnicas do laudo. Se a prova técnica não aponta a relação de causalidade entre os danos alegados e o ato ilícito praticado, não responde a construtora pela reposição de tubulações desgastadas pelo tempo e pelo uso, devendo sua responsabilidade se limitar à reparação dos defeitos construtivos, que causam riscos à segurança dos moradores. Se as demandadas deram causa objetivamente injurídica ao processo, decaindo autor de parte mínima de seu pedido, devem responder pelos encargos da sucumbência, ainda que a procedência tenha sido parcial. Recurso do autor provido, em parte, negando-se provimento ao da ré" (TJRJ, Ap. Cível 2002.001.15732, 1.ª Câmara Cível, Rel. Des. Fernando Cabral, julgado em 22-10-2002).

"Responsabilidade civil. Defeito de construção. Ilegitimidade passiva do promitente vendedor. Pretensão indenizatória fundada em defeito de construção. Prescrição vintenária. Súmula 194 do STJ. I — Os autores pedem indenizações pelos danos materiais e morais, alegando defeitos na construção da casa de veraneio. O fato de o primeiro réu ser promitente vendedor do imóvel, juntamente com a mulher, que é arquiteta e responsável técnica pela obra, não o legitima a responder pelos eventuais prejuízos dos promitentes compradores. Extinção por ilegitimidade passiva confirmada. II — O pedido indenizatório decorre de responsabilidade civil do construtor. Não pede reparação pelos vícios redibitórios ou rescisão do contrato. Incidência do artigo 1.245 do Código Civil, cuja prescrição, por ser direito pessoal, é vintenária. Aplicação da Súmula 194 da Corte Nacional. III — Agravo não provido, confirmando-se o saneador" (TJRJ, Agravo de Instrumento 2002.002.15023, 10.ª Câmara Cível, Rel. Des. Bernardo Garcez, julgado em 15-10-2002).

"Direito constitucional, civil e processual civil — Recursos de apelação — Ação de indenização por danos morais em virtude de falecimento decorrente de acidente ocorrido em imóvel residencial — Preliminar de ilegitimidade passiva 'ad causam' das empresas construtoras afastada — Mérito: pedido de julgamento do agravo retido interposto: coisa julgada — Não conhecimento — Critérios de fixação do 'quantum' reparatório — Razoabilidade do valor atribuído — Correção monetária e juros moratórios: termo inicial — Honorários advocatícios: ausência de sucumbência recíproca — Recursos conhecidos e desprovidos à unanimidade. I — Não há se falar em ilegitimidade passiva 'ad causam' das empresas de construção civil ante a alegação de prescrição, pois o prazo prescricional previsto no artigo 1.245 do Código Civil refere-se à garantia assegurada ao proprietário da obra, não incidindo sobre a ação de reparação de danos, na forma do disposto no art. 177 daquele mesmo diploma. II — Não deve ser conhecido o pedido de novo julgamento a agravo retido se este já foi objeto de análise pela colenda Turma que, por decisão unânime, o proveu parcialmente e determinou o retorno dos autos à instância de origem com vistas a incluir no polo passivo da demanda empresa corresponsável pela construção do edifício residencial. III — Na fixação do 'quantum' reparatório, a título de danos morais, deve o juiz levar em consideração, basicamente, as circunstâncias do caso, a gravidade do dano e a ideia de sancionamento do ofensor, como forma de obstar a reiteração de casos futuros, bem assim a sua natureza compensatória no terreno das aflições humanas. A tendência hodierna, em termos de reparação civil de danos, é pela razoabilidade da condenação, mas em todos os sentidos. Se o valor atribuído na sentença se apresenta compatível com esses parâmetros, deve ser mantido. IV — Nos casos de ilícito contratual, a correção monetária incidirá desde a data do evento danoso e os juros moratórios serão devidos a contar da citação, conforme entendimento pacificado no colendo Superior Tribunal de Justiça (Súmula 43 do STJ). V — A condenação do réu em valor inferior ao postulado pelo autor não configura, em regra, na ação de indenização por danos morais, a sucumbência recíproca, sujeitando-se os honorários advocatícios à previsão legal do art. 20, § 3.º, e não à do art. 21 do Códex. Precedentes do colendo STJ e deste egrégio Tribunal. VI — Recursos de apelação conhecidos e desprovidos à unanimidade" (TJDF, Ap. Cível n. 20020150058260-DF, Acórdão n. 167.206, julgado em 11-11-2002, 3.ª Turma Cível, Rel. Wellington Medeiros, *DJU*, 12-2-2003, p. 44).

"Processo civil. Carência da ação decretada. Irrelevância do nome com que batizou o autor a ação e dos dispositivos legais indicados como fundamento do pedido. Moderna e irreversível tendência do processo civil: instrumento de realização da justiça. Carência e prescrição afastadas. A tendência moderna do processo é de que sirva de instrumento para a realização da justiça, aproveitando-se, sempre, o que resultar da exposição do autor, desprezando-se equívocos na nomenclatura da ação e na indicação dos dispositivos legais. Os fatos narrados na inicial é que relevam. O juiz, ao qualificar os fatos trazidos ao seu conhecimento pelas partes, não fica adstrito aos fundamentos legais por elas invocados. Consagração dos brocardos 'jura novit curia' e 'da mihi factum dabo tibi jus'. Não era necessário que o autor anunciasse que se tratava de ação de indenização fundada no art. 1.245 do Código Civil. Suficientes os fatos, cujo enquadramento jurídico cabe ao julgador. O prazo de cinco anos do art. 1.245 do Código Civil é de garantia, não de prescrição, não tendo sido, de qualquer modo, ultrapassado no caso. Apelo provido. Sentença anulada, afastadas a carência decretada e a prescrição levantada em segundo grau" (TJDF, Ap. Cível n. 5151199-DF, Acórdão n. 133.332, julgado em 23-10-2000, 4.ª Turma Cível, Rel. Des. Mario Machado, *DJU*, 7-2-2001, p. 35).

"Responsabilidade civil. Construtor. Prescrição. Prazo de garantia. Indenização. 1 — Na apuração da responsabilidade do construtor por eventuais defeitos na obra, o prazo de garantia é de 5 anos, a partir da data de entrega, sendo que o de indenização é o vintenário — art. 177 do CC —, e conta-se desde a constatação dos danos. 2 — Defeitos construtivos detectados em prédio residencial — Apartamento de cobertura. Dano material. Pedido não especificado e corretamente veiculado pela parte. Pretensão corretamente desacolhida. Denunciação da lide. Direito de regresso. Inexistência. Descabimento. A denunciação da lide somente tem cabimento, na hipótese do art. 70, III, do CPC, se a obrigação de indenizar está prevista na lei ou no contrato. Direito de regresso indemonstrado, não servindo a simples alusão ao art. 159 do CC, denotando-se incabível introduzir nos autos uma nova demanda entre denunciante e denunciado. Decisão que acolheu a denunciação reformada. Apelo do autor e da ré improvidos. Recurso adesivo provido" (Tribunal de Justiça do Rio Grande do Sul, Ap. Cível 70003633336, 10.ª Câmara Cível, Rel. Des. Paulo Antônio Kretzmann, julgado em 28-11-2002).

"Apelação cível. Responsabilidade civil. Vício construtivo. Infiltrações em cobertura. Prazo de reclamação. A responsabilidade do construtor, nos cinco anos seguintes à entrega da obra, é objetiva, em vista do chamado prazo de garantia, o que, no entanto, não faz prescrever a ação, antes de vinte anos, para haver indenização por perdas e danos. Súmula 194, do STJ. De qualquer sorte, a ação foi intentada no prazo de garantia. Comprovadas as infiltrações, que se abarcam no conceito de solidez e segurança, sendo inexitosos os reparos realizados pela ré, legítima a atitude da parte autora de reunir três orçamentos e executar os serviços pelo menor deles, buscando reembolso da construtora responsável. Negaram provimento" (Tribunal de Justiça do Rio Grande do Sul, Ap. Cível 70003769130, 2.ª Câmara Especial Cível, Rel. Des. Marilene Bonzanini Bernardi, julgado em 28-10-2002).

"Responsabilidade civil. Danos construtivos. Responsabilidade do construtor pelos danos construtivos do imóvel verificados no quinquênio que segue a entrega da obra. Danos morais. Segundo o art. 1.245 do Código Civil, o construtor responde pela solidez e segurança da obra, cabendo-lhe reparar os defeitos de construção do prédio por ele construído, constatados no prazo de cinco anos da entrega da obra, não o desobrigando desse ônus a carta de habitação expedida pelo poder público municipal. De outro lado, não dá ensejo a danos morais a negativa do construtor de reparar danos construtivos, mormente quando se julga credor da proprietária do imóvel, de determinada quantia que alega ter desembolsado com a compra de materiais que não eram de sua alçada. Apelo parcialmente provido" (Tribunal de Justiça do Rio Grande do Sul, Ap. Cível 70005076864, 5.ª Câmara Cível, Rel. Des. Marco Aurélio dos Santos Caminha, julgado em 24-10-2002).

"Direito civil. Responsabilidade do construtor. Prescrição. Não se aplicam aos contratos de empreitada de edifícios os prazos prescricionais dos artigos 178, parágrafo 5.º, inciso IV, do Código Civil, e 26 da Lei 8.078/90. Incidência dos artigos 1.245 e 1.246 do Código Civil e da Súmula 194 do STJ. Sentença desconstituída de ofício. Prejudicado o exame da apelação" (Tribunal de Justiça do Rio Grande do Sul, Ap. Cível 70003514106, 5.ª Câmara Cível, Rel. Des. Ana Maria Nedel Scalzilli, julgado em 21-2-2002).

"Edifício de apartamentos. Defeitos. Responsabilidade do construtor. Prescrição. Não se tratando de vícios redibitórios, a reparação dos danos pode ser reclamada no prazo vintenário. Precedentes do STJ. Não acolhimento das preliminares suscitadas em contestação. Decisão proferida quando do saneamento da causa mantida. Recurso especial não conhecido" (STJ, REsp 23.672/PR; REsp 1992/0015067-5, julgado em 13-6-1995, 4.ª Turma, Rel. Min. Barros Monteiro).

"Empreitada de construção de edifício em condomínio. Aplicação do artigo 1.245 do Código Civil. Garantia quinquenal. Prazo prescricional vintenário. O art. 1.245 do Código Civil — prazo quinquenal de garantia — deve ser interpretado e aplicado tendo em vista as realidades da construção civil nos tempos atuais. Defeitos decorrentes do mau adimplemento do contrato de construção, e prejudiciais à utilização das unidades de moradia, não constituem vícios redibitórios, e sua reparação pode ser exigida no prazo vintenário. Não incidência do art. 178, par. 5, IV, do Código Civil aos casos em que o defeito na coisa imóvel não se caracteriza como vício redibitório. Recurso especial conhecido pela alínea 'c', mas não provido" (STJ, REsp 32.676/SP; REsp 1993/0005571-2, Rel. Min. Athos Carneiro, Relator p/ acórdão Min. Fontes de Alencar, julgado em 9-8-1993, 4.ª Turma).

Interessante notar que, se a obra houvesse sido adquirida diretamente pelo consumidor — note-se que muitas empresas de construção atuam no mercado de consumo vendendo as unidades habitacionais ao adquirente, sem intermediários —, a seguinte situação poderia apresentar-se ao juiz: segundo o Código de Defesa do Consumidor, o prazo prescricional para exigir a reparação civil seria de cinco anos (art. 27); por outro lado, se o adquirente não fosse considerado consumidor, o prazo seria o do próprio Código Civil de 1916, de vinte anos (art. 177).

Em nosso entendimento, seguindo a diretriz traçada pela Constituição da República, que erige a defesa do consumidor à categoria de *princípio fundamental da ordem econômica* (art. 170, V), sustentávamos que, mesmo para o consumidor, o prazo para a postulação da reparação em juízo deveria ser de vinte anos, previsto pelo Código Civil, por se tratar de lei mais benéfica.

Com a entrada em vigor do atual Código, esta discussão perdeu importância, na medida em que, nos termos do seu art. 206, § 3.°, V, o prazo prescricional da pretensão reparatória caiu para três anos, de maneira que a aplicação do prazo de cinco, previsto no art. 27 do CDC, afigura-se, atualmente, mais razoável e justo para o consumidor.

E, finalmente, como está disciplinada a responsabilidade civil do empreiteiro e do construtor no CC/2002?

Sobre a matéria, dispõe o art. 618:

> "Art 618. Nos contratos de empreitada de edifícios ou outras construções consideráveis, o empreiteiro de materiais e execução responderá, durante o prazo irredutível de cinco anos, pela solidez e segurança do trabalho, assim em razão dos materiais, como do solo.
>
> Parágrafo único. Decairá do direito assegurado neste artigo o dono da obra que não propuser a ação contra o empreiteiro, nos cento e oitenta dias seguintes ao aparecimento do vício ou defeito".

A primeira parte do artigo, muito semelhante ao dispositivo revogado, corrige a atecnia anterior por já não conter a isenção de responsabilidade do empreiteiro ou construtor que, não tendo achado o solo firme, haja avisado em tempo o dono da obra.

Mas se o legislador parasse por aí seria ótimo.

Dando sequência ao nosso esforço interpretativo, deparamo-nos com um confuso parágrafo único.

Interpretando-o em consonância com o *caput*, a impressão que se tem é de que o prazo para pleitear reparação pelo prejuízo resultante de defeito de solidez e segurança quedaria extinto se não fosse exercido em cento e oitenta dias.

Absurdo!

O dilatado prazo de vinte anos teria sido pulverizado a míseros cento e oitenta dias?

Ademais, a expressão "decairá" não seria técnica, na medida em que, caso se pretendesse formular pretensão reparatória (imagine que o teto ruiu e feriu o dono da obra), o correto seria "prescreverá", uma vez que a pretensão de reparação civil é formulada em sede de ação condenatória[10].

Como então poderíamos interpretar este artigo, para que ele não quedasse ineficaz?

---

[10] A esse respeito, cf. o nosso volume 1, Parte Geral, Capítulo XVIII ("Prescrição e Decadência").

Bem, em nosso sentir, o prazo previsto no parágrafo único deste artigo concerne apenas a eventuais vícios de qualidade que prejudiquem a economicidade ou a utilização da obra realizada. Ou seja, o dono da obra terá o prazo *decadencial de cento e oitenta dias* para redibir o contrato, rejeitando a obra, ou, eventualmente, pleitear o abatimento no preço, caso constate qualquer defeito desta natureza. Trata-se, pois, de regra específica, que prevaleceria em face da prevista no art. 445 do Código Civil, referente aos vícios redibitórios em geral.

Registre-se, porém, que o termo inicial de tal prazo não se identifica com a celebração do negócio jurídico, mas sim com a manifestação do vício ou defeito[11].

Se, entretanto, tiver havido dano proveniente de falha na estrutura da obra, por defeito de segurança ou solidez, o direito de pleitear a *reparação por perdas e danos poderá ser postulado no prazo prescricional geral de três (CC) ou cinco anos (CDC)*, como visto acima, caso se cuide ou não de relação de consumo.

A única advertência que fazemos é a impossibilidade de sustentar que o prazo seja vintenário, considerando a não adoção deste lapso temporal no CC/2002, cujo prazo máximo da prescrição liberatória é de dez anos.

Embora citando jurisprudência anterior ao CC/2002, cuja admissibilidade do prazo geral de vinte anos ainda era possível, JONES FIGUEIRÊDO ALVES chega a conclusão semelhante, nos seguintes termos:

> "O parágrafo único tem consonância com o § 1.º do art. 445, no tocante aos vícios redibitórios, como prazo decadencial, contado do momento em que

[11] "Civil e processual civil — Relatório que não menciona um dos argumentos da contestação — Apreciação na sentença — Ausência de prejuízo — Recurso adesivo — Matéria não apreciada pela sentença — Ausência de embargos declaratórios — Não conhecimento — Responsabilidade civil do construtor — Prazo. 1) Não implica em nulidade a ausência de expressa menção no relatório de fato alegado na defesa, desde que a sentença o tenha apreciado. Não se decreta nulidade quando não há prejuízo. 2) Não se conhece do recurso atacando omissão da sentença que não foi objeto de embargos declaratórios. Responsabilidade civil do construtor. Edifício que apresenta rachaduras no mesmo ano em que foi entregue aos condôminos. Realização de reparos pelo construtor. Ressurgimento dos problemas e assunção formal de responsabilidade pelo mesmo construtor. Se os consertos realizados não resolverem o problema de rachaduras aparentes, que voltam a ressurgir pouco tempo depois, a indicar deficiência da estrutura, é responsabilidade do construtor proceder aos reparos, mesmo se decorridos mais de cinco anos desde a entrega formal da obra. Inteligência do art. 1.245, do Código Civil" (TJDF, Ap. Cível n. 4462497-DF, Acórdão n. 112865, j. 23-11-1998, 2.ª Turma Cível, Rel. Des. George Lopes Leite, *DJU*, 12-5-1999, p. 43).

deles tiver ciência o comitente ou terceiro adquirente da coisa empreitada. No entanto, a jurisprudência tem efetuado sólida e ponderada distinção, a acentuar o sentido da norma, se não vejamos o julgado paradigma seguinte: 'prazo quinquenal de garantia deve ser interpretado e aplicado tendo em vista as realidades da construção civil nos tempos atuais. Defeitos decorrentes do mau adimplemento do contrato de construção, e prejudiciais à utilização das unidades de moradia, não constituem vícios redibitórios, e sua reparação pode ser exigida no prazo vintenário. Não incidência do art. 178, § 5.º, IV, do Código Civil aos casos em que o defeito, na coisa imóvel, não se caracteriza como vício redibitório'" (STJ, 4. T., REsp 32.676-SP, Rel. p/ Acórdão o Min. Fontes de Alencar, *DJ*, 16-5-1994)[12].

Note-se, em conclusão, que o prazo previsto no parágrafo único do artigo sob comento não se dirige a pretensões indenizatórias em geral.

Finalmente, devemos enfrentar a temática referente à responsabilidade civil do incorporador.

Conforme bem adverte MELHIM CHALHUB, "a Lei n. 4.591/64 impõe ao incorporador a responsabilidade civil 'pela execução da incorporação, devendo indenizar os adquirentes ou compromissários dos prejuízos que a estes advierem do fato de não se concluir a edificação, ou de se retardar injustificadamente a conclusão das obras..." (art. 43, II)[13].

Ora, além da responsabilidade contratual que deflui manifesta do atraso na entrega da obra, cumpre-nos indagar se o incorporador responderia também por eventuais danos provenientes de falhas na estrutura da construção.

Em nosso entendimento, o fato de o dano provir de falha na execução da obra não exime o incorporador de responsabilidade, por haver contratado os serviços da construtora ou empreiteira, a seu critério.

Em abono deste entendimento, invocamos o art. 942 do CC/2002, que prevê a *responsabilidade civil solidária de todos os agentes que hajam concorrido para o dano*:

> "Art. 942. Os bens do responsável pela ofensa ou violação do direito de outrem ficam sujeitos à reparação do dano causado; e, *se a ofensa tiver mais de um autor, todos responderão solidariamente pela reparação.*
>
> Parágrafo único. São solidariamente responsáveis com os autores os co-autores e as pessoas designadas no art. 932".

Desse nosso entendimento não discrepa o ilustrado CAVALIERI, consoante podemos observar do seguinte trecho de sua clássica obra:

---

[12] Jones Figueirêdo Alves, *Novo Código Civil Comentado*, Coord. Ricardo Fiúza, São Paulo: Saraiva, 2002, p. 554-5.

[13] Melhim Namem Chalhub, ob. cit., p. 388.

"O incorporador continua responsável porque é o contratante. Responde também o construtor, porque é o causador direto do dano, e tem responsabilidade legal, de ordem pública, de garantir a solidez e segurança da obra em benefício do seu dono e da incolumidade coletiva, conforme já demonstrado.

Pondere-se, ainda, que o fim do contrato de incorporação é a edificação e esta pertence, real e efetivamente, aos adquirentes de unidades autônomas e ao condomínio. Tanto é assim que, se a obra não é executada a contento, ou completamente, quem sofre os prejuízos, direta e imediatamente, são os adquirentes das unidades autônomas, e não o incorporador.

Desta forma, quando o incorporador celebra contrato com o construtor, nada mais faz do que estender-lhe a sua obrigação, passando ambos a ser responsáveis pela construção. O incorporador, na realidade, está apenas se fazendo substituir pelo construtor"[14].

Aliás, caso o incorporador atue no mercado de consumo (alienando unidades habitacionais para destinatários finais/consumidores), mais fácil ainda será a sua responsabilização com fulcro nas regras do Código de Defesa do Consumidor[15].

4. INCIDÊNCIA DO CÓDIGO DE DEFESA DO CONSUMIDOR

Conforme vimos no Capítulo XVI, o Código do Consumidor, ao definir o fornecedor, em seu art. 3.º, cuidou de referir, expressamente, a atividade do construtor:

---

[14] Sérgio Cavalieri Filho, *Programa de Responsabilidade Civil*, 2. ed., São Paulo: Malheiros, 2000, p. 265.

[15] Entendimentos do STJ (disponíveis no *site* www.stj.gov.br, acessado em abril de 2003):

Órgão julgador: 2.ª T. e 3.ª T.:

O *proprietário da obra responde, solidariamente* com o *empreiteiro*, pelos danos que a demolição de prédio causa no imóvel vizinho.

Órgão julgador: 4.ª T.:

O *incorporador*, como *fornecedor de um produto durável, é solidariamente responsável* pelos vícios de qualidade ou quantidade, sejam aparentes, ocultos ou de estrutura, que forem verificados na obra.

O *incorporador que não executa a obra responde solidariamente com o construtor* pelos defeitos de qualidade, eventualmente encontrados na edificação, que a tornem imprópria à utilização ou lhe diminuam o valor, como também por aqueles decorrentes da disparidade com as indicações constantes da oferta ou mensagem publicitária.

Órgão julgador: 3.ª T.:

A obra iniciada mediante financiamento do Sistema Financeiro de Habitação acarreta *responsabilidade civil solidária* do agente financeiro pela respectiva solidez e segurança da construção, porque este tem obrigação de fiscalizar a obra.

"Art. 3.º Fornecedor é toda pessoa física ou jurídica, pública ou privada, nacional ou estrangeira, bem como os entes despersonalizados, que desenvolvem atividades de produção, montagem, criação, *construção*, transformação, importação, exportação, distribuição ou comercialização de produtos ou prestação de serviços.

(...)

§ 2.º Serviço é qualquer atividade fornecida no mercado de consumo, mediante remuneração, inclusive as de natureza bancária, financeira, de crédito e securitária, salvo as decorrentes das relações de caráter trabalhista" (grifo nosso).

Por tal razão, caso o aplicador do direito verifique que a referida atividade, incluindo-se também a de incorporação imobiliária, dirige-se a adquirentes enquadráveis na categoria de "destinatários finais do serviço de construção", a incidência da Lei do Consumidor não pode ser afastada.

Isso significa que os inúmeros instrumentos jurídicos de proteção previstos na referida lei, a exemplo da *responsabilidade objetiva do agente econômico*[16], *inversão do ônus da prova, aplicação do sistema de cláusulas abusivas, a interpretação mais favorável ao contratante/aderente* — apenas para citar os mais comuns — são perfeitamente aplicáveis.

Além disso, visualizada a relação de consumo, a vinculação do construtor ou empreiteiro ao incorporador passa a se revestir de coloração mais intensa, na medida em que a responsabilidade civil será sempre solidária, vedada, lembre-se, a denunciação da lide, para que não haja prejuízo de ordem processual ao demandante (consumidor).

Na jurisprudência, em inúmeros julgados referentes à responsabilidade civil do construtor, vemos a aplicação de regras do CDC:

"Ação de indenização. Reparos a imóvel. Falhas na construção. Responsabilidade solidária entre incorporadora e construtora. C. de Defesa do Consumidor. Honorários de advogado. Sentença confirmada. Ação indenizatória. Condena-se a construtora-incorporadora na reparação de falhas e defeitos de acabamento, incompatíveis com o alto padrão do edifício. Aplica-se a lei civil e CDC. Sentença confirmada, no mérito, provido apelo autoral para fixar verba honorária, improvido o recurso da ré" (TJRJ, Ap. Cível 2002.001.19112, data de registro: 25-10-2002, 17.ª Câmara Cível, Rel. Des. Severiano Ignacio Aragão, julgado em 25-9-2002).

"Contrato de construção. Compra e venda de imóvel. Vaga de garagem. Pagamento. Restituição do preço pago a maior. C. de Defesa do Consumidor.

---

[16] Leia-se: a pessoa jurídica que atua no ramo da construção civil, uma vez que, como vimos, o engenheiro e o construtor, pessoalmente, respondem com base na culpa profissional (art. 14, § 4.º, do CDC).

Recurso desprovido. Contrato de construção e compra e venda. Alienação de apartamento com direito a duas vagas de garagem. Pagamento de preço por fração ideal correspondente a três vagas. Devolução da diferença do preço. CDC, arts. 3.º, 6.º, III, 12 e 19, I. Constando da escritura de compra e venda metragem correspondente a três vagas de garagem, mas tendo sido alienadas apenas duas vagas, a construtora vendedora deve restituir ao comprador a diferença de preço entre as frações ideais correspondentes a teor dos artigos do CDC destacados. Apelo desprovido" (TJRJ, Ap. Cível 2002.001.05367, data de registro: 29-8-2002, 2.ª Câmara Cível, Rel. Des. Gustavo Kuhl Leite, julgado em 29-5-2002).

"Direito imobiliário. Promessa de compra e venda e construção. Atraso na entrega da unidade. Motivo injustificado. Cláusulas abusivas. Nos termos do art. 51, I, IV, § 1.º, do CDC são abusivas as cláusulas que exonerem a construtora de atender o prazo fixado no contrato se se depara com a impossibilidade ou demora na obtenção do financiamento junto ao agente financeiro, o que lhe permite prolongar a obra até que seja obtido o financiamento ou, caso não se consiga, pelo tempo que for necessário segundo as condições financeiras da construtora. Neste passo, estas cláusulas exonerativas de quaisquer responsabilidades, só por si, ofendem as regras acima ressaltadas do CDC e são ineficazes diante dos promitentes compradores. A culpa pelo atraso na entrega conduz a rescisão do contrato com a devolução das quantias pagas, acrescidas de juros legais (art. 1.062, CC). Em se tratando de descumprimento de contrato, em geral, incabível o dano moral, salvo circunstâncias especialíssimas que não ocorrem na espécie. Por esta razão, concede-se parcial provimento ao recurso da construtora para se excluir o dano moral. Multa só é devida em caso de mora, mas não em caso de inadimplemento. Tendo sido julgado procedente o pedido principal, efetivamente, restou sem efeito a cautelar, de modo que não houve sucumbência, devendo, assim, cada parte suportar suas despesas, compensando-se parcial provimento ao recurso dos autores" (TJRJ, Ap. Cível 2001.001.24074, data de registro: 24-4-2002, 2.ª Câmara Cível, Rel. Des. Gustavo Kuhl Leite, julgado em 6-3-2002).

5. RESPONSABILIDADE TRABALHISTA NA ATIVIDADE DE CONSTRUÇÃO CIVIL

Apenas para encerrar este capítulo com algo pouco trabalhado pelos doutrinadores de Direito Civil, vale tecer algumas rápidas considerações sobre a responsabilidade trabalhista na atividade de construção civil.

Isso porque é óbvio que, para a realização de atividades de tal monta, é necessária a contratação de trabalhadores.

A responsabilidade pelos créditos de cada um dos operários é, originalmente, sem sombra de dúvida, de seus empregadores, sejam eles o empreiteiro (ou subempreiteiro), o construtor ou o incorporador.

Todavia, a legislação protetora trabalhista amplia a gama de responsabilidade, não somente para quem é o sujeito passivo da relação jurídica obrigacional, mas também criando hipóteses de solidariedade/subsidiariedade, típicos de situação de *obligatio* sem *debitum.*

É o caso do art. 455 da Consolidação das Leis do Trabalho, que dispõe, *in verbis*:

> "Art. 455. Nos contratos de subempreitada responderá o subempreiteiro pelas obrigações derivadas do contrato de trabalho que celebrar, cabendo, todavia, aos empregados, o direito de reclamação contra o empreiteiro principal pelo inadimplemento daquelas obrigações por parte do primeiro.
>
> Parágrafo único. Ao empreiteiro principal fica ressalvada, nos termos da lei civil, ação regressiva contra o subempreiteiro e a retenção de importâncias a estes devidas, para a garantia das obrigações previstas neste artigo".

O campo de extensão da responsabilidade civil contratual é, portanto, entre aqueles que atuam na construção propriamente dita da obra (construtor e empreiteiro, neste abarcado o subempreiteiro).

Mas e a incorporadora? Responde também pelos débitos trabalhistas do subempreiteiro empregador? E o dono da obra, caso não seja juridicamente um incorporador?

A resposta da jurisprudência trabalhista especializada é negativa, caso seja ela mera dona da obra.

Isso porque, não se tratando propriamente de subempreitada, não há como invocar o art. 455 da Consolidação das Leis do Trabalho. Da mesma forma, sendo uma prestação de serviços por uma obra certa, também não há que se falar em terceirização, a incidir o Enunciado 331 do colendo Tribunal Superior do Trabalho.

Todavia, se explorar economicamente a atividade de incorporador imobiliário, responderá, também, solidariamente.

Assim sendo, a incidência normativa adequada é a contida na Orientação Jurisprudencial n. 191, da Seção de Dissídios Individuais do colendo Tribunal Superior do Trabalho, inserida em 8-11-2000, que estabelece:

> "*Dono da obra. Responsabilidade.* Diante da inexistência de previsão legal, o contrato de empreitada entre o dono da obra e o empreiteiro não enseja responsabilidade solidária ou subsidiária nas obrigações trabalhistas contraídas pelo empreiteiro, salvo sendo o dono da obra uma empresa construtora ou incorporadora".

Capítulo XX
Responsabilidade Civil das Instituições Financeiras

Sumário: 1. Esclarecimento terminológico. 2. Perspectivas de análise da responsabilidade civil. 2.1. Responsabilidade civil em face dos seus agentes. 2.2. Responsabilidade civil em face dos seus clientes/consumidores. 2.2.1. Responsabilidade civil pelo pagamento de cheque falso. 2.2.2. Responsabilidade civil pelo furto ou roubo dos bens depositados em cofres bancários. 2.3. Responsabilidade civil em face de terceiros.

1. ESCLARECIMENTO TERMINOLÓGICO

O nosso leitor amigo pode estar se perguntando por que não intitulamos o presente capítulo "responsabilidade civil *dos bancos*".

O motivo é simples: apuro técnico.

A expressão "banco", nos dias que correm, perdeu espaço para a expressão "instituição financeira", mais abrangente e precisa, por caracterizar esta não apenas os estabelecimentos que gerenciam a guarda e o depósito de valores (bancos, na acepção tradicional), mas, sobretudo, por traduzir a ideia de *instituição de crédito*.

Nesse sentido, o culto professor ARNOLDO WALD:

> "Na realidade, o banco moderno não se restringe a recolher as economias monetárias dos que lhas confiam, para emprestá-las, através do mútuo de dinheiro, aos seus clientes, como ocorria no passado.
>
> Atualmente, o conceito de banco foi substituído ou complementado pelo de instituição financeira, ou até de conglomerado financeiro, cuja função no mercado é o exercício do crédito sob as suas novas e sofisticadas formas, das quais o recebimento de depósitos em dinheiro e sua aplicação é uma das mais antigas, mas não a única".

E conclui o autor: "É, portanto, o exercício técnico e profissional do crédito, que tanto pode ser de dinheiro, quanto de outra natureza (o de assinatura, p. ex., através do aceite cambial ou do aval), que caracteriza a instituição financeira, e o estabelecimento de crédito, hoje intensamente empolgados pelos chamados serviços bancários"[1].

---

[1] Arnoldo Wald, *O Novo Direito Monetário*, 2. ed., São Paulo: Malheiros, 2002, p. 186.

Por tais razões, preferimos denominar o presente capítulo "responsabilidade civil das instituições financeiras", embora não deixemos de mencionar, em um ponto ou outro, a palavra "banco", com o fito de evitar repetições desnecessárias.

2. PERSPECTIVAS DE ANÁLISE DA RESPONSABILIDADE CIVIL

Em breve síntese, poderíamos sistematizar a responsabilidade civil das instituições financeiras sob uma tríplice perspectiva:

a) responsabilidade civil em face dos seus agentes;

b) responsabilidade civil em face dos seus clientes/consumidores;

c) responsabilidade civil em face de terceiros.

2.1. Responsabilidade civil em face dos seus agentes

Pelos danos causados aos seus prepostos e agentes autorizados, respondem as instituições na forma da legislação específica em vigor. Caso se trate de empregado do estabelecimento, caracterizar-se-á, na hipótese de lesão, o acidente de trabalho, já estudado linhas atrás[2].

Caso não haja vínculo empregatício (imagine-se que a instituição houvesse contratado um prestador de serviços), a responsabilidade civil pelo prejuízo causado será regida pelas regras gerais do próprio Código Civil, que, salvo previsão legal específica ou reconhecimento do exercício de atividade de risco, importa reconhecer que se exigirá a comprovação do elemento anímico (culpa) para aferir a responsabilidade.

2.2. Responsabilidade civil em face dos seus clientes/ consumidores

Não temos dúvida de que o cliente bancário é um consumidor.

Por isso, nunca reputamos indispensáveis as Resoluções n. 2.878 e 2.892/2001 do BACEN, referentes ao denominado "Código do Cliente Bancário", as quais, posto não isentas de justas críticas, apenas explicitam mandamentos do Código do Consumidor.

---

[2] Confira-se o Capítulo XV ("Responsabilidade Civil nas Relações de Trabalho"), mais especificamente os tópicos 3.4 ("Responsabilidade Civil do Empregador por Dano ao Empregado") e 3.4.1 ("Responsabilidade Civil decorrente de Acidente de Trabalho").

O cliente bancário, não temos dúvida, é *consumidor*, e a responsabilidade do agente financeiro perante ele é de natureza contratual[3].

Ressaltando o enquadramento legal do cliente bancário no conceito de consumidor, PABLO STOLZE GAGLIANO, em palestra já citada, pontifica que:

"Se o contrato de empréstimo (que é um contrato de adesão) estabelecesse taxa de elevação de juros diária, não estaríamos diante de cláusulas abusivas, vedadas pelo CDC?

Ou, numa hipótese mais absurda, aventada pelo Professor NEWTON DE LUCCA, da Universidade de São Paulo, poderia o contrato celebrado pelo banco estabelecer que, havendo atraso por parte do mutuário, o pagamento fosse feito obrigatoriamente de joelhos diante do gerente da agência, sem que se ferisse o art. 71 do Código de Defesa do Consumidor?[4]

Ao conceder empréstimos e financiamentos, talvez possamos até concluir que a instituição financeira não seria um mero *fornecedor de serviço*, mas, sim, *de um produto* — o dinheiro (que é um bem consumível por excelência).

E é assim que o STJ, o mais lúcido Tribunal do País, vem reiteradamente decidindo:

'Os bancos, como prestadores de serviços especialmente contemplados no art. 3.º, parágrafo segundo, estão submetidos às disposições do CDC. A circunstância de o usuário dispor do bem recebido através da operação bancária, transferindo-o a terceiros, em pagamento de outros bens ou serviços, não o descaracteriza como consumidor final dos serviços prestados pelo banco' (REsp 57.974/RS, Rel. Min. Ruy Rosado de Aguiar, julgado em 29-05-95).

Em outra oportunidade, quando da discussão do REsp 231.825/RS, o Min. César Asfor Rocha assinalou, com propriedade, que:

Pedi vista dos autos para melhor exame da matéria, após o que de logo registro que, no tocante à aplicação do Código de Defesa do Consumidor, acompanho Sua Excelência, por entender que aquele diploma legal incide *sobre todas as relações e contratos pactuados pelas instituições financeiras e seus clientes* e não apenas na parte relativa à expedição de talonários, fornecimento de extratos, cobrança de contas, guarda de bens e outros serviços afins. O próprio CDC se ocupa em trazer as definições de consumidor e fornecedor de produ-

---

[3] Configura-se, a propósito, o tópico 1.2 ("Objeto da relação de consumo: produto ou serviço") do Capítulo XVI ("Responsabilidade Civil nas Relações de Consumo") deste volume.

[4] "Art. 71. Utilizar, na cobrança de dívidas, de ameaça, coação, constrangimento físico ou moral, afirmações falsas, incorretas ou enganosas, ou de qualquer outro procedimento que exponha o consumidor, injustificadamente, a ridículo, ou interfira com seu trabalho, descanso ou lazer. Pena — detenção de 3 meses a 1 ano e multa."

to e serviço... a lei é suficientemente clara ao definir o que sejam consumidores e fornecedores de produtos e serviços, enquadrando-se perfeitamente nesses conceitos as instituições financeiras..."[5].

Ninguém discute a importância dos bancos e instituições de crédito para a economia nacional.

A saúde financeira do País interfere na vida de todos os cidadãos, e essa atividade deve ser incentivada dentro das leis de mercado e livre concorrência.

No entanto, visando coibir abusos, o Código do Consumidor estabelece regras de conteúdo cogente e natureza pública para o deslinde dos litígios envolvendo o cliente bancário (consumidor) e o agente financeiro.

A ausência de legislação protetiva violaria o comando constitucional que impõe a proteção do consumidor como princípio da ordem econômica e, também, o direito fundamental à igualdade, na medida em que a norma legal deve imprimir igualdade jurídica — por meio do reconhecimento de instrumentos de defesa ao hipossuficiente — em relações jurídicas onde exista desigualdade econômica[6].

---

[5] Pablo Stolze Gagliano, *Legislação Bancária, Código de Defesa do Consumidor e Princípio da Dignidade da Pessoa Humana*, Palestra ministrada no IV Fórum Brasil de Direito, realizado em Salvador — Bahia, maio de 2002.

[6] Noticiou a Revista *Consultor Jurídico*, de 11-11-2002:

"Negócio arriscado — *Juíza de MG manda banco indenizar cliente por prejuízo*

A 6.ª Câmara Cível do Tribunal de Alçada de Minas Gerais condenou o Banco Boavista Interatlântico S/A a indenizar Marcelo Alexandre do Valle Thomaz por danos materiais e morais. Motivo: o cliente foi induzido a fazer uma aplicação de R$ 11 mil em um fundo de investimento que lhe causou prejuízo.

O Tribunal condenou o Banco Boavista Interatlântico a ressarcir o cliente pelo capital investido, acrescido de 0,5% de juros moratórios e correção monetária a partir da citação, além da indenização correspondente a 30 salários mínimos por danos morais.

De acordo com os autos, em novembro de 1999, Marcelo Alexandre foi orientado pelo banco a investir no 'FIF Boavista Master 60', fundo de investimento. Segundo o cliente, a gerente da agência de Juiz de Fora disse que a aplicação não oferecia qualquer risco. Assim, ele investiu R$ 11 mil, conforme foi aconselhado.

Depois de 12 dias, recebeu a notícia de que o investimento foi malsucedido, fato que motivou o pedido de resgate imediato. O cliente recebeu apenas a quantia de R$ 5.975,03.

O banco alegou que a culpa pelo insucesso do negócio coube à administradora dos fundos, pela má gerência, e propôs um acordo ao cliente no valor de R$ 3.557,35. Ele teria um prejuízo de R$ 1.467,02 se fizesse o acordo. Por isso, resolveu ajuizar uma ação contra o banco por danos materiais e morais.

Segundo a relatora da apelação, juíza Beatriz Pinheiro Caires, 'evidenciada a culpa do banco e da administradora dos fundos pela má gestão dos negócios, cabe a recomposição do capital empregado pelo cliente investidor, evitando que arque com prejuízo injusto'.

Posto isso, passaremos em revista as situações mais comuns envolvendo danos aos clientes bancários.

2.2.1. *Responsabilidade civil pelo pagamento de cheque falso*

Um dos mais tormentosos problemas envolvendo a responsabilidade civil dos bancos diz respeito ao pagamento de cheque falso.

Imagine, apenas a título de ilustração, que o cliente bancário tenha o seu talão furtado, e o infrator esteja emitindo títulos, falsificando a assinatura do correntista.

Em tal hipótese, deveria ser o estabelecimento bancário responsabilizado pelo pagamento do cheque falso?

A doutrina não se entende quanto à natureza jurídica dessa espécie de responsabilidade. Alguns ressaltam a sua natureza contratual em face do cliente lesado; outros, por sua vez, afirmam tratar-se de dano inserido no campo da responsabilidade civil aquiliana.

Nesse sentido, pondera SÍLVIO DE SALVO VENOSA: "há questões específicas em matéria de responsabilidade de bancos que preocupam a doutrina e a jurisprudência. Muito é discutido, por exemplo, a respeito de pagamento pela instituição financeira de cheque falso. O problema é, evidentemente, de aspecto contratual, mas os julgados com frequência referem-se à culpa aquiliana".

E mais adiante conclui o culto professor *palmeirense*: "A nosso ver, como acenamos, é irrelevante definir se essa culpa é contratual ou não, pois a responsabilidade é objetiva e situa-se em sede de prestação de serviços do fornecedor"[7].

De fato, considerando-se que a atividade bancária é serviço de consumo, o dano causado ao cliente, desde que não favorecido pela atuação deste, há de ser indenizado segundo os princípios da responsabilidade civil objetiva, pelo próprio banco sacado, sem prejuízo do exercício do seu direito de regresso contra o terceiro, culpado pela subtração do talonário.

Expliquemos melhor.

Quanto aos danos morais, a juíza afirmou que 'comprovou-se efetivamente o surgimento de situação desagradável para Marcelo Alexandre, consistente na atuação desastrosa do administrador do fundo de investimentos, atitude que colocou em risco as poucas economias de seu cliente, gerando frustração e insegurança a respeito do recebimento do numerário que fora investido junto ao banco'.

A turma julgadora foi composta também pelos juízes Dídimo Inocêncio de Paula (revisor) e Belizário de Lacerda (vogal)" (Ap. 369.626-4).

[7] Sílvio de Salvo Venosa, *Direito Civil — Responsabilidade Civil*, 3. ed., São Paulo: Atlas, 2003, p. 180.

Se houver prova de que o cliente atuou culposamente, facilitando a subtração do talonário e a falsificação, ou não cuidou de cientificar o banco a tempo para evitar a consumação da fraude ("sustando o cheque"), poderá a instituição alegar em defesa a quebra do nexo causal por culpa exclusiva da vítima, para efeito de se eximir da obrigação de indenizar.

Aliás, é bom recordar que apenas a *culpa exclusiva do consumidor* tem a força de eximir o fornecedor do dever de indenizar, nos termos do art. 14, § 3.º, II, do CDC. A culpa concorrente, conforme já estudamos, não o exime da indenização integral.

Por essas razões, vemos com certa reserva a Súmula 28 do STF (datada de 16-12-1963), referente ao pagamento de cheque falso:

> Súmula 28 do STF: "O estabelecimento bancário é responsável pelo pagamento de cheque falso, *ressalvadas as hipóteses de culpa exclusiva ou concorrente do correntista*"[8] (grifamos).

Ora, à luz do Código do Consumidor, *a culpa concorrente do correntista não exime o fornecedor da obrigação de indenizar integralmente a vítima do dano*, razão por que cremos que o mandamento legal deve orientar a interpretação da súmula[9].

Nessa linha, cumpre-nos trazer a lume alguns julgados referentes à matéria:

> "Responsabilidade civil. Cheque. Talonário sob a guarda do banco. Furto. Legitimidade do banco. Inocorrência de violação da lei federal. Dissídio não demonstrado. Precedentes. Recurso não conhecido.
>
> I — Pode a instituição financeira responder pelos danos sofridos por comerciante, quando esse, tomando todas as precauções, recebe cheque como forma de pagamento, posteriormente devolvido pela instituição financeira por ser de talonário furtado de dentro de uma das suas agências.
>
> II — Para caracterização do dissídio, necessário o cotejo analítico das bases fáticas que sustentam as teses em conflito" (STJ, REsp 56.502/MG, *DJ*, 24-3-1997, Rel. Min. Sálvio de Figueiredo Teixeira).

---

[8] "Indenização — Dano material — Cheque furtado — Culpa concorrente — Estabelecimento bancário — Responsabilidade civil — O banco é responsável pelo pagamento de cheque falsificado, se não configurada a culpa exclusiva ou concorrente do correntista, *ex vi* da Súmula 28 do STF — À instituição financeira incumbe manter mecanismos próprios e pessoal especializado aptos a identificar as falsificações de assinaturas lançadas em cheques — Vislumbra-se a ocorrência de culpa concorrente quanto ao resgate de cheque com a assinatura falsa, se o cliente não comprovou ter diligenciado em comunicar imediatamente ao banco o furto do talonário" (TJMG, Proc. 0240795-0, 1.ª Câm. Cível, Rel. Silas Vieira, j. 21-10-1997).

[9] Nesse mesmo sentido, Venosa, ob. cit., p. 181.

"Pagamento de cheque falso pelo banco. Obrigação do banco por seus prepostos de examinar as assinaturas. Súmula 28 do STF. Culpa presumida. Devolução dos valores que poderiam ser descontados se usado limite em cheque especial. Impossibilidade. Tem o banco sacado obrigação de zelar pela autenticidade das assinaturas de seus correntistas, sendo presumida a culpa, nos termos da Súmula 28 do STF, se desconta cheque falso cuja falsidade da assinatura poderia ser percebida com algum esforço pelo funcionário do banco. Entretanto, não é devida a indenização de valores que poderiam ter sido descontados do correntista a título da utilização do limite de cheque especial, mas não o foram, pois o autor mantinha saldo para arcar com os cheques indevidamente descontados. Não se pode falar em indenização de dano material se, efetivamente, não se verifica uma perda no patrimônio do demandante. Apelo e recurso adesivo improvidos" (TJRS, Ap. Cível 70002199578, 5.ª Câmara Civil, Rel. Des. Marco Aurélio dos Santos Caminha, julgado em 13-12-2001).

"Responsabilidade civil. Banco. Defeito do serviço. Pagamento de cheque furtado com assinatura falsificada. Dano moral *in re ipsa*. Relação de conta-corrente. Subsunção ao CDC e seus princípios. Fato do consumo. Falha do serviço. Age com negligência, assim não oferecendo a segurança que se espera de serviços bancários postos à disposição dos consumidores, a instituição que aceita cheques com assinatura flagrantemente falsa (art. 14 do CDC). Ausência de excludentes. Responde o banco pela falha do serviço, ao pagar cheque com assinatura falsa, sem compará-la com a constante na ficha do autor, remetendo seus dados para registro no cadastro de emitentes de cheques sem fundos do Bacen — CCF e na centralização dos serviços de bancos S/A — Serasa. Interpretação da Súmula n. 28 do STF. Dano *in re ipsa*. Se o agravo moral é consequência necessária da violação de algum direito da personalidade, a demonstração de sua existência importa, simultaneamente, prova de sua ocorrência. Quantificação da indenização por dano moral imposta por arbitramento, obedecendo a parâmetros da Câmara e às circunstâncias do caso concreto, levando em consideração tanto o fator inibitório-punitivo, como compensador. Apelo parcialmente provido" (TJRS, Ap. Cível 70005625926, 9.ª Câmara Cível, Rel. Des. Rejane Maria Dias de Castro Bins, julgado em 19-3-2003).

Neste outro excelente julgado do Tribunal de Justiça do Distrito Federal (Rel. Des. Waldir Leôncio Jr., Ap. Cível 3.908.696/DF), observa-se a exata aferição do serviço bancário como serviço de consumo:

"Ação de indenização movimentada por correntista em desproveito de banco que recebeu à guisa de depósito em dinheiro em sua conta-corrente depósito efetuado por falsário que utilizou de cheque adulterado da mesma instituição — Responsabilidade civil objetiva. Os bancos são prestadores de serviços (art. terceiro do CODECON) e a clientela é consumidora ('pessoa jurídica que adquire ou utiliza produto ou serviço como destinatário final', art. segundo do CODECON). Por isso respondem objetivamente pelos eventuais prejuízos que venham a causar a seus clientes (art. sexto, VII, c/c art. 14 do CODECON: 'o fornecedor de serviços responde, independentemente da existência de culpa, pela reparação dos danos causados aos consumidores por defeitos dos serviços'). Por sua vez, o par. terceiro deste dispositivo só exclui a responsabilidade do prestador de serviços, dentre os quais os bancos, quando provar: 'I — que, tendo prestado o serviço, o defeito inexiste; *II — a culpa exclusiva do consumidor ou de terceiro*'. Ademais, pelo parágrafo único do art. 39 da Lei 7.357/85: 'o banco sacado responde pelo cheque falso, falsificado ou alterado, salvo dolo ou culpa do correntista, do endossante ou do beneficiário'" (grifamos).

Nesse diapasão, também não concordamos com a vertente que aponta no sentido de admitir a responsabilidade bancária apenas se tiver havido falsificação grosseira, não detectada. Ora, sendo grosseira ou não, a obrigação de se aparelhar com o sistema técnico de segurança adequado para evitar o pagamento de cheque falso é do banco e não do correntista.

Em verdade, parece-nos que, *a contrario sensu*, todas as formas de lesão aos interesses dos clientes (consumidores) bancários/financeiros[10], como subtrações indevidas em conta-corrente, até mesmo pelos temidos *hackers*[11] — e

---

[10] "Responsabilidade civil. Indevido cadastramento de cliente em órgão de proteção ao crédito. Se a administradora de cartão de crédito lança, na fatura, um valor mínimo para o seu pagamento, independentemente de o cliente não ter feito pagamentos no mês anterior, ocorrido o adimplemento do valor mínimo, não pode inscrevê-lo por débito daquele período. Ilicitude de comportamento e falha no serviço que atraem a responsabilidade civil. Majoração da indenização para quarenta salários mínimos, tendo em vista as circunstâncias do caso concreto. Verba honorária fixada em 10% do valor da condenação, pela proibição de *reformatio in pejus* e de acordo com o art. 20, § 3.º, do Código de Processo Civil. Primeira apelação parcialmente provida e segunda apelação provida" (Ap. Cível 70005614870, 9.ª Câmara Cível, TJRS, Rel. Des. Rejane Maria Dias de Castro Bins, j. 19-3-2003).

[11] "Responsabilidade civil de banco. Caderneta de poupança. Retirada indevida por terceiro. Retirada sem autorização do titular. Negligência. Responsabilidade objetiva. Indenização. Dano moral. Desprovimento do recurso. Responsabilidade civil. Instituição bancária. Retirada de numerário da conta poupança de cliente realizada por terceiro sem permissão do correntista. Indenização. Dano moral. O caso vertente enquadra-se na hipótese de responsabilidade contratual objetiva, posto que havia entre as partes a relação de consumo prevista no artigo 3.º, § 2.º, do CDC, o que também faz incidir a inversão probatória constante na legislação consumerista (art. 6.º, VIII, do CDC). Cabe ao banco apelante provar que os saques efetuados ocorrem por terceiro em nome do correntista e com a sua autorização, o que equivale dizer que esta teria fornecido sua senha a outrem, permitindo os saques, o que efetivamente não pode ser apenas presumido. Devem as instituições bancárias aprimorar sua segurança, no sentido de promover meios eficientes de controle do patrimônio alheio, e se assim não

não somente as relacionadas com o pagamento de cheques roubados ou a sua devolução indevida[12] —, devem ser de responsabilidade da instituição financeira.

Nessa mesma linha, CAVALIERI afasta toda e qualquer alegação de isenção de responsabilidade da instituição, ressalvada a hipótese de o próprio cliente haver atuado culposamente, favorecendo a adulteração da cártula:

> "Forçoso é reconhecer, à luz desses princípios, que a falsificação ou adulteração de cheque do correntista, ou qualquer outra modalidade de estelionato que leve o banco a pagar indevidamente alguma quantia ao falsário, é perpetrada contra o banco, e não contra o correntista. O dinheiro, indevidamente

---

procedem, permitindo a violação, incorrem na culpa *in custodiendo*, impondo-se o dever indenizatório. A subtração imotivada de numerário da conta poupança do correntista, causando-lhe sofrimento, ansiedade, interferindo negativamente no seu cotidiano, justifica a condenação em danos morais. Recurso conhecido e improvido" (TJRJ, Ap. Cível 2000.001.19821, data de registro: 30-5-2001, 11.ª Câmara Cível, Des. Cláudio de Mello Tavares, j. 11-4-2001).

12 "Dano moral. Devolução indevida de cheque. CDC. *Quantum*. A instituição bancária responde pela prestação defeituosa de serviços, uma vez que o caso em exame se rege pelas normas do CDC. Devolução de cheques pela alínea 25. Cancelamento de talonário pelo banco sacado, quando evidenciada a situação de extravio de talão de cheque, salvaguardando o correntista de eventuais prejuízos. Caso em que o banco-requerido sustou o pagamento de cheques emitidos pelos autores, sem, contudo, justificar a devolução das cártulas, já que, no caso, inexistiu extravio do talonário. Responsabilidade objetiva do fornecedor de serviços (art. 14 do CDC). O constrangimento e os transtornos causados aos autores configuram dano moral puro, independente de prova. Indenização. O ressarcimento deve ser estipulado como justa compensação pelos incômodos e transtornos a que a parte foi submetida. Apelo provido" (TJRS, Ap. Cível 70004500823, 10.ª Câmara Cível, Rel. Des. Luiz Lúcio Merg, j. 6-3-2003).

"Ação de indenização. Danos morais. Devolução indevida de cheque. Comprovada a culpa da instituição bancária que devolve cheque emitido pelo autor sob a alegação de que não se encontrava regularmente preenchido, ainda que já houvesse acolhido três cártulas que continham a mesma data, deve reparar o abalo moral e os transtornos causados ao autor. Apelo do autor provido. Apelo do banco improvido" (TJRS, Ap. Cível 70004384798, 5.ª Câmara Cível, Rel. Des. Ana Maria Nedel Scalzilli, j. 19-12-2002).

"Responsabilidade civil. Dano moral. Devolução indevida de cheque por insuficiência de fundos. Inscrição junto ao cadastro de inadimplentes. Responde por danos morais o banco que cadastra seu cliente adimplente nos serviços de controle de crédito. Dispensável a prova concreta do dano moral, que, *in casu*, se presume. A existência de pretéritos registros negativos deve ser levada em conta para a quantificação da reparação. Apelação provida" (TJRS, Ap. Cível 70005301981, 6.ª Câmara Cível, Rel. Des. Antônio Guilherme Tanger Jardim, j. 18-12-2002).

entregue ao estelionatário é do banco, a ele cabendo, portanto, suportar o prejuízo, segundo o milenar princípio do *res perit domino*"[13].

Aliás, não é demais lembrar que a sua responsabilidade é objetiva, nos termos do Código de Defesa do Consumidor.

Interessante notar, finalmente, que recente jurisprudência do Superior Tribunal de Justiça, facilitando a compensação dos danos sofridos pelos clientes bancários — não apenas pelo pagamento de cheque falso, mas por qualquer atuação lesiva em geral —, firmou-se no sentido de permitir a penhora de valores da instituição financeira, contrariando a prática de somente admitir a constrição de bens de natureza não pecuniária pelo fato de o banco "não possuir dinheiro próprio", mas apenas valores depositados por terceiros[14].

---

[13] Sérgio Cavalieri Filho, *Programa de Responsabilidade Civil*, São Paulo: Malheiros, 2000, p. 298.

[14] Informativo do STJ, abril de 2003, disponível no *site* http://www.stj.gov.br:

"08/04/2003 — STJ autoriza penhora de depósitos de instituições financeiras

O dinheiro disponível nos caixas das instituições financeiras pode ser penhorado, com exceção das reservas técnicas mantidas pelas instituições no Banco Central. A conclusão é da Quarta Turma do Superior Tribunal de Justiça (STJ). Com a decisão, a Caixa Econômica Federal terá penhorada a quantia determinada pela Justiça na ação movida por Risaldo da Silva Raposo para a complementação dos rendimentos de sua conta individual vinculada ao Fundo de Garantia por Tempo de Serviço (FGTS).

A Caixa Econômica Federal (CEF) foi condenada pela Justiça a complementar os rendimentos da conta de Risaldo Raposo vinculada ao FGTS. Para poder contestar, na execução da sentença, os valores cobrados, a CEF indicou à penhora um imóvel de sua propriedade, bem que foi rejeitado por Risaldo Raposo.

O Juízo de primeiro grau acolheu o pedido de Risaldo Raposo contra a penhora do imóvel. Para substituir o bem, o Juízo determinou à CEF o depósito, em dinheiro, da quantia cobrada pelo correntista. Segundo a CEF, Risaldo Raposo estaria cobrando R$ 41.826,79, mas, para a instituição financeira, o valor devido seria bem menor — R$ 8.808,87.

A CEF apelou afirmando que a decisão de primeiro grau teria contrariado a Lei 9.069/95. Segundo a instituição, o dinheiro existente em sua tesouraria, como em qualquer outro banco, não pertenceria ao banco, por esse motivo, seria parte das reservas bancárias, valores considerados impenhoráveis.

O Tribunal Regional Federal da Quinta Região negou o apelo mantendo a penhora do dinheiro. Com isso, a CEF recorreu ao STJ reiterando a alegação de que a penhora determinada estaria contrariando o artigo 68 da Lei 9.069/95. De acordo com a CEF, aquela lei estaria prevendo a impenhorabilidade dos depósitos das instituições financeiras bancárias mantidos no Banco Central. O Ministério Público Federal apresentou parecer pela rejeição do recurso entendendo que 'nem todos os valores monetários mantidos nas instituições podem ser considerados impenhoráveis na forma do artigo 68 da Lei 9.069/95'.

2.2.2. *Responsabilidade civil pelo furto ou roubo dos bens depositados em cofres bancários*

Se o nosso amigo leitor fizer uma pesquisa na jurisprudência brasileira, observará que, como regra geral, a ocorrência de um crime equipara-se à situação de caso fortuito ou de força maior, para o efeito de excluir a responsabilidade civil.

Imaginemos, apenas a título de ilustração, que Caio tenha o seu veículo roubado por Tício. Este último, em fuga desesperada, atropela um terceiro que vem a falecer. Ora, segundo os mais comezinhos princípios de responsabilidade civil, a família da vítima não poderá pretender responsabilizar Caio, sujeito passivo do roubo, pela ausência de vínculo jurídico deste último com a ocorrência do dano. Ressalve-se, apenas, a hipótese de o proprietário do veículo haver facilitado a sua subtração.

A alegação, pois, de Caio, para o fim de se eximir de responsabilidade, seria de que a ocorrência do roubo — fato alheio à sua vontade — haveria quebrado o nexo de causalidade, de maneira que apenas o criminoso poderia ser considerado responsável pelo evento fatídico.

Essa alegação, todavia, não procede no caso dos estabelecimentos bancários.

Quando optamos por depositar ou investir as nossas economias no banco *A*, e não no banco *C*, fazemos, dentre outros motivos, pela confiança que temos em seu sistema de segurança.

Afinal de contas, se assim não fosse, continuaríamos guardando as nossas economias no colchão.

Nessa linha de intelecção fica claro que, em havendo a subtração de bens ou valores, deverá a instituição suportar o prejuízo, mormente em se considerando a sua responsabilidade objetiva, nos termos do Código de Defesa do Consumidor.

Em verdade, o banco pode ser considerado, no caso, *depositário* de tais valores, devendo empregar todos os esforços e meios para a sua guarda e conservação.

O ministro Ruy Rosado de Aguiar rejeitou o recurso. Dessa forma, fica mantida a penhora dos valores depositados na CEF para que a instituição financeira possa contestar a quantia cobrada por Risaldo Raposo. 'O Tribunal de origem (TRF) decidiu em harmonia com a jurisprudência pacífica neste STJ', ressaltou o relator citando decisões do Tribunal pela possibilidade da penhora em dinheiro de recursos do banco devedor, desde que não recaia em reservas bancárias que a lei considera impenhoráveis".

RUI STOCO, afastando a teoria que identificava a natureza jurídica da guarda de bens em cofres de banco ao contrato de locação, conclui com maestria:

> "Filiamo-nos, pois, à teoria do depósito, lembrando que algumas instituições bancárias da Europa, rendendo-se às decisões judiciais determinando a indenização por objetos furtados, passaram a desenvolver sistema de fotografia reservada dos bens guardados nas caixas, que é lacrada em envelope inviolável, e só aberto no momento oportuno, na presença de testemunhas ou em Juízo, de modo a preservar o sigilo exigido pelo cliente e comprovar, quando necessário, o conteúdo da caixa de segurança"[15].

A grande dificuldade que se apresenta ao julgador, no caso concreto, diz respeito à fixação do *quantum* devido a título de indenização, nos casos de furto ou roubo de bens depositados em cofres alugados, uma vez que o banco não teria acesso ao seu conteúdo, para efeito de mensurar com precisão o valor da indenização devida.

Por isso, deve o juiz valer-se de regras de experiência e, inclusive, de prova testemunhal, para efeito de tentar, à luz do princípio da verdade real, identificar, com o máximo de precisão, a natureza e o valor dos bens subtraídos.

Para se ter uma noção dos parâmetros utilizados pelos Tribunais do País para o arbitramento da indenização devida, confiram-se, em conclusão, os seguintes julgados:

> "Banco — Responsabilidade Civil — Furto de Valores em Cofre de Aluguel — Prova do Dano — Com relação aos danos e tendo em vista os princípios da liberdade probatória e da boa fé, conjugados à extrema dificuldade da prova do conteúdo do cofre, deve-se dar crédito às declarações da pessoa lesada; às informações do seu joalheiro há 15 anos; aos depoimentos de um provecto amigo, e à avaliação indireta" (TJRJ, 2.ª T., EI, Rel. Paulo Freitas, julgado em 15-10-1991, *RT*, 676/151).
>
> "Embargos infringentes. Ação de reparação de danos materiais e morais. Arrombamento de cofre de aluguel em banco. O usuário de cofre de aluguel utiliza este meio ao efeito de manter em sigilo a guarda de objetos e valores que, por força do contrato, não está obrigado a revelar. Conjunto probatório e regras da experiência comum que levam a concluir acerca da veracidade das alegações dos autores quanto aos danos experimentados em decorrência do arrombamento do cofre. Caso concreto em que o banco não logrou demonstrar caso fortuito ou força maior e tem responsabilidade objetiva pelo ina-

---

[15] O mesmo autor lembra que a jurisprudência evoluiu a ponto de o STJ ter corporificado na Súmula 130 o entendimento de que: "A empresa responde, perante o cliente, pela reparação de dano ou furto de veículo ocorridos em seu estacionamento" (Rui Stoco, *Tratado de Responsabilidade Civil*, 5. ed., São Paulo: Revista dos Tribunais, 2001, p. 497).

dimplemento contratual. Embargos desacolhidos" (TJRS, EI 70004911756, 3.º Grupo de Câmaras Cíveis, Rel. Des. Ana Maria Nedel Scalzilli, julgado em 1.º-11-2002).

"Responsabilidade civil. Instituição bancária. Contrato de cofre de segurança. Assalto. Furto. Dano moral. Prova. Ônus do locatário. No inadimplemento ou adimplemento defeituoso das obrigações de vigilância e integridade, assumidas pelo banco no contrato de cofre, o dano moral não está *in re ipsa*. A responsabilidade objetiva só atua no plano da culpa, razão pela qual, mesmo à luz da teoria do risco profissional, exige a presença de dano etiologicamente relacionado com a conduta do agente, cuja prova é ônus da parte que alega a ofensa. Sentença mantida. Apelação desprovida" (TJRS, Ap. Cível 70001783422, 9.ª Câmara Cível, Rel. Des. Mara Larsen Chechi, julgado em 9-10-2002).

"Responsabilidade civil. Contrato de locação de cofre em estabelecimento bancário. Furto. Responsabilidade do locador, como custodiador do conteúdo do cofre. Estimativa por prova indireta. Admissibilidade desde que se compatibilize com o conjunto das circunstâncias pessoais da locatária. Embargos acolhidos" (TJRS, EI 70001020148, 2.º Grupo de Câmaras Cíveis, Rel. Des. Perciano de Castilhos Bertoluci, julgado em 11-8-2000).

2.3. Responsabilidade civil em face de terceiros

Para encerrar este capítulo, é preciso tecer algumas considerações acerca da responsabilidade civil das instituições financeiras em relação a terceiros.

Compreendidas as lições sobre a reparação de danos causados a seus agentes (empregados ou prestadores de serviço) e a seus clientes, uma pergunta não quer calar: qual é a natureza jurídica da responsabilidade civil de tais instituições, quando a vítima não mantém com eles qualquer relação negocial?

A resposta nos parece óbvia: nesse caso, deve ser aplicada a regra geral de responsabilização civil no nosso ordenamento positivo.

Todavia, é importante lembrar que essa regra foi modificada com o novo Código Civil brasileiro.

De fato, ao lado da regra da responsabilidade civil subjetiva — também aplicável às instituições financeiras — pontifica a regra da responsabilidade civil objetiva, em função do risco da atividade habitualmente exercida.

Assim sendo, a resposta à pergunta formulada não é automática ou imediata.

Para respondê-la, será necessário verificar em função de qual conduta — atribuível à pessoa jurídica da instituição financeira — se perpetrou a lesão ao interesse de terceiro.

Caso seja algo decorrente da atividade habitualmente exercida, e não em função de um fato isolado no seu amplo campo de relações negociais, poderemos afirmar que a responsabilidade civil será objetiva.

Nesse sentido, responsabilizando a instituição financeira por dano causado a terceiros, já há jurisprudência no próprio Superior Tribunal de Justiça:

> "Responsabilidade civil. Cheque. Talonário sob a guarda do banco. Furto. Legitimidade do banco. Inocorrência de violação da lei federal. Dissídio não demonstrado. Precedentes. Recurso não conhecido.
>
> I — Pode a instituição financeira responder pelos danos sofridos por comerciante, quando esse, tomando todas as precauções, recebe cheque como forma de pagamento, posteriormente devolvido pela instituição financeira por ser de talonário furtado de dentro de uma das suas agências.
>
> II — Para caracterização do dissídio, necessário o cotejo analítico das bases fáticas que sustentam as teses em conflito" (STJ, REsp 56.502/MG; Ap. 1994/0033758-2, 4.ª Turma, Rel. Min. Sálvio de Figueiredo Teixeira, julgado em 4-3-1997).
>
> "Responsabilidade civil. Banco. Abertura de conta. Documentos de terceiro. Entrega de talonário. Legitimidade ativa. Gerente de supermercado.
>
> 1. Falta de diligência do banco na abertura de contas e entrega de talonário a pessoa que se apresenta com documentos de identidade de terceiros, perdidos ou extraviados. Reconhecida a culpa do estabelecimento bancário, responde ele pelo prejuízo causado ao comerciante, pela utilização dos cheques para pagamento de mercadoria.
>
> 2. O gerente do supermercado, que responde pelos cheques devolvidos, está legitimado a propor a ação de indenização. Recurso não conhecido" (STJ, REsp 47.335/SP; Ap. 1994/0012062-1, 4.ª Turma, Rel. Min. Ruy Rosado de Aguiar, julgado em 29-11-1994).

Da mesma forma, manifestou-se o Tribunal de Justiça de Minas Gerais:

> "Indenização. Documento falso. Abertura de conta-corrente. Dano a terceiro não cliente. Responsabilidade do banco. Teoria do risco profissional. Ciência do uso indevido do documento. Manutenção do protesto. Responsabilidade. *Quantum* indenizatório. Critérios para fixação. 1 — Correm por conta do Banco os riscos inerentes à sua atividade, devendo responder pelos danos causados a terceiro pela inclusão de seu nome no SERASA e no SPC, em razão da abertura de conta-corrente com base em documento falso. 2 — O não cancelamento do protesto, após o conhecimento de que o CPF constante do cheque não pertencia ao seu emitente, conduz à responsabilidade pelos danos daí advindos. 3 — Para a fixação do *quantum* indenizatório, o juiz deve pautar-se pelo bom senso, moderação e prudência, devendo considerar, também, os princípios da razoabilidade e proporcionalidade, bem como o componente punitivo e pedagógico da condenação e os constrangimentos por que passou o ofendido. 4 — Preliminar rejeitada, não providos a primeira apelação e o recurso adesivo, segunda apelação provida" (TJMG, Ap. 0364499-7, 2.ª Câmara Cível, Rel. Pereira da Silva, julgado em 10-9-2002).

No campo da responsabilização das instituições financeiras, a jurisprudência tem sido, inclusive, bastante pródiga em ampliar o campo de responsabilidade de tais entidades, havendo acórdãos, inclusive, que lhes imputam a obrigação de reparar danos decorrentes de crimes ocorridos em suas instalações[16].

---

[16] "Responsabilidade civil. Banco. Assalto. Trata-se da responsabilidade do banco pela morte de correntista assaltado e morto ao sacar dinheiro em caixa eletrônico no interior da agência. No caso como o assalto foi dentro do estabelecimento bancário, ainda que fora do horário de expediente, responde o banco pela segurança dos seus usuários. Com esse entendimento, prosseguindo o julgamento, a Turma não conheceu do recurso" (STJ, REsp 488.310-RJ, Rel. originário Min. Ruy Rosado, Rel. p/acórdão Min. Aldir Passarinho Junior, j. 28-10-2003).

"Civil e processual. Ação de indenização. Assalto a posto bancário dentro de prédio público. Assassinato de servidor, em seguida, durante a fuga. Responsabilidade do banco. Ausência de suficiente segurança em dia de pagamento. Nexo causal configurado. Matéria de prova. Reexame. Impossibilidade. Súmula 7-STJ. I. Concluído pelo Tribunal estadual, na interpretação dos fatos da causa, que a segurança da instalação bancária situada dentro de prédio público era inteiramente deficiente, notadamente em se tratando de dia de pagamento da folha de servidores, quando, notoriamente, havia grande movimentação financeira, responde o banco pelo assassinato de funcionário ocorrido imediatamente após o assalto, ainda dentro da repartição, pelos marginais então em fuga. II. Peculiaridade da espécie. III. A pretensão de simples reexame de prova não enseja recurso especial — Súmula 7-STJ. IV. Recurso especial não conhecido" (STJ, 4.ª Turma, RE 434.500 — RO 2002/0052407-1, Rel. Min. Aldir Passarinho Junior, j. 12-8-2003).

Em situação análoga, decidiu recentemente o Superior Tribunal de Justiça, conforme se verifica da seguinte notícia de seu sistema *push* (até o fechamento desta edição, o inteiro teor do acórdão não estava disponível na internet):

"27/08/2003 — Banco é condenado a indenizar família de homem assassinado em assalto.

Em 1996, no estado de Rondônia, Benedito Gomes de Oliveira, funcionário do Tribunal de Contas da União (TCU), foi assassinado nas escadas do TCU. Os assassinos tinham acabado de assaltar a agência do banco Sudameris que se localizava no interior do prédio. O Tribunal de Justiça do Estado de Rondônia condenou o banco a pagar indenização aos filhos da vítima e a Quarta Turma do Superior Tribunal de Justiça (STJ) reforçou a decisão do Tribunal.

Cinco homens armados com metralhadoras assaltaram o banco no dia 14 de novembro de 1996, no sétimo andar do prédio. Ao fugirem pelas escadas encontraram o servidor Benedito Gomes e atiraram acertando-lhe no coração. Aquele era dia de pagamento dos funcionários do TCU e a folha de salários era algo em torno de R$ 650 mil.

A defesa dos filhos da vítima entrou com ação de indenização por danos materiais e morais contra o banco. Alegou para tal que, se não fosse o assalto ao banco, Benedito Gomes não teria morrido e, consequentemente, seus filhos, ainda hoje menores de idade, não estariam a passar necessidades financeiras.

Segundo o processo, mesmo sendo dia de pagamento, a única resistência encontrada pelos assaltantes foi a presença de seguranças do TCU que estavam, por coincidência, fazendo a segurança das autoridades presentes à cerimônia de posse dos futuros Promotores de Justiça do Estado de Rondônia. O processo ressalta que, à época, vários assaltos à banco e carros-forte foram registrados na região.

O juiz de primeira instância condenou o banco a pagar por danos morais aos menores R$ 50 mil e ainda uma pensão mensal, até que eles completem 21 anos, com valor referente a dois terços da remuneração total que o servidor recebia. Essa decisão foi acatada pela segunda instância.

O banco alega que as decisões não procedem, uma vez que a vítima não se encontrava nas dependências do banco e sim na suas proximidades. Afirma ainda que a lei o ampara no sentido da desnecessidade de maiores aparatos referentes à segurança, já que o banco estava num prédio público e é o Estado responsável pela segurança pública.

No STJ, o ministro relator do processo, Aldir Passarinho, não conheceu do recurso por acreditar que o fato de a segurança pública ser dever do Estado não afasta a responsabilidade do banco. 'O assalto se deu em instalações internas de prédio, sabendo-se que a polícia não tem como fiscalizar, por dentro, até em respeito à propriedade privada ou pública'.

Processo: REsp 434500" (disponível em: http://www.stj.gov.br/webstj/noticias/detalhes_noticias.asp?seq_noticia=8759).

Capítulo XXI
Responsabilidade Civil Decorrente de Crime

Sumário: 1. Jurisdição civil x jurisdição penal. 2. Efeitos civis da sentença penal condenatória: a execução civil da sentença penal e a ação civil *ex delicto*.

1. JURISDIÇÃO CIVIL X JURISDIÇÃO PENAL

O ponto de partida de nossa investigação acerca do crime e sua repercussão civil é a análise do art. 935 do Código Civil Brasileiro (no CPP, art. 66):

> "Art. 935. A responsabilidade civil é independente da criminal, não se podendo questionar mais sobre a existência do fato, ou sobre quem seja o seu autor, quando estas questões se acharem decididas no juízo criminal".

Apenas estes dois fundamentos da sentença penal absolutória têm o condão de prejudicar definitivamente a reparação civil: *negativa material do fato ou negativa de autoria*[1].

---

[1] "Direito civil. Responsabilidade civil. *Actio civilis ex delicto*. Indenização por acidente de trânsito. Extinção do processo cível em razão da sentença criminal absolutória que não negou a autoria e a materialidade do fato. Art. 1.525 CC. Arts. 65 a 67 CPP. Recurso provido.

I — Sentença criminal que, em face da insuficiência de prova da culpabilidade do réu, o absolve sem negar a autoria e a materialidade do fato, não implica na extinção da ação de indenização por ato ilícito, ajuizada contra a preponente do motorista absolvido.

II — A absolvição no crime, por ausência de culpa, não veda a *actio civilis ex delicto*.

III — O que o art. 1.525 do Código Civil obsta é que se debata no Juízo cível, para efeito de responsabilidade civil, a existência do Fato e a sua autoria quando tais questões tiverem sido decididas no Juízo criminal" (STJ, REsp 257827/SP; REsp 2000/0043082-0, Rel. Min. Sálvio de Figueiredo Teixeira, j. 13-9-2000, 4.ª Turma).

"Responsabilidade civil. Acidente de trânsito. Culpa concorrente da vítima. Pensão devida a filho menor (dano material). Direito de acrescer.

1. A culpa tanto pode ser civil como penal. A responsabilidade civil não depende da criminal. Conquanto haja condenação penal, tal não impede se reconheça, na ação civil,

Consoante já anotamos, a responsabilidade jurídica é conceito-chave do qual defluem os seus dois importantes ramos: a responsabilidade civil e a responsabilidade penal[2].

Ora, um ilícito penal — a exemplo de um homicídio ou um roubo — gera também consequências civis, que deverão ser devidamente sopesadas e aferidas no juízo próprio, segundo as regras legais de competência.

Vê-se, portanto, da análise desse artigo, a *relativa independência* entre os juízos civil e criminal[3], na medida em que se proíbe a rediscussão da *materialidade do fato ou de sua autoria*, se tais questões já estiverem decididas no juízo criminal. Assim, no exemplo do homicídio, se o réu lograr êxito na demanda, demonstrando cabalmente a negativa de autoria, não terá legitimidade passiva para figurar no polo passivo de uma demanda indenizatória.

---

a culpa concorrente da vítima. O que o art. 1.525 do Cód. Civil impede é que se questione sobre a existência do fato e de sua autoria.

2. Em caso de dano material, a obrigação de pensionar finda aos vinte e quatro anos. Precedentes do STJ: REsp's 61.001, *DJ* de 24.4.95, e 94.538, *DJ* de 4.8.97.

3. De acordo com o Relator, é cabível a reversão da pensão aos demais beneficiários (Súmula 57/TFR e REsp 17.738, *DJ* de 22.5.95). Ponto, no entanto, em que a Turma, por maioria de votos, entendeu não configurado o dissídio.

4. Recurso especial conhecido pelo dissídio e provido em parte" (STJ, REsp 83889/RS; REsp 1995/0069378-0, Rel. Min. Nilson Naves, j. 15-12-1998, 3.ª Turma).

"Civil e processual civil. Sentença criminal absolutória. Legítima defesa reconhecida. Efeito na pretensão indenizatória. Causa superveniente. Arts. 65/CPP, 160/CC e 741, VI/CPC. A absolvição criminal com base em legítima defesa exclui a 'actio civilis ex delicto', fazendo coisa julgada no cível. A absolvição no Juízo Criminal, pelo motivo acima apontado, posterior à sentença da ação civil reparatória por ato ilícito, importa em causa superveniente extintiva da obrigação, por isso que pode ser versada nos embargos a execução fundada em título judicial, na previsão do art. 741, VI, do Código de Processo Civil. Recurso provido" (STJ, REsp 118449/GO; REsp 1997/0008609-7, Rel. Min. Cesar Asfor Rocha, j. 26-11-1997, 4.ª Turma).

[2] Confira-se, a propósito, o Capítulo I ("Introdução à Responsabilidade Jurídica"), tópico 4 ("Responsabilidade Civil x Responsabilidade Criminal").

[3] "Medida cautelar. Sobrestamento de ação civil *ex delicto*. Impossibilidade. Instâncias cível e criminal. Independência, exceção.

I — As esferas cível e criminal guardam independência, salvo quanto à autoria ou inexistência do fato.

II — Não se defere medida cautelar quando ausentes seus pressupostos, máxime sendo ela usada com objetivo de impedir o acesso à jurisdição cível.

III — Agravo regimental desprovido" (STJ, AGRMC 3080/MG; Agravo Regimental na Medida Cautelar 2000/0086387-4, Rel. Min. Antônio de Pádua Ribeiro, 3.ª Turma, j. 5-10-2000).

Observe-se, nesse diapasão, que o Código de Processo Penal traz disposição no sentido de que "a ação para ressarcimento do dano poderá ser proposta no juízo cível, contra o autor do crime e, se for o caso, contra o responsável civil" (art. 64).

Logo após, dispõe: "Faz coisa julgada no cível a sentença penal que reconhecer ter sido o ato praticado em estado de necessidade, em legítima defesa, em estrito cumprimento do dever legal ou no exercício regular de direito".

Lembre-se, apenas, de que o reconhecimento de alguma excludente de ilicitude — a exemplo da legítima defesa — nem sempre impede que o agente indenize, como na hipótese de o agredido, em sua repulsa legítima, incorrer em erro de execução, atingindo terceiro inocente. Deverá, pois, ressarcir este último, com ação regressiva contra o verdadeiro autor do dano.

Outras causas de absolvição no Juízo Criminal, todavia, como a falta de provas ou a prescrição, não têm o condão de prejudicar o trâmite da demanda cível.

2. EFEITOS CIVIS DA SENTENÇA PENAL CONDENATÓRIA: A EXECUÇÃO CIVIL DA SENTENÇA PENAL E A AÇÃO CIVIL "EX DELICTO"

O art. 91, I, do Código Penal estabelece como *efeito da sentença penal condenatória* "tornar certa a obrigação de indenizar o dano causado pelo crime"[4].

A vítima ou seus sucessores buscam esse ressarcimento por meio da denominada ação civil *ex delicto*.

O art. 63 do CPP, por sua vez, refere ainda que, com fulcro na própria sentença penal condenatória (título executivo judicial), poderá o ofendido, seu representante legal ou herdeiros, em vez de intentar demanda de conhecimento, promover *diretamente* a execução judicial[5].

---

[4] A Lei n. 11.719/2008, alterando o art. 387 do Código de Processo Penal, no inciso IV, estabeleceu que o próprio juiz penal, ao proferir a sentença, estabelecerá um "valor mínimo" para a reparação dos danos causados pela infração, considerando os prejuízos sofridos pelo ofendido.

[5] Neste sentido, dispõe o art. 515, II, do CPC/2015 (equivalente ao art. 475-N, II, do CPC/1973, com a redação incluída pela Lei n. 11.232/2005):

"Art. 515. São títulos executivos judiciais, cujo cumprimento dar-se-á de acordo com os artigos previstos neste Título:

(...)

II — a sentença penal condenatória transitada em julgado;".

Não seria justo que, consumado o ato criminoso, a vítima ou os seus familiares não tivessem o direito de demandar o infrator, para efeito de buscar a reparação devida.

Aliás, a preocupação com o sujeito passivo do crime é verificada na própria Carta da República, quando determina, em seu art. 245, lamentavelmente pouco conhecido, que a legislação ordinária deverá dispor sobre as hipóteses e condições em que o Poder Público dará assistência aos herdeiros e dependentes carentes de pessoas vitimadas por crime doloso, *sem prejuízo da responsabilidade civil do autor do ilícito.*

Pois bem.

Essa "responsabilidade civil", como já dissemos, é exigida por meio da propositura da ação civil *ex delicto*, disciplinada nos arts. 63 a 68 do Código de Processo Penal, sem prejuízo de se poder, como visto, intentar diretamente a execução da sentença penal já transitada em julgado.

Nesse ponto, oportunas são as palavras de ARAKEN DE ASSIS:

> "No caráter autônomo da ação civil se depara benfazeja opção assegurada à vítima. Evidentemente, os termos da alternativa não incluem a adesão ao processo penal, pois o sistema proíbe tal espécie de cúmulo objetivo, somente excepcionado em aspecto assaz secundário, como se observa no texto do art. 120 do Cód. de Proc. Penal.
>
> Em razão direta do princípio da autonomia, o ajuizamento da demanda reparatória não se adscreve ao início da ação penal. É inteiramente livre a vítima para ajuizá-la logo ou aguardar o pronunciamento definitivo da sentença legal repressiva"[6].

O foro competente para o deslinde da ação, inclusive a execução baseada em sentença penal condenatória, segundo assentado na doutrina, é o do local do crime ou o do autor, nos termos do art. 53, V, *a*, do CPC/2015 (equivalente ao art. 100, V, *a*, do CPC/1973.

Ainda sobre a competência, preleciona o culto FERNANDO CAPEZ, referindo-se ao CPC/1973:

> "A ação civil de conhecimento, ou a executória, precedida da necessária ação de liquidação, devem ser propostas perante o juízo cível (CPC, art. 575, IV). No juízo cível, embora a ação se funde em direito pessoal, o foro territorialmente competente não é o do domicílio do réu, segundo a regra geral, estabelecida no art. 94 do Código de Processo Civil. O autor, neste caso, tem o

[6] Araken de Assis, *Eficácia Civil da Sentença Penal*, 2. ed., São Paulo: Revista dos Tribunais, 2000, p. 66.

privilégio de escolher um dos foros especiais, previstos no art. 100, parágrafo único, do Código de Processo Civil, que assim dispõe: 'Nas ações de reparação de dano sofrido em razão do delito ou acidente de veículos, será competente o foro do domicílio do autor ou do local do fato'. O autor pode, portanto, fazer uso do privilégio de escolher o foro de seu domicílio ou foro do local em que ocorreu a infração penal"[7].

A legitimidade ativa para a propositura da demanda reparatória é reconhecida à vítima, a seu representante legal e aos sucessores, nos termos do art. 63 do CPP. Note-se, outrossim, a legitimidade extraordinária conferida ao Ministério Público para executar a sentença penal ou ajuizar diretamente a ação civil, se o titular da reparação do dano for pobre, nos termos do art. 68 do CPP.

Trata-se, pois, de hipótese em que o MP atua como substituto processual[8].

No aspecto passivo, tem legitimidade para figurar como réu na ação civil apenas o autor do crime ou o seu responsável civil, lembrando-se que, por princípio constitucional, os seus herdeiros não poderão ser compelidos a indenizar a vítima ("a pena não poderá passar da pessoa do criminoso").

Importantíssima, aliás, é a observação feita pelo multicitado Desembargador do TJRS, no sentido de que "é imperioso, nesta altura, distinguir a legitimidade passiva da execução baseada na sentença penal condenatória (art. 475-N, II, do Cód. de Proc. Civil), que só pode atingir o(s) condenado(s), no âmbito penal, e a da ação reparatória, que abrange, eventualmente, os responsáveis, que, por não figurarem no processo crime, jamais poderão ser executados a partir daquele título. Por tal motivo, desejando o lesado obter a reparação do dano de algum responsável — v.g. do empregador do motorista que provocou o acidente de trânsito —, deverá ajuizar a ação civil desde logo, pois a futura condenação do autor do ilícito penal em nada lhe beneficiará neste desiderato"[9].

No mesmo sentido, SÍLVIO DE SALVO VENOSA: "Para que terceiros sejam chamados a reparar o dano, deve ser promovida ação de conhecimento, a denominada *actio civilis ex delicto*, sendo-lhes estranha a matéria decidida no

---

[7] Fernando Capez, *Curso de Processo Penal*, 3. ed., São Paulo, Saraiva, 1999, p. 137.

[8] "Reparação de danos. Ação indenizatória 'ex delicto'. Legitimidade do Ministério Público para intentá-la na qualidade de substituto processual. Art. 68 do CPP. Inconstitucionalidade progressiva reconhecida pelo C. STF. Não implementada ainda a defensoria pública no estado de origem, admite-se a legitimidade do Ministério Público para propor a ação civil *ex delicto*, nos termos do art. 68 do CPP. Precedentes da Eg. Quarta Turma. Recurso especial conhecido e provido" (STJ, REsp 94070/SP; REsp 1996/0025077-4, Rel. Min. Barros Monteiro, j. 1-4-1997, 4.ª Turma).

[9] Araken de Assis, ibidem, p. 73.

juízo criminal, abrindo-se, assim, ampla discussão sobre o fato e o dano no juízo cível"[10].

Uma observação pertinente, ainda, em relação a esse tipo de pretensão se refere à prescrição.

Com efeito, o CC/2002, trazendo regra sem equivalente no CC/1916, estabeleceu, *in verbis*:

> "Art. 200. Quando a ação se originar de fato que deva ser apurado no juízo criminal, não correrá a prescrição antes da respectiva sentença definitiva".

Registre-se, porém, a bem da verdade e da justiça com os tribunais brasileiros, que a regra encontrava guarida, ainda que tímida, em alguns julgados esparsos[11].

Finalmente, é bom lembrar que, desde a edição da Lei n. 9.099/95, referente às infrações penais de menor potencial ofensivo — cujo âmbito de aplicação fora alterado pela edição posterior da Lei dos Juizados Especiais Federais (Lei n. 10.259/01) —, é permitido ao juiz, nas infrações com pena não superior a dois anos, e que não sejam de ação penal pública incondicionada, instar as partes à composição civil, em audiência, com o efeito de, em havendo êxito, prejudicar a persecução criminal, por força da extinção da punibilidade[12].

---

[10] Sílvio de Salvo Venosa, *Direito Civil — Responsabilidade Civil*, 3. ed., São Paulo: Atlas, 2003, p. 135.

[11] "Processual civil. Ação civil por ilícito penal, ajuizada com mais de cinco anos do fato. Fundo de direito. Prescrição: inocorrência. Interpretação harmônica (CPP, art. 63, CC, art. 1.525 e CPC, art. 475-N, II). Recurso especial não conhecido.

I — O recorrido foi ferido por policial militar. Ao invés de ajuizar, desde logo, ação cível (CC, art. 1.525), preferiu aguardar, por 15 anos, a sentença penal condenatória transitada em julgado. O Código Civil faz parte de um sistema. Assim, duas normas e princípios devem ser interpretados de modo coerente, harmônico, com resultado útil. Dessarte, não se pode invocar, como faz o recorrente, a prescrição do fundo de direito. Tal interpretação levaria ao absurdo e à iniquidade: se o próprio CPC confere executoriedade a sentença penal condenatória transitada em julgado (art. 548, II), não se poderia, coerentemente, obrigar a vítima a aforar a ação civil dentro dos cinco anos do fato criminoso. Afastamento do Dec. n. 20.910/32.

II — Recurso especial não conhecido" (STJ, REsp 80197/RS; 1995/0061141-4, Rel. Min. Peçanha Martins, Rel. p/ acórdão Min. Adhemar Maciel, 2.ª Turma, j. 20-10-1997).

"Civil. Ação de indenização por ato ilícito. Prescrição. A ação civil de reparação de dano *ex delicto* fundada na responsabilidade objetiva obedece ao prazo prescricional do art. 1.º do Decreto n. 20.910/32 e como tal, computável da data do fato ou ato lesivo" (STJ, REsp 8273/SP; REsp 1991/0002590-9, 2.ª Turma, Rel. Min. Américo Luz, j. 20-9-1993).

[12] A respeito do tema, cf. a obra *Juizados Especiais Criminais — Comentários à Lei n. 9.099, de 26-9-1995*, Ada P. Grinover et al., 4. ed., São Paulo: Revista dos Tribunais, 2002.

Capítulo XXII
A Ação de Indenização (Aspectos Processuais da Responsabilidade Civil)

Sumário: 1. Algumas palavras sobre a proposta do último capítulo. 2. A indenização. 3. Métodos para fixação da indenização. 4. Tarifações legais de indenização. 4.1. Danos causados por demanda de dívida inexigível. 4.2. Danos à vida e à integridade física da pessoa. 4.3. Danos decorrentes de usurpação e esbulho. 4.4. Indenização por injúria, difamação ou calúnia. 4.5. Indenização por ofensa à liberdade pessoal. 5. Quantificação de indenizações por danos morais. 5.1. Critérios de quantificação. 5.1.1. Arbitramento. 5.1.2. Indenizações com parâmetros tarifados. 5.1.3. Parâmetros de quantificação de danos extrapatrimoniais na "Reforma Trabalhista". 5.1.4. Outros critérios para fixação de valor de indenização por danos morais. 5.2. Algumas palavras sobre o bom-senso do julgador. 5.3. Cumulatividade da reparação por danos morais e materiais. 6. A questão da culpa para a fixação da indenização. 7. A legitimação para demandar pela indenização.

1. ALGUMAS PALAVRAS SOBRE A PROPOSTA DO ÚLTIMO CAPÍTULO

Chegamos, finalmente, ao último capítulo deste volume.

Aqui trataremos da indenização cabível no reconhecimento da reparabilidade de um dano.

É claro que a matéria aqui versada estará muito ligada a aspectos processuais das ações de responsabilidade civil (motivo, inclusive, da parte final do título do capítulo).

Todavia, como a finalidade do livro é ser um manual de Direito Material, suscitaremos somente os aspectos que digam respeito a esta visão, no que se incluem até mesmo parâmetros de quantificação para uma eventual composição extrajudicial.

Enfrentemos o tema.

2. A INDENIZAÇÃO

Mantendo o rigor metodológico de nossa obra, antes de trazermos parâmetros para a quantificação de indenizações, devemos tentar conceituar o que seja *indenização*.

MARIA HELENA DINIZ, em seu invejável *Dicionário Jurídico*, assim explica o termo:

> "*Indenização*. 1. Ato ou efeito de indenizar. 2. Reembolso de despesa feita. 3. Recompensa por serviço prestado. 4. Reparação pecuniária de danos morais ou patrimoniais causados ao lesado; equivalente pecuniário do dever de ressarcir o prejuízo. 5. Vantagem pecuniária que se dá a servidor público sob a forma de ajuda de custo, diária ou transporte (Othon Sidou). 6. Ressarcimento de dano oriundo de acidente de trabalho ou de rescisão unilateral do contrato trabalhista sem justa causa"[1].

Conforme ensina DE PLÁCIDO E SILVA, o termo é derivado "do latim '*indemnis*' (indene), de que se formou no vernáculo o verbo indenizar (reparar, compensar, retribuir); em sentido genérico quer exprimir toda compensação ou retribuição monetária feita por uma pessoa a outrem, para a reembolsar de despesas feitas ou para a ressarcir de perdas tidas.

E, neste sentido, indenização tanto se refere ao reembolso de quantias que alguém despendeu por conta de outrem, ao pagamento feito para recompensa do que se fez, ou para reparação de prejuízo ou dano que se tenha causado a outrem.

É, portanto, em sentido amplo, toda reparação ou contribuição pecuniária que se efetiva para satisfazer um pagamento a que se está obrigado ou que se apresenta como dever jurídico.

Traz a finalidade de integrar o patrimônio da pessoa daquilo de que se desfalcou pelos desembolsos, de recompô-lo pelas perdas ou prejuízos sofridos (danos), ou ainda de acrescê-lo dos proventos, a que faz jus a pessoa, pelo seu trabalho.

Em qualquer aspecto em que se apresente, constituindo um direito, que deve ser atendido por quem, correlatamente, se colocou na posição de cumpri-lo, corresponde sempre a uma compensação de caráter monetário, a ser atribuída ao patrimônio da pessoa"[2].

A concepção que se deve ter, portanto, em relação à indenização, é que ela tem por finalidade integrar — ou, mais precisamente, recompor — o patrimônio daquele que se viu lesionado.

Por isso mesmo, a regra básica para a fixação da indenização não poderia ser outra, senão a constante no *caput* do art. 944 do CC/2002, qual seja, a de que a "indenização mede-se pela extensão do dano".

Por isso é que parâmetros tarifados para a reparação de danos não são tão bem vistos na doutrina especializada, uma vez que cada situação fática tem

---

[1] Maria Helena Diniz, *Dicionário Jurídico*, São Paulo: Saraiva, 1998, v. 2, p. 816.

[2] De Plácido e Silva, *Vocabulário Jurídico*, 15. ed., Rio de Janeiro: Forense, 1998, p. 425.

as suas peculiaridades, sendo muito improvável que um mesmo ato produza exatamente as mesmas consequências em dois indivíduos distintos.

Mas como quantificar tal indenização?

É o que veremos nos próximos tópicos.

3. MÉTODOS PARA FIXAÇÃO DA INDENIZAÇÃO

Reconhecido o direito à indenização, a sua liquidação se faz da mesma maneira que as obrigações em geral.

Tradicionalmente, três métodos são invocados para a quantificação de obrigações ilíquidas: simples cálculos, artigos de liquidação ou arbitramento.

Essas modalidades estão previstas expressamente, por exemplo, no art. 879, *caput*, da CLT[3] e eram tradicionalmente disciplinadas, com tal denominação, no Código de Processo Civil[4].

Expliquemos rapidamente cada uma delas.

A liquidação por cálculos é a espécie mais cotidianamente utilizada. Ela se dá quando existirem nos autos todos os elementos suficientes para a quantificação do julgado.

Registre-se que entendemos, *a priori*, que a Lei n. 8.898, de 29-6-1994, não aboliu tal modalidade de quantificação do julgado, mas, sim, apenas, modificou a originariamente contemplada no Código, a liquidação por cálculo *por contador*, para atribuir tal diligência ao próprio interessado, o que aproximou, em verdade, a disciplina do Código de Processo Civil ao tradicionalmente feito no Direito Processual do Trabalho, conforme se verifica dos arts. 880 a 884 da Consolidação das Leis do Trabalho.

Ela continua plenamente invocável no sistema processual civil brasileiro, conforme se verifica do § 2.º do art. 509 do CPC/2015 ("§ 2.º Quando a apuração do valor depender apenas de cálculo aritmético, o credor poderá promover, desde logo, o cumprimento da sentença").

Já a "liquidação por artigos" é o nome que se dava ao procedimento a ser utilizado quando inexistissem nos autos provas suficientes para a quantificação do julgado, devendo ser esta obtida por meio de um procedimento ordinário, ou seja, trata-se de um procedimento para alegar e provar um fato novo — entendido como "novo" o inexistente nos autos — necessário para a liquidação do julgado.

---

3 CLT: "Art. 879. Sendo ilíquida a sentença exequenda, ordenar-se-á, previamente, a sua liquidação, que poderá ser feita por cálculo, por arbitramento ou por artigos (Redação dada pela Lei n. 2.244, de 23-6-1954)".

4 Confiram-se, a título de curiosidade, os arts. 475-B (cálculos), 475-C (arbitramento), 475-E e 475-F (artigos) do CPC/1973.

É este o procedimento mencionado na legislação processual trabalhista e que era tratado também pelo art. 475-E do Código de Processo Civil de 1973: *"far-se-á a liquidação por artigos, quando, para determinar o valor da condenação, houver necessidade de alegar e provar fato novo"*.

Sobre a matéria, já ensinava o Prof. HUMBERTO THEODORO JÚNIOR:

> "O credor, em petição articulada, indicará os fatos a serem provados (um em cada artigo) para servir de base à liquidação. Não cabe a discussão indiscriminada de quaisquer fatos arrolados ao puro arbítrio da parte. Apenas serão arrolados e articulados os fatos que tenham influência na fixação do valor da condenação ou na individuação do seu objeto. E a nenhum pretexto será lícito reabrir a discussão em torno da lide, definitivamente decidida na sentença de condenação"[5].

Registre-se a expressão "liquidação por artigos" não foi mantida pelo Código de Processo Civil de 2015, mas a concepção do procedimento continua existindo no inciso II do seu art. 509[6].

Por fim, a liquidação por arbitramento é feita quando inexistem elementos objetivos para a liquidação do julgado, seja nos autos ou fora deles, devendo valer-se o magistrado de uma estimativa para quantificar a obrigação.

VALENTIN CARRION, em seus consagrados *Comentários à Consolidação das Leis do Trabalho*, afirmava que,

> "por arbitramento, se liquida a sentença, quando a apuração não depende de simples cálculos, nem de prova de fatos novos, mas seja necessário o juízo ou parecer de profissionais ou técnicos (Almeida Amazonas, *Do Arbitramento*). Arbitrar está aqui não no sentido de julgar, mas de estimar. Em princípio, o arbitrador será um perito, mas pode ocorrer que na impossibilidade de calcular-se com exatidão o débito, a estimativa não tenha outro fundamento que o bom-senso, o prudente arbítrio de um cidadão ou até do próprio juiz; isto para que a ausência de elementos não impeça a reparação, quando não há possibilidade de encontrar elementos bastantes"[7].

O Código de Processo Civil de 2015 respalda, ainda mais, este posicionamento, ao estabelecer, em seu art. 510 (equivalente ao art. 475-D do CPC/1973):

---

[5] Humberto Theodoro Júnior, *Curso de Direito Processual Civil*, 11. ed., Rio de Janeiro: Forense, 1993, v. 2, p. 95.

[6] "Art. 509. Quando a sentença condenar ao pagamento de quantia ilíquida, proceder-se-á à sua liquidação, a requerimento do credor ou do devedor:

I — por arbitramento, quando determinado pela sentença, convencionado pelas partes ou exigido pela natureza do objeto da liquidação;

II — *pelo procedimento comum, quando houver necessidade de alegar e provar fato novo*" (grifos nossos).

[7] Valentin Carrion, *Comentários à Consolidação das Leis do Trabalho*, 17. ed., São Paulo: Revista dos Tribunais, 1993, p. 663.

"Art. 510. Na liquidação por arbitramento, o juiz intimará as partes para a apresentação de pareceres ou documentos elucidativos, no prazo que fixar, e, caso não possa decidir de plano, nomeará perito, observando-se, no que couber, o procedimento da prova pericial".

A utilização desses métodos vai depender, portanto, do caso concreto, em que se verificará a existência ou não de elementos objetivos para a quantificação da indenização.

4. TARIFAÇÕES LEGAIS DE INDENIZAÇÃO

Em algumas situações, inexistem parâmetros normativos, aferíveis objetivamente, para fixar o valor da indenização.

Nessas situações, a prova da extensão do dano é fundamental para a quantificação da reparação correspondente, em perfeita consonância com o disposto no já transcrito *caput* do art. 944, bem como com espeque na regra do art. 946, *in verbis*:

"Art. 946. Se a obrigação for indeterminada, e não houver na lei ou no contrato disposição fixando a indenização devida pelo inadimplente, apurar-se-á o valor das perdas e danos na forma que a lei processual determinar".

Em outras situações específicas, porém, a lei estabelece parâmetros objetivos para a quantificação das indenizações devidas.

No sistema do novo Código Civil brasileiro, podemos reuni-las, para efeitos didáticos, em alguns grupos.

4.1. Danos causados por demanda de dívida inexigível

Aventuras judiciais ou cobranças extrajudiciais indevidas geram danos às pessoas que, muitas vezes, não são aferíveis objetivamente.

Por uma questão de opção legislativa, as indenizações correspondentes foram tarifadas no sistema brasileiro, facilitando, sobremaneira, a dedução em juízo de tais pretensões.

De fato, estabelecem os arts. 939 a 941 do Código Civil brasileiro de 2002:

"Art. 939. O credor que demandar o devedor antes de vencida a dívida, fora dos casos em que a lei o permita, ficará obrigado a esperar o tempo que faltava para o vencimento, a descontar os juros correspondentes, embora estipulados, e a pagar as custas em dobro.

Art. 940. Aquele que demandar por dívida já paga, no todo ou em parte, sem ressalvar as quantias recebidas ou pedir mais do que for devido, ficará obrigado a pagar ao devedor, no primeiro caso, o dobro do que houver cobrado e, no segundo, o equivalente do que dele exigir, salvo se houver prescrição.

Art. 941. As penas previstas nos arts. 939 e 940 não se aplicarão quando o autor desistir da ação antes de contestada a lide, salvo ao réu o direito de haver indenização por algum prejuízo que prove ter sofrido".

Com tais critérios, o legislador acabou por restringir a atuação do julgador, devendo o nosso leitor lembrar que, se a cobrança indevida se der em sede de relação de consumo, deverá ser aplicado o art. 42 do CDC.

4.2. Danos à vida e à integridade física da pessoa

No caso de atentados à vida e/ou à integridade física do ser humano, a ocorrência de danos é evidente.

Visando facilitar a quantificação de patamares mínimos, estabelecem os arts. 948 a 951:

"Art. 948. No caso de homicídio, a indenização consiste, sem excluir outras reparações:

I — no pagamento das despesas com o tratamento da vítima, seu funeral e o luto da família;

II — na prestação de alimentos às pessoas a quem o morto os devia, levando-se em conta a duração provável da vida da vítima.

Art. 949. No caso de lesão ou outra ofensa à saúde, o ofensor indenizará o ofendido das despesas do tratamento e dos lucros cessantes até ao fim da convalescença, além de algum outro prejuízo que o ofendido prove haver sofrido.

Art. 950. Se da ofensa resultar defeito pelo qual o ofendido não possa exercer o seu ofício ou profissão, ou se lhe diminua a capacidade de trabalho, a indenização, além das despesas do tratamento e lucros cessantes até ao fim da convalescença, incluirá pensão correspondente à importância do trabalho para que se inabilitou, ou da depreciação que ele sofreu.

Parágrafo único. O prejudicado, se preferir, poderá exigir que a indenização seja arbitrada e paga de uma só vez.

Art. 951. O disposto nos arts. 948, 949 e 950 aplica-se ainda no caso de indenização devida por aquele que, no exercício de atividade profissional, por negligência, imprudência ou imperícia, causar a morte do paciente, agravar-lhe o mal, causar-lhe lesão, ou inabilitá-lo para o trabalho".

Interessante notar que, em caso de homicídio, regra geral, a indenização material devida à família de vítima pobre é fixada em salário mínimo, calculado mensalmente.

Se a vítima não for pobre, o juiz fixa o valor segundo o que a mesma efetivamente percebia, ou se pereceu menor[8], a expectativa do que receberia.

[8] Ver Súmula 491 do STF.

Desse valor, abate-se uma fração correspondente ao que a vítima gastaria com ela mesma (1/3, por exemplo).

O restante corresponde à indenização devida aos seus sucessores, até os 65 anos de idade da vítima, segundo a jurisprudência assentada.

Tal verba indenizatória pelo dano material sofrido pelos seus familiares pode ser cumulada com a indenização por dano moral, já que têm natureza diversa.

4.3. Danos decorrentes de usurpação e esbulho

Também na hipótese de lesões ao patrimônio material da pessoa, a legislação civil estabelece parâmetros objetivos para tal reparação, nos termos do art. 952:

> "Art. 952. Havendo usurpação ou esbulho do alheio, além da restituição da coisa, a indenização consistirá em pagar o valor das suas deteriorações e o devido a título de lucros cessantes; faltando a coisa, dever-se-á reembolsar o seu equivalente ao prejudicado.
>
> Parágrafo único. Para se restituir o equivalente, quando não exista a própria coisa, estimar-se-á ela pelo seu preço ordinário e pelo de afeição, contanto que este não se avantaje àquele".

A regra é clara e apenas explicita critérios óbvios de indenização.

Interessante apenas esclarecer que o seu parágrafo único "estabelece a indenizabilidade do dano moral por ofensa a um bem material, quando este não mais existe"[9].

4.4. Indenização por injúria, difamação ou calúnia

No que diz respeito ao tema em epígrafe, estabelece o Código Civil brasileiro:

> "Art. 953. A indenização por injúria, difamação ou calúnia consistirá na reparação do dano que delas resulte ao ofendido.
>
> Parágrafo único. Se o ofendido não puder provar prejuízo material, caberá ao juiz fixar, equitativamente, o valor da indenização, na conformidade das circunstâncias do caso".

Não havendo estabelecido critério objetivo para a fixação de indenização como feito pela lei revogada (art. 1.547), para o caso de cometimento de crimes contra a honra, andou bem o legislador, considerando a dificuldade em mensurar o "preço da dor".

---

[9] Regina Beatriz Tavares da Silva, ob. cit., p. 854.

Recorreu, pois, o parágrafo único à equidade (conceito aberto) para efeito de se fixar de forma justa a indenização, de acordo com as peculiaridades do caso concreto, em atenção ao princípio da concretude e da operacionalidade do novo Código, defendidos por nosso mestre REALE (coordenador da comissão elaboradora do Código Civil).

4.5. Indenização por ofensa à liberdade pessoal

"Art. 954. A indenização por ofensa à liberdade pessoal consistirá no pagamento das perdas e danos que sobrevierem ao ofendido, e se este não puder provar prejuízo, tem aplicação o disposto no parágrafo único do artigo antecedente.

Parágrafo único. Consideram-se ofensivos da liberdade pessoal:

I — o cárcere privado;

II — a prisão por queixa ou denúncia falsa e de má-fé;

III — a prisão ilegal."

Na mesma linha, excluíram-se critérios objetivos de predeterminação de danos (arts. 1.550 e 1.551 do Código anterior), em atenção ao fato de se tratar de lesão a direitos da personalidade, cuja mensuração é melhor feita pelo magistrado, no caso concreto, desde que atue com a devida cautela e bom senso.

5. QUANTIFICAÇÃO DE INDENIZAÇÕES POR DANOS MORAIS

Conforme observa JOÃO DE LIMA TEIXEIRA FILHO,

> "não há negar que a compensação pecuniária domina nas condenações judiciais, seja por influxos do cenário econômico, antes instável e agora em fase de estabilização, seja pela maior liberdade do juiz em fixar o 'quantum debeatur'. Deve fazê-lo embanhado em prudência e norteado por algumas premissas, tais como: a extensão do fato inquinado (número de pessoas atingidas, de assistentes ou de conhecedoras por efeito de repercussão); permanência temporal (o sofrimento é efêmero, pode ser atenuado ou tende a se prolongar no tempo por razão plausível); intensidade (o ato ilícito foi venial ou grave, doloso ou culposo); antecedentes do agente (a reincidência do infrator deve agravar a reparação a ser prestada ao ofendido); situação econômica do ofensor e razoabilidade do valor"[10].

Dois são os sistemas que a dogmática jurídica oferece para a reparação pecuniária dos danos morais: o sistema tarifário e o sistema aberto.

---

[10] João de Lima Teixeira Filho, O Dano Moral no Direito do Trabalho, *Revista LTr*, v. 60, n. 9, set. 1996, p. 1171.

No primeiro caso, há uma predeterminação, legal ou jurisprudencial, do valor da indenização, aplicando o juiz a regra a cada caso concreto, observando o limite do valor estabelecido em cada situação. Segundo nos informa ORLANDO TEIXEIRA DA COSTA, é o que ocorre nos Estados Unidos da América[11].

Já pelo sistema aberto, atribui-se ao juiz a competência para fixar o *quantum* subjetivamente correspondente à reparação/compensação da lesão, sendo este o sistema adotado no Brasil.

Registre-se que o Código de Processo Civil de 2015 estabeleceu uma nova disciplina para a fixação de reparações, uma vez que exigiu, em seu art. 292, V, que o autor indique, na "ação indenizatória, inclusive a fundada em dano moral, o valor pretendido".

Como o juiz não está adstrito a deferir o valor pretendido, podendo reconhecê-lo em valor menor, o texto acabou por gerar dois efeitos: a) todo pedido de reparação por danos deve ser, em regra, líquido; b) dado o impedimento jurídico de se decidir além do pedido ("limite objetivo da lide"), tal valor se constitui no teto da pretensão indenizatória.

Mas como quantificar esse valor?

Vejamos, nos próximos tópicos, algumas sugestões de critérios legais e doutrinários para a quantificação da reparação pecuniária do dano moral.

5.1. Critérios de quantificação

No presente subtópico, pretende-se compreender, com maior profundidade, no que consiste o método de arbitramento da quantificação de reparações por danos, enfrentando, nos itens seguintes, as tentativas legais e jurisprudenciais de definição de parâmetros objetivos para tal liquidação.

5.1.1. Arbitramento

Quanto ao ressarcimento dos danos morais, ensina MIGUEL REALE que se trata de um "domínio em que não se pode deixar de conferir ampla discricionariedade ao magistrado que examina os fatos em sua concretitude[12].

Isso porque é inegável a existência de lacuna em nosso sistema legal, não se podendo invocar outra forma de quantificação que não o arbitramento.

Eis uma norma translativa do problema de conteúdo, pertinente aos cri-

---

[11] Orlando Teixeira da Costa, Da Ação Trabalhista sobre Dano Moral, *Trabalho & Doutrina*, n. 10, São Paulo: Saraiva, set. 1996, p. 68.

[12] Miguel Reale, O Dano Moral no Direito Brasileiro, in *Temas de Direito Positivo*, São Paulo: Revista dos Tribunais, 1992, p. 25-26.

térios de arbitramento, que não podem ser os usuais aplicáveis em assuntos de ordem econômica e patrimonial, exatamente em razão da natureza 'não patrimonial' do dano moral.

Penso que os critérios a serem aplicados, no arbitramento, devem resultar da natureza jurídica do dano moral, ou melhor, da finalidade que se tem em vista satisfazer mediante a indenização".

Dispunha o art. 1.553 do Código Civil de 1916 (sem equivalente no Código Civil de 2002), referente à "Liquidação das obrigações resultantes de atos ilícitos", que, nos casos não previstos naquele capítulo, "se fixará por arbitramento a indenização".

A doutrina nacional tem reconhecido a importância desse dispositivo, lembrando JOSÉ DE AGUIAR DIAS que "não é razão para não indenizar, e assim beneficiar o responsável, o fato de não ser possível estabelecer equivalente exato, porque, em matéria de dano moral, o arbitrário é até da essência das coisas"[13], observando, inclusive, que "o arbitramento, de sua parte, é, por excelência, o critério de indenizar o dano moral, aliás, o único possível, em face da impossibilidade de avaliar matematicamente o 'pretium doloris'"[14].

Em verdade, consideramos que o arbitramento é o procedimento natural da liquidação do dano moral, até mesmo por aplicação direta do art. 509, I, do CPC/2015 (correspondente ao art. 475-C do CPC/1973, notadamente seu inciso II), que dispõe, expressamente:

> "Art. 509. Quando a sentença condenar ao pagamento de quantia ilíquida, proceder-se-á à sua liquidação, a requerimento do credor ou do devedor:
>
> I — por arbitramento, quando determinado pela sentença, convencionado pelas partes ou exigido pela natureza do objeto da liquidação;
>
> II — pelo procedimento comum, quando houver necessidade de alegar e provar fato novo.
>
> § 1.º Quando na sentença houver uma parte líquida e outra ilíquida, ao credor é lícito promover simultaneamente a execução daquela e, em autos apartados, a liquidação desta.
>
> § 2.º Quando a apuração do valor depender apenas de cálculo aritmético, o credor poderá promover, desde logo, o cumprimento da sentença.
>
> § 3.º O Conselho Nacional de Justiça desenvolverá e colocará à disposição dos interessados programa de atualização financeira.
>
> § 4.º Na liquidação é vedado discutir de novo a lide ou modificar a sentença que a julgou".

---

[13] José de Aguiar Dias, *Da Responsabilidade Civil*, 9. ed., v. 2, Rio de Janeiro: Forense, 1994, p. 739.

[14] José de Aguiar Dias, ob. cit., p. 759.

Ora, o objeto da liquidação da reparação pecuniária do dano moral é uma importância que compensa a lesão extrapatrimonial sofrida. Não há como evitar a ideia de que, efetivamente, a natureza do objeto da liquidação exige o arbitramento, uma vez que os simples cálculos ou os artigos são inviáveis, na espécie.

Uma questão que normalmente é omitida por muitos dos que se aventuram a escrever sobre a responsabilidade civil por danos morais, no que diz respeito à sua liquidação, é a seguinte: no arbitramento, a prova pericial é indispensável?

Tal questão tem por base as referências à prova pericial tanto no art. 475-D, do CPC/1973[15], quanto no já transcrito art. 510 do CPC/2015.

A interpretação literal dos mencionados dispositivos resultariam numa resposta positiva.

Contudo, nunca foi essa a nossa visão sobre a matéria.

Com efeito, entendemos que a prova pericial é efetivamente o meio de liquidação natural para se aferir, por exemplo, danos materiais como os lucros cessantes.

É esse o exemplo clássico apontado por PAULO FURTADO para as "hipóteses em que a sentença não pode, de logo, determinar que o *quantum* se apure por cálculo do contador, porque esse cálculo dependeria de atividade do "árbitro", ou perito, que forneceria elementos de que não se dispõe ainda"[16].

Todavia, no que diz respeito à reparação dos danos morais, a prova pericial terá pouca (se não nenhuma!) valia, uma vez que inexistem dados materiais a serem apurados para a efetivação da liquidação.

Dessa forma, a nossa resposta à questão suscitada sempre foi negativa.

Mas como deve ser procedida a liquidação por arbitramento de danos morais sem a prova pericial mencionada pela lei?

A resposta nos parece lógica.

O Juiz, investindo-se na condição de árbitro, fixa a quantia que considera razoável para compensar o dano sofrido. Para isso, pode o magistrado valer-se de quaisquer parâmetros sugeridos pelas partes[17] ou, mesmo, adotados de

---

[15] "Art. 475-D. Requerida a liquidação por arbitramento, o juiz nomeará o perito e fixará o prazo para a entrega do laudo.

Parágrafo único. Apresentado o laudo, sobre o qual poderão as partes manifestar-se no prazo de 10 (dez) dias, o juiz proferirá decisão ou designará, se necessário, audiência."

[16] Paulo Furtado, *Execução*, 2. ed., São Paulo: Saraiva, 1991, p. 112.

[17] Consideramos, inclusive, bastante razoável que o próprio autor, em sua petição inicial, proponha um parâmetro para a quantificação ou mesmo um valor que considere suficiente para a compensação do dano moral. Tal procedimento facilitaria sobremaneira a prestação jurisdicional, pois estabeleceria limites objetivos à lide, no que diz respeito à estipulação da condenação.

acordo com sua consciência e noção de equidade, entendida esta na visão aristotélica de "justiça no caso concreto".

Nesse sentido, já ensinava WASHINGTON DE BARROS MONTEIRO que

> "inexiste, de fato, qualquer elemento que permita equacionar com rigorosa exatidão o dano moral, fixando-o numa soma em dinheiro. Mas será sempre possível arbitrar um *quantum*, maior ou menor, tendo em vista o grau de culpa e a condição social do ofendido"[18].

E, de certa forma, a nova disposição sobre a matéria contida no art. 510 do CPC/2015[19] (equivalente ao art. 475-D do CPC/1973) respalda ainda mais esta nossa visão, já que admite expressamente a decisão pelo magistrado somente com os "pareceres ou documentos elucidativos" apresentados pelas partes.

Sobre a matéria, já escrevemos anteriormente[20] que existem, no vigente ordenamento jurídico brasileiro, diversas hipóteses legais de decisão por equidade.

Em todos esses casos, é facultado expressamente que o julgador possa valer-se de seus próprios critérios de justiça, quando vai decidir, não estando adstrito às regras, parâmetros ou métodos de interpretação preestabelecidos.

Conforme ensina TÉRCIO SAMPAIO FERRAZ JR.,

> o "juízo por equidade, na falta de norma positiva, é o recurso a uma espécie de intuição, no concreto, das exigências da justiça enquanto igualdade proporcional. O intérprete deve, porém, sempre buscar uma racionalização desta intuição, mediante uma análise das considerações práticas dos efeitos presumíveis das soluções encontradas, o que exige juízos empíricos e de valor, os quais aparecem fundidos na expressão juízo por equidade"[21].

É preciso, sem sombra de dúvida, que o magistrado, enquanto órgão jurisdicional, não fique com seu raciocínio limitado à busca de um parâmetro objetivo definitivo (que não existe, nem nunca existirá) para todo e qualquer caso, como se as relações humanas pudessem ser solucionadas como simples contas matemáticas.

---

[18] Washington de Barros Monteiro, *Curso de Direito Civil — Direito das Obrigações*, 26. ed., São Paulo: Saraiva, 1993, p. 414.

[19] "Art. 510. Na liquidação por arbitramento, o juiz intimará as partes para a apresentação de pareceres ou documentos elucidativos, no prazo que fixar, e, caso não possa decidir de plano, nomeará perito, observando-se, no que couber, o procedimento da prova pericial."

[20] Rodolfo Pamplona Filho, A Equidade no Direito do Trabalho, *Forum* (Revista do IAB — Instituto dos Advogados da Bahia), Edição Especial do 1.º Centenário de Fundação, Salvador: Nova Alvorada Edições, 1997, p. 144-145.

[21] Tercio Sampaio Ferraz Jr., *Introdução ao Estudo do Direito*, 2. ed., 2. tir., São Paulo: Atlas, 1996, p. 304.

Dessa forma, propugnamos pela ampla liberdade do juiz para fixar o *quantum* condenatório já na decisão cognitiva que reconheceu o dano moral. Saliente-se, inclusive, que se o valor arbitrado for considerado insatisfatório ou excessivo, as partes poderão expor sua irresignação a uma instância superior, revisora da decisão prolatada, por força do duplo (quiçá triplo ou quádruplo, se contarmos a instância extraordinária) grau de jurisdição.

5.1.2. Indenizações com parâmetros tarifados

O constante receio de excessos na fixação das reparações civis por danos morais tem preocupado os legisladores brasileiros.

Por isso, há notícia de apresentação de projetos de lei que buscam estabelecer parâmetros tarifados para a condenação em indenização de tal tipo.

A Comissão de Constituição, Justiça e Cidadania, por exemplo, havia aprovado parâmetros para a fixação de valores arbitrados em casos de indenização por danos morais. De acordo com o substitutivo do senador Pedro Simon (PL 7124/2002) ao projeto de lei do senador Antonio Carlos Valadares (PL 5150/99), os valores deveriam variar de R$ 20 mil a R$ 180 mil. A proposição, no entanto, foi arquivada na Câmara dos Deputados.

Embora arquivada, vale a pena conhecer o substitutivo.

> "PARECER N. ..., DE 2001
>
> Da COMISSÃO DE CONSTITUIÇÃO, JUSTIÇA E CIDADANIA, sobre o Projeto de Lei do Senado n. 150, de 1999, que 'dispõe sobre danos morais e sua reparação'.
>
> RELATOR: PEDRO SIMON

I — RELATÓRIO

Vem ao exame desta Comissão de Constituição, Justiça e Cidadania o Projeto de Lei do Senado n.º 150, de 1999, de autoria do ilustre Senador Antonio Carlos Valadares, que 'dispõe sobre danos morais e sua reparação'.

A proposição tem por objetivo disciplinar o instituto do dano moral e oferecer parâmetros ao juiz para a fixação do 'quantum' indenizatório, complementando, assim, o disposto no art. 5.º, V e X, da Constituição Federal.

Por oportuno, informo aos meus ilustres Pares que submeti, à apreciação de um grande número de juristas, o texto do Projeto de Lei sob análise, com o objetivo de colher subsídios à elaboração do presente Parecer. Destaco a especial colaboração do renomado jurista gaúcho Ovídio A. Baptista da Silva.

Seguiu, a proposição em análise, as recomendações da Lei Complementar n. 95, de 26 de fevereiro de 1998.

No prazo regimental, não foram oferecidas emendas.

II — DA ANÁLISE

Faz-se, a seguir, análise pormenorizada dos artigos da proposição, bem como das propostas de alterações que estarão contempladas no Substitutivo que apresento ao final deste parecer.

Redação da Proposição

Art. 1.º Constitui dano moral a ação ou omissão que ofenda o patrimônio moral da pessoa física ou jurídica, e dos entes políticos, ainda que não atinja o seu conceito na coletividade.

Comentários

A conceituação do dano moral está bem definida. A inserção das pessoas jurídicas e dos entes políticos no rol de pessoas sujeitas à indenização por dano moral constitui antiga reivindicação doutrinária. Também a jurisprudência dos nossos Tribunais, antes tímida e tergiversante, está, hoje, inclinando-se definitivamente ao reconhecimento do direito das pessoas jurídicas de permanecerem no polo ativo ou passivo das demandas judiciais que tratam das indenizações por dano moral.

É importante destacar o inovador aresto do Superior Tribunal de Justiça, no REsp n. 60/033-2, relatado pelo insigne Ministro Ruy Rosado de Aguiar, cuja Ementa é a seguinte:

'Responsabilidade civil e dano moral — pessoa jurídica. A honra objetiva da pessoa jurídica pode ser ofendida pelo protesto indevido de título cambial, cabendo indenização pelo dano extrapatrimonial decorrente'.

Redação da Proposição

Art. 2.º São bens juridicamente tutelados por esta Lei:

I — inerentes à pessoa física, o nome, a honra, a fama, a imagem, a intimidade, a credibilidade, a respeitabilidade, a liberdade de ação, a autoestima, o respeito próprio, a integridade, a segurança e o objeto dos contratos regularmente firmados;

II — inerentes à pessoa jurídica e aos entes políticos, a imagem, a marca, o símbolo, o prestígio, o nome, a liberdade de ação, a respeitabilidade, o objeto dos contratos regularmente firmados, a segurança e o sigilo de correspondência, científico, industrial e de crédito.

Comentários

O jurista Ovídio A. Baptista da Silva, nas suas considerações sobre o art. 2.º do Projeto sob análise, afirmou:

'O art. 2.º, I, inclui, dentre os 'bens juridicamente tutelados', inerentes à pessoa física, tais como nome, a honra e a fama, também 'a integridade, a segurança e o objeto do contrato'. Não me parece correta essa ampliação no conceito de 'dano moral'. Tal como está redigido o Projeto, seria plausível que alguém postulasse indenização por 'dano moral', em razão de haver o demandado atentado contra a 'segurança' dos 'contratos regularmente firmados', ou quando atentasse contra o próprio 'objeto' do contrato, o que, a meu ver, seria absurdo.

No mesmo art. 2.º, inc. II, incluem-se, dentre os 'bens juridicamente tutelados', 'a liberdade de ação', a 'intimidade' e o 'objeto dos contratos regularmente firmados'.

Considero igualmente incorreta a inclusão da eventual agressão à 'liberdade de ação' como causa capaz de legitimar uma demanda destinada a postular indenização por dano moral. O mesmo se poderá dizer da ofensa ao 'objeto dos contratos'. Como está no Projeto, o locador poderia postular a condenação do inquilino a indenizar-lhe os danos morais decorrentes da danificação do imóvel locado, uma vez que tal agressão a um bem patrimonial poderia ser qualificada como agressão inerente à integridade do objeto do contrato.

Nem me parece correto indicar como possível uma ofensa moral à 'intimidade' da pessoa jurídica.

Aliás, a própria redação do art. 2.º não é correta. A proposição inscrita no *caput* do artigo dispõe deste modo: 'São bens juridicamente tutelados por esta lei'. Espera-se que, a seguir, o texto arrole os bens a que a norma se refere. Todavia, o texto continua aludindo a 'inerentes'.

Lendo-se, portanto, a proposição normativa, em sua integralidade, teremos:

'São bens juridicamente tutelados por esta lei inerentes à pessoa', etc., quando o gramaticalmente correto seria dizer:

'São bens juridicamente tutelados por esta lei aqueles inerentes...'.

Nesse mesmo inc. II do art. 2.º, há referência à 'segurança e o sigilo de correspondência'. A seguir, está escrito: 'científico, industrial e de crédito'. A locução está sem sentido, pois, se o que se pretendeu significar foi o sigilo da correspondência científica, este adjetivo teria de estar grafado como palavra de gênero feminino. Além disso, não parece apropriada a alusão à 'correspondência industrial' e à correspondência 'de crédito'.

Os judiciosos fundamentos expendidos pelo Dr. Ovídio Baptista devem ser acolhidos. O substitutivo a seguir apresentado tratará das correções de mérito e redacionais, de acordo com as sugestões do ilustre colaborador citado. Além disso, achamos que, para um melhor entendimento, haja o desmembramento em artigos distintos dos dispositivos contemplados no artigo na forma discriminada de dois incisos.

Redação da Proposição

Art. 3.º São considerados responsáveis pelo dano moral todos os que tenham colaborado para a ofensa ao bem jurídico tutelado, na proporção da ação ou da omissão.

Comentários

A redação do artigo não merece correções. Estabeleceu-se a solidariedade proporcional (de acordo com a ação ou omissão), entre os agentes do dano.

Redação da Proposição

Art. 4.º A indenização por danos morais pode ser requerida cumulativamente, nos mesmos autos, com a decorrente de danos materiais conexos.

§ 1.º Se houver cumulação de pedidos de indenização, o juiz, ao exarar a sentença, discriminará os valores das indenizações a título de danos patrimoniais e de danos morais.

§ 2.º O valor da indenização por danos materiais não serve de parâmetro à reparação de danos morais.

§ 3.º A composição das perdas e danos, assim compreendidos os lucros cessantes e os danos emergentes, não se reflete na avaliação dos danos morais.

Comentários

Socorremo-nos, mais uma vez, das lúcidas razões expostas pelo Dr. Ovídio Baptista, na sua prestimosa colaboração com o nosso trabalho. Afirma o ilustre jurista, referindo-se ao art. 4.º da proposição:

'No art. 4.º entendo não ser a mais aconselhável a menção aos danos materiais 'conexos', pela margem de imprecisão que o conceito de conexidade tem em direito, especialmente em processo. Talvez melhor fosse aludir o texto à possibilidade de pedir-se indenização por danos morais cumulativamente com os danos materiais 'decorrentes do mesmo ato lesivo'.

O § 2.º do art. 4.º é dispensável, pois a ideia que ele expressa está, a meu ver, repetida no § 3.º do mesmo artigo. Julgo aconselhável que se busque fundir esses dois parágrafos num só.

Acrescente-se, ainda, que a expressão — nos mesmos autos — é imprópria. Melhor se teria dito no mesmo pedido. A cumulação é de pedidos e não de autos. Os autos são únicos.

O Substitutivo que a seguir apresento corrige as imperfeições de ordem técnica, acima detectadas.

Redação da Proposição

Art. 5.º Não tem a natureza de reparação de danos morais a obrigatoriedade ao pagamento de pensão a quem faz jus a ela por ter ficado impossibilitado de trabalhar.

Comentários

O artigo sob análise é dispensável. O art. 4.º, *caput*, já diz que a indenização por danos morais pode ser requerida cumulativamente, com pedido de indenização por danos materiais (de acordo com a redação do substitutivo). A hipótese levantada no artigo sob comento é o da possibilidade de cumulação de pedidos de indenização por acidente do trabalho, ou por atos ilícitos em geral, com o pedido de indenização por dano moral em decorrência do mesmo fato.

A jurisprudência tem reconhecido essa possibilidade. Nesse sentido é o acórdão proferido pelo Tribunal de Justiça do Distrito Federal, na Apelação Cível n. 48.162/98:

'Ementa

AÇÃO DE INDENIZAÇÃO. ACIDENTE DE TRABALHO. MORTE DE EMPREGADO. CULPA DO EMPREGADOR. TEORIA DO RISCO. DANOS MATERIAIS E MORAIS. VALOR.

1 —...

2 — Valor da indenização por danos materiais e morais que se mostra adequado na espécie não reclama modificação.

3 — Apelo improvido'.

Redação da Proposição

Art. 6.º Somente o dano certo dá direito à reparação.

Parágrafo único. Dano certo, para os efeitos desta Lei, é o que decorre de condição ou fato que atinja o bem tutelado, não limitado à imaginação ou convicção pessoal e exclusiva da suposta vítima.

Comentários

Dada a propriedade dos comentários que o Dr. Ovídio Baptista fez sobre o art. 6.º, em referência, passo a transcrevê-los:

'Sugiro que se retire do art. 6.º a referência a 'dano certo'. A razão é simples. Todo dano, depois de comprovado em juízo, será um dano certo. Antes da sentença, todos eles serão necessariamente incertos, posto que objeto de controvérsia. Dano certo é um conceito de direito material. O que aparece como certo, torna-se simples hipótese, ou simples plausibilidade (portanto, incerto) quando posto numa relação processual litigiosa. A própria tentativa de conceituação do que seja 'dano certo', constante do parágrafo único do art. 6.º, não é satisfatória.

Dizer que somente o 'dano certo' dá direito à reparação é o mesmo que dizer que o proprietário tem direito de reivindicar o que lhe pertence, que o locador tem direito à percepção dos aluguéis e que o credor tem direito ao pagamento ou o acionista aos dividendos.

Todos esses conceitos referem-se ao que acontece depois da sentença de procedência, portanto, cuida-se de explicitação inútil'.

Indo além dos doutos argumentos expostos pelo jurista citado, permito-me opinar pela supressão do art. 6.º. Todos os fatos levados à apreciação judicial dependem de prova, salvo se ocorrer à revelia. Em qualquer hipótese, o pedido indenizatório, para tornar-se exequível, depende de decisão judicial fundamentada (art. 131 do Código de Processo Civil).

Redação da Proposição

Art. 7.º A análise, a opinião ou o comentário, orais ou escritos, publicados ou integrantes de ação judicial, a respeito de fato ou condição, ainda que desfavoráveis à pessoa física, jurídica, ou ao ente político, só ensejam reparação de danos morais se caracterizarem calúnia, difamação ou injúria.

Comentários

A redação do artigo é confusa. A matéria é tratada pela Lei n. 5.250, de 9 de fevereiro de 1967, com as suas sucessivas alterações — Lei de Imprensa.

Não seria recomendável restringir o direito de ação aos casos de injúria, difamação e calúnia. O direito de ação é autônomo, público e abstrato, nas palavras do processualista alemão Adolf Wack.

O juiz, diante dos fatos narrados no pedido, após o contraditório e a colheita das provas, decidirá. A decisão será obrigatoriamente fundamentada.

Não vislumbro a necessidade da manutenção do art. 7.º da proposição. O Substitutivo que ora apresento fará a supressão do art. 7.º, em referência.

Redação da Proposição

Art. 8.º A situação de irregularidade do agente ou preposto da administração não a isenta da responsabilidade objetiva de indenizar o dano moral, ressalvado o direito de regresso.

Comentários

Não há nada a modificar no artigo sob comento, exceto a substituição do a minúsculo da palavra administração para maiúsculo, com o objetivo de identificar a administração pública.

Redação da Proposição

Art. 9.º Constitui dano direto o causado à própria vítima e indireto o que, além da vítima, ofende a sua família ou a coletividade, provocando-lhes justa indignação ou revolta.

§ 1.º Caracterizando-se, no dano indireto, o desinteresse do ofendido ou de sua família, a coletividade promoverá a ação por meio do Ministério Público, no prazo de seis meses, a contar da data em que se caracterizar o desinteresse.

§ 2.º O desinteresse do ofendido ou de sua família se caracteriza pela inércia no ajuizamento da ação pelo prazo de seis meses, observado o disposto no art. 12.

Comentários

Não vislumbro necessidade da conceituação do dano direto e do dano indireto, nem, tampouco, a possibilidade de a família ou a coletividade assumir posição de autoras de uma ação indenizatória por danos morais. Quem representaria a família para os fins a que se refere a proposição? Da mesma forma, a referência à coletividade é vaga. Quem a representaria? Dar ao Ministério Público uma função que é personalíssima, fazendo-o substituir a parte, parece-me que não é a melhor solução.

O Ministério Público já tem a função de propor a ação civil pública para defesa do meio ambiente, do consumidor, dos bens e direitos de valor artístico, estético, histórico, turístico e paisagístico (Lei n. 7.347, de 24 de julho de 1985). Seria recomendável dar a ele mais essa função — propor a ação indenizatória por dano moral em defesa do gênero família ou da coletividade, independentemente de uma fórmula mais definida?

Opino pela supressão do art. 9.º e seus parágrafos.

Redação da Proposição

Art. 10. Não havendo quem os represente, serão, desde a data do fato ou condição, representados pelo Ministério Público o civilmente incapaz, o que se encontra em estado de coma, o doente terminal, ou o que, por qualquer razão, ainda que eventual, não possa discernir a respeito da ofensa ou diminuição do seu patrimônio moral.

Parágrafo único. A indenização, na hipótese deste artigo, reverterá ao ofendido ou à sua família.

Comentários

Chamo novamente à colação a opinião do Dr. Ovídio Baptista, sobre o art. 10 da proposição:

'Não encontro razão para que a indenização devida aos civilmente incapazes seja outorgada a ele 'ou a sua família'. Creio que a norma ficou obscura. A circunstância de o incapaz não poder 'discernir a respeito da ofensa' não deveria autorizar que a indenização lhe fosse retirada, para reverter à sua família'.

Ressalte-se, ainda, que 'o civilmente incapaz, o que se encontra em coma, o doente terminal, ou o que, por qualquer razão, ainda que eventual, não possa discernir a respeito da ofensa ou diminuição do seu patrimônio moral', tem, na legislação pátria, a sua forma de representação. Entre elas a tutela e a curatela. Seria recomendável dar ao Ministério Público mais essa função? Não seria uma intromissão indevida na vida privada das pessoas? O sentimento de dor da parte poderia ser substituído pela ação do Ministério Público? Estaria aquele ente público, no caso, exercendo uma função que lhe é peculiar? Não encontrei respostas para essas indagações e, por essa razão, opino pela supressão do art. 10 e seu parágrafo único da proposição.

Redação da Proposição

Art. 11. Ao apreciar o pedido, o juiz considerará o teor do bem jurídico tutelado, os reflexos pessoais e sociais da ação ou omissão, a possibilidade de superação física ou psicológica, assim como a extensão e duração dos efeitos da ofensa.

§ 1.º Se julgar procedente o pedido, o juiz fixará a indenização a ser paga, a cada um dos ofendidos, em um dos seguintes níveis:

I — ofensa de natureza leve: até cinco mil e duzentos reais;

II — ofensa de natureza média: de cinco mil duzentos e um reais a quarenta mil reais;

III — ofensa de natureza grave: de quarenta mil e um reais a cem mil reais;

IV — ofensa de natureza gravíssima: acima de cem mil reais.

§ 2.º Na fixação do valor da indenização, o juiz levará em conta, ainda, a situação social, política e econômica das pessoas envolvidas, as condições em que ocorreu a ofensa ou o prejuízo moral, a intensidade do sofrimento ou humilhação, o grau de dolo ou culpa, a existência de retratação espontânea, o esforço efetivo para minimizar a ofensa ou lesão e o perdão, tácito ou expresso.

§ 3.º A capacidade financeira do causador do dano, por si só, não autoriza a fixação da indenização em valor que propicie o enriquecimento sem causa, ou desproporcional, da vítima ou de terceiro interessado.

§ 4.º Na reincidência, ou diante da indiferença do ofensor, o juiz poderá elevar ao triplo o valor da indenização.

§ 5.º Na hipótese dos §§ 1.º e 2.º do art. 9.º, a indenização poderá, a critério do juiz, ser destinada a instituição pública de assistência social ou convertida em prestação de serviços à comunidade.

Comentários

No art. 11 da proposição, concentram-se as suas grandes dificuldades — transformar uma situação de total subjetivismo na fixação dos valores das indenizações por danos morais a uma nova ordem com certas regras definidas.

Como buscar a equação ideal? Quais seriam os valores que melhor atenderiam aos fins da proposição? Dever-se-ia, ou não, estabelecer um teto para as indenizações? Estas, entre outras questões, são preocupações inquietantes que afligem a alma do legislador.

A partir da Carta Política de 1988, os juízes e os Tribunais passaram a receber um grande número de ações e recursos, versando sobre as indenizações por danos morais. No âmbito recursal, os pedidos foram percorrendo os seus caminhos. Tribunais diferentes passaram a impor indenizações sobre fatos semelhantes em valores díspares. Estava aberta a possibilidade de recurso especial ao Superior Tribunal de Justiça com fundamento no art. 105, III, letra 'c', da Constituição Federal. Os julgamentos passaram a ser em série. A 4.ª Turma do STJ fixou um teto de 500 salários mínimos — R$ 90.000,00, conforme informa a revista *Veja*, edição n. 1722, pg. 154, de 17 de outubro de 2001 (cópia anexa).

Entendi por bem alterar, por via do Substitutivo que ora apresento, os valores constantes da proposição, elevando o teto da ofensa de natureza leve para R$ 20.000,00; fixando a ofensa de natureza média de R$ 20.000,00 a R$ 90.000,00, e ainda, fixando a ofensa de natureza grave de R$ 90.000,00 a R$ 180.000,00. Suprimi a ofensa gravíssima, por entender que o superlativo fazia-se desnecessário. O juiz poderá dosar a indenização sem recorrer a ele.

As alterações procedidas na fixação dos valores tiveram a finalidade de dar ao juiz o poder máximo de interpretação sobre os casos concretos que virão à sua análise, mas afigurou-me conveniente a adoção de um valor máximo — R$ 180.000,00, ou 1.000 salários mínimos. A falta da fixação de um valor máximo deixaria a proposição sem sentido. Não é outra a opinião do consagrado jurista Ovídio Baptista sobre a importância da fixação do teto máximo para as indenizações por dano moral.

Não nos aproximamos demais do direito norte-americano, que admite, em alguns dos seus Estados, as indenizações por danos morais sem qualquer limite. No entanto, o teto ora fixado no Substitutivo vai além do que os Tribunais têm admitido — o dobro do valor que a Egrégia 4.ª Turma do STJ adota nos seus julgamentos.

O § 1.º do art. 11 ficou prejudicado, uma vez que o art. 9.º foi suprimido por força do Substitutivo ora apresentado.

Redação da Proposição

Art. 12. Prescreve em seis meses o prazo para o ajuizamento de ação indenizatória por danos morais, a contar da data do conhecimento do ato ou omissão lesivos ao patrimônio moral, ressalvado o disposto no § 1.º do art. 9.º.

Comentários

O prazo prescricional está bem definido. No entanto, é necessária a correção da redação do artigo, em face da supressão do art. 9.º da proposição (redação do Substitutivo).

Redação da Proposição

Art. 13. Os arts. 159 e 1.518 da Lei n. 3.071, de 1.º de janeiro de 1916 — Código Civil —, não se aplicam às ações de reparação de danos morais.

Comentários

A conceituação do dano moral e a sua reparação constituem matéria independente dos artigos enfocados do Código Civil, por força do que dispõe a Constituição da República sobre o instituto sob enfoque.

Apresento as alterações formais e redacionais ao presente Projeto de Lei, de acordo com as justificativas lançadas nos comentários acima, na forma de um substitutivo.

PROJETO DE LEI DO SENADO N. 150 (SUBSTITUTIVO), DE 1999

Dispõe sobre danos morais e sua reparação.

O CONGRESSO NACIONAL DECRETA:

Art. 1.º Constitui dano moral a ação ou omissão que ofenda o patrimônio moral da pessoa física ou jurídica, e dos entes políticos, ainda que não atinja o seu conceito na coletividade.

Art. 2.º São bens juridicamente tutelados por esta Lei inerentes à pessoa física: o nome, a honra, a fama, a imagem, a intimidade, a credibilidade, a respeitabilidade, a liberdade de ação, a autoestima, o respeito próprio.

Art. 3.º São bens juridicamente tutelados por esta Lei inerentes à pessoa jurídica e aos entes políticos: a imagem, a marca, o símbolo, o prestígio, o nome e o sigilo da correspondência.

Art. 4.º São considerados responsáveis pelo dano moral todos os que tenham colaborado para a ofensa ao bem jurídico tutelado, na proporção da ação ou da omissão.

Art. 5.º A indenização por danos morais pode ser pedida cumulativamente com os danos materiais decorrentes do mesmo ato lesivo.

§ 1.º Se houver cumulação de pedidos de indenização, o juiz, ao exarar a sentença, discriminará os valores das indenizações a título de danos patrimoniais e de danos morais.

§ 2.º A composição das perdas e danos, assim compreendidos os lucros cessantes e os danos emergentes, não se reflete na avaliação dos danos morais.

Art. 6.º A situação de irregularidade do agente ou preposto da Administração não a isenta da responsabilidade objetiva de indenizar o dano moral, ressalvado o direito de regresso.

Art. 7.º Ao apreciar o pedido, o juiz considerará o teor do bem jurídico tutelado, os reflexos pessoais e sociais da ação ou omissão, a possibilidade de superação física ou psicológica, assim como a extensão e duração dos efeitos da ofensa.

§ 1.º Se julgar procedente o pedido, o juiz fixará a indenização a ser paga, a cada um dos ofendidos, em um dos seguintes níveis:

I — ofensa de natureza leve: até vinte mil reais;

II — ofensa de natureza média: de vinte mil reais a noventa mil reais;

III — ofensa de natureza grave: de noventa mil reais a cento e oitenta mil reais.

§ 2.º Na fixação do valor da indenização, o juiz levará em conta, ainda, a situação social, política e econômica das pessoas envolvidas, as condições em que ocorreu a ofensa ou o prejuízo moral, a intensidade do sofrimento ou humilhação, o grau de dolo ou culpa, a existência de retratação espontânea, o esforço efetivo para minimizar a ofensa ou lesão e o perdão, tácito ou expresso.

§ 3.º A capacidade financeira do causador do dano, por si só, não autoriza a fixação da indenização em valor que propicie o enriquecimento sem causa, ou desproporcional, da vítima ou de terceiro interessado.

§ 4.º Na reincidência, ou diante da indiferença do ofensor, o juiz poderá elevar ao triplo o valor da indenizaçao.

Art. 8.º Prescreve em seis meses o prazo para o ajuizamento de ação indenizatória por danos morais, a contar da data do conhecimento do ato ou omissão lesivos ao patrimônio moral.

Art. 9.º Os arts. 159 e 1.518 da Lei n. 3.071, de 1.º de janeiro de 1916 — Código Civil —, não se aplicam às ações de reparação de danos morais.

Art. 10. Esta Lei entra em vigor em cento e vinte dias, a contar da data da sua publicação.

Sala da Comissão,

Presidente

Relator"

Independentemente da aceitação ou não (no que se pode discutir, inclusive, a constitucionalidade, por uma suposta violação a um princípio de reparação integral contido no art. 5.º, V e X, da CF), não se pode negar que, em uma macroanálise da jurisprudência do STJ, é possível se visualizar, paulatinamente, a busca de critérios mais objetivos para a reparação de danos morais[22].

---

[22] "**STJ busca parâmetros para uniformizar valores de danos morais**

Por muitos anos, uma dúvida pairou sobre o Judiciário e retardou o acesso de vítimas à reparação por danos morais: é possível quantificar financeiramente uma dor emocional ou um aborrecimento? A Constituição de 1988 bateu o martelo e garantiu o direito à indenização por dano moral. Desde então, magistrados de todo o país somam, dividem e multiplicam para chegar a um padrão no arbitramento das indenizações. O Superior Tribunal de Justiça (STJ) tem a palavra final para esses casos e, ainda que não haja uniformidade entre os órgãos julgadores, está em busca de parâmetros para readequar as indenizações.

O valor do dano moral tem sido enfrentado no STJ sob a ótica de atender uma dupla função: reparar o dano buscando minimizar a dor da vítima e punir o ofensor para que não reincida. Como é vedado ao Tribunal reapreciar fatos e provas e interpretar cláusulas contratuais, o STJ apenas altera os valores de indenizações fixados nas instâncias locais quando se trata de quantia irrisória ou exagerada.

A dificuldade em estabelecer com exatidão a equivalência entre o dano e o ressarcimento se reflete na quantidade de processos que chegam ao STJ para debater o tema. Em 2008, foram 11.369 processos que, de alguma forma, debatiam dano moral. O número é crescente desde a década de 1990 e, nos últimos 10 anos, somou 67 mil processos só no Tribunal Superior.

O ministro do STJ, Luis Felipe Salomão, integrante da Quarta Turma e da Segunda Seção, é defensor de uma reforma legal em relação ao sistema recursal, para que, nas causas em que a condenação não ultrapasse 40 salários mínimos (por analogia, a alçada dos Juizados Especiais), seja impedido o recurso ao STJ. "A lei processual deveria vedar expressamente os recursos ao STJ. Permiti-los é uma distorção em desprestígio aos tribunais locais", critica o ministro.

Subjetividade

Quando analisa o pedido de dano moral, o juiz tem liberdade para apreciar, valorar e arbitrar a indenização dentro dos parâmetros pretendidos pelas partes. De acordo com o ministro Salomão, não há um critério legal, objetivo e tarifado para a fixação do dano moral. "Depende muito do caso concreto e da sensibilidade do julgador", explica. "A indenização não pode ser ínfima, de modo a servir de humilhação a vítima, nem exorbitante, para não representar enriquecimento sem causa", completa.

Para o presidente da Terceira Turma do STJ, ministro Sidnei Beneti, essa é uma das questões mais difíceis do Direito brasileiro atual. "Não é cálculo matemático. Impossível afastar um certo subjetivismo", avalia. De acordo com o ministro Beneti, nos casos mais frequentes, considera-se, quanto à vítima, o tipo de ocorrência (morte, lesão física, deformidade), o padecimento para a própria pessoa e familiares, circunstâncias de fato, como a divulgação maior ou menor e consequências psicológicas duráveis para a vítima.

Quanto ao ofensor, considera-se a gravidade de sua conduta ofensiva, a desconsideração de sentimentos humanos no agir, suas forças econômicas e a necessidade de maior ou menor valor, para que o valor seja um desestímulo efetivo para a não reiteração.

Tantos fatores para análise resultam em disparidades entre os tribunais na fixação do dano moral. É o que se chama de "jurisprudência lotérica". O ministro Salomão explica: para um mesmo fato que afeta inúmeras vítimas, uma Câmara do Tribunal fixa um determinado valor de indenização e outra Turma julgadora arbitra, em situação envolvendo partes com situações bem assemelhadas, valor diferente. "Esse é um fator muito ruim para a credibilidade da Justiça, conspirando para a insegurança jurídica", analisa o ministro do STJ. "A indenização não representa um bilhete premiado", diz.

Estes são alguns exemplos recentes de como os danos vêm sendo quantificados no STJ.

Morte dentro de escola = 500 salários

Quando a ação por dano moral é movida contra um ente público (por exemplo, a União e os estados), cabe às turmas de Direito Público do STJ o julgamento do recurso. Seguindo o entendimento da Segunda Seção, a Segunda Turma vem fixando o valor de indenizações no limite de 300 salários mínimos. Foi o que ocorreu no julgamento do REsp 860.705, relatado pela ministra Eliana Calmon. O recurso era dos pais que, entre outros pontos, tentavam aumentar o dano moral de R$ 15 mil para 500 salários mínimos em razão da morte do filho ocorrida dentro da escola, por um disparo de arma. A Segunda Turma fixou o dano, a ser ressarcido pelo Distrito Federal, seguindo o teto padronizado pelos ministros.

O patamar, no entanto, pode variar de acordo com o dano sofrido. Em 2007, o ministro Castro Meira levou para análise, também na Segunda Turma, um recurso do Estado do Amazonas, que havia sido condenado ao pagamento de R$ 350 mil à família de uma menina morta por um policial militar em serviço. Em primeira instância, a indenização havia sido fixada em cerca de 1.600 salários mínimos, mas o tribunal local reduziu o valor, destinando R$ 100 mil para cada um dos pais e R$ 50 mil para cada um dos três irmãos. O STJ manteve o valor, já que, devido às circunstâncias do caso e à ofensa sofrida pela família, não considerou o valor exorbitante nem desproporcional (REsp 932.001).

Paraplegia = 600 salários

A subjetividade no momento da fixação do dano moral resulta em disparidades gritantes entre os diversos Tribunais do país. Num recurso analisado pela Segunda Turma do STJ em 2004, a Procuradoria do Estado do Rio Grande do Sul apresentou exemplos de julgados pelo país para corroborar sua tese de redução da indenização a que havia sido condenada.

Feito refém durante um motim, o diretor-geral do hospital penitenciário do Presídio Central de Porto Alegre acabou paraplégico em razão de ferimentos. Processou o Estado e, em primeiro grau, o dano moral foi arbitrado em R$ 700 mil. O Tribunal estadual gaúcho considerou suficiente a indenização equivalente a 1.300 salários mínimos. Ocorre que, em caso semelhante (paraplegia), o Tribunal de Justiça de Minas Gerais fixou em 100 salários mínimos o dano moral. Daí o recurso ao STJ.

A Segunda Turma reduziu o dano moral devido à vítima do motim para 600 salários mínimos (REsp 604801), mas a relatora do recurso, ministra Eliana Calmon, destacou dificuldade em chegar a uma uniformização, já que há múltiplas especificidades a serem analisadas, de acordo com os fatos e as circunstâncias de cada caso.

Morte de filho no parto = 250 salários

Passado o choque pela tragédia, é natural que as vítimas pensem no ressarcimento pelos danos e busquem isso judicialmente. Em 2002, a Terceira Turma fixou em 250 salários mínimos a indenização devida aos pais de um bebê de São Paulo morto por negligência dos responsáveis do berçário (Ag 437.968).

Caso semelhante foi analisado pela Segunda Turma neste ano. Por falta do correto atendimento durante e após o parto, a criança ficou com sequelas cerebrais permanentes. Nesta hipótese, a relatora, ministra Eliana Calmon, decidiu por uma indenização maior, tendo em vista o prolongamento do sofrimento.

"A morte do filho no parto, por negligência médica, embora ocasione dor indescritível aos genitores, é evidentemente menor do que o sofrimento diário dos pais que terão de cuidar, diuturnamente, do filho inválido, portador de deficiência mental irreversível, que jamais será independente ou terá a vida sonhada por aqueles que lhe deram a existência", afirmou a ministra em seu voto. A indenização foi fixada em 500 salários mínimos (REsp 1.024.693).

Fofoca social = 30 mil reais

O STJ reconheceu a necessidade de reparação a uma mulher que teve sua foto ao lado de um noivo publicada em jornal do Rio Grande do Norte, noticiando que se casariam. Na verdade, não era ela a noiva, pelo contrário, ele se casaria com outra pessoa. Em primeiro grau, a indenização foi fixada em R$ 30 mil, mas o Tribunal de Justiça potiguar entendeu que não existiria dano a ser ressarcido, já que uma correção teria sido publicada posteriormente. No STJ, a condenação foi restabelecida (REsp 1.053.534).

Protesto indevido = 20 mil reais

Um cidadão alagoano viu uma indenização de R$ 133 mil minguar para R$ 20 mil quando o caso chegou ao STJ. Sem nunca ter sido correntista do banco que emitiu o cheque, houve protesto do título devolvido por parte da empresa que o recebeu. Banco e empresa foram condenados a pagar cem vezes o valor do cheque (R$ 1.333). Houve recurso e a Terceira Turma reduziu a indenização. O relator, ministro Sidnei Beneti, levou em consideração que a fraude foi praticada por terceiros e que não houve demonstração de abalo ao crédito do cidadão (REsp 792.051).

Alarme antifurto = 7 mil reais

O que pode ser interpretado como um mero equívoco ou dissabor por alguns consumidores, para outros é razão de processo judicial. O STJ tem jurisprudência no sentido de que não gera dano moral a simples interrupção indevida da prestação do serviço telefônico (REsp 846.273).

Já noutro caso, no ano passado, a Terceira Turma manteve uma condenação no valor de R$ 7 mil por danos morais devido a um consumidor do Rio de Janeiro que sofreu constrangimento e humilhação por ter de retornar à loja para ser revistado. O alarme antifurto disparou indevidamente.

Para a relatora do recurso, ministra Nancy Andrighi, foi razoável o patamar estabelecido pelo Tribunal local (REsp 1.042.208). Ela destacou que o valor seria, inclusive, menor do que noutros casos semelhantes que chegaram ao STJ. Em 2002, houve um precedente da Quarta Turma que fixou em R$ 15 mil indenização para caso idêntico (REsp 327.679).

Tabela

A tabela abaixo traz um resumo de alguns precedentes do STJ sobre casos que geraram dano moral, bem como os valores arbitrados na segunda instância e no STJ. Trata-se de material exclusivamente jornalístico, de caráter ilustrativo, com o objetivo de facilitar o acesso dos leitores à ampla jurisprudência da Corte.

Evento	2.º grau	STJ	Processo
Recusa em cobrir tratamento médico-hospitalar (sem dano à saúde)	R$ 5 mil	R$ 20 mil	REsp 986947
Recusa em fornecer medicamento (sem dano à saúde)	R$ 100 mil	10 SM	REsp 801181
Cancelamento injustificado de voo	100 SM	R$ 8 mil	REsp 740968
Compra de veículo com defeito de fabricação; problema resolvido dentro da garantia	R$ 15 mil	não há dano	REsp 750735
Inscrição indevida em cadastro de inadimplente	500 SM	R$ 10 mil	REsp 1105974
Revista íntima abusiva	não há dano	50 SM	REsp 856360
Omissão da esposa ao marido sobre a verdadeira paternidade biológica das filhas	R$ 200 mil	mantida	REsp 742137
Morte após cirurgia de amígdalas	R$ 400 mil	R$ 200 mil	REsp 1074251
Paciente em estado vegetativo por erro médico	R$ 360 mil	mantida	REsp 853854
Estupro em prédio público	R$ 52 mil	mantida	REsp 1060856
Publicação de notícia inverídica	R$ 90 mil	R$ 22.500	REsp 401358
Preso erroneamente	não há dano	R$ 100 mil	REsp 872630

5.1.3. *Parâmetros de quantificação de danos extrapatrimoniais na "Reforma Trabalhista"*

A "Reforma Trabalhista", empreendida pela Lei n. 13.467/2017, modificou a disciplina de diversos aspectos das relações de trabalho no Brasil.

E a reparação dos chamados "danos extrapatrimoniais", quando decorrentes da relação de emprego, não ficou fora disso.

Com efeito, foi inserido na CLT o Título II-A, referente ao "dano extrapatrimonial", com a seguinte redação:

"TÍTULO II-A

DO DANO EXTRAPATRIMONIAL

Art. 223-A. Aplicam-se à reparação de danos de natureza extrapatrimonial decorrentes da relação de trabalho apenas os dispositivos deste Título.

Art. 223-B. Causa dano de natureza extrapatrimonial a ação ou omissão que ofenda a esfera moral ou existencial da pessoa física ou jurídica, as quais são as titulares exclusivas do direito à reparação.

Art. 223-C. A etnia, a idade, a nacionalidade, a honra, a imagem, a intimidade, a liberdade de ação, a autoestima, o gênero, a orientação sexual, a saúde, o lazer e a integridade física são os bens juridicamente tutelados inerentes à pessoa natural. (Redação dada pela Medida Provisória n. 808, de 2017.)

Art. 223-D. A imagem, a marca, o nome, o segredo empresarial e o sigilo da correspondência são bens juridicamente tutelados inerentes à pessoa jurídica.

Art. 223-E. São responsáveis pelo dano extrapatrimonial todos os que tenham colaborado para a ofensa ao bem jurídico tutelado, na proporção da ação ou da omissão.

Art. 223-F. A reparação por danos extrapatrimoniais pode ser pedida cumulativamente com a indenização por danos materiais decorrentes do mesmo ato lesivo.

§ 1.º Se houver cumulação de pedidos, o juízo, ao proferir a decisão, discriminará os valores das indenizações a título de danos patrimoniais e das reparações por danos de natureza extrapatrimonial.

§ 2.º A composição das perdas e danos, assim compreendidos os lucros cessantes e os danos emergentes, não interfere na avaliação dos danos extrapatrimoniais.

Art. 223-G. Ao apreciar o pedido, o juízo considerará:

I — a natureza do bem jurídico tutelado;

Processos: REsp 860705; REsp 932001; REsp 604801; Ag 437968; REsp 1024693; REsp 1053534; REsp 792051; REsp 846273; REsp 1042208; REsp 327679 (*STJ*, publicado em 13-9-2009. Disponível em http://www.stj.gov.br/portal_stj/objeto/texto/impressao.wsp?tmp.estilo=&tmp.area=398&tmp.texto=93679. Acesso em 18.ago.2011).

II — a intensidade do sofrimento ou da humilhação;

III — a possibilidade de superação física ou psicológica;

IV — os reflexos pessoais e sociais da ação ou da omissão;

V — a extensão e a duração dos efeitos da ofensa;

VI — as condições em que ocorreu a ofensa ou o prejuízo moral;

VII — o grau de dolo ou culpa;

VIII — a ocorrência de retratação espontânea;

IX — o esforço efetivo para minimizar a ofensa;

X — o perdão, tácito ou expresso;

XI — a situação social e econômica das partes envolvidas;

XII — o grau de publicidade da ofensa.

§ 1.º Ao julgar procedente o pedido, o juízo fixará a reparação a ser paga, a cada um dos ofendidos, em um dos seguintes parâmetros, vedada a acumulação: (Redação dada pela Medida Provisória n. 808, de 2017.)

I — para ofensa de natureza leve — até três vezes o valor do limite máximo dos benefícios do Regime Geral de Previdência Social; (Redação dada pela Medida Provisória n. 808, de 2017.)

II — para ofensa de natureza média — até cinco vezes o valor do limite máximo dos benefícios do Regime Geral de Previdência Social; (Redação dada pela Medida Provisória n. 808, de 2017.)

III — para ofensa de natureza grave — até vinte vezes o valor do limite máximo dos benefícios do Regime Geral de Previdência Social; ou (Redação dada pela Medida Provisória n. 808, de 2017.)

IV — para ofensa de natureza gravíssima — até cinquenta vezes o valor do limite máximo dos benefícios do Regime Geral de Previdência Social. (Redação dada pela Medida Provisória n. 808, de 2017.)

§ 2.º Se o ofendido for pessoa jurídica, a indenização será fixada com observância dos mesmos parâmetros estabelecidos no § 1.º deste artigo, mas em relação ao salário contratual do ofensor.

§ 3.º Na reincidência de quaisquer das partes, o juízo poderá elevar ao dobro o valor da indenização. (Redação dada pela Medida Provisória n. 808, de 2017.)

§ 4.º Para fins do disposto no § 3.º, a reincidência ocorrerá se ofensa idêntica ocorrer no prazo de até dois anos, contado do trânsito em julgado da decisão condenatória. (Incluído pela Medida Provisória n. 808, de 2017.)

§ 5.º Os parâmetros estabelecidos no § 1.º não se aplicam aos danos extrapatrimoniais decorrentes de morte. (Incluído pela Medida Provisória n. 808, de 2017.)

Tais dispositivos pretendem criar uma disciplina própria para o reconhecimento de violação a direitos extrapatrimoniais, inclusive com a fixação de parâmetros e tetos para a quantificação.

Não se trata, propriamente, de uma tarifação, mas, sim, da busca de critérios objetivos para a delimitação do *quantum debeatur*.

A matéria, porém, é de constitucionalidade duvidosa, tanto pelos argumentos já expostos no tópico anterior, quando mencionamos a resistência aos projetos de lei para o estabelecimento destes mesmos parâmetros para a reparação em geral, como pela própria heterodoxa circunstância de se impor critérios somente para as indenizações no âmbito trabalhista.

Afinal, o dano sofrido por um empregado ou por um empregador vale menos do que o dano sofrido por um consumidor ou um cidadão em geral? A prevalecer a validade de tais regras, haverá teto apenas para os primeiros, não para os demais.

Além disso, observe-se que há espaço para interpretações que restrinjam os danos reflexos (*vide* redação do art. 223-B), bem como que limitem os bens jurídicos violados a ser reparados na esfera trabalhista (observe-se atentamente a redação dos arts. 223-C e 223-D), o que, de pronto, já indica uma inconstitucionalidade diante do princípio constitucional (e cláusula geral de personalidade) da dignidade da pessoa humana.

Aguardemos as cenas dos próximos capítulos desta polêmica que tem tornado as discussões de constitucionalidade matéria de nosso dia a dia como cidadãos...

5.1.4. Outros critérios para fixação de valor de indenização por danos morais

Para a fixação do valor da indenização, poderia o juiz, aplicando também a analogia, valer-se de algumas outras previsões legais de critérios para a quantificação da reparação do dano moral.

O que não reputamos constitucional é que o juiz esteja preso a tais parâmetros.

Entre eles, lembramos, a título exemplificativo, o revogado art. 84 do Código Nacional de Telecomunicações (Lei n. 4.117/63), que previa que, "na estimação do dano moral, o juiz terá em conta notadamente a posição social ou política do ofensor, intensidade do ânimo de ofender, a gravidade e a repercussão da ofensa".

Já o superado art. 53 da Lei de Imprensa (Lei n. 5.250/67 — inexigível, tendo em vista o reconhecimento de sua inconstitucionalidade pelo excelso STF), por sua vez, estabelecia que:

> "Art. 53. No arbitramento da indenização em reparação de dano moral, o juiz terá em conta, notadamente:
>
> I — a intensidade do sofrimento do ofendido, a gravidade, a natureza e repercussão da ofensa e a posição social e política do ofendido;
>
> II — a intensidade do dolo ou o grau da culpa do responsável, sua situação econômica e sua condenação anterior em ação criminal ou cível fundada em abuso no exercício da liberdade de manifestação do pensamento e informação;
>
> III — a retratação espontânea e cabal, antes da propositura da ação penal ou cível, a publicação ou transmissão da resposta ou pedido de retificação,

nos prazos previstos na lei e independentemente de intervenção judicial, e a extensão da reparação por esse meio obtido pelo ofendido".

A título ilustrativo, alguns desses critérios podem ser utilizados pelo juiz, de forma supletiva, para arbitrar a compensação pecuniária correspondente ao dano moral verificado, de forma a proporcionar uma condenação o mais próxima possível do ideal de Justiça no caso concreto.

Do ponto de vista prático, porém, consideramos salutar que o autor, em sua petição inicial, já sugira ao órgão julgador uma importância que considere razoável para a compensação do dano moral sofrido, justificando os parâmetros que o levaram a propor esse valor.

Assim, poderá o magistrado vislumbrar, objetivamente, quando da sentença de cognição, alguns parâmetros médios para a quantificação do julgado, isso quando já não for conveniente prolatar a decisão líquida, o que agilizará e muito a prestação jurisdicional.

5.2. Algumas palavras sobre o bom-senso do julgador

Embora sejamos defensores da tese da ampla liberdade do julgador para fixar a reparação do dano moral, isso não quer dizer que o juiz esteja autorizado a fixar desarrazoadas quantias a título de indenização por dano moral, uma vez que "não se paga a dor, tendo a prestação pecuniária função meramente satisfatória" (STJ, 2.ª T., Proc. REsp 37.374-MG, Rel. Min. Hélio Mosimann, julgado em 28-9-1994).

A indenização por dano moral deve ter justamente esta função compensatória, o que implica dever sua estipulação limitar-se a padrões razoáveis, não podendo constituir numa "premiação" ao lesado.

A natureza sancionadora não pode justificar, a título de supostamente aplicar-se uma "punição exemplar", que o acionante veja a indenização como um "prêmio de loteria" ou "poupança compulsória" obtida à custa do lesante.

Lembre-se, inclusive, a título de recordação histórica, que o Projeto de Reforma do Código Civil (Projeto n. 6.960/2002, depois renumerado para 276/2007, infelizmente arquivado), acrescentava um parágrafo segundo ao art. 944 do Código Civil, dispondo que "a reparação do dano moral deve constituir-se em compensação ao lesado e adequado desestímulo ao lesante". Com essa parte final, talvez considerar-se-iam abertas as portas para a consagração da teoria da indenização do dano moral com caráter punitivo no Brasil[23]. Vamos ver se os parlamentares decidirão levar à frente esta mudança. Aliás, temos defendido em sala de aula que a aplicação da teoria do desestímulo (*punitive damage*) poderia explicar com mais precisão a *indenização por abandono afetivo*, tema que enfrentaremos em nosso volume dedicado ao Direito de Família.

---

[23] Comentamos esse dispositivo em nosso volume 2 — Obrigações.

De qualquer forma, não há como se desprezar que o magistrado deve atuar sempre, no arbitramento de seu valor, com critérios de razoabilidade e de proporcionalidade[24].

[24] "Responsabilidade civil objetiva do Poder Público. Elementos estruturais. Pressupostos legitimadores da incidência do art. 37, § 6.º, da Constituição da República. Teoria do risco administrativo. Fato danoso para o ofendido, resultante de atuação de servidor público no desempenho de atividade médica. Procedimento executado em hospital público. Dano moral. Ressarcibilidade. Dupla função da indenização civil por dano moral (reparação-sanção): (a) caráter punitivo ou inibitório (*exemplary or punitive damages*) e (b) natureza compensatória ou reparatória. Doutrina. Jurisprudência. Agravo improvido. Decisão: O recurso extraordinário — a que se refere o presente agravo de instrumento — foi interposto contra decisão, que, proferida pelo E. Tribunal Regional Federal/2.ª Região, acha-se consubstanciada em acórdão assim ementado (fls. 18): 'Constitucional — Administrativo — Civil — Responsabilidade civil do Estado — Extracontratual — Previsibilidade (...) — Reparação — Dano material e moral — Cumulação — Cabimento — Condenação excessiva — Reforma — Sendo a responsabilidade objetiva, dispensada está a parte de provar a culpa *lato sensu*, ante a adoção, pelo direito pátrio, da teoria do risco; — Demonstrado o fato administrativo (conduta comissiva do agente), o nexo causal e o resultado danoso, devida a reparação por dano material, pois que também não houve culpa da vítima, bem como não restou configurada a excludente de responsabilidade; — O dano moral encontra matriz constitucional cujas regras expressam a tutela aos direitos da personalidade; — Para a quantificação do dano moral deve-se levar em conta a condição social das partes, a gravidade da lesão, o caráter punitivo para o agente e a natureza compensatória da condenação para a vítima, não podendo ser fonte de locupletamento; — Apelo e remessa parcialmente providos, apenas para reduzir a condenação por dano moral arbitrada excessivamente' (grifei). A União Federal, no apelo extremo em questão, busca sustentar, a partir do exame de fatos e da análise de laudo pericial, que se registrou, na espécie, situação configuradora de força maior, apta a descaracterizar — segundo alega — o nexo de causalidade material entre a conduta do agente público e o dano causado ao menor Daniel Felipe de Oliveira Neto, que sofreu, quando de seu nascimento, '... afundamento frontal do crânio, edema cerebral e área de contusão hemorrágica, males esses ocasionados por ter sido retirado do ventre de sua genitora à base de fórceps' (fls. 14). Cumpre observar que o acórdão impugnado em sede recursal extraordinária, apoiando-se na análise dos fatos e do conjunto probatório, reconheceu caracterizada, na espécie, a existência da necessária relação causal, posto que inocorrente qualquer fato capaz de romper o nexo de causalidade entre a conduta comissiva do agente público federal (médico) e o evento danoso infligido à pequena vítima (fls. 12/18). A pretensão deduzida pela União Federal encontra obstáculo insuperável na impossibilidade de se reexaminarem, em sede recursal extraordinária, elementos probatórios, inclusive aqueles de natureza pericial, considerada, quanto a estes, a soberania do pronunciamento dos Tribunais ordinários sobre matéria de fato (Súmula 279/STF). Vê-se, pois, que não se revela viável o recurso extraordinário em questão. É que — tal como precedentemente enfatizado — não se mostra cabível proceder, em sede recursal extraordinária, a indagações de caráter eminentemente probatório, especialmente quando se busca discutir, como na espécie, elementos fáticos subjacentes à

causa. No caso, a verificação da procedência, ou não, das alegações deduzidas pela parte recorrente implicará necessário reexame de fatos e de provas, o que não se admite na sede excepcional do apelo extremo. Essa pretensão, por isso mesmo, sofre as restrições inerentes ao recurso extraordinário, em cujo âmbito não se reexaminam fatos e provas, circunstância essa que faz incidir, na espécie, a Súmula 279 do Supremo Tribunal Federal. Incensurável, desse modo, o fundamento em que se apoia a decisão objeto do presente agravo de instrumento, revelando-se correta, por isso mesmo, a formulação, na espécie, do juízo negativo de admissibilidade do recurso extraordinário em questão (fls. 45). Cabe observar, de outro lado, presente o contexto probatório soberanamente estabelecido pelo acórdão objeto do recurso extraordinário em questão, que a decisão emanada do E. TRF/2.ª Região ajusta-se à orientação jurisprudencial que o Supremo Tribunal Federal firmou na análise do art. 37, § 6.º, da Constituição da República. Como se sabe, a teoria do risco administrativo, consagrada em sucessivos documentos constitucionais brasileiros, desde a Carta Política de 1946, revela-se fundamento de ordem doutrinária subjacente à norma de direito positivo que instituiu, em nosso sistema jurídico, a responsabilidade civil objetiva do Poder Público, pelos danos que seus agentes, nessa qualidade, causarem a terceiros (CF, art. 37, § 6.º). Essa concepção teórica, que informa o princípio constitucional da responsabilidade civil objetiva do Poder Público, faz emergir, da mera ocorrência de ato lesivo causado à vítima pelo Estado, o dever de indenizá-la pelos danos sofridos, independentemente de caracterização de culpa dos agentes estatais, consoante enfatiza o magistério da doutrina (HELY LOPES MEIRELLES, 'Direito Administrativo Brasileiro', p. 561, 21.ª ed., 1996, Malheiros; MARIA SYLVIA ZANELLA DI PIETRO, 'Direito Administrativo', p. 412/413, 5.ª ed., 1995, Atlas; DIÓGENES GASPARINI, 'Direito Administrativo', p. 410/411, 1989, Saraiva; CELSO RIBEIRO BASTOS, 'Comentários à Constituição do Brasil', vol. 3, tomo III/172, 1992, Saraiva; JOSÉ AFONSO DA SILVA, 'Curso de Direito Constitucional Positivo', p. 620/621, 12.ª ed., 1996, Malheiros, v.g.). É certo, no entanto, que o princípio da responsabilidade objetiva não se reveste de caráter absoluto, eis que admite o abrandamento e, até mesmo, a exclusão da própria responsabilidade civil do Estado, nas hipóteses excepcionais configuradoras de situações liberatórias — como o caso fortuito e a força maior — ou evidenciadoras de ocorrência de culpa atribuível à própria vítima (*RDA* 137/233 — *RTJ* 55/50 — *RTJ* 163/1107-1109, v.g.). Impõe-se destacar, neste ponto, na linha da jurisprudência prevalecente no Supremo Tribunal Federal (*RTJ* 163/1107-1109, Rel. Min. Celso de Mello), que os elementos que compõem a estrutura e delineiam o perfil da responsabilidade civil objetiva do Poder Público compreendem (a) a alteridade do dano, (b) a causalidade material entre o *eventus damni* e o comportamento positivo (ação) ou negativo (omissão) do agente público, (c) a oficialidade da atividade causal e lesiva imputável a agente do Poder Público, que, nessa condição funcional, tenha incidido, como na espécie, em conduta comissiva, independentemente da licitude, ou não, do seu comportamento funcional (*RTJ* 140/636) e (d) a ausência de causa excludente da responsabilidade estatal (*RTJ* 55/503 — *RTJ* 71/99 — *RTJ* 91/377 — *RTJ* 99/1155 — *RTJ* 131/417). É por isso que a ausência de qualquer dos pressupostos legitimadores da incidência da regra inscrita no art. 37, § 6.º, da Carta Política basta para descaracterizar a responsabilidade civil objetiva do Estado, especialmente quando ocorre circunstância que rompe o nexo de causalidade material entre o comportamento do agente público e a consumação do dano pessoal ou patrimonial infligido ao ofendido. Esclareça-se, por oportuno, que todas as considerações já feitas aplicam-se, sem qualquer disceptação, em tema de responsabilidade civil objetiva do Poder Público, a situações — como a destes autos

— em que o *eventus damni* ocorreu em hospitais públicos (ou mantidos pelo Poder Público) ou derivou de tratamento médico inadequado ministrado por funcionário público (*RT* 304/876, Rel. Min. Vilas Boas) ou, então, resultou de conduta imputável a servidor público com atuação na área médica (*RT* 659/139 — *RJTJSP* 67/106-107, v.g.): 'O Estado responde pela cegueira consequente a infecção adquirida por pessoa internada em hospital por ele mantido' (*RF* 89/178, Rel. Des. Mário Guimarães — grifei). 'Processual civil — Responsabilidade civil da Administração Pública. I — 'Se o erro ou falha médica ocorrer em hospital ou outro estabelecimento público, a responsabilidade será do Estado (Administração Pública), com base no art. 37, § 6.º, da Constituição Federal (...)' (AC 278427, Rel. Juiz Castro Aguiar — TRF/2.ª Região, *DJU* de 22/08/2003, p. 255 — grifei). 'Civil. Responsabilidade civil. Danos materiais e danos morais. Invalidez resultante de ato cirúrgico. Responsabilidade objetiva. Indenização devida. 1. A Fundação Universidade Federal de Mato Grosso, na qualidade de mantenedora do Hospital Universitário Júlio Muller, responde objetivamente pelos danos resultantes de ato cirúrgico a que foi submetido o autor naquele nosocômio (CF, art. 37, § 6.º).' (AC 01000520560, Rel. Juiz Daniel Paes Ribeiro — TRF/1.ª Região, *DJU* de 03/04/2003, p. 142 — grifei).' (...) 2. Sendo objetiva a responsabilidade do Hospital conveniado e do INAMPS, estes respondem pelos danos causados ou produzidos diretamente por agentes que estavam a seu serviço, independentemente da apuração de culpa ou dolo. O constituinte estabeleceu para todos os entes do Estado e seus desmembramentos administrativos a obrigação de indenizar o dano causado a terceiro por seus servidores, independentemente de prova de culpa no cometimento da lesão. Adotou a Constituição a regra do princípio objetivo de responsabilidade sem culpa pela atuação lesiva dos agentes públicos e seus delegados' (AC 01000054165, Rel. Juiz Mário Cesar Ribeiro — TRF/1.ª Região, *DJU* de 18/06/1999, p. 298 — grifei). Impende assinalar, de outro lado, que a fixação do *quantum* pertinente à condenação civil imposta ao Poder Público — presentes os pressupostos de fato soberanamente reconhecidos pelo Tribunal *a quo* — observou, no caso ora em análise, a orientação que a jurisprudência dos Tribunais tem consagrado no exame do tema, notadamente no ponto em que o magistério jurisprudencial, pondo em destaque a dupla função inerente à indenização civil por danos morais, enfatiza, quanto a tal aspecto, a necessária correlação entre o caráter punitivo da obrigação de indenizar (*punitive damages*), de um lado, e a natureza compensatória referente ao dever de proceder à reparação patrimonial, de outro. Definitiva, sob tal aspecto, a lição — sempre autorizada — de CAIO MÁRIO DA SILVA PEREIRA ('Responsabilidade Civil', p. 55 e 60, itens ns. 45 e 49, 8.ª ed., 1996, Forense), cujo magistério, a propósito da questão ora em análise, assim discorre sobre o tema: 'Quando se cuida do dano moral, o fulcro do conceito ressarcitório acha-se deslocado para a convergência de duas forças: 'caráter punitivo' para que o causador do dano, pelo fato da condenação, se veja castigado pela ofensa que praticou; e o 'caráter compensatório' para a vítima, que receberá uma soma que lhe proporcione prazeres como contrapartida do mal sofrido. O problema de sua reparação deve ser posto em termos de que a reparação do dano moral, a par do caráter punitivo imposto ao agente, tem de assumir sentido compensatório. (...). Somente assumindo uma concepção desta ordem é que se compreenderá que o direito positivo estabelece o princípio da reparação do dano moral. A isso é de se acrescer que na reparação do dano moral insere-se uma atitude de solidariedade à vítima (Aguiar Dias). A vítima de uma lesão a algum daqueles direitos sem cunho patrimonial efetivo, mas ofendida em um bem jurídico que em certos casos pode ser mesmo mais valioso do que os integrantes de seu patrimônio, deve receber uma soma que lhe compense a dor

5.3. Cumulatividade da reparação por danos morais e materiais

Uma observação importante a ser feita é a explicitação de que a reparação do dano patrimonial não exclui ou substitui a indenização pelos danos morais, mesmo que ambos decorram do mesmo fato.

Isso porque é preciso entender que um único fato pode gerar diversas consequências lesivas, tanto no patrimônio materializado do indivíduo, quanto na sua esfera extrapatrimonial de interesses.

Ressalte-se que a controvérsia jurisprudencial acerca da cumulatividade dos danos morais e patrimoniais tem como marco importante o ano de 1992, quando o Superior Tribunal de Justiça editou a Súmula 37, em consonância

---

ou o sofrimento, a ser arbitrada pelo juiz, atendendo às circunstâncias de cada caso, e tendo em vista as posses do ofensor e a situação pessoal do ofendido. Nem tão grande que se converta em fonte de enriquecimento, nem tão pequena que se torne inexpressiva. Mas é certo que a situação econômica do ofensor é um dos elementos da quantificação, não pode ser levada ela ao extremo de se defender que as suas más condições o eximam do dever ressarcitório' (grifei). Essa orientação — também acompanhada pelo magistério doutrinário, que exige, no que se refere à função de desestímulo ou de sanção representada pela indenização civil por dano moral, que os magistrados e Tribunais observem, no arbitramento de seu valor, critérios de razoabilidade e de proporcionalidade (CARLOS ALBERTO BITTAR, 'Reparação Civil por Danos Morais', p. 115 e 239, itens ns. 20 e 40, 2.ª ed., 1994, RT; PABLO STOLZE GAGLIANO/RODOLFO PAMPLONA FILHO, 'Novo Curso de Direito Civil', vol. II/319, item n. 2, 2.ª ed., 2003, Saraiva; CARLOS ALBERTO MENEZES DIREITO/SÉRGIO CAVALIERI FILHO, 'Comentários ao Novo Código Civil', vol. XIII/348-351, item n. 4.5, 2004, Forense; YUSSEF SAID CAHALI, 'Dano Moral', p. 175-179, item n. 4.10-D, 2.ª ed., 1998, RT; SÍLVIO DE SALVO VENOSA, 'Direito Civil: Responsabilidade Civil', vol. 4/189-190, item n. 10.2, 2.ª ed., 2002, Atlas; MARIA HELENA DINIZ, 'Curso de Direito Civil Brasileiro: Responsabilidade Civil', vol. 7/105-106, 18.ª ed., 2004, Saraiva, v.g.) — é igualmente perfilhada pelos Tribunais, especialmente pelo E. Superior Tribunal de Justiça, cuja jurisprudência, na matéria em questão, firmou essa mesma diretriz (REsp 295.175/RJ, Rel. Min. Sálvio de Figueiredo Teixeira — REsp 318.379/MG, Rel. Min. Nancy Andrighi — REsp 355.392/RJ, Rel. p/ o acórdão Min. Castro Filho, v.g.): 'I — A indenização por dano moral objetiva compensar a dor moral sofrida pela vítima, punir o ofensor e desestimular este e outros membros da sociedade a cometerem atos dessa natureza' (*RSTJ* 151/269-270, Rel. Min. Antônio de Pádua Ribeiro — grifei). 'I — A indenização por dano moral objetiva compensar a dor moral sofrida pela vítima, punir o ofensor e desestimular este e a sociedade a cometerem atos dessa natureza. A fixação do seu valor envolve o exame da matéria fática, que não pode ser reapreciada por esta Corte (Súmula n. 7) (...)' (REsp 337.739/SP, Rel. Min. Antônio de Pádua Ribeiro — grifei). Sendo assim, e pelas razões expostas, nego provimento ao presente agravo de instrumento, eis que se revela inviável o recurso extraordinário a que ele se refere. Publique-se. Brasília, 11 de outubro de 2004. Rel. Min. Celso de Mello" (STF, AI 455846/RJ, Agravo de Instrumento, Decisão Monocrática, Relator Min. Celso de Mello, j. 11-10-2004, *DJ*, 21-10-2004, p. 18; *RDDP*, n. 22, 2005, p. 160-163).

com a nova ordem constitucional, afirmando que "são cumuláveis as indenizações por dano material e dano moral oriundos do mesmo fato".

6. A QUESTÃO DA CULPA PARA A FIXAÇÃO DA INDENIZAÇÃO

A ideia que deve reger a fixação de indenizações é a da restituição integral, conforme regra estampada no *caput* do art. 944 do CC/2002.

Todavia, conforme afirmamos em tópico anterior, a nova codificação civil brasileira trouxe à baila, no parágrafo único do referido dispositivo, norma que limita a indenização em função da "desproporção entre a gravidade da culpa e o dano", autorizando o juiz a reduzir, equitativamente, a indenização.

Trata-se de um preceito que pode ser visto como um retrocesso paradoxal no novo sistema, uma vez que, se a tendência é a responsabilidade civil objetiva, como, após a delimitação da responsabilidade, ter-se que discutir o elemento culpa?

A norma é válida e elogiável, porém, sem qualquer sombra de dúvida, para as hipóteses de culpa concorrente, que, como visto, não excluem a responsabilidade civil, mas devem ser levadas em consideração, como determinado no art. 945:

> "Art. 945. Se a vítima tiver concorrido culposamente para o evento danoso, a sua indenização será fixada tendo-se em conta a gravidade de sua culpa em confronto com a do autor do dano".

Outra solução possível seria considerar admissível esta redução apenas para demandas calcadas na responsabilidade subjetiva (culpa), caso em que, analisando a situação concreta, o juiz poderia reduzir o *quantum*, se verificar desproporção entre a gravidade da culpa e o dano.

Todavia, tal interpretação não é autorizada pela literalidade da norma, motivo pelo qual é possível se discutir em sede de responsabilidade civil objetiva, ainda que de forma excepcional, somente quanto à quantificação do julgado.

7. A LEGITIMAÇÃO PARA DEMANDAR PELA INDENIZAÇÃO

Em todos os capítulos anteriores, trabalhamos com a ideia de quem deve indenizar por danos ocorridos.

Todavia, é preciso também fazer um estudo direcionado para compreender quem é que pode exigir tal indenização.

Trata-se da *legitimação*, conceito emprestado da ciência processual para se entender quem está autorizado, pelo ordenamento normativo, a ser sujeito de uma determinada relação jurídica.

É lógico que o sujeito lesionado é, naturalmente, a pessoa legitimada para pretender uma reparação.

Tal direito se transmite aos seus herdeiros, na medida em que a existência de um crédito é também transferida, *ipso facto*, da morte, com a abertura da sucessão, conforme se verifica de uma simples leitura do art. 943 do CC/2002:

> "Art. 943. O direito de exigir reparação e a obrigação de prestá-la transmitem-se com a herança".

E isso vale também para as indenizações por danos morais?

Não vislumbramos qualquer problema nesse sentido.

O Código Civil de 2002, inclusive, já infere tal reconhecimento, ao estabelecer legitimação para herdeiros em relação à proteção de direitos da personalidade do *de cujus*, conforme constatamos nos arts. 12 e 20, *ipsis litteris*:

> "Art. 12. Pode-se exigir que cesse a ameaça, ou a lesão, a direito da personalidade, e reclamar perdas e danos, sem prejuízo de outras sanções previstas em lei.
>
> Parágrafo único. Em se tratando de morto, terá legitimação para requerer a medida prevista neste artigo o cônjuge sobrevivente, ou qualquer parente em linha reta, ou colateral até o quarto grau".
>
> "Art. 20. Salvo se autorizadas, ou se necessárias à administração da justiça ou à manutenção da ordem pública, a divulgação de escritos, a transmissão da palavra, ou a publicação, *a exposição ou a utilização da imagem de uma pessoa* poderão ser proibidas, a seu requerimento e sem prejuízo da indenização que couber, se lhe atingirem a honra, a boa fama ou a respeitabilidade, ou se se destinarem a fins comerciais.
>
> Parágrafo único. Em se tratando de morto ou de ausente, são partes legítimas para requerer essa proteção o cônjuge, os ascendentes ou os descendentes".

A jurisprudência nacional, inclusive, vem firmando posição, paulatinamente, neste sentido[25], o que nos parece bastante razoável, tendo em vista que

---

[25] Revista *Consultor Jurídico*, 7 de novembro de 2002:

"Batalha judicial — *Indenização é transmissível aos herdeiros, decide STJ.*

O direito a indenização por danos morais é transmissível aos herdeiros. A conclusão é da 4.ª Turma do Superior Tribunal de Justiça, que também negou redução do valor de indenização arbitrado em segunda instância (R$ 6.500,00), por não considerá-lo exagerado.

Os ministros do STJ rejeitaram recurso do juiz Carlos Orlando Gomes, do Tribunal

não se justifica, na espécie, um tratamento diferenciado quanto aos aspectos pecuniários das reparações por danos materiais ou morais.

Regional do Trabalho da 2.ª Região, contra o espólio do juiz Valentin Rosique Carrion.

Valentin Carrion, quando era juiz do TRT paulista, entrou com uma ação contra o colega Carlos Gomes exigindo uma indenização por danos morais. De acordo com o processo, na sessão do dia 28 de janeiro de 1998, os juízes teriam discutido a disponibilidade orçamentária para o pagamento de diferenças salariais para os magistrados. Depois da sessão, Valentin Carrion teria se dirigido a Carlos Gomes afirmando que tudo naquele Tribunal, como a questão das diferenças salariais, seria decidido em 'petit comité'. Carlos Gomes teria respondido às afirmações do colega repetindo várias vezes a frase: 'O senhor é um mau caráter'.

O Juízo de primeiro grau acolheu o pedido de Valentin Carrion e condenou Carlos Gomes ao pagamento de uma indenização de R$ 6.500,00 por danos morais. Os dois juízes apelaram.

Valentin Carrion pediu o aumento da indenização. Carlos Gomes afirmou que teria apenas se defendido das ofensas dirigidas, inicialmente, pelo colega. Caso a ação prosseguisse, Carlos Gomes solicitou a redução do valor indenizatório.

Durante a tramitação do apelo, o autor da ação morreu. Por isso, o réu solicitou a extinção do processo. Em seu pedido, Carlos Gomes destacou a intransmissibilidade de direitos de personalidade.

Carlos Gomes também ressaltou o fato da sentença não ter transitado em julgado. Segundo ele, a indenização determinada pela sentença ainda não teria sido incorporada ao patrimônio deixado pelo colega. O espólio contestou o pedido de extinção afirmando ter havido a sucessão do falecido.

O Tribunal de Justiça de São Paulo rejeitou pedido de Carlos Gomes e manteve a sentença. Ele recorreu então ao STJ. No recurso, Carlos Gomes reiterou a afirmação de que teria apenas respondido a uma ofensa anterior não ocorrendo, por isso, dano moral. Também reafirmou o entendimento pela intransmissibilidade do dano moral.

O ministro Ruy Rosado de Aguiar negou o recurso. Dessa forma fica mantida a decisão do TJ-SP pela indenização por danos morais. A respeito da ocorrência ou não do dano moral, o relator enfatizou que 'não cabe a esta instância revisora (STJ) reapreciar os fatos e valorar a prova para dar nova versão ao que foi julgado como sendo um comportamento ofensivo'.

O relator também entendeu como correta a decisão do TJ admitindo 'a transmissibilidade do direito à indenização, depois de intentada a ação pelo ofensor'. Ruy Rosado lembrou a doutrina de autores como Cahali e Pontes de Miranda, destacada pelo Tribunal de Justiça, com o mesmo entendimento pela transmissibilidade. O STJ também não reduziu o valor da indenização" (REsp 440.626).

Referências

ACADEMIA BRASILEIRA DE LETRAS JURÍDICAS. *Dicionário Jurídico*. 3. ed. Rio de Janeiro: Forense, 1995.

AGUIAR, Roger da Silva. *Responsabilidade Civil* — a Culpa, o Risco e o Medo. São Paulo: Atlas, 2011.

AGUIAR, Ruy Rosado de. *Obrigações e Contratos — Projeto de Código Civil*. Disponível no *site* do Conselho da Justiça Federal: www.cjf.gov.br.

ALMEIDA, João Batista de. A Ação Civil Coletiva para a Defesa dos Interesses ou Direitos Individuais Homogêneos. *Revista de Direito do Consumidor*, n. 34, abr./jun. 2000.

ALVES, José Carlos Moreira. *Direito Romano*. 6. ed. Rio de Janeiro: Forense, 1998. v. 2.

ALVIM, Agostinho. *Da Inexecução das Obrigações e suas Consequências*. 4. ed. São Paulo: Saraiva, 1972.

ALVIM, Arruda. Dano Moral e a sua Cobertura Securitária. In: *II Congresso de Responsabilidade Civil nos Transportes Terrestres de Passageiros*, 1997.

AMARANTE, Aparecida. *Responsabilidade Civil por Dano à Honra*. Belo Horizonte: Del Rey, 1991.

ARAÚJO, Luiz Alberto David. *A Proteção Constitucional da Própria Imagem — Pessoa Física, Pessoa Jurídica e Produto*. Belo Horizonte: Del Rey, 1996.

ASSIS, Araken de. *Eficácia Civil da Sentença Penal*. 2. ed. São Paulo: Revista dos Tribunais, 2000.

ASSIS JR, Luiz Carlos de. *Responsabilidade Civil Decorrente da Contaminação da Pessoa por Agentes Tóxicos na Sociedade do Risco*: Reparando pelo Risco Atual de Patologia Futura. Dissertação de Mestrado. Salvador: Universidade Federal da Bahia, 2010.

AZI, Camila Lemos. *Responsabilidade Civil por Erro Médico no Direito Brasileiro*. 2000. Monografia apresentada no Curso de Graduação em Direito da UNIFACS — Universidade Salvador, Salvador/BA, 2000.

BAHIA, Saulo José Casali. *Responsabilidade Civil do Estado*. Rio de Janeiro: Forense, 1995.

BENJAMIN, Antônio Herman de Vasconcellos e. *Código Brasileiro de Defesa do Consumidor Comentado pelos Autores do Anteprojeto*. 5. ed. Rio de Janeiro: Forense, 1997.

BEVILÁQUA, Clóvis. *Código Civil dos Estados Unidos do Brasil.* 5. ed. São Paulo: Francisco Alves, 1943, t. II. v. 5.

BITTAR, Carlos Alberto. *Reparação Civil por Danos Morais.* São Paulo: Revista dos Tribunais, 1993.

_______. *Responsabilidade Civil — Teoria & Prática.* 2. ed. Rio de Janeiro: Forense, 1990.

BRAGA, Paula Sarno. *A Reparação do Dano Moral no Meio Ambiente do Trabalho.* Disponível em: www.unifacs.br/revistajuridica, ed. fev. 2002.

CAHALI, Yussef Said. *Responsabilidade Civil do Estado.* 2. ed. São Paulo: Revista dos Tribunais, 2000.

CAMARGO, Antonio Luís Chaves. *Imputação Objetiva e Direito Penal Brasileiro.* São Paulo: Cultural Paulista, 2002.

CAMPO, Júlio Bernardo do. O Dano Moral e sua Reparação no Âmbito do Direito Civil e do Trabalho. *Revista LTr,* São Paulo: LTr, mar. 1996. v. 60.

CAPEZ, Fernando. *Curso de Processo Penal.* 3. ed. São Paulo: Saraiva, 1999.

CARRION, Valentin. *Comentários à Consolidação das Leis do Trabalho.* 17. ed. São Paulo: Revista dos Tribunais, 1993.

_______. *Nova Jurisprudência em Direito do Trabalho.* São Paulo: Saraiva, 1995, 1.º semestre.

CAVALIERI FILHO, Sérgio. *Programa de Responsabilidade Civil.* 2. ed. São Paulo: Malheiros, fev. 2000.

CHALHUB, Melhim Namem. *Da Incorporação Imobiliária.* Rio de Janeiro: Renovar, 2003.

CHAVES, Antonio. *Tratado de Direito Civil.* São Paulo: Revista dos Tribunais, 1985. v. 2.

CHIRONI. *La Colpa nel Diritto Civile Odierno — Colpa Extra-Contrattuale.* 2. ed. Turim: 1903. v. 2.

CIFUENTES, Santos. *Elementos de Derecho Civil — Parte General.* 4. ed. Buenos Aires: Astrea, 1999.

COSTA, Orlando Teixeira da. Da Ação Trabalhista sobre Dano Moral. *Trabalho & Doutrina,* n. 10, São Paulo: Saraiva, set. 1996.

CRUZ, Gisela Sampaio da. *A Parte Geral do Novo Código Civil.* Rio de Janeiro: Renovar, 2002.

DALAZEN, João Oreste. Indenização Civil de Empregado e Empregador por Dano Patrimonial ou Moral. *Revista de Direito do Trabalho*, n. 77, São Paulo: Revista dos Tribunais, mar. 1992, p. 53.

DALLARI, Adilson de Abreu. *Regime Constitucional dos Servidores Públicos*. 2. ed. São Paulo: Revista dos Tribunais, 1990.

DEDA, Artur Oscar de Oliveira. Dano Moral. In: *Enciclopédia Saraiva de Direito*, São Paulo: Saraiva, 1979. v. 22.

DEMOGUE, René. *Traité des obligations en géneral*. Paris: 1924, t. IV.

DENARI, Zelmo e outros. *Código Brasileiro de Defesa do Consumidor — Comentado pelos Autores do Anteprojeto*. 5. ed. Rio de Janeiro: Forense, 1998.

DIAS, José de Aguiar. *Da Responsabilidade Civil*. 9. ed. Rio de Janeiro: Forense, 1994. v. 1.

_______. *Da Responsabilidade Civil*. 9. ed. Rio de Janeiro: Forense, 1994. v. 2.

DIAS, Sérgio Novais. *Responsabilidade Civil do Advogado na Perda de uma Chance*. São Paulo: LTr, 1999.

DINIZ, Maria Helena. *Curso de Direito Civil Brasileiro*. 16. ed. São Paulo: Saraiva, 2002. v. 2.

_______. *Curso de Direito Civil Brasileiro*. 16. ed. São Paulo: Saraiva, 2002. v. 3.

_______. *Dicionário Jurídico*. São Paulo: Saraiva, 1998. 4 v.

DI PIETRO, Maria Sylvia Zanella. *Direito Administrativo*. 9. ed. São Paulo: Atlas, 1998.

FACHIN, Luiz Edson. *Estatuto Jurídico do Patrimônio Mínimo*. Rio de Janeiro: Renovar, 2001.

_______. *Teoria Crítica do Direito Civil*. Rio de Janeiro: Renovar, 2000.

FERRAZ JR., Tercio Sampaio. *Introdução ao Estudo do Direito*. 2. ed. São Paulo: Atlas, 1996.

FERREIRA, Aurélio Buarque de Holanda. *Novo Dicionário Aurélio da Língua Portuguesa*. 2. ed. Rio de Janeiro: Nova Fronteira, 1986.

FLORINDO, Valdir. *O Dano Moral e o Direito do Trabalho*. 2. ed. São Paulo: LTr, 1996.

FONSECA, Arnoldo Medeiros da. *Caso Fortuito e Teoria da Imprevisão*. 3. ed. Rio de Janeiro: Forense, 1958.

FURTADO, Paulo. *Execução.* 2. ed. São Paulo: Saraiva, 1991.

GAGLIANO, Pablo Stolze. A Legislação Bancária, o Código de Defesa do Consumidor e o Princípio da Dignidade da Pessoa Humana. In: *IV Fórum Brasil de Direito*, realizado pelo JusPodivm, no Centro de Convenções de Salvador — Bahia, maio 2002.

______. A Responsabilidade Extracontratual no Novo Código Civil e o Surpreendente Tratamento da Atividade de Risco. *Repertório de Jurisprudência — IOB*, 1.ª Quinzena de Outubro, n. 19, 2002, texto 3/19551.

______. *O Condomínio Edilício no Novo Código Civil.* Disponível em: http: www.pablostolze.com.br, abr. 2003.

GAGLIANO, Pablo Stolze e PAMPLONA FILHO, Rodolfo. *Novo Curso de Direito Civil — Parte Geral.* 2. ed. São Paulo: Saraiva, 2002. v. 1.

______. *Novo Curso de Direito Civil — Obrigações.* São Paulo: Saraiva, 2002. v. 2.

GARCEZ NETO. Martinho. *Responsabilidade Civil no Direito Comparado.* Rio de Janeiro: Renovar, 2000.

GHERSI, Carlos Alberto. *Teoría General de la Reparación de Daños.* 2. ed. Buenos Aires: Astrea, 1999.

GIDI, Antonio. *Coisa Julgada e Litispendência em Ações Coletivas.* São Paulo: Saraiva, 1995.

GIGLIO, Wagner D. *Justa Causa.* 3. ed. São Paulo: LTr, 1996.

GIUSTINA, Beatriz Della. Dano Moral: Reparação e Competência Trabalhista. *Trabalho & Doutrina*, n. 10, São Paulo: Saraiva, set. 1996.

GOMES, Luiz Flávio. *Direito Penal — Parte Geral;* Teoria do Delito (inédita). v. 2.

GOMES, Luiz Roldão de Freitas. *Elementos de Responsabilidade Civil.* Rio de Janeiro: Renovar, 2000.

GOMES, Orlando. *Obrigações.* 9. ed. Rio de Janeiro: Forense, 1994.

GOMES, Orlando e GOTTSCHALK, Elson. *Curso de Direito do Trabalho.* 13. ed. Rio de Janeiro: Forense, 1994.

GONÇALVES, Carlos Roberto. *Responsabilidade Civil.* 8. ed. São Paulo: Saraiva, 2003.

______. *Direito das Obrigações — Parte Geral.* São Paulo: Saraiva, 1998 (Col. Sinopses Jurídicas, v. 5).

______. *Direito das Obrigações — Parte Especial — Responsabilidade Civil.* São

Paulo: Saraiva, 2001 (Col. Sinopses Jurídicas, v. 6, t. II).

GRINOVER, Ada Pellegrini et al. *Código Brasileiro de Defesa do Consumidor.* 5. ed. Rio de Janeiro: Forense, 1998.

HIRONAKA, Giselda M. F. Novaes (org.). Responsabilidade civil. São Paulo: Revista dos Tribunais, 2008.

_______. *Responsabilidade Pressuposta.* Belo Horizonte: Del Rey, 2005.

HOUAISS, Antônio e VILLAR, Mauro de Salles. *Dicionário Houaiss da Língua Portuguesa.* Rio de Janeiro: Objetiva, 2001.

JESUS, Damásio E. de. *Direito Penal.* 12. ed. São Paulo: Saraiva, 1988. v. 1.

LAGO JÚNIOR, Antônio. A Responsabilidade Civil Decorrente do Acidente de Trabalho. In: LEÃO, Adroaldo e PAMPLONA FILHO, Rodolfo Mário Veiga (coords.). *Responsabilidade Civil.* Rio de Janeiro: Forense, 2001.

_______. *Responsabilidade Civil por Atos Ilícitos na Internet,* São Paulo: LTr, 2001.

LEÃO, Adroaldo. *A Responsabilidade Civil dos Administradores de Empresas.* Rio de Janeiro: Forense, 1988.

LEÃO, Adroaldo e PAMPLONA FILHO, Rodolfo Mário Veiga (coords.). *Responsabilidade Civil.* Rio de Janeiro: Forense, 2001.

LIMA, Alvino. *Culpa e Risco.* 2. ed. São Paulo: Revista dos Tribunais, 1999.

LIMA, Zulmira Pires de. Algumas Considerações sobre a Responsabilidade Civil por Danos Morais. *Boletim da Faculdade de Direito,* Coimbra: Universidade de Coimbra, 1940, 2.º suplemento, v. 15.

LISBOA, Roberto Senise. *Responsabilidade Civil nas Relações de Consumo.* São Paulo: Revista dos Tribunais, 2001.

LLAMBÍAS, Jorge J. *Tratado de Derecho Civil — Obligaciones.* Buenos Aires: Perrot, 1973, t. I.

LÔBO, Paulo Luiz Netto. Danos Morais e Direitos da Personalidade. In: LEITE, Eduardo de Oliveira (coord.). *Grandes Temas da Atualidade — Dano Moral — Aspectos Constitucionais, Civis, Penais e Trabalhistas.* Rio de Janeiro: Forense, 2002.

_______. *Direito das Obrigações.* São Paulo: Brasília Jurídica, 1999.

LOPES, Miguel Maria de Serpa. *Curso de Direito Civil — Fontes Contratuais das*

Obrigações e Responsabilidade Civil. Rio de Janeiro: Freitas Bastos, 2001. v. 5.

MACHADO NETO, A. L. *Compêndio de Introdução à Ciência do Direito.* 3. ed. São Paulo: Saraiva, 1975.

MANCUSO, Rodolfo de Camargo. *Ação Popular.* São Paulo: Revista dos Tribunais, 1992.

MARANHÃO, Ney Stany Morais. *Responsabilidade Civil Objetiva pelo Risco da Atividade: Uma Perspectiva Civil-Constitucional.* São Paulo: Método, 2010.

MARINHO, Josaphat. Os Direitos da Personalidade no Projeto de Novo Código Civil Brasileiro. *Boletim da Faculdade de Direito da Universidade de Coimbra — STVDIA IVRIDICA*, 40, Colloquia — 2. Separata de Portugal — Brasil, Coimbra Ed., 2000.

MARMITT, Arnaldo. *Perdas e Danos.* Rio de Janeiro: Aidê, 1992.

MARQUES, Cláudia Lima e TURKIENICZ, Eduardo. Caso Teka *vs.* Aiglon: Em Defesa da Teoria Finalista de Interpretação do art. 2.º do CDC. *Revista de Direito do Consumidor*, n. 36, out./dez., 2000.

MARTORELL, Ernesto E. *Indemnización del daño moral por despido.* 2. ed. Buenos Aires: Hammurabi, 1994.

MATIELO, Fabrício Zamprogna. *Dano Moral, Dano Material e Reparação.* 2. ed. Porto Alegre: Sagra-Luzzatto, 1995.

MAYNEZ, Eduardo Garcia. *Introducción al Estudio del Derecho.* 4. ed. México: Ed. Porrúa, 1951.

MEIRELES, Hely Lopes. *Direito Administrativo Brasileiro.* 25. ed. São Paulo: Malheiros, 2000.

MELLO, Celso Antônio Bandeira de. *Ato Administrativo e Direitos dos Administrados.* São Paulo: Revista dos Tribunais, 1981.

_______. *Curso de Direito Administrativo.* 10. ed. São Paulo: Malheiros, 1998.

MELLO, Oswaldo Aranha Bandeira de. *Princípios Gerais de Direito Administrativo.* Rio de Janeiro: Forense, 1969. v. 2.

MELO, Raimundo Simão. Meio Ambiente do Trabalho: Prevenção de Reparação. Juízo Competente. *Trabalho & Doutrina*, São Paulo: Saraiva.

MINOZZI. *Studio sul danno non patrimoniale.* 3. ed. Milão: 1917.

MIRABETE, Julio Fabbrini. *Código Penal Interpretado.* São Paulo: Atlas, 1999.

MIRANDA, Francisco Pontes de. *Tratado de Direito Privado*. 2. ed. Rio de Janeiro: Borsoi, 1958, t. XXII.

MONTEIRO, Washington de Barros. *Curso de Direito Civil — Direito das Obrigações*. 30. ed. São Paulo: Saraiva, 1999. v. 4.

MOREIRA, José Carlos Barbosa. Tutela Jurisdicional dos Interesses Coletivos ou Difusos. In: *Temas de Direito Processual*; terceira série. São Paulo: Saraiva, 1984.

NEVES, André Luiz Batista. Da Independência Ontológica entre a Ilicitude Penal e a Civil. *O Trabalho — Doutrina*, fascículo 21, Curitiba, Ed. Decisório Trabalhista, nov. 98, p. 503-4.

NORONHA, E. Magalhães. *Direito Penal*. 11. ed. São Paulo: Saraiva, 1974. v. 1.

NORONHA, Fernando. *Direito das obrigações*. 2. ed. São Paulo: Saraiva, 2007.

PAMPLONA FILHO, Rodolfo. A Equidade no Direito do Trabalho. *Fórum Revista do IAB — Instituto dos Advogados da Bahia*, Edição Especial do 1.º Centenário de Fundação, Salvador-BA: Nova Alvorada Edições Ltda., 1997.

_______. *O Assédio Sexual na Relação de Emprego*. São Paulo: LTr, 2001.

_______. *O Dano Moral na Relação de Emprego*. 3. ed. São Paulo: LTr, 2002.

PAMPLONA FILHO, Rodolfo e ANDRADE JÚNIOR, Luiz Carlos Vilas Boas. A Torre de Babel das Novas Adjetivações do Dano. *Revista do Curso de Direito da UNIFACS*,2014, p. 49-68, v. 14; também disponível em Direito UNIFACS – Debate Virtual, edição 176, fevereiro/2015. Disponível em: <http://www.revistas.unifacs.br/index.php/redu/article/viewFile/3477/2491>. Acesso em: 12 out. 2017.

PAMPLONA FILHO, Rodolfo e VILLATORE, Marco Antônio César. *Direito do Trabalho Doméstico*. 2. ed. São Paulo: LTr, 2001.

PASSOS, José Joaquim Calmon de. *O Imoral nas Indenizações por Dano Moral*. Disponível em: http:www.jus.com.br. Acesso em ago. 2002.

PEREIRA, Caio Mário da Silva. *Instituições de Direito Civil*. 3. ed. universitária. Rio de Janeiro: Forense, 1992.

_______. *Responsabilidade Civil*. 9. ed. Rio de Janeiro: Forense, 2001.

PINTO, José Augusto Rodrigues. *O Impacto do Novo Código Civil sobre o Direito do Trabalho* (artigo inédito), 30 p., 2003.

PINTO, José Augusto Rodrigues e PAMPLONA FILHO, Rodolfo. *Repertório de Conceitos Trabalhistas*. São Paulo: LTr, 2000.

PIZARRO, Ramon Daniel. *Daño moral — Prevención/Reparación/Punición.* Buenos Aires: Editorial Hammurabi S.R.L., 1996.

REALE, Miguel. O Dano Moral no Direito Brasileiro. In: *Temas de Direito Positivo.* São Paulo: Revista dos Tribunais, 1992.

_______. *O Projeto do Novo Código Civil.* 2. ed. São Paulo: Saraiva, 1999.

REIS, Clayton. *Avaliação do Dano Moral.* 3. ed. Rio de Janeiro: Forense, 2000.

_______. *Dano Moral.* 4. ed. Rio de Janeiro: Forense, 1995.

REQUIÃO, Rubens. *Curso de Direito Comercial.* 23. ed. São Paulo: Saraiva, 1998. v. 1.

RESEDÁ, Salomão. *A Função Social do Dano Moral.* Florianópolis: Conceito Editorial, 2009.

RIBEIRO, Ana Cecília Rosário. *Responsabilidade Civil do Estado por Atos Jurisdicionais.* São Paulo: LTr, 2003.

RIPERT, Georges. *A Regra Moral nas Obrigações Civis* (trad. portuguesa de O. de Oliveira). São Paulo: Saraiva, s/d, n. 182.

RIZZARDO, Arnaldo. *Comentários ao Código de Trânsito Brasileiro.* 4. ed. São Paulo: Revista dos Tribunais, 2003.

ROCHA, Júlio César de Sá da. *Direito Ambiental do Trabalho — Mudança de Paradigma na Tutela Jurídica à Saúde do Trabalhador.* 2001. Tese (Doutorado em Direito das Relações Sociais — Área de Concentração em Direitos Difusos e Coletivos). Pontifícia Universidade Católica de São Paulo, São Paulo.

RODRIGUES, Silvio. *Direito Civil — Parte Geral.* 28. ed. São Paulo: Saraiva, 1998. v. 1.

_______. *Direito Civil — Parte Geral das Obrigações.* 30. ed. São Paulo: Saraiva, 2002. v. 2.

_______. *Direito Civil — Responsabilidade Civil.* 17. ed. São Paulo: Saraiva, 1999. v. 4.

RUZYK, Carlos Eduardo Pianovski. A Responsabilidade Civil por Danos Produzidos no Curso de Atividade Econômica e a Tutela da Dignidade da Pessoa Humana: o Critério do Dano Ineficiente. In: SILVEIRA RAMOS, Carmem Lucia, TEPEDINO, Gustavo (orgs.) et al. *Diálogos sobre Direito Civil.* Rio de Janeiro: Renovar, 2002.

SANCHES, Gislene A. *Dano Moral e suas Implicações no Direito do Trabalho.* São Paulo: LTr, 1997.

SAVATIER, René. *Traité de la responsabilité civile en droit français.* 2. ed. LGDJ, 1951. v. 1.

SCHREIBER, Anderson. *Novos Paradigmas da Responsabilidade Civil — Da Erosão dos Filtros da Reparação à Diluição de Danos.* 2. ed. São Paulo: Atlas, 2009.

SEBASTIÃO, Jurandir. *Responsabilidade Médica Civil, Criminal e Ética.* 2. ed. Belo Horizonte: Del Rey, 2000.

SEVERO, Sérgio. *Os Danos Extrapatrimoniais.* São Paulo: Saraiva, 1996.

SILVA, De Plácido e. *Vocabulário Jurídico.* 15. ed. Rio de Janeiro: Forense, 1998.

SILVA, Wilson Melo da. *Da Responsabilidade Civil Automobilística.* São Paulo: Saraiva, 1974.

_______. *O Dano Moral e sua Reparação.* 3. ed. Rio de Janeiro: Forense, 1983.

_______. *Responsabilidade sem Culpa.* São Paulo: Saraiva, 1974.

SILVA NETO, Manoel Jorge e. *Proteção Constitucional dos Interesses Trabalhistas — Difusos, Coletivos e Individuais Homogêneos.* São Paulo: LTr, 2001.

SODRÉ, Eduardo. Algumas considerações acerca da legitimidade passiva das entidades mantenedoras de bancos de dados para figurar no polo passivo de demandas relativas a inclusões indevidas ou irregulares de consumidores em seus cadastros de proteção ao crédito. *Revista Jurídica dos Formandos em Direito da UFBA*, ano 5, v. 7 (edição em Homenagem ao Professor Machado Neto), Salvador: Faculdade de Direito da Universidade Federal da Bahia, 2001.

SOUZA, Neri Tadeu Camara. Responsabilidade Civil do Médico. *Jornal Síntese*, Porto Alegre: Síntese, mar. 2002.

STANDLER, Ronald B. *Differences between Civil and Criminal Law in the USA.* Disponível em: http:www.rbs2.com/cc.htm. Acesso em 12 mar. 2003.

STIGLITZ, Gabriel A. e ECHEVESTI, Carlos A. El daño resarcible en casos particulares. In: *Responsabilidade civil.* Dir. Jorge Mosset Iturraspe. Buenos Aires: Hammurabi, 1992.

STOCO, Rui. *Tratado de Responsabilidade Civil.* 5. ed. Sao Paulo: Revista dos Tribunais, 2001.

TEIXEIRA FILHO, João de Lima. O Dano Moral no Direito do Trabalho. *Revista LTr*, n. 9, set. 1996. v. 60.

TEIXEIRA FILHO, Manoel Antonio. *Litisconsórcio, Assistência e Intervenção de Terceiros no Processo do Trabalho.* 2. ed. São Paulo: LTr, 1993.

TEPEDINO, Gustavo. Notas sobre o Nexo de Causalidade. *Revista Trimestral de Direito Civil*, Rio de Janeiro: PADMA, ano 2, jun. 2001. v. 6.

_______. *Temas de Direito Civil*. 2. ed. Rio de Janeiro: Renovar, 2001.

THEODORO JÚNIOR, Humberto. *Curso de Direito Processual Civil*. 11. ed. Rio de Janeiro: Forense, 1993. v. 2.

TRIBUNA DO DIREITO. Dano Moral Traz Desafio a Juristas. São Paulo: Editora Jurídica MMM Ltda., ano 4, n. 39, ed. mensal, jul. 1996.

VALENTIM, Veit. *História Universal*. 6. ed. São Paulo: Livr. Martins Ed., 1964. t. I.

VALLE, Christino Almeida do. *Dano Moral*. 2.ª tiragem, Rio de Janeiro: Aide, 1994.

VALLER, Wladimir. *A Reparação do Dano Moral no Direito Brasileiro*. 3. ed. Campinas-SP: E. V. Editora Ltda., 1995.

VARELA, João de Matos. *Das Obrigações em Geral*. 9. ed. Coimbra: Almedina, 1996. v. 1.

VELOSO, Zeno. *Novo Código Civil Comentado* (coord. Ricardo Fiuza). São Paulo: Saraiva, 2002.

VENOSA, Sílvio de Salvo. *Direito Civil* (Parte Geral). São Paulo: Atlas, 2001. v. 1.

_______. *Direito Civil* (Teoria Geral das Obrigações e dos Contratos). São Paulo: Atlas, 2002. v. 2.

_______. *Direito Civil* (Contratos em Espécie). São Paulo: Atlas, 2001. v. 3.

_______. *Direito Civil* (Responsabilidade Civil). 3. ed. São Paulo: Atlas, 2003. v. 4.

VILLAÇA, Azevedo. *Teoria Geral das Obrigações*. 9. ed. São Paulo: Revista dos Tribunais, 2001.

WALD, Arnoldo. *Curso de Direito Civil Brasileiro — Obrigações e Contratos*. 12. ed. São Paulo: Revista dos Tribunais, 1995. v. 2.

_______. *O Novo Direito Monetário*. 2. ed. São Paulo: Malheiros, 2002.

WATANABE, Kazuo. Demandas Coletivas e os Problemas Emergentes da

Práxis Forense. In: *As Garantias do Cidadão na Justiça.* São Paulo: Saraiva, 1993.

ZAFFARONI, Eugenio Raúl e PIERANGELI, José Henrique. *Manual de Direito Penal Brasileiro — Parte Geral.* São Paulo: Revista dos Tribunais, 1997.

ZENUN, Augusto. *Dano Moral e sua Reparação.* 4. ed. Rio de Janeiro: Forense, 1996.